Direito do Trabalho e Processo do Trabalho

www.editorasaraiva.com.br/direito
Visite nossa página

FAGNER SANDES
ROGÉRIO RENZETTI

Direito do Trabalho e Processo do Trabalho

2ª edição
2020

Av. Paulista, 901, 3º andar
Bela Vista - São Paulo - SP - CEP: 01311-100

SAC | sac.sets@somoseducacao.com.br

DADOS INTERNACIONAIS DE CATALOGAÇÃO NA PUBLICAÇÃO (CIP)
ANGÉLICA ILACQUA CRB-8/7057

Sandes, Fábio ; Renzetti, Rogério
  Direito do trabalho e processo do trabalho / Fagner Sandes e Rogério Renzetti. – 2. ed. – São Paulo : Somos Educação, 2020.
  536 p.

Bibliografia
ISBN 978-85-536-1838-5 (impresso)

1. Processo do trabalho – Brasil. I. Título.

20-0304   CDD 340

Índice para catálogo sistemático:
1. Brasil : Processo do trabalho   34(079.1)

Direção executiva	Flávia Alves Bravin
Direção editorial	Renata Pascual Müller
Gerência editorial	Roberto Navarro
Gerência de produção e planejamento	Ana Paula Santos Matos
Gerência de projetos e serviços editoriais	Fernando Penteado
Consultoria acadêmica	Murilo Angeli Dias dos Santos
Planejamento	Clarissa Boraschi Maria (coord.)
Novos projetos	Melissa Rodriguez Arnal da Silva Leite
Edição	Mayara Ramos Turra Sobrane
Produção editorial	Fernanda Matajs (coord.)
	Verônica Pivisan Reis
Arte e digital	Mônica Landi (coord.)
	Amanda Mota Loyola
	Camilla Felix Cianelli Chaves
	Claudirene de Moura Santos Silva
	Deborah Mattos
	Guilherme H. M. Salvador
	Tiago Dela Rosa
Projetos e serviços editoriais	Breno Lopes de Souza
	Josiane de Araujo Rodrigues
	Kelli Priscila Pinto
	Laura Paraiso Buldrini Filogônio
	Marília Cordeiro
	Mônica Gonçalves Dias
Diagramação	SBNigri Artes e Textos Ltda.
Revisão	Carmem Becker
Capa	Tiago Dela Rosa
Produção gráfica	Marli Rampim
	Sergio Luiz Pereira Lopes
Impressão e acabamento	Gráfica Paym

Data de fechamento da edição: 5-2-2020

Dúvidas? Acesse www.editorasaraiva.com.br/direito

Nenhuma parte desta publicação poderá ser reproduzida por qualquer meio ou forma sem a prévia autorização da Saraiva Educação. A violação dos direitos autorais é crime estabelecido na Lei n. 9.610/98 e punido pelo art. 184 do Código Penal.

CL 605953   CAE 725244

SUMÁRIO

Apresentação 19

Nota dos Autores 21

DIREITO DO TRABALHO

CAPÍTULO 1   Introdução e princípios do Direito do Trabalho **25**
1. Conceitos 25
   1.1. Origem etimológica 25
   1.2. Direito do Trabalho 25
   1.3. Característica 25
   1.4. Divisão 25
   1.5. Natureza jurídica 25
2. Princípios 25
   2.1. Princípio da proteção 26
   2.2. Princípio da primazia da realidade 27
   2.3. Princípio da inalterabilidade contratual lesiva 27
   2.4. Princípio da intangibilidade salarial 28
   2.5. Princípio da irredutibilidade salarial 28
   2.6. Princípio da irrenunciabilidade dos direitos trabalhistas (ou indisponibilidade, ou inderrogabilidade) 28
   2.7. Princípio da continuidade da relação de emprego 28
   Questões comentadas 30
   Para gabaritar 32
   Para memorizar 32

CAPÍTULO 2   Fontes do Direito do Trabalho **33**
1. Conceito 33
   1.1. Fontes do Direito do Trabalho (materiais e formais) 33
2. Interpretação das normas trabalhistas 33
   Questões comentadas 36
   Para gabaritar 38
   Para memorizar 38

CAPÍTULO 3   Renúncia e transação **39**
1. Conceito 39
   Questões comentadas 43
   Para gabaritar 44

CAPÍTULO 4   Comissões de Conciliação Prévia (CCP) **45**
1. Conceito 45

DIREITO E PROCESSO DO TRABALHO

Questões comentadas... 49
Para gabaritar 50

CAPÍTULO 5   Relação de trabalho, emprego, prestação de serviço e sujeitos do contrato de trabalho.. 51
1.   Conceito... 51
2.   Sujeitos do contrato de trabalho... 53
3.   Poderes do empregador... 55
Questões comentadas... 60
Para gabaritar 61

CAPÍTULO 6   Terceirização e trabalho temporário 63
1.   Conceito... 63
2.   Contrato de trabalho temporário... 63
  2.1.   Características do trabalho temporário................................. 64
    2.1.1.   Direitos dos trabalhadores temporários..................... 67
    2.1.2.   Responsabilidade da empresa tomadora ou cliente 69
3.   Terceirização em geral 70
4.   Diferença entre a intermediação de mão de obra e a terceirização 74
5.   Súmula 331 do TST.. 74
6.   Efeitos na administração pública... 77
Questões comentadas... 80
Para gabaritar 82

CAPÍTULO 7   Contrato de trabalho 83
1.   Conceito... 83
2.   Contrato individual de trabalho 84
3.   Contratos por prazo determinado.. 84
4.   Contrato de experiência... 86
5.   Contrato de aprendizagem 86
6.   Contrato intermitente 86
7.   Contrato de trabalho verde e amarelo 87
8.   Alteração de contrato de trabalho 91
Questões comentadas... 96
Para gabaritar 98

CAPÍTULO 8   Interrupção e suspensão do contrato de trabalho 99
1.   Conceitos e hipóteses... 99
Questões comentadas... 101
Para gabaritar 103
Para memorizar.. 103

CAPÍTULO 9   Férias.. 105
1.   Conceito... 105
2.   Abono pecuniário 107
3.   Perda do direito de férias 107

4. Prescrição	108
Questões comentadas	113
Para gabaritar	114
Para memorizar	115

CAPÍTULO 10 Remuneração e salário ... 117

1. Conceitos	117
2. Princípios de proteção ao salário	118
3. Características do salário	118
4. Complexo salarial e suas modalidades	119
5. Adicionais	120
6. Prêmio	120
7. Salário complessivo	121
8. Parcelas que não possuem natureza salarial	121
9. Descontos no salário	122
10. 13º salário	122
11. Retenção do salário	122
12. Equiparação salarial	122
13. Equiparação e substituição de caráter não eventual	123
Questões comentadas	129
Para gabaritar	130
Para memorizar	130

CAPÍTULO 11 Duração do trabalho ... 131

1. Conceito	131
2. Jornada de trabalho	132
3. Turnos ininterruptos de revezamento	132
4. Trabalho em regime de tempo parcial	133
5. Variações de horários – minutos que antecedem ou sucedem a jornada ..	134
6. Horas extraordinárias	134
7. Horas extras autorizadas por lei	134
8. Integração, cálculo e supressão das horas extras	135
9. Vedação da prorrogação da jornada	136
10. Descansos trabalhistas	137
11. Intervalos interjornadas	138
12. Repouso semanal remunerado e feriados	138
13. Trabalho noturno	139
14. Jornadas especiais de trabalho	139
Questões comentadas	151
Para gabaritar	153
Para memorizar	153

CAPÍTULO 12 Segurança e medicina do trabalho ... 155

1. Conceitos	155
2. Comissão Interna de Prevenção de Acidentes (CIPA)	155
3. Equipamento de proteção individual (EPI)	156

DIREITO E PROCESSO DO TRABALHO

4. Atividades insalubres 156

5. Atividades perigosas 158

6. Normas comuns à insalubridade e à periculosidade 159

Questões comentadas 162

Para gabaritar 164

Para memorizar 164

CAPÍTULO 13   Trabalho do menor e trabalho da mulher **165**

1. Trabalho do menor 165

2. Empregado aprendiz 167

3. Trabalho da mulher 168

4. Proteção à maternidade e licença 170

Questões comentadas 176

Para gabaritar 177

CAPÍTULO 14   Prescrição e decadência **179**

1. Definições 179

2. Prescrição bienal e prescrição quinquenal 180

3. Prescrição total e prescrição parcial 181

4. Das causas interruptivas, suspensivas e impeditivas 181

5. Prescrição intercorrente 181

Questões comentadas 185

Para gabaritar 187

Para memorizar 187

CAPÍTULO 15   Estabilidade e garantia de emprego **189**

1. Definições 189

2. Estabilidade provisória 190

Questões comentadas 198

Para gabaritar 199

CAPÍTULO 16   Extinção do contrato de trabalho e aviso prévio **201**

1. Conceitos 201

2. Aviso prévio 201

3. Formas de extinção do contrato de trabalho 202

Questões comentadas 209

Para gabaritar 210

DIREITO PROCESSUAL DO TRABALHO

CAPÍTULO 1   Fontes do Direito Processual do Trabalho **213**

1. Considerações iniciais 213

   1.1. Leis em sentido lato 213

      1.1.1. Constituição Federal 213

1.1.2.	Leis trabalhistas de cunho processual	213
1.1.3.	Leis processuais civis (comuns ou especiais)	214
1.2.	Atos normativos expedidos pelo Poder Judiciário	214
1.3.	Costume, princípios e analogia	214
1.4.	Jurisprudência	215
1.5.	Hierarquia das fontes	215

Questões comentadas 216
Para memorizar 217

CAPÍTULO 2   Eficácia das normas processuais 219

1. Conceitos 219
   - 1.1. Eficácia da lei processual trabalhista no tempo 219
   - 1.2. Eficácia da lei processual trabalhista no espaço 220

Para gabaritar 222
Para memorizar 222

CAPÍTULO 3   Princípios gerais e peculiares do Processo do Trabalho 223

1. Conceito 223
   - 1.1. Princípio do *jus postulandi* 223
   - 1.2. Princípio da conciliação ou conciliatório 224
   - 1.3. Princípio da irrecorribilidade imediata das decisões interlocutórias ... 225
   - 1.4. Princípio da normatização coletiva 225
   - 1.5. Princípio da oralidade 226
   - 1.6. Princípio da celeridade 226
   - 1.7. Princípio da concentração 226
   - 1.8. Princípios da subsidiariedade e da supletividade 226
   - 1.9. Princípio da imediação ou imediatidade 227
   - 1.10. Princípio da busca da verdade real 227
   - 1.11. Princípio da ultrapetição ou extrapetição 227
   - 1.12. Princípio da *non reformatio in pejus* 228
   - 1.13. Princípio da instrumentalidade das formas 228
   - 1.14. Princípio da publicidade 228
   - 1.15. Princípio da vedação da prova ilícita 228

Questões comentadas 230
Para gabaritar 232
Para memorizar 232

CAPÍTULO 4   Organização da Justiça do Trabalho 235

1. Composição 235
   - 1.1. As Varas do Trabalho 235
   - 1.2. Os Tribunais Regionais do Trabalho 235
   - 1.3. O Tribunal Superior do Trabalho 236
   - 1.4. Os juízes de direito 237
   - 1.5. A Corregedoria-Geral da Justiça do Trabalho 237

10 DIREITO E PROCESSO DO TRABALHO

1.6. Os órgãos e serviços auxiliares da Justiça do Trabalho	238
Questões comentadas	239
Para gabaritar	241
Para memorizar	242

CAPÍTULO 5 Ministério Público do Trabalho **243**

1. Organização do Ministério Público do Trabalho	243
1.1. Competência do Ministério Público do Trabalho	245
1.2. Atuação do Ministério Público do Trabalho	246
1.2.1. Atuação judicial como parte e como fiscal da lei	246
1.2.2. Atuação extrajudicial	247
1.2.2.1. Termo de Ajuste de Conduta	248
1.2.2.2. Inquérito Civil Público	248
Questões comentadas	251
Para gabaritar	251
Para memorizar	251

CAPÍTULO 6 Competência da Justiça do Trabalho **253**

1. Definição	253
1.1. Critérios	253
1.2. Competência em razão da matéria e da pessoa	254
1.2.1. Relação de trabalho e relação de emprego	254
1.2.2. Complementação de aposentadoria	255
1.2.3. Entes de direito público externo e organismos internacionais	255
1.2.4. Servidores públicos e trabalhadores de cartórios extrajudiciais	255
1.2.5. Conflito envolvendo entes sindicais	256
1.2.6. Ações constitucionais de defesa	256
1.2.7. Danos morais e materiais	257
1.2.8. Ações possessórias	258
1.2.9. Greve	258
1.2.10. Execução das contribuições sociais e fiscais	259
1.2.11. Penalidades administrativas impostas pelos órgãos de fiscalização do trabalho	259
1.2.12. Dissídio coletivo	260
1.2.13. Ações de cobranças de profissionais liberais	261
1.2.14. Seguro-Desemprego e FGTS	261
1.2.15. Outras ações decorrentes da relação de trabalho	261
1.2.16. Homologação de acordo extrajudicial	261
1.3. Competência em razão do lugar	262
1.4. Competência funcional	263
Questões comentadas	267
Para gabaritar	270
Para memorizar	270

CAPÍTULO 7 Partes e procuradores.. **271**

1. Das partes e dos procuradores 271
   1.1. Mandato.. 271
   1.2. Capacidade de ser parte e capacidade processual 273
   1.3. Substituição processual, sucessão processual e representação processual 274
      1.3.1. Substituição processual... 274
      1.3.2. Sucessão processual.. 275
      1.3.3. Representação processual.. 275
   Questões comentadas.. 277
   Para gabaritar 279

CAPÍTULO 8 Litisconsórcio e intervenção de terceiros **281**

1. Litisconsórcio e intervenção de terceiros.. 281
   1.1. Litisconsórcio 281
      1.1.1. Considerações iniciais... 281
      1.1.2. Classificação do litisconsórcio................................... 282
   1.2. Intervenção de terceiros 283
      1.2.1. Definição.. 283
      1.2.2. Classificação 283
      1.2.3. Espécies.. 284
         1.2.3.1. Assistência.. 284
         1.2.3.2. Denunciação da lide 284
         1.2.3.3. Chamamento ao processo 285
         1.2.3.4. Oposição 285
         1.2.3.5. Nomeação à autoria................................... 286
         1.2.3.6. O *amicus curiae*....................................... 286
         1.2.3.7. Incidente de desconsideração da personalidade jurídica.. 286
   Questões comentadas.. 289
   Para gabaritar 290
   Para memorizar... 290

CAPÍTULO 9 Despesas processuais, assistência judiciária, gratuidade de justiça e isenção de custas **291**

1. Despesas processuais.. 291
   1.1. Custas 291
   1.2. Emolumentos 292
   1.3. Honorários periciais 292
   1.4. Honorários advocatícios.. 293
2. Assistência judiciária, gratuidade de justiça e isenção de custas........... 295
3. Da responsabilidade por dano processual e outras penalidades............. 296
   Questões comentadas.. 299
   Para gabaritar 300
   Para memorizar... 301

12 DIREITO E PROCESSO DO TRABALHO

CAPÍTULO 10 Atos e termos processuais.. **303**

1. Atos e termos processuais.. 303
   1.1. Da distribuição e do distribuidor.. 304
Questões comentadas.. 307
Para gabaritar 307
Para memorizar... 308

CAPÍTULO 11 Prazos processuais e preclusão **309**

1. Conceito de prazo.. 309
   1.1. Classificação dos prazos processuais 309
        1.1.1. Quanto à origem.. 309
        1.1.2. Quanto à natureza 309
        1.1.3. Quanto aos destinatários.. 310
   1.2. Contagem dos prazos.. 311
   1.3. Prazos para as pessoas jurídicas de direito público 312
   1.4. Suspensão e interrupção dos prazos 312
   1.5. Preclusão... 313
Questões comentadas.. 314
Para gabaritar 315
Para memorizar... 316

CAPÍTULO 12 Comunicação dos atos processuais **317**

1. Conceitos 317
   1.1. Cartas precatória, de ordem e rogatória...................................... 319
Questões comentadas.. 321
Para gabaritar 322

CAPÍTULO 13 Nulidades **323**

1. Conceito.. 323
   1.1. Vícios dos atos processuais 323
   1.2. Princípios das nulidades 324
        1.2.1. Liberdade das formas e instrumentalidade das formas ou finalidade..... 324
        1.2.2. Prejuízo ou transcendência 325
        1.2.3. Convalidação ou preclusão... 325
        1.2.4. Interesse ou interesse de agir... 325
        1.2.5. Utilidade ou aproveitamento dos atos processuais praticados 326
        1.2.6. Renovação dos atos processuais viciados ou saneamento das nulidades ... 326
Questões comentadas.. 328
Para gabaritar 329
Para memorizar... 329

CAPÍTULO 14 Dissídio individual... **331**

1. Da ação (reclamação) trabalhista... 331
   1.1. Forma da reclamação e requisitos. Petição inicial 331

1.2.	Da tutela provisória	332
1.3.	Pedido	334
1.4.	Emenda e aditamento da petição inicial	335
1.5.	Indeferimento da petição inicial	336
1.6.	Elementos da ação	337
1.7.	Condições da ação	337
1.8.	Pressupostos processuais	339
	1.8.1. Pressupostos processuais subjetivos	339
	1.8.2. Pressupostos processuais objetivos	339

Questões comentadas 341
Para gabaritar 342
Para memorizar 343

CAPÍTULO 15 Procedimentos 345

1.	Conceitos	345
1.1.	Procedimento comum ordinário	345
1.2.	Procedimento comum sumário	346
1.3.	Procedimento comum sumaríssimo	347

Questões comentadas 350
Para gabaritar 352
Para memorizar 352

CAPÍTULO 16 Audiência 353

1.	Aspectos preliminares	353
1.1.	Desenvolvimento	353
	1.1.1. Presença das partes e substituição	353
	1.1.2. Ausência das partes	354
	1.1.3. Tentativa de conciliação e oferecimento de resposta	355
	1.1.4. Instrução processual e adiamento da audiência	356
	1.1.5. Trâmites finais	357

Questões comentadas 359
Para gabaritar 362

CAPÍTULO 17 Respostas do réu 363

1.	Considerações iniciais	363
1.1.	Exceções rituais	363
	1.1.1. Noções iniciais	363
	1.1.2. Exceção de incompetência relativa	363
	1.1.3. Exceções de suspeição e impedimento	364
1.2.	Contestação	365
	1.2.1. Ônus da impugnação específica	366
	1.2.2. Princípio da eventualidade e concentração das defesas	366
	1.2.2.1. Defesa processual	367
	1.2.2.2. Defesa de mérito	367

DIREITO E PROCESSO DO TRABALHO

1.2.3.	Prescrição e decadência	368
1.2.4.	Compensação, retenção e dedução	369
1.3.	Reconvenção	370

Questões comentadas ... 373
Para gabaritar ... 374
Para memorizar ... 375

CAPÍTULO 18 Provas ... **377**

1. Considerações iniciais ... 377
   - 1.1. Ônus da prova ... 377
   - 1.2. Princípios norteadores ... 379
     - 1.2.1. Princípio do contraditório e da ampla defesa ... 379
     - 1.2.2. Princípio da necessidade da prova ... 379
     - 1.2.3. Princípio da unidade da prova ... 379
     - 1.2.4. Princípio do livre convencimento ou persuasão racional ... 379
     - 1.2.5. Princípio da imediação ... 380
     - 1.2.6. Princípio da aquisição processual ... 380
     - 1.2.7. Princípio da isonomia probatória ... 380
     - 1.2.8. Princípio do inquisitivo ou inquisitorial ... 380
   - 1.3. Meios de prova ... 380
     - 1.3.1. Interrogatório, depoimento pessoal e confissão ... 381
     - 1.3.2. Documentos ... 382
       - 1.3.2.1. Da arguição de falsidade documental ... 384
       - 1.3.2.2. Exibição de documentos ... 384
       - 1.3.2.3. Da ata notarial ... 385
     - 1.3.3. Perícia ... 385
     - 1.3.4. Testemunhal ... 387
     - 1.3.5. Prova emprestada ... 389

Questões comentadas ... 391
Para gabaritar ... 392
Para memorizar ... 393

CAPÍTULO 19 Sentença nos dissídios individuais ... **395**

1. Considerações iniciais ... 395
   - 1.1. Sentença terminativa e definitiva ... 395
   - 1.2. Requisitos essenciais e complementares ... 396
     - 1.2.1. Relatório ... 396
     - 1.2.2. Fundamentação (motivação) ... 396
     - 1.2.3. Conclusão (dispositivo) ... 397
   - 1.3. Requisitos complementares ... 397
   - 1.4. Intimação da União e acordo após o trânsito em julgado ... 398
   - 1.5. Correção de erros materiais ... 398
   - 1.6. Intimação da decisão ... 398

Questões comentadas ... 400

Para gabaritar 401

Para memorizar... 402

CAPÍTULO 20   Recursos no Processo do Trabalho... **403**

1. Considerações iniciais... 403

   1.1.   Peculiaridades 403

   1.2.   Natureza jurídica 404

   1.3.   Princípios 404

      1.3.1.   Duplo grau de jurisdição 404

      1.3.2.   Taxatividade.. 404

      1.3.3.   Voluntariedade.. 404

         1.3.3.1.   Duplo grau de jurisdição obrigatório 405

      1.3.4.   Unirrecorribilidade ou singularidade................................. 406

      1.3.5.   Proibição da *reformatio in pejus* 406

      1.3.6.   Fungibilidade ou conversibilidade 406

   1.4.   Efeitos dos recursos 407

      1.4.1.   Efeito devolutivo 407

      1.4.2.   Efeito suspensivo 408

      1.4.3.   Efeito extensivo 408

      1.4.4.   Efeito substitutivo 409

      1.4.5.   Efeito translativo 409

      1.4.6.   Efeito regressivo 409

   1.5.   Pressupostos de admissibilidade 409

      1.5.1.   Pressupostos intrínsecos ou subjetivos............................. 410

         1.5.1.1.   Legitimidade.. 410

         1.5.1.2.   Capacidade... 410

         1.5.1.3.   Interesse... 410

      1.5.2.   Pressupostos extrínsecos ou objetivos............................... 410

         1.5.2.1.   Recorribilidade do ato... 410

         1.5.2.2.   Adequação... 410

         1.5.2.3.   Tempestividade.. 411

         1.5.2.4.   Regularidade na representação processual.............. 411

         1.5.2.5.   Preparo 412

   1.6.   Recursos em espécie 414

      1.6.1.   Recurso ordinário... 414

         1.6.1.1.   Princípio da primazia do julgamento do mérito recursal... 415

      1.6.2.   Agravo de instrumento 416

      1.6.3.   Agravo de petição 417

      1.6.4.   Embargos de declaração 418

      1.6.5.   Recurso de revista... 419

         1.6.5.1.   Outras questões acerca da procedibilidade ou conhecimento do Recurso de Revista 421

         1.6.5.2.   Recursos de revista com idêntico fundamento de direito (recurso repetitivo) 422

16 — DIREITO E PROCESSO DO TRABALHO

1.6.6. Embargos no TST	424
1.6.6.1. Embargos infringentes	424
1.6.6.2. Embargos de divergência	425
1.6.7. Recurso adesivo	426
1.6.8. Recurso extraordinário	426
1.6.9. Correição parcial	427
1.6.10. Uniformização de Jurisprudência	428
Questões comentadas	434
Para gabaritar	439
Para memorizar	441

CAPÍTULO 21 — Liquidação de sentença ... **443**

1. Considerações iniciais	443
1.1. Conceito e finalidade da liquidação	443
1.2. Modalidades de liquidação	443
1.2.1. Liquidação por cálculos	445
1.2.2. Liquidação por arbitramento	445
1.2.3. Liquidação por artigos	445
1.3. Tramitação da liquidação da sentença	446
1.4. Da impugnação a liquidação trabalhista	446
1.5. Liquidação de títulos extrajudiciais	446
Questões comentadas	448
Para gabaritar	450
Para memorizar	450

CAPÍTULO 22 — Execução ... **451**

1. Definição	451
1.1. Princípios da execução	451
1.1.1. Princípio da igualdade de tratamento	451
1.1.2. Princípio da natureza real da execução	451
1.1.3. Princípio da limitação expropriatória	452
1.1.4. Princípio do exato adimplemento ou efetividade	452
1.1.5. Princípio da utilidade ao credor	452
1.1.6. Princípio da não prejudicialidade do devedor	452
1.1.7. Princípio da primazia do credor trabalhista	453
1.1.8. Princípio da disponibilidade	453
1.2. Legitimidade ativa	453
1.3. Legitimidade passiva	454
1.3.1. Desconsideração da personalidade jurídica	455
1.4. Competência	455
1.5. Títulos executivos	456
1.6. Execução provisória e definitiva	457
1.7. Aplicação subsidiária da Lei de Execuções Fiscais	457
1.8. Mandado de citação	458

1.9.	Penhora	459
1.9.1.	Dos bens penhoráveis e impenhoráveis	460
1.9.2.	Da penhora sobre bem de família	460
1.9.3.	Execução contra massa falida ou empresa em recuperação judicial..	461
1.10.	Embargos à execução	462
1.10.1.	Embargos à execução na execução por carta precatória	463
1.10.2.	Legitimação	463
1.10.3.	Matéria de defesa nos embargos	464
1.10.4.	Prescrição intercorrente	464
1.10.5.	Impugnação do exequente	464
1.10.6.	Trâmites finais da execução trabalhista	465
1.10.7.	Da avaliação	466
1.10.8.	Modalidades de expropriação	467
1.10.8.1.	Arrematação	467
1.10.8.2.	Adjudicação	468
1.10.8.3.	Alienação por iniciativa particular	469
1.10.9.	Da aquisição parcelada de bem penhorado	469
1.10.10.	Da apropriação de frutos e rendimentos de empresa ou de estabelecimento e de outros bens	470
1.10.11.	Embargos à adjudicação e à arrematação	470
1.10.12.	Remição da execução	470
1.10.13.	Execução de prestações sucessivas	471
1.10.14.	Exceção de pré-executividade	471
1.10.15.	Embargos de terceiro	473
1.10.16.	Fraude à execução	473
1.10.17.	Execução contra a Fazenda Pública	474
Questões comentadas		479
Para gabaritar		483
Para memorizar		485

CAPÍTULO 23 Procedimentos especiais 487

1.	Procedimentos em espécie	487
1.1.	Inquérito judicial para apuração de falta grave	487
1.2.	Dissídio coletivo	488
1.2.1.	Classificação	489
1.2.1.1	Dissídio coletivo de natureza econômica	489
1.2.1.1.1.	Dissídio originário ou inaugural	489
1.2.1.1.2.	Dissídio revisional ou de revisão	490
1.2.1.1.3.	Dissídio de extensão	490
1.2.2.	A exigência constitucional do comum acordo	491
1.2.3.	Natureza da decisão	492
1.2.4.	Dissídio coletivo de natureza jurídica	492
1.2.5.	Dissídio coletivo de natureza mista ou híbrida	492
1.2.6.	Competência e recursos	493

1.3. Ação de cumprimento	493
Questões comentadas	497
Para gabaritar	498
Para memorizar	499

CAPÍTULO 24   Ações cíveis cabíveis no Processo do Trabalho **501**

1. Ações cíveis em espécie	501
1.1. Mandado de segurança	501
1.1.1. Noções introdutórias	501
1.1.2. Prazo e procedimento	502
1.1.3. Competência	503
1.2. Ação rescisória	504
1.2.1. Aspectos introdutórios	504
1.2.2. Cabimento no processo do trabalho	504
1.2.3. Competência e legitimidade	505
1.2.3.1. Competência	505
1.2.3.2. Legitimidade	506
1.2.4. Hipóteses de admissibilidade	507
1.2.5. Procedimento	509
1.2.5.1. Prazo para ajuizamento	509
1.2.5.2. Petição inicial	510
1.2.5.3. Citação e revelia	511
1.2.6. Decisão e recurso	511
1.2.6.1. Da decisão	511
1.2.6.2. Recursos	512
1.3. Ação anulatória de cláusula de acordo ou convenção coletiva de trabalho	513
1.3.1. Objeto	513
1.3.2. Legitimidade	513
1.3.3. Competência	514
1.4. Ação civil pública	514
1.4.1. Definição e cabimento no processo do trabalho	514
1.4.2. Competência	516
1.4.3. Legitimados	516
1.4.4. Objeto da ação civil pública	517
1.4.5. Coisa julgada e litispendência	517
1.4.6. Condenação genérica, liquidação e execução	518
1.4.7. Prescrição	518
Questões comentadas	527
Para gabaritar	528

REFERÊNCIAS **531**

APRESENTAÇÃO

O livro *Direito e Processo do Trabalho*, de Rogério Renzetti e Fagner Sandes, da Editora Saraiva, explora de forma resumida, sistematizada e prática os principais pontos do Direito do Trabalho e do Processo do Trabalho.

Além disso, debate os princípios do Direito e do Processo do Trabalho, bem como os sujeitos da relação de emprego, a terceirização, os elementos do contrato de trabalho e do salário, a jornada, a extinção e a suspensão do contrato e a estabilidade, além de outros temas importantes no direito material.

Na parte que explora o Direito Processual do Trabalho, o livro aborda a competência da Justiça do Trabalho, os pressupostos processuais, os requisitos da petição inicial, a audiência, a contestação, as provas, os atos processuais, os recursos e a execução, assim como os demais temas processuais necessários para a compreensão deste ramo do Direito. Inclui as ações especiais, bem como a ação civil pública, a ação rescisória e o mandado de segurança.

A obra foi escrita de forma didática, objetiva, simples, direta, clara e ilustrativa, sintetizando todo o assunto e condensando a teoria e a jurisprudência. Ao fim de cada capítulo, contém exercícios práticos retirados de concursos públicos anteriores, escolhidos a partir dos temas estudados. Traz gráficos e imagens que ajudam na classificação e divisão dos temas, facilitando a visualização da matéria e a compreensão. Além disso, aponta as Súmulas pertinentes a cada assunto, os principais Informativos do STF e do TST e as Orientações Jurisprudenciais respectivas.

Os temas abordados são relevantes, alguns controvertidos, e o conteúdo atualizado, abarcando, inclusive, as recentes mudanças legislativas, com o intuito de contribuir com o conhecimento do Direito e do Processo do Trabalho. Assim, a obra não só é de grande interesse para advogados, operadores da área trabalhista e candidatos ao Exame de Ordem, mas torna-se ferramenta indispensável também para os interessados em concursos públicos, ao explorar temas variados e de grande incidência nas provas de diversos certames.

Vólia Bomfim Cassar

Graduação em Direito pelas Faculdades Integradas Bennett (1988).
Mestrado em Direito pela Universidade Estácio de Sá (2005) e
Doutorado em Direito pela Universidade Gama Filho (2010).
Atualmente é Desembargadora do TRT da 1ª Região e Professora da Rede LFG.

NOTA DOS AUTORES

Prezado(a) leitor(a), é uma grande satisfação para nós, Fagner Sandes e Rogério Renzetti, lhe oferecer esta obra para leitura, pois a nossa experiência em sala de aula de graduação, cursos preparatórios para concursos públicos e OAB, além de aulas em pós-graduação, nos revela a sua necessidade para a consecução dos seus objetivos, razão pela qual elaboramos uma ferramenta apta, completa, didática e eficaz que fornece elementos para a boa, perfeita e agradável compreensão dos mais variados institutos do direito material e processual do trabalho.

Com efeito, pensamos em um livro que atenda suas necessidades diárias e expectativas com relação a todo o conteúdo, por isso você encontrará um sumário bem detalhado que o levará para os assuntos de forma bem facilitada e, chegando no assunto desejado, você terá todas as explicações de que precisa, com apoio na doutrina e jurisprudência do Tribunal Superior do Trabalho, além do STF, o que inclui os informativos, isso sem prejuízo de questões para treinar o aprendizado.

Assim, para que o livro fique completo, partiremos gradativamente de um estudo conceitual básico para um mediano e finalizaremos com aprofundamentos e recapitulações didaticamente fáceis para auxiliar na memorização.

Desta forma, teremos conceitos, indicação e reprodução de legislação correlata, entendimento doutrinário, jurisprudência atualizada dos Tribunais Trabalhistas, em especial as Súmulas, Orientações Jurisprudenciais e Informativos do Tribunal Superior do Trabalho, notícias dos principais prazos, questões comentadas de provas aplicadas pelas maiores bancas de concursos e, por fim, os recursos para gabaritar e para memorizar, que objetivam sistematizar as lições.

Percebe-se, então, que o livro é bastante completo e, certamente, a sua leitura irá lhe fazer mergulhar de forma irremediável no direito material e processual do trabalho.

Seja bem-vindo(a) e uma excelente leitura!

Bons estudos e forte abraço!

Fagner Sandes | www.fagnersandes.com.br

Rogério Renzetti | www.rogeriorenzetti.com.br

DIREITO DO TRABALHO

CAPÍTULO 1 Introdução e princípios do Direito do Trabalho

1. CONCEITOS

1.1. Origem etimológica

A expressão "trabalho" decorre do latim vulgar *tripaliare*, que significa torturar, sendo, por sua vez, derivada do latim clássico *tripalium*, antigo instrumento de tortura.

Assim, a primeira concepção atribuída ao vocábulo "trabalho" refere-se à fadiga, esforço, sofrimento, remetendo à ideia de trabalho escravo.

1.2. Direito do Trabalho

Trata-se do ramo do Direito composto por regras, princípios e institutos sistematicamente ordenados e que são aplicáveis à relação de trabalho e a situações equiparáveis. Busca a melhoria da condição social do trabalhador, além de sanções para as hipóteses de descumprimento dos seus mandamentos.

1.3. Característica

A tutela do trabalhador, por meio da regulamentação de condições mínimas de trabalho.

1.4. Divisão

O Direito do Trabalho contempla os Direitos Individuais do Trabalho e também as relações de emprego comuns e especiais.

Por sua vez, o Direito Coletivo do Trabalho contempla as relações coletivas de trabalho, destacando a negociação e a contratação coletiva e institutos como a greve e a liberdade sindical.

1.5. Natureza jurídica

Assemelha-se a um contrato regular do Direito Civil, ramo do Direito qualificado como privado.

2. PRINCÍPIOS

Os princípios podem exercer tripla função, de acordo com o entendimento doutrinário, sendo elas a função informativa, a normativa e a interpretativa.

Na função informativa, o papel é o de nortear o legislador na elaboração da norma. No aspecto normativo, o princípio integra o ordenamento jurídico, suprindo as lacunas. Por fim, a função interpretativa auxilia na interpretação das normas jurídicas.

A Reforma Trabalhista, instituída pela Lei n. 13.467/2017, alterou inúmeros dispositivos da CLT. Entretanto, entendemos que os princípios trabalhistas não podem ser afetados por estas mudanças. Dessa forma, a aplicação dos princípios é imprescindível para a tutela do trabalhador.

Não há consenso doutrinário sobre quantos são os princípios do Direito do Trabalho, pois varia de um autor para outro.

2.1. Princípio da proteção

Busca equilibrar a relação existente entre o trabalhador e o empregador, conferindo à parte hipossuficiente (parte mais fraca desta relação) uma superioridade jurídica capaz de lhe garantir mecanismos destinados a tutelar os direitos mínimos estampados na legislação trabalhista.

A Reforma Trabalhista acrescentou o parágrafo único do art. 444 da CLT, que passou a abordar uma inovação controversa: a figura do empregado "hipersuficiente", nomenclatura adotada pelo relator da Reforma, Deputado Rogério Marinho. De acordo com o dispositivo, esse empregado pode negociar livremente com o seu empregador as cláusulas do contrato de trabalho nas mesmas condições concedidas aos sindicatos no art. 611-A da CLT.

Esse princípio protetivo se subdivide em princípio do *in dubio pro misero* (ou *in dubio pro operario*), princípio da norma mais favorável e princípio da condição mais benéfica.

No *princípio do in dubio pro misero* (ou *in dubio pro operario*), cabe ao intérprete da norma, ao se deparar com a possibilidade de duas interpretações, optar pela mais favorável ao trabalhador.

Alguns doutrinadores defendem que esse princípio foi superado pelo princípio da norma mais favorável. Entendimento que, com as devidas vênias de estilo, não concordamos e seguimos a maioria dos doutrinadores trabalhistas.

No *princípio da norma mais favorável*, havendo duas ou mais normas aplicáveis ao caso concreto, deverá ser aplicada aquela mais favorável ao trabalhador, independentemente de ser ela hierarquicamente superior à outra. Encontra-se consagrado na Súmula 202 do TST.

Atenção! A nova redação do art. 620 da CLT, consagrada pela Reforma Trabalhista, introduzida pela Lei n. 13.467/2017, prevê a prevalência do acordo coletivo sobre a convenção coletiva, contrariando o princípio da proteção do empregado, e prioriza a norma menos favorável.

> "Art. 620. As condições estabelecidas em acordo coletivo de trabalho sempre prevalecerão sobre as estipuladas em convenção coletiva de trabalho."

Quanto ao *princípio da condição mais benéfica* (*"cláusula mais vantajosa"*), diz respeito ao fato de que as condições mais benéficas estabelecidas no contrato de trabalho ou no regulamento da empresa serão incorporadas definitivamente ao contrato de trabalho. Assim, elas não poderão ser reduzidas ou suprimidas no seu curso. Esses princípios encontram-se consagrados nas Súmulas 51 e 288 do TST.

Contudo, o princípio da condição mais benéfica não tem aplicação no âmbito do Direito Coletivo do Trabalho, uma vez que a conquista de direitos trabalhistas formalizados por instrumentos coletivos vigora no prazo máximo de dois anos, sendo vedada a ultratividade.

2.2. Princípio da primazia da realidade

Havendo confronto entre a verdade real (fatos) e a verdade formal (provas), a primeira prevalecerá. Este princípio está consagrado no art. 9º, da CLT, que dispõe sobre a nulidade dos atos praticados com o objetivo de desvirtuar, impedir ou fraudar a aplicação dos preceitos contidos na Consolidação.

Exemplo: determinado empregado tem registro na CTPS de salário no valor de mil reais; todo dia vinte de cada mês, ocorre o pagamento de mais quinhentos reais "por fora", como forma de burlar os encargos trabalhistas. Nessa hipótese, o real salário do obreiro corresponde ao valor de mil e quinhentos reais, pouco importa o que está anotado na sua CTPS (Súmula 12 do TST).

A Reforma Trabalhista (Lei n. 13.467/2017) modificou bastante o cenário para os trabalhadores pela aplicação do princípio da primazia da realidade, pois algumas modificações feitas na CLT deixam clara a prevalência do ajustado individual ou coletivamente sobre a realidade, mesmo que o contrato ou a norma coletiva seja menos favorável e diferente da realidade.

2.3. Princípio da inalterabilidade contratual lesiva

Nos contratos de trabalho também incide o princípio da inalterabilidade contratual lesiva, que preconiza a vedação de alteração contratual desfavorável ao trabalhador, conforme previsão do art. 468, da CLT.

A Reforma Trabalhista permite várias alterações contratuais, mesmo que prejudiciais ao empregado, como por exemplo, a supressão da gratificação de função de confiança inclusive após 10 anos, caso o empregado seja revertido ao cargo anterior.

Alguns temas ainda suscitam dúvidas na doutrina. Um deles diz respeito à promoção. A corrente majoritária entende que, por se tratar de alteração benéfica, o empregado deverá aceitá-la, sob pena de insubordinação. Outros entendem que o empregado tem o direito de aceitá-la ou não, de acordo com as compatibilidades entre sua personalidade e os novos encargos profissionais da função oferecida.

2.4. Princípio da intangibilidade salarial

Em regra, o trabalhador tem direito a receber o seu salário de forma integral, sem sofrer qualquer desconto abusivo, salvo os descontos legais, como, por exemplo, a dedução do imposto de renda ou o pagamento de pensão alimentícia.

2.5. Princípio da irredutibilidade salarial

Veda-se ao empregador diminuir o valor "numérico" que paga a seus funcionários, salvo previsão expressa em acordo ou convenção coletiva de trabalho. O referido postulado encontra-se previsto no art. 7º, VI, da CF/88.

Caso seja pactuada norma coletiva que reduza o salário do empregado, deverá haver uma garantia de que ele não seja dispensado sem justa causa no prazo de vigência do instrumento coletivo.

2.6. Princípio da irrenunciabilidade dos direitos trabalhistas (ou indisponibilidade, ou inderrogabilidade)

Os direitos trabalhistas não podem ser objeto de renúncia ou transação, ou seja, eles são irrenunciáveis pelo trabalhador, em razão do caráter imperativo das normas trabalhistas. Ex.: Súmula 276 do TST, que trata da renúncia pelo empregado do aviso prévio.

Os arts. 611-A e 611-B, ambos da CLT, tratam de flexibilização de direitos por meio de acordo coletivo ou convenção coletiva. Flexibilizar, no campo laboral, significa tornar maleável a rigidez dos direitos trabalhistas.

2.7. Princípio da continuidade da relação de emprego

O princípio da continuidade da relação de emprego determina que a regra seja a de que os contratos de trabalho sejam pactuados por prazo indeterminado.

Assim, os contratos por prazo determinado constituem exceções permitidas em lei, desde que observados os requisitos por ela impostos, como, por exemplo, a exigência de os contratos serem sempre escritos.

Referido princípio encontra-se abalizado na Súmula 212 do TST, que dispõe que o ônus de provar o término do contrato de trabalho, quando negados a prestação de serviço e o despedimento, cabe ao empregador.

A Reforma Trabalhista passa a prever uma nova modalidade contratual: a prestação de trabalho intermitente, cuja prestação de serviços ocorre com subordinação, mas não é contínua, havendo alternância entre períodos de atividade e inatividade.

Não resta dúvida de que a nova modalidade contratual é uma hipótese de flexibilização do princípio da continuidade da relação de emprego.

LEGISLAÇÃO CORRELATA

Em relação aos princípios, aponta-se para diversas normas.

No Princípio da norma mais favorável, consagra-se a Súmula 202 do TST; quanto ao Princípio da condição mais benéfica ("cláusula mais vantajosa"), abordam-se as Súmulas 51 e 288 do TST.

O Princípio da primazia da realidade encontra-se no art. 9º da CLT. O Princípio da inalterabilidade contratual lesiva tem previsão no art. 468 da CLT; quanto ao Princípio da continuidade da relação de emprego, encontra-se abalizado na Súmula 212 do TST.

Destaca-se o Princípio da irredutibilidade salarial, cuja fundamentação jurídica encontra-se respaldada na Constituição Federal, conforme o art. 7º, VI, da CF/88, a seguir reproduzido:

> "Art. 7º São direitos dos trabalhadores urbanos e rurais, além de outros que visem à melhoria de sua condição social:
> (...)
> VI – irredutibilidade do salário, salvo o disposto em convenção ou acordo coletivo;"

ENTENDIMENTO DOUTRINÁRIO

A doutrina de Maurício Godinho Delgado (2015, p. 45) define o Direito do Trabalho como: "Ramo jurídico especializado, que regula certo tipo de relação laborativa na sociedade contemporânea".

Ricardo Resende (2016, p. 57) conceitua o Direito do Trabalho como "ramo da ciência jurídica que estuda as relações jurídicas entre os trabalhadores e os tomadores de seus serviços e, mais precisamente, entre empregados e empregadores".

JURISPRUDÊNCIA

> "VÍNCULO DE EMPREGO. PRINCÍPIO DA PRIMAZIA DA REALIDADE SOBRE A FORMA. No Direito do Trabalho vige o *princípio da primazia da realidade* sobre a forma, também chamado de princípio do contrato realidade, que privilegia o que de fato ocorre em detrimento do envoltório formal" (TRT-1 – RO n. 0000406-48.2014.5.01.0302 RJ, Relatora: Maria Aparecida Coutinho Magalhães, Data de Julgamento: 19-5-2015, 8ª Turma, Data de Publicação: 8-6-2015).

> "AÇÃO ANULATÓRIA. ACORDO COLETIVO DE TRABALHO QUE CONTÉM NORMA MENOS FAVORÁVEL QUE AQUELA PREVISTA EM CONVENÇÃO COLETIVA VIGENTE NO MESMO PERÍODO. ART. 620 DA CLT. NULIDADE AFASTADA. O confronto entre duas cláusulas dispondo sobre a mesma vantagem constante tanto de acordo quanto de convenção

coletiva vigentes no mesmo período não enseja a anulação da norma menos favorável, mas apenas a sua inaplicabilidade ao caso concreto, conforme dicção do art. 620 da CLT. O reconhecimento de que a convenção coletiva deve ser aplicada em detrimento do acordo coletivo, quando aquela for mais favorável, não implica a declaração da nulidade do acordo, pois, para tanto, seria necessária a constatação de irregularidades de ordem formal ou material a afrontar o ordenamento jurídico. Com esse entendimento, a SDC, por unanimidade, deu provimento ao recurso ordinário para, afastando a nulidade das cláusulas terceiras dos acordos coletivos 2007/2008 e 2008/2009, firmados entre os réus, julgar improcedente a ação anulatória. Entendeu-se, outrossim, que a improcedência da presente ação não interfere na pretensão de aplicação da norma mais favorável aos empregados, a qual deve ser discutida em ação judicial própria" (TST-RO-2643-24.2010.5.12.0000, SDC, Relatora Ministra: Kátia Magalhães Arruda, Data de Publicação: 13-8-2012 – *Informativo* n. 17 do TST).

QUESTÕES COMENTADAS

01 (Procurador do Estado – PGE-TO – FCC – 2018) Os princípios exercem um papel constitutivo da ordem jurídica, cuja interpretação leva em consideração os valores que os compõem. Nesse sentido, o entendimento jurisprudencial adotado pelo Tribunal Superior do Trabalho de que o encargo de provar o término do contrato de trabalho quando negados a prestação de serviço e o despedimento é do empregador está embasado no princípio:

(A) protetor;

(B) da primazia da realidade;

(C) da irrenunciabilidade;

(D) da continuidade da relação de emprego;

(E) da boa-fé contratual subjetiva.

RESPOSTA A assertiva "D" se apresenta como a correta, tendo em vista a Súmula 212 – O TST adotou o entendimento de que o ônus de provar o término do contrato de trabalho, quando negados a prestação de serviço e o despedimento, é do empregador, pois o princípio da CONTINUIDADE DA RELAÇÃO DE EMPREGO constitui presunção favorável ao empregado.

02 (Advogado Pleno – SP Trans – VUNESP – 2012) São princípios do direito individual do trabalho:

(A) irrenunciabilidade, continuidade do contrato de trabalho e autonomia da vontade;

(B) primazia da realidade, norma mais favorável e descontinuidade do contrato de trabalho;

(C) condição mais benéfica, *in dubio pro operario* e tangibilidade salarial;

(D) irrenunciabilidade, primazia da forma e condição mais benéfica;

(E) continuidade do contrato de trabalho, norma mais favorável e irrenunciabilidade.

RESPOSTA A assertiva "E" se apresenta como a correta, tendo em vista que a autonomia da vontade não é princípio, mas sim uma faculdade das partes de se manifestar; não se fala em descontinuidade do contrato de trabalho, mas sim em continuidade; não se fala em tangibilidade salarial no Direito do Trabalho; o correto é primazia da realidade e não primazia da forma, razão pela qual apenas a alternativa "E" apresenta todos os corretos princípios. *Alternativa E.*

---

03 (Juiz do Trabalho Substituto – TRT 1ª REGIÃO/RJ – FCC – 2014) Quanto ao princípio da irrenunciabilidade, é correto afirmar:

(A) o Direito do Trabalho impede a supressão de direitos trabalhistas em face do exercício, pelo devedor trabalhista, de prerrogativa legal;

(B) as normas trabalhistas que regulam a jornada de trabalho são transacionáveis, conforme indicação da lei, bem como renunciáveis;

(C) são renunciáveis os direitos livremente estabelecidos pelas partes contratantes, resultantes de ajuste expresso ou tácito do empregado e empregador, quando não haja proibição legal, inexista vício de consentimento e não importe prejuízo ao empregado;

(D) não é absoluta a irrenunciabilidade do direito à anotação do contrato de trabalho na Carteira de Trabalho e Previdência Social;

(E) no curso da relação de emprego, a renunciabilidade de direitos é a regra e a indisponibilidade constitui-se em caráter excepcional.

RESPOSTA A alternativa "A" encontra-se incorreta, tendo em vista que a irrenunciabilidade dos direitos trabalhistas não pode ser utilizada como subterfúgio para que o devedor trabalhista se escuse do cumprimento de obrigação legal. A alternativa "B" encontra-se equivocada, vez que afirma que é possível a renúncia, sendo que a jornada de trabalho envolve, inclusive, questões atinentes a saúde e segurança do trabalho. A alternativa "C" está correta, em razão de sua redação estar em consonância com o art. 468, da CLT. A "D" está incorreta, ante ao fato de que o empregador deverá efetuar a anotação na CTPS, sob pena de lavratura de auto de infração pelo Fiscal do Trabalho, conforme prevê o art. 29, § 3º, da CLT. Por fim, a "E" está incorreta, já que a regra no Direito do Trabalho é a irrenunciabilidade de direitos trabalhistas e não a renunciabilidade. *Alternativa C.*

---

04 (Analista Judiciário – TRT – 9ª REGIÃO/PR – Área Judiciária – CESPE – 2007) O princípio do protecionismo e o princípio da primazia da realidade são inerentes ao Direito do Trabalho.

( ) Certo   ( ) Errado

RESPOSTA O princípio do protecionismo, também chamado de princípio da proteção ou tutelar, consiste na utilização da norma e da condição mais favorável ao trabalhador. O princípio da primazia da realidade impõe que, no ramo justrabalhista, os fatos sejam mais importantes do que os ajustes formais. *Alternativa Certa.*

05 (Analista Judiciário – Execução de Mandados – TRT – 21ª Região/RN – CESPE – 2010) Os contratos por prazo determinado, bem como o contrato de trabalho temporário, são exceções ao princípio da continuidade da relação de emprego.

( ) Certo   ( ) Errado

RESPOSTA Em regra, o contrato de trabalho terá validade por prazo indeterminado, isto é, a relação de emprego tem caráter de continuidade, conforme reza o Princípio da continuidade do emprego. Sendo assim, está correto afirmar que os contratos por prazo determinado, bem como o contrato de trabalho temporário, são exceções ao princípio da continuidade da relação de emprego. *Alternativa Certa.*

PARA GABARITAR

O Direito do Trabalho é detentor do seu próprio objeto de estudo, a partir de métodos próprios para a sua estruturação como ramo do Direito, tanto que possui uma vasta produção legislativa.

PARA MEMORIZAR

DIVISÃO DO DIREITO DO TRABALHO

> **CAPÍTULO 2** Fontes do Direito do Trabalho

1. CONCEITO

1.1. Fontes do Direito do Trabalho (materiais e formais)

As fontes de Direito dizem respeito à origem das normas jurídicas, ou seja, como elas nascem ou surgem, podendo ser classificadas como fontes materiais e formais.

As fontes materiais, também denominadas fontes reais ou primárias, representam um *momento* que antecede à materialização da norma, ou momento pré-jurídico, que nada mais é do que o conjunto de fatores que levam à formação da norma, ou seja, os fatos sociais em si. Ex: a greve, que muitas vezes ocorre com a intenção de melhorar as condições laborais, a flexibilização etc.

As fontes formais, também denominadas fontes secundárias, representam a norma já construída, isto é, a exteriorização do Direito com força vinculante. Dividem-se em *autônomas*, que são aquelas elaboradas com a participação direta/imediata de seus destinatários, sem a intervenção do Estado ou de terceiros (ex.: costume, acordo e convenção coletiva); e em *heterônomas*, que são aquelas elaboradas com a participação de um terceiro, muitas vezes o Estado, ou seja, sem a participação direta/imediata de seus destinatários principais: leis, atos do Poder Executivo – decretos, portarias, instruções normativas –, tratados e convenções internacionais (desde que ratificados pelo Brasil), sentenças normativas, Constituição Federal, súmulas vinculantes.

Atenção! Um dos pilares da Reforma Trabalhista sancionada pela Lei n. 13.467/2017 é o de que a negociação coletiva realizada por entidades representativas de trabalhadores e empregadores possa prevalecer sobre normas legais, em respeito à autonomia coletiva da vontade.

Nessa linha, o foco que se almeja com a reforma é a expansão das condições de negociação dos sindicatos diante das regras rígidas previstas na CLT, sem comprometer os direitos assegurados aos trabalhadores.

2. INTERPRETAÇÃO DAS NORMAS TRABALHISTAS

Segundo interpretação do art. 8º, da CLT, o Direito do Trabalho aplica as denominadas técnicas de integração, cuja intenção é suprir as lacunas deixadas pela lei, não as confundindo com as fontes do Direito.

Além disso, ressalta-se que o poder normativo não é capaz de ofertar condições de prever todos os acontecimentos que possam ocorrer no ordenamento jurídico, de modo que, na iminência de algo acontecer e não estar pautado pela norma, o Poder Jurisdicional deverá julgar o ocorrido, sendo-lhe vedado eximir-se da sua função jurisdicional.

Dentre as técnicas de integração, destacam-se a analogia, equidade, os princípios, usos de costumes, o direito comparado e a jurisprudência.

A analogia é a aplicação da lei de um caso semelhante para um caso concreto na ausência de norma específica.

Já a equidade se fundamenta na justiça aplicada a partir dos parâmetros de razoabilidade e bom senso, utilizando-se sempre que a lei permitir.

Os princípios se fundamentam como o alicerce do ordenamento jurídico, visto que, na ausência de norma específica, o magistrado poderá aplicar um dos princípios de Direito do Trabalho.

Os usos e costumes se fundamentam na ideia de que o ato praticado e reiterado na sociedade integra a normatização.

Por fim, a jurisprudência se fundamenta na ideia de integração das lacunas deixadas pelo legislador a partir da observância de outras decisões.

Atenção! A Reforma Trabalhista aprovada pela Lei n. 13.467/2017 inseriu os §§ 2º e 3º do art. 8º, da CLT, e passa a dispor:

> "§ 2º Súmulas e outros enunciados de jurisprudência editados pelo Tribunal Superior do Trabalho e pelos Tribunais Regionais do Trabalho não poderão restringir direitos legalmente previstos nem criar obrigações que não estejam previstas em lei".

O texto afirma que a jurisprudência não pode restringir direitos legalmente previstos nem criar obrigações não previstas em lei.

Entretanto, como vimos no início deste tópico, os costumes e princípios também são fontes de integração e algumas vezes superam os textos legais. Ademais, não são raras as vezes em que uma lei se torna desatualizada, necessitando de uma interpretação ou complementação. Nesses casos, a jurisprudência age como integradora e atualizadora da legislação. Logo, não é crível que haja impedimento da jurisprudência como técnica de integração da lei.

O dispositivo, no nosso entendimento, é inconstitucional, por impedir o controle de leis pelos princípios e valores constitucionais. Contudo, nas provas, devemos observar a redação expressa do atual § 1º.

Atente-se ainda que o § 3º do citado dispositivo passa a inscrever a negociação coletiva (convenção e acordo) no rol de princípios fundamentais de aplicação, interpretação e integração da legislação trabalhista.

> "§ 3º No exame de convenção coletiva ou acordo coletivo de trabalho, a Justiça do Trabalho analisará exclusivamente a conformidade dos elementos

essenciais do negócio jurídico, respeitado o disposto no art. 104 da Lei n. 10.406, de 10 de janeiro de 2002 (Código Civil), e balizará sua atuação pelo princípio da intervenção mínima na autonomia da vontade coletiva."

Afirma o referido parágrafo que, na avaliação dos requisitos para validade da norma coletiva, o Poder Judiciário deverá analisar exclusivamente os requisitos previstos no art. 104 do Código Civil.

LEGISLAÇÃO CORRELATA

No que concerne à interpretação das normas trabalhistas, vale considerar o contido no art. 8º, da CLT, a seguir reproduzido:

> "Art. 8º As autoridades administrativas e a Justiça do Trabalho, na falta de disposições legais ou contratuais, decidirão, conforme o caso, pela jurisprudência, por analogia, por equidade e outros princípios e normas gerais de direito, principalmente do direito do trabalho, e, ainda, de acordo com os usos e costumes, o direito comparado, mas sempre de maneira que nenhum interesse de classe ou particular prevaleça sobre o interesse público.
>
> § 1º O direito comum será fonte subsidiária do direito do trabalho.
>
> § 2º Súmulas e outros enunciados de jurisprudência editados pelo Tribunal Superior do Trabalho e pelos Tribunais Regionais do Trabalho não poderão restringir direitos legalmente previstos nem criar obrigações que não estejam previstas em lei.
>
> § 3º No exame de convenção coletiva ou acordo coletivo de trabalho, a Justiça do Trabalho analisará exclusivamente a conformidade dos elementos essenciais do negócio jurídico, respeitado o disposto no art. 104 da Lei n. 10.406, de 10 de janeiro de 2002 (Código Civil), e balizará sua atuação pelo princípio da intervenção mínima na autonomia da vontade coletiva". (NR)

ENTENDIMENTO DOUTRINÁRIO

Vale destacar os brilhantes ensinamentos de Vólia Bomfim Cassar (2015, p. 88) no que tange à conceituação de fontes de Direito, apresentada da seguinte forma: "Assim, fonte de Direito do Trabalho significa: meio pelo qual o Direito do Trabalho se forma, se origina e estabelece suas normas jurídicas. Emprega-se também a expressão no sentido de 'fundamento de validade jurídico-positiva da norma jurídica', visão kelseniana".

Além dos abalizados ensinamentos acima expostos, segundo o entendimento de Fábio Goulart Villela (2010, p. 91), no que concerne às fontes autônomas do Direito do Trabalho, "O costume é a convicção dos que se conformam a uma prática constante de que a tanto estão obrigados por um dever jurídico".

JURISPRUDÊNCIA

"RURÍCULA. INTERVALO INTRAJORNADA. USOS E COSTUMES. Aos usos e costumes de que tratam o art. 5º da Lei 5.889/73 e o parágrafo 1º do art. 5º do Decreto 73.626 não é dado alterar o tempo de intervalo para período inferior a uma hora, mas tão somente permitir que ele seja usufruído conforme a realidade e a praxe do local" (TRT-3 – RO n. 00964200914803006 0096400-02.2009.5.03.0148, Relator: Fernando Antônio Viegas Peixoto, 7ª Turma, Data de Publicação: 9-3-2010, 8-3-2010. *DEJT*, p. 110. Boletim: Não).

QUESTÕES COMENTADAS

01 (Analista Judiciário – Área Judiciária – TRT – 2ª REGIÃO-SP – FCC – 2018) Acerca das fontes do Direito do Trabalho, considere.

I. As autoridades administrativas e a Justiça do Trabalho, na falta de disposições legais ou contratuais, decidirão, conforme o caso, apenas pela jurisprudência, por analogia, por equidade, pelo direito comparado e outros princípios e normas gerais de direito, admitindo-se, excepcionalmente, que um interesse de classe ou particular prevaleça sobre o interesse público.

II. Súmulas e outros enunciados de jurisprudência editados pelo Tribunal Superior do Trabalho e pelos Tribunais Regionais do Trabalho não poderão restringir direitos legalmente previstos nem criar obrigações que não estejam previstas em lei.

III. No exame de convenção coletiva ou acordo coletivo de trabalho, a Justiça do Trabalho, além de analisar a conformidade dos elementos essenciais do negócio jurídico (agente capaz, objeto lícito, possível, determinado ou determinável e forma prescrita ou não defesa em lei), poderá anular cláusulas coletivas com base em juízos de valor sobre o pactuado, balizando sua atuação pelo princípio da intervenção adequada na autonomia da vontade coletiva.

Está correto o que se afirma APENAS em:

(A) I;

(B) II;

(C) II e III;

(D) I e III;

(E) I e II.

RESPOSTA O item I está errado. BASE LEGAL: Art. 8º da CLT: "As autoridades administrativas e a Justiça do Trabalho, na falta de disposições legais ou contratuais, decidirão, conforme o caso, pela jurisprudência, por analogia, por equidade e outros princípios e normas gerais de direito, principalmente do Direito do Trabalho, e, ainda, de acordo com os usos e costumes, o Direito Comparado, mas sempre de maneira que nenhum interesse de classe ou particular prevaleça sobre o interesse público". A questão excluiu deliberadamente (expressão "apenas") os "usos e costumes". Ainda, a questão está incorreta porque menciona ser possível que um interesse de classe/particular prevaleça sobre o interesse público, contrariando o art. 8º da CLT.

O item II está correto. É a reprodução da lei. BASE LEGAL: Art. 8º, § 2º, da CLT: "Súmulas e outros enunciados de jurisprudência editados pelo Tribunal Superior do Trabalho

Fontes do Direito do Trabalho 37

e pelos Tribunais Regionais do Trabalho não poderão restringir direitos legalmente previstos nem criar obrigações que não estejam previstas em lei".

O item III está errado. BASE LEGAL: Art. 8º, § 3º, da CLT: "No exame de convenção coletiva ou acordo coletivo de trabalho, a Justiça do Trabalho analisará exclusivamente a conformidade dos elementos essenciais do negócio jurídico, respeitado o disposto no art. 104 da Lei n. 10.406, de 10 de janeiro de 2002 (Código Civil), e balizará sua atuação pelo princípio da intervenção mínima na autonomia da vontade coletiva".

A redação legal indica que a Justiça do Trabalho analisará exclusivamente a conformidade dos elementos do negócio jurídico (agente capaz, objeto lícito, possível, determinado ou determinável e forma prescrita ou não defesa em lei), de modo a não ser possível anular por juízo de valor (justiça ou equidade). Além disso, deve se pautar pelo princípio da intervenção mínima na autonomia da vontade coletiva, e não na "intervenção adequada".

---

02 (Advogado – BADESC – FGV – 2010) No Direito do Trabalho, o acordo coletivo é classificado como uma fonte:

(A) jurisprudencial;

(B) material heterônoma;

(C) material autônoma;

(D) costumeira;

(E) formal.

RESPOSTA O acordo coletivo é fonte formal autônoma, pois é a manifestação da ordem jurídica positivada, elaborada com a participação direta dos seus destinatários. *Alternativa E.*

---

03 (Técnico Judiciário – Área Administrativa – TRT – 5ª Região/BA – FCC – 2013) Conforme previsão expressa contida na Consolidação das Leis do Trabalho, a Justiça do Trabalho, na falta de disposições legais ou contratuais, decidirá conforme o caso, NÃO podendo utilizar como fonte supletiva do Direito do Trabalho:

(A) a jurisprudência;

(B) os usos e costumes;

(C) valores sociais da livre- iniciativa;

(D) os princípios gerais do Direito;

(E) a analogia e equidade.

RESPOSTA Ressalta-se a compreensão do art. 8º da CLT, que dispõe que "na falta de disposições legais ou contratuais, decidirão, conforme o caso, pela jurisprudência, por analogia, por equidade e outros princípios e normas gerais de direito, principalmente do direito do trabalho, e, ainda, de acordo com os usos e costumes, o direito comparado, mas sempre de maneira que nenhum interesse de classe ou particular prevaleça sobre o interesse público". *Alternativa C.*

04 (Técnico Judiciário – Área Administrativa – TRT – 9ª REGIÃO/PR – CESPE – 2007) Quando houver omissão nas disposições da legislação trabalhista, nos contratos individuais ou nas convenções e acordos coletivos de trabalho, o juiz do trabalho pode julgar por precedente jurisprudencial, analogia ou por equidade, inclusive adotando o Direito Comum como fonte subsidiária.

( ) **Certo**   ( ) **Errado**

RESPOSTA Remete-se para a interpretação do art. 8º da CLT, que dispõe sobre a problemática proposta. *Alternativa Certa.*

---

05 (Advogado da União – AGU – CESPE – 2004) Como uma das principais fontes formais do direito do trabalho, os movimentos reivindicatórios deflagrados pelos trabalhadores, com a participação dos sindicatos, têm sido, ao longo da história, o principal elemento gerador de normas jurídicas trabalhistas.

( ) **Certo**   ( ) **Errado**

RESPOSTA A greve se caracteriza como uma fonte material do Direito do Trabalho. *Alternativa Errada.*

PARA GABARITAR

As fontes materiais não são obrigatórias, apenas vislumbra-se uma pressão das classes sociais (empregados e empregadores). Portanto, trata-se de uma fase prévia ao surgimento das fontes formais.

PARA MEMORIZAR

As fontes materiais são os fatos sociais que deram origem à norma. Exemplo: greve, movimentos sociais, as lutas de classe, a revolução industrial.

As fontes formais são a manifestação da ordem jurídica positiva, ou seja, a norma é elaborada com a participação direta dos destinatários (fonte formal autônoma), ou sem a participação direta dos destinatários (fonte formal heterônoma).

CAPÍTULO 3 Renúncia e transação

1. CONCEITO

É cediço que as normas trabalhistas são indisponíveis, visto que as partes não podem simplesmente dispor delas.

Todavia, ponderam-se os institutos da renúncia e da transação, conforme será apresentado no referido tópico.

A renúncia se baseia no ato unilateral de despojamento de um direito certo, o que é vedado, segundo a compreensão do art. 9º, da CLT.

Por sua vez, a transação corresponde a um ato bilateral, mediante concessões recíprocas, sobre um direito duvidoso (*res dubia*), com vistas a finalizar ou a evitar um litígio.

Percebe-se que, no Direito do Trabalho, a transação, em razão da natureza cogente de suas normas e da hipossuficiência econômica do empregado, para que possa ser considerada válida, deve ser apreciada pelo Poder Judiciário Trabalhista.

A única hipótese de transação extrajudicial prevista no ordenamento jurídico trabalhista está no art. 625-E, da CLT, que trata da Conciliação Prévia, em que o empregado, individualmente, transaciona diretamente com o empregador suas verbas trabalhistas, sem a intervenção do Poder Judiciário, o que não se confunde com o procedimento de jurisdição voluntária de homologação de acordo extrajudicial previsto no art. 855-B e s. da CLT.

A Reforma Trabalhista (Lei n. 13.467/2017) inseriu o art. 507-A, da CLT, que prevê que, nos contratos individuais de trabalho cuja remuneração seja superior a duas vezes o limite máximo estabelecido para os benefícios do Regime Geral de Previdência Social, poderá ser pactuada cláusula compromissória de arbitragem, desde que por iniciativa do empregado ou mediante a sua concordância expressa.

É a primeira vez que no Direito do Trabalho se abre a possibilidade de arbitragem em questões individuais.

Imperioso destacar que alguns doutrinadores classificam o Programa de Demissão Voluntária (PDV) como hipótese de transação individual de direitos trabalhistas.

O Tribunal Superior do Trabalho tem se posicionado no sentido de que a indenização paga no Programa de Demissão Voluntária não pode substituir as verbas trabalhistas decorrentes do contrato de trabalho. Dessa forma, o empregado que aderir ao programa e não conseguir a quitação geral do contrato de trabalho poderá, no futuro, discutir parcelas que não foram quitadas.

O Supremo Tribunal Federal já se manifestou no sentido de que, havendo negociação coletiva (instrumento coletivo) que preveja quitação genérica do contrato de trabalho para aqueles empregados que aderirem ao mencionado programa, torna-se possível a quitação geral das verbas trabalhistas.

No tocante à renúncia, são raras as situações permitidas pelo Direito do Trabalho, tais como o caso em que o empregado perde o mandato se a transferência for por ele solicitada ou voluntariamente aceita, conforme art. 543, § 11, da CLT, e a possibilidade de renúncia do aviso prévio pelo trabalhador, se comprovar a existência de outro emprego (Súmula 276 do TST).

Há que se ponderar que os direitos trabalhistas são indisponíveis, podendo se tornar disponíveis quando a lei autorizar.

LEGISLAÇÃO CORRELATA

Dentre as legislações correlatas ao tema, destacam-se na presente análise diversos artigos normativos da CLT, súmulas e orientações jurisprudenciais.

Sobre a nulidade do ato praticado visando desvirtuar os direitos trabalhistas, dispõe a CLT:

> "Art. 9º Serão nulos de pleno direito os atos praticados com o objetivo de desvirtuar, impedir ou fraudar a aplicação dos preceitos contidos na presente Consolidação".

O presente capítulo abordou a questão do Programa de Incentivo à Demissão Voluntária, que é uma forma de transação extrajudicial que importa na rescisão do contrato de trabalho ante a adesão voluntária do empregado no plano proposto. Neste aspecto, há orientações jurisprudenciais que norteiam este entendimento, inclusive a possibilidade de compensação:

JURISPRUDÊNCIA

> OJ 270 SDI-1, TST. "PROGRAMA DE INCENTIVO À DEMISSÃO VOLUNTÁRIA. TRANSAÇÃO EXTRAJUDICIAL. PARCELAS ORIUNDAS DO EXTINTO CONTRATO DE TRABALHO. EFEITOS. A transação extrajudicial que importa rescisão do contrato de trabalho ante a adesão do empregado a plano de demissão voluntária implica quitação exclusivamente das parcelas e valores constantes do recibo."

> OJ 356 SDI-1, TST. "PROGRAMA DE INCENTIVO À DEMISSÃO VOLUNTÁRIA (PDV). CRÉDITOS TRABALHISTAS RECONHECIDOS EM JUÍZO. COMPENSAÇÃO. IMPOSSIBILIDADE. Os créditos tipicamente trabalhistas reconhecidos em juízo não são suscetíveis de compensação com a indenização paga em decorrência de adesão do trabalhador a Programa de Incentivo à Demissão Voluntária (PDV)."

Por fim, dispõe o Direito do trabalho sobre duas possibilidades de renúncia, a primeira advinda da própria Consolidação das Leis do Trabalho e de Súmula do TST.

"Art. 543, § 1º, da CLT: O empregado perderá o mandato se a transferência for por ele solicitada ou voluntariamente aceita."

"Súmula 276 do TST. AVISO PRÉVIO. RENÚNCIA PELO EMPREGADO (mantida) – Res. n. 121/2003, *DJ* 19, 20 e 21-11-2003. O direito ao aviso prévio é irrenunciável pelo empregado. O pedido de dispensa de cumprimento não exime o empregador de pagar o respectivo valor, salvo comprovação de haver o prestador dos serviços obtido novo emprego."

ENTENDIMENTO DOUTRINÁRIO

Na literatura de Ricardo Resende (2006, p. 96), a "renúncia é ato unilateral da parte, através do qual ela se despoja de um direito de que é titular, sem correspondente concessão pela parte beneficiada pela renúncia. Transação é ato bilateral, pelo qual se acertam direitos e obrigações entre as partes acordantes, mediante concessões recíprocas, envolvendo questões fáticas ou jurídicas duvidosas".

Por fim, cabe destacar o posicionamento doutrinário sobre a possibilidade de transação do Ministro Maurício Godinho Delgado. Para ele, para as normas de indisponibilidade absoluta não cabe transação individual por atingirem o patamar mínimo civilizatório, como por exemplo, o direito à anotação da CTPS, ao salário mínimo. As normas de indisponibilidade relativa, por sua vez, não atingem o patamar mínimo civilizatório, o interesse é meramente particular. Exemplo: forma de pagamento do salário.

JURISPRUDÊNCIA

"CEF. ADESÃO AO NOVO PLANO DE CARGOS E SALÁRIOS. CONDIÇÃO. SALDAMENTO DO PLANO DE BENEFÍCIOS REG/REPLAN. RENÚNCIA. VALIDADE. São válidos o ato normativo interno CI VIPES/SURSE 24/2008 e o Termo Aditivo ao Acordo Coletivo de Trabalho, em que foi exigido dos empregados da Carreira Administrativa do PCS/89 e PCS/98 associados à Funcef o saldamento do Plano de Benefícios de Complementação de Aposentadoria REG/REPLAN para adesão ao novo Plano de Cargos e Salários (Estrutura Salarial Unificada de 2008). Dessa maneira, a opção do empregado por um dos regulamentos tem efeito jurídico de renúncia às regras do sistema do outro, ainda que os benefícios estejam previstos em regulamento instituído por entidades de previdência privada, bastando não estar viciada a renúncia. Ademais, em observância ao princípio do conglobamento, há que se determinar a aplicação integral do regulamento pelo qual o empregado venha a optar. Acrescenta-se que a migração para o novo regulamento instituído pela reclamada não foi automática, e sim espontânea, não sendo possível assegurar ao autor o direito de ser vinculado ao novo plano de benefícios da FUNCEF, sem que tenha de renunciar às regras do antigo plano de benefícios (REG/REPLAN). Recurso de revista não conhecido" (TST – RR n. 401-51.2011.5.07.0015. Relator: José Roberto Freire Pimenta, Data de Julgamento: 12-8-2015, 2ª Turma, Data de Publicação: *DEJT* de 21-8-2015).

"COMISSÃO DE CONCILIAÇÃO PRÉVIA. ACORDO FIRMADO SEM RESSALVAS. EFICÁCIA LIBERATÓRIA GERAL. Reafirmando posicionamento da Corte no sentido de possuir eficácia liberatória geral, quanto ao contrato de trabalho, o acordo firmado perante a comissão de conciliação prévia, quando inexistentes ressalvas, a SBDI-I, por maioria, negou provimento ao agravo e manteve a decisão que negou seguimento aos embargos. Vencidos os Ministros José Roberto Freire Pimenta e Delaíde Miranda Arantes, que davam provimento ao agravo para restabelecer a decisão do Regional, ao fundamento de que, na hipótese, o termo de conciliação firmado pelas partes diante da comissão de conciliação prévia se deu em substituição ao procedimento homologatório regular, em desvio de finalidade, inviabilizando, portanto, a eficácia liberatória pretendida" (TST-Ag-E-RR-131240-28.2008.5.03.0098, SBDI-1, Relator Ministro: Ives Gandra Martins Filho, Data de Publicação: 20-9-2012 – *Informativo* n. 22 do TST).

"COMISSÃO DE CONCILIAÇÃO PRÉVIA. ACORDO FIRMADO SEM RESSALVAS. EFICÁCIA LIBERATÓRIA GERAL. PARÁGRAFO ÚNICO DO ART. 625-E DA CLT. Nos termos do parágrafo único do art. 625-E da CLT, o termo de conciliação, lavrado perante a Comissão de Conciliação Prévia regularmente constituída, possui eficácia liberatória geral, exceto quanto às parcelas ressalvadas expressamente. Em outras palavras, não há limitação dos efeitos liberatórios do acordo firmado sem ressalvas, pois o termo de conciliação constitui título executivo extrajudicial, com força de coisa julgada entre as partes, equivalendo a uma transação e abrangendo todas as parcelas oriundas do vínculo de emprego. Com esse posicionamento, a SBDI-I, em sua composição plena, por unanimidade, conheceu dos embargos, por divergência jurisprudencial, e, no mérito, pelo voto prevalente da Presidência, deu-lhes provimento para julgar extinto o processo sem resolução de mérito, na forma do art. 267, IV, do CPC. Vencidos os Ministros Horácio Raymundo de Senna Pires, Rosa Maria Weber, Lelio Bentes Corrêa, Luiz Philippe Vieira de Melo Filho, Augusto César Leite de Carvalho, José Roberto Freire Pimenta e Delaíde Miranda Arantes, por entenderem que a quitação passada perante a Comissão de Conciliação Prévia não pode abranger parcela não inserida no correlato recibo" (TST-E-RR-17400-43.2006.5.01.0073, SBDI-I, Relator Ministro: Aloysio Corrêa da Veiga, 8-11-2012 – *Informativo* n. 29 do TST).

"COMISSÃO DE CONCILIAÇÃO PRÉVIA. TERMO DE QUITAÇÃO. EFICÁCIA LIBERATÓRIA. DIFERENÇAS EM COMPLEMENTAÇÃO DE APOSENTADORIA. NÃO ABRANGÊNCIA. A eficácia liberatória geral do termo de quitação referente a acordo firmado perante a Comissão de Concilia-ção Prévia (art. 625-E, parágrafo único, da CLT) possui abrangência limitada às verbas trabalhistas propriamente ditas, não alcançando eventuais diferenças de complementação de aposentadoria. Com esse entendimento, a SBDI-I, por unanimidade, conheceu dos embargos, por divergência jurisprudencial, e, no mérito, deu-lhes parcial provimento para, afastada a quitação do termo de conciliação quanto aos reflexos das horas extras e do desvio de função sobre a complementação de aposentadoria, determinar o retorno dos autos à Vara do Trabalho, para que prossiga no julgamento do feito como entender de direito. Ressaltou-se, no caso, que a complementação de aposentadoria, embora decor-rente do contrato de trabalho, não possui natureza trabalhista. Ademais, não se pode estender os efeitos da transação firmada na CCP a entidade de previ-dência privada, por se tratar de terceiro que não participou do negócio jurídico" (TST-E-RR141300-03.2009.5.03.0138, SBDI-I, Relator Ministro: Renato de La-cerda Paiva, 6-12-2012 – *Informativo* n. 33 do TST).

QUESTÕES COMENTADAS

01 (Juiz do Trabalho Substituto – TRT 23ª Região/MT – 2011) Sobre a renúncia e transação de direi-tos trabalhistas é INCORRETO afirmar que:

(A) os principais elementos da renúncia são a manifestação unilateral e consciente da von-tade e a certeza do direito sobre o qual incide;

(B) o pedido de demissão formulado por empregado portador de estabilidade acidentária traduz hipótese de renúncia a direito trabalhista;

(C) havendo a coexistência de dois regulamentos da empresa, a opção do trabalhador por um deles implica renúncia ao outro;

(D) a transação de direitos trabalhistas é passível de nulidade, inclusive quando feita com interveniência sindical;

(E) rompido o contrato de empregado com mais de um ano de serviço, em hipótese alguma a transação extrajudicial terá validade sem assistência sindical ou do Ministério do Trabalho.

RESPOSTA O erro da alternativa "E" recai em dizer que em hipótese alguma a transação extrajudicial terá validade sem assistência sindical ou do Ministério do Trabalho, visto que, de acordo com art. 477, § 3º, da CLT, quando não existir na localidade assistência sindical ou representante do Ministério Público, a assistência será prestada pelo defensor público ou juiz de paz. *Alternativa E.*

02 (Juiz do Trabalho – TRT – 15ª Região – 2013) Sobre a renúncia e a transação no Direito do Traba-lho, é correto afirmar:

(A) o aviso prévio proporcional, tratando-se de uma vantagem pessoal, comporta renúncia por parte do trabalhador, não se exigindo condição de validade para tanto;

(B) o princípio da irrenunciabilidade do Direito do Trabalho, voltado à proteção do trabalha-dor, não se aplica no caso de relações de emprego firmadas junto a empresas de peque-no porte, dada a situação de hipossuficiência econômica que a atinge;

DIREITO E PROCESSO DO TRABALHO

(C) é nula de pleno direito, conforme entendimento jurisprudencial majoritário, cláusula coletiva que venha a estabelecer qualquer procedimento que induza a renúncia das garantias de manutenção do emprego e salário por parte de empregada gestante;

(D) a renúncia ocorrida após a cessação do contrato de trabalho é lícita, na medida em que o trabalhador não mais se encontra juridicamente subordinado, mesmo em se tratando de questão de ordem pública;

(E) segundo entendimento jurisprudencial dominante é possível ao cipeiro transigir com seu empregador a garantia de emprego, mediante o recebimento de valor negociado referente ao período da estabilidade provisória.

RESPOSTA A Fundação Carlos Chagas demonstra nesta questão a exigência da memorização do texto normativo integral, tanto que o enunciado correto é a redação da OJ 30 da SDC do TST. *Alternativa C.*

03 (Analista – Advocacia – SERPRO – CESPE – 2010) De acordo com a Consolidação das Leis do Trabalho (CLT), é possível a resilição bilateral do contrato trabalhista a ser celebrado entre as partes (distrato), ainda que haja renúncia de direitos trabalhistas pelo empregado.

( ) Certo   ( ) Errado

RESPOSTA Acerca da resilição, trata-se da manifestação unilateral imotivada que coloca fim ao contrato de trabalho. Admite-se a livre resilição, pois ninguém é obrigado a manter-se vinculado permanentemente, sendo um direito potestativo de empregados e empregadores, cabível na demissão, que ocorre quando o empregado decide colocar fim ao contrato, bem como na dispensa ou despedida sem justa causa, que ocorre quando o empregador é quem decide colocar fim ao contrato sem motivação. *Alternativa Errada.*

04 (Advogado da União – AGU – CESPE – 2012) No que se refere à alteração, suspensão, interrupção e extinção do contrato de trabalho, julgue o próximo item.

Nos contratos individuais de trabalho, apenas é lícita a alteração empreendida por mútuo consentimento, ainda que possa resultar prejuízo ao trabalhador, considerada a caracterização de renúncia recíproca, em que o prejuízo se compensa com promessa futura de melhoria na condição salarial ou de trabalho.

( ) Certo   ( ) Errado

RESPOSTA Evidente que não se pode alterar o contrato de trabalho em prejuízo ao trabalhador. Mesmo com o consentimento deste, a alteração é nula. *Alternativa Errada.*

PARA GABARITAR

A transação celebrada entre os titulares de uma relação de trabalho deve ser sempre homologada pelo Juízo Trabalhista, com exceção do Termo de Conciliação firmado na Comissão de Conciliação Prévia, que, diante do preenchimento dos requisitos legais, valerá como título executivo extrajudicial.

> **CAPÍTULO 4**   Comissões de Conciliação Prévia (CCP)

1. CONCEITO

A Comissão de Conciliação Prévia (CCP) foi criada com o advento da Lei n. 9.958/2000, que incluiu na CLT os arts. 625-A a 625-H.

O objetivo da CCP era desafogar o grande número de ações trabalhistas ajuizadas diariamente no Judiciário Trabalhista, solucionando os conflitos existentes entre empregado e empregador fora do Poder Judiciário, de forma extrajudicial.

A Reforma Trabalhista sancionada pela Lei n. 13.467/2017 acrescentou um novo Título à CLT, o Título IV-A, para regulamentar o art. 11, da Constituição Federal, que determina que toda empresa com mais de 200 empregados tenha um representante eleito com a finalidade exclusiva de promover o entendimento direto com os empregadores. A ideia é que esse representante atue na conciliação de conflitos trabalhistas no âmbito da empresa.

Pretendeu o legislador prestigiar o diálogo social e desenvolver as relações de trabalho, reduzindo os conflitos e diminuindo o número de ações judiciais. De fato, uma pessoa que tenha credibilidade e liderança junto aos demais trabalhadores contribuirá para reduzir os desentendimentos internos da empresa.

Mas atenção! A Constituição Federal não previu que este representante dos trabalhadores fosse vinculado à estrutura sindical. Ao contrário, se essa fosse a intenção, o artigo teria sido incorporado aos dispositivos específicos da organização sindical (art. 8º, CF). Por essa razão foi criado um Título próprio (já citado por nós), apartado dos dispositivos da organização sindical, para tratar unicamente desse representante.

Todas as provas de concursos públicos só abordam a literalidade dos dispositivos da CLT sobre a temática das comissões de conciliação prévia, por essa razão, passaremos à análise detalhada dos principais pontos.

Dentre as principais características da CCP, destaca-se que "a tentativa conciliatória extrajudicial somente será possível quando envolver conflitos individuais do trabalho, e não conflitos coletivos"; "a composição da CCP é paritária, ou seja, idêntico número de representantes dos empregados e empregadores" e "a criação da CCP ser facultativa no âmbito da empresa e do sindicato da categoria".

Percebe-se que, se existirem na mesma localidade e para a mesma categoria a comissão de empresa e a comissão sindical, o interessado optará por uma delas para submeter a sua demanda, sendo competente aquela que primeiro conhecer do pedido.

A CCP instituída no âmbito do sindicato terá sua constituição e as normas de funcionamento definidas em convenção ou acordo coletivo, já a CCP constituída no âmbito da empresa tem as suas regras definidas na própria CLT.

Quanto ao representante dos empregados, ele desenvolverá seu trabalho normal na empresa, afastando-se de suas atividades apenas quando convocado para atuar como conciliador, sendo computado como tempo de trabalho efetivo o despendido nessa atividade, visto que acontece a interrupção do contrato de trabalho.

Essa demanda será formulada por escrito ou reduzida a termo, por qualquer dos membros da comissão, sendo entregue cópia datada e assinada pelo membro interessado.

Caso ocorra qualquer motivo relevante que impossibilite a observância da passagem obrigatória pela CCP, será a circunstância declarada na reclamação trabalhista ajuizada perante a Justiça do Trabalho.

Referente ao prazo da CCP, é de dez dias para realização da sessão de tentativa de conciliação a partir da provocação do interessado.

O termo de conciliação é um título executivo extrajudicial e terá eficácia liberatória geral, exceto quanto às parcelas expressamente ressalvadas.

Caso a conciliação seja infrutífera, será fornecida ao empregado e ao empregador declaração da tentativa conciliatória frustrada (ou carta de malogro).

Se no prazo de dez dias não for realizada a sessão de tentativa de conciliação, será fornecida a declaração da tentativa de conciliação frustrada no último dia do prazo.

LEGISLAÇÃO CORRELATA

Nas provas e concursos por todo o Brasil, exige-se sempre a literalidade dos dispositivos legais sobre a CCP. Portanto, a leitura cautelosa dos dispositivos torna-se obrigatória.

> "Art. 625-A. As empresas e os sindicatos podem instituir Comissões de Conciliação Prévia, de composição paritária, com representante dos empregados e dos empregadores, com a atribuição de tentar conciliar os conflitos individuais do trabalho.
>
> Parágrafo único. As Comissões referidas no *caput* deste artigo poderão ser constituídas por grupos de empresas ou ter caráter intersindical.
>
> Art. 625-B. A Comissão instituída no âmbito da empresa será composta de, no mínimo, dois e, no máximo, dez membros, e observará as seguintes normas:
>
> I – a metade de seus membros será indicada pelo empregador e outra metade eleita pelos empregados, em escrutínio, secreto, fiscalizado pelo sindicato de categoria profissional;
>
> II – haverá na Comissão tantos suplentes quantos forem os representantes titulares;
>
> III – o mandato dos seus membros, titulares e suplentes, é de um ano, permitida uma recondução.

§ 1º É vedada a dispensa dos representantes dos empregados membros da Comissão de Conciliação Prévia, titulares e suplentes, até um ano após o final do mandato, salvo se cometerem falta grave, nos termos da lei.

§ 2º O representante dos empregados desenvolverá seu trabalho normal na empresa afastando-se de suas atividades apenas quando convocado para atuar como conciliador, sendo computado como tempo de trabalho efetivo o despendido nessa atividade.

Art. 625-C. A Comissão instituída no âmbito do sindicato terá sua constituição e normas de funcionamento definidas em convenção ou acordo coletivo.

Art. 625-D. Qualquer demanda de natureza trabalhista será submetida à Comissão de Conciliação Prévia se, na localidade da prestação de serviços, houver sido instituída a Comissão no âmbito da empresa ou do sindicato da categoria.

§ 1º A demanda será formulada por escrito ou reduzida a termo por qualquer dos membros da Comissão, sendo entregue cópia datada e assinada pelo membro aos interessados. (Incluído pela Lei n. 9.958, de 12-1-2000.)

§ 2º Não prosperando a conciliação, será fornecida ao empregado e ao empregador declaração da tentativa conciliatória frustrada com a descrição de seu objeto, firmada pelos membros da Comissão, que deverá ser juntada à eventual reclamação trabalhista.

§ 3º Em caso de motivo relevante que impossibilite a observância do procedimento previsto no *caput* deste artigo, será a circunstância declarada na petição da ação intentada perante a Justiça do Trabalho.

§ 4º Caso exista, na mesma localidade e para a mesma categoria, Comissão de empresa e Comissão sindical, o interessado optará por uma delas submeter a sua demanda, sendo competente aquela que primeiro conhecer do pedido.

Art. 625-E. Aceita a conciliação, será lavrado termo assinado pelo empregado, pelo empregador ou seu proposto e pelos membros da Comissão, fornecendo-se cópia às partes.

Parágrafo único. O termo de conciliação é título executivo extrajudicial e terá eficácia liberatória geral, exceto quanto às parcelas expressamente ressalvadas.

Art. 625-F. As Comissões de Conciliação Prévia têm prazo de dez dias para a realização da sessão de tentativa de conciliação a partir da provocação do interessado.

Parágrafo único. Esgotado o prazo sem a realização da sessão, será fornecida, no último dia do prazo, a declaração a que se refere o § 2º do art. 625-D.

Art. 625-G. O prazo prescricional será suspenso a partir da provocação da Comissão de Conciliação Prévia, recomeçando a fluir, pelo que lhe resta, a partir da tentativa frustrada de conciliação ou do esgotamento do prazo previsto no art. 625-F.

Art. 625-H. Aplicam-se aos Núcleos Intersindicais de Conciliação Trabalhista em funcionamento ou que vierem a ser criados, no que couber, as disposições previstas neste Título, desde que observados os princípios da paridade e da negociação coletiva na sua constituição."

ENTENDIMENTO DOUTRINÁRIO

Sobre a Comissão de Conciliação Prévia, discorre Henrique Correia (2016, p. 67) sobre o objeto: "o objeto principal da Comissão de Conciliação Prévia é tentar a solução dos conflitos fora do Poder Judiciário, portanto de forma extrajudicial. Como não há presença do Estado nessa pacificação, pois o conflito é resolvido na própria empresa ou no sindicato, é chamada de autocomposição (solução pelas próprias partes envolvidas)".

JURISPRUDÊNCIA

"QUITAÇÃO. ACORDO FIRMADO PERANTE A COMISSÃO DE CONCILIAÇÃO PRÉVIA. Tem-se pronunciado a SBDI-I desta Corte superior, em reiterados julgamentos, no sentido de que o termo de conciliação firmado perante a Comissão de Conciliação Prévia, sem aposição de ressalvas, reveste-se de eficácia liberatória geral quanto às parcelas oriundas do contrato de emprego extinto (artigo 625-E, parágrafo único, da CLT). Recurso de revista não conhecido, com ressalva do entendimento pessoal do Relator" (TST – RR n. 4087-02.2011.5.12.0051. Data de Julgamento: 24-6-2015, Data de Publicação: *DEJT* de 26-6-2015).

"COMISSÃO DE CONCILIAÇÃO PRÉVIA. ACORDO FIRMADO SEM RESSALVAS. EFICÁCIA LIBERATÓRIA GERAL. PARÁGRAFO ÚNICO DO ART. 625-E DA CLT. Nos termos do parágrafo único do art. 625-E da CLT, o termo de conciliação, lavrado perante a Comissão de Conciliação Prévia regularmente constituída, possui eficácia liberatória geral, exceto quanto às parcelas ressalvadas expressamente. Em outras palavras, não há limitação dos efeitos liberatórios do acordo firmado sem ressalvas, pois o termo de conciliação constitui título executivo extrajudicial, com força de coisa julgada entre as partes, equivalendo a uma transação e abrangendo todas as parcelas oriundas do vínculo de emprego. Com esse posicionamento, a SBDI-I, em sua composição plena, por unanimidade, conheceu dos embargos, por divergência jurisprudencial, e, no mérito, pelo voto prevalente da Presidência, deu-lhes provimento para julgar extinto o processo sem resolução de mérito, na forma do art. 267, IV, do CPC. Vencidos os Ministros Horácio Raymundo de Senna Pires, Rosa Maria Weber, Lelio Bentes Corrêa, Luiz

Philippe Vieira de Melo Filho, Augusto César Leite de Carvalho, José Roberto Freire Pimenta e Delaíde Miranda Arantes, por entenderem que a quitação passada perante a Comissão de Conciliação Prévia não pode abranger parcela não inserida no correlato recibo" (TST-E-RR-17400-43.2006.5.01.0073, SBDI-I, Relator Ministro: Aloysio Corrêa da Veiga, 8-11-2012 – *Informativo* n. 29 do TST).

QUESTÕES COMENTADAS

01 **(Juiz do Trabalho – TRT – 1ª REGIÃO/RJ – FCC – 2012)** Quanto à Comissão de Conciliação Prévia é correto afirmar.

(A) A Comissão instituída no âmbito da empresa será composta de, no mínimo, dois e, no máximo, dez membros, com mandato de dois anos, permitida uma recondução.

(B) Aceita a conciliação, será lavrado termo assinado pelo empregado, pelo empregador ou seu preposto e pelos membros da Comissão, garantindo-se ao interessado o prazo de 8 (oito) dias para interposição de recurso ordinário.

(C) O termo de conciliação é título executivo extrajudicial e terá eficácia liberatória geral, exceto quanto às parcelas expressamente ressalvadas.

(D) É vedada a dispensa dos representantes dos empregados e dos empregadores, membros da Comissão de Conciliação Prévia, titulares e suplentes, até um ano após o final do mandato, salvo se cometerem falta grave, nos termos da lei.

(E) Qualquer demanda de natureza trabalhista será submetida à Comissão de Conciliação Prévia, desde que formulada obrigatoriamente por escrito se, na localidade da prestação de serviços, houver sido instituída a Comissão no âmbito da empresa ou do sindicato da categoria.

RESPOSTA Trata-se de uma questão em que a banca examinadora buscou a transcrição literal do parágrafo único do art. 625-E, da CLT. *Alternativa C.*

---

02 **(Analista Judiciário – Administrativa – TRT – 4ª REGIÃO/RS – FCC – 2015)** A Comissão de Conciliação Prévia instituída no âmbito de empresa:

(A) terá 2/3 de seus membros eleitos pelos empregados, em escrutínio, secreto, fiscalizado pelo sindicato de categoria profissional;

(B) terá 2/3 de seus membros indicados pelo empregador;

(C) será composta de, no mínimo, 2 e, no máximo, 10 membros;

(D) haverá 2 suplentes para cada representante titular;

(E) será composta de, no mínimo, 3 e, no máximo, 7 membros.

RESPOSTA O art. 625-B da CLT dispõe que a Comissão instituída no âmbito da empresa será composta de, no mínimo, dois e, no máximo, dez membros. *Alternativa C.*

03 (Analista – Processual – MPU – CESPE – 2010) É facultado ao empregador dispensar empregado membro da comissão de conciliação prévia.

( ) Certo   ( ) Errado

RESPOSTA Nos termos do art. 625-B, § 1º, da CLT, veda-se a dispensa dos representantes dos empregados membros da Comissão de Conciliação Prévia, titulares e suplentes, até um ano após o final do mandato, salvo se cometerem falta, nos termos da lei. *Alternativa Errada.*

04 (Advogado Especialista em Gestão de Telecomunicações – Telebras – CESPE – 2013) O feito deverá ser previamente submetido à comissão de conciliação prévia, sob pena de arquivamento da reclamação.

( ) Certo   ( ) Errado

RESPOSTA O STF, em medida cautelar nas ADIs n. 2.139-7 e 2.160-5 (*DOU* e *DJE* de 22-5-2009) deferiu parcialmente a cautelar para dar interpretação conforme a Constituição Federal relativamente ao art. 625-D da CLT. Nesse sentido, deve ser garantido o acesso ao judiciário, independentemente de apreciação pela Comissão de Conciliação Prévia. *Alternativa Errada.*

PARA GABARITAR

É comum grandes empresas ou grupos econômicos criarem as Comissões de Conciliação Prévia.

Caso existam, na mesma localidade e para a mesma categoria, comissão de empresa e comissão sindical, o interessado optará por uma delas para submeter a sua demanda, sendo competente aquela que primeiro conhecer o pedido.

O STF (ADIN n. 2.139-DF, Relator Ministro Marco Aurélio) proferiu decisão no sentido de que é *facultativo* ao trabalhador a tentativa de conciliação perante a CCP, ou seja, ele poderá ingressar diretamente na Justiça do Trabalho.

CAPÍTULO 5 Relação de trabalho, emprego, prestação de serviço e sujeitos do contrato de trabalho

1. CONCEITO

Inicia-se este capítulo discorrendo sobre a prestação de serviço, que é regulamentada pelo Direito Civil, bem como pactuada pelos contratos de prestação de serviços.

Por sua vez, as relações de trabalho são disciplinadas pelo Direito do Trabalho e acordadas por meio dos contratos de trabalho.

A ocorrência da prestação de serviço depende da existência da parte que deseja a realização de um serviço e de outro alguém que preste o serviço desejado, sendo que realmente importante é o produto final, ou seja, o resultado.

No que concerne à relação de trabalho, figura como gênero do qual a relação de emprego é uma das espécies.

Portanto, toda relação de emprego é uma relação de trabalho, mas nem toda relação de trabalho é uma relação de emprego.

A relação de emprego fica estabelecida quando estão presentes os requisitos dos arts. 2º e 3º, da CLT, também chamados de elementos fático-jurídicos da relação empregatícia; destaca-se, em especial, a subordinação.

O conceito de relação de emprego é obtido por meio da combinação dos arts. 2º e 3º, da CLT, conforme podemos depreender da leitura destes dispositivos:

> "Art. 2º Considera-se empregador a empresa, individual ou coletiva, que, assumindo os riscos da atividade econômica, admite, assalaria e dirige a prestação pessoal de serviço.
>
> § 1º Equiparam-se ao empregador, para os efeitos exclusivos da relação de emprego, os profissionais liberais, as instituições de beneficência, as associações recreativas ou outras instituições sem fins lucrativos, que admitirem trabalhadores como empregados.
>
> § 2º Sempre que uma ou mais empresas, tendo, embora, cada uma delas, personalidade jurídica própria, estiverem sob a direção, controle ou administração de outra, ou ainda quando, mesmo guardando cada uma sua autonomia, integrem grupo econômico, serão responsáveis solidariamente pelas obrigações decorrentes da relação de emprego.
>
> § 3º Não caracteriza grupo econômico a mera identidade de sócios, sendo necessárias, para a configuração do grupo, a demonstração do interesse integrado, a efetiva comunhão de interesses e a atuação conjunta das empresas dele integrantes.

> Art. 3º Considera-se empregado toda pessoa física que prestar serviços de natureza não eventual a empregador, sob a dependência deste e mediante salário.
>
> Parágrafo único. Não haverá distinções relativas à espécie de emprego e à condição de trabalhador, nem entre o trabalho intelectual, técnico e manual".

A partir da análise dos dispositivos mencionados, depreende-se que a relação de emprego é configurada pela prestação de um trabalho de natureza não eventual, por pessoa natural, com pessoalidade, subordinação e de forma onerosa.

Para que ocorra a caracterização da relação de emprego, importante se faz a presença de alguns elementos. Primeiramente, trabalho prestado por pessoa física, não podendo nunca ser uma pessoa jurídica.

Outro requisito é a pessoalidade, visto que o contrato de emprego é pessoal em relação à figura do empregado, ou seja, ele é contratado para prestar serviços pessoalmente, não podendo ser substituído, senão em situações excepcionais e com a concordância do empregador.

A pessoalidade aplicada aos contratos de trabalho se restringe à figura do empregado.

Atente-se que a banca examinadora Fundação Carlos Chagas (FCC) trouxe, em um dos seus certames, a infungibilidade como requisito caracterizador da relação de emprego. *A infungibilidade é sinônimo de pessoalidade*.

A não eventualidade ou habitualidade está ligada à ideia de serviço prestado em caráter contínuo, permanente, duradouro.

A Reforma Trabalhista passa a prever uma nova modalidade de contrato de trabalho: a prestação de trabalho intermitente. Nesta modalidade, a prestação dos serviços ocorre com subordinação, não é contínua, havendo alternância de períodos de prestação de serviços e de inatividade.

O requisito onerosidade nos contratos de emprego, bem como em todo contrato de trabalho oneroso, remete à ideia de pagamento de salário. Salário é contraprestação paga pelo empregador pelos serviços prestados pelo empregado.

A subordinação é o requisito que representa o poder empregatício do empregador, ou seja, é ela que reflete o poder de direção do empregador.

O requisito da alteridade significa que o risco do negócio pertence única e exclusivamente ao empregador. Observe: se o empregador não está obrigado a dividir os lucros com o empregado, razão não teria para compartilhar os prejuízos da atividade.

Atenção! Presentes os requisitos da relação de emprego, ele será declarado. Atente-se ao fato de o Auditor Fiscal do Trabalho (AFT) possuir a prerrogativa de reconhecer a existência de vínculo empregatício, como no caso da ausência do registro. O próprio TST tem entendimento pacífico nesse sentido:

> "O auditor do trabalho não invade a competência da Justiça do Trabalho quando declara a existência de vínculo de emprego e autua empresas por violação ao artigo 41 da Consolidação das Leis do Trabalho" (Processo: RR n. 173700-35.2007.5.07.0007).

Chamam atenção os elementos que não são considerados requisitos caracterizadores da relação de emprego, quais sejam, a prestação de serviço fora do estabelecimento do empregador, bem como a prestação de serviço de forma exclusiva.

A Reforma Trabalhista inseriu um capítulo destinado ao teletrabalho (art. 75-A e s. da CLT).

Essa modalidade já é uma realidade não só em inúmeros países, mas aqui mesmo no Brasil já temos a sua adoção em algumas empresas da iniciativa privada, embora a sua atuação tenha sido mais destacada em órgãos da administração pública. É o caso, por exemplo, do Tribunal Superior do Trabalho, do Supremo Tribunal Federal, da Procuradoria-Geral da República, do Tribunal de Contas da União, do Conselho Nacional de Justiça, entre muitos outros.

O prefixo *tele* significa distância, afastamento. Logo, conceituar o teletrabalho como aquele que preferencialmente ocorre a distância é um conceito equivocado do legislador. O correto seria adotar a técnica semântica: teletrabalhador é o trabalhador externo, a distância, que trabalha com as novas tecnologias relacionadas com a informática e telemática.

2. SUJEITOS DO CONTRATO DE TRABALHO

Dentre os sujeitos do contrato de trabalho, aponta-se para a figura do empregado e do empregador.

O conceito de empregado encontra-se previsto no art. 3º, da CLT. A este conceito deve ser somado, ainda, o requisito da pessoalidade encontrado no art. 2º do mesmo diploma legal.

Portanto, conceitua-se empregado como toda pessoa física ou natural que contrata, de livre e espontânea vontade, de forma tácita ou expressa, a prestação não eventual de seus serviços a um tomador, sob a dependência deste e mediante salário.

Dentre as relações juslaborais, destacam-se algumas atividades consideradas pela literatura jurídica como especiais, tais como o empregado doméstico e o empregado rural.

O *empregado doméstico*, regulado pela Lei Complementar n. 150/2015, é considerado "aquele que presta serviços de forma contínua, subordinada, onerosa e pessoal e de finalidade não lucrativa à pessoa ou à família, no âmbito residencial destas, por mais de 2 (dois) dias por semana".

Já os *empregados rurais*, conforme o art. 7º, da CLT, são aqueles que "exercendo funções diretamente ligadas à agricultura e à pecuária, não sejam empregados em atividades que, pelos métodos de execução dos respectivos trabalhos ou pela finalidade de suas operações, se classifiquem como industriais ou comerciais".

O art. 2º, da Lei n. 5.889/73, conceitua ainda melhor o trabalhador rural, como "toda pessoa física que, em propriedade rural ou prédio rústico, presta serviços de natureza não eventual a empregador rural, sob a dependência deste e mediante salário".

Quanto ao conceito de *empregador*, que é outro sujeito do contrato de trabalho, compreende-se como pessoa física, jurídica ou ente despersonificado que contrata a prestação de serviços de uma pessoa física e, assumindo os riscos do negócio, admite, assalaria e dirige a prestação pessoal de serviços, tal como previsto no art. 2º, da CLT.

Ainda, poderá ser compreendido como *empregador por equiparação* aquele que estiver previsto no art. 2º, § 1º, da CLT: "Equiparam-se ao empregador, para os efeitos exclusivos da relação de emprego, os profissionais liberais, as instituições de beneficência, as associações recreativas ou outras instituições sem fins lucrativos, que admitirem trabalhadores como empregados".

Em suma, não só é empregador uma empresa, mas também um profissional liberal, associações recreativas, entidades sem fins lucrativos etc. podem contratar empregados.

Dica: Quem contrata empregado será considerado empregador.

O *grupo econômico* é outro sujeito do contrato de trabalho. Segundo o art. 2º, § 2º, da CLT, "Sempre que uma ou mais empresas, tendo, embora, cada uma delas, personalidade jurídica própria, estiverem sob a direção, controle ou administração de outra, ou ainda quando, mesmo guardando cada uma sua autonomia, integrem grupo econômico, serão responsáveis solidariamente pelas obrigações decorrentes da relação de emprego".

Portanto, para que ocorra a caracterização do grupo econômico vertical ou por subordinação, faz-se necessária a coexistência de pelo menos **duas** empresas, ficando uma sob a direção, controle ou administração da outra.

A Reforma encerra qualquer discussão no tocante ao grupo econômico horizontal ou por coordenação sobre o seu cabimento, antes previstos exclusivamente na lei do rural. Nesta modalidade, encontramos empresas independentes entre si administrativamente.

Mas atenção! Não caracteriza grupo econômico a mera identidade de sócios, sendo necessárias, para a configuração do grupo, a demonstração do interesse integrado, a efetiva comunhão de interesses e a atuação conjunta das empresas dele integrantes.

Outro ponto que merece destaque é a denominada *sucessão de empregadores*, que nada mais é do que a alteração do polo subjetivo do contrato de trabalho, com a transferência da titularidade do negócio, em que o novo titular assume não apenas o ativo do novo negócio, mas também o passivo, incluindo os contratos de trabalho que estão em curso.

Caracterizada a sucessão empresarial ou de empregadores, as obrigações trabalhistas, inclusive as contraídas à época em que os empregados trabalhavam para a empresa sucedida, são de responsabilidade do sucessor.

A empresa sucedida, via de regra, não possui qualquer tipo de responsabilidade pelos créditos trabalhistas anteriores à transferência. Todavia, a empresa sucedida responderá solidariamente com a sucessora quando ficar comprovada fraude na transferência.

3. PODERES DO EMPREGADOR

Analisa-se, também, o poder do empregador que está previsto no art. 2º, da CLT. Já que o empregador é aquele que assume o risco da atividade econômica, a lei lhe assegura um conjunto de prerrogativas para que possa empreender a organização e a fiscalização do seu negócio, da melhor forma possível.

Esse poder empregatício poderá ser o poder diretivo ou organizativo, o poder regulamentar, o poder fiscalizatório ou de controle e o poder disciplinar.

O poder diretivo também é chamado de poder organizativo ou poder de comando, fundado na distribuição das tarefas aos empregados, fixação do horário de trabalho, utilização de uniformes, crachás etc.

O poder regulamentar se baseia na manifestação do poder empregatício, pela fixação de regras gerais a serem observadas por todos os empregados, a partir do regulamento da empresa.

Com o advento da Reforma Trabalhista, a norma coletiva poderá dispor sobre o regulamento empresarial.

Sobre o poder fiscalizatório, diz respeito à fiscalização das tarefas executadas, verificação do cumprimento da jornada de trabalho e proteção ao patrimônio do empregador.

As revistas pessoais, realizadas em bolsas, mochilas ou sacolas, de forma razoável, sem que envolvam contato físico ou nudez, têm sido admitidas, desde que a atividade exercida justifique esse controle.

Quanto ao poder disciplinar, trata-se da manifestação do poder empregatício correspondente à imposição de sanções aos empregados que descumprem as suas obrigações contratuais. Sendo verificado o descumprimento às regras impostas, caberão as seguintes penalidades: advertência verbal ou escrita; suspensão disciplinar e dispensa por justa causa.

Cumpre destacar que, antes da Reforma trabalhista, não havia previsão na CLT de aplicação da multa como penalidade. No entanto, a Reforma criou hipótese de multa que pode ser aplicada ao empregado contratado para prestação de trabalho intermitente, que corresponde ao valor de 50% da remuneração que seria devida na hipótese de inadimplemento da obrigação pelo empregador ou pelo trabalhador intermitente.

LEGISLAÇÃO CORRELATA

O conceito de relação de emprego é obtido por meio da combinação dos arts. 2º e 3º da CLT:

> "Art. 2º Considera-se empregador a empresa, individual ou coletiva, que, assumindo os riscos da atividade econômica, admite, assalaria e dirige a prestação pessoal de serviço.
>
> § 1º Equiparam-se ao empregador, para os efeitos exclusivos da relação de emprego, os profissionais liberais, as instituições de beneficência, as associações recreativas ou outras instituições sem fins lucrativos, que admitirem trabalhadores como empregados.
>
> § 2º Sempre que uma ou mais empresas, tendo, embora, cada uma delas, personalidade jurídica própria, estiverem sob a direção, controle ou administração de outra, ou ainda quando, mesmo guardando cada uma sua autonomia, integrem grupo econômico, serão responsáveis solidariamente pelas obrigações decorrentes da relação de emprego".
>
> "Art. 3º Considera-se empregado toda pessoa física que prestar serviços de natureza não eventual a empregador, sob a dependência deste e mediante salário.
>
> Parágrafo único. Não haverá distinções relativas à espécie de emprego e à condição de trabalhador nem entre o trabalho intelectual, técnico e manual."

A CLT é responsável pelo emprego de outros relevantes conceitos, tais como o de empregador por equiparação, conforme art. 2º, § 1º, da CLT.

Já o conceito de grupo econômico está previsto na redação do art. 2º, § 2º, da CLT, o que é complementado, para fins de configuração, pelo § 3º do mesmo artigo.

Por fim, outro relevante conceito advindo da CLT está no art. 6º, que dispõe sobre o trabalho a distância:

> "Art. 6º Não se distingue entre o trabalho realizado no estabelecimento do empregador, o executado no domicílio do empregado e o realizado a distância, desde que estejam caracterizados os pressupostos da relação de emprego.

Parágrafo único. Os meios telemáticos e informatizados de comando, controle e supervisão se equiparam, para fins de subordinação jurídica, aos meios pessoais e diretos de comando, controle e supervisão do trabalho alheio".

ENTENDIMENTO DOUTRINÁRIO

No que se refere à relação de trabalho e à relação de emprego, aponta-se para as lições de Gustavo Cisneiros (2016, p. 20), que distingue ambos da seguinte forma:

"No que concerne ao Direito Individual do Trabalho, não há que se confundir relação de emprego com relação de trabalho. A relação de trabalho engloba as relações de emprego e outras relações de trabalho. Toda relação de emprego é uma relação de trabalho, mas nem toda relação de trabalho é uma relação de emprego. Logo, a relação de trabalho abrange as relações de emprego, a relação de estágio, a relação de trabalho autônomo, a relação de trabalho avulso, a relação estatutária de trabalho, a relação de empreitada etc."

Percebe-se claramente que o autor distingue a relação de trabalho como algo superior à relação de emprego, visto que aquela insere todos os tipos de relações jurídicas emergentes do Direito do Trabalho.

A doutora Vólia Bomfim Cassar (2015, p. 262) trata o conceito de emprego da seguinte forma, a partir dos pressupostos apresentados no tópico conceitual:

"Via de consequência, a ausência de qualquer um destes requisitos descaracteriza o trabalhador como empregado. Podemos então, de acordo com os pressupostos acima, conceituar empregado como toda pessoa física que preste serviço a empregador (pessoa física ou jurídica) de forma não eventual, com subordinação jurídica, mediante salário, sem correr os riscos do negócio".

Reitera-se que a ausência de qualquer um dos requisitos caracterizadores da relação de emprego inibe o reconhecimento do vínculo jurídico trabalhista.

JURISPRUDÊNCIA

"VÍNCULO EMPREGATÍCIO. AUSÊNCIA DOS REQUISITOS LEGAIS. NÃO RECONHECIMENTO. Comprovada a prestação de atividade tipicamente religiosa, afasta-se o reconhecimento do liame empregatício, uma vez que não resta preenchimento dos requisitos legais caracterizados de vínculo empregatício previstos nos artigos 2º e 3º da CLT. DANO MORAL. DIFAMAÇÃO. INOVAÇÃO RECURSAL. Diante de evidente inovação recursal, porquanto a causa de pedir foi alterada em sede recursal, não sendo discutida no primeiro grau de jurisdição, carece de análise por este órgão, sob pena de supressão de instância. Recurso Ordinário conhecido e improvido"

(TRT-16 0017370-24.2013.5.16.0015, Relatora: Solange Cristina Passos de Castro Cordeiro. Data de Publicação: 11-3-2016).

"EXISTÊNCIA DE SÓCIOS COMUNS. GRUPO ECONÔMICO. NÃO CARACTERIZAÇÃO. AUSÊNCIA DE SUBORDINAÇÃO. O simples fato de duas empresas terem sócios em comum não autoriza o reconhecimento do grupo econômico, pois este, nos termos do art. 2º, § 2º, da CLT, pressupõe subordinação à mesma direção, controle ou administração, ou seja, exige uma relação de dominação interempresarial em que o controle central é exercido por uma delas (teoria hierárquica ou vertical). Na hipótese, ressaltou-se que não obstante as empresas em questão terem os mesmos sócios, uma delas é voltada para o mercado imobiliário, enquanto que a outra atua no ramo de segurança e transporte de valores, bem como importação e exportação de equipamentos eletrônicos, não guardando, portanto, qualquer relação entre os respectivos objetos comerciais a indicar laços de direção entre elas. Com esse entendimento, a SBDI-I, em sua composição plena, por maioria, conheceu dos embargos interpostos pela reclamante, por divergência jurisprudencial, vencidos os Ministros Horácio Raymundo de Senna Pires, relator, Antonio José de Barros Levenhagen, Brito Pereira e Aloysio Corrêa da Veiga, que não conheciam do apelo. No mérito, também por maioria, a Subseção negou provimento ao recurso, vencidos os Ministros Lelio Bentes Corrêa, Augusto César Leite de Carvalho, José Roberto Freire Pimenta e Hugo Carlos Scheuermann, que davam provimento aos embargos para restabelecer a decisão proferida pelo TRT que, adotando a teoria horizontal ou da coordenação, entendeu configurado o grupo econômico porque existente nexo relacional entre as empresas envolvidas, pois além de terem sócios em comum, restou demonstrado que houve aporte financeiro dos sócios de uma empresa na outra" (TST-E-ED-RR-214940-39.2006.5.02.0472, SBDI-I, Relator Ministro: Horácio Raymundo de Senna Pires, 22-5-2014 – *Informativo* n. 83 do TST).

"DANO MORAL. INDENIZAÇÃO INDEVIDA. REVISTA VISUAL DE BOLSAS, SACOLAS OU MOCHILAS. INEXISTÊNCIA DE OFENSA À HONRA E À DIGNIDADE DO EMPREGADO. PODER DIRETIVO E DE FISCALIZAÇÃO DO EMPREGADOR. A revista visual em bolsas, sacolas ou mochilas, realizada de modo impessoal e indiscriminado, sem contato físico ou exposição do trabalhador a situação constrangedora, decorre do poder diretivo e fiscalizador do empregador e, por isso, não possui caráter ilícito e não gera, por si só, violação à intimidade, à dignidade e à honra, a ponto de ensejar o pagamento de indenização a título de dano moral ao empregado. Com base nessa premissa, a SBDI-I, por unanimidade, conheceu do recurso de embargos, por divergência jurisprudencial, e, no mérito, por maioria, negoulhe provimento. Vencidos os Ministros Delaíde Miranda Arantes e Augusto César Leite de Carvalho" (TST-E-RR-306140-53.2003.5.09.0015, SBDI-I, Relator Ministro: Brito Pereira, 22-3-2012 – *Informativo* n. 03 do TST).

"REVISTA EM PERTENCES DE EMPREGADOS. ESVAZIAMENTO DE BOLSAS E SACOLAS. IMPESSOALIDADE. AUSÊNCIA DE CONTATO FÍSICO. EMPRESA DO RAMO DE COMERCIALIZAÇÃO DE MEDICAMENTOS (DROGARIA). INTERESSE PÚBLICO ENVOLVIDO. POTENCIALIDADE DE GRAVE RISCO DECORRENTE DE DESVIO DOS PRODUTOS COMERCIALIZADOS. PODER DE FISCALIZAÇÃO DO EMPREGADOR. DANO MORAL. NÃO CARACTERIZADO. A imposição patronal de esvaziamento do conteúdo de bolsas, sacolas e demais pertences de empregados, por si só, não acarreta dano moral, desde que efetuada de maneira impessoal e respeitosa e derive de imposição da natureza da atividade empresarial. No caso, empresa do ramo de comercialização de medicamentos (drogaria), impunha a seus empregados, indistintamente, no início e ao final do expediente, a abertura e o esvaziamento de bolsas e sacolas, sem qualquer contato físico por parte de outros trabalhadores. Concluiu-se que o interesse público justifica o rigor no controle, em prol da segurança da coletividade, ante a potencialidade de grave risco decorrente de eventual desvio dos produtos comercializados. Assim, a conduta patronal é legítima e inerente ao poder-dever de fiscalização do empregador, logo não rende ensejo ao pagamento de indenização por dano moral. Sob esse entendimento, a SBDI-I, por unanimidade, conheceu dos embargos, por divergência jurisprudencial, e, no mérito, negou-lhes provimento. Ressalva de entendimento do Ministro Cláudio Mascarenhas Brandão" (TST-E-RR-2111-32.2012.5.12.0048, SBDI-I, Relator Ministro: João Oreste Dalazen, 25-6-2015 – *Informativo* n. 112 do TST).

"REVISTA IMPESSOAL E INDISCRIMINADA DE BOLSAS DOS EMPREGADOS. DANO MORAL. NÃO CONFIGURAÇÃO. INDENIZAÇÃO INDEVIDA. A inspeção de bolsas, sacolas e outros pertences de empregados, desde que realizada de maneira generalizada e sem a adoção de qualquer procedimento que denote abuso do direto do empregador de zelar pelo próprio patrimônio, é lícita, pois não importa em ofensa à intimidade, à vida privada, à honra ou à imagem dos trabalhadores. Na espécie, não obstante a revista em bolsa da reclamante, muitas vezes, fosse realizada por seguranças do sexo masculino, restou consignada a inexistência de contato físico, e que a inspeção era impessoal, englobando todos os empregados, não se podendo presumir, portanto, dano ou abalo moral apto a ensejar o pagamento de indenização. Com esse entendimento, a SBDI-I, por unanimidade, conheceu dos embargos por divergência jurisprudencial e, no mérito, por maioria, negou-lhes provimento. Vencidos os Ministros José Roberto Freire Pimenta, que não admitia revista masculina em bolsa feminina, e Augusto César Leite de Carvalho e Delaide Miranda Arantes, que não admitiam qualquer revista" (TST-E-ED-RR-477040- 40.2001.5.09.0015, SBDI-I, Relator Ministro: Renato de Lacerda Paiva, 9-8-2012 – *Informativo* n. 17 do TST).

QUESTÕES COMENTADAS

01 (Assistente – SEBRAE-RN – FUNCERN – 2015) Os requisitos necessários à caracterização do vínculo de emprego abrangem:

(A) onerosidade, exclusividade, subordinação jurídica e alteridade;

(B) dependência econômica, continuidade, subordinação e alteridade;

(C) subordinação, não eventualidade, onerosidade e pessoalidade;

(D) eventualidade, pessoalidade, onerosidade e subordinação jurídica.

RESPOSTA De acordo com os requisitos caracterizadores do vínculo empregatício, denota-se a necessidade de subordinação, não eventualidade (ou habitualidade), onerosidade e pessoalidade. *Alternativa C.*

---

02 (Técnico Judiciário – Área Administrativa – TRT – 5ª Região/BA – FCC – 2013) A relação de trabalho é diversa da relação de emprego, visto que essa última deve conter requisitos previstos na legislação trabalhista para sua configuração. Segundo esses requisitos, haverá relação de emprego, na situação de:

(A) contrato de estágio;

(B) empreiteiro de construção civil autônomo;

(C) trabalho voluntário para instituição de caridade;

(D) acompanhante de idoso, remunerado e com trabalho diário;

(E) associado de cooperativa.

RESPOSTA Quanto ao contrato de estágio, apesar de ter todos os elementos e requisitos fático-jurídicos, não é considerado emprego, pois a própria CLT quis assim, considerando-o como um complemento educacional, diferentemente do caso dos aprendizes, que são considerados empregados por serem "aprendizes técnicos profissionais". Em relação ao empreiteiro de construção civil autônomo, não possui subordinação, que é um requisito fático-jurídico necessário. No trabalho voluntário, inexiste a onerosidade. Quanto ao acompanhante de idoso, remunerado e com trabalho diário, é a única alternativa que não possui a ausência de requisitos fático-jurídicos, principalmente ligados à não eventualidade e à onerosidade. Por fim, os trabalhadores cooperados estão ligados ao princípio da dupla qualidade, em outras palavras, são ligados a uma empresa, porém donos do próprio negócio. *Alternativa D.*

---

03 (Analista – Advocacia – DETRAN-DF – CESPE – 2009) Para a configuração do contrato individual de trabalho, segundo a legislação vigente, tem-se como requisitos para a relação de emprego: a onerosidade, a pessoalidade, a não eventualidade, a exclusividade e a subordinação jurídica.

( ) Certo   ( ) Errado

RESPOSTA A exclusividade não figura como requisito para o reconhecimento do contrato de trabalho. *Alternativa Errada.*

04 (Analista Judiciário – Área Judiciária 4 – TRT – 9ª REGIÃO/PR – CESPE – 2007) O contrato de trabalho pode ser escrito, verbal ou tácito, e seus requisitos são a pessoalidade, a subordinação, a onerosidade e a continuidade. O contrato por prazo determinado, como exceção ao princípio da continuidade, entretanto, só é válido nas situações e pelo tempo expressamente previstos em lei.

( ) **Certo**   ( ) **Errado**

RESPOSTA Este gabarito gerou muita polêmica para a banca Cespe, visto que, para muitos candidatos, o requisito "continuidade" não figuraria no rol apresentado. Todavia, a banca se pautou no sentido de que "o trabalho deve ser prestado com continuidade, onde aquele que presta serviços eventualmente não é empregado". *Alternativa Certa.*

PARA GABARITAR

A subordinação estrutural é um novo conceito de subordinação que a doutrina e a jurisprudência vêm sustentando para poder solucionar casos como o da terceirização e do teletrabalho. A subordinação estrutural traz consigo a ideia de que o trabalhador inserido na estrutura organizacional do tomador de serviços acaba acolhendo a sua dinâmica de trabalho, organização e o seu funcionamento, independentemente de receber ordens diretas dele.

O empregado que presta serviços ao empregador rural em âmbito residencial é empregado doméstico, pois não está inserido em atividade lucrativa.

CAPÍTULO 6 — Terceirização e trabalho temporário

1. CONCEITO

A terceirização é o instituto de Direito do Trabalho que permite que uma empresa contrate empresas intermediárias para a execução de determinadas atividades sem que tal fato gere vínculo empregatício direto com os prestadores de serviços.

Faremos, neste capítulo, uma análise da terceirização trazida pela Lei n. 6.019/74 (e suas alterações), bem como pela Súmula 331 do TST. Entendemos que esse é um item cobrado com frequência nas provas para concursos públicos, e que merece ser tratado de forma destacada.

Inicialmente, cumpre destacar que, após muitos debates, foi aprovado, no dia 22 de março de 2017, pela Câmara dos Deputados o Projeto de Lei n. 4.302/98, que passou a disciplinar o trabalho temporário e a terceirização. O texto foi sancionado pelo Presidente da República por meio da Lei n. 13.429/2017.

Contudo, após a sanção da Lei n. 13.429/2017, o legislador verificou que determinadas matérias não ficaram bem definidas. Desse modo, a Reforma Trabalhista introduzida pela Lei n. 13.467/2017 apresentou algumas alterações pontuais.

Não tivemos alteração na CLT, e sim na Lei n. 6.019/74. Pela nova redação, a referida lei passa a regular tanto o trabalho temporário como a terceirização de serviços em geral, logo, autoriza dois tipos de terceirização de serviços:

- terceirização do trabalho temporário;
- terceirização em geral.

O primeiro tipo, como já era previsto na Lei n. 6.019/74, é praticado pela empresa de trabalho temporário; e o segundo, tratado pelo TST na Súmula 331 e agora pela primeira vez regulado em lei, pela empresa de prestação de serviços.

2. CONTRATO DE TRABALHO TEMPORÁRIO

> Art. 2º, Lei n. 6.019/74. "Trabalho temporário é aquele prestado por pessoa física contratada por uma empresa de trabalho temporário que a coloca à disposição de uma empresa tomadora de serviços, para atender à necessidade de substituição transitória de pessoal permanente ou à demanda complementar de serviços.
>
> § 1º É proibida a contratação de trabalho temporário para a substituição de trabalhadores em greve, salvo nos casos previstos em lei.
>
> § 2º Considera-se complementar a demanda de serviços que seja oriunda de fatores imprevisíveis ou, quando decorrente de fatores previsíveis, tenha natureza intermitente, periódica ou sazonal."

A nova redação veda a contratação de trabalhador temporário para substituição de trabalhadores em greve. Excelente medida, pois não impede o movimento grevista, salvo nos casos de necessidade de manutenção de maquinário e aparelhos em geral e para evitar prejuízos irreparáveis ao empregador, como preceitua a lei de greve:

> Art. 9º, Lei n. 7.783/89. "Durante a greve, o sindicato ou a comissão de negociação, mediante acordo com a entidade patronal ou diretamente com o empregador, manterá em atividade equipes de empregados com o propósito de assegurar os serviços cuja paralisação resultem em prejuízo irreparável, pela deterioração irreversível de bens, máquinas e equipamentos, bem como a manutenção daqueles essenciais à retomada das atividades da empresa quando da cessação do movimento.
>
> Parágrafo único. Não havendo acordo, é assegurado ao empregador, enquanto perdurar a greve, o direito de contratar diretamente os serviços necessários a que se refere este artigo."

2.1. Características do trabalho temporário

a) É admitido no meio urbano e rural:

> Art. 4º, Lei n. 6.019/74. "Empresa de trabalho temporário é a pessoa jurídica, devidamente registrada no Ministério do Trabalho, responsável pela colocação de trabalhadores à disposição de outras empresas temporariamente."

b) Somente é admitido em duas hipóteses:

1ª) atendimento a necessidade de substituição transitória de pessoal permanente; ou

2ª) demanda complementar de serviços.

A lei deixa clara a possibilidade de terceirizar também atividade-fim, o que já era admitido pela maior parte da doutrina.

> Art. 9º, § 3º, Lei n. 6.019/74. "O contrato de trabalho temporário pode versar sobre o desenvolvimento de atividades-meio e atividades-fim a serem executadas na empresa tomadora de serviços."

c) Engloba três relações jurídicas distintas:

1 – o trabalhador temporário;

2 – empresa de trabalho temporário (intermediadora de mão de obra temporária);

3 – empresa tomadora dos serviços.

Atenção! Tomadora é pessoa jurídica ou entidade a ela equiparada. Conclui-se que não pode a pessoa física ou natural terceirizar temporariamente.

> Art. 5º, Lei n. 6.019/74. "Empresa tomadora de serviços é a pessoa jurídica ou entidade a ela equiparada que celebra contrato de prestação de trabalho temporário com a empresa definida no art. 4º desta Lei."

d) Contrato formal:

Os contratos celebrados pela empresa de trabalho temporário deverão ser obrigatoriamente escritos, tanto o contrato que ela celebra diretamente com cada um dos empregados colocados à disposição da tomadora quanto o celebrado com esta.

> Art. 9º, Lei n. 6.019/74. "O contrato celebrado pela empresa de trabalho temporário e a tomadora de serviços será por escrito, ficará à disposição da autoridade fiscalizadora no estabelecimento da tomadora de serviços e conterá:
> I – qualificação das partes;
> II – motivo justificador da demanda de trabalho temporário;
> III – prazo da prestação de serviços;
> IV – valor da prestação de serviços;
> V – disposições sobre a segurança e a saúde do trabalhador, independentemente do local de realização do trabalho."

e) Prazo – máximo de 270 dias (cerca de nove meses):

Uma das principais alterações trazidas para o trabalho temporário está no prazo máximo de validade. O prazo deixa de ser de 3 meses prorrogáveis por mais 3 ou 6 meses (dependendo da hipótese), para ser de 180 dias prorrogáveis por mais 90 dias, consecutivos ou não, totalizando 270 dias (cerca de 9 meses).

> Art. 10, § 1º, Lei n. 6.019/74. "O contrato de trabalho temporário, com relação ao mesmo empregador, não poderá exceder ao prazo de cento e oitenta dias, consecutivos ou não.
> § 2º O contrato poderá ser prorrogado por até noventa dias, consecutivos ou não, além do prazo estabelecido no § 1º deste artigo, quando comprovada a manutenção das condições que o ensejaram."

f) Contrato de experiência:

O contrato de experiência não se aplica ao trabalhador temporário, contratado pela empresa tomadora de serviços. Excelente medida legislativa, pois, se o trabalhador foi contratado, isso significa que a tomadora gostou de seu serviço, que já foi testado enquanto ele era terceirizado temporário.

> Art. 10, § 4º, Lei n. 6.019/74. "Não se aplica ao trabalhador temporário, contratado pela tomadora de serviços, o contrato de experiência previsto no parágrafo único do art. 445 da Consolidação das Leis do Trabalho (CLT), aprovada pelo Decreto-lei n. 5.452, de 1º de maio de 1943."

Diante dessa regra, entendemos que permanece vigente a nulidade de cláusula de reserva.

g) Contratos sucessivos:

O trabalhador temporário que cumprir o período máximo de 270 dias somente poderá ser colocado novamente à disposição da mesma empresa tomadora de serviços em um novo contrato de trabalho temporário após o prazo de 90 dias contados do término do contrato anterior.

Caso o período da "carência" mínima de 90 dias não seja respeitado, ocorrerá a formação de vínculo empregatício direto com a empresa tomadora.

> Art. 10, § 5º, Lei n. 6.019/74. "O trabalhador temporário que cumprir o período estipulado nos §§ 1º e 2º deste artigo somente poderá ser colocado à disposição da mesma tomadora de serviços em novo contrato temporário, após noventa dias do término do contrato anterior.
>
> § 6º A contratação anterior ao prazo previsto no § 5º deste artigo caracteriza vínculo empregatício com a tomadora."

Atenção! Se o período do contrato de trabalho temporário for menor que 270 dias, o trabalhador poderá ser recontratado várias vezes para trabalhar para o mesmo tomador.

h) Caracteriza uma das hipóteses de terceirização lícita:

> Inciso I da Súmula 331 do TST. "A contratação de trabalhadores por empresa interposta é ilegal, formando-se o vínculo diretamente com o tomador dos serviços, salvo no caso de trabalho temporário."

O art. 2º, da Lei n. 6.019/74, elencou as hipóteses de contratação lícita de trabalhadores, por empresas interpostas, para desenvolverem as atividades-meio e fim da empresa.

O trabalho temporário será legal e, assim, não formará vínculo direto com o tomador dos serviços sempre que se destinar à necessidade de substituição transitória de pessoal permanente ou à demanda complementar de serviços.

i) Proibição de contratação de estrangeiros com visto provisório:

> Art. 17, da Lei n. 6.019/74. "É defeso às empresas de prestação de serviço temporário a contratação de estrangeiros com visto provisório de permanência no País."

Este é mais um exemplo de trabalho proibido, ou seja, o objeto da prestação do serviço é lícito, mas a lei optou por vedar tal possibilidade.

j) Vedação da cláusula de reserva:

> Art. 11, parágrafo único, Lei n. 6.019/74. "Será nula de pleno direito qualquer cláusula de reserva, proibindo a contratação do trabalhador pela empresa tomadora ou cliente ao fim do prazo em que tenha sido colocado à sua disposição pela empresa de trabalho temporário."

2.1.1. Direitos dos trabalhadores temporários

Lei n. 6.019/74:

> "Art. 12. Ficam assegurados ao trabalhador temporário os seguintes direitos:
>
> *a)* remuneração equivalente à percebida pelos empregados de mesma categoria da empresa tomadora ou cliente calculados à base horária, garantida, em qualquer hipótese, a percepção do salário mínimo regional;"

Atenção! Após a CF/88, o empregado temporário passou a ter, ainda, direito ao 13º salário.

> "*b)* jornada de oito horas, remuneradas as horas extraordinárias não excedentes de duas, com acréscimo de 20% (vinte por cento);"

Atenção! O art. 7º, XVI, da CF/88 determina, para este caso, um acréscimo de 50% (cinquenta por cento).

> "*c)* férias proporcionais, nos termos do artigo 25 da Lei n. 5.107, de 13 de setembro de 1966;
>
> *d)* repouso semanal remunerado;
>
> *e)* adicional por trabalho noturno;
>
> *f)* indenização por dispensa sem justa causa ou término normal do contrato, correspondente a 1/12 (um doze avos) do pagamento recebido;"

Combinado com legislação que regulamenta o FGTS – o empregado tem direito a levantar o FGTS e, também, a receber a multa de 40% em caso de dispensa sem justa causa.

Atenção! Esse dispositivo não tem mais aplicação prática; é indispensável, nesse ponto, a remissão à legislação que regulamenta o FGTS, segundo a qual o empregado tem direito a levantar o fundo de garantia e, também, a receber a multa de 40% em caso de dispensa imotivada.

> "*g)* seguro contra acidente do trabalho;
>
> *h)* proteção previdenciária nos termos do disposto na Lei Orgânica da Previdência Social, com as alterações introduzidas pela Lei n. 5.890, de 8 de junho de 1973 (art. 5º, item III, letra "c" do Decreto n. 72.771, de 6 de setembro de 1973).
>
> § 1º Registrar-se-á na Carteira de Trabalho e Previdência Social do trabalhador sua condição de temporário.
>
> § 2º A empresa tomadora ou cliente é obrigada a comunicar à empresa de trabalho temporário a ocorrência de todo acidente cuja vítima seja um assalariado posto à sua disposição, considerando-se local de trabalho, para efeito

da legislação específica, tanto aquele onde se efetua a prestação do trabalho, quanto a sede da empresa de trabalho temporário."

Lei n. 6.019/74:

"Art. 18. É vedado à empresa do trabalho temporário cobrar do trabalhador qualquer importância, mesmo a título de mediação, podendo apenas efetuar os descontos previstos em Lei.

Parágrafo único. A infração deste artigo importa no cancelamento do registro para funcionamento da empresa de trabalho temporário, sem prejuízo das sanções administrativas e penais cabíveis."

Atenção! Embora o direito ao décimo terceiro salário não conste no rol de direitos assegurados aos trabalhadores temporários, há previsão constitucional. Dessa forma, deve ser reconhecido esse direito.

Atente-se ainda que, sendo o contrato por prazo determinado, não há direito ao aviso prévio, pois as partes sabem previamente a data do término do contrato.

Para o TST, o trabalhador temporário não terá direito à indenização prevista no art. 479, da CLT, no caso de rompimento antecipado do contrato por ato do empregador.

"CONTRATO TEMPORÁRIO. LEI N. 6.019/74. RESCISÃO ANTECIPADA. INDENIZAÇÃO PREVISTA NO ART. 479 DA CLT. INAPLICABILIDADE. A rescisão antecipada do contrato de trabalho temporário disciplinado pela Lei n. 6.019/74 não enseja o pagamento da indenização prevista no art. 479 da CLT. Trata-se de forma específica de contratação, regulada por legislação especial e não pelas disposições da CLT. Sob esse entendimento, a SBDI-I, por unanimidade, conheceu do recurso de embargos da reclamante, por divergência jurisprudencial, e, no mérito, por maioria, negou-lhe provimento. Vencidos os Ministros Lélio Bentes Corrêa, relator, João Oreste Dalazen, Ives Gandra Martins Filho e Hugo Carlos Scheuermann, que entendiam ser aplicável a indenização prevista no art. 479 da CLT também aos trabalhadores regidos pela Lei n. 6.019/74, por se tratar de espécie de contrato a termo. Registrou ressalva de fundamentação o Ministro José Roberto Freire Pimenta" (TST – RR n. 1342-91.2010.5.02.0203, SBDI-I, Rel. Min. Lélio Bentes Corrêa, red. p/ acórdão Min. Renato de Lacerda Paiva, 30-4-2015 – *Informativo* n. 105 do TST).

O direito a um ambiente de trabalho sadio é dever da empresa contratante para os seus próprios empregados, ampliado aos terceirizados. Dessa forma, é de responsabilidade da contratante dos serviços garantir as condições de segurança, higiene e salubridade de todos os trabalhadores terceirizados quando o trabalho for realizado nas dependências da empresa ou em local convencionado no contrato.

A tomadora estenderá ao trabalhador da empresa de trabalho temporário o mesmo atendimento médico, ambulatorial e de refeição destinado aos seus empregados.

Art. 9º, § 1º, Lei n. 6.019/74. "É responsabilidade da empresa contratante garantir as condições de segurança, higiene e salubridade dos trabalhadores, quando o trabalho for realizado em suas dependências ou em local por ela designado.

§ 2º A contratante estenderá ao trabalhador da empresa de trabalho temporário o mesmo atendimento médico, ambulatorial e de refeição destinado aos seus empregados, existente nas dependências da contratante, ou local por ela designado."

Atenção! O legislador apresentou uma excelente medida, que reduz a desigualdade entre o trabalhador temporário e os empregados da tomadora.

2.1.2. Responsabilidade da empresa tomadora ou cliente

a) Solidária:

O tomador responde solidariamente no caso de falência da empresa de trabalho temporário e em relação às obrigações de natureza previdenciária.

Lei n. 6.019/74:

"Art. 16. No caso de falência da empresa de trabalho temporário, a empresa tomadora ou cliente é solidariamente responsável pelo recolhimento das contribuições previdenciárias, no tocante ao tempo em que o trabalhador esteve sob suas ordens, assim como em referência ao mesmo período, pela remuneração e indenização previstas nesta Lei".

b) Subsidiária:

A empresa tomadora responderá subsidiariamente pelas obrigações trabalhistas dos terceirizados referentes ao período em que ocorrer a prestação de serviços. A lei fixa expressamente a responsabilidade secundária, medida já adotada pela jurisprudência do TST.

Nesse caso, é necessário obedecer à ordem de exigência de pagamento das obrigações trabalhistas: primeiro, deve-se tentar obter as verbas da empresa prestadora de serviços, e só depois, caso não seja possível, serão cobradas da empresa contratante.

Art. 10, § 7º, Lei n. 6.019/74. "A contratante é subsidiariamente responsável pelas obrigações trabalhistas referentes ao período em que ocorrer o trabalho temporário, e o recolhimento das contribuições previdenciárias observará o disposto no art. 31 da Lei n. 8.212, de 24 de julho de 1991." (NR)

Súmula 331 do TST – "CONTRATO DE PRESTAÇÃO DE SERVIÇOS. LEGALIDADE (nova redação do item I e inseridos os itens V e VI à redação). Resolução n. 174/2011, *DEJT* divulgado em 27, 30 e 31-5-2011.

(...)

IV – O inadimplemento das obrigações trabalhistas, por parte do empregador, implica a responsabilidade subsidiária do tomador dos serviços quanto àquelas obrigações, desde que haja participado da relação processual e conste também do título executivo judicial.

(...)

VI – A responsabilidade subsidiária do tomador de serviços abrange todas as verbas decorrentes da condenação referentes ao período da prestação laboral."

Como dissemos anteriormente, para que o empregado possa cobrar seus créditos trabalhistas do tomador dos serviços em virtude da responsabilidade subsidiária, devem coexistir alguns requisitos: ter o tomador participado da relação processual e seu nome constar do título executivo.

3. TERCEIRIZAÇÃO EM GERAL

Essa modalidade está regulamentada nos arts. 4º-A a 4º-C e 5º-A a 5º-D da Lei n. 6.019/74.

Da mesma forma que o trabalho temporário, já analisado, aqui existe uma relação jurídica triangular entre:

1 – trabalhador terceirizado;

2 – empresa prestadora de serviços a terceiros;

3 – empresa contratante.

Apenas pessoa jurídica pode terceirizar trabalhadores:

Art. 4º-A, Lei n. 6.019/74. "Considera-se prestação de serviços a terceiros a transferência feita pela contratante da execução de quaisquer de suas atividades, inclusive sua atividade principal, à pessoa jurídica de direito privado prestadora de serviços que possua capacidade econômica compatível com a sua execução."

Observa-se que, de acordo com o dispositivo supra, passa a ser autorizada a terceirização total das atividades da empresa (meio e fim). A Lei n. 13.429/2017 era omissa. Agora, a Reforma Trabalhista passa a ter previsão expressa.

Atenção! Não é mais possível defender a impossibilidade de terceirizar atividade-fim.

No dia 30 de agosto de 2018, o STF julgou a ADPF n. 324 e o Recurso Extraordinário em repercussão geral n. 958.252, que versavam sobre a possibilidade de terceirização em todas as atividades da empresa. O Tribunal julgou que é lícita a terceirização em todas as etapas do processo produtivo, sejam elas em atividades-meio ou fim. Nesse sentido, a modificação realizada pela Reforma Trabalhista passa a ser reconhecida pelo STF, cuja decisão tem efeito vinculante para todo o Poder Judiciário.

> Art. 5º-A, Lei n. 6.019/74. "Contratante é a pessoa física ou jurídica que celebra contrato com empresa de prestação de serviços relacionados a quaisquer de suas atividades, inclusive sua atividade principal."

Terceirizar atividade-fim significa delegar a terceiros a execução de parte ou de toda a atividade principal da empresa, o que coloca em risco não só a qualidade dos serviços oferecidos, já que executados por trabalhadores que não são subordinados ao tomador, como também os direitos dos terceirizados, porque não terão os mesmos salários e benefícios dos empregados do tomador, mesmo quando exercerem as mesmas funções daqueles.

> Art. 4º-A, § 2º, Lei n. 6.019/74. "Não se configura vínculo empregatício entre os trabalhadores, ou sócios das empresas prestadoras de serviços, qualquer que seja o seu ramo, e a empresa contratante."

A lei permite que a empresa que terceiriza subcontrate serviços. Estamos diante da permissão expressa do fenômeno da quarteirização.

A quarteirização compreende a transferência de parte da gestão dos serviços de uma empresa terceirizada para outra empresa. Observe que, além da relação que existe entre prestadora de serviço e tomadora (terceirização), teremos a transferência de um setor da empresa terceirizada para uma nova empresa (quarteirização).

> Art. 4º-A, § 1º, Lei n. 6.019/74. "A empresa prestadora de serviços contrata, remunera e dirige o trabalho realizado por seus trabalhadores, ou subcontrata outras empresas para realização desses serviços."

Convém recordar que, antes da nova lei, a jurisprudência do TST tinha o posicionamento de que a quarteirização constituía fraude e acarretava responsabilidade solidária das empresas envolvidas.

Atenção! A lei impede expressamente o vínculo empregatício com o tomador.

A empresa prestadora de serviço não precisa de registro no Ministério do Trabalho, basta ter CNPJ, registro na Junta Comercial e capital social mínimo.

> Art. 4º-B, Lei n. 6.019/74. "São requisitos para o funcionamento da empresa de prestação de serviços a terceiros:
> I – prova de inscrição no Cadastro Nacional da Pessoa Jurídica (CNPJ);

72 DIREITO E PROCESSO DO TRABALHO

II – registro na Junta Comercial;

III – capital social compatível com o número de empregados, observando-se os seguintes parâmetros:

a) empresas com até dez empregados – capital mínimo de R$ 10.000,00 (dez mil reais);

b) empresas com mais de dez e até vinte empregados – capital mínimo de R$ 25.000,00 (vinte e cinco mil reais);

c) empresas com mais de vinte e até cinquenta empregados – capital mínimo de R$ 45.000,00 (quarenta e cinco mil reais);

d) empresas com mais de cinquenta e até cem empregados – capital mínimo de R$ 100.000,00 (cem mil reais); e

e) empresas com mais de cem empregados – capital mínimo de R$ 250.000,00 (duzentos e cinquenta mil reais)."

Atenção! A contratante celebrará contrato com a empresa de prestação de serviços para que sejam fornecidos serviços determinados e específicos. Portanto, é vedada à contratante a utilização dos trabalhadores em atividades distintas daquelas que foram objeto do contrato, podendo o trabalho ser exercido nas dependências da empresa contratante ou em outro local, de comum acordo entre as partes contratantes.

Art. 4º-C, Lei n. 6.019/74. "São asseguradas aos empregados da empresa prestadora de serviços a que se refere o art. 4º-A desta Lei, quando e enquanto os serviços, que podem ser de qualquer uma das atividades da contratante, forem executados nas dependências da tomadora, as mesmas condições:

I – relativas a:

a) alimentação garantida aos empregados da contratante, quando oferecida em refeitórios;

b) direito de utilizar os serviços de transporte;

c) atendimento médico ou ambulatorial existente nas dependências da contratante ou local por ela designado;

d) treinamento adequado, fornecido pela contratada, quando a atividade o exigir.

II – sanitárias, de medidas de proteção à saúde e de segurança no trabalho e de instalações adequadas à prestação do serviço."

O novo dispositivo inserido pela reforma encerra a discriminação trazida pela Lei n. 13.429/2017 e passa a garantir aos empregados das empresas de prestação de serviço as condições de trabalho relacionadas nos incisos do artigo, desde que elas sejam também previstas em relação aos empregados da tomadora.

Art. 4º-C, § 1º, Lei n. 6.019/74. "Contratante e contratada poderão estabelecer, se assim entenderem, que os empregados da contratada farão jus a salário equivalente ao pago aos empregados da contratante, além de outros direitos não previstos neste artigo."

Confessamos que lemos e relemos esse parágrafo diversas vezes e indagamos se a empresa contratante vai estabelecer que o terceirizado ganhará salário equivalente aos demais empregados. Não visualizamos essa possibilidade.

Se a isonomia estivesse de fato garantida, a terceirização seria uma opção feita pelo empresário acerca da modalidade de serviço que pretende contratar, e não uma opção para baratear a mão de obra.

Atente-se ainda, que, nos contratos que impliquem mobilização de empregados da contratada em número igual ou superior a 20% (vinte por cento) dos empregados da contratante, esta poderá disponibilizar aos empregados da contratada os serviços de alimentação e atendimento ambulatorial em outros locais apropriados e com igual padrão de atendimento, com vistas a manter o pleno funcionamento dos serviços existentes.

> Art. 5º-A, § 5º, Lei n. 6.019/74. "A empresa contratante é subsidiariamente responsável pelas obrigações trabalhistas referentes ao período em que ocorrer a prestação de serviços, e o recolhimento das contribuições previdenciárias observará o disposto no art. 31 da Lei n. 8.212, de 24 de julho de 1991."

Permanece a mesma responsabilidade: subsidiária. Deve-se cobrar o empregador (empresa prestadora de serviço). Se a empresa não tiver bens para a satisfação do crédito trabalhista, cobra-se, em segundo lugar, a tomadora (hoje denominada como empresa contratante).

Atenção! A responsabilidade subsidiária é total. Não alcança apenas as verbas salariais, como também as indenizatórias.

A nova lei, seguindo o entendimento da Súmula 331 do TST, estabelece que a empresa contratante é subsidiariamente responsável pelas obrigações trabalhistas referentes ao período em que ocorrer a prestação de serviço.

Será necessário atender alguns requisitos para a celebração do contrato de prestação de serviços:

> Art. 5º-B, Lei n. 6.019/74. "O contrato de prestação de serviços conterá:
> I – qualificação das partes;
> II – especificação do serviço a ser prestado;
> III – prazo para realização do serviço, quando for o caso;
> IV – valor."

A nova regulamentação estampada na Lei n. 6.019/74 não se aplica às empresas de vigilância e transporte de valores, permanecendo as respectivas relações de trabalho reguladas por legislação especial, e subsidiariamente pela CLT.

Art. 5º-C, Lei n. 6.019/74. "Não pode figurar como contratada, nos termos do art. 4º-A desta Lei, a pessoa jurídica cujos titulares ou sócios tenham, nos últimos dezoito meses, prestado serviços à contratante na qualidade de empregado ou trabalhador sem vínculo empregatício, exceto se os referidos titulares ou sócios forem aposentados".

O dispositivo impede que a pessoa jurídica, cujos titulares ou sócios tenham, nos últimos dezoito meses, prestado serviços à contratante na qualidade de empregado ou trabalhador sem vínculo empregatício, possa figurar como contratada.

Art. 5º-D, Lei n. 6.019/74. "O empregado que for demitido não poderá prestar serviços para esta mesma empresa na qualidade de empregado de empresa prestadora de serviços antes do decurso de prazo de dezoito meses, contados a partir da demissão do empregado."

Atenção! O art. 5º-D, da Lei n. 6.019/74, traz a quarentena do trabalhador terceirizado.

Os dispositivos impedem que a pessoa jurídica, cujos titulares ou sócios tenham, nos últimos dezoito meses, prestado serviços à contratante na qualidade de empregado ou trabalhador sem vínculo empregatício, possa figurar como contratada.

4. DIFERENÇA ENTRE A INTERMEDIAÇÃO DE MÃO DE OBRA E A TERCEIRIZAÇÃO

A intermediação de mão de obra está configurada no trabalho temporário. A empresa prestadora de serviços possibilita que um trabalhador temporário preste serviços em outra empresa, denominada tomadora.

A terceirização (em geral) compreende a transferência de um serviço ou atividade específicos de uma empresa a outra. Não se busca um trabalhador apenas para substituir outro que teve seu contrato interrompido ou suspenso. Na terceirização há verdadeira delegação de um setor da empresa para que outra possa atuar com seus próprios empregados.

5. SÚMULA 331 DO TST

Como o nosso principal objetivo são as provas de concursos públicos, destacamos a literalidade e breves comentários sobre a Súmula 331 do TST.

"CONTRATO DE PRESTAÇÃO DE SERVIÇOS. LEGALIDADE (nova redação do item IV e inseridos os itens V e VI à redação). Resolução n. 174/2011, *DEJT* divulgado em 27, 30 e 31-5-2011.

I – A contratação de trabalhadores por empresa interposta é ilegal, formando-se o vínculo diretamente com tomador dos serviços;"

O inciso I consubstancia a regra de que a terceirização de mão de obra da atividade-fim é ilegal. A Lei n. 6.019/74, chamada Lei dos Temporários, autoriza alguns casos de terceirização lícita da atividade-fim da empresa.

> "II – A contratação irregular de trabalhador, mediante empresa interposta, não gera vínculo de emprego com os órgãos da Administração Pública direta, indireta ou fundacional;"

Este inciso, combinado com o art. 37, II, da CF/88, privilegiou o princípio do concurso público, que pertence à seara do Direito Constitucional.

De acordo com o texto do dispositivo em comento, a investidura em cargos ou empregos públicos na Administração Pública direta e indireta depende da aprovação prévia em concurso público. A ausência de concurso não gera vínculo de emprego com a Administração, mas o inciso V desta Súmula não a isenta de arcar com as responsabilidades oriundas desta contratação.

> "III – Não forma vínculo de emprego com o tomador a contratação de serviços de vigilância (...) e de conservação e limpeza, bem como a de serviços especializados ligados à atividade-meio do tomador, desde que inexistente a pessoalidade e a subordinação direta;"

O inciso III nos apresenta três das quatro hipóteses de terceirização lícita possíveis. São elas: serviços de vigilância patrimonial; segurança e transporte; serviços de conservação e limpeza; e serviços especializados ligados a atividades--meio do tomador.

Atenção! Nos três casos devem estar ausentes a pessoalidade e a subordinação. Caso contrário, restará configurada a relação do empregado diretamente com o tomador.

> "IV – O inadimplemento das obrigações trabalhistas, por parte do empregador, implica a responsabilidade subsidiária do tomador dos serviços quanto àquelas obrigações, desde que haja participado da relação processual e conste também do título executivo judicial;"

Na hipótese do inciso IV, o tomador de serviço não é integrante da Administração Pública direta ou indireta, e a sua responsabilidade independe da comprovação de culpa, em especial da culpa *in vigilando*.

> "V – Os entes integrantes da Administração Pública direta e indireta respondem subsidiariamente, nas mesmas condições do item IV, caso evidenciada a sua conduta culposa no cumprimento das obrigações da Lei n. 8.666, de 21-6-1993, especialmente na fiscalização do cumprimento das obrigações contratuais e legais da prestadora de serviço como empregadora. A aludida

responsabilidade não decorre de mero inadimplemento das obrigações trabalhistas assumidas pela empresa regularmente contratada."

Observe: evidenciado pela Administração Pública o descumprimento das obrigações trabalhistas por parte da empresa contratada, restará claro, igualmente, o seu comportamento omissivo ou irregular em não fiscalizar, em típica culpa *in vigilando*, sendo cabível sua responsabilidade pelo menos de forma subsidiária.

Admitir o contrário, apenas por uma interpretação literal do item ora em exame, seria o mesmo que derrubar toda a proteção jurídica conquistada pelos empregados e, mais do que isso, há que ter em mente que a Administração Pública deve pautar os seus atos pela observância dos princípios da legalidade, impessoalidade e moralidade pública.

> Súmula 363 do TST. "CONTRATO NULO. EFEITOS (nova redação). Resolução n. 121/2003, *DJ* divulgado em 19, 20 e 21-11-2003.
> A contratação de servidor público, após a CF/1988, sem prévia aprovação em concurso público, encontra óbice no respectivo art. 37, II, e § 2º, somente lhe conferindo direito ao pagamento da contraprestação pactuada, em relação ao número de horas trabalhadas, respeitado o valor da hora do salário mínimo, e dos valores referentes aos depósitos do FGTS."

Atenção! A hipótese descrita na Súmula 363 do TST faz referência à contratação de empregado pela Administração Pública sem a realização de concurso público, e não à terceirização ilícita de mão de obra. Portanto, o teor da Súmula 363 do TST não se confunde com o inciso V da Súmula 331 do TST, nem com a OJ 383 da SDI-1.

Por fim, registre-se que o STF decidiu, no dia 30 de março de 2017, que a administração pública não é responsável pelo pagamento de eventuais dívidas trabalhistas contratadas por órgãos públicos.

O Ministro Alexandre de Moraes, do STF, votou contra a possibilidade de a administração pública ser responsável pelo pagamento de encargos trabalhistas devidos pelas empresas terceirizadas, prestadoras de serviço para o governo, desempatando o caso analisado desde fevereiro pela Corte.

A decisão tem repercussão geral e deve ser seguida em todas as instâncias.

> "VI – A responsabilidade subsidiária do tomador de serviços abrange todas as verbas decorrentes da condenação referentes ao período da prestação laboral."
> OJ 382 da SDI-1 do TST. "JUROS DE MORA. ART. 1º-F DA LEI N. 9.494, DE 10-9-1997. INAPLICABILIDADE À FAZENDA PÚBLICA QUANDO CONDENADA SUBSIDIARIAMENTE. (*DEJT* divulgado em 19, 20 e 22-4-2010) A Fazenda Pública, quando condenada subsidiariamente pelas obrigações trabalhistas devidas pela empregadora principal, não se beneficia da limitação dos juros, prevista no art. 1º-F da Lei n. 9.494, de 10-9-1997."

6. EFEITOS NA ADMINISTRAÇÃO PÚBLICA

A Lei n. 13.429/2017, que alterou sensivelmente a Lei n. 6.019/74, foi omissa quanto a esse ponto, o que certamente está acarretando diversas divergências.

Cumpre observar que o "alvo" da nova regulamentação jurídica é o trabalho temporário e a terceirização nas empresas. A lei não foi criada para a administração direta, autárquica e fundacional por não se equipararem às empresas privadas.

Atenção! O princípio do concurso público está estampado no texto constitucional:

> Art. 37, CF/88. "A administração pública direta e indireta de qualquer dos Poderes da União, dos Estados, do Distrito Federal e dos Municípios obedecerá aos princípios de legalidade, impessoalidade, moralidade, publicidade e eficiência e, também, ao seguinte:
>
> (...)
>
> II – a investidura em cargo ou emprego público depende de aprovação prévia em concurso público de provas ou de provas e títulos, de acordo com a natureza e a complexidade do cargo ou emprego, na forma prevista em lei, ressalvadas as nomeações para cargo em comissão declarado em lei de livre nomeação e exoneração;
>
> (...)
>
> § 2º A não observância do disposto nos incisos II e III implicará a nulidade do ato e a punição da autoridade responsável, nos termos da lei."

Nesse contexto, lembramo-nos das aulas de Direito Constitucional: a Constituição Federal é hierarquicamente superior à legislação ordinária, logo, a regulamentação sobre o trabalho temporário e a terceirização não excluirá o concurso público para a investidura em cargo ou emprego público.

LEGISLAÇÃO CORRELATA

Como já mencionado neste capítulo, após a edição da Lei n. 13.429/2017, que alterou o trabalho temporário (modalidade de terceirização) e passou a regulamentar a terceirização em geral, temos certeza de que a leitura minuciosa e cautelosa da Lei n. 6.019/74 representará gabarito em prova.

Da mesma forma, destacamos a atenção especial do candidato para a redação da Súmula 331 do TST, que, entendemos, não perdeu efeito com a edição da Lei n. 13.419/2017 e com as alterações apresentadas pela Reforma Trabalhista.

> Súmula 331 do TST
> "CONTRATO DE PRESTAÇÃO DE SERVIÇOS. LEGALIDADE (nova redação do item IV e inseridos os itens V e VI à redação) – Res. 174/2011, *DEJT* divulgado em 27, 30 e 31-5-2011.

I – A contratação de trabalhadores por empresa interposta é ilegal, formando-se o vínculo diretamente com o tomador dos serviços, salvo no caso de trabalho temporário (Lei n. 6.019, de 3-1-1974).

II – A contratação irregular de trabalhador, mediante empresa interposta, não gera vínculo de emprego com os órgãos da Administração Pública direta, indireta ou fundacional (art. 37, II, da CF/1988).

III – Não forma vínculo de emprego com o tomador a contratação de serviços de vigilância (Lei n. 7.102, de 20-6-1983) e de conservação e limpeza, bem como a de serviços especializados ligados à atividade-meio do tomador, desde que inexistente a pessoalidade e a subordinação direta.

IV – O inadimplemento das obrigações trabalhistas, por parte do empregador, implica a responsabilidade subsidiária do tomador dos serviços quanto àquelas obrigações, desde que haja participado da relação processual e conste também do título executivo judicial.

V – Os entes integrantes da Administração Pública direta e indireta respondem subsidiariamente, nas mesmas condições do item IV, caso evidenciada a sua conduta culposa no cumprimento das obrigações da Lei n. 8.666, de 21-6-1993, especialmente na fiscalização do cumprimento das obrigações contratuais e legais da prestadora de serviço como empregadora. A aludida responsabilidade não decorre de mero inadimplemento das obrigações trabalhistas assumidas pela empresa regularmente contratada.

VI – A responsabilidade subsidiária do tomador de serviços abrange todas as verbas decorrentes da condenação referentes ao período da prestação laboral."

Outra redação normativa de destaque sobre o tema estudado encontra-se na OJ 383 da SDI-1, do TST.

OJ 383 SDI-1, TST. "TERCEIRIZAÇÃO. EMPREGADOS DA EMPRESA PRESTADORA DE SERVIÇOS E DA TOMADORA. ISONOMIA. ART. 12, 'A', DA LEI N. 6.019, DE 3-1-1974 (mantida) – Res. 175/2011, *DEJT* divulgado em 27, 30 e 31-5-2011.

A contratação irregular de trabalhador, mediante empresa interposta, não gera vínculo de emprego com ente da Administração Pública, não afastando, contudo, pelo princípio da isonomia, o direito dos empregados terceirizados às mesmas verbas trabalhistas legais e normativas asseguradas àqueles contratados pelo tomador dos serviços, desde que presente a igualdade de funções. Aplicação analógica do art. 12, 'a', da Lei n. 6.019, de 3-1-1974."

Foi dado destaque, também, para a contratação de servidor público sem a prévia aprovação em concurso público.

Súmula 363 do TST
"CONTRATO NULO. EFEITOS (nova redação) – Res. 121/2003, *DJ* 19, 20 e 21-11-2003.

A contratação de servidor público, após a CF/1988, sem prévia aprovação em concurso público, encontra óbice no respectivo art. 37, II e § 2º, somente lhe conferindo direito ao pagamento da contraprestação pactuada, em relação ao número de horas trabalhadas, respeitado o valor da hora do salário mínimo, e dos valores referentes aos depósitos do FGTS."

Por fim, a OJ 382 da SDI-1 do TST afirma que a Fazenda Pública não se beneficia da limitação de juros, quando condenada subsidiariamente:

OJ 382, SDI-1, TST. "JUROS DE MORA. ART. 1º-F DA LEI N. 9.494, DE 10-9-1997. INAPLICABILIDADE À FAZENDA PÚBLICA QUANDO CONDENADA SUBSIDIARIAMENTE. (*DEJT* divulgado em 19, 20 e 22-4-2010). A Fazenda Pública, quando condenada subsidiariamente pelas obrigações trabalhistas devidas pela empregadora principal, não se beneficia da limitação dos juros, prevista no art. 1º-F da Lei n. 9.494, de 10-9-1997."

ENTENDIMENTO DOUTRINÁRIO

O pretérito presidente do Tribunal Superior do Trabalho, Ives Gandra Martins Filho (2016, p. 102), traz importantes considerações sobre a terceirização, considerando-a como: "transferência de parte das atividades de uma empresa para outra, que passa a funcionar como um terceiro no processo produtivo, entre o trabalhador e a empresa principal (intermediação de mão de obra) ou entre o consumidor e a empresa principal (prestação de serviços)".

Indo além, sobre a finalidade do instituto, o autor indica seu posicionamento favorável:

"Redução dos custos da produção pela especialização, com concentração da empresa principal na sua atividade produtiva fundamental e subcontratação de empresas secundárias para a realização das atividades acessórias e de apoio. O fenômeno da terceirização tem caráter econômico, em irreversível passagem da empresa verticalizada, em que todas as atividades essenciais, acessórias ou complementares são realizadas por empregados de seu próprio quadro, para a empresa horizontalizada, numa cadeia produtiva em que cada empresa se especializa numa atividade e contrata serviços de outras para suas necessidades periféricas."

JURISPRUDÊNCIA

"RECURSO DE REVISTA. TERCEIRIZAÇÃO ILÍCITA. TERCEIRIZAÇÃO ILÍCITA. VÍNCULO DE EMPREGO. CONDIÇÃO DE BANCÁRIO. NORMAS COLETIVAS APLICÁVEIS. É ilegal a terceirização de atividades essenciais da empresa, formando-se o vínculo de emprego diretamente com o tomador dos serviços. Súmulas 331, I, e III, do TST. Recurso de revista não conhecido. HONORÁRIOS ADVOCATÍCIOS. Nos termos do item I da Súmula 219 do TST, a ausência de credencial sindical obsta o pagamento da verba honorária. Recurso de revista conhecido e provido. Ressalva de entendimento da Relatora" (TST – RR n. 115-21.2011.504.0027, Relatora: Maria Helena Mallmann, Data de Julgamento: 29-4-2015, 5ª Turma, Data de Publicação: *DEJT* de 8-5-2015).

"CONTRATO TEMPORÁRIO. LEI N. 6.019/74. RESCISÃO ANTECIPADA. INDENIZAÇÃO PREVISTA NO ART. 479 DA CLT. INAPLICABILIDADE. A rescisão antecipada do contrato de trabalho temporário disciplinado pela Lei n. 6.019/74 não enseja o pagamento da indenização prevista no art. 479 da CLT. Trata-se de forma específica de contratação, regulada por legislação especial e não pelas disposições da CLT. Sob esse entendimento, a SBDI-I, por unanimidade, conheceu do recurso de embargos da reclamante, por divergência jurisprudencial, e, no mérito, por maioria, negou-lhe provimento. Vencidos os Ministros Lelio Bentes Corrêa, relator, João Oreste Dalazen, Ives Gandra Martins Filho e Hugo Carlos Scheuermann, que entendiam ser aplicável a indenização prevista no art. 479 da CLT também aos trabalhadores regidos pela Lei n. 6.019/74, por se tratar de espécie de contrato a termo. Registrou ressalva de fundamentação o Ministro José Roberto Freire Pimenta" (TST-RR-1342-91.2010.5.02.0203, SBDI-I, Relator Ministro: Lelio Bentes Corrêa, red. p/ acórdão Min. Renato de Lacerda Paiva, 30-4-2015 – *Informativo* n. 105, TST).

QUESTÕES COMENTADAS

01 **(Procurador Municipal – PGM – Campo Grande – MS – CESPE – 2019)** De acordo com a jurisprudência consolidada do Tribunal Superior do Trabalho, julgue o item subsequente.

O tomador de serviços somente poderá ser responsabilizado subsidiariamente pelo não cumprimento de obrigações trabalhistas por parte do empregador quando tiver participado da relação processual e constar também do título executivo judicial.

( ) **Certo** ( ) **Errado**

RESEPOSTA A questão está correta. É o teor da Súmula 331, IV, do TST – O inadimplemento das obrigações trabalhistas, por parte do empregador, implica a responsabilidade subsidiária do tomador dos serviços quanto àquelas obrigações, desde que haja participado da relação processual e conste também do título executivo judicial.

---

02 **(Advogado – CASAN – INSTITUTO AOCP – 2016)** Quanto à responsabilidade das empresas e à terceirização, assinale a alternativa correta.

(A) **Os entes integrantes da Administração Pública direta e indireta respondem subsidiariamente, caso evidenciada a sua conduta culposa no comprimento das obrigações da Lei**

Terceirização e trabalho temporário   81

8.666/93, especialmente na fiscalização do comprimento das obrigações contratuais e legais da prestadora de serviço como empregadora. A aludida responsabilidade não decorre de mero inadimplemento das obrigações trabalhistas assumidas pela empresa regularmente contratada.

(B) A contratação de trabalhadores por empresa interposta é legal, formando-se o vínculo diretamente com o tomador dos serviços, salvo no caso de trabalho temporário.

(C) Forma vínculo de emprego com o tomador a contratação de serviços de vigilância, de conservação e limpeza, bem como a de serviços especializados ligados à atividade-meio do tomador, mesmo que inexistente a pessoalidade e a subordinação direta.

(D) O inadimplemento das obrigações trabalhistas, por parte do empregador, implica a responsabilidade subsidiária do tomador dos serviços, quanto àquelas obrigações, mesmo que não haja participado da relação processual e conste também do título executivo judicial.

(E) A contratação irregular de trabalhador, através de empresa interposta, gera vínculo de emprego com os órgãos da administração pública indireta.

RESPOSTA Trata-se do inteiro teor do item V, da Súmula 331, do TST. *Alternativa A.*

---

03 (Procurador Municipal – Prefeitura de Maringá/PR – PUC-PR – 2015) Considerando o fenômeno da Terceirização no Direito do Trabalho, é CORRETO afirmar.

(A) A responsabilidade do Município é solidária e decorre da responsabilidade objetiva da pessoa jurídica de direito público.

(B) A responsabilidade do Município é subsidiária, mas não decorre de mero inadimplemento das obrigações trabalhistas assumidas pela empresa regularmente contratada, devendo ser demonstrada a sua culpa *in vigilando*.

(C) A terceirização de atividade-fim importa no reconhecimento de vínculo diretamente com o Município.

(D) As responsabilidades subsidiária ou solidária não abrangem encargos fiscais e previdenciários.

(E) Há possibilidade de inserção do Município no polo passivo da execução, mesmo que não tenha participado da relação processual e mesmo que não conste do título executivo judicial, quando a empresa prestadora de serviços for insolvente.

RESPOSTA Trata-se de uma interpretação extensiva do item V, da Súmula 331, do TST. *Alternativa B.*

---

04 (Analista Legislativo – Câmara dos Deputados – CESPE – 2014) Julgue o item subsecutivo, referente à terceirização.

Para que seja caracterizada sua responsabilidade subsidiária pelo inadimplemento de obrigações laborais decorrentes de terceirização, o tomador de serviços deverá ter sido incluído no polo passivo de processo judicial de conhecimento e constar de título executivo judicial.

( ) **Certo**   ( ) **Errado**

RESPOSTA Este item trata da responsabilização do tomador de serviços nos casos de terceirização. É importantíssimo ter em mente que a responsabilidade do tomador de serviços, nos casos de terceirização lícita, é subsidiária. Ao eleger mal (culpa *in eligendo*) *seu prestador de serviços, e ao não fiscalizar a conduta do mesmo em relação ao cumprimento das obrigações trabalhistas (culpa in vigilando), o tomador de serviços age em flagrante abuso de direito, razão pela qual cabe também algum tipo de responsabilidade. Alternativa Certa.*

---

05 (Procurador – PG-DF – CESPE – 2013) Com relação ao direito coletivo do trabalho, ao direito individual do trabalho e aos princípios do direito do trabalho, julgue os itens a seguir.

O contrato de trabalho temporário e a terceirização são formas de contratação por interposta pessoa mediante a constituição de um relacionamento triangular: contratante, intermediário e contratado. Para a validade de ambas, o trabalho realizado pelo empregado não deve destinar-se à atividade fim da empresa.

( ) **Certo**   ( ) **Errado**

RESPOSTA O trabalho temporário, regulado pela Lei n. 6.019/74, pode ser prestado tanto para atividade-fim quanto para atividade-meio. O mesmo ocorre com a terceirização em geral, que torna irrestritas as atividades da empresa objeto de terceirização, regulada pelo mesmo diploma legal. *Alternativa Errada.*

PARA GABARITAR

Cabe observar que, se a Administração Pública não fiscalizar o cumprimento das obrigações trabalhistas por parte da empresa contratada, restará claro, igualmente, o seu comportamento omissivo ou irregular em não fiscalizar, em típica culpa *in vigilando*, sendo cabível sua responsabilidade pelo menos de forma subsidiária.

Admitir o contrário, apenas por uma interpretação literal do item ora em exame, seria o mesmo que derrubar toda a proteção jurídica conquistada pelos empregados e, mais do que isso, há que ter em mente que a Administração Pública deve pautar os seus atos com a observância dos princípios da legalidade, impessoalidade e moralidade pública.

CAPÍTULO 7 Contrato de trabalho

1. CONCEITO

Trata-se do negócio jurídico em que a parte ativa é representada pelo prestador de serviços, e a passiva, pelo tomador de serviços. Para que o contrato seja considerado válido, faz-se necessária a presença do plano de existência e do plano de validade.

No que diz respeito ao plano de existência, trata-se da presença dos requisitos caracterizadores da relação de emprego, em especial os constantes dos arts. 2º e 3º, da CLT.

Quanto ao plano de validade, verifica-se se o negócio jurídico está apto a produzir seus efeitos, a partir da observância do art. 104, do Código Civil, que dispõe sobre os elementos essenciais dos negócios jurídicos.

Os contratos de trabalho devem possuir partes contraentes capazes, ser o objeto da prestação de serviço lícito, possível, determinado ou determinável.

Portanto, o contrato de trabalho figura como um acordo celebrado entre o empregado e o empregador, conforme previsto no art. 442, da CLT, podendo ser tácito (não expresso, deduzido ou subentendido); expresso verbal (há a vontade das partes, sem registro escrito) e expresso por escrito (há a vontade das partes manifestada por escrito).

As características do contrato de trabalho serão: de direito privado (celebrado entre particulares); não solene (não há formalidades, pode ser escrito, verbal, tácito ou expresso); consensual (é fruto do acordo de vontades entre as partes); de trato sucessivo ou débito permanente (as obrigações contraídas serão sempre prolongadas e renovadas com o tempo); oneroso (pressupõe o pagamento dos serviços que foram prestados em pecúnia); e sinalagmático (o contrato fará lei entre as partes, com prestações recíprocas e equivalentes).

Quanto às partes do contrato de trabalho, ponderoso ressaltar que a Constituição Federal, por meio do inciso XXXIII, do art. 7º, da CF/88, proíbe a realização "de trabalho noturno, perigoso ou insalubre a menores de dezoito e de qualquer trabalho a menores de dezesseis anos, salvo na condição de aprendiz, a partir de quatorze anos".

Além do mais, a capacidade das partes no contrato de trabalho limita-se a verificar a aptidão da parte para prestar serviços, ou seja, de figurar no polo ativo da relação jurídica.

Em relação ao objeto do contrato de trabalho, distingue-se o trabalho proibido do ilícito.

O trabalho proibido possui uma prestação de serviço considerada originalmente lícita, mas, em relação a ele, a lei opta por fazer determinadas ressalvas para proteger o próprio trabalhador ou o interesse público. Esses contratos são anuláveis e geram efeitos *ex nunc*. Já o trabalho ilícito, por seu turno, tem como objeto uma prestação de serviço considerada ilícita, um tipo penal e, dessa maneira, não pode produzir efeito algum. O contrato será considerado nulo e gerará efeitos *ex tunc*.

Quanto à classificação dos contratos, o art. 443, da CLT, dispõe que eles poderão ser acordados tácita ou expressamente, verbalmente ou por escrito, por prazo determinado ou indeterminado, ou para prestação de trabalho intermitente.

Os contratos se posicionarão, quanto à manifestação de vontade das partes, de maneira tácita (as partes não expressam explicitamente a vontade de contratar, apenas demonstram o ânimo de celebrar o contrato) ou expressa (as partes manifestam sua vontade de forma expressa, clara, explícita e precisa).

Quanto ao número de prestadores de serviço, o contrato será individual, quando o polo ativo da relação jurídica contratual for formado por apenas um empregado; e/ou plúrimo, quando existirem dois ou mais empregados no polo ativo da relação jurídica.

De acordo com a forma, ele será verbal (ou informal) ou escrito formal e documentado.

No tocante aos prazos, será determinado, o que se admite somente nos casos expressos em lei; ou indeterminado, que é a regra no Direito do Trabalho.

Essa regra decorre da aplicação dos princípios protetivos do empregado, em especial do princípio da continuidade da relação de emprego, previsto na Súmula 212 do TST.

Em relação à Carteira de Trabalho e Previdência Social (CTPS), deverá ser anotada mesmo nos contratos de trabalho em que não houver a exigência de forma específica, e mesmo nos contratos celebrados verbal ou tacitamente, no prazo máximo de 48 horas da admissão do empregado, sob pena de incorrer em um ilícito administrativo, de acordo com o art. 29, da CLT.

2. CONTRATO INDIVIDUAL DE TRABALHO

O contrato individual de trabalho é o negócio jurídico tácito ou expresso, verbal ou escrito, por meio do qual uma pessoa física assume a obrigação de prestar serviços a outrem, com pessoalidade, não eventualidade, onerosidade e subordinação, conforme o art. 442, da CLT.

3. CONTRATOS POR PRAZO DETERMINADO

Referida definição encontra-se no art. 443, § 1º, da CLT: "Considera-se como de prazo determinado o contrato de trabalho cuja vigência dependa de termo prefixado ou da execução de serviços especificados ou ainda realização de certo acontecimento suscetível de previsão aproximada".

De acordo com o § 1º do art. 443, da CLT, há três formas diferentes de determinação de prazo: a) termo prefixado, isto é, o contrato terá uma data certa para o término (ex.: contrato de experiência); b) sem termo prefixado e de execução de serviços especificados (ex.: contratação de vendedores extras em lojas na época do Natal); c) sem termo prefixado e de realização de certo acontecimento suscetível de previsão aproximada (ex.: contrato de safra).

Em relação à contratação por prazo determinado, o art. 443, § 2º, dispõe que só será válida em se tratando: a) de serviço cuja natureza ou transitoriedade justifique a predeterminação do prazo; b) de atividades empresariais de caráter transitório; c) de contrato de experiência.

Sempre que forem inobservadas as regras contratuais previstas nos artigos da CLT referentes aos contratos por prazo determinado, em especial as hipóteses elencadas nos arts. 443, § 1º, 445, *caput* e parágrafo único, 451 e 452, incidirá a regra da indeterminação contratual automática.

Nos casos de execução de serviços especializados e da realização de certos acontecimentos, caso ocorra uma segunda contratação antes de decorrido o prazo de seis meses, o contrato de trabalho continuará a ser por prazo determinado.

O término do contrato por prazo determinado poderá ocorrer de duas formas: a primeira delas ocorre no momento previamente fixado pelas partes, chamada de extinção normal. Nesse caso, não há necessidade de pagamento de indenização. O empregador deverá pagar as verbas rescisórias referentes ao período de trabalho.

A segunda forma de término do contrato poderá ocorrer de maneira antecipada, ou seja, antes do prazo fixado pelas partes. Nesse caso, há pagamento de indenização. Para o pagamento dessa indenização, será necessário verificar quem deu causa ao rompimento (arts. 479 e 480 da CLT).

A regra nos contratos por prazo determinado é a ausência do aviso prévio. Contudo, poderão as partes, se assim quiserem, estipular no contrato a chamada cláusula do aviso prévio, que assegura, na hipótese de término desses contratos, os mesmos direitos assegurados nos contratos por prazo indeterminado, de acordo com a leitura do art. 481, da CLT, bem como a incidência do aviso prévio e multa de 40% do FGTS, de acordo com a redação da Súmula 163 do TST.

Atenção! Na extinção antecipada no contrato de aprendizagem não se aplica as hipóteses de indenização previstas nos arts. 479 e 480 da CLT, ou seja, tanto o empregador quanto o aprendiz não estão obrigados a pagar indenização.

Sobre a suspensão e interrupção do contrato de trabalho, o tempo em que o empregado permanecer afastado do emprego, em virtude de causas de suspensão ou interrupção do contrato de trabalho, será computado na contagem do prazo nos contratos por prazo determinado. Entretanto, há a possibilidade de este tempo não ser computado no curso do contrato se as partes assim acordarem, de acordo com o teor do art. 472, § 2º, da CLT: "Nos contratos por prazo determinado, o tempo de afastamento, se assim acordarem as partes interessadas, não será computado na contagem do prazo para a respectiva terminação".

4. CONTRATO DE EXPERIÊNCIA

Trata-se de uma modalidade de contrato por prazo determinado, que tem por finalidade a aferição, por ambas as partes, da viabilidade de um futuro vínculo de emprego por prazo indeterminado.

5. CONTRATO DE APRENDIZAGEM

O contrato de aprendizagem é mais uma modalidade de contrato por prazo determinado previsto na CLT. O contrato de aprendizagem é uma exceção, prevista no próprio texto constitucional. De acordo com o inciso XXXIII, do art. 7º, é proibido "o trabalho noturno, perigoso ou insalubre a menores de dezoito anos e de qualquer trabalho a menores de dezesseis anos, salvo na condição de aprendiz, a partir de quatorze anos".

O texto do *caput* do art. 428, bem como de seu § 5º, esclarece que pode ser aprendiz o trabalhador com idade entre 14 e 24 anos e o portador de deficiência, independentemente da idade. No caso de o aprendiz ser portador de deficiência, o contrato de aprendizagem poderá ser por prazo indeterminado; é o que preceitua o § 3º, do art. 428, da CLT.

Portanto, podem ser considerados aprendizes o maior de 14 e menor de 24 anos e o portador de deficiência, independentemente da idade.

6. CONTRATO INTERMITENTE

A espécie contrato de trabalho sob a denominação "contrato intermitente", inserida pela Reforma Trabalhista (Lei n. 13.467/2017), é uma modalidade de trabalho que visa autorizar a jornada móvel variada e o trabalho variável. A principal característica é a imprevisibilidade.

O contrato de trabalho intermitente deve ser celebrado por escrito e deve conter especificamente o valor da hora de trabalho, que não pode ser inferior ao valor horário do salário-mínimo ou àquele devido aos demais empregados do estabelecimento que exerçam a mesma função em contrato intermitente ou não.

O empregador convocará o empregado, por qualquer meio de comunicação eficaz, para a prestação de serviços, informando qual será a jornada, com pelo menos três dias corridos de antecedência. Recebida a convocação, o empregado terá o prazo de um dia útil para responder ao chamado, presumindo-se, no silêncio, a recusa.

Atenção! A recusa da oferta não descaracteriza a subordinação para fins do contrato de trabalho intermitente.

Aceita a oferta para o comparecimento ao trabalho, a parte que descumprir, sem justo motivo, pagará à outra parte, no prazo de trinta dias, multa de 50% (cinquenta por cento) da remuneração que seria devida, permitida a compensação em igual prazo.

De acordo com os arts. 2º e 3º, da CLT, é o empregador quem corre os riscos da atividade empresarial. O art. 452-A, § 4º, da CLT, pretende repassar ao trabalhador os riscos inerentes ao empreendimento, o que não é possível nas relações de emprego.

O Ministério do Trabalho[1] editou a Portaria n. 349, de 23 de maio de 2018, regulamentando, em parte, aquilo que estava previsto na MP n. 808/2017 (não convertida em lei pelo Congresso Nacional).

7. CONTRATO DE TRABALHO VERDE E AMARELO

O Presidente da República editou a Medida Provisória n. 905/2019[2], que criou nova modalidade de contratação de trabalhadores denominada Contrato de Trabalho Verde e Amarelo e modificou diversos dispositivos da CLT e da legislação esparsa trabalhista e previdenciária.

De acordo com o art. 1º da MP, fica instituído o Contrato de Trabalho Verde e Amarelo, modalidade de contratação destinada à criação de novos postos de trabalho para as pessoas entre dezoito e vinte e nove anos de idade, para fins de registro do primeiro emprego em Carteira de Trabalho e Previdência Social.

Portanto, essa nova modalidade contratual somente poderá ser utilizada para o primeiro emprego do trabalhador. Assim, ainda que a pessoa tenha entre 18 e 29 anos, se já tiver sido contratado como empregado, não poderá se valer do Contrato Verde e Amarelo. No entanto, o parágrafo único do art. 1º da MP traz algumas exceções de vínculos laborais que não são considerados para a caraterização como primeiro emprego:

- menor aprendiz;
- contrato de experiência;
- trabalho intermitente; e
- trabalho avulso.

---

1   No dia 1º de janeiro de 2019, o Presidente da República Jair Bolsonaro editou a Lei n. 13.844/2019 que estabeleceu a organização dos órgãos da Presidência da República e dos Ministérios. Dentre as alterações realizadas, o Ministério do Trabalho foi extinto e suas atribuições foram transferidas aos Ministérios da Economia, da Justiça e Segurança Pública e da Cidadania.

2   Cumpre ressaltar que até o término desta edição, a MP n. 905/2019 depende da aprovação do Congresso Nacional para a sua conversão em lei.

Atenção! Poderão ser contratados na modalidade Contrato de Trabalho Verde e Amarelo, os trabalhadores com salário-base mensal de até um salário-mínimo e meio nacional. Portanto, nota-se que a limitação da salário leva em conta tão somente o salário-base do empregado sem considerar outros acréscimos legais.

É garantida a manutenção do contrato na modalidade Contrato de Trabalho Verde e Amarelo quando houver aumento salarial, após doze meses de contratação.

A contratação de trabalhadores nessa nova modalidade é permitida no período de 1º de janeiro de 2020 a 31 de dezembro de 2022.

É vedada a contratação, sob a modalidade de que trata essa Medida Provisória, de trabalhadores submetidos a legislação especial. Dessa forma, os empregados que têm a profissão regulamentada por legislação esparsa não poderão ser contratados pelas regras da MP n. 905/2019. Exemplos: trabalhadores rurais, trabalhadores domésticos, vigilantes etc.

Compete ao Ministério da Economia coordenar, executar, monitorar, avaliar e editar normas complementares relativas ao Contrato de Trabalho Verde e Amarelo. Os trabalhadores nessa nova modalidade receberão prioritariamente ações de qualificação profissional, conforme disposto em ato do Ministério da Economia.

A contratação de trabalhadores na modalidade Contrato de Trabalho Verde e Amarelo será realizada exclusivamente para novos postos de trabalho e terá como referência a média do total de empregados registrados na folha de pagamentos entre 1º de janeiro e 31 de outubro de 2019.

A contratação total de trabalhadores na modalidade Contrato de Trabalho Verde e Amarelo fica limitada a 20% do total de empregados da empresa, levando-se em consideração a folha de pagamentos do mês corrente de apuração.

As empresas com até dez empregados poderão contratar 2 empregados na modalidade Contrato Verde e Amarelo. Assim, uma empresa com 3 empregados, poderá ter 2 empregados Verde e Amarelo. Já para as empresas com mais de 10 empregados, a contratação total de trabalhadores é limitada a até 20% do total de empregados da empresa, levando-se em consideração a folha de pagamento do mês corrente de apuração.

O trabalhador contratado por outras formas de contrato de trabalho, uma vez dispensado, não poderá ser recontratado pelo mesmo empregador, na modalidade Contrato de Trabalho Verde e Amarelo, pelo prazo de cento e oitenta dias, contado da data de dispensa, ressalvadas as hipóteses que não entram no cômputo do primeiro emprego já mencionadas como o menor aprendiz, contrato de experiência e trabalho avulso.

Fica assegurado às empresas que, em outubro de 2019, apurarem quantitativo de empregados inferior em, no mínimo, 30% em relação ao total de empregados registrados em outubro de 2018, o direito de contratar na modalidade Contrato de Trabalho Verde e Amarelo, observado o limite previsto de 20% do total de empregados.

Atenção! Se houver infrações aos limites impostos, o art. 16, § 2º, da MP n. 905/2019 prevê que o contrato será convertido automaticamente em contrato de trabalho por prazo indeterminado.

A MP estabelece, ainda, que os direitos previstos na Constituição Federal são garantidos aos trabalhadores contratados na modalidade Contrato de Trabalho Verde e Amarelo. Exemplo: o direito ao recebimento do adicional de horas extras que não poderá ser suprimido do trabalhador nessa nova modalidade contratual.

Os trabalhadores gozarão dos direitos previstos na CLT, e nas convenções e nos acordos coletivos da categoria a que pertença naquilo que não for contrário ao disposto na medida provisória.

Atenção! Seguindo a temática da Reforma Trabalhista, a MP prevê a valorização do negociado sobre o legislado.

O Contrato de Trabalho Verde e Amarelo será celebrado por prazo determinado, por até vinte e quatro meses, a critério do empregador. Poderá ser utilizado para qualquer tipo de atividade, transitória ou permanente, e para substituição transitória de pessoal permanente.

Não se aplica o disposto no art. 451 da CLT ao Contrato Verde e Amarelo:

> Art. 451, CLT. "O contrato de trabalho por prazo determinado que, tácita ou expressamente, for prorrogado mais de uma vez passará a vigorar sem determinação de prazo."

Portanto, o Contrato Verde e Amarelo poderá ser prorrogado mais de uma vez, observado o limite de 24 meses, sem que esta medida importe na conversão para contrato por prazo indeterminado.

O Contrato de Trabalho Verde e Amarelo será convertido automaticamente em contrato por prazo indeterminado quando ultrapassado o prazo máximo de 24 meses, passando a incidir as regras do contrato por prazo indeterminado previstas na CLT, a partir da data da conversão, e ficando afastadas as disposições previstas na medida provisória.

Ao final de cada mês, ou de outro período de trabalho, caso acordado entre as partes, desde que inferior a um mês, o empregado receberá o pagamento imediato das seguintes parcelas:

- remuneração;
- décimo terceiro salário proporcional; e
- férias proporcionais com acréscimo de um terço.

A indenização sobre o saldo do Fundo de Garantia do Tempo de Serviço – FGTS, prevista no art. 18 da Lei n. 8.036, de 11 de maio de 1990, poderá ser paga, por acordo entre empregado e empregador, de forma antecipada, mensalmente, ou em outro período de trabalho acordado entre as partes, desde que inferior a um mês, juntamente com as parcelas mencionadas acima. Nesse caso, a multa será paga pela metade (20%). Por outro lado, se o empregador optar pelo pagamento antecipado, não poderá reaver esse valor ainda que o empregado seja dispensado por justa causa.

No Contrato de Trabalho Verde e Amarelo, a alíquota mensal relativa à contribuição devida para o FGTS de que trata o art. 15 da Lei n. 8.036, de 1990, será de 2%, independentemente do valor da remuneração. A alíquota de 2% é a mesma devida aos aprendizes.

A duração da jornada diária de trabalho no âmbito do Contrato de Trabalho Verde e Amarelo poderá ser acrescida de horas extras, em número não excedente de duas, desde que estabelecido por acordo individual, convenção coletiva ou acordo coletivo de trabalho. A remuneração da hora extra será, no mínimo, 50% superior à remuneração da hora normal.

Atenção! É permitida a adoção de regime de compensação de jornada por meio de acordo individual, tácito ou escrito, para a compensação no mesmo mês. O banco de horas poderá ser pactuado por acordo individual escrito, desde que a compensação ocorra no período máximo de seis meses.

Na hipótese de rescisão do Contrato de Trabalho Verde e Amarelo sem que tenha havido a compensação integral da jornada extraordinária, o trabalhador terá direito ao pagamento das horas extras não compensadas, calculadas sobre o valor da remuneração a que faça jus na data da rescisão.

Na hipótese de extinção do Contrato de Trabalho Verde e Amarelo, serão devidos os seguintes haveres rescisórios, calculados com base na média mensal dos valores recebidos pelo empregado no curso do respectivo contrato de trabalho:

- a indenização sobre o saldo do FGTS, prevista no § 1º do art. 18 da Lei n. 8.036, de 1990, caso não tenha sido acordada a sua antecipação paga mensalmente;
- as demais verbas trabalhistas que lhe forem devidas a depender da modalidade do término do contrato.

Atenção! Não se aplica ao Contrato de Trabalho Verde e Amarelo a indenização prevista no art. 479 da Consolidação das Leis do Trabalho, hipótese em que se aplica a cláusula assecuratória do direito recíproco de rescisão prevista no art. 481 da referida Consolidação.

Os contratados na modalidade de Contrato de Trabalho Verde e Amarelo poderão ingressar no Programa Seguro-Desemprego, desde que preenchidos os requisitos legais e respeitadas as condicionantes previstas no art. 3º da Lei n. 7.998, de 11 de janeiro de 1990.

É facultado ao empregador comprovar, perante a Justiça do Trabalho, acordo extrajudicial de reconhecimento de cumprimento das suas obrigações trabalhistas para com o trabalhador, nos termos do disposto no art. 855-B da CLT. Dessa forma,

Contrato de trabalho 91

o empregador poderá se valer do procedimento de homologação de acordo extrajudicial criado pela Reforma Trabalhista para comprovar o cumprimento das obrigações trabalhistas devidas ao empregado em Contrato de Trabalho Verde e Amarelo.

8. ALTERAÇÃO DE CONTRATO DE TRABALHO

A CLT prevê hipóteses de alteração do contrato de trabalho, desde que não prejudique direta ou indiretamente o empregado, nos termos do art. 468, da CLT.

O art. 468 da CLT consagra o princípio da intangibilidade ou da inalterabilidade contratual lesiva ao empregado, que, em regra, somente permite a alteração do contrato de trabalho mediante o mútuo consentimento das partes (alteração bilateral) e a ausência de prejuízos diretos ou indiretos ao empregado.

Vale ponderar acerca do *jus variandi* do empregador, que tem como fundamentos o poder de direção (poder diretivo inerente ao poder empregatício) e a alteridade (característica inerente à atividade econômica que exerce). Tendo como fundamento o poder diretivo, o *jus variandi* permite ao empregador realizar com certa liberdade alterações nos contratos de trabalho referentes à organização do ambiente de trabalho, ao exercício de funções de confiança, aos salários e aos locais onde os serviços são prestados, bem como a alteração da data do pagamento pelo empregador, de acordo com a OJ 159 da SDI-1 do TST.

É importante ressaltar que, se o *jus variandi* do empregador causar algum tipo de prejuízo ao empregado, esbarrará no *jus resistentiae* deste. Por meio do *jus resistentiae*, o empregado poderá se insurgir contra as determinações patronais abusivas, podendo, caso seja necessário, ajuizar reclamação trabalhista requerendo a rescisão indireta do contrato de trabalho, por justa causa praticada pelo empregador.

Qualquer alteração prejudicial ao contrato de trabalho, mesmo com a concordância do empregado, será nula de pleno direito, em decorrência da presunção relativa de que ocorreu coação na vontade manifestada pelo empregador, de acordo com o art. 9º, da CLT.

LEGISLAÇÃO CORRELATA

Para que o contrato de trabalho exista, devem estar presentes os requisitos caracterizadores da relação de trabalho e da relação de emprego, em especial os arts. 2º e 3º, da CLT. Em relação ao plano de validade, se o negócio jurídico encontra-se apto a produzir seus efeitos, deverão estar presentes os elementos do art. 104, do Código Civil, que dispõe sobre os elementos essenciais dos negócios jurídicos.

Caracteriza-se como trabalho ilícito, por seu turno, aquele tem como objeto uma prestação de serviço considerada um ilícito, um tipo penal, e dessa maneira não pode produzir efeito algum. O contrato será considerado nulo e gera efeitos *ex tunc*. É um exemplo de trabalho ilícito aquele que aborda a OJ 199 da SDI-1 do TST.

OJ 199 da SDI-1 do TST. "JOGO DO BICHO. CONTRATO DE TRABALHO. NULIDADE. OBJETO ILÍCITO (título alterado e inserido dispositivo) – *DEJT* divulgado em 16, 17 e 18-11-2010. É nulo o contrato de trabalho celebrado para o desempenho de atividade inerente à prática do jogo do bicho, ante a ilicitude de seu objeto, o que subtrai o requisito de validade para a formação do ato jurídico."

Quanto à classificação dos contratos, o art. 443, da CLT, dispõe que eles poderão ser acordados tácita ou expressamente, verbalmente ou por escrito, por prazo determinado ou indeterminado, ou para prestação de trabalho intermitente.

No tocante aos prazos, o contrato será determinado, o que se admite somente nos casos expressos em lei; e indeterminado, regra no Direito do Trabalho.

Essa regra decorre da aplicação dos princípios protetivos do empregado, em especial do princípio da continuidade da relação de emprego.

Súmula 212 do TST. "DESPEDIMENTO. ÔNUS DA PROVA (mantida). Resolução n. 121/2003, *DJ* de 19, 20 e 21-11-2003. O ônus de provar o término do contrato de trabalho, quando negados a prestação de serviço e o despedimento, é do empregador, pois o princípio da continuidade da relação de emprego constitui presunção favorável ao empregado."

A Súmula 212 do TST confirma que os contratos por prazo indeterminado são a regra no Direito do Trabalho.

No presente capítulo abordou-se a questão envolvendo a anotação da CTPS do trabalhador. Como exemplo de legislação que trata a temática, confira-se a redação do art. 29, da CLT:

"Art. 29. A Carteira de Trabalho e Previdência Social será obrigatoriamente apresentada, contra recibo, pelo trabalhador ao empregador que o admitir, o qual terá o prazo de quarenta e oito horas para nela anotar, especificamente, a data de admissão, a remuneração e as condições especiais, se houver, sendo facultada a adoção de sistema manual, mecânico ou eletrônico, conforme instruções a serem expedidas pelo Ministério do Trabalho.

§ 1º As anotações concernentes à remuneração devem especificar o salário, qualquer que seja sua forma de pagamento, seja ele em dinheiro ou em utilidades, bem como a estimativa da gorjeta.

§ 2º As anotações na Carteira de Trabalho e Previdência Social serão feitas:

a) na data-base;

b) a qualquer tempo, por solicitação do trabalhador;

c) no caso de rescisão contratual; ou

d) necessidade de comprovação perante a Previdência Social.

§ 3º A falta de cumprimento pelo empregador do disposto neste artigo acarretará a lavratura do auto de infração, pelo Fiscal do Trabalho, que deverá, de ofício, comunicar a falta de anotação ao órgão competente, para o fim de instaurar o processo de anotação.

§ 4º É vedado ao empregador efetuar anotações desabonadoras à conduta do empregado em sua Carteira de Trabalho e Previdência Social.

§ 5º O descumprimento do disposto no § 4º deste artigo submeterá o empregador ao pagamento de multa prevista no art. 52 deste Capítulo."

As anotações da CTPS geram uma presunção relativa dos termos do pactuado entre as partes.

Súmula 12 do TST. "CARTEIRA PROFISSIONAL (mantida) – Res. 121/2003, *DJ* 19, 20 e 21-11-2003. As anotações apostas pelo empregador na carteira profissional do empregado não geram presunção 'juris et de jure', mas apenas 'juris tantum'."

Referindo-se à definição de contrato individual de trabalho, o art. 442, da CLT, dispõe: "Contrato individual de trabalho é o acordo tácito ou expresso, correspondente à relação de emprego."

O art. 443, § 1º, da CLT, traz a definição de contrato por prazo determinado: "Considera-se como de prazo determinado o contrato de trabalho cuja vigência dependa de termo prefixado ou da execução de serviços especificados ou ainda realização de certo acontecimento suscetível de previsão aproximada".

Quanto aos prazos, dispõe o art. 445: "O contrato de trabalho por prazo determinado não poderá ser estipulado por mais de 2 anos, observada a regra do art. 451, parágrafo único, da CLT: "O contrato de experiência não poderá exceder 90 dias".

Diz o art. 451 da CLT: "O contrato de trabalho por prazo determinado que, tácita ou expressamente, for prorrogado mais de uma vez passará a vigorar sem determinação de prazo".

Súmula 188 do TST. "CONTRATO DE TRABALHO. EXPERIÊNCIA. PRORROGAÇÃO (mantida). Resolução n. 121/2003, *DJ* de 19, 20 e 21-11-2003. O contrato de experiência pode ser prorrogado, respeitado o limite máximo de 90 (noventa) dias."

A prorrogação do prazo dos contratos por prazo determinado somente poderá ocorrer uma única vez, desde que observado o limite máximo legalmente previsto para esses contratos, sob pena de ocorrer a indeterminação contratual automática.

Nos contratos por prazo determinado, em regra, não ocorre a incidência do aviso prévio. Contudo, a CLT prevê para os casos de resilição do contrato (sem justa causa) uma indenização.

Ou seja, caso o empregador ou o empregado decidam pôr fim ao contrato de trabalho por prazo determinado, sem justa causa, terão que indenizar a outra parte por eventuais prejuízos a ela causados.

> "Art. 479. Nos contratos que tenham termo estipulado, o empregador que, sem justa causa, despedir o empregado será obrigado a pagar-lhe, a título de indenização, e por metade, a remuneração a que teria direito até o termo do contrato.
>
> Parágrafo único. Para a execução do que dispõe o presente artigo, o cálculo da parte variável ou incerta dos salários será feito de acordo com o prescrito para o cálculo da indenização referente à rescisão dos contratos por prazo indeterminado."

O art. 481 da CLT dispõe sobre a possibilidade de cláusula assecuratória do direito recíproco, a seguir:

> "Art. 481. Aos contratos por prazo determinado, que contiverem cláusula assecuratória do direito recíproco de rescisão antes de expirado o termo ajustado, aplicam-se, caso seja exercido tal direito por qualquer das partes, os princípios que regem a rescisão dos contratos por prazo indeterminado."

Neste caso, teremos a incidência do aviso prévio e da multa de 40% do FGTS.

> Súmula 163 do TST. "AVISO PRÉVIO. CONTRATO DE EXPERIÊNCIA (mantida). Resolução n. 121/2003, *DJ* de 19, 20 e 21-11-2003. Cabe aviso prévio nas rescisões antecipadas dos contratos de experiência, na forma do art. 481 da CLT."

Referente ao contrato de experiência, este está previsto no parágrafo único do art. 445, da CLT, e possui um prazo máximo de 90 dias. Chama-se a atenção, novamente, para a observação de que 90 dias não são iguais a três meses.

Em seus arts. 478 e 442-A, a CLT faz referência a dois outros institutos que, embora tenham nomes que lembrem o contrato de experiência, possuem significado diferente.

> "Art. 478. A indenização devida pela rescisão de contrato por prazo indeterminado será de 1 (um) mês de remuneração por ano de serviço efetivo, ou por ano e fração igual ou superior a 6 (seis) meses.
>
> § 1º O primeiro ano de duração do contrato por prazo indeterminado é considerado como período de experiência, e, antes que se complete, nenhuma indenização será devida."

O art. 478 prevê uma indenização devida pelo período considerado como de experiência nos contratos por prazo indeterminado. Esse dispositivo, contudo, perdeu a sua eficácia com a criação do FGTS. Mas como o dispositivo legal ainda não foi expressamente revogado, poderá ser cobrado nas provas.

> "Art. 442-A. Para fins de contratação, o empregador não exigirá do candidato a emprego comprovação de experiência prévia por tempo superior a 6 (seis) meses no mesmo tipo de atividade."

O art. 442-A da CLT estipula que o empregador só poderá exigir o tempo máximo de seis meses de experiência para fins de contratação – é o chamado tempo de experiência prévia.

A CLT prevê hipóteses de alteração do contrato de trabalho, desde que não prejudique direta ou indiretamente o empregado, nos termos do art. 468 da CLT.

> "Art. 468. Nos contratos individuais de trabalho só é lícita a alteração das respectivas condições por mútuo consentimento, e, ainda assim, desde que não resultem, direta ou indiretamente, prejuízos ao empregado, sob pena de nulidade da cláusula infringente desta garantia.
>
> § 1º Não se considera alteração unilateral a determinação do empregador para que o respectivo empregado reverta ao cargo efetivo, anteriormente ocupado, deixando o exercício de função de confiança.
>
> § 2º A alteração de que trata o § 1º deste artigo, com ou sem justo motivo, não assegura ao empregado o direito à manutenção do pagamento da gratificação correspondente, que não será incorporada, independentemente do tempo de exercício da respectiva função."

ENTENDIMENTO DOUTRINÁRIO

No que tange aos aspectos doutrinários, chama-se a atenção para os mais variados entendimentos sobre o que seja um contrato de trabalho. De certa forma, todos os dispositivos levantados trazem a mesma finalidade para o instituto.

O ilustre magistrado Gustavo Cisneiros (2016, p. 35) aponta para a ideia de negócio jurídico do contrato de trabalho:

> "O contrato de trabalho é um negócio jurídico de índole 'não solene', ou seja, a lei não exige formalidade essencial para o seu surgimento (nascimento). Eis a origem do epíteto 'contrato realidade'. O princípio da primazia da realidade encontra, na informalidade do pacto trabalhista, a pilastra de sua sustentação".

A professora Vólia Bomfim Cassar (2015, p. 123), por sua vez, ressalta que "o contrato de trabalho é o acordo bilateral entre empregado e empregador. Por isto, caracteriza-se em norma pessoal, concreta e específica, criadora de obrigações".

O anterior Presidente do TST, ministro Ives Gandra da Silva Martins Filho (2016, p. 115), aponta que o contrato de trabalho é "aquele pelo qual uma ou mais pessoas naturais obrigam-se, em troca de uma remuneração, a trabalhar para outra, em regime de subordinação a esta (CLT, art. 442)".

JURISPRUDÊNCIA

"ALTERAÇÃO DO CONTRATO DE TRABALHO. COMISSÕES. Ilícita a alteração do plano que estabelece os critérios para o pagamento das comissões, ocorrida no curso do contrato de trabalho, por prejudicar o empregado, na forma do art. 468 da CLT" (TRT-1 – RO n. 154900-44.2004.5.01.0002 RJ, Relator: Gustavo Tadeu Alkmim, Data de Julgamento: 29-5-2012, 1ª Turma, Data de Publicação: 14-6-2012).

QUESTÕES COMENTADAS

01 (Procurador do Município – Prefeitura de Caruaru – PE – FCC – 2018) Luísa é garçonete e foi contratada pelo Buffet Alegria Ltda. através de contrato de trabalho intermitente. O buffet convocou Luísa na 3ª feira para que prestasse seus serviços no sábado, sendo que a mesma aceitou a oferta, mas na data acertada deixou de comparecer para a prestação de serviços, sem qualquer justificativa. No caso hipotético narrado:

(A) na próxima vez em que for convocada para o trabalho, Luísa deverá prestar seus serviços com abatimento de 20% da remuneração que lhe seria devida;

(B) não há responsabilidade alguma prevista em lei, neste caso, para Luísa;

(C) fica automaticamente rescindido o contrato de trabalho intermitente;

(D) Luísa deverá pagar ao Buffet Alegria Ltda., no prazo de trinta dias, multa de 50% da remuneração que seria devida, permitida a compensação em igual prazo;

(E) não cumpriu o buffet com suas obrigações, uma vez que a convocação para a prestação de serviço intermitente deve ser feita com uma semana de antecedência, razão pela qual, ocorreu a isenção de qualquer responsabilidade de Luísa pelo seu descumprimento.

RESPOSTA Gabarito letra D. Art. 452-A, § 4º, CLT. Aceita a oferta para o comparecimento ao trabalho, a parte que descumprir, sem justo motivo, pagará à outra parte, no prazo de trinta dias, multa de 50% (cinquenta por cento) da remuneração que seria devida, permitida a compensação em igual prazo.

---

02 (Analista Judiciário – Oficial de Justiça Avaliador – TRT – 19ª Região/AL – FCC – 2014) Só é admissível a alteração do contrato de trabalho quando:

(A) feita por mútuo acordo entre as partes;

(B) não seja prejudicial ao empregado;

(C) feita por mútuo acordo entre as partes e, concomitantemente, não seja prejudicial ao empregado;

(D) autorizada pelo sindicato, em negociação coletiva;

(E) autorizada pelo sindicato, mediante homologação do ajuste, se prejudicial ao empregado.

Contrato de trabalho   97

RESPOSTA Nos termos do art. 468, da CLT, são duas as condições para validade da alteração do contrato de trabalho: consentimento mútuo das partes (são vedadas, como regra, as alterações unilaterais por parte do empregador) e ausência de prejuízo ao empregado, de tal modo que, mesmo que o empregado concorde com a alteração, ela será nula sempre que lhe acarretar prejuízo, tendo em vista a indisponibilidade e irrenunciabilidade que caracterizam os direitos trabalhistas. *Alternativa C.*

---

03 (Procurador – IPSMI – VUNESP – 2016) Nos contratos de trabalho por prazo determinado:

(A) aplica-se o aviso prévio em favor do empregado, na hipótese de despedida antes do termo final, se houver cláusula assecuratória do direito recíproco de rescisão antecipada;

(B) o aviso prévio não poderá ser aplicado, pois não é compatível com referida modalidade contratual, não se admitindo cláusula em contrário;

(C) não se admite o gozo de férias, as quais serão indenizadas por ocasião do termo final;

(D) o seguro-desemprego será devido ao empregado, desde que o período contratual não seja inferior a seis meses;

(E) a prorrogação pode ocorrer em, no máximo, duas oportunidades, desde que não ultrapasse o período de dois anos.

RESPOSTA Neste caso, chama-se a atenção para a aplicação do art. 481 da CLT, e da Súmula 163 do TST. No primeiro caso, prevê-se que, nos contratos por prazo determinado que contiverem cláusula assecuratória do direito recíproco de rescisão antes de expirado o termo ajustado, aplicam-se, caso seja exercido tal direito por qualquer das partes, os princípios que regem a rescisão dos contratos por prazo indeterminado. No segundo caso, há previsão do cabimento de aviso prévio nas rescisões antecipadas dos contratos de experiência, na forma do art. 481 da CLT. *Alternativa A.*

---

04 (Analista – Gestão de Pessoas – SERPRO – CESPE – 2008) Uma pessoa jurídica pode pactuar um contrato de trabalho como empregada.

( ) Certo   ( ) Errado

RESPOSTA São requisitos do Contrato de Trabalho: ser pessoa física; pessoalidade; onerosidade; não eventualidade e subordinação. *Alternativa Errada.*

---

05 (Analista Judiciário – Execução de Mandados – TRT – 21ª Região/RN – CESPE – 2010) Os contratos por prazo determinado, bem como o contrato de trabalho temporário, são exceções ao princípio da continuidade da relação de emprego.

( ) Certo   ( ) Errado

RESPOSTA No Direito do Trabalho, presume-se que os contratos tenham sido pactuados por prazo indeterminado, somente se admitindo excepcionalmente os contratos por prazo determinado. Muitos autores mencionam como fundamento do princípio da continuidade o art. 7º, I, da CF, o qual prevê a proteção contra a despedida arbitrária. *Alternativa Certa.*

PARA GABARITAR

Contratos por prazo determinado:

- prorrogação do prazo – uma única vez; desde que respeitado o prazo máximo legal = válido.
- prorrogação do prazo – uma única vez; não respeitado o prazo máximo legal = indeterminação contratual automática.
- prorrogação do prazo – mais de uma vez = indeterminação contratual automática.

Chama-se a atenção para o recente posicionamento do TST no sentido de que tanto a gravidez quanto o acidente de trabalho ocorrido durante o contrato de trabalho a prazo determinado geram a estabilidade provisória, conforme a Súmula 244 do TST.

CAPÍTULO 8 — Interrupção e suspensão do contrato de trabalho

1. CONCEITOS E HIPÓTESES

Na interrupção e suspensão do contrato de trabalho, não há prestação de serviços pelo empregado. Mesmo assim o vínculo empregatício fica mantido, diante do princípio da continuidade do contrato de trabalho.

A interrupção do contrato de trabalho é a sustação temporária da principal obrigação do empregado na relação de emprego, ou seja, a prestação de serviços. Apesar de não prestar serviços, receberá salário e terá direito ao cômputo do tempo como de serviço prestado. Uma vez cessado o motivo que ensejou a interrupção, o empregado retornará ao serviço de imediato, com a garantia de receber todas as vantagens que tenham sido atribuídas à sua categoria. Durante o período em que o contrato estiver interrompido, o empregador só poderá dispensar o empregado por justa causa, bastando que este pratique um ato faltoso.

A suspensão do contrato de trabalho é a cessação provisória dos seus principais efeitos. Neste caso, praticamente todas as cláusulas contratuais perdem a eficácia, logo, não se prestam serviços, não se recebe salário, não se computa o tempo de serviço e não se efetuam os recolhimentos relacionados ao contrato. Cessado o motivo ensejador da suspensão, o empregado deverá reapresentar-se ao empregador, sob pena de configurar abandono de emprego.

O contrato de trabalho, com exceção da prestação de serviços por parte do empregado, permanece em plena vigência durante o período de interrupção.

Hipóteses de cabimento da interrupção do contrato de trabalho: art. 473, da CLT; licença-paternidade; encargos públicos específicos, em geral de curta duração; férias; repouso semanal remunerado e feriados civis e religiosos; intervalos remunerados para repouso durante a jornada de trabalho; licença remunerada concedida pelo empregador; período em que não houver serviço, por culpa ou responsabilidade da empresa (ver art. 133, III, da CLT); interrupção dos serviços na empresa, resultante de causas acidentais ou de força maior (ver art. 61, § 3º, da CLT); período de redução da jornada durante o aviso prévio; afastamento, até 90 dias, mediante requisição da autoridade competente, em razão da ocorrência de motivo relevante de interesse para a segurança nacional (ver os §§ 3º e 4º, do art. 472, da CLT, expostos logo acima); período de afastamento dos representantes dos empregados para atuar nas CCPs (Comissão de Conciliação Prévia); tempo necessário para a gestante realizar consultas médicas (ver art. 392, § 4º, II, da CLT); licença-maternidade; aborto não criminoso; acidente de trabalho ou doença nos primeiros 15 dias.

A Lei n. 13.767/2018 permitiu a ausência ao serviço para realização de exame preventivo de câncer, inserindo o inciso XII ao art. 473 da CLT.

Hipóteses de cabimento da suspensão: acidente de trabalho ou doença, a partir do 16º dia; prestação do serviço militar obrigatório; greve; eleição de empregado para o cargo de dirigente sindical; eleição de empregado para cargo de diretor; concessão de licença não remunerada; suspensão disciplinar; suspensão do empregado estável para ajuizamento de inquérito para apuração de falta grave; prisão do empregado por ato não relacionado com seu trabalho; afastamento do empregado para exercer determinados encargos públicos; faltas injustificadas; participação em curso de qualificação profissional; aposentadoria por invalidez; intervalos intrajornadas e interjornadas; violência doméstica (art. 9º, § 2º, II, da Lei n. 11.340/2006 – Lei Maria da Penha).

Por fim, cumpre ressaltar que o período de mandato dos membros da comissão de representantes de empregados, que será de um ano, não configura hipótese de suspensão ou interrupção do contrato de trabalho.

LEGISLAÇÃO CORRELATA

Na análise da interrupção e suspensão do contrato de trabalho, destacam-se os arts. 471 e 472, da CLT.

"Art. 471. Ao empregado afastado do emprego, são asseguradas, por ocasião de sua volta, todas as vantagens que, em sua ausência, tenham sido atribuídas à categoria a que pertencia na empresa.

Art. 472. O afastamento do empregado em virtude das exigências do serviço militar, ou de outro encargo público, não constituirá motivo para alteração ou rescisão do contrato de trabalho por parte do empregador.

§ 1º Para que o empregado tenha direito a voltar a exercer o cargo do qual se afastou em virtude de exigências do serviço militar ou de encargo público, é indispensável que notifique o empregador dessa intenção, por telegrama ou carta registrada, dentro do prazo máximo de 30 (trinta) dias, contados da data em que se verificar a respectiva baixa ou a terminação do encargo a que estava obrigado.

§ 2º Nos contratos por prazo determinado, o tempo de afastamento, se assim acordarem as partes interessadas, não será computado na contagem do prazo para a respectiva terminação.

§ 3º Ocorrendo motivo relevante de interesse para a segurança nacional, poderá a autoridade competente solicitar o afastamento do empregado do serviço ou do local de trabalho, sem que se configure a suspensão do contrato de trabalho.

§ 4º O afastamento a que se refere o parágrafo anterior será solicitado pela autoridade competente diretamente ao empregador, em representação fundamentada com audiência da Procuradoria Regional do Trabalho, que providenciará desde logo a instauração do competente inquérito administrativo.

§ 5º Durante os primeiros 90 (noventa) dias desse afastamento, o empregado continuará percebendo sua remuneração."

ENTENDIMENTO DOUTRINÁRIO

O professor Henrique Correia (2016, p. 349) traz importante distinção entre os institutos da interrupção e suspensão do contrato de trabalho, *in verbis*:

> "A interrupção do contrato de trabalho consiste na ausência provisória da prestação de serviços, em que são devidos o pagamento de salário e a contagem do tempo. Cessa a obrigação do empregado, mas persiste a obrigação da empresa. Por outro lado, a suspensão do contrato de trabalho é a ausência provisória da prestação de serviços, sem que haja o pagamento de salário, nem a contagem do tempo. Nesse caso, cessa a obrigação tanto da empresa como do empregado".

JURISPRUDÊNCIA

> "SUSPENSÃO OU INTERRUPÇÃO DO CONTRATO DE TRABALHO. APLICAÇÃO DE JUSTA CAUSA OBREIRA POR FATO ANTERIOR AO AFASTAMENTO. INVALIDADE DA RESCISÃO. A suspensão ou interrupção do contrato de trabalho, em razão do recebimento de auxílio-doença ou licença para tratamento de saúde, impede a dispensa do obreiro por justa causa, se a pretensa falta cometida ocorreu antes do afastamento do obreiro. Nulidade da dispensa que se mantém" (TRT-3 – RO n. 00461201202503004 0000461-68.2012.5.03.0025. Relatora: Camilla G. Pereira Zeidler, 3ª Turma, Data de Publicação: 1º-7-2013, 28-6-2013. *DEJT*, p. 76. Boletim: Não).

QUESTÕES COMENTADAS

01 – (Analista de Fomento – Advogado – AFAP – FCC – 2019) Felipe, auxiliar administrativo, completou 18 anos e pretende se alistar como eleitor; Silmara, recepcionista, necessita ausentar-se do emprego para acompanhar consulta médica de seu filho de 5 anos de idade; Gerson, gerente, pretende acompanhar sua esposa grávida em consulta médica pré-natal. Considerando que todos são empregados, pela lei vigente, é correto dizer que podem faltar ao serviço, sem prejuízo do salário, considerando-se interrupção do contrato de trabalho, pelos seguintes períodos, respectivamente, por:

- (A) até 5 dias consecutivos ou não; por 3 dias por ano e até 3 dias;
- (B) até 3 dias consecutivos ou não; por 2 dias por ano e até 2 dias;
- (C) até 2 dias consecutivos ou não; por 1 dia por ano e até 2 dias;
- (D) até 2 dias consecutivos ou não; por 2 dias por ano e até 3 dias;
- (E) até 2 dias consecutivos ou não; por 1 dia por ano e até 5 dias.

RESPOSTA Gabarito letra C. Felipe, auxiliar administrativo, completou 18 anos e pretende se alistar como eleitor; CLT, Art. 473. "O empregado poderá deixar de comparecer ao serviço sem prejuízo do salário: V – até 2 (dois) dias consecutivos ou não, para o fim de se alistar eleitor, nos termos da lei respectiva". Silmara, recepcionista, necessita ausentar-se do emprego para acompanhar consulta médica de seu filho de 5 anos de idade; CLT, Art. 473. "O empregado poderá deixar de comparecer ao serviço sem prejuízo do salário: XI – por 1 (um) dia por ano para acompanhar filho de até 6 (seis) anos em consulta médica". Gerson, gerente, pretende acompanhar sua esposa grávida em consulta médica pré-natal. CLT, Art. 473. "O empregado poderá deixar de comparecer ao serviço sem prejuízo do salário: X – até 2 (dois) dias para acompanhar consultas médicas e exames complementares durante o período de gravidez de sua esposa ou companheira."

---

02 **(Exame de Ordem Unificado – XX – Primeira Fase – OAB – FGV – 2016)** Após ter sofrido um acidente do trabalho reconhecido pela empresa, que emitiu a competente CAT, um empregado afastou-se do serviço e passou a receber auxílio-doença acidentário.

Sobre a situação descrita, em relação ao período no qual o empregado recebeu benefício previdenciário, assinale a afirmativa correta.

(A) A situação retrata caso de suspensão contratual e a empresa ficará desobrigada de depositar o FGTS na conta vinculada do trabalhador.

(B) Ocorrerá interrupção contratual e a empresa continua com a obrigação de depositar o FGTS para o empregado junto à CEF.

(C) Ter-se-á suspensão contratual e a empresa continuará obrigada a depositar o FGTS na conta vinculada do trabalhador.

(D) Haverá interrupção contratual e a empresa estará dispensada de depositar o FGTS na conta vinculada do trabalhador.

RESPOSTA Na interrupção do contrato, o empregado continuaria recebendo salários e haveria a contagem do tempo de serviço. Trata-se, portanto, de suspensão parcial, com paralisação temporária da prestação dos serviços e manutenção do pagamento de salários e alguns efeitos do contrato de trabalho. Na suspensão o pagamento de salários não é exigido, como também não se computa o tempo de afastamento como tempo de serviço; entende-se esta como suspensão total, pois paralisa temporariamente a prestação dos serviços, com a cessação das obrigações patronais e de qualquer efeito do contrato enquanto perdurar a paralisação dos serviços. A Súmula 440 do TST assegura o direito à manutenção de plano de saúde ou de assistência médica oferecidos pela empresa ao empregado, não obstante suspenso o contrato de trabalho em virtude de auxílio-doença acidentário ou de aposentadoria por invalidez. Já a Lei n. 8.036, que dispõe sobre o Fundo de Garantia do Tempo de Serviço, e dá outras providências, traz no art. 15, § 5º, que o depósito de que trata o *caput* deste artigo é obrigatório nos casos de afastamento para prestação do serviço militar obrigatório e licença por acidente do trabalho. *Alternativa C.*

---

03 **(Exame de Ordem – OAB – CESPE – 2008)** A denominada aposentadoria por invalidez é, em relação ao contrato de trabalho, causa de:

(A) interrupção;

(B) prorrogação;

(C) rescisão;

(D) suspensão.

RESPOSTA Teoricamente, a aposentadoria por invalidez é uma incapacidade laboral temporária, pois existe a possibilidade de o trabalhador recuperar sua capacidade laborativa. Assim, é uma forma de suspensão do contrato de trabalho. *Alternativa C.*

---

04 (Analista – Direito – FUNPRESP-JUD – CESPE – 2016) A respeito da suspensão e da interrupção do contrato de trabalho, julgue o item subsecutivo.

A aposentadoria por invalidez é um exemplo de suspensão do contrato de trabalho.

( ) **Certo**   ( ) **Errado**

RESPOSTA O art. 475, da CLT, preceitua: "O empregado que for aposentado por invalidez terá suspenso o seu contrato de trabalho durante prazo fixado pelas leis de previdência social para a efetivação do benefício". *Alternativa Certa.*

---

05 (Defensor Público Federal de Segunda Categoria – DPU – CESPE – 2015) Julgue o item a seguir, referente a alteração, suspensão, interrupção e rescisão do contrato de trabalho.

Quando o empregado suspende a execução dos serviços para a empresa na qual trabalha, mas continua percebendo normalmente sua remuneração, ocorre interrupção do contrato de trabalho.

( ) **Certo**   ( ) **Errado**

RESPOSTA A interrupção do contrato de trabalho consiste na ausência provisória da prestação de serviços, em que são devidos o pagamento de salário e a contagem do tempo. Cessa a obrigação do empregado, mas persiste a obrigação da empresa. *Alternativa Certa.*

PARA GABARITAR

A interrupção do contrato de trabalho se fundamenta na ausência provisória da prestação de serviços, em que são devidos o pagamento de salário e a contagem do tempo.

A suspensão do contrato de trabalho também é a ausência provisória da prestação de serviços, mas sem que haja o pagamento de salário, nem a contagem do tempo.

PARA MEMORIZAR

Interrupção	Suspensão
("sem trabalho/com salário")	("sem trabalho/sem salário")
Não há prestação de serviço	Não há prestação de serviço
Empregado recebe salário	Empregado não recebe salário
Há contagem de tempo de serviço	Não há contagem de tempo de serviço (regra)
Há recolhimento do FGTS	Não há recolhimento do FGTS (regra)

CAPÍTULO 9 Férias

1. CONCEITO

Define-se como o descanso anual remunerado assegurado constitucionalmente a todo empregado.

O objetivo das férias é permitir que o empregado desfrute de um tempo de descanso para reestabelecer as suas energias físicas, o seu equilíbrio emocional, o seu convívio com a família, dentre outros aspectos.

A previsão legal das férias encontra-se no art. 138, da CLT, e o direito a elas encontra respaldo no art. 7º, XVII, da CF/88.

É importante ressaltar que o período de férias é uma das hipóteses de interrupção do contrato de trabalho e, portanto, será computado, para todos os efeitos, como tempo de serviço.

Faz jus ao direito às férias aquele empregado que tenha passado pelo denominado período aquisitivo. Já o período em que o empregado goza as férias é chamado de período concessivo.

O *período aquisitivo* é de cumprimento obrigatório para que o empregado possa, a partir daí, ter garantido o direito ao período de férias, possuindo um prazo de 12 meses de vigência do contrato de trabalho, ou seja, correspondente a 12 meses de prestação de serviços por parte do empregado, nos termos do art. 130 da legislação consolidada.

Ainda sobre o período aquisitivo das férias, a CLT, em seu art. 133, apresenta quatro hipóteses que, se evidenciadas no curso do período aquisitivo, fazem com que o empregado perca o direito de gozar férias, tendo que reiniciar um novo período aquisitivo.

Após adquirir o direito às férias, estas devem ser concedidas ao empregado dentro do chamado *período concessivo*. O período concessivo são os 12 meses seguintes ao término do período aquisitivo, conforme o art. 134 da CLT.

Vencido o período concessivo sem que o empregador tenha concedido ao empregado o direito de gozar as férias, poderá este ajuizar reclamação trabalhista requerendo ao juiz a fixação, por sentença, de data para poder usufruí-las. O magistrado, por sua vez, poderá fixar *astreintes* diárias de 5% do valor do salário-mínimo, devidas até o cumprimento da sentença.

Cabe ao art. 130, da CLT, informar que, após cada período de 12 (doze) meses de vigência do contrato de trabalho, o empregado terá direito a férias, na seguinte proporção: 30 (trinta) dias corridos, quando não houver faltado ao serviço mais de 5 (cinco) vezes; 24 (vinte e quatro) dias corridos, quando houver tido de 6 (seis) a

14 (quatorze) faltas; 18 (dezoito) dias corridos, quando houver tido de 15 (quinze) a 23 (vinte e três) faltas; 12 (doze) dias corridos, quando houver tido de 24 (vinte e quatro) a 32 (trinta e duas) faltas.

Podemos deduzir, portanto, que o empregado com mais de 32 faltas injustificadas ao trabalho, no período aquisitivo, perde o direito ao gozo de férias.

Fique atento! Todas as faltas citadas são injustificadas.

Consideram-se *faltas justificadas* as que são autorizadas por lei e computadas como tempo de serviço.

Atenção! Não poderá a norma coletiva reduzir o número de dias de férias, na forma do art. 611-B, XI, da CLT.

A Constituição assegura ao empregado o direito de receber durante as férias a remuneração devida à época da concessão, acrescida, no mínimo, de um terço – inciso XVII, do art. 7º, da CF/88: "gozo de férias anuais remuneradas com, pelo menos, um terço a mais do que o salário normal".

Conforme o art. 145, da CLT, o pagamento da remuneração das férias e, se for o caso, o do abono referido no art. 143 serão efetuados até dois dias antes do respectivo período.

Se o empregador não efetuar o pagamento referente ao período das férias até dois dias antes do respectivo período, será devido o pagamento da remuneração em dobro, incluído o terço constitucional, de acordo com a Súmula 450, do TST.

Dispõe a CLT que haverá pagamento das férias em dobro, conforme o art. 137, da CLT: "Sempre que as férias forem concedidas após o prazo de que trata o art. 134, o empregador pagará em dobro a respectiva remuneração".

Mesmo ocorrendo o término do contrato de trabalho sem que o empregado tenha usufruído as férias, terá ele direito a recebê-las. Contudo, os direitos do empregado variam de acordo com o motivo que justificou o fim de seu contrato de trabalho.

Na despedida por justa causa, é devido ao empregado o pagamento das férias integrais + 1/3 constitucional, sendo, portanto, a única hipótese em que o empregado perde o direito de receber as férias proporcionais e o 13º salário proporcional.

No caso de culpa recíproca, o empregado fará jus ao pagamento das férias integrais (simples ou em dobro) + 1/3 constitucional, 50% das férias proporcionais + 1/3 constitucional.

Sobre a culpa recíproca, dispõe a Súmula 14 do TST:

> Súmula 14 do TST. "CULPA RECÍPROCA (nova redação.) Resolução n. 121/2003, *DJ* de 19, 20 e 21-11-2003. Reconhecida a culpa recíproca na rescisão do contrato de trabalho (art. 484 da CLT), o empregado tem direito a 50% (cinquenta por cento) do valor do aviso prévio, do décimo terceiro salário e das férias proporcionais."

O empregado fará jus ao pagamento das férias integrais (simples ou em dobro) + 1/3 constitucional e férias proporcionais + 1/3 constitucional no pedido de demissão.

Na despedida sem justa causa, o empregado fará jus ao pagamento das férias integrais (simples ou em dobro) + 1/3 constitucional e férias proporcionais + 1/3 constitucional.

As férias coletivas se fundam na possibilidade de o empregador conceder férias a todos os empregados simultaneamente, ou a determinado setor, ou a determinados estabelecimentos, nos termos do art. 139, da CLT.

2. ABONO PECUNIÁRIO

Trata-se de um direito potestativo, ou seja, constitui uma faculdade do empregado de converter um terço de suas férias em pecúnia, não podendo o empregador a ele se opor. Veda-se ao empregado vender a totalidade de suas férias, pois elas constituem um direito irrenunciável.

No caso de férias individuais, o abono é considerado um direito potestativo do empregado, diferente do que ocorre em relação às férias coletivas, em que o abono é fruto de negociação coletiva.

O abono pecuniário previsto na CLT, ou seja, aquele que não exceda a 20 dias, tem natureza jurídica de parcela indenizatória, e aquele que for superior a 20 dias terá natureza salarial, razão pela qual não integrará a base de cálculo para as demais verbas trabalhistas.

Os empregados sob o regime de tempo parcial não podiam converter 1/3 do período de férias em abono pecuniário. Contudo, o § 3º do art. 143 da CLT foi revogado pela Lei n. 13.467/2017.

Se caracterizado como violado o direito subjetivo do empregado de usufruir as férias (descansar e receber por elas), nasce para ele a pretensão de exigir a satisfação de seu direito, que deverá ser cumprida dentro de um prazo, para não incorrer na prescrição.

De acordo com o entendimento dos arts. 149, da CLT, e 7º, XXIX, da CF/88, a contagem do prazo prescricional inicia-se com o fim do período concessivo. Logo, se o contrato de trabalho estiver em vigor, o prazo será de cinco anos a contar do término do período concessivo. Na hipótese de extinção do contrato de trabalho, o prazo será de dois anos para pleitear o direito de férias.

3. PERDA DO DIREITO DE FÉRIAS

Há quatro hipóteses previstas no art. 133 da CLT em que o empregado perderá o direito de férias. Após a perda do direito de férias em razão de uma das hipóteses a seguir, iniciar-se-á novo período aquisitivo.

- saída do emprego sem nova admissão em 60 dias;
- gozo de licença remunerada por mais de 30 dias;
- paralisação da empresa por mais de 30 dias;
- recebimento de benefício previdenciário por mais de 6 meses, embora descontínuos.

4. PRESCRIÇÃO

A contagem do prazo prescricional inicia-se com o fim do período concessivo. Assim sendo, se o contrato de trabalho estiver em curso, o prazo será de 5 anos a contar do término do período concessivo. Em ocorrendo o término do contrato, o prazo será de 2 anos para pleitear o direito de férias em juízo.

LEGISLAÇÃO CORRELATA

O instituto das férias encontra-se definido no art. 138 da CLT: "Durante as férias, o empregado não poderá prestar serviços a outro empregador, salvo se estiver obrigado a fazê-lo em virtude de contrato de trabalho regularmente mantido com aquele".

Na Constituição Federal, dispõe o art. 7º, XVII: "gozo de férias anuais remuneradas com, pelo menos, um terço a mais do que o salário normal".

Os artigos a seguir da CLT apontam para o período aquisitivo:

> "Art. 130. Após cada período de 12 (doze) meses de vigência do contrato de trabalho, o empregado terá direito a férias, na seguinte proporção: (...)".

O art. 133 apresenta quatro hipóteses que, se evidenciadas no curso do período aquisitivo, fazem com que empregado perca o direito de gozar férias, tendo que reiniciar um novo período aquisitivo.

> "Art. 133. Não terá direito a férias o empregado que, no curso do período aquisitivo:
> I – deixar o emprego e não for readmitido dentro de 60 (sessenta) dias subsequentes à sua saída;"

O inciso I caracteriza a chamada perda da *accessio temporis*. Ou seja, se o empregado for readmitido dentro de 60 dias, será somado o período aquisitivo anterior ao novo período, incidindo assim a *accessio temporis*.

> "II – permanecer em gozo de licença, com percepção de salários, por mais de 30 (trinta) dias;
> III – deixar de trabalhar, com percepção do salário, por mais de 30 (trinta) dias, em virtude de paralisação parcial ou total dos serviços da empresa; e

IV – tiver percebido da Previdência Social prestações de acidente de trabalho ou de auxílio-doença por mais de 6 (seis) meses, embora descontínuos.

§ 1º A interrupção da prestação de serviços deverá ser anotada na Carteira de Trabalho e Previdência Social.

§ 2º Iniciar-se-á o decurso de novo período aquisitivo quando o empregado, após o implemento de qualquer das condições previstas neste artigo, retornar ao serviço.

§ 3º Para os fins previstos no inciso III deste artigo a empresa comunicará ao órgão local do Ministério do Trabalho, com antecedência mínima de 15 (quinze) dias, as datas de início e fim da paralisação total ou parcial dos serviços da empresa, e, em igual prazo, comunicará, nos mesmos termos, ao sindicato representativo da categoria profissional, bem como afixará aviso nos respectivos locais de trabalho."

Já o art. 134 dispõe sobre o denominado período concessivo.

"Art. 134. As férias serão concedidas por ato do empregador, em um só período, nos 12 meses subsequentes à data em que o empregador tiver adquirido o direito."

Sobre a época da concessão do período de férias, dispõe a CLT:

"Art. 135. A concessão das férias será participada, por escrito, ao empregado, com antecedência de, no mínimo, 30 dias. Dessa participação o interessado dará recibo.

Art. 136. A época da concessão das férias será a que melhor consulte os interesses do empregador.

§ 1º Os membros de uma família, que trabalharem no mesmo estabelecimento ou empresa, terão direito a gozar férias no mesmo período, se assim o desejarem e se disto não resultar prejuízo para o serviço.

§ 2º O empregado estudante, menor de 18 (dezoito) anos, terá direito a fazer coincidir suas férias com as férias escolares".

Sobre a concessão do parcelamento das férias, define a norma celetista:

"Art. 134. (...)

§ 1º Desde que haja concordância do empregado, as férias poderão ser usufruídas em até três períodos, sendo que um deles não poderá ser inferior a quatorze dias corridos e os demais não poderão ser inferiores a cinco dias corridos, cada um.

§ 2º (Revogado.)

§ 3º É vedado o início das férias no período de dois dias que antecede feriado ou dia de repouso semanal remunerado".

A CLT considera como faltas justificadas as elencadas explicitamente no rol do art. 131, e os casos de interrupção do contrato de trabalho, no art. 473.

> "Art. 131. Não será considerada falta ao serviço, para os efeitos do artigo anterior, a ausência do empregado:
>
> I – nos casos referidos no art. 473;
>
> II – durante o licenciamento compulsório da empregada por motivo de maternidade ou aborto, observados os requisitos para percepção do salário--maternidade custeado pela Previdência Social;
>
> III – por motivo de acidente do trabalho ou enfermidade atestada pelo Instituto Nacional do Seguro Social – INSS, excetuada a hipótese do inciso IV do art. 133;
>
> IV – justificada pela empresa, entendendo-se como tal a que não tiver determinado o desconto do correspondente salário;
>
> V – durante a suspensão preventiva para responder a inquérito administrativo ou de prisão preventiva, quando for impronunciado ou absolvido; e
>
> VI – nos dias em que não tenha havido serviço, salvo na hipótese do inciso III do art. 133."

> Súmula 89 do TST. "FALTA AO SERVIÇO (mantida). Resolução n. 121/2003, *DJ* de 19, 20 e 21-11-2003. Se as faltas já são justificadas pela lei, consideram-se como ausências legais e não serão descontadas para o cálculo do período de férias."

A CLT deixa expressamente claro que a remuneração das férias terá natureza salarial e, por isso, constitui crédito de natureza trabalhista, mesmo quando devida após o término do contrato de trabalho.

> "Art. 148. A remuneração das férias, ainda quando devida após a cessação do contrato de trabalho, terá natureza salarial, para os efeitos do art. 449."

> "Art. 449. Os direitos oriundos da existência do contrato de trabalho subsistirão em caso de falência, concordata ou dissolução da empresa."

> OJ 195 da SDI-1 do TST. "FÉRIAS INDENIZADAS. FGTS. NÃO INCIDÊNCIA (inserido dispositivo) – *DJ* 20-4-2005. Não incide a contribuição para o FGTS sobre as férias indenizadas."

Na despedida sem justa causa, o empregado fará jus ao pagamento das férias integrais (simples ou em dobro) + 1/3 constitucional e férias proporcionais + 1/3 constitucional.

> Súmula 171 do TST. "FÉRIAS PROPORCIONAIS. CONTRATO DE TRABALHO. EXTINÇÃO (republicada em razão de erro material no registro

da referência legislativa), *DJ* 5-5-2004. Salvo na hipótese de dispensa do empregado por justa causa, a extinção do contrato de trabalho sujeita o empregador ao pagamento da remuneração das férias proporcionais, ainda que incompleto o período aquisitivo de 12 (doze) meses (art. 147 da CLT)."

Em relação ao abono pecuniário, prevê a CLT:

> "Art. 143. É facultado ao empregado converter 1/3 do período de férias a que tiver direito em abono pecuniário, no valor da remuneração que lhe seria devida nos dias correspondentes.
>
> § 1º O abono de férias deverá ser requerido até 15 (quinze) dias antes do término do período aquisitivo.
>
> § 2º Tratando-se de férias coletivas, a conversão a que se refere este artigo deverá ser objeto de acordo coletivo entre o empregador e o sindicato representativo da respectiva categoria profissional, independendo de requerimento individual a concessão do abono.
>
> § 3º (Revogado.)
>
> Art. 144. O abono de férias de que trata o artigo anterior, bem como o concedido em virtude de cláusula do contrato de trabalho, do regulamento da empresa, de convenção ou acordo coletivo, desde que não excedente de 20 dias do salário, não integrarão a remuneração do empregado para efeitos da legislação do trabalho".

A prescrição das férias é a perda da pretensão de exigir a satisfação do direito de férias que foi violado.

> Art. 149 da CLT. "A prescrição do direito de reclamar a concessão das férias ou o pagamento da respectiva remuneração é contada do término do prazo mencionado no art. 134 ou, se for o caso, da cessação do contrato de trabalho."
>
> Art. 7º, XXIX, da CF/88. "(...) ação, quanto aos créditos resultantes das relações de trabalho, com prazo prescricional de cinco anos para os trabalhadores urbanos e rurais, até o limite de dois anos após a extinção do contrato de trabalho."

Assim, a contagem do prazo prescricional inicia-se com o fim do período concessivo.

ENTENDIMENTO DOUTRINÁRIO

De forma objetiva, o Ministro do TST, Ives Gandra da Silva Martins Filho, define e resume todo o instituto das férias como "direito que o empregado tem ao descanso de até 30 dias a cada ano de trabalho (CLT, art. 129), a) Períodos:

– aquisitivo – 12 meses de trabalho; – concessivo – dentro dos 12 meses subsequentes. – Se a empresa não concede as férias no período concessivo, deverá fazê-lo no período seguinte, pagando-as em dobro (CLT, art. 137)".

JURISPRUDÊNCIA

"RECURSO DE REVISTA. FÉRIAS. ABONO PECUNIÁRIO. TERÇO CONSTITUCIONAL. Este Tribunal firmou sua jurisprudência sobre a norma do art. 143 da CLT, no sentido de que o pagamento do terço constitucional deve ser realizado sobre os 30 dias de férias. Quitado o terço constitucional referente aos 30 dias, ainda que sob rubricas diferentes, é indevido novo pagamento de 1/3 sobre os dias de abono pecuniário. Precedentes. Recurso de revista não conhecido" (TST – RR n. 22-49.2011.507.0003, Relatora: Delaíde Miranda Arantes, Data de Julgamento: 7-10-2015, 2ª Turma, Data de Publicação: *DEJT* 16-10-2015).

"TERÇO CONSTITUCIONAL. ART. 7º, XVII, DA CF. FÉRIAS NÃO USUFRUÍDAS EM RAZÃO DE CONCESSÃO DE LICENÇA REMUNERADA SUPERIOR A 30 DIAS. ART. 133, II, DA CLT. DEVIDO. O empregado que perdeu o direito às férias em razão da concessão, durante o período aquisitivo, de licença remunerada por período superior a trinta dias, nos termos do art. 133, II, da CLT, faz jus à percepção do terço constitucional (art. 7º, XVII, da CF). À época em que editado o Decreto-lei n. 1.535/77, que conferiu nova redação ao art. 133 da CLT, vigia a Constituição anterior, que assegurava ao trabalhador apenas o direito às férias anuais remuneradas, sem o respectivo adicional, de modo que o referido dispositivo consolidado não tem o condão de retirar direito criado após a sua edição. Ademais, na espécie, a referida licença não decorreu de requerimento do empregado, mas de paralisação das atividades da empresa por força de interdição judicial, razão pela qual a não percepção do terço constitucional também implicaria em transferir os riscos da atividade econômica ao trabalhador, impondo-lhe prejuízo inaceitável. Com esse entendimento, a SBDI-I, em sua composição plena, por maioria, deu provimento aos embargos para acrescer à condenação o pagamento do adicional de 1/3 das férias, previsto no art. 7º, XVII, da CF, atinente aos períodos em que o autor foi afastado em razão de gozo de licença remunerada, observada a prescrição pronunciada. Vencidos os Ministros Maria Cristina Peduzzi, João Oreste Dalazen, Brito Pereira, Lelio Bentes Corrêa e Dora Maria da Costa" (TST-E-RR-42700-67.2002.5.02.0251, SBDI-I, Relator Ministro: Rosa Maria Weber, 24-5-2012 – *Informativo* n. 10 do TST).

Férias   113

QUESTÕES COMENTADAS

01 **(Procurador Municipal – Prefeitura de Boa Vista – RR – CESPE – 2019)** João, de dezoito anos de idade, foi contratado como frentista em um posto de gasolina localizado em Boa Vista – RR. O contrato de trabalho foi firmado em regime de tempo parcial para uma jornada de vinte e cinco horas semanais.

Considerando essa situação hipotética, julgue o item seguinte de acordo com a Constituição Federal de 1988 e a CLT.

É vedado a João converter um terço do período de férias a que tiver direito em abono pecuniário.

( ) **Certo** ( ) **Errado**

RESPOSTA Gabarito: Errado. Art. 58-A, § 6º, CLT. "É facultado ao empregado contratado sob regime de tempo parcial converter um terço do período de férias a que tiver direito em abono pecuniário" (Incluído pela Lei n. 13.467, de 2017).

---

02 **(Técnico Judiciário – Área Administrativa – TRT – 19ª Região/AL – FCC – 2014)** Sobre férias.

(A) Poderão ser gozadas em até 3 períodos, desde que nenhum deles seja inferior a uma semana.

(B) O empregado estudante tem direito a fazer coincidir suas férias com as escolares, independentemente da sua idade.

(C) O empregado pode trocá-la, integralmente, por dinheiro.

(D) A concessão deve ser avisada pelo empregador ao Ministério do Trabalho e aos empregados envolvidos.

(E) É do empregador o direito de escolher o período de concessão, desde que o faça no período concessivo correto, sob pena de ter que remunerá-las em dobro.

RESPOSTA Conforme compreensão do art. 134, *caput*, da CLT, "as férias serão concedidas por ato do empregador, em um só período, nos 12 (doze) meses subsequentes à data em que o empregado tiver adquirido o direito. *Alternativa E.*

---

03 **(Analista Judiciário – Oficial de Justiça Avaliador Federal – TRT – 23ª REGIÃO/MT – FCC – 2016)** Em relação às férias:

(A) Arlete recebeu a remuneração de suas férias, concedidas pelo empregador no período concessivo correto, ao final do período de férias. Ainda que o pagamento da remuneração das férias não tenha sido feito no prazo legal, como o gozo das mesmas ocorreu no período concessivo correto, não é devido o pagamento em dobro da remuneração de férias, incluído o terço constitucional;

(B) Arlindo teve suas férias concedidas pelo empregador ao final do período concessivo, gozando vinte dias das férias ainda no período de concessão e dez dias após o término do período. Arlindo terá direito a receber a título de remuneração de férias o valor correspondente aos vinte dias de forma simples e o correspondente aos dez dias de forma dobrada, ambos acrescidos de um terço;

114   DIREITO E PROCESSO DO TRABALHO

(C) a empresa na qual Beatriz trabalha ficou fechada por quarenta dias em razão de uma grande reforma que foi realizada na área de produção. Durante esse período Beatriz recebeu sua remuneração normalmente. Tendo em vista que essa paralisação do trabalho decorreu de interesse do empregador, Beatriz terá seu direito a férias preservado, não havendo qualquer repercussão no seu direito;

(D) Fabiano havia requerido ao empregador a conversão de 1/3 do seu período de férias em abono pecuniário. Ocorre que o empregador concedeu regularmente a todos os empregados férias coletivas e, em razão disso, recusou-se a conceder o referido abono a Fabiano, sob a alegação que as férias coletivas retiram do empregado, em qualquer hipótese, a possibilidade dessa conversão;

(E) Nivaldo, contratado na modalidade do regime de tempo parcial para cumprimento de jornada de vinte horas semanais, informa o empregador sobre a duração de quatorze dias de suas férias, alegando que o correto teria sido gozar do direito a dezesseis dias.

RESPOSTA A Fundação Carlos Chagas, nesta questão, demonstrou o nítido interesse em exigir do candidato a memorização de dispositivo legal vigente, tanto que cobrou a inteligência da Súmula 81 do TST. *Alternativa B.*

---

04 (Auditor Fiscal do Trabalho – MTE – Prova 2 – CESPE – 2013) O estudante com menos de dezoito anos de idade que mantenha vínculo empregatício terá direito a fazer coincidir suas férias com as férias escolares.

( ) Certo   ( ) Errado

RESPOSTA O empregado estudante, menor de 18 anos, tem direito à coincidência de seu período de férias com as férias escolares (CLT, art. 136, § 2º). Logo, o empregador não poderá obrigá-lo a sair em férias coletivas, salvo se estas coincidirem com suas férias escolares.

---

05 (Enfermeiro do Trabalho – Correios – CESPE – 2011) Ao empregado que tiver direito, é facultada a conversão de um terço de suas férias em abono pecuniário.

( ) Certo   ( ) Errado

RESPOSTA Trata-se de um direito potestativo, ou seja, constitui uma faculdade do empregado de converter um terço de suas férias em pecúnia, não podendo o empregador a ele se opor. *Alternativa Certa.*

PARA GABARITAR

O *Informativo* n. 10 do TST reforça a tese do recebimento do terço constitucional, embora o empregado não goze o período de férias:

"Terço constitucional. Art. 7º, XVII, da CF. Férias não usufruídas em razão de concessão de licença remunerada superior a 30 dias. Art. 133, II, da CLT. Devido".

O abono pecuniário inclui o terço constitucional. Não confunda o terço constitucional com o terço do período de férias que pode ser convertido em abono. O terço constitucional irá integrar o cálculo do abono.

PARA MEMORIZAR

Dos cálculos das férias (art. 130 da CLT):

Dias de férias	N. de faltas injustificadas
30 dias	Até 5 faltas injustificadas
24 dias	de 6 a 14 faltas injustificadas
18 dias	de 15 a 23 faltas injustificadas
12 dias	de 24 a 32 faltas injustificadas

CAPÍTULO 10 Remuneração e salário

1. CONCEITOS

SALÁRIO: é o conjunto de parcelas contraprestativas pagas diretamente pelo empregador ao empregado pelos serviços por ele prestados. O salário é composto pelo salário-base e o sobressalário. O salário-base, por sua vez, é o salário em dinheiro somado com o salário *in natura*.

REMUNERAÇÃO: é o conjunto de parcelas pagas ao empregado, representando o somatório das parcelas contraprestativas pagas diretamente pelo empregador com as parcelas contraprestativas pagas diretamente por terceiros ao empregado. Essas parcelas pagas por terceiros possuem caráter estritamente remuneratório. Portanto, remuneração é salário mais a gorjeta.

Importante diferenciar as parcelas que tenham natureza salarial das estritamente remuneratórias.

As parcelas de natureza salarial possuem o chamado *"efeito expansionista circular dos salários"*, ou seja, elas repercutem sobre as demais parcelas de natureza trabalhista e previdenciária. Já as parcelas de caráter estritamente remuneratório, por sua vez, não integram a base de cálculo das parcelas de natureza salarial; é o que determina a Súmula 354 do TST.

A gorjeta não é salário, logo não integra a base de cálculo das seguintes verbas: aviso prévio, horas extras, adicional noturno e repouso semanal remunerado.

Por outro lado, as gorjetas integrarão a base de cálculo das verbas que são calculadas sobre o valor da remuneração: férias, FGTS, 13º salário.

As gorjetas podem ser de dois tipos: espontâneas, que são aquelas pagas de forma voluntária pelo cliente, ou cobradas, que são um adicional nas notas de serviço cobrado diretamente pela empresa ao cliente.

A norma coletiva poderá excluir a integração das gorjetas ao salário, diante da amplitude de poderes concedidos pela Reforma Trabalhista para a negociação coletiva (art. 611-A, *caput* e IX, da CLT).

No dia 12 de novembro de 2019, foi editada a MP n. 905/2019[1], que criou nova modalidade de contrato de trabalho por prazo determinado denominada Contrato Verde e Amarelo e modificou diversos dispositivos da CLT. Dentre as alterações realizadas, destaca-se a regulamentação das gorjetas.

---

1   Até o término desta edição, a MP n. 905/2019 depende da aprovação do Congresso Nacional para a sua conversão em lei.

Art. 457-A, CLT. "A gorjeta não constitui receita própria dos empregadores, mas destina-se aos trabalhadores e será distribuída segundo critérios de custeio e de rateio definidos em convenção ou acordo coletivo de trabalho."

De acordo com o *caput* do art. 457-A da CLT, a gorjeta não constitui receita própria dos empregadores, destinando-se aos trabalhadores. A distribuição deve ser realizada por meio de critérios de custeio e de rateio definidos em convenção coletiva ou acordo coletivo de trabalho.

Na hipótese de não existir previsão em convenção ou acordo coletivo de trabalho, os critérios de rateio e de distribuição da gorjeta e os percentuais de retenção serão definidos em assembleia geral dos trabalhadores.

O valor pago a título de gorjetas e o salário fixo devem ser anotado na CTPS do empregado.

Cessada pela empresa a cobrança da gorjeta, desde que cobrada por mais de doze meses, esta se incorporará ao salário do empregado, tendo como base a média dos últimos doze meses, exceto se estabelecido de forma diversa em convenção ou acordo coletivo de trabalho. Criou o legislador, portanto, hipótese de uma parcela variável, devida enquanto trabalhar naquela função determinada.

Comprovado o descumprimento da regulamentação prevista no art. 457-A da CLT, o empregador pagará ao empregado prejudicado, a título de multa, o valor correspondente a um trinta avos da média da gorjeta recebida pelo empregado por dia de atraso, limitada ao piso da categoria, assegurados em qualquer hipótese os princípios do contraditório e da ampla defesa.

2. PRINCÍPIOS DE PROTEÇÃO AO SALÁRIO

Princípio da irredutibilidade salarial: em regra, não se admite a redução do salário do empregado. Somente se houver convenção ou acordo coletivo é que poderá ocorrer redução do salário do empregado, sendo certo de que esta condição só poderá perdurar por no máximo dois anos. A irredutibilidade salarial está prevista no art. 7º, VI, da CLT: "irredutibilidade do salário, salvo o disposto em convenção ou acordo coletivo"; e também no art. 614, § 3º, da CLT: "Não será permitido estipular duração de convenção ou acordo superior a 2 (dois) anos".

Princípio da intangibilidade: em regra, o salário do empregado deve ser pago de forma integral, ou seja, sem sofrer qualquer tipo de desconto.

3. CARACTERÍSTICAS DO SALÁRIO

O salário é a fonte de subsistência do empregado e de sua família, razão pela qual ele possui o caráter alimentar. Trata-se de uma espécie de crédito privilegiado, pois, em caso de falência do empregador, o seu caráter alimentar fará com que os créditos trabalhistas gozem de certa preferência.

O salário é comutativo, visto que deve existir uma proporcionalidade entre o salário recebido pelo empregado e os serviços por ele prestados.

Ele possui caráter forfetário, uma vez que o empregado tem a certeza de que receberá o salário a que faz jus independentemente da situação econômica do empregador.

O salário é irredutível, salvo negociação coletiva na forma do art. 7º, VI, da CF/88.

O salário não pode ser objeto de renúncia, motivo pelo qual é indisponível, além de possuir um pagamento periódico, que decorre da sua natureza de obrigação de trato sucessivo ou débito permanente, conforme o art. 459, da CLT.

A sua natureza é composta, já que ele é constituído do chamado complexo salarial, ou seja, de um complexo de parcelas contraprestativas.

O salário é pago ao empregado durante toda a duração do contrato de trabalho de forma contínua, e não de maneira intermitente, sendo que a regra é de que o salário seja pago após a prestação do serviço pelo empregado.

A fixação do valor do salário sofre grande influência de agentes externos à relação de emprego.

4. COMPLEXO SALARIAL E SUAS MODALIDADES

O salário ou complexo salarial é composto pela soma do salário básico ao sobressalário. Note-se que o salário básico deverá conter sempre uma parte em pecúnia de no mínimo 30% do valor do salário-mínimo.

O *salário básico* é a contraprestação salarial fixa, principal, paga pelo empregador ao empregado, e que se submete à regra da periodicidade máxima mensal. Ele pode ser pago somente em dinheiro, ou ainda ser pago em dinheiro e utilidades, devendo, neste caso, a parte pecuniária corresponder a pelo menos 30% do seu total. Nos casos em que o salário for pago em dinheiro e utilidades, aplica-se a regra do art. 82 da CLT, ou seja, o empregado deverá sempre receber no mínimo 30% do valor do salário-mínimo em dinheiro, independentemente do valor de seu salário contratual.

O *salário in natura* é aquele pago em utilidades, com habitualidade, pelo trabalho. A utilidade é compreendida como sendo tudo aquilo que não for dinheiro, ou seja, será o fornecimento habitual de bens e serviços.

O salário utilidade tem como características a habitualidade no fornecimento; a gratuidade; a necessidade de ser benéfico ao empregado; o caráter contraprestativo.

Toda vez que a utilidade fornecida for condição necessária para o trabalho, ela não será considerada salário *in natura*, nem terá natureza de parcela salarial. Mas se a utilidade for fornecida como vantagem pelo trabalho, ela será considerada salário *in natura*.

O art. 458, § 2º, da CLT, traz a definição do que não é considerado salário, conforme será observado no tópico da legislação.

A Reforma Trabalhista introduzida em nosso ordenamento por força da Lei n. 13.467/2017 não incluiu incisos ao § 2º, do art. 458, da CLT, mas criou o § 5º para dispor que: o valor relativo à assistência prestada por serviço médico ou odontológico, próprio ou não, inclusive o reembolso de despesas com medicamentos, óculos, aparelhos ortopédicos, próteses, órteses, despesas médico-hospitalares e outras similares, mesmo quando concedido em diferentes modalidades de planos e coberturas, não integram o salário do empregado para qualquer efeito nem o salário de contribuição, para efeitos do previsto na alínea q do § 9º, do art. 28, da Lei n. 8.212, de 24 de julho de 1991.

O salário ou complexo salarial é composto de uma parcela fixa principal chamada salário-base somada ao *sobressalário*.

Por fim, merece destaque o fato de o teletrabalho ser regulamentado pela Reforma e apontar que os instrumentos e ferramentas concedidos para os empregados que trabalham em casa não têm natureza salarial.

5. ADICIONAIS

Os adicionais são parcelas pagas pelo empregador ao empregado, em razão da prestação de serviços em circunstâncias específicas de trabalho que tornam a sua execução mais gravosa.

Os adicionais mais conhecidos são os estabelecidos na CLT, ou seja, os adicionais legais, tais como o adicional noturno, o adicional de transferência provisória, o adicional de insalubridade, periculosidade, horas extras etc.

6. PRÊMIO

É uma parcela espontânea paga pelo empregador ao empregado em face de evento ou circunstância individual, ou por integrar determinado setor da empresa.

Prêmio não integra a remuneração do empregado, não se incorpora ao contrato de trabalho e não constitui base de incidência de qualquer encargo trabalhista e previdenciário.

Atenção! A MP do Contrato de Trabalho Verde e Amarelo alterou a redação da Lei n. 10.101/2000 para regulamentar os prêmios concedidos aos trabalhadores. De acordo com o novo art. 5º-A da Lei n. 10.101/2000, são válidos os prêmios previstos no art. 457, §§ 2º e 4º da CLT, desde que sejam observados os seguintes requisitos:

- sejam pagos, exclusivamente, a empregados, de forma individual ou coletiva;
- decorram de desempenho superior ao ordinariamente esperado, avaliado discricionariamente pelo empregador, desde que o desempenho ordinário tenha sido previamente definido;

- o pagamento de qualquer antecipação ou distribuição de valores seja limitado a quatro vezes no mesmo ano civil e, no máximo, de um no mesmo trimestre civil;
- as regras para a percepção do prêmio devem ser estabelecidas previamente ao pagamento; e
- as regras que disciplinam o pagamento do prêmio devem permanecer arquivadas por qualquer meio, pelo prazo de seis anos, contado da data de pagamento.

7. SALÁRIO COMPLESSIVO

É o salário pago em parcela única, sem discriminação das parcelas, sendo vedado no ordenamento jurídico, conforme se demonstra a seguir:

> Súmula 91 do TST. "SALÁRIO COMPLESSIVO (mantida). Resolução n. 121/2003, *DJ* de 19, 20 e 21-11-2003. Nula é a cláusula contratual que fixa determinada importância ou percentagem para atender englobadamente vários direitos legais ou contratuais do trabalhador".

8. PARCELAS QUE NÃO POSSUEM NATUREZA SALARIAL

Não possuem natureza salarial as seguintes parcelas: parcela indenizatória (aquela que tem por objetivo ressarcir o empregado das despesas realizadas na execução da prestação dos serviços); parcela instrumental (ferramentas para o trabalho); parcela de Direito Intelectual (deriva do Direito de Propriedade em geral); parcela de participação nos lucros (a famosa "PL" ou "PLR"); parcelas pagas por terceiros (caráter estritamente remuneratório); parcelas previdenciárias (têm origem na legislação previdenciária); *Stock Options* (opção de compra, oportunidade conferida pelo empregador ao empregado de comprar ou subscrever ações da empresa por condições bem mais vantajosas do que as oferecidas no mercado de ações).

A MP n. 905/2019, que instituiu o Contrato de Trabalho Verde e Amarelo, acrescentou o § 5º ao art. 457 da CLT:

> "§ 5º O fornecimento de alimentação, seja *in natura* ou seja por meio de documentos de legitimação, tais como tíquetes, vales, cupons, cheques, cartões eletrônicos destinados à aquisição de refeições ou de gêneros alimentícios, não possui natureza salarial e nem é tributável para efeito da contribuição previdenciária e dos demais tributos incidentes sobre a folha de salários e tampouco integra a base de cálculo do imposto sobre a renda da pessoa física".

Dessa forma, a alimentação, seja *in natura* seja pela concessão de vales, cupons, tíquetes, não possui natureza salarial e não é tributável para efeito de contribuição previdenciária e dos demais tributos incidentes.

9. DESCONTOS NO SALÁRIO

Em regra, é vedada a realização de descontos no salário do empregado. Essa regra decorre da incidência direta do princípio da intangibilidade salarial, conforme art. 462 da CLT: "Ao empregador é vedado efetuar qualquer desconto nos salários do empregado, salvo quando este resultar de adiantamentos, de dispositivos de lei ou de contrato coletivo".

Mas ainda existem outros casos possíveis de descontos: resultantes de adiantamentos; resultantes de dispositivos de lei; resultantes de norma coletiva; resultantes de danos causados pelo empregado; demais descontos autorizados pelo empregado; *truck system* (sistema de trocas, em que o empregado recebe a contraprestação pelos seus serviços por meio de mercadorias, alimentos e até moradia).

10. 13º SALÁRIO

O décimo terceiro salário tem natureza de gratificação legal, é assegurado constitucionalmente e regido pela Lei n. 4.090/62. Também é conhecido como gratificação natalina por ser devido até o dia 20 do mês de dezembro de cada ano. Diz o art. 7º, VIII, da CF: "décimo terceiro salário com base na remuneração integral ou no valor da aposentadoria".

A norma coletiva poderá determinar o parcelamento do 13º salário de forma diversa da prevista em lei. Entretanto, não poderá reduzir seu valor ou suprimir a benesse (art. 611-B, V, c/c art. 611-A, *caput*, da CLT).

11. RETENÇÃO DO SALÁRIO

A Constituição considerou crime a retenção dolosa do salário do empregado pelo empregador, conforme redação do art. 7º, X, da CF/88: "proteção do salário na forma da lei, constituindo crime sua retenção dolosa".

12. EQUIPARAÇÃO SALARIAL

A equiparação salarial assegura a igualdade de salários entre empregados que exerçam simultaneamente a mesma função, desempenhando um trabalho de igual valor, para o mesmo empregador, desde que na mesma localidade.

Expõe o art. 7º, XXX, da CF/88, a proibição de diferença de salários, de exercício de funções e de critério de admissão por motivo de sexo, idade, cor ou estado civil.

O art. 461, da CLT, junto com a Súmula 6 do TST são os responsáveis pelo conteúdo necessário sobre a equiparação salarial para os concursos de Tribunais da área trabalhista e para a maioria das provas objetivas sobre o tema.

Referido artigo foi afetado pela Reforma Trabalhista, o que também ocasionará impacto na Súmula 6 do TST.

São requisitos da equiparação salarial: idêntica a função, trabalho de igual valor, prestado ao mesmo empregador, no mesmo estabelecimento empresarial.

Atenção! Agora só cabe equiparação quando o paradigma trabalhar no mesmo estabelecimento comercial.

Trabalho de igual valor será o que for feito com igual produtividade e com a mesma perfeição técnica, entre pessoas cuja diferença de tempo de serviço para o mesmo empregador não seja superior a quatro anos, e cuja diferença de tempo na função não seja superior a dois anos.

Os requisitos cumulativos da equiparação salarial não prevalecerão quando o empregador tiver pessoal organizado em quadro de carreira ou adotar, por meio de norma interna da empresa ou de negociação coletiva, plano de cargos e salários, dispensada qualquer forma de homologação ou registro em órgão público.

A equiparação salarial só será possível entre empregados contemporâneos no cargo ou na função, ficando vedada a indicação de paradigmas remotos, ainda que o paradigma contemporâneo tenha obtido a vantagem em ação judicial própria. A Reforma Trabalhista encerra qualquer tipo de discussão no tocante a equiparação salarial por cadeia.

No caso de comprovada discriminação por motivo de sexo ou etnia, o juízo determinará, além do pagamento das diferenças salariais devidas, multa em favor do empregado discriminado, no valor de 50% (cinquenta por cento) do limite máximo dos benefícios do Regime Geral de Previdência Social.

13. EQUIPARAÇÃO E SUBSTITUIÇÃO DE CARÁTER NÃO EVENTUAL

Nos casos em que um empregado estiver substituindo outro em caráter não eventual e provisório, ele fará jus ao salário contratual do substituído, conforme entendimento da Súmula 159 do TST.

LEGISLAÇÃO CORRELATA

Salário, portanto, é um complexo de parcelas, ou, como é usualmente chamado, um complexo salarial.

> Art. 457, da CLT. "Compreendem-se na remuneração do empregado, para todos os efeitos legais, além do salário devido e pago diretamente pelo empregador, como contraprestação do serviço, as gorjetas que receber."

Remuneração é o conjunto de parcelas pagas ao empregado. O exemplo mais clássico de parcela remuneratória são as gorjetas.

> Art. 457, § 3º, da CLT. "Considera-se gorjeta não só a importância espontaneamente dada pelo cliente ao empregado, como também o valor cobrado

pela empresa, como serviço ou adicional, a qualquer título, e destinado à distribuição aos empregados."

A Súmula 354 do TST traz a questão da repercussão das gorjetas na remuneração:

> Súmula 354 do TST. "GORJETAS. NATUREZA JURÍDICA. REPERCUSSÕES (mantida). Resolução n. 121/2003, *DJ* de 19, 20 e 21-11-2003.
> As gorjetas, cobradas pelo empregador na nota de serviço ou oferecidas espontaneamente pelos clientes, integram a remuneração do empregado, não servindo de base de cálculo para as parcelas de aviso prévio, adicional noturno, horas extras e repouso semanal remunerado".

Referente ao salário básico, dispõe a norma celetista:

> "Art. 82. Quando o empregador fornecer, *in natura*, uma ou mais das parcelas do salário mínimo, o salário em dinheiro será determinado pela fórmula Sd = Sm – P, em que Sd representa o salário em dinheiro, Sm o salário mínimo e P a soma dos valores daquelas parcelas na região, zona ou subzona.
> Parágrafo único. O salário mínimo pago em dinheiro não será inferior a 30% (trinta por cento) do salário mínimo fixado para a região, zona ou subzona".

Não são consideradas como salário as utilidades mencionadas no § 2º, do art. 458, da CLT.

> "§ 2º Para os efeitos previstos neste artigo, não serão consideradas como salário as seguintes utilidades concedidas pelo empregador:
> I – vestuários, equipamentos e outros acessórios fornecidos aos empregados e utilizados no local de trabalho, para a prestação do serviço;
> II – educação, em estabelecimento de ensino próprio ou de terceiros, compreendendo os valores relativos a matrícula, mensalidade, anuidade, livros e material didático;
> III – transporte destinado ao deslocamento para o trabalho e retorno, em percurso servido ou não por transporte público;
> IV – assistência médica, hospitalar e odontológica prestada diretamente ou mediante seguro-saúde;
> V – seguros de vida e de acidentes pessoais;
> VI – previdência privada;
> VII – (Vetado.);
> VIII – o valor correspondente ao vale-cultura.
> § 3º A habitação e a alimentação fornecidas como salário-utilidade deverão atender aos fins a que se destinam e não poderão exceder, respectivamente, a 25% (vinte e cinco por cento) e 20% (vinte por cento) do salário contratual.
> § 4º Tratando-se de habitação coletiva, o valor do salário-utilidade a ela correspondente será obtido mediante a divisão do justo valor da habitação

pelo número de coabitantes, vedada, em qualquer hipótese, a utilização da mesma unidade residencial por mais de uma família. (Rural – ver art. 9º da Lei n. 5.889/1973.)

§ 5º O valor relativo à assistência prestada por serviço médico ou odontológico, próprio ou não, inclusive o reembolso de despesas com medicamentos, óculos, aparelhos ortopédicos, próteses, órteses, despesas médico-hospitalares e outras similares, mesmo quando concedido em diferentes modalidades de planos e coberturas, não integram o salário do empregado para qualquer efeito nem o salário de contribuição, para efeitos do previsto na alínea q do § 9º do art. 28 da Lei n. 8.212, de 24 de julho de 1991."

Art. 457, § 1º, da CLT. "Integram o salário a importância fixa estipulada, as gratificações legais e as comissões pagas pelo empregador."

A CLT traz a informação sobre o local do pagamento do salário, conforme a seguir.

"Art. 464. O pagamento do salário deverá ser efetuado contra recibo, assinado pelo empregado; em se tratando de analfabeto, mediante sua impressão digital, ou, não sendo esta possível, a seu rogo.

Parágrafo único. Terá força de recibo o comprovante de depósito em conta bancária, aberta para esse fim em nome de cada empregado, com o consentimento deste, em estabelecimento de crédito próximo ao local de trabalho.

Art. 465. O pagamento dos salários será efetuado em dia útil e no local do trabalho, dentro do horário do serviço ou imediatamente após o encerramento deste, salvo quando efetuado por depósito em conta bancária, observado o disposto no artigo anterior."

Ainda abordando a referida temática, diz a CLT sobre o salário:

"Art. 463. A prestação, em espécie, do salário será paga em moeda corrente do País.

Parágrafo único. O pagamento do salário realizado com inobservância deste artigo considera-se como não feito".

ENTENDIMENTO DOUTRINÁRIO

Nas lições da professora Vólia Bomfim Cassar (2015, p. 750), o salário e a remuneração distinguem-se da seguinte maneira:

"Salário é toda contraprestação ou vantagem em pecúnia ou em utilidade devida e paga diretamente pelo empregador ao empregado, em virtude do contrato de trabalho. É o pagamento direto feito pelo empregador ao empregado pelos serviços prestados, pelo tempo à disposição ou quando a lei assim determinar (aviso prévio não trabalhado, 15 primeiros dias da doença etc.).

Remuneração é a soma do pagamento direto com o pagamento indireto, este último entendido como toda contraprestação paga por terceiros ao trabalhador, em virtude de um contrato de trabalho que este mantém com seu empregador".

JURISPRUDÊNCIA

"CÁLCULOS DE HOMOLOGAÇÃO. DIVERGÊNCIA NA BASE DE CÁLCULO DA PENSÃO. DIFERENÇA ENTRE OS TERMOS SALÁRIO E REMUNERAÇÃO. Não se pode confundir remuneração com salário, pois o primeiro termo tem significado mais abrangente, e ao utilizar o segundo, optou-se por restringir o direito devido" (TRT-1 – AGVPET n. 252200-19.2005.5.01.0342 RJ, Relatora: Vólia Bomfim Cassar, Data de Julgamento: 19-2-2013, 2ª Turma, Data de Publicação: 6-3-2013).

"GORJETAS. CLÁUSULA DE ACORDO COLETIVO QUE PREVÊ A RETENÇÃO E O RATEIO DE PARTE DOS VALORES ARRECADADOS. INVALIDADE. ART. 457 DA CLT E SÚMULA 354 DO TST. É inválida cláusula de acordo coletivo que autoriza a retenção de parte do valor das gorjetas para fins de indenização e ressarcimento das despesas e benefícios inerentes à introdução do próprio sistema de taxa de serviço, bem como para contemplar o sindicato da categoria profissional, principalmente quando constatado que a retenção atinge mais de um terço do respectivo valor. De outra sorte, nos termos do art. 457 da CLT e da Súmula 354 do TST, as gorjetas, ainda que não integrem o salário, constituem acréscimo remuneratório e configuram contraprestação paga diretamente pelo cliente, não podendo ter outro destino que não o próprio empregado. Com esse entendimento, a SBDI-I, por unanimidade, conheceu dos embargos interpostos pelo reclamado, por divergência jurisprudencial e, no mérito, negou-lhe provimento" (TST-E-ED--RR-139400-03.2009.5.05.0017, SBDI-I, Relator Ministro: Márcio Eurico Vitral Amaro, 13-11-2014 – *Informativo* n. 95 do TST)

"JORNADA DE QUATRO, SEIS OU OITO HORAS. SALÁRIO MÍNIMO DA CATEGORIA PROFISSIONAL. PAGAMENTO INDEPENDENTE DAS HORAS TRABALHADAS. IMPOSSIBILIDADE. ORIENTAÇÃO JURISPRUDENCIAL 358 DA SBDI-I. PRINCÍPIO DA ISONOMIA. É lícito o pagamento de salário proporcional à jornada de trabalho, ainda que inferior ao mínimo legal e/ou convencional, posto que não podem ser remunerados de forma idêntica os trabalhadores que desempenham as mesmas atividades, mas se sujeitam a jornadas distintas. Incidência da Orientação Jurisprudencial 358 da SBDI-I e do princípio da isonomia insculpido no art. 5º, *caput*, da CF. No caso em apreço, a Turma de origem, ao julgar recurso de revista interposto pelo Ministério Público do Trabalho em ação civil pública, entendeu ilícita a adoção de jornada móvel e variável, pois os empregados não sabiam quando seriam ativados, ficando submetidos ao arbítrio da empregadora por 44 horas semanais. Assim, declarou a nulidade de todo o regime de trabalho e determinou à empresa que garantisse o pagamento do salário profissional independentemente do número de horas trabalhadas. Todavia, em virtude de acordo de abrangência nacional firmado nos autos do processo n. 1040-74.2012.5.06.0011, perante a 11ª Vara do Trabalho do Recife/PE, a jornada móvel e variável foi substituída por jornada fixa de quatro, seis ou oito horas, não mais subsistindo o argumento utilizado pela Turma para determinar o pagamento do piso da categoria de forma indistinta. Assim, a SBDI-I, por maioria, conheceu dos embargos por contrariedade à Orientação Jurisprudencial 358 da SBDI-I, vencidos os Ministros Aloysio Corrêa da Veiga, Márcio Eurico Vitral Amaro, José Roberto Freire Pimenta, Hugo Carlos Scheuermann e Cláudio Mascarenhas Brandão. No mérito, a Subseção deu provimento ao recurso para excluir da condenação a determinação para que a reclamada garanta 'o pagamento do salário mínimo da categoria profissional, de acordo com a Convenção Coletiva do Trabalho, independentemente do número de horas trabalhadas', julgando-se improcedente a presente ação no particular" (TST-E-EDRR-9891900-16.2005.5.09.0004, SBDI-I, Relator Ministro: Renato de Lacerda Paiva, 26-11-2015 – *Informativo* n. 125 do TST).

"HORAS EXTRAS E DIÁRIAS DE VIAGENS. PAGAMENTO INCORPORADO ÀS COMISSÕES POR MEIO DE NORMA COLETIVA. IMPOSSIBILIDADE. SALÁRIO COMPLESSIVO. CONFIGURAÇÃO. SÚMULA 91 DO TST. A inclusão das verbas denominadas horas extras e diárias de viagens no valor a ser pago ao trabalhador a título de comissões, ainda que prevista em instrumento coletivo, caracteriza salário complessivo, conduzindo à nulidade da avença, a teor da Súmula 91 do TST. Entendeu o Ministro redator que, na hipótese, há necessidade do pagamento destacado das parcelas, a fim de assegurar ao empregado que presta serviços à empresa de transporte rodoviário e, portanto, se submete a constantes viagens e de duração variada, o conhecimento e o controle do que lhe é pago. Com base nesse entendimento, a SBDI-I, por unanimidade, conheceu do recurso de embargos, por divergência jurisprudencial, e, no mérito, por maioria, deu-lhe provimento para, reformando a decisão embargada, determinar o retorno dos autos à Vara do Trabalho de origem, a fim de que examine os pedidos relativos às diárias de viagem e às horas extraordinárias, afastada a incidência da cláusula normativa que prevê a sua quitação por força do pagamento das comissões. Vencidos os Ministros Renato de Lacerda Paiva, relator, Ives Gandra Martins Filho, Brito Pereira, Maria Cristina Irigoyen Peduzzi e Dora Maria da Costa" (TST-E-ED-RR-200-35.2006.5.09.0094, SBDI-I, Relator Ministro: Renato de Lacerda Paiva, red. p/ acórdão Min. Lelio Bentes Côrrea, 16-8-2012 – *Informativo* n. 18 do TST).

EQUIPARAÇÃO SALARIAL. IMPOSSIBILIDADE. MUNICÍPIOS QUE TÊM CONDIÇÕES URBANÍSTICAS E SOCIOECONÔMICAS SEMELHANTES, MAS NÃO PERTENCEM À MESMA REGIÃO METROPOLITANA. SÚMULA 6, X, DO TST E ART. 461 DA CLT. A simples semelhança entre as condições urbanísticas e socioeconômicas de municípios diferentes não é suficiente para o enquadramento no conceito de 'mesma localidade' de que trata o art. 461 da CLT, pois o item X da Súmula 6 do TST é expresso no sentido de que, em se tratando de cidades distintas, elas devem pertencer à mesma região metropolitana. Se assim não fosse, seria possível reconhecer a equiparação salarial entre empregados que trabalham até mesmo em Estados-membros diversos, o que não se coaduna com o entendimento firmado pela Súmula 6, X, do TST. Na espécie, reconheceu-se o direito à isonomia salarial no caso em que o reclamante trabalhava em Sorocaba/SP e o paradigma em Campinas/SP, ao fundamento de que as referidas cidades apresentam condições de urbanização e de desenvolvimento econômico compatíveis, não tendo havido prova de fatores regionais capazes de justificar a diferença de remuneração no período em que paradigma e paragonado exerceram idêntica função. Com esses fundamentos, a SBDI-I, por maioria, conheceu dos embargos do reclamado por contrariedade à Súmula 6, X, do TST e, no mérito, deu-lhes provimento para excluir da condenação o pagamento de diferenças salariais decorrentes da equiparação salarial. Vencidos os Ministros Luiz Philippe Vieira de Mello, Augusto César Leite de Carvalho e Alexandre de Souza Agra Belmonte" (TST-E-ED-RR-116885-86.2005.5.15.0129, SBDI-I, Relatora Ministra: Dora Maria da Costa, 5-12-2013 – *Informativo* n. 69 do TST).

"SALÁRIO-SUBSTITUIÇÃO. SUBSTITUIÇÃO APENAS DE PARTE DAS ATRIBUIÇÕES DO SUBSTITUÍDO. PAGAMENTO DE FORMA PROPORCIONAL ÀS ATIVIDADES SUBSTITUÍDAS. APURAÇÃO EM LIQUIDAÇÃO DE SENTENÇA. Consoante entendimento consagrado na Súmula 159, I, do TST, o empregado substituto faz jus ao salário do substituído, enquanto perdurar a substituição que não tenha caráter meramente eventual, inclusive nas férias. Nos casos em que a substituição for parcial, ou seja, não abarcar todas as atividades e responsabilidades do substituído, o valor do salário-substituição poderá se dar proporcionalmente às tarefas desempenhadas. Na hipótese dos autos, o substituído era responsável pela segurança da empresa em toda região metropolitana de Belo Horizonte, enquanto o substituto assumiu as atribuições do supervisor apenas na cidade de Betim. Assim, adotando esse entendimento, a SBDI-I, no ponto, conheceu dos embargos da reclamada, por divergência jurisprudencial, e, no mérito, por maioria, deu-lhes provimento parcial para limitar a condenação das diferenças salariais em virtude de substituição do supervisor, em suas férias, de forma proporcional às atividades substituídas, a ser apurado em liquidação da sentença. Vencido o Ministro Aloysio Corrêa da Veiga" (TST-E-ED-RR-66600-35.2008.5.03.0027, SBDI-I, Relatora Ministra: Dora Maria da Costa, 14-5-2015 – *Informativo* n. 107 do TST).

QUESTÕES COMENTADAS

01 (Analista Judiciário – Área Administrativa – TRT – 9ª REGIÃO/PR – FCC – 2015) (**adaptada em razão da Reforma Trabalhista**) No tocante ao salário e remuneração, é INCORRETO, afirmar.

- (A) Não é considerado salário-utilidade o vestuário e os equipamentos fornecidos ao empregado e utilizado no local de trabalho para a prestação do serviço.
- (B) Integram o salário a importância fixa estipulada, as gratificações legais e as comissões pagas pelo empregador.
- (C) Em caso de dano causado pelo empregado por culpa, o desconto salarial será lícito independentemente da anuência do empregado.
- (D) Quando o pagamento for estipulado por mês, este deverá ser efetuado até o 5º dia útil subsequente ao vencido.
- (E) O pagamento de salário efetuado em moeda estrangeira, mesmo que acordado entre as partes, é considerado como não feito.

RESPOSTA A alternativa "A" está correta, visto que está em consonância com o art. 458, § 2º, da CLT. A alternativa "B" está correta, em razão da redação do art. 457, § 1º, da CLT. A "C" está incorreta, visto que o art. 462, § 1º, da CLT, expõe que "em caso de dano causado pelo empregado, o desconto será lícito, desde que esta possibilidade tenha sido acordada ou na ocorrência de dolo do empregado". O art. 459, § 1º, reproduz a alternativa "D". Por fim, a "E" está em consonância com o art. 463, da CLT. *Alternativa C.*

---

02 (Analista Administrativo – COBRA Tecnologia S/A – BB – ESPP – 2013) _____ é o conjunto de parcelas pagas pelo empregador ao empregado em função do contrato de trabalho.

- (A) Remuneração.
- (B) Benefício.
- (C) Hollerite.
- (D) Salário.

RESPOSTA O salário é definido como "o conjunto de parcelas contraprestativas pagas pelo empregador ao empregado em função do contrato de trabalho". A remuneração é a retribuição pelos serviços prestados (remuneração = salário + gorjeta). *Alternativa D.*

---

03 (Advogado – DETRAN-ES – CESPE – 2010) (**adaptada em razão da Reforma Trabalhista**) As diárias pagas integram o salário de contribuição pelo seu valor total, quando excedentes a 50% da remuneração mensal.

( ) Certo   ( ) Errado

RESPOSTA De acordo com o art. 457, § 2º, da CLT: "As importâncias, ainda que habituais, pagas a título de ajuda de custo, auxílio-alimentação, vedado seu pagamento em dinheiro, diárias para viagem, prêmios e abonos não integram a remuneração do empregado, não se incorporam ao contrato de trabalho e não constituem base de incidência de qualquer encargo trabalhista e previdenciário". *Alternativa Errada.*

PARA GABARITAR

PARA o trabalho ("ferramenta") – não é salário *in natura*

PELO trabalho ("luxo") – é salário *in natura*

PARA MEMORIZAR

Salário = salário-base + sobressalário
Salário-base = salário em dinheiro + salário *in natura*

Remuneração = salário + gorjeta

Podemos afirmar, portanto, que a remuneração é gênero do qual o salário é espécie.

Remuneração	Gênero
Salário/Gorjeta/Gueltas	Espécies

CAPÍTULO 11 Duração do trabalho

1. CONCEITO

Duração do trabalho diz respeito ao gênero do qual jornada de trabalho, horário de trabalho e descansos trabalhistas são espécies.

JORNADA DE TRABALHO: é o período de tempo em que o empregado fica à disposição do empregador, seja prestando serviços ou aguardando suas ordens.

HORÁRIO DE TRABALHO: compreende as horas em que o empregado efetivamente ficou à disposição do empregador, ou seja, o somatório das horas compreendidas entre o início e o término da jornada, somadas aos intervalos concedidos.

No cálculo da jornada de trabalho devem ser levados em conta os seguintes elementos: trabalho efetivo; tempo à disposição do empregador (de caráter obrigatório); sobreaviso e prontidão, conforme previsão legal no art. 4º, da CLT.

O tempo à disposição do empregador compreende todas as atividades por ele oferecidas, que forem de participação obrigatória do empregado, e que contem com controle de presença.

As atividades que forem facultativas não se enquadram no conceito de tempo à disposição do empregador e, por consequência, não integram o cálculo da jornada e seus reflexos.

Por não se considerar tempo à disposição do empregador, não será computado como período extraordinário o que exceder a jornada normal, ainda que ultrapasse o limite de cinco minutos previsto no § 1º, do art. 58, da CLT, quando o empregado, por escolha própria, buscar proteção pessoal, em caso de insegurança nas vias públicas ou más condições climáticas, bem como adentrar ou permanecer nas dependências da empresa para exercer atividades particulares, entre outras:

- práticas religiosas;
- descanso;
- lazer;
- estudo;
- alimentação;
- atividades de relacionamento social;
- higiene pessoal;
- troca de roupa ou uniforme, quando não houver obrigatoriedade de realizar a troca na empresa.

O art. 244, da CLT, traz a definição de sobreaviso e prontidão. Sobreaviso é o tempo em que o empregado fica em casa aguardando ser chamado a qualquer momento pelo empregador; já prontidão é o tempo em que o empregado fica nas dependências da empresa, esperando as ordens do empregador.

Com o advento da Lei n. 13.874/2019, a CLT deixa de conter previsão expressa acerca da obrigatoriedade de manutenção de quadro de horário (o art. 74 da CLT previa) e passa a prever apenas a necessidade de anotação do horário de trabalho em registro de empregados. Deixa portanto, de haver a necessidade de que o registro do horário seja realizado em local visível.

Atenção! Para os estabelecimentos com mais de 20 (vinte) trabalhadores será obrigatória a anotação da hora de entrada e de saída, em registro manual, mecânico ou eletrônico, conforme instruções expedidas pela Secretaria Especial de Previdência e Trabalho do Ministério da Economia, permitida a pré-assinalação do período de repouso.

Se o trabalho for executado fora do estabelecimento, o horário dos empregados constará do registro manual, mecânico ou eletrônico em seu poder. Fica permitida a utilização de registro de ponto por exceção à jornada regular de trabalho, mediante acordo individual escrito, convenção coletiva ou acordo coletivo de trabalho.

2. JORNADA DE TRABALHO

A jornada de trabalho atual, com suas limitações, segundo a norma constitucional, é classificada como um direito social.

A CLT seguiu os preceitos constitucionais e, em seu art. 58, fixou como regra o limite máximo da jornada diária do empregado em 8 horas.

A seguir, destacam-se algumas espécies de jornadas de trabalho.

3. TURNOS ININTERRUPTOS DE REVEZAMENTO

O turno ininterrupto de revezamento se fundamenta na continuidade da atividade empresarial e da prestação de serviços pelos empregados que, ao se revezarem, fazem com que, em qualquer momento, haja um trabalhador laborando.

Na prática, a ideia é que a empresa funciona 24 horas, e os empregados se revezam, ou seja, ora trabalham pela manhã, ora pela tarde, ora pela noite.

O TST se posicionou no sentido de que esse revezamento pode ser feito apenas em dois turnos, desde que eles compreendam, no todo ou em parte, o horário diurno e o noturno, conforme OJ 360 da SDI-1 do TST: "Faz jus à jornada especial prevista no art. 7º, XIV, da CF/1988 o trabalhador que exerce suas atividades em sistema de alternância de turnos, ainda que em dois turnos de trabalho, que compreendam, no todo ou em parte, o horário diurno e o noturno, pois submetido à alternância de horário prejudicial à saúde, sendo irrelevante que a atividade da empresa se desenvolva de forma ininterrupta".

O inciso XIV do art. 7º da CF/88 determina que a jornada diária para os empregados que trabalham em turnos ininterruptos de revezamento é de 6 horas, salvo negociação coletiva.

A Súmula 423 do TST dispõe que a jornada poderá ser superior a seis horas, limitada a oito horas, desde que ocorra por regular negociação coletiva. Quanto aos direitos desses trabalhadores, o TST se posicionou por meio da Súmula 360 do TST, assegurando a interrupção do labor para repouso e alimentação, tal como se manifestou o STF por meio da Súmula 675.

4. TRABALHO EM REGIME DE TEMPO PARCIAL

Considera-se trabalho em regime de tempo parcial aquele cuja duração não exceda a trinta horas semanais, sem a possibilidade de horas suplementares semanais, ou, ainda, aquele cuja duração não exceda a vinte e seis horas semanais, com a possibilidade de acréscimo de até seis horas suplementares semanais. O salário pago aos empregados sob o regime de tempo parcial será proporcional à sua jornada, tal como previsto na OJ 358 da SDI-1 do TST.

O § 2º do art. 58-A da CLT trata da adoção do regime de tempo parcial pelos empregados que já trabalhem na empresa no regime normal. Para que essa alteração se concretize, é necessário que cada "atual" empregado manifeste livremente a sua opção pela mudança e, consequentemente, pela passagem do regime integral para o regime de tempo parcial, além do que deve ser observada a forma prevista em instrumento coletivo.

As horas suplementares à duração do trabalho semanal normal serão pagas com o acréscimo de 50% (cinquenta por cento) sobre o salário-hora normal.

Na hipótese de o contrato de trabalho em regime de tempo parcial ser estabelecido em número inferior a vinte e seis horas semanais, as horas suplementares a este quantitativo serão consideradas horas extras, estando também limitadas a seis horas suplementares semanais.

As horas suplementares da jornada de trabalho normal poderão ser compensadas diretamente até a semana imediatamente posterior à da sua execução, devendo ser feita a sua quitação na folha de pagamento do mês subsequente, caso não sejam compensadas.

Atenção! Com a alteração introduzida pela Reforma Trabalhista, passa a ser facultado ao empregado contratado sob regime de tempo parcial converter um terço do período de férias a que tiver direito em abono pecuniário.

As férias do regime de tempo parcial são regidas nos mesmos moldes dos empregados em regime geral.

5. VARIAÇÕES DE HORÁRIOS – MINUTOS QUE ANTECEDEM OU SUCEDEM A JORNADA

De acordo com o § 1º do art. 58 da CLT, "Não serão descontadas nem computadas como jornada extraordinária as variações de horário no registro de ponto não excedentes de 5 minutos, observado o limite máximo de 10 minutos diários".

Dessa forma, são toleradas as variações de horário que não excedam cinco minutos antes da jornada e cinco minutos depois da jornada. O limite de dez minutos será a soma desses dois prazos de cinco minutos; caso contrário, o tempo será considerado como hora extra, mesmo que inferior a esse limite, reforçado pelo entendimento da Súmula 449 do TST.

6. HORAS EXTRAORDINÁRIAS

Trata-se de todo o tempo em que o empregado estiver à disposição do empregador além da sua jornada normal de trabalho, que, em regra, será de oito horas diárias ou 44 horas semanais, conforme estabelecido pela Constituição Federal, art. 7º, XIII.

Será considerado lícito o trabalho extraordinário que respeite os limites legais, conforme disposição do art. 59, da CLT: "A duração diária do trabalho poderá ser acrescida de horas extras, em número não excedente de duas, por acordo individual, convenção coletiva ou acordo coletivo de trabalho".

A remuneração da hora extra será, pelo menos, 50% (cinquenta por cento) superior à da hora normal.

A CLT permite o acréscimo de até duas horas extras diárias na jornada do empregado, e não de duas horas.

Apesar de ter limitado em até duas horas diárias o número de horas extras prestadas pelo empregado, as horas prestadas além desse limite também serão pagas como extras, sob pena de o empregador enriquecer ilicitamente à custa do empregado, conforme a Súmula 376 do TST.

7. HORAS EXTRAS AUTORIZADAS POR LEI

Havendo a necessidade imperiosa do serviço, o empregador pode exigir do empregado a realização de horas extras, sem a necessidade de realização de acordo escrito.

A necessidade imperiosa do serviço se baseia na ocorrência de força maior e na recuperação do tempo perdido para atender à realização ou à conclusão de serviços inadiáveis ou cuja inexecução possa acarretar prejuízo manifesto ao empregador.

O excesso, nestas hipóteses, pode ser exigido independentemente de convenção coletiva ou acordo coletivo de trabalho.

8. INTEGRAÇÃO, CÁLCULO E SUPRESSÃO DAS HORAS EXTRAS

A integração das horas extras ao salário do empregado ocorre quando as horas são habitualmente prestadas, conforme manifestação das Súmulas 24, 45, 63, 115, 172 e 376 do TST.

Essa integração é determinada também na CLT, que prevê a integração das horas extras nos arts. 487, § 5º, da CLT, e 142, § 5º, da CLT.

Em relação ao cálculo das horas extras, o seu valor deverá observar não só o acréscimo de 50% sobre o valor da hora normal previsto na Constituição, como também as demais verbas trabalhistas que incidem no seu cálculo (Súmulas 60, 132, 347 e 264 do TST e arts. 64 e 65, da CLT)

O adicional de horas extras será devido enquanto o empregado estiver cumprindo as horas suplementares correspondentes, tendo em vista a sua natureza de salário condição. Entretanto, a supressão das horas extras prestadas com habitualidade durante pelo menos um ano confere ao empregado o direito de receber uma indenização, conforme a Súmula 291 do TST.

As formas de compensação de jornada estão autorizadas por força do inciso XIII, do art. 7º, da Constituição, que compreende como "duração do trabalho normal não superior a oito horas diárias e quarenta e quatro semanais, facultada a compensação de horários e a redução da jornada, mediante acordo ou convenção coletiva de trabalho".

As compensações podem derivar diretamente de dispositivo legal ou de jurisprudência firmada pelo TST.

A compensação de jornada está prevista na Súmula 85 do TST. A compensação firmada por acordo individual escrito só pode ser a compensação semanal de jornada.

Atente-se que, com a Reforma Trabalhista, torna-se possível o regime de compensação de jornada estabelecido por acordo individual, tácito ou escrito, para a compensação no mesmo mês.

Em relação ao banco de horas, está previsto no art. 59, da CLT, em seus §§ 2º, 3º e 5º.

O banco de horas tem por fundamento o acordo ou convenção coletiva de trabalho, e a compensação da jornada deverá ser realizada dentro do prazo máximo de um ano, desde que respeitados os limites legais.

Perceba que o banco de horas é vantajoso para o empregador, pois ele, em regra, não terá que arcar com os custos das horas extras prestadas pelo empregado.

Atenção! O banco de horas poderá ser pactuado por acordo individual escrito, desde que a compensação ocorra no período máximo de seis meses.

Na hipótese de rescisão do contrato de trabalho sem que tenha havido a compensação integral da jornada extraordinária, o trabalhador terá direito ao pagamento das horas extras não compensadas, calculadas sobre o valor da remuneração na data da rescisão.

Outro regime de jornada é o de 12 x 36 (doze horas trabalhadas seguidas de trinta e seis horas de descanso), que, apesar de extrapolar o limite máximo das dez horas diárias permitidas, garante ao empregado um tempo de descanso muito superior ao dos demais. Sua validade encontra-se respaldada no art. 59-A, da CLT.

A remuneração mensal pactuada pelo horário previsto no regime de compensação 12 x 36 abrange os pagamentos devidos pelo descanso semanal remunerado e pelo descanso em feriados, e serão considerados compensados os feriados e as prorrogações de trabalho noturno, quando houver, de que tratam o art. 70 e o § 5º, do art. 73, da CLT.

A compensação de jornada denominada "semana espanhola" encontra amparo na Orientação Jurisprudencial 323 do TST. Nela se alterna a prestação de 48 horas em uma semana e de 40 horas em outra. Portanto, o empregado trabalha 48 horas em uma semana e 40 horas na seguinte, e assim sucessivamente, de modo que a média será de 44 horas semanais.

Quanto ao sobreaviso e a prontidão, compreende-se o primeiro como o tempo que o empregado fica em casa aguardando ser chamado a qualquer momento pelo empregador. Já a segunda quer dizer, por seu turno, o tempo que o empregado fica nas dependências da empresa esperando as ordens do empregador.

Ambos encontram-se previstos na CLT, art. 244, no capítulo que trata do trabalho dos ferroviários.

Embora trate dessa categoria específica, esse dispositivo tem sido aplicado aos demais trabalhadores que precisam ficar à disposição do empregador, aguardando as suas ordens, seja em casa ou nas dependências da empresa. Atente-se para a mudança do entendimento do TST, conforme sua Súmula 428, que alterou os meios capazes de caracterizar o sobreaviso do empregado.

9. VEDAÇÃO DA PRORROGAÇÃO DA JORNADA

Veda-se a prorrogação de jornada para os empregados menores de idade, de acordo com o art. 413, da CLT, e para os empregados que não possuem controle de jornada, de acordo com o art. 62, da CLT.

Em 17 de novembro de 2016, o TST decidiu que o empregado que exerce cargo de gestão e não está submetido ao controle de jornada (art. 62, II, CLT) deve ter assegurado o gozo do repouso semanal remunerado e da folga em feriados. De acordo com o tribunal, o objetivo do art. 62, II, CLT é excluir o pagamento de horas extras ao trabalhador ocupante de cargo de confiança, mas isso não retira o direito constitucionalmente assegurado ao repouso semanal remunerado.

10. DESCANSOS TRABALHISTAS

Os descansos trabalhistas constituem gênero do qual são espécies os intervalos, os repousos (remunerados ou não) e as férias.

O intervalo intrajornada é aquele concedido pelo empregador durante a jornada de trabalho. Esse intervalo, em regra, não é computado na jornada como tempo trabalhado pelo empregado. O § 5º, do art. 71, da CLT, foi inserido pela Lei n. 13.103/2015, que dispõe sobre o exercício da profissão de motorista.

Em qualquer trabalho contínuo cuja duração exceda de 6 (seis) horas é obrigatória a concessão de um intervalo para repouso ou alimentação, o qual será, no mínimo, de 1 (uma) hora e, salvo acordo escrito ou contrato coletivo em contrário, não poderá exceder de 2 (duas) horas. Não excedendo de 6 (seis) horas o trabalho, será, entretanto, obrigatório um intervalo de 15 (quinze) minutos quando a duração ultrapassar 4 (quatro) horas.

Atenção! Os intervalos de descanso não serão computados na duração do trabalho. Logo, estamos diante de uma hipótese de suspensão do contrato de trabalho.

A não concessão ou a concessão parcial do intervalo intrajornada mínimo, para repouso e alimentação, a empregados urbanos e rurais, implica o pagamento, de natureza indenizatória, apenas do período suprimido, com acréscimo de 50% (cinquenta por cento) sobre o valor da remuneração da hora normal de trabalho.

A concessão do intervalo para repouso e alimentação é norma de medicina e segurança do trabalho (salvo para fins de flexibilização por norma coletiva, na forma do art. 611-A da CLT) e, por isso, é direito de ordem pública. Como regra, o empregador não pode suprimir unilateral e bilateralmente o período de descanso previsto em lei.

Após a Reforma Trabalhista, a norma coletiva poderá reduzir o intervalo intrajornada para 30 minutos, mesmo que a empresa não possua refeitório.

Há alguns casos que exigem intervalos intrajornada específicos, a saber:

a) art. 396: para amamentar o próprio filho, até que este complete 6 (seis) meses de idade, a mulher terá direito, durante a jornada de trabalho, a 2 (dois) descansos especiais, de meia hora cada um. "§1º Quando o exigir a saúde do filho, o período de 6 (seis) meses poderá ser dilatado, a critério da autoridade competente)".

Os horários dos descansos previstos na letra "a" deverão ser definidos em acordo individual entre a mulher e o empregador.

b) específico para o menor: o intervalo intrajornada do empregado menor de idade está previsto no parágrafo único do art. 413, da CLT.

c) específico para o rural: o intervalo intrajornada do rural está previsto no art. 5º, da Lei n. 5.889/73, e no § 1º, do art. 5º, do Decreto n. 73.626/74 (lembre-se de que este decreto regulamenta a Lei do Rural).

d) específico para os serviços de mecanografia e digitação: previsão no art. 72, da CLT. O TST equiparou os digitadores, para fins de aplicação do art. 72, da CLT, aos prestadores de serviço de mecanografia, ou seja, os digitadores também podem usufruir do intervalo intrajornada de dez minutos a cada período de 90 minutos de trabalho consecutivo.

e) específico para os serviços em frigorífico e em ambiente artificialmente frio: o intervalo intrajornada dos empregados que trabalham em frigorífico está previsto no art. 253 da CLT; já para os que trabalham em ambiente artificialmente frio, a previsão está na Súmula 438 do TST.

f) específico para trabalhadores em minas de subsolo: o intervalo intrajornada específico para os trabalhadores em minas de subsolo está previsto no art. 298, da CLT.

g) específico para os motoristas profissionais: a Lei n. 13.103/2015, que dispõe sobre o exercício da profissão de motorista, alterou a Consolidação das Leis do Trabalho, assegurando ao motorista profissional empregado intervalo mínimo de 1 (uma) hora para refeição, podendo esse período coincidir com o tempo de parada obrigatória na condução do veículo estabelecido pela Lei n. 9.503, de 23 de setembro de 1997 – Código de Trânsito Brasileiro, exceto quando se tratar do motorista profissional enquadrado no § 5º, do art. 71, da CLT.

11. INTERVALOS INTERJORNADAS

Trata-se do descanso a que o trabalhador tem direito entre o final de uma jornada de trabalho e o início de outra, que conforme o art. 66, da CLT, tem que ser de no mínimo 11 horas.

O desrespeito ao intervalo mínimo interjornadas previsto no art. 66, da CLT, acarreta, por analogia, os mesmos efeitos previstos no § 4º, do art. 71, da CLT, e na Súmula 110 do TST, devendo-se pagar apenas do período suprimido, com acréscimo de 50% (cinquenta por cento) sobre o valor da remuneração da hora normal de trabalho, embora existam vozes eruditas em sentido contrário.

12. REPOUSO SEMANAL REMUNERADO E FERIADOS

O repouso semanal remunerado (RSR) é um direito do empregado assegurado constitucionalmente, compreendido como o período semanal de 24 horas consecutivas, preferencialmente os domingos, no qual o empregado descansa sem prejuízo da sua remuneração. Encontra-se respaldado no art. 7º, XV, da CF/88.

A concessão do RSR tem que ser semanal. Sendo assim, a sua concessão em período superior a sete dias viola a norma constitucional, conforme entendimento da OJ 410 da SDI-1 do TST.

Para que o empregado tenha direito ao repouso semanal de forma remunerada, é preciso que durante a semana ele tenha cumprido a jornada de trabalho de modo integral, sem ter faltado ou chegado atrasado de forma injustificada, caso contrário terá direito tão somente ao repouso semanal, mas este não será remunerado, regra esta contida no art. 6º, da Lei n. 605/49.

A não concessão do repouso aos domingos importa a sua compensação em outro dia dentro da semana de trabalho. Contudo, a não concessão importa o seu pagamento em dobro ao empregado, conforme o art. 9º, da Lei n. 605/49, a OJ 410 da SDI-1 do TST e a Súmula 146 do TST.

13. TRABALHO NOTURNO

A proteção da saúde do empregado que labora no período noturno encontra amparo na Constituição e nos mecanismos de proteção estabelecidos pelas leis e pela jurisprudência. A Carta Magna dispõe no art. 7º, IX, o seguinte: "remuneração do trabalho noturno superior à do diurno".

O trabalho noturno do empregado urbano está previsto no art. 73 da CLT, enquanto o do rural encontra previsão na Lei n. 5.889/73. O adicional noturno do advogado tem previsão no Estatuto da OAB.

A CF/88 veda expressamente o trabalho noturno para o empregado menor de 18 anos. No inciso XXXIII, do art. 7º, da CF/88: "proibição de trabalho noturno, perigoso ou insalubre a menores de dezoito e de qualquer trabalho a menores de dezesseis anos, salvo na condição de aprendiz, a partir de quatorze anos".

Para o empregado rural, a lei diferencia o trabalho noturno realizado pelo empregado que trabalha na pecuária do realizado por aquele que trabalha na agricultura, conforme Lei n. 5.889/73, arts. 7º e 8º. Assim, na pecuária será considerado noturno o trabalho de 20h de um dia às 4h do dia seguinte, enquanto na agricultura será de 21h de um dia até as 5h do dia seguinte.

No caso do advogado, o trabalho noturno encontra-se regulado no Estatuto da OAB – Lei n. 8.906/94, art. 20, § 3º: "As horas trabalhadas no período das vinte horas de um dia até as cinco horas do dia seguinte são remuneradas como noturnas, acrescidas do adicional de vinte e cinco por cento".

De acordo com o entendimento da Súmula 60 do TST, o adicional noturno, pago com habitualidade, integra o salário do empregado; se cumprida integralmente a jornada no período noturno e prorrogada esta, devido é também o adicional quanto às horas prorrogadas (exegese do art. 73, § 5º, da CLT).

14. JORNADAS ESPECIAIS DE TRABALHO

- Bancários: a jornada do bancário está regulada nos arts. 224 a 226 da CLT, merecendo destaque a leitura das Súmulas 55, 102, 109, 113, 119, 124, 239 e 287, além da OJ 379 da SDI-1 do TST.

Atenção! No dia 12 de novembro de 2019, foi editada a MP n. 905/2019, que alterou a jornada de trabalho do bancário.

A duração normal do trabalho dos empregados em bancos, em casas bancárias e na Caixa Econômica Federal, para aqueles que operam exclusivamente no caixa, será de até seis horas diárias, perfazendo um total de trinta horas de trabalho por semana, podendo ser pactuada jornada superior, a qualquer tempo, nos termos do disposto no art. 58 da CLT, mediante acordo individual escrito, convenção coletiva ou acordo coletivo de trabalho.

Para os demais empregados em bancos, em casas bancárias e na Caixa Econômica Federal, a jornada somente será considerada extraordinária após a oitava hora trabalhada.

Na hipótese de decisão judicial que afaste a condição de gerente bancário, o valor devido relativo a horas extras e reflexos será integralmente deduzido ou compensado no valor da gratificação de função e reflexos pagos ao empregado.

- Advogados: regulada pelo Estatuto da OAB (Lei n. 8.906/94). Recomenda-se a leitura da OJ 403 da SDI-1 do TST.
- Professor: regulada pelos arts. 318, 319 e 322, da CLT.
- Jornalista: em relação à sua jornada de trabalho, merece destaque a OJ 407 da SDI-1 do TST.
- Engenheiros e médicos: em relação à sua jornada de trabalho, merece destaque a Súmula 370 do TST.

LEGISLAÇÃO CORRELATA

Inicia-se a legislação do presente tópico com o conceito de jornada previsto na CLT:

> "Art. 4º Considera-se como de serviço efetivo o período em que o empregado esteja à disposição do empregador, aguardando ou executando ordens, salvo disposição especial expressamente consignada.
>
> § 1º Computar-se-ão, na contagem de tempo de serviço, para efeito de indenização e estabilidade, os períodos em que o empregado estiver afastado do trabalho prestando serviço militar e por motivo de acidente do trabalho.
>
> § 2º Por não se considerar tempo à disposição do empregador, não será computado como período extraordinário o que exceder a jornada normal, ainda que ultrapasse o limite de cinco minutos previsto no § 1º do art. 58 desta Consolidação, quando o empregado, por escolha própria, buscar proteção pessoal, em caso de insegurança nas vias públicas ou más condições climáticas, bem como adentrar ou permanecer nas dependências da empresa para exercer atividades particulares, entre outras:
>
> I – práticas religiosas;

II – descanso;

III – lazer;

IV – estudo;

V – alimentação;

VI – atividades de relacionamento social;

VII – higiene pessoal;

VIII – troca de roupa ou uniforme, quando não houver obrigatoriedade de realizar a troca na empresa".

A CLT seguiu os preceitos constitucionais e, em seu art. 58, fixou como regra o limite máximo da jornada diária do empregado em 8 horas.

"Art. 58. A duração normal do trabalho, para os empregados em qualquer atividade privada, não excederá de 8 (oito) horas diárias, desde que não seja fixado expressamente outro limite.

§ 1º Não serão descontadas nem computadas como jornada extraordinária as variações de horário no registro de ponto não excedentes de cinco minutos, observado o limite máximo de dez minutos diários.

§ 2º O tempo despendido pelo empregado desde a sua residência até a efetiva ocupação do posto de trabalho e para o seu retorno, caminhando ou por qualquer meio de transporte, inclusive o fornecido pelo empregador, não será computado na jornada de trabalho, por não ser tempo à disposição do empregador."

No que tange às jornadas especiais, especialmente a relacionada ao turno ininterrupto de revezamento, chama-se a atenção de algumas orientações jurisprudenciais, *in verbis*:

OJ 395 da SDI-1 do TST. "TURNO ININTERRUPTO DE REVEZAMENTO. HORA NOTURNA REDUZIDA. INCIDÊNCIA. (*DEJT* divulgado em 9, 10 e 1-6-2010). O trabalho em regime de turnos ininterruptos de revezamento não retira o direito à hora noturna reduzida, não havendo incompatibilidade entre as disposições contidas nos arts. 73, § 1º, da CLT e 7º, XIV, da Constituição Federal."

OJ 396 da SDI-1. "TURNOS ININTERRUPTOS DE REVEZAMENTO. ALTERAÇÃO DA JORNADA DE 8 PARA 6 HORAS DIÁRIAS. EMPREGADO HORISTA. APLICAÇÃO DO DIVISOR 180. (*DEJT* divulgado em 9, 10 e 11-6-2010). Para o cálculo do salário hora do empregado horista, submetido a turnos ininterruptos de revezamento, considerando a alteração da jornada de 8 para 6 horas diárias, aplica-se o divisor 180, em observância ao disposto no art. 7º, VI, da Constituição Federal, que assegura a irredutibilidade salarial."

OJ 274 da SDI-1 do TST. "TURNO ININTERRUPTO DE REVEZAMENTO. FERROVIÁRIO. HORAS EXTRAS. DEVIDAS (inserida em 27-9-2002).

O ferroviário submetido a escalas variadas, com alternância de turnos, faz jus à jornada especial prevista no art. 7º, XIV, da CF/1988."

OJ 275 da SDI-1 do TST. "TURNO ININTERRUPTO DE REVEZAMENTO. HORISTA. HORAS EXTRAS E ADICIONAL. DEVIDOS (inserida em 27-9-2002). Inexistindo instrumento coletivo fixando jornada diversa, o empregado horista submetido a turno ininterrupto de revezamento faz jus ao pagamento das horas extraordinárias laboradas além da 6ª, bem como ao respectivo adicional."

OJ 420 da SDI-1 do TST. "TURNOS ININTERRUPTOS DE REVEZAMENTO. ELASTECIMENTO DA JORNADA DE TRABALHO. NORMA COLETIVA COM EFICÁCIA RETROATIVA. INVALIDADE. (*DEJT* divulgado em 28 e 29-6-2012 e 2-7-2012) É inválido o instrumento normativo que, regularizando situações pretéritas, estabelece jornada de oito horas para o trabalho em turnos ininterruptos de revezamento."

O trabalho em regime de tempo parcial está conceituado na CLT:

"Art. 58-A. Considera-se trabalho em regime de tempo parcial aquele cuja duração não exceda a trinta horas semanais, sem a possibilidade de horas suplementares semanais, ou, ainda, aquele cuja duração não exceda a vinte e seis horas semanais, com a possibilidade de acréscimo de até seis horas suplementares semanais.

§ 1º O salário a ser pago aos empregados sob o regime de tempo parcial será proporcional à sua jornada, em relação aos empregados que cumprem, nas mesmas funções, tempo integral.

§ 2º Para os atuais empregados, a adoção do regime de tempo parcial será feita mediante opção manifestada perante a empresa, na forma prevista em instrumento decorrente de negociação coletiva.

§ 3º As horas suplementares à duração do trabalho semanal normal serão pagas com o acréscimo de 50% (cinquenta por cento) sobre o salário-hora normal.

§ 4º Na hipótese de o contrato de trabalho em regime de tempo parcial ser estabelecido em número inferior a vinte e seis horas semanais, as horas suplementares a este quantitativo serão consideradas horas extras para fins do pagamento estipulado no § 3º, estando também limitadas a seis horas suplementares semanais.

§ 5º As horas suplementares da jornada de trabalho normal poderão ser compensadas diretamente até a semana imediatamente posterior à da sua execução, devendo ser feita a sua quitação na folha de pagamento do mês subsequente, caso não sejam compensadas.

§ 6º É facultado ao empregado contratado sob regime de tempo parcial converter um terço do período de férias a que tiver direito em abono pecuniário.

§ 7º As férias do regime de tempo parcial são regidas pelo disposto no art. 130 desta Consolidação". (NR)

A integração das horas extras prestadas com habitualidade ao salário do empregado é entendimento já há muito tempo consolidado pelo TST, como poderemos ver em alguns dos enunciados a seguir elencados:

Súmula 376. "HORAS EXTRAS. LIMITAÇÃO. ART. 59 DA CLT. REFLEXOS. (...)
II – O valor das horas extras habitualmente prestadas integra o cálculo dos haveres trabalhistas, independentemente da limitação prevista no *caput* do art. 59 da CLT."

Súmula 24. "SERVIÇO EXTRAORDINÁRIO (mantida). Resolução n. 121/2003, *DJ* de 19, 20 e 21-11-2003. Insere-se no cálculo da indenização por antiguidade o salário relativo a serviço extraordinário, desde que habitualmente prestado."

Súmula 45. "SERVIÇO SUPLEMENTAR (mantida). Resolução n. 121/2003, *DJ* de 19, 20 e 21-11-2003. A remuneração do serviço suplementar, habitualmente prestado, integra o cálculo da gratificação natalina prevista na Lei n. 4.090, de 13-7-1962."

Súmula 63. "FUNDO DE GARANTIA (mantida). Resolução n. 121/2003, *DJ* de 19, 20 e 21-11-2003. A contribuição para o Fundo de Garantia do Tempo de Serviço incide sobre a remuneração mensal devida ao empregado, inclusive horas extras e adicionais eventuais."

Súmula 115. "HORAS EXTRAS. GRATIFICAÇÕES SEMESTRAIS (nova redação). Resolução n. 121/2003, *DJ* de 19, 20 e 21-11-2003. O valor das horas extras habituais integra a remuneração do trabalhador para o cálculo das gratificações semestrais."

Súmula 172. "REPOUSO REMUNERADO. HORAS EXTRAS. CÁLCULO (mantida). Resolução n. 121/2003, *DJ* de 19, 20 e 21-11-2003. Computam-se no cálculo do repouso remunerado as horas extras habitualmente prestadas."

No que tange ao Repouso Semanal Remunerado (RSR), chama a atenção a imensidade de textos normativos.

Art. 6º, Lei n. 605/49. "Não será devida a remuneração quando, sem motivo justificado, o empregado não tiver trabalhado durante toda a semana anterior, cumprindo integralmente o seu horário de trabalho.
§ 1º São motivos justificados:
a) os previstos no art. 473 e seu parágrafo único da Consolidação das Leis do Trabalho;

b) a ausência do empregado devidamente justificada, a critério da administração do estabelecimento;

c) a paralisação do serviço nos dias em que, por conveniência do empregador, não tenha havido trabalho;

d) a ausência do empregado, até três dias consecutivos, em virtude do seu casamento;

e) a falta ao serviço com fundamento na lei sobre acidente do trabalho;

f) a doença do empregado, devidamente comprovada."

Súmula 27 do TST. "COMISSIONISTA (mantida). Resolução n. 121/2003, *DJ* 19, 20 e 21-11-2003. É devida a remuneração do repouso semanal e dos dias feriados ao empregado comissionista, ainda que pracista."

Do valor da remuneração:

Art. 7º, Lei n. 605/49. "A remuneração do repouso semanal corresponderá:

a) para os que trabalham por dia, semana, quinzena ou mês, à de um dia de serviço, computadas as horas extraordinárias habitualmente prestadas;

b) para os que trabalham por hora, à sua jornada norma de trabalho, computadas as horas extraordinárias habitualmente prestadas;

c) para os que trabalham por tarefa ou peça, o equivalente ao salário correspondente às tarefas ou peças feitas durante a semana, no horário normal de trabalho, dividido pelos dias de serviço efetivamente prestados ao empregador;

d) para o empregado em domicílio, o equivalente ao quociente da divisão por 6 (seis) da importância total da sua produção na semana.

§ 1º Os empregados cujos salários não sofram descontos por motivo de feriados civis ou religiosos são considerados já remunerados nesses mesmos dias de repouso, conquanto tenham direito à remuneração dominical.

§ 2º Consideram-se já remunerados os dias de repouso semanal do empregado mensalista ou quinzenalista cujo cálculo de salário mensal ou quinzenal, ou cujos descontos por falta sejam efetuados na base do número de dias do mês ou de 30 (trinta) e 15 (quinze) diárias, respectivamente."

Súmula 172 do TST. "REPOUSO REMUNERADO. HORAS EXTRAS. CÁLCULO (mantida). Resolução n. 121/2003, *DJ* de 19, 20 e 21-11-2003. Computam-se no cálculo do repouso remunerado as horas extras habitualmente prestadas."

Súmula 351 do TST. "PROFESSOR. REPOUSO SEMANAL REMUNERADO. ART. 7º, § 2º, DA LEI N. 605, DE 5-1-1949 E ART. 320 DA CLT (mantida). Resolução n. 121/2003, *DJ* de 19, 20 e 21-11-2003. O professor que recebe salário mensal à base de hora-aula tem direito ao acréscimo de 1/6 a título de repouso semanal remunerado, considerando-se para esse fim o mês de quatro semanas e meia."

Súmula 225 do TST. "REPOUSO SEMANAL. CÁLCULO. GRATIFICA-ÇÕES POR TEMPO DE SERVIÇO E PRODUTIVIDADE (mantida). Resolução n. 121/2003, *DJ* de 19, 20 e 21-11-2003. As gratificações por tempo de serviço e produtividade, pagas mensalmente, não repercutem no cálculo do repouso semanal remunerado."

Súmula 354 do TST. "GORJETAS. NATUREZA JURÍDICA. REPERCUS-SÕES (mantida). Resolução n. 121/2003, *DJ* de 19, 20 e 21-11-2003. As gorje-tas, cobradas pelo empregador na nota de serviço ou oferecidas espontanea-mente pelos clientes, integram a remuneração do empregado, não servindo de base de cálculo para as parcelas de aviso-prévio, adicional noturno, horas extras e repouso semanal remunerado."

OJ 103 da SDI-1 do TST. "ADICIONAL DE INSALUBRIDADE. REPOUSO SEMANAL E FERIADOS (nova redação) – *DJ* de 20-4-2005. O adicional de insalubridade já remunera os dias de repouso semanal e feriados."

Quanto ao trabalho noturno para o empregado urbano:

Art. 73 da CLT. "Salvo nos casos de revezamento semanal ou quinzenal, o trabalho noturno terá remuneração superior a do diurno e, para esse efeito, sua remuneração terá um acréscimo de 20 % (vinte por cento), pelo menos, sobre a hora diurna.

§ 1º A hora do trabalho noturno será computada como de 52 minutos e 30 segundos.

§ 2º Considera-se noturno, para os efeitos deste artigo, o trabalho execu-tado entre as 22 horas de um dia e as 5 horas do dia seguinte.

§ 3º O acréscimo, a que se refere o presente artigo, em se tratando de empresas que não mantêm, pela natureza de suas atividades, trabalho notur-no habitual, será feito, tendo em vista os quantitativos pagos por trabalhos diurnos de natureza semelhante. Em relação às empresas cujo trabalho no-turno decorra da natureza de suas atividades, o aumento será calculado sobre o salário mínimo geral vigente na região, não sendo devido quando exceder desse limite, já acrescido da percentagem.

§ 4º Nos horários mistos, assim entendidos os que abrangem períodos diurnos e noturnos, aplica-se às horas de trabalho noturno o disposto neste artigo e seus parágrafos.

§ 5º Às prorrogações do trabalho noturno aplica-se o disposto neste capítulo."

Súmula 213 do STF. "ADICIONAL DE SERVIÇO NOTURNO – REGIME DE REVEZAMENTO. É devido o adicional de serviço noturno, ainda que sujeito o empregado ao regime de revezamento."

Súmula 214 do STF. "DURAÇÃO LEGAL DA HORA DE SERVIÇO NO-TURNO – VANTAGEM SUPLEMENTAR – SALÁRIO ADICIONAL. A duração legal da hora de serviço noturno (52 minutos e 30 segundos) constitui vantagem suplementar, que não dispensa o salário adicional."

Súmula 65 do TST. "VIGIA (mantida). Resolução n. 121/2003, *DJ* de 19, 20 e 21-11-2003. O direito à hora reduzida de 52 minutos e 30 segundos aplica-se ao vigia noturno."

Súmula 140 do TST. "VIGIA (mantida). Resolução n. 121/2003, *DJ* de 19, 20 e 21-11-2003. É assegurado ao vigia sujeito ao trabalho noturno o direito ao respectivo adicional."

OJ 395 da SDI-1 do TST. "TURNO ININTERRUPTO DE REVEZAMENTO. HORA NOTURNA REDUZIDA. INCIDÊNCIA. (*DEJT* divulgado em 9, 10 e 11-6-2010.) O trabalho em regime de turnos ininterruptos de revezamento não retira o direito à hora noturna reduzida, não havendo incompatibilidade entre as disposições contidas nos arts. 73, § 1º, da CLT, e 7º, XIV, da Constituição Federal."

OJ 388 da SDI-1 do TST. "JORNADA 12 X 36. JORNADA MISTA QUE COMPREENDA A TOTALIDADE DO PERÍODO NOTURNO. ADICIONAL NOTURNO. DEVIDO. (*DEJT* divulgado em 9, 10 e 11-6-2010.) O empregado submetido à jornada de 12 horas de trabalho por 36 de descanso, que compreenda a totalidade do período noturno, tem direito ao adicional noturno, relativo às horas trabalhadas após as 5 horas da manhã."

ENTENDIMENTO DOUTRINÁRIO

Henrique Correia (2016, p. 373) dispõe sobre a importância da jornada de trabalho na garantia dos direitos fundamentais: "A limitação da jornada de trabalho é uma das maiores vitórias conquistadas pelos empregados. Atualmente, a duração máxima é limitada a 8 horas diárias e 44 horas semanais, tanto aos homens quanto às mulheres. Esse limite, chamado de 'jornada normal', é previsto no art. 72, XIII, da Constituição Federal".

A doutora Vólia Bomfim Cassar (2015, p. 613) vai além, afirmando a importância do controle de jornada em questão: "As regras de medicina e segurança do trabalho envolvem os períodos de trabalho, os de descanso e as condições de trabalho. São normas imperativas que estabelecem direitos de ordem pública, impedindo as partes de renunciar, transacionar ou dispor de qualquer benesse que a lei tenha concedido ao empregado. A limitação do tempo de duração do trabalho tem como fundamento três aspectos importantes: biológicos, sociais e econômicos".

JURISPRUDÊNCIA

"RECURSO DE REVISTA. HORAS EXTRAS – ACORDO DE COMPENSAÇÃO DE JORNADA. A prestação de horas extras habituais descaracteriza o acordo de compensação de jornada (Súmula/TST n. 85, IV, primeira parte). Recurso de revista não conhecido" (TST – RR n. 175-98.2011.509.0594, Relator: Renato de Lacerda Paiva, Data de Julgamento: 9-9-2015, 2ª Turma, Data de Publicação: *DEJT* de 18-9-2015).

"BANCÁRIO. GERENTE-GERAL. TEMPO DESPENDIDO NA REALIZAÇÃO DE CURSOS PELA INTERNET E À DISTÂNCIA, FORA DO HORÁRIO DE TRABALHO. HORAS EXTRAS. INDEFERIMENTO. Os cursos realizados por exigência do empregador, via internet e à distância, fora do horário de trabalho, por empregado gerente-geral de agência bancária, não ensejam o pagamento de horas extras, porquanto o trabalhador que se enquadra no art. 62, II, da CLT não tem direito a qualquer parcela regida pelo capítulo 'Da Duração do Trabalho'. Com esse entendimento, a SBDI-I, por maioria, conheceu dos embargos, por contrariedade à Súmula 287 do TST, e, no mérito, deulhes provimento para excluir da condenação o pagamento das horas extras decorrentes da realização de cursos desempenhados via internet e à distância, fora do horário de trabalho. Vencidos os Ministros Lelio Bentes Corrêa, relator, Luiz Philippe Vieira de Mello Filho, Augusto César Leite de Carvalho, José Roberto Freire Pimenta e Delaíde Miranda Arantes" (TST-ERR-82700-69.2006.5.04.0007, SBDI-I, Relator Ministro: Lelio Bentes Corrêa, red. p/ acórdão Min. João Oreste Dalazen, 20-9-2012 – *Informativo* n. 22 do TST).

"CARGO DE CONFIANÇA. ART. 62, II, DA CLT. REPOUSO SEMANAL REMUNERADO E FERIADOS. NÃO CONCESSÃO. PAGAMENTO EM DOBRO. INCIDÊNCIA DA SÚMULA 146 DO TST. O empregado exercente de cargo de gestão, inserido no art. 62, II, da CLT, tem direito ao gozo do repouso semanal e à folga referente aos feriados com a remuneração correspondente. Assim, caso não usufrua esse direito ou não tenha a oportunidade de compensar a folga na semana seguinte, o empregador deve pagar, em dobro, a remuneração dos dias laborados, nos termos da Súmula 146 do TST. O objetivo do art. 62, II, da CLT é excluir a obrigação de o empregador remunerar, como extraordinário, o trabalho prestado pelos ocupantes de cargo de confiança, mas isso não retira do empregado o direito constitucionalmente assegurado ao repouso semanal remunerado, previsto no art. 7º, XV, da CF. Sob esse entendimento, a SBDI-I, por unanimidade, conheceu do recurso de embargos, por divergência jurisprudencial, e, no mérito, negou-lhe provimento" (TST-E-RR3453300-61.2008.5.09.0013, SBDI-I, Relator Ministro: José Roberto Freire Pimenta, 17-11-2016 – *Informativo* n. 149 do TST).

"*HORAS IN ITINERE*. LOCAL DE TRABALHO NÃO SERVIDO POR TRANSPORTE PÚBLICO REGULAR. AUTOMÓVEL FORNECIDO PELA EMPRESA PARA QUE O EMPREGADO REALIZE SEU PRÓPRIO DESLOCAMENTO. SITUAÇÃO DIVERSA DA PREVISTA NO ITEM I DA SÚMULA

90 DO TST. PAGAMENTO INDEVIDO. Na hipótese em que o empregado, exercente do cargo de supervisor, tem à sua disposição veículo exclusivo, fornecido pela empresa, para que efetue seu próprio deslocamento até o local de trabalho não servido por transporte público regular, não há falar em direito a horas in itinere. Tal situação não se insere na expressão "condução fornecida pela empregador", a que se refere o item I da Súmula 90 do TST, que pressupõe a condução do empregado pela própria empresa ou por alguém por ela contratado e, consequentemente, a sujeição a horários mais rígidos e mais prolongados, que vão além daqueles efetivamente despendidos no serviço. Aplica-se, no caso, a regra geral do art. 58, § 2º, da CLT (na redação anterior à Lei n. 13.467/2017), que exclui da jornada de trabalho as horas de percurso. Sob esse entendimento, a SBDI-I, por unanimidade, conheceu dos embargos, por divergência jurisprudencial, e, no mérito, por maioria, deu-lhes provimento para restabelecer o acórdão do Tribunal Regional. Vencidos os Ministros José Roberto Freire Pimenta, Augusto César Leite de Carvalho, Hugo Carlos Scheuermann e Cláudio Mascarenhas Brandão" (TST-E--ARR-766-85.2013.5.18.0191, SBDI-I, Relator Ministro: Márcio Eurico Vitral Amaro, 8-11-2018 – *Informativo* n. 186 do TST).

"TURNOS ININTERRUPTOS DE REVEZAMENTO. NORMA COLETIVA. EXTENSÃO DA JORNADA PARA ALÉM DA OITAVA HORA. ADOÇÃO DE REGIME DE COMPENSAÇÃO SEMANAL. INVALIDADE. ART. 7º, XIV, DA CF E SÚMULA 423 DO TST. Nos termos do art. 7º, XIV, da CF e da Súmula 423 do TST, não é válida cláusula de instrumento normativo que estipula jornada superior a oito horas em turnos ininterruptos de revezamento, ainda que a extrapolação do limite diário decorra da adoção de regime de compensação semanal, com vistas à supressão da realização de trabalho aos sábados. Na hipótese, não se admite a majoração da jornada para além da oitava hora, pois a alternância de jornadas diurnas e noturnas a que submetidos os empregados em turnos ininterruptos de revezamento é particularmente gravosa, causando-lhes prejuízos à saúde, à vida social e à organização de atividades extraprofissionais. Com base nesse entendimento, a SBDI-I, por unanimidade, conheceu dos embargos, por contrariedade à Súmula 423 do TST, e, no mérito, por maioria, deu-lhes provimento para, reconhecendo a invalidade da cláusula coletiva que prevê jornada superior ao limite de oito horas fixado, condenar a reclamada ao pagamento das horas laboradas além da sexta diária (art. 7º, XIV, da CF), ficando restabelecida a sentença quanto à forma de apuração das referidas horas. Vencidos os Ministros Dora Maria da Costa, Brito Pereira, Renato de Lacerda Paiva e Aloysio Corrêa da Veiga" (TST-EED-ARR-483-91.2010.5.03.0027, SBDI-I, Relator Ministro: Alberto Luiz Bresciani de Fontan Pereira, 11-4-2013 – *Informativo* n. 42 do TST).

"REGIME 12X36 E TURNOS ININTERRUPTOS DE REVEZAMENTO. ALTERNÂNCIA. INVALIDADE DA NORMA COLETIVA. CONTRARIEDADE

À SÚMULA 423 DO TST. HORAS EXTRAS. DEVIDAS. Conforme disciplina a Súmula 423 do TST, a prorrogação da jornada em turnos ininterruptos de revezamento somente é possível até o limite de oito horas diárias. Assim sendo, contraria o referido verbete a decisão que considera válidos os instrumentos coletivos que, alternando o regime de 12x36 com os turnos ininterruptos de revezamento, estabeleceram escala de 4 tempos, com jornada de 7h às 19h em dois dias da semana, 19h às 7h, em dois dias, folgando o empregado, além do dia no qual deixou o trabalho, mais 3 dias. Com base nessas premissas, a SBDI-I, à unanimidade, conheceu do recurso de embargos do reclamante, por contrariedade à Súmula 423 do TST, e, no mérito, deu-lhe provimento para julgar procedente o pedido de condenação em horas extraordinárias e reflexos a partir da 9ª hora laborada" (TST-E-ED-RR-174500-06.2009.5.03.0007, SBDI-I, Relator Ministro: Augusto César Leite de Carvalho, 18-9-2014 – *Informativo* n. 90 do TST).

"TURNO ININTERRUPTO DE REVEZAMENTO. ALTERAÇÃO PARA TURNO FIXO. RETALIAÇÃO POR NEGOCIAÇÃO COLETIVA FRUSTRADA. ABUSO DO JUS VARIANDI DO EMPREGADOR. A alteração do turno ininterrupto de revezamento para turno fixo de oito horas, em tese, é benéfica aos empregados, pois a alternância entre turnos diurnos e noturnos é notoriamente gravosa à saúde e à vida social. Entretanto, a referida modificação é inválida e configura abuso do jus variandi do empregador quando levada a efeito unilateralmente, sem a observância dos princípios da isonomia e da proporcionalidade, e com o fim de retaliar os empregados em razão da não aceitação da proposta de prorrogação do acordo coletivo autorizando o trabalho em turnos ininterruptos de oito horas. Com esse entendimento, a SBDI-I, por maioria, vencidos os Ministros Maria de Assis Calsing, relatora, Augusto César Leite de Carvalho, Ives Gandra Martins Filho, Lelio Bentes Corrêa e Aloysio Corrêa da Veiga, conheceu dos embargos da reclamada, por divergência jurisprudencial, e, no mérito, ainda por maioria, negou-lhes provimento, mantendo a decisão do Regional que determinou o retorno dos empregados ao sistema de turnos ininterruptos de seis horas, ante a falta de negociação coletiva para a prorrogação da jornada. Vencidos os Ministros Brito Pereira, João Oreste Dalazen, Ives Gandra da Silva Martins Filho e Renato de Lacerda Paiva" (TST-E-ED-RR34700-84.2004.5.03.0088, SBDI-I, Relatora Ministra: Maria de Assis Calsing, 29-8-2013 – *Informativo* n. 57 do TST).

"JORNADA MISTA. TRABALHO PRESTADO MAJORITARIAMENTE À NOITE. ADICIONAL NOTURNO. SÚMULA 60, II, DO TST. Na hipótese de jornada mista, iniciada pouco após às 22h, mas preponderantemente trabalhada à noite (das 23:10h às 07:10h do dia seguinte), é devido o adicional noturno quanto às horas que se seguem no período diurno, aplicando-se o entendimento da Súmula 60, II, do TST. Assim, a SBDI-I, por unanimidade, conheceu dos embargos por divergência jurisprudencial e, no mérito, negou-lhes provimento. No caso, ressaltou-se que a interpretação a ser dada ao item II da Súmula 60 do TST não pode estimular o empregador a adotar jornada que se inicia pouco depois das 22h com o propósito de desvirtuar o preceito. Ademais, a exegese do art. 73, §§ 3º e 4º, da CLT, à luz dos princípios da proteção ao trabalhador e da dignidade da pessoa humana, permite concluir que, para garantir a higidez física e mental do trabalhador, o adicional noturno deve incidir sobre o labor executado durante o dia em continuidade àquele majoritariamente prestado à noite" (TST-E-RR-154- 04.2010.5.03.0149, SBDI-I, Relator Ministro: Augusto César Leite de Carvalho, 4-10-2012 – *Informativo* n. 24 do TST).

"INTERVALO INTRAJORNADA DE 15 MINUTOS. CONCESSÃO AO FINAL DA JORNADA. PREVISÃO EM INSTRUMENTO COLETIVO. INVALIDADE. ART. 71, § 1º, DA CLT. NORMA COGENTE. É inválida cláusula de instrumento coletivo que prevê a concessão do intervalo intrajornada de 15 minutos apenas ao final da jornada, antecipando o seu final e permitindo ao empregado chegar mais cedo em casa. A previsão contida no § 1º do art. 71 da CLT é norma cogente que tutela a higiene, a saúde e a segurança do trabalho, insuscetível, portanto, à negociação. Ademais, a concessão do intervalo apenas ao final da jornada não atende à finalidade da norma, que é a de reparar o desgaste físico e intelectual do trabalhador durante a prestação de serviços, sobretudo quando se trata de atividade extenuante, como a executada pelos trabalhadores portuários. Com esse entendimento, a SBDI-I, por unanimidade, conheceu dos embargos, por divergência jurisprudencial, e, no mérito, por maioria, negou-lhes provimento, confirmando a decisão do Regional que condenou o reclamado ao pagamento de 15 minutos diários, como extras, referentes ao intervalo intrajornada não usufruído, com os reflexos postulados. Vencidos os Ministros Aloysio Corrêa da Veiga, Ives Gandra Martins Filho e Maria Cristina Irigoyen Peduzzi" (TST-ERR-126-56.2011.5.04.0122, SBDII, rel. Augusto César Leite de Carvalho, 14-2-2013 – *Informativo* n. 36 do TST).

"INTERVALO INTRAJORNADA. REDUÇÃO. AUTORIZAÇÃO DO MINISTÉRIO DO TRABALHO. HORAS EXTRAS PRESTADAS SEM HABITUALIDADE. PAGAMENTO DAS HORAS EXTRAORDINÁRIAS DECORRENTES DA REDUÇÃO DO INTERVALO INTRAJORNADA RESTRITO AOS DIAS EM QUE HOUVE EFETIVO TRABALHO EM SOBREJORNADA. Não se admite a redução do intervalo intrajornada nos dias em que concomitantemente houver prestação de horas extras, ainda que presente a autorização do Ministério do Trabalho a que se refere o art. 71, § 3º, da CLT. Na hipótese, registrou-se que além de a empresa ter autorização para reduzir o intervalo intrajornada,

Duração do trabalho   151

o empregado não estava submetido a regime de trabalho prorrogado a horas suplementares, mas apenas prestava horas extras de forma esporádica. Assim, a SBDI-I, por unanimidade, conheceu dos embargos por divergência jurisprudencial, e, no mérito, por maioria, deu-lhes provimento parcial para limitar o pagamento das horas extras decorrentes da redução do intervalo intrajornada, no período em que havia autorização do Ministério do Trabalho, aos dias em que efetivamente houve prestação de horas extras. Vencidos parcialmente os Ministros Aloysio Corrêa da Veiga e Maria Cristina Irigoyen Peduzzi" (TST-E--RR-168000-85.2009.5.02.0027, SBDI-I, Relator Ministro: Renato de Lacerda Paiva, 24-5-2018 – *Informativo* n. 179 do TST).

QUESTÕES COMENTADAS

01 (Procurador Municipal – Prefeitura de Boa Vista – RR – CESPE – 2019) João, de dezoito anos de idade, foi contratado como frentista em um posto de gasolina localizado em Boa Vista – RR. O contrato de trabalho foi firmado em regime de tempo parcial para uma jornada de vinte e cinco horas semanais.

Considerando essa situação hipotética, julgue o item seguinte de acordo com a Constituição Federal de 1988 e a CLT.

Como o contrato de trabalho de João foi firmado em regime de tempo parcial, é viável aumentar sua carga de trabalho em até seis horas suplementares semanais, mas, nessa hipótese, as horas suplementares deverão ser remuneradas com o acréscimo de trinta por cento sobre o salário-hora normal.

( ) **Certo**   ( ) **Errado**

RESPOSTA Errada. Fundamento legal: Art. 58-A, § 3º, da CLT – "As horas suplementares à duração do trabalho semanal normal serão pagas com o acréscimo de 50% (cinquenta por cento) sobre o salário-hora normal."

---

02 (Técnico Judiciário – Área Administrativa – TRT – 1ª REGIÃO/RJ – FCC – 2013) A duração do intervalo para repouso e alimentação é de, no mínimo:

   (A) uma hora e no máximo duas horas, para jornadas de trabalho superiores a seis horas;
   (B) uma hora e no máximo duas horas, para jornadas de trabalho superiores a quatro horas e até seis horas;
   (C) quinze minutos e no máximo uma hora, para jornadas de trabalho superiores a quatro horas e até seis horas;
   (D) quinze minutos para jornadas de até quatro horas;
   (E) uma hora, para qualquer jornada de trabalho.

RESPOSTA Conforme o art. 71 da CLT, em qualquer trabalho contínuo, cuja duração exceda 6 (seis) horas, é obrigatória a concessão de um intervalo para repouso ou alimentação, o qual será, no mínimo, de 1 (uma) hora e, salvo acordo escrito ou contrato coletivo em contrário, não poderá exceder 2 (duas) horas. *Alternativa A.*

DIREITO E PROCESSO DO TRABALHO

03 (Técnico Judiciário – Área Administrativa – TRT – 8ª Região/PA e AP – CESPE – 2013) No que se refere à duração do trabalho do menor, assinale a opção correta.

(A) Após cada período de trabalho efetivo, quer contínuo, quer dividido em dois turnos, terá de haver um intervalo de repouso de, no mínimo, oito horas.

(B) Após cada período de trabalho efetivo, quer contínuo, quer dividido em dois turnos, terá de haver um intervalo de repouso não inferior a onze horas.

(C) Excepcionalmente, é possível a prorrogação do trabalho do menor até o máximo de doze horas, sendo necessário apenas que o menor externe sua vontade por documento público.

(D) Não existe nenhuma possibilidade de prorrogação da jornada de trabalho do menor além de oito horas diárias, pois a lei limita essa jornada a oito horas.

(E) Somente é possível a prorrogação do trabalho do menor, até o máximo de doze horas, na hipótese de contrato em empresa familiar.

RESPOSTA Conforme o art. 412, da CLT, após cada período de trabalho efetivo, quer contínuo, quer dividido em 2 (dois) turnos, haverá um intervalo de repouso, não inferior a 11(onze) horas. *Alternativa B.*

---

04 (Especialista em Gestão de Telecomunicações – Psicologia – Telebras – CESPE – 2013) Quando os trabalhadores não comparecem ao trabalho, a frequência ou duração do tempo perdido é denomina-da ausentismo.

( ) Certo   ( ) Errado

RESPOSTA Referida questão se apresentou de forma absolutamente polêmica, sendo certo que a banca considerou que "absenteísmo ou ausentismo" é uma expressão utilizada para designar a falta do empregado ao trabalho, o que resulta em queda da produtividade das instituições e, consequentemente, maior custo para a empresa. *Alternativa Errada.*

---

05 (Analista – Direito – MPU – CESPE – 2013) (questão adaptada de acordo com a Reforma Traba-lhista) Julgue o item abaixo, acerca da duração da jornada de trabalho e sua compensação.

O sistema de banco de horas somente poderá ser implantado na empresa por meio de instrumento co-letivo de trabalho.

( ) Certo   ( ) Errado

RESPOSTA O banco de horas, em que poderá haver compensação de até 1 ano, só é possível pela via do instrumento coletivo (art. 59, § 2º, da CLT). Com o advento da Reforma Traba-lhista, inserida em nosso ordenamento pela Lei n. 13.467/2017, autoriza o banco de horas por acordo individual escrito, desde que a compensação ocorra no período máximo de seis meses. *Alternativa Errada.*

PARA GABARITAR

Quando concedido junto ao repouso semanal, o intervalo interjornada deverá ser a ele somado, caso contrário o empregador deverá pagar as horas suprimidas ao empregado como sendo horas extras prestadas.

PARA MEMORIZAR

Sobreaviso	Prontidão
Empregado fica em casa	Empregado fica no trabalho
Máximo de 24 horas	Máximo de 12 horas
1/3 do salário-hora	2/3 do salário-hora

CAPÍTULO 12 Segurança e medicina do trabalho

1. CONCEITOS

A segurança e a medicina do trabalho são segmentos importantes, de caráter científico, relacionados ao Direito do Trabalho, cujo escopo é estabelecer medidas protetivas à segurança e à saúde do empregado, asseguradas na Carta Magna Nacional, conforme art. 7º, XXII.

Embora se encontre inserido no Direito do Trabalho, apresenta alcance multidisciplinar, abrangendo várias áreas do conhecimento: o Direito Constitucional, o Direito Ambiental, o Direito Previdenciário, e também ciências como a medicina, a engenharia e a psiquiatria, entre outras.

Portanto, nota-se que o meio ambiente do trabalho sadio é Direito Fundamental do trabalhador.

Os deveres do empregador encontram-se elencados no art. 157, da CLT, destacando-se a necessidade de cumprimento e efetividade das normas de segurança e medicina do trabalho; instrução aos empregados, por meio de ordens de serviço, quanto às precauções a tomar no sentido de evitar acidentes do trabalho ou doenças ocupacionais; adoção das medidas que lhes sejam determinadas pelo órgão regional competente; facilitação no exercício da fiscalização pela autoridade competente.

Quanto aos deveres do empregado, de acordo com o art. 158, da CLT, devem eles observar as normas de segurança e medicina do trabalho, inclusive as instruções de que trata o item II do artigo anterior; colaborar com a empresa na aplicação das regras de segurança e medicina; observar as instruções expedidas pelo empregador na forma do item II do artigo anterior; e fazer o uso dos equipamentos de proteção individual fornecidos pela empresa.

Portanto, uma vez que o empregado se recusar a seguir um procedimento de segurança estipulado pela empresa para o uso de uma determinada máquina, por exemplo, ou se ele se negar a utilizar o equipamento de proteção individual fornecido pelo empregador, poderá ser dispensado por falta grave.

2. COMISSÃO INTERNA DE PREVENÇÃO DE ACIDENTES (CIPA)

A CIPA tem como objetivo a prevenção de acidentes e doenças decorrentes do trabalho, e, por consequência, aponta medidas que previnam e orientem os trabalhadores nesse sentido. Trata-se de uma constituição obrigatória, de acordo com as instruções expedidas pelo órgão competente, nos estabelecimentos ou locais de obra nelas especificadas (art. 163, CLT).

3. EQUIPAMENTO DE PROTEÇÃO INDIVIDUAL (EPI)

A empresa é obrigada a fornecer, de forma gratuita, os equipamentos de proteção individual adequados ao trabalho, em perfeito estado de conservação e funcionamento, sempre que as medidas de ordem geral não ofereçam completa proteção contra os riscos de acidentes e danos à saúde dos empregados (art. 166, CLT). Exemplos de EPI: as luvas, os capacetes, os protetores auriculares, as máscaras, os óculos etc.

Além de fornecer o equipamento, o empregador também é obrigado a fiscalizar o seu uso efetivo pelo empregado. O empregado que se nega a utilizar o equipamento comete falta grave, que poderá acarretar a sua dispensa por justa causa. Esse entendimento pode ser observado na Súmula 289 do TST:

> "INSALUBRIDADE. ADICIONAL. FORNECIMENTO DO APARELHO DE PROTEÇÃO. EFEITO (mantida). Resolução n. 121/2003, *DJ* de 19, 20 e 21-11-2003.
>
> O simples fornecimento do aparelho de proteção pelo empregador não o exime do pagamento do adicional de insalubridade. Cabe-lhe tomar as medidas que conduzam à diminuição ou eliminação da nocividade, entre as quais as relativas ao uso efetivo do equipamento pelo empregado".

O equipamento de proteção só poderá ser posto à venda ou utilizado com a indicação do Certificado de Aprovação do órgão competente (art. 167, CLT).

4. ATIVIDADES INSALUBRES

De acordo com a inteligência do art. 189, da CLT, as atividades insalubres são aquelas que, por sua natureza, condições ou métodos de trabalho, exponham os empregados a agentes nocivos à saúde, acima dos limites de tolerância fixados em razão da natureza e da intensidade do agente e do tempo de exposição aos seus efeitos.

> "Art. 189. Serão consideradas atividades ou operações insalubres aquelas que, por sua natureza, condições ou métodos de trabalho, exponham os empregados a agentes nocivos à saúde, acima dos limites de tolerância fixados em razão da natureza e da intensidade do agente e do tempo de exposição aos seus efeitos."

É papel do Ministério do Trabalho **(atribuições passadas ao Ministério da Economia por força da Medida Provisória n. 870/2019, convertida na Lei n. 13.844/2019)** aprovar o quadro das atividades e operações insalubres e adotar normas sobre os critérios de caracterização da insalubridade, os limites de tolerância aos agentes agressivos, os meios de proteção e o tempo máximo de exposição do empregado a esses agentes (art. 190, CLT). Essas atividades e operações insalubres encontram-se inseridas na NR 15 da Portaria n. 3.214/78, com alterações posteriores.

A regra geral é a necessidade de perícia no local de trabalho para a caracterização da insalubridade. O TST mitigou tal regra ao admitir, no caso de fechamento da empresa, outros meios de prova em direito admitidos, consoante a Orientação Jurisprudencial 278, que dispõe: "a realização de perícia é obrigatória para a verificação de insalubridade. Quando não for possível sua realização, como em caso de fechamento da empresa, poderá o julgador utilizar-se de outros meios de prova".

A caracterização e a classificação da insalubridade e da periculosidade serão feitas por meio de perícia a cargo de Médico do Trabalho ou Engenheiro do Trabalho, registrados no órgão competente (art. 195, CLT).

O adicional de insalubridade tem natureza salarial, apesar da finalidade indenizatória; este é o teor da Súmula 139 do TST.

A Súmula 80 do TST se posicionou no sentido de que não existe direito adquirido à percepção do adicional pelo empregado. Cessada a circunstância caracterizadora da insalubridade, cessará a percepção do referido adicional.

O trabalho executado em condições insalubres, em caráter intermitente, não afasta o direito à percepção do respectivo adicional apenas em razão dessa circunstância, conforme preconiza a Súmula 47 do TST:

> "INSALUBRIDADE (mantida) – Res. 121/2003, *DJ* 19, 20 e 21-11-2003. O trabalho executado em condições insalubres, em caráter intermitente, não afasta, só por essa circunstância, o direito à percepção do respectivo adicional".

Recentemente, o TST alterou a redação da OJ 173, que dispõe sobre o adicional de insalubridade em razão da exposição ao sol e ao calor.

Por fim, como já dissemos anteriormente nesta obra, um dos fundamentos da Reforma Trabalhista é o fortalecimento da negociação sindical. Dessa forma, o art. 611-A, da CLT, estabelece um rol exemplificativo de temas que poderão ser objeto de negociação coletiva e que, uma vez acordados, prevalecerão sobre o disposto em lei.

> Art. 611-A da CLT. "A convenção coletiva e o acordo coletivo de trabalho têm prevalência sobre a lei quando, entre outros, dispuserem sobre:
> (...)
> XII – enquadramento do grau de insalubridade;
> XIII – prorrogação de jornada em ambientes insalubres, sem licença prévia das autoridades competentes do Ministério do Trabalho;"

Verifica-se, dessa forma, que os incisos XII e XIII, do art. 611-A, alteram os percentuais do adicional de insalubridade com óbvia pretensão de reduzi-los e, respectivamente, permitir a prorrogação da jornada em atividade insalubre sem a prévia autorização da autoridade competente.

Todavia, a insalubridade e seus graus são direitos relacionados à medicina e segurança do trabalho e, por isso, defesos à negociação coletiva.

> Art. 611-B da CLT. "Constituem objeto ilícito de convenção coletiva ou de acordo coletivo de trabalho, exclusivamente, a supressão ou a redução dos seguintes direitos:
> (...)
> XVII – normas de saúde, higiene e segurança do trabalho previstas em lei ou em normas regulamentadoras do Ministério do Trabalho;
> XVIII – adicional de remuneração para as atividades penosas, insalubres ou perigosas;"

5. ATIVIDADES PERIGOSAS

O art. 193 da CLT, define as atividades perigosas, ressaltando que a Lei n. 12.997/2014 acrescentou o § 4º a esse artigo para considerar perigosa a atividade do trabalhador em motocicleta.

São atividades perigosas aquelas ligadas a: inflamáveis; explosivos; energia elétrica; segurança; motocicleta; radiação.

As atividades e operações perigosas encontram-se indicadas na NR 16 da Portaria n. 3.214/78.

A caracterização da periculosidade depende de perícia a cargo de médico do trabalho ou engenheiro do trabalho, aplicando-se igualmente a já mencionada OJ 165 da SDI-1 do TST.

Assim como ocorre com a insalubridade, o empregado que labora em condições perigosas tem direito a um adicional; é o que estipula o § 1º, do art. 193, da CLT: "O trabalho em condições de periculosidade assegura ao empregado um adicional de 30% (trinta por cento) sobre o salário sem os acréscimos resultantes de gratificações, prêmios ou participações nos lucros da empresa".

O empregado que labora no período noturno e em atividades perigosas terá direito de cumular os dois adicionais, noturno e de periculosidade. Calcula-se, primeiramente, a hora normal acrescida do adicional de periculosidade. Em seguida, soma-se o adicional noturno, conforme compreensão da OJ 259 da SDI-1 do TST e da Súmula 364 do TST.

É devido o adicional de periculosidade aos empregados cabistas, instaladores e reparadores de linhas e aparelhos de empresas de telefonia, desde que, no exercício de suas funções, fiquem expostos a condições de risco equivalente ao do trabalho exercido em contato com sistema elétrico de potência.

O TST editou a OJ 385 da SDI-1, esclarecendo ser devido o adicional de periculosidade também aos empregados que desenvolvem suas atividades em construção vertical, quando expostos ao risco decorrente do armazenamento de líquidos inflamáveis.

A Lei n. 12.740/2012, que alterou o art. 193 da CLT, inseriu o § 3º com a seguinte redação: "Serão descontados ou compensados do adicional outros da mesma natureza eventualmente já concedidos ao vigilante por meio de acordo coletivo".

Se o empregador já paga ao empregado o adicional de periculosidade, ainda que de forma proporcional ao tempo de exposição ao risco ou em percentual inferior ao previsto em lei, será desnecessária a realização de prova pericial, pois estaremos diante de um pedido incontroverso.

Recentemente o TST editou a Súmula 447, para dizer que os tripulantes e demais empregados em serviços auxiliares de transporte aéreo que, no momento do abastecimento da aeronave, estiverem a bordo, não têm direito ao adicional de periculosidade.

6. NORMAS COMUNS À INSALUBRIDADE E À PERICULOSIDADE

O direito do empregado ao adicional de insalubridade ou de periculosidade cessará com a eliminação do risco à sua saúde ou integridade física.

Tanto a insalubridade quanto a periculosidade, segundo as normas do Ministério do Trabalho, serão classificadas por meio de perícia a cargo de médico do trabalho ou de engenheiro do trabalho, registrados no Ministério do Trabalho.

Os efeitos pecuniários decorrentes do trabalho em condições de insalubridade ou periculosidade serão devidos a contar da data da inclusão da respectiva atividade nos quadros aprovados pelo Ministério do Trabalho, respeitados os prazos prescricionais (art. 196, da CLT).

Quanto aos materiais e substâncias empregados, manipulados ou transportados nos locais de trabalho, quando perigosos ou nocivos à saúde, devem conter, no rótulo, sua composição, recomendações de socorro imediato e o símbolo de perigo correspondente, segundo a padronização internacional (art. 197, da CLT).

LEGISLAÇÃO CORRELATA

Na Constituição Federal de 1988, o art. 7º assegurou proteção à segurança e medicina no trabalho.

> "Art. 7º São direitos dos trabalhadores urbanos e rurais, além de outros que visem à melhoria de sua condição social:
> (...)
> XXII – redução dos riscos inerentes ao trabalho, por meio de normas de saúde, higiene e segurança;"

O art. 156 da CLT estabelece a competência das Superintendências Regionais do Trabalho (antigas Delegacias Regionais do Trabalho) em relação a segurança e medicina no Trabalho.

> "Art. 156. Compete especialmente às Delegacias Regionais do Trabalho, nos limites de sua jurisdição:
> I – promover a fiscalização do cumprimento das normas de segurança e medicina do trabalho;
> II – adotar as medidas que se tornem exigíveis, em virtude das disposições deste Capítulo, determinando as obras e reparos que, em qualquer local de trabalho, se façam necessárias;
> III – impor as penalidades cabíveis por descumprimento das normas constantes deste Capítulo, nos termos do art. 201."

O art. 160, da CLT, prevê ainda que "nenhum estabelecimento pode iniciar suas atividades sem prévia inspeção e aprovação das respectivas instalações pela autoridade regional competente em matéria de segurança e medicina do trabalho", que, neste caso, é a Superintendência Regional do Trabalho.

O art. 164, da CLT, dispõe sobre a composição da CIPA:

> "Art. 164. Cada CIPA será composta de representantes da empresa e dos empregados, de acordo com os critérios que vierem a ser adotados na regulamentação de que trata o parágrafo único do artigo anterior.
> § 1º Os representantes dos empregadores, titulares e suplentes, serão por eles designados.
> § 2º Os representantes dos empregados, titulares e suplentes, serão eleitos em escrutínio secreto, do qual participem, independentemente de filiação sindical, exclusivamente os empregados interessados.
> § 3º O mandato dos membros eleitos da Cipa terá a duração de 1 (um) ano, permitida uma reeleição.
> § 4º O disposto no parágrafo anterior não se aplicará ao membro suplente que, durante o seu mandato, tenha participado de menos da metade do número de reuniões da Cipa.
> § 5º O empregador designará, anualmente, dentre os seus representantes, o presidente da Cipa e os empregados elegerão, dentre eles, o vice-presidente".

O art. 189, da CLT, conceitua as atividades insalubres da seguinte forma:

> "Art. 189. Serão consideradas atividades ou operações insalubres aquelas que, por sua natureza, condições ou métodos de trabalho, exponham os empregados a agentes nocivos à saúde, acima dos limites de tolerância fixados em razão da natureza e da intensidade do agente e do tempo de exposição aos seus efeitos".

A jurisprudência confirma a importância da regulamentação do Ministério do Trabalho em matéria de definição de atividades e operações insalubres, ou seja, de caracterização da insalubridade.

> Súmula 460 do STF. "ADICIONAL DE INSALUBRIDADE. PERÍCIA JUDICIAL EM RECLAMAÇÃO TRABALHISTA. ENQUADRAMENTO DA ATIVIDADE. Para efeito do adicional de insalubridade, a perícia judicial, em reclamação trabalhista, não dispensa o enquadramento da atividade entre as insalubres, que é ato da competência do Ministro do Trabalho e Previdência Social."

> Súmula 448 do TST. "ATIVIDADE INSALUBRE. CARACTERIZAÇÃO. PREVISÃO NA NORMA REGULAMENTADORA N. 15 DA PORTARIA DO MINISTÉRIO DO TRABALHO N. 3.214/78. INSTALAÇÕES SANITÁRIAS. (conversão da Orientação Jurisprudencial 4 da SBDI-1 com nova redação do item II) – Res. 194/2014, *DEJT* divulgado em 21, 22 e 23-5-2014.
> I – Não basta a constatação da insalubridade por meio de laudo pericial para que o empregado tenha direito ao respectivo adicional, sendo necessária a classificação da atividade insalubre na relação oficial elaborada pelo Ministério do Trabalho.
> II – A higienização de instalações sanitárias de uso público ou coletivo de grande circulação, e a respectiva coleta de lixo, por não se equiparar à limpeza em residências e escritórios, enseja o pagamento de adicional de insalubridade em grau máximo, incidindo o disposto no Anexo 14 da NR-15 da Portaria do MTE n. 3.214/78 quanto à coleta e industrialização de lixo urbano."

Aliás, é importante destacar a possibilidade de reclassificação ou a descaracterização das atividades ou agentes insalubres:

> Súmula 248 do TST. "ADICIONAL DE INSALUBRIDADE. DIREITO ADQUIRIDO (mantida). Resolução n. 121/2003, *DJ* de 19, 20 e 21-11-2003. A reclassificação ou a descaracterização da insalubridade, por ato da autoridade competente, repercute na satisfação do respectivo adicional, sem ofensa a direito adquirido ou ao princípio da irredutibilidade salarial."

O art. 193 da CLT define as atividades perigosas, ao dispor:

> "Art. 193. São consideradas atividades ou operações perigosas, na forma da regulamentação aprovada pelo Ministério do Trabalho e Emprego, aquelas que, por sua natureza ou métodos de trabalho, impliquem risco acentuado em virtude de exposição permanente do trabalhador a:
> I – inflamáveis, explosivos ou energia elétrica;
> II – roubos ou outras espécies de violência física nas atividades profissionais de segurança pessoal ou patrimonial.
> (...)
> § 4º São também consideradas perigosas as atividades de trabalhador em motocicleta".

ENTENDIMENTO DOUTRINÁRIO

No que se refere à imperatividade das normas de proteção a segurança e medicina do trabalhador, o professor Henrique Correia (2016, p. 771) manifesta-se no sentido da sua obrigatoriedade, visto que: "As normas que tratam da proteção à saúde e à segurança do trabalho são de ordem pública, portanto, são normas de indisponibilidade absoluta, portanto não cabe flexibilização para redução de direitos dos empregados, nesse aspecto de segurança. Essas normas representam cláusulas implícitas ao contrato de trabalho, não havendo a necessidade de previsão expressa no contrato".

Indo além, Ives Gandra Martins Filho (2016, p. 164) dispõe que: "As normas de segurança e medicina do trabalho têm por finalidade precípua a prevenção de acidentes de trabalho, aí incluídas as lesões à saúde do trabalhador decorrentes da exposição continuada a agentes nocivos (redução dos riscos inerentes ao trabalho – CF, art. 7º, XXII)".

E vai além:

> "As ações judiciais coletivas de prevenção de acidentes de trabalho são da competência da Justiça do Trabalho, enquanto apenas as relativas aos acidentes de trabalho já ocorridos (ações acidentárias para obtenção do benefício previdenciário) cabem à Justiça Comum. Isto porque as ações de caráter coletivo intentadas pelo Ministério Público do Trabalho na defesa dos interesses difusos e coletivos relativos ao meio ambiente de trabalho estão voltadas para o cumprimento do ordenamento jurídico-laboral, que contempla as normas básicas de medicina e segurança do trabalho (CLT, arts. 154 a 201)".

JURISPRUDÊNCIA

"AGRAVO DE INSTRUMENTO EM RECURSO DE REVISTA. SUMARÍSSIMO. INSALUBRIDADE E PERICULOSIDADE. NÃO CARACTERIZAÇÃO. MATÉRIA FÁTICO-PROBATÓRIA. O recurso de revista não preenche os pressupostos do art. 896, § 6º, da CLT, conforme despacho de admissibilidade do Tribunal Regional que se mantém pelos próprios fundamentos. Agravo de instrumento não provido" (TST – AIRR n. 360-71.2013.515.0151, Relatora: Delaíde Miranda Arantes, Data de Julgamento: 9-3-2016, 2ª Turma, Data de Publicação: *DEJT* 18-3-2016).

QUESTÕES COMENTADAS

01 (Analista de Fomento – Advogado – AFAP – FCC – 2019) Eduardo é empregado da empresa de entregas Zas Trás Ltda., prestando serviços como motociclista, entregando todo tipo de encomendas, até mesmo material inflamável. No caso hipotético narrado e de acordo com a CLT, Eduardo tem direito ao adicional de:

(A) periculosidade, no percentual de 30% sobre o salário base, por se tratar de trabalhador em motocicleta e insalubridade, no percentual de 40% sobre o salário mínimo, pela exposição a inflamável;
(B) periculosidade, no percentual de 30% sobre o salário base, por se tratar de trabalhador em motocicleta;
(C) insalubridade, no percentual de 30% sobre o salário base, pela exposição a inflamável;
(D) penosidade, no percentual de 40% sobre o salário mínimo, pelo trabalho sujeito às intempéries climáticas e a acidente de trânsito;
(E) periculosidade, no percentual de 40% sobre o salário base, por se tratar de trabalhador em motocicleta.

RESPOSTA Gabarito: letra B. Art. 193, § 1º, CLT – "O trabalho em condições de periculosidade assegura ao empregado um adicional de 30% (trinta por cento) sobre o salário sem os acréscimos resultantes de gratificações, prêmios ou participações nos lucros da empresa. § 4º São também consideradas perigosas as atividades de trabalhador em motocicleta."

02 (Analista Judiciário – Medicina do Trabalho – TST – FCC – 2012) Os adicionais de insalubridade e periculosidade, previstos na Lei n. 8.112/90, são devidos:
(A) enquanto durarem as condições ou os riscos que deram causa à sua concessão;
(B) aos servidores classificados em exercício em zonas de fronteira ou em localidades inóspitas;
(C) ininterruptamente aos servidores que tenham preenchido, em determinado momento, os requisitos legais de sua concessão;
(D) cumulativamente aos servidores que trabalhem em locais com contato permanente com substâncias tóxicas;
(E) aos servidores que trabalhem esporádica ou habitualmente em locais insalubres ou em contato permanente com substâncias tóxicas, radioativas ou com risco de vida.

RESPOSTA O direito ao adicional de insalubridade e de periculosidade cessa com a eliminação das condições ou dos riscos que deram causa à sua concessão. Portanto, o adicional a que se refere a alternativa dura enquanto durar a causa de sua concessão. *Alternativa A.*

03 (Juiz do Trabalho – TRT – 3ª Região/MG – 2013) Relativamente à insalubridade e à periculosidade, considerando o direito legislado e a jurisprudência dominante, é incorreto afirmar.
(A) A limpeza em residências e escritórios e a respectiva coleta de lixo não podem ser consideradas atividades insalubres, ainda que constatadas por laudo pericial, porque não se encontram dentre as classificadas como lixo urbano na Portaria do Ministério do Trabalho.
(B) Os empregados que operam em bomba de gasolina têm direito ao adicional de periculosidade.
(C) Também são atividades periculosas, nos termos da lei, aquelas que, por sua natureza ou métodos de trabalho, impliquem risco acentuado em virtude de exposição permanente do trabalhador a roubos ou outras espécies de violência física nas atividades profissionais de segurança pessoal ou patrimonial.

(D) Durante as horas de sobreaviso, o empregado não se encontra em condições de risco, razão pela qual é incabível a integração do adicional de periculosidade sobre as mencionadas horas.

(E) A reclassificação ou a descaracterização da insalubridade, por ato da autoridade competente, não repercute na satisfação do respectivo adicional, sob pena de ofensa a direito adquirido ou violação ao princípio da irredutibilidade salarial.

RESPOSTA Nesta questão, a banca exigiu a interpretação da literalidade da Súmula 448 (TST). *Alternativa E.*

04 (Analista – Engenharia em Segurança do Trabalho – MPU – CESPE – 2010) O direito do empregado ao adicional de insalubridade ou de periculosidade é mantido com a eliminação do risco à sua saúde ou integridade física.

( ) Certo ( ) Errado

RESPOSTA De acordo com a Súmula 80 do TST, a eliminação da insalubridade, mediante o fornecimento de aparelhos protetores aprovados pelo órgão competente do Poder Executivo, exclui a percepção do respectivo adicional. *Alternativa Errada.*

05 (Engenheiro de Segurança do Trabalho – Correios – CESPE – 2011) Mesmo depois de eliminado o risco à saúde ou a ameaça à integridade física do trabalhador, mantém-se o direito do empregado ao adicional de insalubridade ou de periculosidade.

( ) Certo ( ) Errado

RESPOSTA Ainda no que diz respeito à interpretação da Súmula 80 do TST, nota-se que a eliminação da insalubridade mediante fornecimento de aparelhos protetores aprovados pelo órgão competente do Poder Executivo exclui a percepção do respectivo adicional. *Alternativa Errada.*

PARA GABARITAR

Os adicionais de insalubridade e periculosidade, assim como o adicional noturno, são chamados de salários condição. Ou seja, tais parcelas só serão devidas enquanto existirem os motivos que deram ensejo ao recebimento. Releia a Súmula 80 do TST, que certamente será cobrada no seu próximo certame.

PARA MEMORIZAR

Percentual do adicional de insalubridade
10% para insalubridade em grau mínimo
20% para insalubridade em grau médio
40% para insalubridade em grau máximo

CAPÍTULO 13 — Trabalho do menor e trabalho da mulher

1. TRABALHO DO MENOR

Quanto à regulamentação do trabalho do menor, dispõe o art. 227, da CF/88, ser "dever da família, da sociedade e do Estado assegurar à criança, ao adolescente e ao jovem, com absoluta prioridade, o direito à vida, à saúde, à alimentação, à educação, ao lazer, à profissionalização, à cultura, à dignidade, ao respeito, à liberdade e à convivência familiar e comunitária, além de colocá-los a salvo de toda forma de negligência, discriminação, exploração, violência, crueldade e opressão".

Referida proteção abrange os seguintes aspectos: idade mínima de 14 anos para admissão no trabalho, garantia de direitos previdenciários e trabalhistas, entre outros.

O Estatuto da Criança e do Adolescente (ECA), Lei n. 8.069/90, em seu art. 7º, assegura à criança e ao adolescente a proteção à vida e à saúde, mediante a efetivação de políticas sociais públicas que permitam o nascimento e o desenvolvimento sadio e harmonioso, em condições dignas de existência.

No Direito do Trabalho, a CF/88 proíbe o trabalho noturno, perigoso e insalubre a menores de 18 anos e qualquer trabalho a menores de 16 anos, salvo na condição de aprendiz, a partir de 14 anos (art. 7º, XXXIII).

Assegura-se ao menor empregado entre 16 e 18 anos todos os direitos trabalhistas previstos na CLT, como qualquer empregado adulto.

Segundo a norma jurídica, o trabalhador é considerado menor de 14 até 18 anos. Aos 18 anos cessa a menoridade para fins trabalhistas.

O art. 611-B da CLT aponta taxativamente as matérias de que a negociação coletiva não pode dispor, considerando-as como objeto ilícito do negócio jurídico coletivo.

> "Art. 611-B. Constituem objeto ilícito de convenção coletiva ou de acordo coletivo de trabalho, exclusivamente, a supressão ou a redução dos seguintes direitos:
> (...)
> XXIII – proibição de trabalho noturno, perigoso ou insalubre a menores de dezoito anos e de qualquer trabalho a menores de dezesseis anos, salvo na condição de aprendiz, a partir de quatorze anos;"

Atenção! Para o empregado doméstico, a LC n. 150/2015 determina a idade mínima de 18 anos.

Algumas outras profissões, não só a de empregado doméstico, apresentam restrições de idade, tais como a de vigilante (21 anos – art. 16, II, Lei n. 7.102/83) e a de mãe social (25 anos – art. 9º, *a*, Lei n. 7.644/87).

Sobre os serviços prejudiciais ao menor, veda o art. 403, parágrafo único, da CLT, o trabalho a ser realizado em locais prejudiciais à sua formação, ao seu desenvolvimento físico, psíquico, moral e social e em horários e locais que não permitam a frequência à escola.

Aplicam-se aos menores todas as restrições de força física aplicadas à mulher previstas no art. 390 e seu parágrafo único da CLT, vedando-se ao empregador alocar o menor em serviços que demandem o emprego de força muscular superior a 20 quilos para o trabalho contínuo, ou 25 quilos para o trabalho ocasional.

O Decreto n. 6.481/2008, em seu art. 2º, proíbe o trabalho do menor de 18 anos nas atividades descritas na lista TIP (são as piores formas de trabalho infantil). Assim, veda-se, por exemplo, ao menor o trabalho em que se desenvolvam atividades com levantamento, transporte, carga ou descarga manual de pesos superiores a 20 quilos, para o gênero masculino, e a 15 quilos, para o gênero feminino, quando realizadas raramente; e superiores a 11 quilos, para o gênero masculino, e a 7 quilos, para o gênero feminino, quando realizadas frequentemente.

Dispõe o art. 406 da CLT que o juiz de menores poderá autorizar ao menor o trabalho a que se referem as letras *a* e *b* do § 3º, do art. 405, da CLT, desde que a representação tenha fim educativo ou a peça de que participe não seja prejudicial à sua formação moral, e que se certifique ser a ocupação do menor indispensável à sua própria subsistência ou à de seus pais, avós ou irmãos, e não advier nenhum prejuízo à sua formação moral.

Quanto aos deveres dos representantes legais e do empregador, encontram-se previstos nos arts. 424 a 427, da CLT.

A duração do trabalho do menor regular-se-á pelas disposições legais relativas à duração do trabalho em geral, com as restrições estabelecidas no Capítulo IV (art. 411, da CLT).

A regra é a vedação da prorrogação de jornada do menor, mas esta foi autorizada pelo legislador em duas hipóteses excepcionais:

- até mais 2 (duas) horas, independentemente de acréscimo salarial, mediante convenção ou acordo, desde que o excesso de horas em um dia seja compensado pela diminuição em outro, de modo a ser observado o limite máximo de 44 (quarenta e quatro) horas semanais ou outro inferior legalmente fixado;
- excepcionalmente, por motivo de força maior, até o máximo de 12 (doze) horas, com acréscimo salarial de, pelo menos, 50% (cinquenta por cento) sobre a hora normal e desde que o trabalho do menor seja imprescindível ao funcionamento do estabelecimento.

Caso o menor de 18 anos seja empregado em mais de um estabelecimento, as horas de trabalho em cada um serão totalizadas (art. 414, CLT).

2. EMPREGADO APRENDIZ

O contrato de aprendizagem é regulado pelos arts. 428 e s. da CLT, formulado por escrito (formal) e por prazo determinado. Nele o empregador se compromete a assegurar ao maior de 14 anos e menor de 24 anos formação técnico-profissional compatível com seu desenvolvimento físico, moral e psicológico, e o aprendiz a executar, com zelo e diligência, as tarefas necessárias a essa formação.

O descumprimento dos requisitos acima importará a nulidade do contrato de aprendizagem, nos termos do art. 9º da CLT, estabelecendo-se o vínculo empregatício diretamente com o empregador responsável pelo cumprimento da cota de aprendizagem, nos termos do art. 47 do Decreto n. 9.579/2018.

Sobre a sua validação, pressupõe anotação na Carteira de Trabalho e Previdência Social, matrícula e frequência do aprendiz na escola, caso não haja concluído o ensino médio, e inscrição em programa de aprendizagem desenvolvido sob a orientação de entidade qualificada em formação técnico-profissional metódica. Garante-se, também, salvo condição mais favorável, o salário-mínimo/hora.

Esse contrato não poderá ultrapassar o período máximo de dois anos, exceto quando se tratar de aprendiz portador de deficiência.

A duração do trabalho do aprendiz não excederá seis horas diárias, sendo vedadas a prorrogação e a compensação de jornada. Entretanto, aos aprendizes que já tiverem completado o ensino fundamental, se na jornada forem computadas as horas destinadas à aprendizagem teórica, o limite da jornada de trabalho poderá ser de até oito horas diárias.

A CLT prevê obrigatoriedade na contratação de aprendizes de no mínimo 5% e, no máximo, 15% do quadro de trabalhadores (art. 429, da CLT), com exceção das empresas sem fins lucrativos, das microempresas e das empresas de pequeno porte.

A Lei n. 13.420/2017 estabeleceu a obrigação de as empresas destinarem até 10% de sua cota de aprendizagem à formação técnico-profissional metódica em diversas áreas da atividade desportiva.

> Art. 429, § 1º-B, CLT. "Os estabelecimentos a que se refere o *caput* poderão destinar o equivalente a até 10% (dez por cento) de sua cota de aprendizes à formação técnico-profissional metódica em áreas relacionadas a práticas de atividades desportivas, à prestação de serviços relacionados à infraestrutura, incluindo as atividades de construção, ampliação, recuperação e manutenção de instalações esportivas e à organização e promoção de eventos esportivos."

No dia 5 de junho de 2019 foi promulgada a Lei n. 13.840/2019, que modificou diversos dispositivos da Lei n. 11.343/2006 (Lei de Drogas). Dentre as alterações realizadas, houve modificação no Sistema Nacional de Políticas Públicas sobre Drogas (SISNAD) e na oferta de vagas a aprendizes.

> Art. 429, § 3º, CLT. "Os estabelecimentos de que trata o *caput* poderão ofertar vagas de aprendizes a adolescentes usuários do Sistema Nacional de Políticas Públicas sobre Drogas – SISNAD nas condições a serem dispostas em instrumentos de cooperação celebrados entre os estabelecimentos e os gestores locais responsáveis pela prevenção do uso indevido, atenção e reinserção social de usuários e dependentes de drogas."

O contrato de aprendizagem se extingue no seu termo ou quando o aprendiz completar 24 (vinte e quatro) anos, ressalvada a hipótese de aprendizes com deficiência física ou se ocorrer desempenho insuficiente ou inadaptação do aprendiz; falta disciplinar grave; ausência injustificada à escola que implique perda do ano letivo; ou pedido do aprendiz.

Não se aplica ao contrato de aprendizagem as hipóteses de indenização previstas nos arts. 479 e 480 da CLT, ou seja, tanto o empregador quanto o aprendiz não estão obrigados a pagar indenização em razão do término antecipado do contrato.

3. TRABALHO DA MULHER

Somente após a promulgação da Constituição é que foi inserido na CLT o capítulo destinado à proteção do trabalho da mulher, que visa não apenas protegê-la nas suas diferenças, mas, em especial, conferir-lhe o direito a uma gestação segura e à amamentação.

O Ministério da Economia (hoje com as atribuições e competências do antigo Ministério do Trabalho, de acordo com a Lei n. 13.844/2019) junto com o Ministério Público do Trabalho, vem adotando diversas providências com vistas a combater a discriminação da mulher no cenário laboral.

São aplicáveis os preceitos que regulam o trabalho masculino ao trabalho feminino, naquilo que não for prejudicial, conforme art. 372, da CLT.

É certo que a relação empregatícia independe do gênero, sendo condicionada apenas pela existência dos pressupostos esculpidos nos arts. 2º e 3º, da CLT.

Quanto à jornada de trabalho da mulher, o art. 373, da CLT, estabelece a duração de oito horas diárias, salvo se for fixada duração menor: "A duração normal de trabalho da mulher será de oito horas diárias, exceto nos casos para os quais for fixada duração inferior".

A adoção de medidas de proteção ao trabalho da mulher é considerada de ordem pública, não justificando, em hipótese alguma, a redução do salário (art. 377, CLT).

Referente ao trabalho noturno da mulher, o art. 381, da CLT, contém disposição que se pode concluir do sistema constitucional em vigor: "O trabalho noturno das mulheres terá salário superior ao diurno", assim, os salários serão acrescidos com um percentual de no mínimo 20 por cento (art. 381, § 1º, CLT): "Para os fins deste artigo, os salários serão acrescidos duma percentagem adicional de 20% (vinte por cento) no mínimo".

A partir da interpretação do § 1º, do art. 73, e do § 2º, do art. 381, da CLT, nota-se que cada hora do período noturno trabalhado pela mulher terá 52 minutos e 30 segundos: "Cada hora do período noturno de trabalho das mulheres terá 52 (cinquenta e dois) minutos e 30 (trinta) segundos". No meio rural, aplica-se a normatização contida na Lei n. 5.889/73, que prevê um adicional noturno de 25% (vinte e cinco por cento), não havendo previsão de hora noturna reduzida.

Entre duas jornadas de trabalho, haverá um intervalo mínimo de onze horas consecutivas, destinadas ao repouso. O art. 382, da CLT, repetiu a regra estipulada no art. 66 do mesmo diploma legal.

> "Art. 382. Entre duas jornadas de trabalho, haverá um intervalo de onze horas consecutivas, no mínimo, destinado ao repouso."

Tanto o art. 71 quanto o art. 383, da CLT, confirmam que durante a jornada de trabalho será concedido à empregada um período para refeição e repouso não inferior a uma hora nem superior a duas horas, salvo a hipótese prevista no art. 71, § 3º.

> "Art. 383. Durante a jornada de trabalho, será concedido à empregada um período para refeição e repouso não inferior a 1 (uma) hora nem superior a 2 (duas) horas salvo a hipótese prevista no art. 71, § 3º."

Conforme o art. 385, da CLT, o descanso semanal será de 24 (vinte e quatro) horas consecutivas e coincidirá no todo ou em parte com o domingo, salvo motivo de conveniência pública ou necessidade imperiosa de serviço, a juízo da autoridade competente, na forma das disposições gerais, caso em que recairá em outro dia.

De acordo com o art. 386, da CLT, havendo trabalho aos domingos, será organizada uma escala de revezamento quinzenal, que favoreça o repouso dominical.

Nos estabelecimentos onde trabalharem pelo menos trinta mulheres com mais de 16 anos de idade, deverá haver local apropriado onde seja permitido às empregadas guardar sob vigilância e assistência os seus filhos no período de amamentação (art. 389, § 1º, CLT).

Poderá referida obrigatoriedade ser suprida por meio de creches distritais mantidas, diretamente ou mediante convênios, com outras entidades públicas ou privadas, pelas próprias empresas, em regime comunitário, ou a cargo do Sesi, do Sesc, da LBA, ou de entidades sindicais (art. 389, § 2º, CLT).

Veda-se empregar a mulher em serviço que demande o emprego de força muscular superior a 20 quilos para o trabalho contínuo, ou a 25 quilos para o trabalho ocasional.

4. PROTEÇÃO À MATERNIDADE E LICENÇA

Não constitui justo motivo para a rescisão do contrato de trabalho da mulher o fato de haver contraído matrimônio ou de encontrar-se em estado de gravidez, conforme art. 391, da CLT.

Mediante atestado médico, à mulher grávida é facultado romper o compromisso resultante de qualquer contrato de trabalho, desde que este seja prejudicial à gestação, a partir do entendimento do art. 394, da CLT.

A Lei n. 13.287/2016 acrescentou o art. 394-A à CLT, que proíbe o trabalho de gestantes e lactantes em atividades, operações ou locais insalubres.

Quando da sanção da referida lei que acrescentou a redação do art. 394-A da CLT, pensou-se que se estava adotando uma medida protetiva à mulher, mas tal acabou por se mostrar prejudicial a ela.

O dispositivo em comento provocou situações de discriminação ao trabalho da mulher em locais insalubres. Essa situação é marcante em setores de saúde, como hospitais e clínicas, em que todas as atividades são consideradas insalubres, o que provoca o desestímulo à contratação de mulheres.

Além disso, ao afastar a empregada gestante ou lactante de quaisquer atividades, operações ou locais insalubres, há de imediato uma redução salarial, pois ela deixa de receber o respectivo adicional, o que se reflete, inclusive, no benefício da licença-maternidade a que fizer jus.

O que propõe a Reforma Trabalhista, com a nova redação do dispositivo, é uma inversão lógica. Ao invés de se restringir obrigatoriamente o exercício de atividades em ambientes insalubres, será necessária a apresentação de um atestado médico comprovando que o ambiente não oferecerá risco à gestante ou à lactante.

> Art. 394-A da CLT. "Sem prejuízo de sua remuneração, nesta incluído o valor do adicional de insalubridade, a empregada deverá ser afastada de:
> I – atividades consideradas insalubres em grau máximo, enquanto durar a gestação;
> II – atividades consideradas insalubres em grau médio ou mínimo, quando apresentar atestado de saúde, emitido por médico de confiança da mulher, que recomende o afastamento durante a gestação;
> III – atividades consideradas insalubres em qualquer grau, quando apresentar atestado de saúde, emitido por médico de confiança da mulher, que recomende o afastamento durante a lactação."

Atenção! O Supremo Tribunal Federal, por unanimidade, conheceu da ação direta de inconstitucionalidade. Por maioria, confirmou a medida cautelar e julgou procedente o pedido formulado na ação direta para declarar a inconstitucionalidade da expressão "quando apresentar atestado de saúde, emitido por médico de confiança da mulher, que recomende o afastamento", contida nos incisos II e III do art. 394-A da Consolidação das Leis do Trabalho (CLT), inseridos pelo art. 1º da Lei n. 13.467/2017.

Atenção! O art. 611-A, XIII, da CLT, permite a prorrogação da jornada em atividade insalubre sem a prévia autorização da autoridade competente.

> "Art. 611-A. A convenção coletiva e o acordo coletivo de trabalho têm prevalência sobre a lei quando, entre outros, dispuserem sobre:
> (...)
> XIII – prorrogação de jornada em ambientes insalubres, sem licença prévia das autoridades competentes do Ministério do Trabalho;"

Em caso de aborto não criminoso, desde que comprovado por atestado médico oficial, a mulher terá um repouso remunerado de duas semanas, sendo-lhe assegurado o direito de retornar à função que ocupava antes de seu afastamento, conforme o art. 395, da CLT.

No período de amamentação, até que o filho complete seis meses de idade, a mulher terá direito, durante a jornada de trabalho, a dois descansos especiais, de meia hora cada um, nos termos do art. 396, da CLT.

Os locais destinados à guarda dos filhos das operárias durante o período da amamentação deverão possuir, no mínimo, um berçário, uma saleta de amamentação, uma cozinha dietética e uma instalação sanitária, conforme o art. 400, da CLT.

A empregada gestante tem direito à licença-maternidade de 120 dias, sem prejuízo do emprego e do salário, como preveem os arts. 7º, XVIII, da CF, e 392, da CLT.

Mediante atestado médico, a empregada deve notificar o seu empregador da data do início do afastamento do emprego, que poderá ocorrer entre o 28º dia antes do parto e a ocorrência deste, de acordo com a interpretação do art. 392, § 1º, da CLT.

No tocante aos períodos de repouso, conforme o art. 392, § 2º, da CLT, antes e depois do parto poderão ser aumentados de duas semanas cada um, mediante atestado médico.

Caso o parto seja antecipado, a empregada também terá o direito aos 120 dias previstos no *caput* do art. 392, da CLT.

Conforme previsto no teor do art. 392-A, da CLT: "À empregada que adotar ou obtiver guarda judicial para fins de adoção de criança será concedida licença-maternidade nos termos do art. 392".

A licença-maternidade só será concedida mediante apresentação do termo judicial de guarda à adotante ou guardiã (art. 392-A, § 4º, da CLT).

É importante ressaltar que a Lei n. 11.770/2008 instituiu o Programa Empresa Cidadã, destinado a prorrogar por 60 dias a duração da licença-maternidade à empregada da pessoa jurídica que aderir ao respectivo programa, desde que a obreira a requeira até o final do primeiro mês após o parto.

Recentemente, foi promulgada a Lei n. 13.301/2016, que dispõe sobre a adoção de medidas de vigilância em saúde quando verificada situação de iminente perigo à saúde pública pela presença do mosquito transmissor do vírus da dengue, do vírus Chikungunya e do vírus da Zika.

Destacamos o art. 18, § 3º, da Lei n. 13. 301/2016, que estendeu o prazo da licença-maternidade para 180 dias para mães de crianças acometidas por sequelas neurológicas de doenças transmitidas pelo *Aedes Aegypti*, como a microcefalia:

> Art. 18, § 3º. "A licença-maternidade prevista no art. 392 da Consolidação das Leis do Trabalho – CLT, aprovada pelo Decreto-lei n. 5.452, de 1º de maio de 1943, será de cento e oitenta dias no caso das mães de crianças acometidas por sequelas neurológicas decorrentes de doenças transmitidas pelo *Aedes aegypti*, assegurado, nesse período, o recebimento de salário-maternidade previsto no art. 71 da Lei n. 8.213, de 24 de julho de 1991."

Atenção! O art. 611-B da CLT especifica taxativamente um marco regulatório com as matérias que não podem ser objeto de negociação, por serem direitos que se enquadram no conceito de indisponibilidade absoluta, preservando-se, dessa forma, o que se convencionou determinar de patamar civilizatório mínimo dos trabalhadores.

> "Art. 611-B. Constituem objeto ilícito de convenção coletiva ou de acordo coletivo de trabalho, exclusivamente, a supressão ou a redução dos seguintes direitos:
> (...)
> XIII – licença-maternidade com a duração mínima de cento e vinte dias;
> (...)
> XV – proteção do mercado de trabalho da mulher, mediante incentivos específicos, nos termos da lei;
> (...)
> XXX – as disposições previstas nos arts. 373-A, 390, 392, 392-A, 394, 394-A, 395, 396 e 400 desta Consolidação."

LEGISLAÇÃO CORRELATA

Sobre o trabalho do menor, dispõem os arts. 403, *caput*, 404 e 405, I, da CLT.

> "Art. 403. É proibido qualquer trabalho a menores de dezesseis anos de idade, salvo na condição de aprendiz, a partir dos quatorze anos."

"Art. 404. Ao menor de dezoito anos é vedado o trabalho noturno, considerado este o que for executado no período compreendido entre as vinte e duas e as cinco horas."

"Art. 405. Ao menor não será permitido o trabalho:
I – nos locais e serviços perigosos ou insalubres, constantes de quadro para esse fim aprovado pelo diretor-geral do Departamento de Segurança e Higiene do Trabalho;"

Sobre os serviços prejudiciais ao menor, prevê o art. 403, parágrafo único, da CLT:

"Parágrafo único. O trabalho do menor não poderá ser realizado em locais prejudiciais à sua formação, ao seu desenvolvimento físico, psíquico, moral e social e em horários e locais que não permitam a frequência à escola".

O art. 405, II, da CLT, também proíbe o trabalho do menor em locais e serviços prejudiciais à sua moralidade.

O art. 405, § 3º, *a* a *d*, da CLT, traz as hipóteses de trabalho prejudicial à moralidade do menor:

"§ 3º Considera-se prejudicial à moralidade do menor o trabalho:
a) prestado de qualquer modo em teatros de revista, cinemas, boates, cassinos, cabarés, *dancings* e estabelecimentos análogos;
b) em empresas circenses, em funções de acrobata, saltimbanco, ginasta e outras semelhantes;
c) de produção, composição, entrega ou venda de escritos, impressos, cartazes, desenhos, gravuras, pinturas, emblemas, imagens e quaisquer outros objetos que possam, a juízo da autoridade competente, prejudicar sua formação moral;
d) consistente na venda, a varejo, de bebidas alcoólicas".

Ainda no que diz respeito ao trabalho do menor, dispõe a CLT:

"Art. 407. Verificado pela autoridade competente que o trabalho executado pelo menor é prejudicial à sua saúde, ao seu desenvolvimento físico ou à sua moralidade, poderá ela obrigá-lo a abandonar o serviço, devendo a respectiva empresa, quando for o caso, proporcionar ao menor todas as facilidades para mudar de funções.
Parágrafo único. Quando a empresa não tomar as medidas possíveis e recomendadas pela autoridade competente para que o menor mude de função, configurar-se-á a rescisão do contrato de trabalho, na forma do art. 483".

Ao responsável legal do menor é facultado pleitear a extinção do contrato de trabalho, desde que o serviço possa acarretar para ele prejuízos de ordem física ou moral (art. 408, da CLT).

Referente aos deveres dos representantes legais e do empregador do menor, verifica-se:

> "Art. 424. É dever dos responsáveis legais de menores, pais, mães, ou tutores, afastá-los de empregos que diminuam consideravelmente o seu tempo de estudo, reduzam o tempo de repouso necessário à sua saúde e constituição física ou prejudiquem a sua educação moral.
>
> Art. 425. Os empregadores de menores de dezoito anos são obrigados a velar pela observância, nos seus estabelecimentos ou empresas, dos bons costumes e da decência pública, bem como das regras de higiene e segurança do trabalho.
>
> Art. 426. É dever do empregador, na hipótese do art. 407, proporcionar ao menor todas as facilidades para mudar de serviço.
>
> Art. 427. O empregador, cuja empresa ou estabelecimento ocupar menores, será obrigado a conceder-lhes o tempo que for necessário para a frequência às aulas.
> Parágrafo único. Os estabelecimentos situados em lugar onde a escola estiver a maior distância que dois quilômetros, e que ocuparem, permanentemente, mais de trinta menores analfabetos, de 14 (catorze) a 18 (dezoito) anos, serão obrigados a manter local apropriado em que lhes seja ministrada a instrução primária".

São aplicáveis ao trabalho feminino os preceitos que regulam o trabalho masculino, naquilo que não for prejudicial, conforme o art. 372, da CLT.

> "Art. 372. Os preceitos que regulam o trabalho masculino são aplicáveis ao trabalho feminino, naquilo em que não colidirem com a proteção especial instituída por este Capítulo."

O art. 373-A da CLT, que foi acrescido pela Lei n. 9.799/99, traz um rol de vedações ao trabalho da mulher.

> "Art. 373-A. Ressalvadas as disposições legais destinadas a corrigir as distorções que afetam o acesso da mulher ao mercado de trabalho e certas especificidades estabelecidas nos acordos trabalhistas, é vedado:
> I – publicar ou fazer publicar anúncio de emprego no qual haja referência ao sexo, à idade, à cor ou situação familiar, salvo quando a natureza da atividade a ser exercida, pública e notoriamente, assim exigir;
> II – recusar emprego, promoção ou motivar a dispensa do trabalho em razão do sexo, idade, cor, situação familiar ou estado de gravidez, salvo quando a natureza da atividade seja notória e publicamente incompatível;

III – considerar o sexo, a idade, a cor ou situação familiar como variável determinante para fins de remuneração, formação profissional e oportunidade de ascensão profissional;

IV – exigir atestado ou exame, de qualquer natureza, para comprovação de esterilidade ou gravidez, na admissão ou permanência no emprego;

V – impedir o acesso ou adotar critérios subjetivos para deferimento de inscrição ou aprovação em concursos, em empresas privadas, em razão de sexo, idade, cor, situação familiar ou estado de gravidez;

VI – proceder o empregador ou preposto a revistas íntimas nas empregadas ou funcionárias.

Parágrafo único. O disposto neste artigo não obsta a adoção de medidas temporárias que visem ao estabelecimento das políticas de igualdade entre homens e mulheres, em particular as que se destinam a corrigir as distorções que afetam a formação profissional, o acesso ao emprego e as condições gerais de trabalho da mulher."

A empregada gestante tem direito a licença-maternidade de 120 dias, conforme disposto nos arts. 7º, XVIII, da CF, e 392, da CLT.

Art. 7º, da CF. "São direitos dos trabalhadores urbanos e rurais, além de outros que visem à melhoria de sua condição social:
(...)
XVIII – licença à gestante, sem prejuízo do emprego e do salário, com a duração de cento e vinte dias;"

Art. 392, da CLT. "A empregada gestante tem direito à licença-maternidade de 120 (cento e vinte) dias, sem prejuízo do emprego e do salário.

Mediante atestado médico, a empregada deve notificar o seu empregador da data do início do afastamento do emprego, que poderá ocorrer entre o 28º dia antes do parto e a ocorrência deste (art. 392, § 1º, CLT)."

O § 4º do art. 392 da CLT prevê ainda o seguinte:

"§ 4º É garantido à empregada, durante a gravidez, sem prejuízo do salário e demais direitos:

I – transferência de função, quando as condições de saúde o exigirem, assegurada a retomada da função anteriormente exercida, logo após o retorno ao trabalho;

II – dispensa do horário de trabalho pelo tempo necessário para a realização de, no mínimo, seis consultas médicas e demais exames complementares."

ENTENDIMENTO DOUTRINÁRIO

Em relação ao trabalho do menor, o professor Henrique Correia (2016, p. 133) discorre sobre a proteção normativa a ele atribuída pela Constituição Federal, ante a "condição peculiar de desenvolvimento. Essas normas têm a finalidade de lhe proporcionar o pleno desenvolvimento físico, mental e social. O trabalho, no Brasil, é permitido a partir dos 16 anos de idade. Nessa idade, ainda há restrições, pois o menor não poderá prestar serviços em atividades noturnas, insalubres e perigosas. Para essas atividades em que há agressão à saúde, somente a partir dos 18 anos".

Quanto ao trabalho da mulher, nada melhor do que apresentar a doutrinação da doutora Vólia Bomfim Cassar (2015, p. 543), que dispõe: "As novas condições tecnológicas permitiram condições de trabalho menos penosas e desenvolvidas com menor esforço físico, favorecendo os trabalhadores mais frágeis fisicamente, estimulando a inserção no mercado de trabalho da mulher e do menor. (...) A mulher há muito tempo é considerada capaz. A Lei n. 4.121/62 (estatuto da mulher) já tinha revogado tacitamente o art. 446 da CLT, que hoje encontra-se expressamente revogado pela Lei n. 7.855/89".

JURISPRUDÊNCIA

"AÇÃO DE INDENIZAÇÃO POR DANOS MATERIAIS E MORAIS. ACIDENTE DE TRABALHO. PRESCRIÇÃO. MENOR INCAPAZ. Hipótese em que é parte menor de idade, incapaz, contra a qual não corre nenhum prazo de prescrição conforme dispõe o art. 440 da CLT" (TRT-4 – RO n. 0037700-69.2009.5.04.0030, RS 0037700-69.2009.5.04.0030, Relator: Emílio Papaléo Zin, Data de Julgamento: 28-5-2014, 30ª Vara do Trabalho de Porto Alegre).

QUESTÕES COMENTADAS

01 (Analista Judiciário – Área Administrativa – TRT – 22ª Região/PI – FCC – 2004) Considera-se prejudicial à moralidade do menor o trabalho:

(A) nos locais e serviços perigosos;
(B) nos locais e serviços insalubres;
(C) em peças de teatro infantil;
(D) de entrega de impressos, com autorização judicial;
(E) em empresas circenses, em função de ginasta.

RESPOSTA De acordo com a redação do art. 405, § 3º, b, da CLT. *Alternativa E.*

---

02 (Procurador do Estado – PGE-RO – 2011) Em relação ao trabalho do menor é INCORRETO afirmar.

(A) Se a autoridade competente verificar que o trabalho executado pelo menor é prejudicial à sua saúde, ao seu desenvolvimento físico ou à sua moralidade, poderá ela obrigá-lo a

abandonar o serviço, devendo a respectiva empresa, quando for o caso, proporcionar ao menor todas as facilidades para mudar de funções.
(B) Ao responsável legal do menor é facultado pleitear a extinção do contrato de trabalho, desde que o serviço possa acarretar para ele prejuízo de ordem física ou moral.
(C) O empregador, cuja empresa ou estabelecimento ocupar menores, será obrigado a conceder-lhes o tempo que for necessário para a frequência às aulas.
(D) Ao menor de 18 anos é vedado o trabalho noturno, considerado, na área urbana ou rural, o que for executado no período compreendido entre as 20 (vinte) e as 5 (cinco) horas.
(E) Os estabelecimentos situados em lugar onde a escola estiver a maior distância que dois quilômetros e que ocuparem, permanentemente, mais de trinta menores analfabetos, serão obrigados a manter local apropriado em que lhes seja ministrada a instrução primária.

RESPOSTA De acordo com o art. 404, da CLT, ao menor de 18 (dezoito) anos é vedado o trabalho noturno, considerado este o que for executado no período compreendido entre as 22 (vinte e duas) e as 5 (cinco) horas. *Alternativa D.*

03 (Analista de Gestão Corporativa – Advogado – Hemobrás – CESPE – 2008) Ao menor de 18 anos é vedado o trabalho noturno.

( ) Certo   ( ) Errado

RESPOSTA Conforme previsto na Constituição Federal, art. 7º, XXXIII, proíbe-se o trabalho noturno, perigoso ou insalubre a menores de dezoito, e qualquer trabalho a menores de dezesseis anos, salvo na condição de aprendiz, a partir de quatorze anos. *Alternativa Certa.*

04 (Técnico Judiciário – Área Administrativa – TRT – 5ª Região/BA – CESPE – 2008) Ao menor não será permitido o trabalho nos locais perigosos ou insalubres.

( ) Certo   ( ) Errado

RESPOSTA Embora a Constituição não tenha vedado ao menor o trabalho em atividade penosa, o Estatuto da Criança e do Adolescente proibiu expressamente o trabalho do menor em atividade dessa natureza (Lei n. 8.069/90), conforme o art. 67: "Ao adolescente empregado, aprendiz, em regime familiar de trabalho, aluno de escola técnica, assistido em entidade governamental ou não-governamental, é vedado trabalho: I – noturno, realizado entre as vinte e duas horas de um dia e as cinco horas do dia seguinte; II – perigoso, insalubre ou penoso;". *Alternativa Certa.*

PARA GABARITAR

Ao menor só é possível a prestação de horas extras de forma excepcional, mediante o sistema de compensação semanal ou por motivo de força maior. Mas a lei veda essa possibilidade para o aprendiz, pois para ele não há prorrogação de jornada.

Destaca-se a Portaria n. 3.296/86 do Ministério do Trabalho, que prevê a substituição da concessão de creche pelo pagamento, pelo empregador, do "reembolso creche". Este deve cobrir, integralmente, despesas efetuadas com o pagamento de creches de livre escolha da empregada, ou outra modalidade de prestação de serviço dessa natureza, pelo menos até os seis meses de idade da criança, nas condições, prazos e valor estipulados em norma coletiva.

CAPÍTULO 14   Prescrição e decadência

1. DEFINIÇÕES

A prescrição, conforme previsão no Código Civil, em seu art. 189, é definida da seguinte forma: "Violado o direito, nasce para o titular a pretensão, a qual se extingue, pela prescrição...".

Portanto, a prescrição é a perda da pretensão pelo decurso do tempo em razão da inércia de seu titular.

Por sua vez, a pretensão se fundamenta na ideia da possibilidade de o titular de um direito recorrer ao poder coercitivo do Estado, por meio do Poder Judiciário, para exigir a sua satisfação.

A prescrição não incide sobre as ações meramente declaratórias, ao contrário do que ocorre nas ações de natureza condenatória.

> Art. 11 da CLT. "A pretensão quanto a créditos resultantes das relações de trabalho prescreve em cinco anos para os trabalhadores urbanos e rurais, até o limite de dois anos após a extinção do contrato de trabalho.
> § 1º O disposto neste artigo não se aplica às ações que tenham por objeto anotações para fins junto à Previdência Social."

A decadência é a perda do direito potestativo em virtude da inércia de seu titular quanto ao seu exercício.

O direito potestativo é aquele exercido pelo seu titular independentemente da vontade do outro, ou seja, diante do exercício por seu titular, não há como ocorrer a resistência de um terceiro.

A decadência, portanto, atinge o direito em si, ao contrário da prescrição, que alcança a pretensão.

Sobre a decadência, o exemplo clássico encontra-se no art. 853 da CLT, que determina o prazo de 30 dias, contados a partir da data de suspensão do empregado, para o empregador ajuizar o inquérito para apuração de falta grave.

Quanto à prescrição, de acordo com o teor da OJ 130 da SDI-1 do TST, devem as partes argui-la como matéria de defesa nas instâncias ordinárias. A Súmula 153 do TST dispõe que "não se conhece de prescrição não arguida na instância ordinária".

O art. 7º, XXIX, da CF/88, traz os prazos prescricionais: "ação, quanto aos créditos resultantes das relações de trabalho, com prazo prescricional de cinco anos para os trabalhadores urbanos e rurais, até o limite de dois anos após a extinção do contrato de trabalho".

Atenção! A Reforma Trabalhista acrescentou o art. 611-B à CLT para especificar taxativamente um marco regulatório com as matérias que não podem ser objeto de negociação, por serem direitos que se enquadram no conceito de indisponibilidade absoluta, preservando-se o que se convencionou denominar de patamar civilizatório mínimo dos trabalhadores.

> "Art. 611-B. Constituem objeto ilícito de convenção coletiva ou de acordo coletivo de trabalho, exclusivamente, a supressão ou a redução dos seguintes direitos:
> (...)
> XXI – ação, quanto aos créditos resultantes das relações de trabalho, com prazo prescricional de cinco anos para os trabalhadores urbanos e rurais, até o limite de dois anos após a extinção do contrato de trabalho;"

Quanto ao FGTS, chama-se a atenção para o novo posicionamento assumido pelo STF; o TST alterou o teor da Súmula 362, igualando a prescrição quinquenal para o não recolhimento dos depósitos do FGTS.

2. PRESCRIÇÃO BIENAL E PRESCRIÇÃO QUINQUENAL

Menciona o art. 7º, XXIX, da CF/88: "ação, quanto aos créditos resultantes das relações de trabalho, com prazo prescricional de cinco anos para os trabalhadores urbanos e rurais, até o limite de dois anos após a extinção do contrato de trabalho".

Ainda neste teor, dispõe a Súmula 308 do TST:

> Súmula 308. "PRESCRIÇÃO QUINQUENAL (incorporada a Orientação Jurisprudencial 204 da SBDI-1). Resolução n. 129/2005, *DJ* de 20, 22 e 25-4-2005.
> I – Respeitado o biênio subsequente à cessação contratual, a prescrição da ação trabalhista concerne às pretensões imediatamente anteriores a cinco anos, contados da data do ajuizamento da reclamação e, não, às anteriores ao quinquênio da data da extinção do contrato.
> II – A norma constitucional que ampliou o prazo de prescrição da ação trabalhista para 5 (cinco) anos é de aplicação imediata e não atinge pretensões já alcançadas pela prescrição bienal quando da promulgação da CF/1988."

A partir da interpretação dessa Súmula, evidencia-se que a contagem da prescrição quinquenal tem início na data do ajuizamento da ação e não no término do contrato de trabalho. Já a prescrição bienal tem sua contagem iniciada automaticamente após o término do contrato de trabalho.

3. PRESCRIÇÃO TOTAL E PRESCRIÇÃO PARCIAL

A prescrição pode ser, ainda, classificada em total ou parcial.

Será *prescrição parcial* quando o direito atingido envolver parcelas de trato sucessivo fundadas em dispositivo legal. Na prescrição parcial a lesão renova-se mês a mês. Por sua vez, haverá *prescrição total* quando a lesão decorrer de ato do empregador que de forma direta e instantânea altere o contrato de trabalho.

4. DAS CAUSAS INTERRUPTIVAS, SUSPENSIVAS E IMPEDITIVAS

Destaca-se que todas as causas impeditivas, interruptivas ou suspensivas do prazo prescricional têm que estar previstas em lei. Na verdade, todas as hipóteses de prescrição têm necessariamente previsão legal. Como vimos, não existe prescrição convencional.

a) Causas Impeditivas: o prazo prescricional não tem sequer início de contagem.

b) Causas Suspensivas: as causas suspensivas, como o próprio nome já diz, suspendem o curso do prazo prescricional. Este terá sua contagem retomada do ponto em que parou quando do fim da causa suspensiva.

5. PRESCRIÇÃO INTERCORRENTE

É notória a divergência entre o TST e o STF sobre o cabimento da prescrição intercorrente na Justiça do Trabalho, ou seja, quanto ao cabimento da prescrição no curso do processo.

Enquanto o STF entende ser cabível, o TST já declarou que esse instituto é inaplicável na Justiça trabalhista.

> Súmula 114 do TST. "PRESCRIÇÃO INTERCORRENTE (mantida). Resolução n. 121/2003, *DJ* de 19, 20 e 21-112003. É inaplicável na Justiça do Trabalho a prescrição intercorrente."

> Súmula 327 do STF. "DIREITO TRABALHISTA – ADMISSIBILIDADE – PRESCRIÇÃO INTERCORRENTE. O direito trabalhista admite a prescrição intercorrente."

Prescrição intercorrente é aquela que ocorre no curso do processo, sendo sua incidência mais frequente na fase de execução. Podemos afirmar que se trata de uma penalidade aplicada em razão da inércia da parte no andamento processual.

Convém recordar que a prescrição não é a perda do direito, mas a perda da ação correspondente ao implemento do direito pretendido, pela passagem do tempo e inércia do titular do direito em buscá-lo.

A redação do art. 11-A, introduzida pela Reforma Trabalhista, é criteriosa, a ponto de prever que a prescrição intercorrente (que ocorre na fase de execução do processo) somente ocorrerá após dois anos.

Art. 11-A da CLT. "Ocorre a prescrição intercorrente no processo do trabalho no prazo de dois anos.

§ 1º A fluência do prazo prescricional intercorrente inicia-se quando o exequente deixa de cumprir determinação judicial no curso da execução.

§ 2º A declaração da prescrição intercorrente pode ser requerida ou declarada de ofício em qualquer grau de jurisdição."

O marco inicial do prazo da prescrição intercorrente ocorre somente quando o próprio exequente deixa de cumprir alguma determinação do juízo para prosseguir com o processo.

Até mesmo os créditos da Fazenda Pública podem prescrever de forma intercorrente, na forma da lei federal regente. O prazo de dois anos foi estabelecido a partir da norma constitucional, que prevê o prazo prescricional de dois anos para propositura de ação.

LEGISLAÇÃO CORRELATA

Sobre a decadência, dispõe a CLT:

"Art. 853. Para a instauração do inquérito para apuração de falta grave contra empregado garantido com estabilidade, o empregador apresentará reclamação por escrito à Junta ou Juízo de Direito, dentro de 30 (trinta) dias, contados da data da suspensão do empregado".

Além do mais, dispõem a Súmula 403 do STF e a Súmula 62 do TST, ainda no que diz respeito à decadência:

Súmula 403 do STF. "DECADÊNCIA. PRAZO PARA INSTAURAÇÃO DO INQUÉRITO JUDICIAL. CONTAGEM. SUSPENSÃO, POR FALTA GRAVE, DE EMPREGADO ESTÁVEL. É de decadência o prazo de trinta dias para instauração do inquérito judicial, a contar da suspensão, por falta grave, de empregado estável."

Súmula 62 do TST. "ABANDONO DE EMPREGO (mantida). Resolução n. 121/2003, *DJ* de 19, 20 e 21-11-2003. O prazo de decadência do direito do empregador de ajuizar inquérito em face do empregado que incorre em abandono de emprego é contado a partir do momento em que o empregado pretendeu seu retorno ao serviço."

O art. 7º, XXIX, da CF/88, traz os prazos prescricionais, conforme se segue:

Art. 7º, "XXIX – ação, quanto aos créditos resultantes das relações de trabalho, com prazo prescricional de cinco anos para os trabalhadores urbanos e rurais, até o limite de dois anos após a extinção do contrato de trabalho."

Quanto ao FGTS, chama-se a atenção para o novo posicionamento assumido pelo STF. O TST alterou o teor da Súmula 362 igualando a prescrição quinquenal para o não recolhimento dos depósitos do FGTS.

> Súmula 362 do TST. "FGTS. PRESCRIÇÃO (nova redação) – Res. 198/2015, republicada em razão de erro material – *DEJT* divulgado em 12, 15 e 16-6-2015
> I – Para os casos em que a ciência da lesão ocorreu a partir de 13-11-2014, é quinquenal a prescrição do direito de reclamar contra o não-recolhimento de contribuição para o FGTS, observado o prazo de dois anos após o término do contrato;
> II – Para os casos em que o prazo prescricional já estava em curso em 13-11-2014, aplica-se o prazo prescricional que se consumar primeiro: trinta anos, contados do termo inicial, ou cinco anos, a partir de 13-11-2014."

ENTENDIMENTO DOUTRINÁRIO

O ilustre magistrado Gustavo Cisneiros (2016, p. 91) traça algumas valorosas considerações sobre a prescrição: "A prescrição trabalhista vem definida nos arts. 7º, XXIX, da CF e 11 da CLT, complementados pela importante Súmula 308 do TST. A prescrição trabalhista é de cinco anos, ou seja, o credor trabalhista pode recuperar os créditos dos últimos cinco anos, a contar da data da propositura da reclamação. Esse 'vício' de falar em 'data da propositura da ação' vem do corriqueiro fato de o empregado ajuizar reclamação apenas depois da extinção contratual".

JURISPRUDÊNCIA

> "RECURSO DE REVISTA. PROCESSO ELETRÔNICO – FGTS. INCIDÊNCIA SOBRE PARCELAS PRESCRITAS. PRESCRIÇÃO QUINQUENAL. Nos termos da Súmula 206 do TST, a prescrição da pretensão relativa às parcelas remuneratórias alcança o respectivo recolhimento da contribuição para o FGTS. Recurso de Revista não conhecido" (TST – RR n. 536-74.2011.504.0006, Relator: Márcio Eurico Vitral Amaro, Data de Julgamento: 29-4-2015, 8ª Turma, Data de Publicação: *DEJT* 4-5-2015).

> "CONTROVÉRSIA SOBRE VÍNCULO DE EMPREGO. PRESCRIÇÃO. TERMO INICIAL. PROJEÇÃO DO AVISO-PRÉVIO. INCIDÊNCIA DA ORIENTAÇÃO JURISPRUDENCIAL 83 DA SBDI-I. A diretriz consagrada na Orientação Jurisprudencial 83 da SBDI-I, segundo a qual se computa a projeção do aviso-prévio na duração do contrato de emprego para efeito de contagem do prazo prescricional, se estende aos casos em que o vínculo empregatício ainda não foi espontaneamente reconhecido entre as

partes ou judicialmente declarado. Sob esse entendimento, a SBDI-I, por maioria, conheceu dos embargos, por divergência jurisprudencial, e, no mérito, negou-lhes provimento, mantendo, portanto, a decisão turmária que dera provimento ao recurso de revista para determinar o retorno dos autos à Vara de origem, a fim de que, afastada a prescrição bienal, prossiga no exame dos pedidos do reclamante como entender de direito. Na espécie, o TRT manteve a sentença que declarou a prescrição total do direito de ação para postular o reconhecimento da relação de emprego, sob o fundamento de que o ajuizamento da reclamação deu-se após dois anos da cessação da prestação de serviços pelo reclamante no exercício da atividade profissional de corretor de imóveis. Vencidos os Ministros João Oreste Dalazen, relator, Ives Gandra da Silva Martins Filho, Brito Pereira, Guilherme Augusto Caputo Bastos e Walmir Oliveira da Costa, os quais entendiam que a relação originalmente havida entre as partes, ainda que passível de modificação em juízo, não era de emprego, não permitindo, portanto, a dilação do termo inicial da contagem do prazo prescricional conforme preconizado pela Orientação Jurisprudencial 83 da SBDI-I" (TST-E-ED-RR-277-72.2012.5.01.0024, SBDI-I, Relator Ministro: João Oreste Dalazen, red. p/ o acórdão Ministro Augusto César Leite de Carvalho, 15-9-2016 – *Informativo* n. 144 do TST).

"REDUÇÃO SALARIAL. DIFERENÇAS. VIOLAÇÃO DO ART. 7º, VI, DA CF E DOS ARTS. 444 E 468 DA CLT. PRESCRIÇÃO PARCIAL. PARTE FINAL DA SÚMULA 294 DO TST. Aplica-se a prescrição parcial à pretensão de diferenças salariais na hipótese em que o reclamante, ao retornar ao trabalho após afastamento por auxílio-doença, teve seu salário reduzido sob o argumento de que não teria mais condições físicas para exercer sua antiga função. A proteção ao salário está consagrada no art. 7º, VI, da CF e também nos arts. 444 e 468 da CLT, referentes à irredutibilidade salarial e à inalterabilidade contratual lesiva. Assim, incide a parte final da Súmula 294 do TST, pois a cada mês se renova a violação da norma constitucional e da CLT. Sob esses fundamentos, a SBDI-I, por maioria, conheceu dos embargos por divergência jurisprudencial, e, no mérito, deu-lhes provimento para aplicar a prescrição parcial à pretensão de diferenças salariais decorrentes da redução salarial e determinar o retorno dos autos à Vara do Trabalho de origem para que analise esse pedido, como entender de direito. Vencidos os Ministros João Oreste Dalazen, Brito Pereira, Renato de Lacerda Paiva, Márcio Eurico Vitral Amaro e Walmir Oliveira da Costa" (TST-E-ED-RR-44500-65.2005.5.10.0005, SBDI-I, Relator Ministro: José Roberto Freire Pimenta, 9-2-2017 – *Informativo* n. 152 do TST).

"TRABALHADOR PORTUÁRIO AVULSO. PRESCRIÇÃO BIENAL E QUINQUENAL. CANCELAMENTO DA ORIENTAÇÃO JURISPRUDENCIAL 384 DA SBDI-I. LEI N. 12.815/2013. Para o trabalhador portuário avulso, o prazo prescricional bienal conta-se a partir do cancelamento do registro ou do cadastro junto ao Órgão Gestor de Mão de Obra – OGMO, não mais se aplicando o entendimento contido na cancelada Orientação Jurisprudencial 384 da SBDI-I, no sentido de que a prescrição bienal conta-se da data do término de cada prestação de serviço (engajamento). Na vigência do credenciamento permanece a incidência da prescrição quinquenal, pois os trabalhadores portuários avulsos cadastrados estão ligados ao OGMO de forma direta, sucessiva e contínua, cabendo a ele atuar como intermediário entre os trabalhadores e os tomadores de serviços. Corrobora esse entendimento o art. 37, § 4º, da Lei n. 12.815, de 2013, segundo o qual "as ações relativas aos créditos decorrentes da relação de trabalho avulso prescrevem em 5 (cinco) anos até o limite de 2 (dois) anos após o cancelamento do registro ou do cadastro no órgão gestor de mão de obra". Sob esses fundamentos, a SBDI-I, por maioria, não conheceu dos embargos interpostos pelas reclamadas, mantendo a decisão turmária que declarara que a prescrição incidente ao caso é a quinquenal. Vencidos os Ministros Ives Gandra da Silva Martins Filho, João Oreste Dalazen, Renato de Lacerda Paiva, Guilherme Augusto Caputo Bastos e Walmir Oliveira da Costa" (TST-EED-RR-183000-24.2007.5.05.0121, SBDI-I, Relator Ministro: José Roberto Freire Pimenta, 4-8-2016 – *Informativo* n. 141 do TST).

QUESTÕES COMENTADAS

01 **(Procurador Municipal – PGM – Campo Grande – MS – CESPE – 2019)** A respeito de prescrição no processo do trabalho, julgue o seguinte item, de acordo com a legislação processual trabalhista.

No processo trabalhista, não ocorre a prescrição intercorrente.

( ) **Certo**   ( ) **Errado**

RESPOSTA Errado. A Reforma Trabalhista incluiu expressamente tal possibilidade, na altura do art. 11-A da CLT: "Art. 11-A. Ocorre a prescrição intercorrente no processo do trabalho no prazo de dois anos."

02 **(Procurador Municipal – PGM – Campo Grande – MS – CESPE – 2019)** A respeito de prescrição no processo do trabalho, julgue o seguinte item, de acordo com a legislação processual trabalhista.

As ações que tenham por objeto anotações na carteira de trabalho para fins de prova junto à previdência social não estão sujeitas a prazo prescricional.

( ) **Certo**   ( ) **Errado**

RESPOSTA Certo. Art. 11 da CLT. "A pretensão quanto a créditos resultantes das relações de trabalho prescreve em cinco anos para os trabalhadores urbanos e rurais, até o limite de dois anos após a extinção do contrato de trabalho. § 1º O disposto neste artigo não se aplica às ações que tenham por objeto anotações para fins de prova junto à Previdência Social."

---

03 (Procurador do Trabalho – MPT – 2015) A respeito da prescrição é CORRETO afirmar.

(A) O prazo prescricional para reclamar férias inicia na data em que o empregador se recusa a concedê-las.

(B) Segundo o STF, é trintenária a prescrição do direito de reclamar contra o não recolhimento da contribuição para o FGTS, observado o prazo de 2 (dois) anos após o término do contrato de trabalho.

(C) Da extinção do último contrato começa a fluir o prazo prescricional do direito de ação em que se objetiva a soma de períodos descontínuos de trabalho.

(D) A prescrição começa a fluir na data do pagamento do aviso prévio indenizado.

(E) Não respondida.

RESPOSTA De acordo com a interpretação da Súmula 156 do TST, da extinção do último contrato começa a fluir o prazo prescricional do direito de ação em que se objetiva a soma de períodos descontínuos de trabalho. *Alternativa C.*

---

04 (Procurador – TCE-PB – CESPE – 2014) No que se refere à prescrição e à decadência aplicáveis ao direito do trabalho, assinale a opção correta.

(A) Conta-se da extinção de cada contrato de trabalho a prescrição do direito de ação em que se objetive a soma dos períodos descontínuos de trabalho.

(B) Respeitado o biênio subsequente à cessação contratual para a propositura da ação trabalhista, a prescrição trabalhista atinge as parcelas anteriores ao quinquênio da data da rescisão do contrato de trabalho.

(C) A prescrição para postular do empregador o recolhimento do FGTS é vintenária, observado o prazo de dois anos após o término do contrato de trabalho.

(D) A prescrição apenas pode ser arguida até o momento da contestação.

(E) A prescrição do direito de reclamar a concessão das férias ou o pagamento da respectiva remuneração é contada do término do prazo do período concessivo ou, quando for o caso, da cessação do contrato de trabalho.

RESPOSTA Conforme interpretação da Súmula 362 do TST sobre a prescrição do FGTS para os casos em que a ciência da lesão ocorreu a partir de 13-11-2014, é quinquenal a prescrição do direito de reclamar o não recolhimento de contribuição para o FGTS, observado o prazo de dois anos após o término do contrato. E para os casos em que o prazo prescricional já estava em curso em 13-11-2014, aplica-se aquele que se consumar primeiro: trinta anos, contados do termo inicial, ou cinco anos, a partir de 13-11-2014. *Alternativa E.*

05 (Analista Judiciário – Área Judiciária – TST – CESPE – 2008) O trabalhador urbano tem direito de reclamar crédito oriundo da relação de trabalho até cinco anos do fato, observado o biênio a partir do término do contrato de trabalho, enquanto ao trabalhador rural se aplica o prazo bienal para reclamar direitos trabalhistas.

( ) Certo   ( ) Errado

RESPOSTA Observe que o emprego da palavra "enquanto" fez com que o trabalhador rural tivesse somente a prescrição bienal, e não a quinquenal, o que constitui erro flagrante, conforme os dispositivos já citados. *Alternativa Errada.*

---

06 (Analista Judiciário – Área Administrativa – TRT – 9ª REGIÃO/PR – CESPE – 2007) A prescrição quinquenal do direito de reclamar o gozo de férias ou a respectiva indenização é contada do término do período concessivo, observado o biênio posterior à rescisão do contrato de trabalho.

( ) Certo   ( ) Errado

RESPOSTA A prescrição do direito às férias deve ser contada após o término do período concessivo, na forma do art. 149, da CLT. Deve ser respeitada a prescrição prevista no art. 7º, XXIX, da CF, de cinco anos, limitada a dois após o término do contrato de trabalho. *Alternativa Certa.*

PARA GABARITAR

A prescrição quinquenal é aquela que ocorre na vigência do contrato de trabalho, e a prescrição bienal ocorre após a extinção do contrato de trabalho.

Não corre prescrição e decadência contra os absolutamente incapazes.

PARA MEMORIZAR

Prescrição	Decadência
Atinge/extingue a pretensão por estar relacionada a um direito subjetivo (a uma prestação).	Está relacionada a um direito potestativo.
O início da contagem do prazo prescricional se dá com a lesão do direito.	O início do prazo decadencial surge com o próprio direito.
Os casos de prescrição e seus respectivos prazos só podem ser estabelecidos por lei. Art. 192, do CC – Os prazos de prescrição não podem ser alterados por acordo das partes.	Os casos de decadência e seus respectivos prazos podem ser estabelecidos por lei ou pelas partes, sendo neste caso usualmente chamada de convencional. Contudo, nos casos em que a lei estabelecer um prazo decadencial, as partes não poderão dispor em sentido contrário.

A prescrição se submete às causas previstas nos arts. 197 a 202 do CC, quais sejam: – Impeditivas; – Suspensivas; – Interruptivas.	Art. 207 do CC – Salvo disposição legal em contrário, não se aplicam à decadência as normas que impedem, suspendem, ou interrompem a prescrição.
A prescrição será pronunciada de ofício pelo juiz (art. 332, § 1º, CPC). Esta regra, todavia, de acordo com o TST, não se aplica à Justiça do Trabalho.	A decadência legal será conhecida de ofício pelo juiz. A decadência convencional, por seu turno, terá que ser arguida pelas partes.
A prescrição, depois de consumada, pode ser renunciada. Art. 191 do CC – A renúncia da prescrição pode ser expressa ou tácita, e só valerá, sendo feita, sem prejuízo de terceiro, depois que a prescrição se consumar; tácita é a renúncia quando se presume de fatos do interessado, incompatíveis com a prescrição.	A decadência legal é irrenunciável. Art. 209 do CC – É nula a renúncia à decadência fixada em lei.

CAPÍTULO 15 Estabilidade e garantia de emprego

1. DEFINIÇÕES

Define-se a estabilidade no emprego como uma vantagem jurídica de natureza permanente que assegura ao empregado a manutenção do vínculo de emprego, independentemente da vontade do empregador.

O trabalhador usufruirá da sua condição de estável, desde que se enquadre em uma das causas ensejadoras da estabilidade tipificadas em lei.

A estabilidade não se confunde com as garantias, tendo em vista que ela é permanente, enquanto estas possuem um caráter provisório.

Apesar de ter um caráter permanente, o uso reiterado do termo estabilidade como sinônimo de garantia de emprego já consagrou esta expressão como correta.

A seguir, aponta-se para diversas formas conhecidas de estabilidade:

Estabilidade decenal: A estabilidade decenal está prevista na CLT em seu art. 492, garantindo que o empregado que contar mais de dez anos de serviço na mesma empresa não poderá ser despedido senão por motivo de falta grave ou circunstância de força maior, devidamente comprovadas. Ressalta-se que em 1966 surgiu o FGTS facultativo, que gerava para o empregado o direito de optar pelo regime que lhe parecesse mais favorável: ele escolhia o sistema da CLT e seria beneficiário da estabilidade decenal, ou escolhia o sistema do FGTS e passaria a fazer jus ao recolhimento mensal de 8% sobre a sua remuneração, pagamento da multa indenizatória de 10% (valor da época) e levantamento dos depósitos nas hipóteses permitidas na lei. A partir da CF/88, o FGTS passou a ser obrigatório a todos os trabalhadores, garantindo-se o direito adquirido aos trabalhadores que já eram estáveis decenais antes da promulgação da Constituição.

Estabilidade do art. 19, do ADCT, da CF/88: O art. 19, do ADCT, prevê uma forma de estabilidade conhecida como estabilidade definitiva, ou seja, trata da situação dos trabalhadores que prestavam serviços para a Administração Pública antes do advento da CF/88 e da exigência de concurso público para contratação de servidor.

Estabilidade prevista no art. 41 da CF/88: De acordo com o art. 41, da CF/88, são estáveis após três anos de efetivo exercício os servidores nomeados para cargo de provimento efetivo em virtude de concurso público. O servidor público estável só perderá o cargo em virtude de: sentença judicial transitada em julgado; mediante processo administrativo em que lhe seja assegurada ampla defesa; mediante procedimento de avaliação periódica de desempenho, na forma de lei complementar, assegurada ampla defesa.

2. ESTABILIDADE PROVISÓRIA

As normas coletivas também poderão estabelecer outras hipóteses de garantias de emprego.

Empregado eleito dirigente sindical: Visa proteger a independência da atuação do empregado no exercício do mandato de dirigente sindical, assegurando-lhe as condições básicas para que possa exercer a defesa dos interesses da categoria, conforme inciso VIII, do art. 8º, da CF/88: "é vedada a dispensa do empregado sindicalizado a partir do registro da candidatura a cargo de direção ou representação sindical e, se eleito, ainda que suplente, até um ano após o final do mandato, salvo se cometer falta grave nos termos da lei".

O TST recentemente firmou entendimento no sentido de que é assegurada a estabilidade provisória mesmo se a comunicação do registro da candidatura for realizada após o prazo de 24 horas estabelecido no § 5º, do art. 543, da CLT. Entende o TST que a comunicação ao empregador deverá ser feita por qualquer meio, desde que ocorra na vigência do contrato de trabalho.

É de sete, no máximo, e de três, no mínimo, o número de dirigentes titulares e suplentes que detêm a garantia da estabilidade.

As regras estabelecidas para a estabilidade do dirigente sindical também são aplicadas aos dirigentes eleitos para o Conselho de Representantes das Federações e Confederações.

Empregados eleitos diretores de sociedades cooperativas: Os diretores de sociedades cooperativas terão as mesmas garantias asseguradas aos dirigentes sindicais. Portanto, aos diretores titulares de sociedade cooperativa é assegurada a estabilidade desde o registro de suas candidaturas, até um ano após o final de seus mandatos. No entanto, essa garantia só incide para os empregados eleitos diretores, não se aplicando aos suplentes, conforme art. 55, da Lei n. 5.764/71, e OJ 253 da SDI-1 do TST.

Empregados eleitos membros da CIPA: De acordo com o art. 163, da CLT, "Será obrigatória a constituição de Comissão Interna de Prevenção de Acidentes (CIPA), de conformidade com instruções expedidas pelo Ministério do Trabalho, nos estabelecimentos ou locais de obra nelas especificadas". Nesse sentido, a NR 5 do MT dispõe que "a CIPA – Comissão Interna de Prevenção de Acidentes tem como objetivo a prevenção de acidentes e doenças decorrentes do trabalho, de modo a tornar compatível permanentemente o trabalho com a preservação da vida e a promoção da saúde do trabalhador".

A estabilidade garantida aos cipeiros representantes dos empregados veda apenas que eles sofram a despedida arbitrária (art. 165, da CLT), além de não se exigir a comprovação do justo motivo por meio do inquérito para apuração de falta grave, como ocorre no caso dos empregados eleitos dirigentes sindicais.

Assim, a garantia ao empregado cipeiro visa a autonomia no exercício do seu mandato.

O prazo da estabilidade do cipeiro representante dos trabalhadores está previsto no inciso II, do art. 10, do ADCT, da CF/88: "II – fica vedada a dispensa arbitrária ou sem justa causa: do empregado eleito para cargo de direção de comissões internas de prevenção de acidentes, desde o registro de sua candidatura até 1 ano após o final de seu mandato".

Empregados eleitos membros de Comissão de Conciliação Prévia (CCP): A comissão de conciliação prévia deverá ser constituída de forma paritária, de modo a assegurar para cada representante do empregador um representante dos empregados. Tal previsão está disposta no § 1º, do art. 625-B, da CLT, apenas para os representantes dos trabalhadores, titulares e suplentes, assim como no caso das CIPAs.

A CLT é omissa em relação ao marco inicial da estabilidade dos membros da CCP, e as bancas de concursos do Brasil têm adotado entendimento no sentido de que ela tem início com a eleição.

Gestante: A empregada gestante tem estabilidade no emprego desde a confirmação da gravidez até cinco meses após o parto. Esse direito foi estendido também às empregadas domésticas por força do art. 25, parágrafo único, da LC n. 150/2015.

Caso a gestante cometa falta grave, ela poderá ser dispensada por justa causa, sem a necessidade de apuração por inquérito.

No tocante à estabilidade da gestante, assegura o art. 10, do ADCT, da CF/88: "II – fica vedada a dispensa arbitrária ou sem justa causa: (...) b) da empregada gestante, desde a confirmação da gravidez até 5 meses após o parto".

Em relação à estabilidade da gestante, algumas questões pontuais são importantes e merecem ser abordadas, tais como a possibilidade de renúncia e transação do direito à estabilidade. O desconhecimento do estado gravídico pelo empregador não afasta o direito ao pagamento da indenização decorrente da estabilidade, de acordo com a Súmula 244 do TST.

O desconhecimento do estado gravídico, pelo empregador, não afasta o direito à estabilidade. Assim sendo, essa garantia provisória de emprego da gestante independe da comunicação ao empregador da gravidez. Mesmo que a própria empregada desconheça sua gravidez (o que é comum no início da gestação) não é necessário que o empregador tenha conhecimento da gravidez.

No dia 10 de outubro de 2018, o STF negou provimento ao RE 629.053 e fixou a tese com repercussão geral "A incidência da estabilidade prevista no art. 10, II, do ADCT, somente exige a anterioridade da gravidez à dispensa sem justa causa". Dessa forma, não é necessário que o empregador tenha conhecimento do estado gravídico da mulher, bastando que a gravidez tenha se dado no curso do contrato de trabalho.

Empregado acidentado: Segundo a Lei Previdenciária n. 8.213/91, o empregado que sofreu acidente de trabalho faz jus à estabilidade provisória de 12 meses, após o término do auxílio-doença acidentário, considerando como acidente de trabalho tanto o acidente propriamente dito, que ocorre dentro do local de trabalho, quanto a doença ocupacional.

Cabe destacar ainda que, de acordo com a jurisprudência dominante do TST, é assegurada a estabilidade provisória para o denominado acidente de trajeto, que é aquele que ocorre no trajeto casa-trabalho e trabalho-casa.

No dia 12 de novembro de 2019, foi publicada a MP n. 905/2019 que instituiu o Contrato de Trabalho Verde e Amarelo e alterou diversos dispositivos da CLT e da legislação esparsa. Dentre as modificações realizadas, houve a revogação do art. 22, IV, *d*, da Lei n. 8.213/1991:

> Art. 21, Lei n. 8.213/1991. "Equiparam-se também ao acidente do trabalho, para efeitos desta Lei:
> (...)
> IV. o acidente sofrido pelo segurado ainda que fora do local e horário de trabalho:
> (...)
> *d)* no percurso da residência para o local de trabalho ou deste para aquela, qualquer que seja o meio de locomoção, inclusive veículo de propriedade do segurado." (**Revogado pela Medida Provisória n. 905, de 2019.**)

Dessa forma, o acidente de trajeto não é mais considerado acidente do trabalho para a legislação previdenciária. Se o trabalhador sofrer acidente durante o trajeto de sua residência ao trabalho e do trabalho para a sua residência não terá direito aos benefícios previdenciários relacionados ao acidente de trabalho e não terá direito à estabilidade do acidentado.

Empregados eleitos membros do conselho curador do FGTS: A Lei n. 8.036/90, em seu art. 3º, § 9º, assegura aos membros do Conselho Curador do FGTS representantes dos trabalhadores estabilidade desde a nomeação até um ano após o término do mandato, salvo na hipótese de falta grave apurada por meio de processo sindical.

Representantes dos empregados no Conselho Nacional da Previdência Social – CNPS: Assegura-se a estabilidade, desde a sua nomeação até um ano após o término do mandato, salvo no caso de falta grave comprovada por Inquérito para Apuração de Falta Grave, conforme o art. 3º, § 7º, da Lei n. 8.213/91.

Portador de HIV: O TST se posicionou no sentido de que se presumirá discriminatória a dispensa do empregado portador do vírus do HIV, ou de outra doença grave, que alegue ter sido vítima de estigmas ou preconceito por parte do empregador. Uma vez demonstrada a veracidade da presunção, ou o empregador não faça prova do contrário, o ato da dispensa será considerado inválido, e o empregado terá direito à reintegração, nos moldes da Súmula 443 do TST.

Outrossim, vale dizer que a CLT, após a Reforma Trabalhista, estabelece o grau de lesão para fins de pedido de indenização por dano moral, sendo demasiadamente importante a leitura dos arts. 223-A a 223-G, que tratam do dano extrapatrimonial.

LEGISLAÇÃO CORRELATA

No tocante à estabilidade provisória do empregado eleito dirigente sindical, dispõe o inciso VIII, do art. 8º, da CF/88: "é vedada a dispensa do empregado sindicalizado a partir do registro da candidatura a cargo de direção ou representação sindical e, se eleito, ainda que suplente, até um ano após o final do mandato, salvo se cometer falta grave nos termos da lei".

Já o art. 543 da CLT traz a seguinte redação:

> "Art. 543. O empregado eleito para cargo de administração sindical ou representação profissional, inclusive junto a órgão de deliberação coletiva, não poderá ser impedido do exercício de suas funções, nem transferido para lugar ou mister que lhe dificulte ou torne impossível o desempenho das suas atribuições sindicais.
>
> § 1º O empregado perderá o mandato se a transferência for por ele solicitada ou voluntariamente aceita.
>
> (...)
>
> § 4º Considera-se cargo de direção ou de representação sindical aquele cujo exercício ou indicação decorre de eleição prevista em lei.
>
> (...)
>
> § 6º A empresa que, por qualquer modo, procurar impedir que o empregado se associe a sindicato, organize associação profissional ou sindical ou exerça os direitos inerentes à condição de sindicalizado fica sujeita à penalidade prevista na letra *a* do art. 553, sem prejuízo da reparação a que tiver direito o empregado".

O TST recentemente firmou entendimento no sentido de que é assegurada a estabilidade provisória mesmo se a comunicação do registro da candidatura, eleição ou posse não ocorrer no prazo de 24 horas. Entende o TST que a comunicação ao empregador deverá ser feita por qualquer meio, desde que ocorra na vigência do contrato de trabalho.

> Súmula 369 do TST. "DIRIGENTE SINDICAL. ESTABILIDADE PROVISÓRIA (redação do item I alterada na sessão do Tribunal Pleno realizada em 14-9-2012). Resolução n. 185/2012, *DEJT* divulgado em 25, 26 e 27-9-2012.
>
> I – É assegurada a estabilidade provisória ao empregado dirigente sindical, ainda que a comunicação do registro da candidatura ou da eleição e da posse seja realizada fora do prazo previsto no art. 543, § 5º, da CLT, desde que a ciência ao empregador, por qualquer meio, ocorra na vigência do contrato de trabalho."

O item I desta Súmula fala da questão da exigência de que a comunicação do registro da candidatura do empregado seja feita ao empregador, por qualquer meio, desde que ocorra na vigência do contrato de trabalho. Esse item já foi citado por nós há pouco, quando falamos que ele consubstancia um novo posicionamento do TST perante o § 5º do art. 543 da CLT.

"II – O art. 522 da CLT foi recepcionado pela Constituição Federal de 1988. Fica limitada, assim, a estabilidade a que alude o art. 543, § 3º, da CLT a sete dirigentes sindicais e igual número de suplentes."

O item II da Súmula trata da questão da limitação quanto ao número de dirigentes estáveis, dizendo que foi recepcionado o texto do art. 522, da CLT, que dispõe que: "A administração do sindicato será exercida por uma diretoria constituída no máximo de sete e no mínimo de três membros e de um Conselho Fiscal composto de três membros, eleitos esses órgãos pela Assembleia-Geral".

"III – O empregado de categoria diferenciada eleito dirigente sindical só goza de estabilidade se exercer na empresa atividade pertinente à categoria profissional do sindicato para o qual foi eleito dirigente."

O item III da Súmula fala da questão do empregado de categoria diferenciada eleito dirigente sindical. Note que o TST foi muito coerente ao determinar que, se a atividade exercida pelo dirigente sindical na empresa não corresponder à da categoria profissional do sindicato para o qual foi eleito, torna-se inaplicável a concessão da estabilidade provisória sindical.

"IV – Havendo extinção da atividade empresarial no âmbito da base territorial do sindicato, não há razão para subsistir a estabilidade.

V – O registro da candidatura do empregado a cargo de dirigente sindical durante o período de aviso prévio, ainda que indenizado, não lhe assegura a estabilidade, visto que inaplicável a regra do § 3º do art. 543 da Consolidação das Leis do Trabalho."

Apontam-se a seguir os dispositivos que versam sobre a garantia dos representantes dos empregados na CIPA previstos na CLT.

"Art. 164. Cada Cipa será composta de representantes da empresa e dos empregados, de acordo com os critérios que vierem a ser adotados na regulamentação de que trata o parágrafo único do artigo anterior.

§ 1º Os representantes dos empregadores, titulares e suplentes, serão por eles designados.

§ 2º Os representantes dos empregados, titulares e suplentes, serão eleitos em escrutínio secreto, do qual participem, independentemente de filiação sindical, exclusivamente os empregados interessados.

§ 3º O mandato dos membros eleitos da Cipa terá a duração de 1 (um) ano, permitida uma reeleição.

§ 4º O disposto no parágrafo anterior não se aplicará ao membro suplente que, durante o seu mandato, tenha participado de menos da metade do número de reuniões da Cipa.

§ 5º O empregador designará, anualmente, dentre os seus representantes, o Presidente da Cipa e os empregados elegerão, dentre eles, o vice-presidente.

Art. 165. Os titulares da representação dos empregados nas Cipa(s) não poderão sofrer despedida arbitrária, entendendo-se como tal a que não se fundar em motivo disciplinar, técnico, econômico ou financeiro.

Parágrafo único. Ocorrendo a despedida, caberá ao empregador, em caso de reclamação à Justiça do Trabalho, comprovar a existência de qualquer dos motivos mencionados neste artigo, sob pena de ser condenado a reintegrar o empregado."

O texto da Súmula 339 do TST é um dos temas mais presentes em questão de provas objetivas, em especial o item II, no ponto em que dispõe que a estabilidade do cipeiro não constitui uma vantagem pessoal, mas sim uma garantia para que possa exercer as atividades como membro da Cipa.

Súmula 339 do TST. "CIPA. SUPLENTE. GARANTIA DE EMPREGO. CF/1988 (incorporadas as Orientações Jurisprudenciais ns. 25 e 329 da SBDI-1). Resolução n. 129/2005, *DJ* de 20, 22 e 25-4-2005.

I – O suplente da Cipa goza da garantia de emprego prevista no art. 10, II, *a*, do ADCT a partir da promulgação da Constituição Federal de 1988.

II – A estabilidade provisória do cipeiro não constitui vantagem pessoal, mas garantia para as atividades dos membros da Cipa, que somente tem razão de ser quando em atividade a empresa. Extinto o estabelecimento, não se verifica a despedida arbitrária, sendo impossível a reintegração e indevida a indenização do período estabilitário."

Sobre o empregado acidentado e sua estabilidade, dispõe a lei:

Art. 118 da Lei n. 8.213/91: "O segurado que sofreu acidente do trabalho tem garantida, pelo prazo mínimo de 12 meses, a manutenção do seu contrato de trabalho na empresa, após a cessação do auxílio-doença acidentário, independentemente de percepção de auxílio-acidente."

Súmula 378 do TST. "ESTABILIDADE PROVISÓRIA. ACIDENTE DO TRABALHO. ART. 118 DA LEI N. 8.213/1991 (inserido item III). Resolução n. 185/2012, *DEJT* divulgado em 25, 26 e 27-9-2012.

I – É constitucional o art. 118 da Lei n. 8.213/1991 que assegura o direito à estabilidade provisória por período de 12 meses após a cessação do auxílio-doença ao empregado acidentado.

II – São pressupostos para a concessão da estabilidade o afastamento superior a 15 dias e a consequente percepção do auxílio-doença acidentário, salvo se constatada, após a despedida, doença profissional que guarde relação de causalidade com a execução do contrato de emprego.

III – O empregado submetido a contrato de trabalho por tempo determinado goza da garantia provisória de emprego decorrente de acidente de trabalho prevista no art. 118 da Lei n. 8.213/1991."

Inobservadas as garantias de emprego e ocorrendo dispensa de forma arbitrária do empregado pelo empregador, este ato será considerado nulo, e o empregado será reintegrado na função que exercia.

Embora apliquem-se os arts. 495 e 496, da CLT, a indenização a que fará jus o empregado será simples e não em dobro, como menciona o art. 497, da CLT. O art. 497 somente é aplicado aos casos ainda existentes da estabilidade decenal.

Nesse aspecto, pontua-se:

"Art. 495. Reconhecida a inexistência de falta grave praticada pelo empregado, fica o empregador obrigado a readmiti-lo no serviço e a pagar-lhe os salários a que teria direito no período da suspensão.

Art. 496. Quando a reintegração do empregado estável for desaconselhável, dado o grau de incompatibilidade resultante do dissídio, especialmente quando for o empregador pessoa física, o tribunal do trabalho poderá converter aquela obrigação em indenização devida nos termos do artigo seguinte."

A Súmula 396 e a OJ 399 da SDI-1 do TST merecem atenção especial.

Súmula 396 do TST. "ESTABILIDADE PROVISÓRIA. PEDIDO DE REINTEGRAÇÃO. CONCESSÃO DO SALÁRIO RELATIVO AO PERÍODO DE ESTABILIDADE JÁ EXAURIDO. INEXISTÊNCIA DE JULGAMENTO *EXTRA PETITA* (conversão das Orientações Jurisprudenciais ns. 106 e 116 da SBDI-1). Resolução n. 129/2005, *DJ* de 20, 22 e 25-4-2005.

I – Exaurido o período de estabilidade, são devidos ao empregado apenas os salários do período compreendido entre a data da despedida e o final do período de estabilidade, não lhe sendo assegurada a reintegração no emprego.

II – Não há nulidade por julgamento *extra petita* da decisão que deferir salário quando o pedido for de reintegração, dados os termos do art. 496 da CLT."

OJ 399 da SDI-1 do TST. "ESTABILIDADE PROVISÓRIA. AÇÃO TRABALHISTA AJUIZADA APÓS O TÉRMINO DO PERÍODO DE GARANTIA NO EMPREGO. ABUSO DO EXERCÍCIO DO DIREITO DE AÇÃO. NÃO CONFIGURAÇÃO. INDENIZAÇÃO DEVIDA. (*DEJT* divulgado em 2, 3 e 4-8-2010.)

O ajuizamento de ação trabalhista após decorrido o período de garantia de emprego não configura abuso do exercício do direito de ação, pois este está submetido apenas ao prazo prescricional inscrito no art. 7º, XXIX, da CF/1988, sendo devida a indenização desde a dispensa até a data do término do período estabilitário."

Vale notar que a Reforma Trabalhista (Lei n. 13.467/2017), regulamentando o art. 11 da CRFB/88, trouxe para o texto da CLT a previsão da representação dos empregados, o que foi feito nos arts. 510-A a 510-B. Assim, desde o registro da candidatura até um ano após o fim do mandato, o membro da comissão de representantes dos empregados não poderá sofrer despedida arbitrária, entendendo-se como tal a que não se fundar em motivo disciplinar, técnico, econômico ou financeiro.

ENTENDIMENTO DOUTRINÁRIO

Em relação à estabilidade e garantia de emprego, cita-se o trecho a seguir:

> "Estabilidade e garantia de emprego constituem institutos afins, porém diversos, não se confundindo. A garantia de emprego abrange não só a restrição ao direito potestativo de dispensa (estabilidade), como também a instituição de mecanismos de recolocação do trabalhador, de informações, consultas entre empresas, sindicatos, trabalhador, política estatal, criando estímulos para evitar o desemprego. A garantia de emprego é gênero do qual a estabilidade é espécie. Toda medida praticada com o intuito de diminuir o desemprego, recolocar o trabalhador no mercado de trabalho, incentivar a admissão, desestimular a dispensa, obstar ou onerar a despedida arbitrária, capacitar o profissional no sentido de aproveitá-lo no mercado é considerada medida de garantia no emprego. A garantia de emprego é um instituto político-social-econômico, enquanto a estabilidade é um instituto trabalhista" (CASSAR, 2015, p. 1.095).

JURISPRUDÊNCIA

> "RECURSO DE REVISTA. ESTABILIDADE GESTANTE. CONCEPÇÃO NO CURSO DO AVISO PRÉVIO INDENIZADO. A condição essencial para que seja assegurada a estabilidade à gestante é que a gravidez tenha ocorrido no curso do contrato de trabalho (Súmula 244, I, do TST). Nos termos da Orientação Jurisprudencial 82 da SBDI-1 desta Corte, e do art. 487, § 1º, da CLT, o aviso-prévio, ainda que indenizado, integra o contrato de trabalho para todos os efeitos. Portanto, a gravidez ocorrida nesse período não afasta o direito da reclamante à estabilidade provisória prevista no artigo 10, inciso II, alínea *b*, do ADCT. Precedentes. Recurso de revista conhecido e provido" (TST – RR n. 1449-50.2011.502.0511, Relatora: Delaíde Miranda Arantes, Data de Julgamento: 2-9-2015, 2ª Turma, Data de Publicação: *DEJT* de 18-9-2015).

QUESTÕES COMENTADAS

01 (Procurador Municipal – PGM – Campo Grande – MS – CESPE – 2019) Com relação à estabilidade e à garantia provisória de emprego, ao direito de greve e a serviços essenciais, julgue o item seguinte, considerando a jurisprudência do TST.

Situação hipotética: Um empregado estava no período correspondente ao aviso prévio indenizado quando foi eleito presidente do sindicato de sua categoria. Assertiva: Esse empregado adquiriu o direito à estabilidade desde a data de sua eleição.

( ) **Certo**   ( ) **Errado**

RESPOSTA Errado. Importante ressaltar que se ele se candidatar durante o aviso prévio, não terá direito à estabilidade. Súmula 369, V, TST – "O registro da candidatura do empregado a cargo de dirigente sindical durante o período de aviso prévio, ainda que indenizado, não lhe assegura a estabilidade, visto que inaplicável a regra do § 3º do art. 543 da CLT."

---

02 (Advogado – Câmara Municipal de São Carlos – SP – VUNESP – 2013) A estabilidade destinada à gestante:

(A) não se aplica quando se trata de contrato por prazo determinado;
(B) beneficia a empregada quando a gravidez é confirmada no período de aviso prévio;
(C) não favorece a empregada quando a gravidez é confirmada no período de projeção do aviso prévio indenizado;
(D) impossibilita o pedido de demissão da empregada;
(E) subsiste em qualquer hipótese de rescisão do contrato de trabalho da empregada.

RESPOSTA De acordo com o art. 391-A da CLT, a confirmação do estado de gravidez advindo no curso do contrato de trabalho, ainda que durante o prazo do aviso prévio trabalhado ou indenizado, garante à empregada gestante a estabilidade provisória prevista na alínea *b*, do inciso II, do art. 10, do Ato das Disposições Constitucionais Transitórias. *Alternativa B.*

---

03 (Procurador – IPSMI – VUNESP – 2016) A estabilidade provisória destinada ao dirigente sindical:

(A) aplica-se a todos os eleitos, titulares e suplentes;
(B) fica limitada a sete eleitos titulares e igual número de suplentes;
(C) aplica-se a todos os eleitos, apenas limitando a sete o número de suplentes;
(D) não beneficia os suplentes;
(E) subsiste na hipótese de extinção da atividade empresarial na base territorial do sindicato correspondente.

RESPOSTA Trata-se da aplicação da Súmula 369 do TST, que trata da estabilidade provisória destinada ao dirigente sindical, limitada a sete eleitos titulares e igual número de suplentes. *Alternativa B.*

04 (Procurador – TC-DF – CESPE – 2013) O delegado sindical não é beneficiário da estabilidade provisória prevista na CF.

( ) Certo   ( ) Errado

RESPOSTA O delegado sindical não goza da garantia, pois a eleição não é prevista em lei. *Alternativa Certa.*

---

05 (Procurador Municipal – Prefeitura de Ipojuca-PE – CESPE – 2009) O fechamento de filial de uma empresa prejudica a estabilidade do empregado em decorrência de doença profissional.

( ) Certo   ( ) Errado

RESPOSTA A gestante e o acidentado têm a estabilidade personalíssima e não essencialmente a comunitária, como ocorre com o cipista (ou cipeiro). Logo, têm direito à indenização simples no caso da extinção empresarial. *Alternativa Errada.*

PARA GABARITAR

Sempre que for realizado o estudo do tema garantia de emprego e estabilidade, o candidato deve se ater a conhecer o termo inicial e o termo final de cada estabilidade.

CAPÍTULO 16 — Extinção do contrato de trabalho e aviso prévio

1. CONCEITOS

A partir do momento em que ocorre a rescisão do contrato de trabalho, deve ser elaborado um recibo em que constem as parcelas, discriminadamente, a que faça jus o empregado e os motivos da rescisão.

Na extinção do contrato de trabalho, o empregador deverá proceder à anotação na Carteira de Trabalho e Previdência Social, comunicar a dispensa aos órgãos competentes e realizar o pagamento das verbas rescisórias no prazo e na forma estabelecidos no ordenamento.

O instrumento de rescisão ou recibo de quitação, qualquer que seja a causa ou forma de dissolução do contrato, deve ter especificada a natureza de cada parcela paga ao empregado e discriminado o seu valor, sendo válida a quitação, apenas, relativamente às mesmas parcelas.

O pagamento a que fizer jus o empregado será efetuado:

- em dinheiro, depósito bancário ou cheque visado, conforme acordem as partes; ou
- em dinheiro ou depósito bancário quando o empregado for analfabeto.

A entrega ao empregado de documentos que comprovem a comunicação da extinção contratual aos órgãos competentes bem como o pagamento dos valores constantes do instrumento de rescisão ou recibo de quitação deverão ser efetuados até dez dias, contados a partir do término do contrato.

As dispensas imotivadas individuais, plúrimas ou coletivas equiparam-se para todos os fins, não havendo necessidade de autorização prévia de entidade sindical ou de celebração de convenção coletiva ou acordo coletivo de trabalho para sua efetivação.

Atenção! Plano de Demissão Voluntária ou Incentivada, para dispensa individual, plúrima ou coletiva, previsto em convenção coletiva ou acordo coletivo de trabalho, enseja quitação plena e irrevogável dos direitos decorrentes da relação empregatícia, salvo disposição em contrário estipulada entre as partes.

2. AVISO PRÉVIO

Nos contratos por prazo indeterminado, a parte que, sem motivo justo, quiser rescindi-lo deverá avisar a outra de sua intenção, com antecedência mínima de 30 dias.

A Constituição Federal garantiu o aviso prévio de forma proporcional ao tempo de serviço, em seu art. 7º, XXI.

Atualmente vigora a Lei n. 12.506/2011, que prevê o aviso prévio proporcional ao tempo de serviço, na base de 3 dias suplementares por ano de serviço, até o limite de 90 dias (empregado com até um ano de casa teria 30 dias, e empregado com mais de 20 anos teria 90 dias).

No mesmo sentido, a redação da Súmula 441 do TST esclarece que o direito só é devido nas rescisões contratuais ocorridas após a publicação da referida lei (13-10-2011).

De acordo com o art. 487, § 1º, da CLT, computa-se integralmente como tempo de serviço o prazo de aviso prévio de 60 dias, concedido por meio de norma coletiva que não estabelece o alcance de seus efeitos jurídicos, repercutindo nas verbas rescisórias (Orientação Jurisprudencial 367 da SBDI-1 do TST).

No caso da falta do aviso prévio, prevê a CLT em seu art. 487, §§ 1º e 2º, que, se decorrer do empregador, o empregado terá direito aos salários correspondentes (conversão do tempo em dinheiro – é o denominado aviso prévio indenizado) (Súmula 276 do TST). Mas, se originar do empregado, cabe ao empregador o direito de descontar o salário, visto que o empregado pode pedir dispensa do aviso prévio.

Na ocorrência do aviso prévio, o empregado tem direito a uma redução de 2 horas na jornada diária, conforme o art. 488, da CLT, sendo ilegal substituí-las por dinheiro, ainda que mediante o pagamento de horas extras, conforme a Súmula 230 do TST.

Caso o empregado opte por trabalhar sem reduzir as duas horas diárias, de acordo com o art. 488, da CLT, poderá faltar ao serviço, sem prejuízo do salário integral, por 7 dias corridos.

Havendo dispensa sem justa causa no período de 30 dias que antecede a data do reajuste salarial do empregado, tem ele direito a um salário de indenização. O aviso prévio, mesmo indenizado, conta como tempo de serviço para efeito de dilatar a rescisão para o término do aviso, nos moldes da Lei n. 6.708/79, art. 9º, e Súmula 182 do TST.

Fala-se na hipótese de reconsideração do aviso prévio. O ato bilateral de desconsideração da rescisão contratual pode ser expresso, quando a parte pré-avisada, de forma verbal ou escrita, expressamente aceita a reconsideração; ou tácito, hipótese em que, expirado o prazo do aviso prévio, o obreiro continua prestando serviços normalmente, sem a oposição do empregador.

O aviso prévio indenizado constitui uma parcela de natureza jurídica indenizatória, razão pela qual sobre tal verba rescisória não incide a contribuição previdenciária.

3. FORMAS DE EXTINÇÃO DO CONTRATO DE TRABALHO

No término do contrato a prazo determinado, há a extinção natural, dentro de, no máximo, 2 anos ou 90 dias (contrato de experiência). O trabalhador terá direito ao saldo de salários, férias vencidas e/ou proporcionais, 13º salário, depósito de FGTS, mas não fará jus a indenização e aviso prévio.

Com a entrada em vigor da Lei n. 13.467/2017 (Reforma Trabalhista), foi inserido o art. 484-A, o qual estabelece que o contrato de trabalho poderá ser extinto por acordo entre empregado e empregador, caso em que serão devidas as seguintes verbas trabalhistas:

I – por metade:

a) o aviso prévio, se indenizado; e

b) a indenização sobre o saldo do Fundo de Garantia do Tempo de Serviço, prevista no § 1º do art. 18 da Lei n. 8.036, de 11 de maio de 1990;

II – na integralidade, as demais verbas trabalhistas.

A extinção do contrato prevista nos moldes acima permite a movimentação da conta vinculada do trabalhador no Fundo de Garantia do Tempo de Serviço na forma do inciso I-A do art. 20, da Lei n. 8.036, de 11 de maio de 1990, limitada até 80% (oitenta por cento) do valor dos depósitos.

Atenção! A extinção do contrato por acordo não autoriza o ingresso no Programa de Seguro-Desemprego.

Outra forma é a "demissão", em que há a saída do empregado por vontade própria, fazendo o mesmo jus ao recebimento de saldo de salários e férias vencidas e/ou proporcionais. Não dá direito ao aviso prévio, indenização e depósito do FGTS.

Na demissão "sem justa causa", o empregado possui direito ao recebimento de saldo de salários, férias vencidas e/ou proporcionais, 13º salário, aviso prévio, depósito do FGTS + 40%.

Já na despedida "por justa causa", o empregado possui direito apenas ao saldo de salários e férias vencidas, não gozando do direito a indenização se for estável, depósito do FGTS, aviso prévio, 13º salário, férias proporcionais.

Neste ponto, torna-se necessária a leitura detalhada e criteriosa de todas as hipóteses de falta grave, praticadas pelo empregado, senão vejamos:

- ato de improbidade;
- incontinência de conduta ou mau procedimento;
- negociação habitual por conta própria ou alheia sem permissão do empregador, e quando constituir ato de concorrência à empresa para a qual trabalha o empregado, ou for prejudicial ao serviço;
- condenação criminal do empregado, passada em julgado, caso não tenha havido suspensão da execução da pena;
- desídia no desempenho das respectivas funções;
- embriaguez habitual ou em serviço;

- violação de segredo da empresa;
- ato de indisciplina ou de insubordinação;
- abandono de emprego;
- ato lesivo da honra ou da boa fama praticado no serviço contra qualquer pessoa, ou ofensas físicas, nas mesmas condições, salvo em caso de legítima defesa, própria ou de outrem;
- ato lesivo da honra ou da boa fama ou ofensas físicas praticadas contra o empregador e superiores hierárquicos, salvo em caso de legítima defesa, própria ou de outrem;
- prática constante de jogos de azar;
- perda da habilitação ou dos requisitos estabelecidos em lei para o exercício da profissão, em decorrência de conduta dolosa do empregado.

A "despedida indireta" ocorre quando o empregador pratica falta grave, dando justo motivo ao empregado para romper o contrato de trabalho. Geralmente, cabe ao empregado dar a justa causa ao empregador e pleitear os direitos das verbas às quais faria jus na Justiça do Trabalho. Uma vez reconhecida a dispensa, fará jus ao saldo de salário, férias vencidas e/ou proporcionais, 13º salário, aviso prévio, indenização, depósito do FGTS + 40%. Passaremos à análise das hipóteses em que o empregado poderá considerar rescindido o contrato e pleitear a devida indenização quando:

- forem exigidos serviços superiores às suas forças, defesos por lei, contrários aos bons costumes, ou alheios ao contrato;
- for tratado pelo empregador ou por seus superiores hierárquicos com rigor excessivo;
- correr perigo manifesto de mal considerável;
- não cumprir o empregador as obrigações do contrato;
- praticar o empregador ou seus prepostos, contra ele ou pessoas de sua família, ato lesivo da honra e boa fama;
- o empregador ou seus prepostos ofenderem-no fisicamente, salvo em caso de legítima defesa, própria ou de outrem;
- o empregador reduzir o seu trabalho, sendo este por peça ou tarefa, de forma a afetar sensivelmente a importância dos salários.

No caso de "culpa recíproca", em que empregado e empregador cometem, ao mesmo tempo, faltas que constituem justa causa para a rescisão do contrato, o empregado fará jus ao saldo de salários, férias vencidas, indenização pela metade (quem não era optante pelo FGTS) e depósito do FGTS + 20% + juros e correção. Não possuirá direito a metade do aviso prévio, férias proporcionais, 13º salário.

A morte do empregado constitui uma forma abrupta e imprevisível de dissolução do contrato de trabalho, que torna incompatível a aplicação da multa prevista no art. 477, § 8º, da CLT. Haverá a necessidade de transferência da titularidade do crédito trabalhista para os dependentes/sucessores legais. Esta não se opera instantaneamente, mas mediante procedimento próprio previsto na Lei n. 6.858/80. Nesta situação, deve-se o saldo de salário, férias vencidas e/ou proporcionais, 13º salário proporcional e depósito do FGTS.

Se a aposentadoria for espontânea, é devido o saldo de salários, 13º salário proporcional, férias vencidas e/ou proporcionais e depósito do FGTS. Caso seja compulsória, serão garantidos os mesmos direitos acima referidos, com a diferença de que o empregado não submetido ao regime do Fundo faz jus à indenização pela metade (Lei n. 3.807/60, art. 30, § 3º).

LEGISLAÇÃO CORRELATA

No caso do aviso prévio, dispõe a CLT:

"Art. 487. Não havendo prazo estipulado, a parte que, sem justo motivo, quiser rescindir o contrato deverá avisar a outra da sua resolução com a antecedência mínima de:

I – oito dias, se o pagamento for efetuado por semana ou tempo inferior;

II – trinta dias aos que perceberem por quinzena ou mês, ou que tenham mais de 12 (doze) meses de serviço na empresa.

§ 1º A falta do aviso prévio por parte do empregador dá ao empregado o direito aos salários correspondentes ao prazo do aviso, garantida sempre a integração desse período no seu tempo de serviço.

§ 2º A falta de aviso prévio por parte do empregado dá ao empregador o direito de descontar os salários correspondentes ao prazo respectivo.

§ 3º Em se tratando de salário pago na base de tarefa, o cálculo, para os efeitos dos parágrafos anteriores, será feito de acordo com a média dos últimos 12 (doze) meses de serviço.

§ 4º É devido o aviso prévio na despedida indireta. (Parágrafo incluído pela Lei n. 7.108, de 5-7-1983.)

§ 5º O valor das horas extraordinárias habituais integra o aviso prévio indenizado. (Parágrafo incluído pela Lei n. 10.218, de 11-4-2001.)

§ 6º O reajustamento salarial coletivo, determinado no curso do aviso prévio, beneficia o empregado pré-avisado da despedida, mesmo que tenha recebido antecipadamente os salários correspondentes ao período do aviso, que integra seu tempo de serviço para todos os efeitos legais. (Parágrafo incluído pela Lei n. 10.218, de 11-4-2001.)

Art. 488. O horário normal de trabalho do empregado, durante o prazo do aviso, e se a rescisão tiver sido promovida pelo empregador, será reduzido de 2 (duas) horas diárias, sem prejuízo do salário integral.

Parágrafo único. É facultado ao empregado trabalhar sem a redução das 2 (duas) horas diárias previstas neste artigo, caso em que poderá faltar ao serviço, sem prejuízo do salário integral, por 1 (um) dia, na hipótese do inciso I, e por 7 (sete) dias corridos, na hipótese do inciso II do art. 487 desta Consolidação. (Incluído pela Lei n. 7.093, de 25-4-1983.)

Art. 489. Dado o aviso prévio, a rescisão torna-se efetiva depois de expirado o respectivo prazo, mas, se a parte notificante reconsiderar o ato, antes de seu termo, à outra parte é facultado aceitar ou não a reconsideração.

Parágrafo único – Caso seja aceita a reconsideração ou continuando a prestação depois de expirado o prazo, o contrato continuará a vigorar, como se o aviso prévio não tivesse sido dado.

Art. 490. O empregador que, durante o prazo do aviso prévio dado ao empregado, praticar ato que justifique a rescisão imediata do contrato, sujeita-se ao pagamento da remuneração correspondente ao prazo do referido aviso, sem prejuízo da indenização que for devida.

Art. 491. O empregado que, durante o prazo do aviso prévio, cometer qualquer das faltas consideradas pela lei como justas para a rescisão, perde o direito ao restante do respectivo prazo".

ENTENDIMENTO DOUTRINÁRIO

Com relação à extinção do contrato de trabalho, pede-se licença para transcrever as considerações do doutrinador Gustavo Cisneiros (2016, p. 1095), a seguir:

"O art. 7º, I, da CF dispõe sobre a 'indenização por despedida arbitrária ou sem justa causa', mas não fixa o valor, tampouco limita a despedida. O constituinte preferiu delegar ao legislador infraconstitucional a missão de fixar, mediante lei complementar, o *quantum* indenizatório e as 'limitações' à dispensa sem justa causa. A lei complementar jamais nasceu! Assim sendo, podemos dizer que, salvo os casos de estabilidade, o empregador é livre para dispensar, sem justa causa, o empregado. Quanto ao valor da indenização, aplicamos aquele previsto no art. 10, I, do ADCT, consagrado, posteriormente, na Lei do FGTS (art. 18, § 1º, da Lei 8.036/1990), correspondente a 40% sobre a totalidade dos depósitos fundiários de todo o contrato de trabalho (item I da OJ 42 da SDI-1). Ela, entretanto, não incide no recolhimento feito sobre o aviso-prévio indenizado (Súmula 305 do TST c/c item II da OJ 42 da SDI-1). Observem que a indenização, também chamada de 'multa de 40% sobre o FGTS', é apenas uma das diversas verbas rescisórias existentes no direito do trabalho. Muitos confundem 'indenização' com 'verbas rescisórias', acreditando se tratar de uma sinonímia. Os termos guardam uma relação de gênero e espécie, ou seja, a indenização (multa) de 40% sobre o FGTS é uma espécie de verba rescisória. As férias vencidas, as férias proporcionais, o 13º salário proporcional, o aviso-prévio indenizado, dentre outros títulos, também são espécies de verbas rescisórias".

JURISPRUDÊNCIA

"RECURSO DE REVISTA - PROCESSO ELETRÔNICO - MULTAS NORMATIVAS. APLICAÇÃO DA MULTA APÓS A EXTINÇÃO DO CONTRATO DE TRABALHO. Depreende-se da leitura da Súmula 384 do TST que é possível a cobrança, por meio de ação trabalhista, de multa decorrente do descumprimento de cláusulas constantes de instrumentos normativos, mesmo que já extinto o contrato de trabalho. Recurso de Revista conhecido e provido" (TST – RR n. 11-67.2013.501.0051, Relator: Márcio Eurico Vitral Amaro, Data de Julgamento: 24-6-2015, 8ª Turma, Data de Publicação: *DEJT* de 30-6-2015).

"AVISO-PRÉVIO INDENIZADO. PROJEÇÃO DO CONTRATO DE TRABALHO. ADESÃO A PROGRAMA DE DEMISSÃO VOLUNTÁRIO INSTITUÍDO NO CURSO DESSE PERÍODO. POSSIBILIDADE. O aviso-prévio, ainda que indenizado, integra o contrato de trabalho para todos os efeitos (art. 487, § 1º, da CLT). Assim, vigente o contrato de trabalho até o final da projeção do aviso-prévio, tem o empregado direito a aderir a plano de demissão voluntária instituído pela empresa no curso desse período. Sob esse entendimento, a SBDI-I, por maioria, conheceu dos embargos por divergência jurisprudencial e, no mérito, negou-lhes provimento. Vencido o Ministro Ives Gandra Martins Filho" (TST-E-ED-RR-2303-30.2012.5.02.0472, SBDI-I, Relator Ministro: Brito Pereira, 19-5-2016 – *Informativo* n. 137 do TST).

"BESC. PROGRAMA DE DEMISSÃO INCENTIVADA (PDI/2001). NEGOCIAÇÃO COLETIVA. CLÁUSULA DE QUITAÇÃO GERAL DO CONTRATO DE EMPREGO. INCLUSÃO DA INDENIZAÇÃO POR DANOS MORAIS. A adesão voluntária do empregado ao Programa de Demissão Incentivada (PDI/2001), instituído pelo Banco do Estado de Santa Catarina – BESC, implica o reconhecimento da quitação ampla e irrestrita de todas as parcelas objeto do contrato de emprego (conforme previsto no acordo coletivo que aprovou o plano), incluindo o pedido de indenização por danos morais. No caso, entendeu-se que o referido pedido, decorrente do transporte irregular de valores, está vinculado ao extinto contrato de emprego, pois tem como causa de pedir suposto ato ilícito praticado pelo empregador, sujeitando-se, portanto, à ampla quitação decorrente da adesão ao PDI. Sob esse fundamento, a SBDI-I, à unanimidade, conheceu do recurso de embargos interpostos pelo reclamante, por divergência jurisprudencial, e, no mérito, negou-lhe provimento, mantendo a decisão turmária mediante a qual se julgara improcedentes os pedidos formulados na reclamação trabalhista" (TST-ERR-446485-88.2007.5.12.0001, SBDI-I, Relator Ministro: Hugo Carlos Scheuermann, 13-12-2018 – *Informativo* n. 189 do TST).

"EMPREGADO PORTADOR DE DOENÇA GRAVE. HIV. EMPREGADOR CIENTE DA CONDIÇÃO DO RECLAMANTE MUITOS ANOS ANTES DA DEMISSÃO. PROCESSO DE REESTRUTURAÇÃO ORGANIZACIONAL. DISPENSA ARBITRÁRIA E DISCRIMINATÓRIA. NÃO OCORRÊNCIA. INAPLICABILIDADE DA SÚMULA N. 443 DO TST. Afasta-se a presunção de dispensa arbitrária e discriminatória a que se refere a Súmula n. 443 do TST na hipótese em que a demissão de empregado portador do vírus HIV foi motivada por processo de reestruturação organizacional, e ocorreu dezesseis anos após o empregador ter conhecimento da condição do reclamante. No caso, a empresa, após tomar ciência da doença que acometia o empregado, o encaminhou para tratamento médico e psicológico, e, ao longo dos dezesseis anos que antecederam a dispensa, o promoveu várias vezes, a indicar ausência de indícios de ato discriminatório. Ademais, é incontroverso nos autos que a empregadora passou por um processo de reestruturação, que culminou com a extinção da função ocupada pelo trabalhador e a ruptura do contrato de trabalho de treze empregados, e não apenas do reclamante. Sob esses fundamentos, a SBDI-I, por unanimidade, conheceu dos embargos, por divergência jurisprudencial, e, no mérito, por maioria, negou-lhes provimento. Vencidos os Ministros Aloysio Corrêa da Veiga, relator, Walmir Oliveira da Costa e Brito Pereira" (TST-E-ED-ARR-185700-05.2008.5.02.0029, SBDI-I, Relator Ministro: Aloysio Corrêa da Veiga, red. p/ acórdão Min. Alberto Luiz Bresciani de Fontan Pereira, 13-9-2018 – *Informativo* n. 184 do TST).

"MULTA. ART. 477, § 8º, DA CLT. DEVIDA. PARCELAMENTO DE VERBAS RESCISÓRIAS PREVISTO EM ACORDO COLETIVO. INVALIDADE. DIREITO INDISPONÍVEL. O pagamento de verbas rescisórias fora do prazo fixado no art. 477, § 6º, da CLT, em razão de parcelamento estabelecido em acordo coletivo, não afasta a aplicação da multa prevista no art. 477, § 8º, da CLT, tendo em vista a natureza cogente dessa norma, que se sobrepõe à vontade das partes. No caso concreto, consignou-se que o parcelamento das verbas rescisórias decorreu de acordo celebrado entre o sindicato profissional da reclamante e a reclamada, em razão de problemas financeiros enfrentados pela empregadora. Nesse contexto, a SBDI-I decidiu, à unanimidade, conhecer dos embargos no tópico, por divergência jurisprudencial, e, no mérito, por maioria, negar-lhes provimento. Vencidos os Ministros Alexandre Agra Belmonte, Ives Gandra Martins Filho e Renato de Lacerda Paiva" (TST-E-E-D-ED-RR-1285700-40.2008.5.09.0016, SBDI-I, Relator Ministro: Aloysio Corrêa da Veiga, 9-10-2014 – *Informativo* n. 91 do TST).

QUESTÕES COMENTADAS

01 (Analista Judiciário – Área Administrativa – TRT – 8ª Região/PA e AP – CESPE – 2013) No que concerne às formas de extinção do contrato de trabalho, assinale a opção correta.

(A) Se o término do contrato de trabalho vigente há dez meses decorrer de pedido de demissão do empregado, conforme entendimento do TST, o valor das férias proporcionais não comporá as verbas rescisórias devidas pelo empregador.

(B) Constituem justa causa para a rescisão do contrato de trabalho pelo empregador a incontinência de conduta e a condenação criminal do empregado, ainda que haja suspensão da execução da pena.

(C) É motivo para pedido de rescisão indireta do contrato de trabalho o fato de o empregador tratar o empregado com rigor excessivo.

(D) Se a extinção do contrato de trabalho decorrer de culpa recíproca do empregado e empregador, o empregado terá direito ao recebimento de 50% do valor do aviso prévio e das férias proporcionais, perdendo, entretanto, o direito ao décimo terceiro salário, em razão de ter contribuído para o findar da relação.

(E) O pagamento da remuneração das férias proporcionais, direito constitucionalmente garantido, será sempre devido, independentemente da forma de extinção do contrato de trabalho.

RESPOSTA A alternativa "C" está correta, tendo em vista que está de acordo com a interpretação do art. 483, da CLT, que dispõe que empregado poderá considerar rescindido o contrato e pleitear a devida indenização quando for tratado pelo empregador ou por seus superiores hierárquicos com rigor excessivo. *Alternativa C.*

---

02 (Analista Judiciário – Área Judiciária – TRT – 8ª Região/PA e AP – CESPE – 2016) No que se refere à alteração ou à extinção do contrato de emprego, assinale a opção correta.

(A) O adicional de transferência é devido na transferência provisória e na definitiva, sendo equivalente a, no mínimo, 25% dos salários que o empregado percebia na localidade de origem.

(B) Em caso de extinção do estabelecimento, é lícita a transferência do empregado, dado o princípio da continuidade da relação de emprego.

(C) As despesas resultantes da transferência que acarretem mudança de domicílio correm por conta do empregado.

(D) É lícita a rescisão por justa causa do contrato individual de trabalho ante a negativa do empregado à efetivação de qualquer alteração no contrato de trabalho proposta de forma unilateral pelo empregador.

(E) Constitui alteração unilateral ilícita a determinação do empregador para que o empregado deixe função de confiança e reverta a cargo efetivo anteriormente ocupado.

RESPOSTA Sobre a extinção do estabelecimento, nos termos do § 2º do art. 469, da CLT, "é lícita a transferência quando ocorrer extinção do estabelecimento em que trabalhar o empregado". *Alternativa B.*

03 (Procurador Federal – AGU – CESPE – 2007) A aposentadoria espontânea não necessariamente constitui hipótese de extinção do contrato de trabalho.

( ) Certo   ( ) Errado

RESPOSTA O STF firmou o entendimento de que a aposentadoria espontânea não implica, por si só, a extinção do contrato de trabalho. *Alternativa Certa.*

---

04 (Defensor Público – DPU – CESPE – 2010) A indenização por férias não concedidas em tempo oportuno deve ser calculada com base na remuneração devida ao empregado na época de eventual reclamação ou, se for o caso, quando da extinção do contrato.

( ) Certo   ( ) Errado

RESPOSTA De acordo com a Súmula 7 do TST, a indenização pelo não deferimento das férias no tempo oportuno será calculada com base na remuneração devida ao empregado na época da reclamação ou, se for o caso, na da extinção do contrato. *Alternativa Certa.*

PARA GABARITAR

Não se esqueça de que, atualmente, vigora a Lei n. 12.506/2011, que prevê o aviso prévio proporcional ao tempo de serviço, na base de 3 dias suplementares por ano de serviço, até o limite de 90 dias (empregado com até um ano de casa teria 30 dias, e empregado com mais de 20 anos teria 90 dias).

DIREITO PROCESSUAL DO TRABALHO

CAPÍTULO 1 — Fontes do Direito Processual do Trabalho

1. CONSIDERAÇÕES INICIAIS

Fonte, na acepção jurídica, é a origem do Direito, de onde o mesmo provém, seu nascedouro.

As fontes materiais são os fatos sociais, os acontecimentos históricos etc., que influem na elaboração da norma jurídica, como acontece com as greves.

Já as fontes formais são a própria exteriorização do direito, isto é, a positivação. Assim, quando lemos os diversos artigos da CLT, estamos diante da fonte formal.

As normas do Direito Processual do Trabalho, que pertence ao ramo do Direito Público, são eminentemente cogentes, embora tenhamos normas processuais de caráter dispositivo, e são elaboradas pela União, como determina o art. 22, I, da Constituição Federal.

Importa dizer que a Consolidação das Leis do Trabalho entrou em vigor como Decreto-lei (Decreto-lei n. 5.452, de 1º de maio de 1943), que fora recepcionada pela ordem constitucional vigente como Lei Ordinária. Entretanto, muitos de seus dispositivos restaram revogados (ou não recepcionados).

Evidentemente a fonte primária do Direito Processual é a norma jurídica e, secundariamente, as fontes supletivas.

As fontes do Direito Processual do Trabalho serão abordadas a seguir.

1.1. Leis em sentido lato

1.1.1. Constituição Federal

É a norma basilar do Direito Processual, pois nela encontramos disposições relativas às garantias processuais no art. 5º, além da estrutura do Poder Judiciário Trabalhista a partir do art. 111 e, especialmente, as regras de fixação da competência da Justiça do Trabalho no art. 114, sem prejuízo de outras normas espraiadas no texto constitucional.

1.1.2. Leis trabalhistas de cunho processual

Evidentemente a CLT (com suas alterações posteriores, em especial a Lei n. 13.467/2017 – Reforma Trabalhista) contém normas processuais, o que é notado a partir do art. 643. No entanto, existem leis esparsas que também versam sobre processo, como é o caso da Lei n. 5.584/70, da Lei n. 7.701/88 (disciplina a competência do TST) e do Decreto-lei n. 779/69 (recepcionado pela CRFB/88 como lei ordinária), que dispõe sobre a aplicação de normas processuais trabalhistas às pessoas jurídicas de direito público.

1.1.3. Leis processuais civis (comuns ou especiais)

O Código de Processo Civil, a Lei de Execução Fiscal (Lei n. 6.830/80) e as demais leis processuais também são fontes do direito processual do trabalho, mas aplicadas de forma subsidiária para preenchimento de lacunas normativas.

No entanto, considerando o diálogo das fontes, em especial no que toca à aplicação da norma que der mais efetividade ao processo, também é possível a aplicação supletiva das leis processuais civis, nos casos de lacuna ontológica ou axiológica, o que será melhor explicado abaixo.

1.2. Atos normativos expedidos pelo Poder Judiciário

Os Regimentos Internos dos Tribunais (TST e TRTs) tratam de questões sobre matérias administrativas, mas também versam acerca do funcionamento interno, estabelecendo a competência dos seus órgãos além de outros aspectos, inclusive criando recursos, como o conhecido agravo regimental.

Temos ainda os regulamentos, atos e instruções normativas expedidas pelos Tribunais do Trabalho.

A Corregedoria-Geral da Justiça do Trabalho (CGJT) expede os denominados provimentos, cujo fito é disciplinar os procedimentos que devem ser observados na Justiça do Trabalho, havendo, inclusive, a Consolidação dos Provimentos da CGJT, que é um dos atos de extrema importância para o processo do trabalho.

Temos como exemplos de instruções normativas expedidas pelo TST as de n. 39, de 2016 (dispõe sobre as normas do Código de Processo Civil de 2015 aplicáveis e inaplicáveis ao Processo do Trabalho, de forma não exaustiva) e a de n. 41, de 2018 (dispõe sobre a aplicação das normas processuais da Consolidação das Leis do Trabalho alteradas pela Lei n. 13.467, de 13 de julho de 2017).

1.3. Costume, princípios e analogia

O costume é a prática reiterada de uma conduta processual que é tida como obrigatória para os membros que o aplicam. Possui, portanto, dois elementos: 1) o objetivo (prática reiterada) e 2) o subjetivo (convicção sobre sua obrigatoriedade). São exemplos de costumes judiciais a apresentação de contestação escrita (atualmente no formato eletrônico e apresentada no sistema de processo eletrônico da Justiça do Trabalho. PJe-JT); a outorga de poderes conferida por mandato tácito (art. 790, § 3º, CLT); o registro do protesto em ata de audiência em razão de decisão interlocutória etc.

Os princípios constitucionais e infraconstitucionais são utilizados, também, para suprir as lacunas do ordenamento jurídico (art. 8º, CLT).

A analogia é caracterizada como a utilização de uma determinada norma que seja semelhante para a solução de um caso concreto, mas que não encontre no ordenamento jurídico regra específica.

1.4. Jurisprudência

No que pese haver uma divergência doutrinária sobre se a jurisprudência é ou não fonte do direito processual, haja vista que o direito brasileiro tem a tradição romano-germânica (matriz no direito positivado em lei – *civil law*), o art. 8º, da CLT, prevê expressamente a jurisprudência como fonte.

Com efeito, a jurisprudência é o conjunto de decisões dos tribunais e, quando as decisões são no mesmo sentido, afirma-se que essa jurisprudência é predominante.

Quando a jurisprudência é uniforme temos a edição das súmulas, que são um resumo da jurisprudência pacificada no Tribunal. Assim, temos diversas súmulas do Tribunal Superior do Trabalho e dos Tribunais Regionais do Trabalho, havendo inclusive diversas Orientações Jurisprudenciais editadas pelas Seções do TST.

Com a Emenda Constitucional n. 45/2004, o Supremo Tribunal Federal passou a ter a faculdade de editar Súmulas de caráter vinculante que, sem ensejo de divergência, são fontes formais do direito processual do trabalho.

1.5. Hierarquia das fontes

Cabe registrar, por derradeiro, que nos domínios do processo do trabalho não há de se falar em norma mais favorável ao trabalhador, como ocorre no âmbito do direito material, vez que deve ser observada a hierarquia das normas que compõem o ordenamento jurídico, em razão do caráter publicista do direito processual.

LEGISLAÇÃO CORRELATA

Além dos artigos já citados e transcritos acima, é de suma importância a leitura das instruções normativas, vez que o Tribunal Superior do Trabalho já aprovou inúmeras, mediante Resoluções, que versam, notadamente, sobre matéria processual, como é o caso, por exemplo, da Instrução Normativa n. 27/2005 (dispõe sobre normas procedimentais no processo do trabalho em razão da ampliação da competência da Justiça do Trabalho pela EC n. 45/2004), a Instrução Normativa n. 31/2007 (que regulamenta a forma de realização do depósito prévio em ação rescisória de que trata o art. 836, da CLT), da Instrução Normativa n. 39 (dispõe sobre as normas do Código de Processo Civil de 2015 aplicáveis e inaplicáveis ao Processo do Trabalho, de forma não exaustiva) e da Instrução Normativa n. 40, de 2016 (dispõe sobre o cabimento de agravo de instrumento em caso de admissibilidade parcial de recurso de revista no Tribunal Regional do Trabalho e dá outras providências), além de outras.

ENTENDIMENTO DOUTRINÁRIO

Cândido Rangel Dinamarco[1] leciona que:

---

1 DINAMARCO, Cândido Rangel. *Instituições de Direito Processual Civil*. São Paulo: Malheiros, 2002. v. 1. p. 72.

"Fontes formais do direito são os canais pelos quais as normas vêm ao mundo jurídico, oriundas da vontade do ente capaz de ditá-las e impô-las ou exigir sua observância. São, por esse aspecto, as formas de expressão do direito positivo. Direito é o sistema normativo de um Estado ou de alguma comunidade ou menos ampla. É composto pelas normas positivadas através das diversas fontes formais, mais os valores que lhe estão à base e devem transparecer no exame de cada fato relevante para a vida das pessoas ou grupos".

JURISPRUDÊNCIA

Da jurisprudência do STF extraímos as Súmulas Vinculantes 22, 23, 40 e 53, abaixo transcritas.

> Súmula Vinculante 22. "A Justiça do Trabalho é competente para processar e julgar as ações de indenização por danos morais e patrimoniais decorrentes de acidente de trabalho propostas por empregado contra empregador, inclusive aquelas que ainda não possuíam sentença de mérito em primeiro grau quando da promulgação da Emenda Constitucional n. 45/04."

> Súmula Vinculante 23. "A Justiça do Trabalho é competente para processar e julgar ação possessória ajuizada em decorrência do exercício do direito de greve pelos trabalhadores da iniciativa privada."

> Súmula Vinculante 40. "A contribuição confederativa de que trata o art. 8º, IV, da Constituição Federal, só é exigível dos filiados ao sindicato respectivo."

> Súmula Vinculante 53. "A competência da Justiça do Trabalho prevista no art. 114, VIII, da Constituição Federal alcança a execução de ofício das contribuições previdenciárias relativas ao objeto da condenação constante das sentenças que proferir e acordos por ela homologados."

QUESTÕES COMENTADAS

01 (TJ.AA – TRT 14 – FCC– 2016) O advogado em defesa da empresa reclamada, no curso de uma ação trabalhista, pretende utilizar uma medida do direito processual comum que não está prevista na Consolidação das Leis do Trabalho. Tal situação:
- (A) é possível em qualquer hipótese simplesmente pela omissão da Consolidação das Leis do Trabalho;
- (B) não é possível utilizar medida processual que não esteja prevista em lei trabalhista;
- (C) ficará condicionada a verificação judicial e restrita a fase de execução da sentença;
- (D) é possível diante da omissão da Consolidação das Leis do Trabalho, exceto naquilo que for incompatível com o processo judiciário do trabalho;
- (E) é possível em face da ausência de norma processual da Consolidação das Leis do Trabalho, restringindo-se a fase de conhecimento.

RESPOSTA Esta questão é respondida com espeque no art. 769 da CLT, de modo que é possível aplicar a medida prevista no CPC, já que este é fonte subsidiária e supletiva do processo do trabalho (art. 15, CPC), desde que haja omissão na CLT, e a medida não seja incompatível com os princípios do processo do trabalho. *Alternativa D.*

---

02 (Procurador Municipal – Prefeitura de Porto Alegre/RS – FUNDATEC – 2016) De acordo com o Tribunal Superior do Trabalho, NÃO se aplica(m) ao processo laboral a(s) norma(s) do novo Código de Processo Civil que:

(A) veda(m) a decisão surpresa;
(B) versa(m) sobre tutela provisória;
(C) versa(m) sobre a fundamentação da sentença;
(D) versa(m) sobre o BacenJUD;
(E) permite(m) a inquirição direta das testemunhas pela parte.

RESPOSTA Questão formulada com base na IN n. 39/2016 do TST, que em seu art. 11 averba ser inaplicável ao processo do trabalho o art. 459 do CPC, haja vista o disposto no art. 820 da CLT. *Alternativa E.*

PARA MEMORIZAR

FONTE MATERIAL: Fatos sociais, políticos, econômicos, movimentos etc. que estimulam a produção da norma.

FONTE FORMAL: É a exteriorização do Direito propriamente dito, como a Constituição, as leis etc.

CAPÍTULO 2 — Eficácia das normas processuais

1. CONCEITOS

A eficácia corresponde à aplicação e execução da norma jurídica por parte da sociedade. Em outras palavras, reconhecido o Direito, é ele incorporado à maneira de ser e de agir da coletividade.

A eficácia da lei processual trabalhista pode ser dividida em relação ao tempo e ao espaço.

1.1. Eficácia da lei processual trabalhista no tempo

As disposições do direito processual trabalhista, via de regra, entram em vigor imediatamente a partir da data de publicação da norma (ressalvados os casos de *vacatio legis* consignados na própria norma), passando, pois, a produzir seus efeitos legais e alcançando os processos em andamento, respeitados os direitos adquiridos no plano processual e os atos processuais já consumados, bem como o dever de respeito à legítima expectativa das partes e a boa-fé processual.

Assim, a eficácia da lei processual trabalhista no tempo é norteada pelos princípios da *irretroatividade* (*segurança jurídica*) e da *eficácia imediata*, que encontram substrato na Constituição Federal e na Lei de Introdução às Normas do Direito Brasileiro, já que a lei nova não pode prejudicar o direito adquirido, o ato jurídico perfeito e a coisa julgada.

É de bom grado afirmar, assim, que a sistemática processual brasileira perfilhou o denominado sistema do *isolamento dos atos processuais*, de modo que a nova lei processual não se aplicará aos atos processuais praticados sob o império da lei anterior, sendo os mesmos resguardados pelo ato jurídico perfeito, o direito adquirido e a coisa julgada material, como afirmado acima.

Destarte, quando uma lei é revogada, ou perde vigência, não gera, por isso, privação de eficácia os atos praticados anteriormente à revogação. Por outro lado, a lei nova, isto é, a vigência de uma nova lei não retroage (princípio da irretroatividade), não tem *eficácia pretérita*.

Dessa forma, estando em desenvolvimento um processo, a lei nova regulará apenas os atos processuais realizados sob a sua vigência, sendo, portanto, reputados válidos os efeitos produzidos pelos atos praticados sob a égide da lei anterior.

À luz do ordenamento brasileiro, encontra-se arraigado o princípio da *eficácia imediata*, o segundo princípio ao norte mencionado como um dos pilares da eficácia da lei processual trabalhista.

Outrossim, pode-se afirmar que o prazo recursal que deve ser observado é aquele que vigorava quando houve a publicação da sentença, de modo que, se houver a redução do prazo para interposição do recurso pela nova lei, mas tiver sido o mesmo interposto antes da entrada em vigor da nova lei, deve ser considerado tempestivo.

Ademais, se a nova lei revogar o recurso, o recurso já interposto deve ser processado, aplicando-se o mesmo raciocínio em caso de decisão publicada e revogação posterior do recurso.

Dessa forma, a Lei n. 13.467/2017 (Reforma Trabalhista), que entrou em vigor no dia 11 de novembro de 2017, é aplicada aos novos processos após a data de sua vigência, bem como aos processos em curso, observando-se o acima exposto.

O TST, visando a aparar algumas arestas acerca da aplicação da Lei n. 13.467/2017 (Reforma Trabalhista), editou a Instrução Normativa n. 41, que terá todos os seus artigos comentados e inseridos no decorrer do livro. No entanto, *prima facie*, merece atenção o art. 1º, que assim estabelece:

> "A aplicação das normas processuais previstas na Consolidação das Leis do Trabalho, alteradas pela Lei n. 13.467, de 13 de julho de 2017, com eficácia a partir de 11 de novembro de 2017, é imediata, sem atingir, no entanto, situações pretéritas iniciadas ou consolidadas sob a égide da lei revogada".

1.2. Eficácia da lei processual trabalhista no espaço

O objeto do presente item não é a norma de direito material aplicável na solução dos conflitos de interesses, o que é visto no plano do Direito do Trabalho, mas sim a verificação da esfera territorial para aplicação das normas processuais trabalhistas.

Para nós, pouco importa qual a lei material que será aplicada na solução do conflito, se a nacional ou a estrangeira, vez que a solução de conflitos entre leis no espaço de cunho material caberá ao Direito Internacional Privado.

No entanto, no que tange às leis processuais no espaço, nos processos trabalhistas em trâmite no Brasil, seja perante as Varas do Trabalho ou os Tribunais, aplicaremos as normas do direito processual brasileiro.

LEGISLAÇÃO CORRELATA

Destacamos a importância da leitura dos seguintes dispositivos:

1) Arts. 1º e 6º da LINDB;
2) Art. 5º, XXXVI, da CRFB/88;
3) Arts. 912 e 915 da CLT;
4) Arts. 14 e 1.046 do CPC;

5) Art. 6º da Lei n. 13.467/2017, que versa sobre o prazo de vacância da Reforma Trabalhista;

6) Instrução Normativa n. 41, de 2018, do TST.

ENTENDIMENTO DOUTRINÁRIO

Mauro Schiavi[1] afirma que

> "Constituem princípios de aplicação da Lei Processual: irretroatividade da lei; vigência imediata da lei aos processos em curso; impossibilidade de renovação das fases processuais já ultrapassadas pela preclusão (também chamada pela doutrina de teoria do isolamento dos atos processuais já praticados).
>
> A Consolidação das Leis do Trabalho disciplina a questão da vigência da Lei nos arts. 912 e 913, *in verbis*: 'Art. 912. Os dispositivos de caráter imperativo terão aplicação imediata a relações iniciadas, mas não consumadas, antes da vigência desta Consolidação. Art. 915. Não serão prejudicados os recursos interpostos com apoio em dispositivos alterados ou cujo prazo para interposição esteja em curso à data da vigência desta Consolidação'".

Com relação à eficácia da lei processual no espaço, Felipe Bernardes[2] leciona:

> "Nesse tema, vigora o princípio da territorialidade, ou seja, a lei processual brasileira se aplica aos processos que tramitam no Brasil, mesmo que, eventualmente, a Justiça brasileira se utilize, no caso concreto, de normas de direito material de outro país ou que as partes sejam estrangeiras.
>
> A lei processual brasileira pode, eventualmente, ser aplicada no estrangeiro, caso a lei do foro o permita".

JURISPRUDÊNCIA

Dispõe a Súmula Vinculante 22 do STF: "A Justiça do Trabalho é competente para processar e julgar as ações de indenização por danos morais e patrimoniais decorrentes de acidente de trabalho propostas por empregado contra empregador, inclusive aquelas que ainda não possuíam sentença de mérito em primeiro grau quando da promulgação da Emenda Constitucional n. 45/04".

Outrossim, antes da entrada em vigor da Reforma Trabalhista, que inseriu o art. 790-A da CLT (honorários advocatícios de sucumbência), temos a aplicação da OJ 421 da SDI-1 do TST, *in verbis*:

---

1   SCHIAVI, Mauro. *Manual de Direito Processual do Trabalho*. São Paulo: LTr, 2017. p. 174.
2   BERNARDES, Felipe. *Manual de Processo do Trabalho*. Salvador: JusPodivm, 2018. p. 84

"A condenação em honorários advocatícios nos autos de ação de indenização por danos morais e materiais decorrentes de acidente de trabalho ou de doença profissional, remetida à Justiça do Trabalho após ajuizamento na Justiça comum, antes da vigência da Emenda Constitucional n. 45/2004, decorre da mera sucumbência, nos termos do art. 85 do CPC de 2015 (art. 20 do CPC de 1973), não se sujeitando aos requisitos da Lei n. 5.584/1970".

PARA GABARITAR

Lembre-se sempre de que, quando uma nova lei processual entra em vigor, ela não atinge os atos processuais já consumados.

PARA MEMORIZAR

Eficácia da Lei Processual:

1) no espaço – local onde será aplicada; e,

2) no tempo – relacionada à prática dos atos processuais.

CAPÍTULO 3 Princípios gerais e peculiares do Processo do Trabalho

1. CONCEITO

Os princípios são o alicerce de uma determinada ciência, que irão inspirar, orientar e informar as normas jurídicas.

Basicamente, três são as funções dos princípios:

1) *integradora* – caso em que são utilizados para suprir omissões e lacunas na ordem jurídica, na solução dos casos concretos.

2) *interpretativa* – significa buscar nos princípios o real alcance da norma-regra.

3) *inspiradora* – na sua atividade típica de elaborar normas jurídicas, o legislador busca amparo para editar as normas jurídicas.

Analisemos alguns dos princípios do processo do trabalho, que para um setor da doutrina (defende a não autonomia do processo do trabalho) seriam meras particularidades. Entendemos que são princípios, já que o processo do trabalho preserva sua autonomia, o que é reconhecido pelo CPC no seu art. 15[1], ao afirmar que ele será aplicado de forma supletiva ou subsidiária.

1.1. Princípio do *jus postulandi*

Em princípio, para boa compreensão, vale dizer que a Constituição, em norma de eficácia contida (alcance restringível), estabelece que o advogado é indispensável à administração da justiça, de modo que a regra é simples: o advogado ostenta a capacidade postulatória e ninguém poderá demandar em juízo sem ele. Porém, essa regra tem exceções e como tal devem ser interpretadas restritivamente.

Desta forma, o *jus postulandi* é a possibilidade de o empregado e o empregador[2] estarem em juízo sem a necessidade da constituição de advogados, praticando atos processuais, conforme o art. 791 da CLT, isto é, por si só exercerem a capacidade postulatória.

O sindicato como substituto processual não pode se valer do *jus postulandi*.

A Súmula 425 do TST o restringe às Varas do Trabalho e aos Tribunais Regionais do Trabalho, não podendo ser utilizado nas ações rescisórias, nos mandados de segurança, nas ações cautelares[3] e nos recursos de competência do TST.

---

1 CPC/2015. "Art. 15. Na ausência de normas que regulem processos eleitorais, trabalhistas ou administrativos, as disposições deste Código lhes serão aplicadas supletiva e subsidiariamente."

2 A lei é clara: empregado e empregador. Assim, não se pode conceder seu gozo para todo e qualquer trabalhador, já que nem todo trabalhador é empregado. Há quem defenda em sentido contrário. No mais, concordamos que o artífice e o avulso podem ser valer do *jus postulandi*, já que genuinamente foram abraçados pela CLT.

3 Atualmente, em razão do advento do CPC, devemos entender como Tutelas Provisórias de Urgência de Natureza Cautelar.

Não se aplica para o procedimento de jurisdição voluntária de homologação de acordo extrajudicial (art. 855-A, CLT), já que para este procedimento a lei exige a presença de advogados.

1.2. Princípio da conciliação ou conciliatório

A Justiça do Trabalho é eminentemente conciliadora, consoante o art. 764 da CLT, o que é ratificado pelo art. 652, *a*, do mesmo diploma legal.

No procedimento comum ordinário, há dois momentos obrigatórios para a tentativa judicial de conciliação: quando da abertura da audiência (art. 846, CLT) e após as razões finais, porém antes da decisão – sentença (art. 850, CLT).

Cumpre destacar que uma grande parte da doutrina e da jurisprudência defende a nulidade dos atos subsequentes do processo se, pelo menos, o juiz não propuser a última tentativa de conciliação em audiência. Assim, ainda que não realizada a primeira tentativa, caso haja a última, não há que se falar em nulidade, já a segunda supre a falta da primeira, mas a recíproca não é verdadeira.

No procedimento comum sumaríssimo, o juiz em qualquer fase da audiência poderá incitar as partes ao acordo.

O juiz não é obrigado a homologar acordo entre as partes (Súmula 418, TST), sendo obrigatório fundamentar a decisão que indefere a homologação de acordo requerida pelas partes, nos termos do art. 93, IX, da CF e do art. 11 do CPC. Assim, a ausência de fundamentação gera nulidade absoluta, de modo que podemos afirmar que a faculdade citada na súmula não é um "cheque em branco" para o juiz. Cabe, inclusive, mandado de segurança quando o magistrado nega homologação sem fundamentar sua decisão, quando isso ocorre no tramitar de processos no procedimento comum.

Caso a não homologação do acordo ocorra no procedimento de jurisdição voluntária de homologação de acordo extrajudicial (art. 855-B e s., CLT), caberá recurso ordinário, uma vez que estaremos diante de sentença (art. 895, I, CLT).

Porém, a Justiça do Trabalho estimula o acordo em qualquer fase do processo, ainda que após o trânsito em julgado e já em fase de execução, como se depreende da OJ 376 da SDI-1 do TST:

> "É devida a contribuição previdenciária sobre o valor do acordo celebrado e homologado após o trânsito em julgado de decisão judicial, respeitada a proporcionalidade de valores entre as parcelas de natureza salarial e indenizatória deferidas na decisão condenatória e as parcelas objeto do acordo".

Note-se que o acordo homologado judicialmente tem força de decisão irrecorrível para as partes. Dessa forma, o termo de conciliação transita em julgado na data de sua homologação judicial e, caso qualquer uma das partes tenha a pretensão de impugná-lo, deverá fazê-lo por meio de ação rescisória.

O acordo homologado em que o empregado dá plena e ampla quitação, sem que faça constar qualquer ressalva, alcança não só o objeto da lide, mas também todas as demais parcelas do extinto contrato de trabalho, motivo pelo qual o ajuizamento de outra demanda resta por violar a coisa julgada.

No caso de dissídio coletivo, é inviável aplicar condições constantes de acordo homologado, extensivamente, às partes que não o subscreveram, exceto se observado o procedimento previsto no art. 868, da CLT.

1.3. Princípio da irrecorribilidade imediata das decisões interlocutórias

Decisão interlocutória está definida no art. 203, § 2º, do CPC, como todo pronunciamento judicial de natureza decisória que não se enquadre no conceito de sentença, de modo que decisão interlocutória *resolve questão incidente*. No processo trabalhista, a base legal desse princípio são os arts. 799, § 2º; 893, § 1º; e art. 855-A, § 1º, todos da CLT.

Em regra, não cabe recurso imediato contra as decisões interlocutórias, sendo este princípio uma vereda do princípio da oralidade, exceto nos casos previstos na Súmula 214 do TST, bem como nas hipóteses citadas nos incisos II e III do § 1º do art. 885-A da CLT.

No nosso sentir, embora a CLT denomine despacho, estamos diante de uma verdadeira decisão interlocutória quando não há a admissibilidade do recurso interposto pela instância *a quo*, a qual nega seguimento para a instância ad quem, *ex vi* do art. 897, *b*, da CLT, de modo que aqui também seria mais uma exceção, já que caberia agravo de instrumento.

Cabe destacar que, para evitar a preclusão ou convalidação, é trivial no processo do trabalho (costume), quando as decisões interlocutórias são proferidas em audiência, requerer que seja consignado em ato o protesto, a fim de que eventual violação a ampla defesa seja suscitada no recurso a ser interposto contra a decisão final.

1.4. Princípio da normatização coletiva

A Justiça do Trabalho exerce o chamado poder normativo, que consiste na competência material de solucionar conflitos coletivos, criando normas e condições gerais e abstratas (atividade típica do Poder Legislativo), por meio da denominada sentença normativa, que serão aplicadas no âmbito das categorias envolvidas (profissionais e econômicas).

Essa competência está prevista no § 2º, do art. 114, da CF/88, sendo certo que, no exercício dessa competência, a Justiça do Trabalho cria normas jurídicas aplicáveis às categorias envolvidas, salvo se houver extensão.

Não é um princípio absoluto, vez que encontra limites na própria Constituição, nas normas de ordem pública de proteção ao trabalhador e nas normas previstas em acordos ou convenções coletivas que venham a dispor sobre condições mínimas de trabalho para certa categoria profissional.

1.5. Princípio da oralidade

Os atos processuais são realizados pelas partes e pelo juiz em audiência, oralmente, verbalmente, com o azo de simplificar os procedimentos, gerando mais celeridade.

Na CLT encontramos diversos dispositivos que fazem menção aos atos orais, como é o caso da reclamação trabalhista verbal (permanece mesmo após a Reforma Trabalhista entrar em vigor – art. 840, § 2º), a defesa regulada no art. 847 (mesmo na vigência do processo eletrônico é assegurada a apresentação de defesa oral), das razões finais orais em 10 minutos, conforme o art. 850 da CLT, dentre outros.

1.6. Princípio da celeridade

Presente no art. 765 da CLT, e no art. 5º, LXXVIII, da CF/88, no processo do trabalho tem seu relevo, pois o trabalhador busca verbas de natureza alimentar, o que é constatado pela existência de procedimentos mais breves, rápidos.

1.7. Princípio da concentração

Está explícito nos arts. 849 e 852-C da CLT. Orienta a prática de atos em uma mesma oportunidade – como é o caso da determinação de que as audiências no processo do trabalho sejam unas –, para que nela, como regra geral, sejam realizados todos os atos processuais necessários para a solução da demanda.

1.8. Princípios da subsidiariedade e da supletividade

O princípio da subsidiariedade está explícito no art. 769 da CLT, sendo certo que são dois os pressupostos para admitir a aplicação do processo comum no processo laboral:

a) omissão na CLT; e

b) compatibilidade das normas do processo civil com os princípios que orientam o processo do trabalho.

Com efeito, em apertada síntese, a aplicação do processo civil, de forma subsidiária, ao processo do trabalho, dar-se-á quando houver omissão na CLT (lacuna normativa) observando-se os requisitos acima citados.

No entanto, em busca da máxima efetividade, mesmo não havendo lacuna normativa na CLT, é possível que apliquemos o processo comum ao processo do trabalho, quando:

a) houver lacuna axiológica, isto é, há previsão legal, mas a aplicação da norma processual gera solução injusta ou insatisfatória;

b) houver lacuna ontológica, ou seja, mesmo existindo previsão legal, a norma não é mais compatível com a realidade.

O art. 15 do novo Código de Processo Civil, que não revogou o art. 769 da CLT, determina a aplicação supletiva e subsidiária do CPC ao processo do trabalho.

Com efeito, a aplicação subsidiária visa ao preenchimento de lacuna normativa (age na inexistência de previsão legal), já a aplicação supletiva tem por finalidade atuar como complementação. Em resumo: aplicar-se-á subsidiariamente o CPC quando estivermos diante de omissão absoluta, enquanto que sua aplicação supletiva irá ocorrer quando existir omissão relativa acerca de um determinado instituto jurídico (não há omissão no todo), inclusive para fins de complementação da norma laboral nos casos de lacuna axiológica ou ontológica.

Note que o art. 769 da CLT se aplica no processo de conhecimento, pois se estivermos diante de procedimentos na execução, aplicar-se-á o disposto no art. 889 da CLT, ou seja, num primeiro momento adota-se a Lei de Execuções Fiscais (LEF – Lei n. 6830/80) e, persistindo a omissão, socorre-se, então, do Código de Processo Civil, mas em qualquer um dos casos desde que não haja incompatibilidade com os princípios do processo do trabalho.

1.9. Princípio da imediação ou imediatidade

Autoriza o juiz a ter contato direto com as partes, peritos, testemunhas, a fim de melhor formar o seu convencimento.

O art. 820 da CLT veicula expressamente esse princípio, de modo que é inaplicável ao processo do trabalho o art. 459, do CPC.

1.10. Princípio da busca da verdade real

É oriundo do princípio do direito material do trabalho, conhecido como princípio da primazia da realidade, o que é corroborado pelo art. 765 da CLT, que confere aos Juízos e Tribunais do Trabalho ampla liberdade na direção do processo. Para tanto, os magistrados do trabalho "velarão pelo andamento rápido das causas, podendo *determinar qualquer diligência necessária ao esclarecimento delas*".

1.11. Princípio da ultrapetição ou extrapetição

Os órgãos jurisdicionais não podem resolver a lide de forma distinta do que fora objeto da demanda (arts. 141 e 492, CPC), pois o pedido é um limitador da atividade jurisdicional, e por isso o juiz não pode proferir sentença *citra*, *ultra* ou *extra petita*, em razão do princípio da adstrição ou congruência, exceto nos casos autorizados em lei (julgamento sem pedido).

O exemplo clássico é o art. 496, da CLT, em que se verifica a possibilidade de o juiz converter a reintegração de empregado estável em indenização. Tem-se ainda a Súmula 211 do TST.

Defendemos, inclusive, que a multa do art. 467 da CLT independe de pedido na inicial, já que seu fato gerador é o inadimplemento, por parte da reclamada, das verbas incontroversas em primeira audiência.

1.12. Princípio da *non reformatio in pejus*

O Tribunal, no julgamento de um recurso, não pode proferir decisão que agrave a situação do recorrente, já que a pretensão de quem recorre é melhorar sua situação. Dessa forma, se o pedido do autor for julgado parcialmente procedente e somente a parte ré recorrer, não pode o Tribunal julgar procedente todo o rol de pedidos do reclamante, pois estaria a agravar a situação processual da reclamada, vez que apenas ela recorreu.

Evidentemente que se ambas as partes recorrerem o raciocínio é inverso, já que ambos os recursos podem ser providos, mas estarão a melhorar a situação de quem recorre, embora prejudique a outra, mas no mérito do seu próprio recurso.

No caso de reexame necessário, embora sua natureza não seja de recurso, o Superior Tribunal de Justiça editou a Súmula 45 afirmando que é vedado ao tribunal agravar a situação do ente público.

1.13. Princípio da instrumentalidade das formas

O princípio em comento está esculpido nos arts. 188 e 277, ambos do CPC.

Em regra, o ato processual não depende de forma específica para que seja praticado, sendo, portanto, a forma livre. Porém, ainda que haja uma forma prevista em lei e o ato seja praticado de modo diverso, será considerado válido, desde que preencha sua finalidade essencial, ou seja: o sistema processual prestigia mais o conteúdo do que a forma do ato propriamente dita.

1.14. Princípio da publicidade

Estampado nos arts. 5º, LX, e 93, IX, da CF/88, além do art. 770 da CLT e do art. 11 do CPC, é uma garantia que visa transparência sobre os atos e julgamentos praticados pelo Poder Judiciário e decorre, fatalmente, do devido processo legal.

Note que não se trata de um princípio absoluto, vez que o próprio texto constitucional admite restrição ao mesmo, assim como a CLT ao afirmar "salvo quando o contrário determinar o interesse social".

Podemos citar alguns exemplos nos domínios do processo do trabalho: ações nas quais se discute a justa causa por incontinência de conduta; dispensa discriminatória por ser o reclamante portador do vírus HIV; assédio sexual, dentre outros.

1.15. Princípio da vedação da prova ilícita

O art. 5º, LVI, da Carta Magna, averba que são inadmissíveis no processo as provas obtidas por meios ilícitos, razão pela qual, mesmo que seu conteúdo seja válido, se houver o emprego de meio ilícito, a prova não será admitida.

É de grande valia asseverar a seguinte distinção: 1) *prova ilícita*: obtida sem a observância das regras de direito material; 2) *prova ilegítima*: obtida sem a observância das normas de direito processual; e 3) *prova ilegal*: adquirida com a infringência das normas de qualquer natureza.

Assim, as provas obtidas por meios ilícitos são inadmissíveis no processo, aplicando-se, inclusive, a teoria dos frutos da árvore envenenada (*fruits of the poisonous tree*) ou prova ilícita por derivação, de modo que as provas produzidas com ensejo da prova ilícita também serão consideradas ilícitas e, portanto, imprestáveis ao processo como meio de convencimento do julgador, como regra geral.

A jurisprudência, entretanto, valendo-se do princípio da proporcionalidade, em certas situações, como é o caso da ocorrência de causa legítima para defesa de direitos, tem mitigado esse princípio admitindo a produção de certas provas, o que vem sendo aplicado pelo TST com extrema frequência[4].

LEGISLAÇÃO CORRELATA

Destacamos a necessária leitura dos dispositivos que seguem, sem prejuízo de outros:

1) Arts. 5º, LVI, LX, LXXVIII, 93, IX, 114, § 2º, da CF/88;
2) Arts. 496, 764, 765, 769, 770, 791, 799, § 2º, 820, 831, 846, 847, 849, 850, 852-C, 852-E, 889, 893, § 1º, da CLT;
3) Arts. 15, 188, 203, § 2º, 277, 459, do CPC.

ENTENDIMENTO DOUTRINÁRIO

Mauro Schiavi[5] faz menção ao princípio da *Majoração dos poderes do Juiz do Trabalho na Direção do Processo*, com a seguinte lição:

> "Diante dos novos rumos constitucionais do acesso à justiça, efetividade da decisão e solução do processo em tempo razoável, há necessidade de o juiz moderno tomar uma postura mais ativa na direção do processo, não sendo apenas um mero espectador ou um convidado de pedra na relação jurídica processual. Deve ele ter postura imparcial, equilibrada, mas ativa, impulsionando o processo, fazendo escolhas que, ao mesmo tempo, garantam a paridade de armas às partes, e propiciem resultado e economia de atos processuais.
>
> Diante do caráter publicista da jurisdição, do forte interesse social na resolução dos conflitos trabalhistas e da própria dinâmica do direito processual do trabalho, o Juiz do Trabalho tem majorados seus poderes na direção

---

4 Disponível em: <http://www.tst.jus.br/radio-destaques/-/asset_publisher/2bsB/content/gravacoes--ocultas-feitas-em-ambiente-de-trabalho-podem-ser-usadas-como-provas-?inheritRedirect=false>.
5 SCHIAVI, Mauro. *Manual de Direito Processual do Trabalho*. São Paulo: LTr, 2017. p. 136.

do processo, como forma de equilibrar a relação jurídica processual e resolver, com justiça, o conflito trabalhista.

De outro lado, não se trata o processo do trabalho de um procedimento inquisitivo, instaurado de ofício pelo juiz e movimentado sem ampla possibilidade de discussão da causa pelas partes. Ao contrário, trata-se de procedimento nitidamente contraditório, com ampla participação das partes, não sendo possível ao magistrado instaurá-lo de ofício. Não obstante, uma vez instaurado o processo pelas partes, a participação do Juiz do Trabalho na relação jurídico-processual é mais ativa".

JURISPRUDÊNCIA

Existem diversas Súmulas e Orientações do TST sobre o tema em tela, das quais destacamos:

1) Súmulas 100, item V, 190, 211, 214, 259, 263, 418, 425 e 435 do TST;
2) OJs 310 e 334 da SDI-1;
3) OJ 132 da SDI-2;
4) OJ 2 da SDC;
5) Súmula 45 do STJ.

QUESTÕES COMENTADAS

01 (Executor de Mandados – TRT 23 – FCC – 2016) Agatha, empregada doméstica, ingressou com reclamação trabalhista em face da sua empregadora Isis, de forma verbal sem a assistência de advogado, postulando o pagamento de férias com 1/3. O pedido foi julgado procedente e a reclamada sucumbente interpôs recurso ordinário. A autora foi intimada para apresentar contrarrazões. No caso, conforme previsão legal e entendimento sumulado do TST:

(A) a autora não pode exercer o *jus postulandi* para contrarrazoar perante o Tribunal Regional;
(B) nenhuma das partes pode utilizar o *jus postulandi* em fase recursal;
(C) ambas podem exercer o *jus postulandi* para recorrer e contrarrazoar o recurso ordinário perante o Tribunal Regional;
(D) apenas por se tratar de reclamação de empregado doméstico as partes podem exercer o *jus postulandi* em todas as fases e instâncias do processo;
(E) por se tratar de condenação de pessoa física, a reclamada pode exercer o *jus postulandi* para o recurso ordinário, o mesmo não ocorrendo à autora que foi vencedora.

RESPOSTA Considerando o previsto no art. 791 da CLT e na Súmula 425 do TST, é certo afirmar que, se as partes podem interpor recurso ordinário, certamente podem apresentar contrarrazões. *Alternativa C.*

02 (Analista Judiciário – TRT 14 – FCC – 2016) O Princípio da oralidade é de suma importância no processo do trabalho, daí por que as audiências são o ponto forte do procedimento de uma reclamatória trabalhista em primeiro grau de jurisdição. Sobre audiências é correto afirmar.

(A) O não comparecimento do reclamante em Audiência Inicial ou Una importa em revelia, além da confissão quanto à matéria fática.

(B) Serão públicas como regra e realizadas em dias úteis previamente fixados, entre oito e dezoito horas, não podendo ultrapassar cinco horas seguidas, salvo quando houver matéria urgente.

(C) Caso o juiz não houver comparecido em até dez minutos após a hora marcada para a audiência, os presentes poderão retirar-se, devendo o ocorrido constar do livro de registro das audiências.

(D) O não comparecimento do reclamado em Audiência Inicial ou Una importará em remarcação da mesma por uma única vez, para garantir a ampla defesa e o contraditório, arcando a parte ausente com multa fixada pelo juiz.

(E) Terminada a apresentação da defesa do reclamado em audiência o juiz deverá suspender a sessão e marcar nova audiência para que o reclamante possa apresentar sua réplica e indicar as provas que pretende produzir, sob pena de nulidade processual.

RESPOSTA (A) Errado, haja vista que a ausência do reclamante importa arquivamento, conforme o art. 844, da CLT. (B) Certo, de acordo com o art. 813 da CLT. (C) Errado, vez que a tolerância é de 15 minutos, consoante parágrafo único, do art. 815 da CLT. (D) Errado, pois a ausência da reclamada importa revelia, nos termos do art. 844 da CLT. (E) Errado, vez que, após terminada a defesa, seguir-se-á a instrução, nos moldes do art. 848 da CLT. *Alternativa B.*

---

03 (Especialista Jurídica – FUNPRESP – CESPE – 2016) A respeito do *jus postulandi* na Justiça do Trabalho e do cabimento do mandado de segurança no processo do trabalho, julgue os itens que se seguem.

Dado o princípio do *jus postulandi* na justiça do trabalho, não é necessário advogado para que a parte ingresse com ação cautelar em que formule pedido de liminar.

( ) Certo   ( ) Errado

RESPOSTA Súmula 425 do TST. *Alternativa Errada*. Vale lembrar que nos moldes do Código de Processo Civil vigente, o correto é denominar tutela provisória de urgência de natureza cautelar, que pode ser antecedente ou incidental.

---

04 (Defensor Público de Segunda Categoria – DPU – CESPE – 2015) Julgue os itens subsequentes, relativos à competência e à prescrição no processo trabalhista e aos princípios gerais que norteiam esse processo.

Amplamente admitido no direito material do trabalho, o princípio da busca da verdade real não se aplica ao direito processual do trabalho, uma vez que a finalidade do processo é a justa e igualitária composição do litígio com mesmos direitos ao contraditório e à ampla defesa.

( ) Certo ( ) Errado

RESPOSTA O princípio da busca da verdade real é bem peculiar ao processo do trabalho e pode ser extraído do art. 765, da CLT. *Alternativa Errada*.

PARA GABARITAR

- O *jus postulandi* não pode ser exercido nas cautelares, mandado de segurança, ação rescisória e recursos de competência do TST.
- A conciliação no processo do trabalho pode ocorrer em qualquer tempo, sendo uma faculdade do magistrado a homologação, mas deve fundamentar sua decisão em caso de negativa. Caso haja o acordo na fase de execução, a contribuição previdenciária incidirá sobre o valor do acordo homologado, e não sobre o valor liquidado.
- No exercício do Poder Normativo, a Justiça do Trabalho profere sentença normativa nos dissídios coletivos de natureza econômica, criando novas condições de trabalho, porém respeitando as disposições vigentes e as anteriormente estabelecidas.

PARA MEMORIZAR

- É possível a aplicação do CPC no processo do trabalho quando houver: lacuna normativa; lacuna ontológica; ou lacuna axiológica.
- As decisões interlocutórias no processo do trabalho são irrecorríveis de imediato, exceto quando:

Hipótese	Recurso cabível (exemplos)
For decisão de Tribunal Regional do Trabalho contrária a Súmula ou Orientação Jurisprudencial do Tribunal Superior do Trabalho.	Recurso de Revista
For decisão suscetível de impugnação mediante recurso para o mesmo Tribunal.	Agravo Interno, Regimental ou Inominado
For decisão que acolhe exceção de incompetência territorial, com a remessa dos autos para Tribunal Regional distinto daquele a que se vincula o juízo excepcionado, consoante o disposto no art. 799, § 2º, da CLT.	Recurso Ordinário

Negar seguimento, para a instância superior, de recurso interposto na origem ("despacho" de inadmissibilidade).	Agravo de Instrumento
Proferida pelo relator, que acolher ou rejeitar, em incidente de desconsideração da personalidade jurídica instaurado originariamente no tribunal	Agravo Interno
Acolher ou rejeitar, em sede de execução, incidente de desconsideração de personalidade jurídica	Agravo de Petição, o qual independe de garantia do juízo.

CAPÍTULO 4 — Organização da Justiça do Trabalho

1. COMPOSIÇÃO

De acordo com a Carta Magna, a Justiça do Trabalho está estruturada em três instâncias, sendo seus órgãos o Tribunal Superior do Trabalho, os Tribunais Regionais do Trabalho e os Juízes do Trabalho.

Na CLT encontramos o Título VIII (Da Justiça do Trabalho) recheado de dispositivos que versam sobre a organização da Justiça do Trabalho, do art. 643 ao art. 735, tratando especificamente da composição e funcionamento das Varas do Trabalho, dos Tribunais do Trabalho, dos órgãos auxiliares da Justiça do Trabalho, dentre outros, sendo certo que a leitura de muitos desses dispositivos deve estar adequada às normas constitucionais.

1.1. As Varas do Trabalho

A Emenda Constitucional n. 24/99 extinguiu as antigas Juntas de Conciliação e Julgamento. Por isso, a jurisdição trabalhista passou a ser exercida por um juiz singular ou monocrático (juiz do trabalho – titular ou substituto), que desempenha as suas funções nas Varas do Trabalho, as quais são criadas por lei ordinária, nos termos do art. 112, da CF/88, e são órgãos de primeira instância da Justiça do Trabalho.

1.2. Os Tribunais Regionais do Trabalho

Os Tribunais Regionais do Trabalho são compostos por, no mínimo, 7 (sete) juízes nomeados pelo Presidente da República (não é necessário aprovação do Senado Federal), dentre brasileiros com mais de 30 e menos de 65 anos, sendo recrutados, quando possível, na respectiva região. Nada impede, no entanto, que eles sejam escolhidos em outras regiões, e não necessariamente naquela onde o Tribunal está sediado.

Um quinto das vagas é destinado a advogados com mais de dez anos de efetiva atividade profissional e membros do Ministério Público do Trabalho com mais de dez anos de carreira, observando-se a norma do art. 94, da CF/88. Os demais membros que compõe o Tribunal são nomeados em razão de promoção dos juízes do trabalho, por antiguidade e merecimento, alternadamente.

Determina a Constituição que os Tribunais Regionais do Trabalho instalarão a *Justiça Itinerante*, com a realização de audiências e demais funções de atividade jurisdicional, nos limites territoriais da respectiva jurisdição, servindo-se de equipamentos públicos e comunitários, bem como poderão funcionar descentralizadamente, constituindo *Câmaras Regionais*, visando assegurar ao jurisdicionado o pleno acesso à justiça em todas as fases do processo.

Vale ressaltar que não há obrigatoriedade de haver um Tribunal Regional em cada unidade federativa (Estados e Distrito Federal). Com efeito, há Tribunais Regionais do Trabalho que abrangem mais de um Estado, como é o caso do TRT da 8ª Região, que compreende os Estados do Pará e do Amapá, enquanto que no Estado de São Paulo há dois Tribunais Regionais, quais sejam: o Tribunal Regional do Trabalho da 2ª Região (sede na Capital) e o Tribunal Regional do Trabalho da 15ª Região (sede em Campinas).

1.3. O Tribunal Superior do Trabalho

O Tribunal Superior do Trabalho é composto pelo número invariável de 27 Ministros, todos nomeados pelo Presidente da República após aprovação pela maioria absoluta do Senado Federal, dentre brasileiros com mais de 35 e menos de 65 anos, *de notável saber jurídico e reputação ilibada*, sendo 1/5 (um quinto = 6) de advogados com mais de dez anos de efetiva atividade profissional e membros do Ministério Público com mais de dez anos de efetivo exercício, e os demais, dentre juízes dos Tribunais Regionais do Trabalho oriundos da magistratura de carreira, que serão indicados não pelo Tribunal Regional do Trabalho, mas sim pelo Tribunal Superior do Trabalho.

De acordo com a Constituição, junto ao TST funcionarão a *Escola Nacional de Formação e Aperfeiçoamento de Magistrados do Trabalho* (ENAMAT), à qual cabe, além de outras funções, regulamentar os cursos oficiais para o ingresso e a promoção na carreira, e o *Conselho Superior da Justiça do Trabalho* (CSJT), cuja função, nos termos da lei, é exercer a supervisão administrativa, orçamentária, financeira e patrimonial da Justiça do Trabalho de primeiro e segundo graus, como órgão central do sistema, tendo suas decisões efeito vinculante.

Importa destacar que a EC n. 92/2016 incluiu o § 3º no art. 111-A, da CF, prevendo que compete ao Tribunal Superior do Trabalho processar e julgar, originariamente, a reclamação para a preservação de sua competência e garantia da autoridade de suas decisões.

De acordo com o Regimento Interno do TST, o Diretor, o Vice-Diretor e os membros do Conselho Consultivo da Escola Nacional de Formação e Aperfeiçoamento de Magistrados do Trabalho – ENAMAT serão eleitos pelo Tribunal Pleno, em escrutínio secreto, para mandato de dois anos, permitida uma recondução, e os membros eleitos para os cargos de direção da Escola e os do Conselho Consultivo tomarão posse perante o Tribunal Pleno (art. 74).

Nos exatos termos do § 1º do art. 111-A da CF/88, a lei disporá sobre a competência do TST, estando em vigor no ordenamento jurídico, a cumprir esta tarefa, a Lei n. 7.701/88.

Cumpre dizer que o art. 65, do Regimento Interno do Tribunal Superior do Trabalho (autorizado pelo art. 96, I, da CF/88), prevê quais são os órgãos do Tribunal.

As competências do *Tribunal Pleno* estão elencadas no art. 75 do RITST.

Com relação à competência da *Seção de Dissídios Coletivos*, prevê o art. 77 suas atribuições da seguinte forma: *originariamente* e *em última instância, julgar*.

A competência da *Seção Especializada em Dissídios Individuais* está regulada no art. 78.

O RITST determina a competência das *Turmas* no art. 79.

O *Órgão Especial* tem suas atribuições previstas no art. 76, que são divididas em matérias judiciárias e administrativas.

1.4. Os juízes de direito

A Constituição Federal prevê que, nas comarcas não abrangidas pela jurisdição das Varas do Trabalho, a lei poderá atribuir aos juízes de direito a jurisdição trabalhista, devendo ser observado que, em caso de recurso, este deve ser interposto para o Tribunal Regional do Trabalho da região respectiva e não para o Tribunal de Justiça, valendo a leitura compatibilizada com a Constituição Federal.

Assim, apenas para exemplificar, se o juiz de direito da Vara Única do Município de "Vargens do Rio Belo", situado no Estado de Alagoas, estiver processando um feito de competência trabalhista, da sua sentença, seja pela procedência ou improcedência, caberá recurso ordinário para o TRT da 19ª Região (Alagoas).

1.5. A Corregedoria-Geral da Justiça do Trabalho

A Corregedoria-Geral da Justiça do Trabalho é órgão de direção do Tribunal Superior do Trabalho e, de acordo com o art. 709, da CLT, e o art. 33, do Regimento Interno do TST (RITST), o Corregedor-Geral da Justiça do Trabalho será eleito por dois anos, mediante escrutínio secreto e pelo voto da maioria absoluta, em sessão extraordinária do Tribunal Pleno, a realizar-se nos sessenta dias antecedentes ao término dos mandatos anteriores, tomando posse em sessão solene na data marcada pelo Tribunal Pleno.

Destacamos que o Corregedor-Geral da Justiça do Trabalho não concorre à distribuição de processos, participando, quando não estiver ausente em função da corregedoria, das sessões dos órgãos judicantes da Corte, exceto de Turmas, com direito a voto, como se depreende do art. 44, do RITST.

A CLT, no art. 709, estabelece algumas funções do Corregedor-Geral, sendo certo que o *art. 45, do RITST*, vaticina que a competência do Corregedor-Geral da Justiça do Trabalho será definida no Regimento Interno da Corregedoria-Geral da Justiça do Trabalho.

De acordo com o art. 709, § 1º, da CLT, das decisões proferidas pelo Corregedor, nos casos elencados no mesmo artigo, caberá agravo regimental para o Tribunal Pleno.

Importa salientar que o Corregedor-Geral da Justiça do Trabalho apresentará ao Órgão Especial, na última sessão do mês seguinte ao do término de cada ano de sua gestão, relatório circunstanciado das atividades da Corregedoria-Geral durante o ano findo.

1.6. Os órgãos e serviços auxiliares da Justiça do Trabalho

A Consolidação das Leis do Trabalho trata dos serviços auxiliares da Justiça do Trabalho entre os arts. 710 e 721, fazendo menção à estrutura, funcionamento e atribuições dos respectivos serviços auxiliares, que são:

a) Secretarias das Varas do Trabalho (arts. 710 a 712);

b) Distribuidores (arts. 713 a 715);

c) Cartórios dos juízes de direito (arts. 716 a 717), pois, de acordo com o art. 112, da Constituição, nas comarcas não abrangidas pela jurisdição da Justiça do Trabalho, poderá a lei atribuí-la aos juízes de direito;

d) Secretarias dos Tribunais Regionais do Trabalho (arts. 718 a 720) e, por fim,

e) Oficiais de Justiça (art. 721).

LEGISLAÇÃO CORRELATA

Destacamos a necessidade da leitura dos dispositivos que seguem:

1) Arts. 94, 96, I, 111, 111-A, 112, 115 e 116, da CF;

2) Arts. 643 a 735, da CLT;

3) Arts. 75, 76, 77, 78 e 79, do Regimento Interno do TST.

ENTENDIMENTO DOUTRINÁRIO

Cabe trazer à colação algumas das considerações históricas sobre a organização da Justiça do Trabalho e, para tanto, fazemos nossas as palavras de Gustavo Filipe Barbosa Garcia[1], como segue:

> "A Constituição da República Federativa do Brasil, de 1988, prevê os Tribunais e Juízes do Trabalho como órgãos do Poder Judiciário (art. 92, inciso IV). O tema é regulado na Seção V, do Capítulo II (Do Poder Judiciário), do Título IV (Da Organização dos Poderes), da Constituição Federal de 1988.
> (...)
> Com a Emenda Constitucional 24, de 9 de dezembro de 1999, foi extinta a representação classista nos órgãos da Justiça do Trabalho, passando a constar do inciso III, acima indicado, os Juízes do Trabalho.

---

1 GARCIA, Gustavo Filipe Barbosa. *Curso de Direito Processual do Trabalho*. 2. ed. Rio de Janeiro: Forense, 2013. p. 16.

(...)
Na redação original da Constituição Federal de 1988, o art. 112 fazia previsão do dever de existir pelo menos um Tribunal Regional do Trabalho em cada Estado e no Distrito Federal, o que havia sido mantido pela Emenda Constitucional 24/1999.

No entanto, nem todos os Estados da Federação possuíam (e ainda não possuem) um Tribunal Regional do Trabalho próprio, como ocorre com o Acre (abrangido pelo TRT da 14ª Região, com sede em Porto Velho/RO), Roraima (compreendido pelo TRT da 11ª Região, com sede em Manaus/AM) e Amapá (abrangido pelo TRT da 8ª Região, com sede em Belém/PA).

Assim, antes mesmo de dar cumprimento à previsão mencionada, ela deixou de existir com a Emenda Constitucional 45/2004, de modo que não há mais a necessidade de ter pelo menos um TRT em cada Estado".

QUESTÕES COMENTADAS

01 (Técnico – TRT 1 – AOCP – 2018) Tendo como base a estrutura, a organização e a competência (EC n. 45/2004) da Justiça do Trabalho, assinale a alternativa correta.

(A) Compete à Justiça do Trabalho processar e julgar ações que envolvam crimes contra a organização do trabalho, como o trabalho escravo.

(B) O Tribunal Superior do Trabalho compor-se-á de vinte e sete Ministros, escolhidos dentre brasileiros com mais de trinta e cinco anos e menos de sessenta e cinco anos, de notável saber jurídico e reputação ilibada, nomeados pelo Presidente da República após aprovação de 2/3 (dois terços) do Senado Federal.

(C) O Tribunal Superior do Trabalho é composto por um quinto dentre advogados com mais de quinze anos de efetiva atividade profissional e membros do Ministério Público do Trabalho com mais de quinze anos de efetivo exercício, indicados em lista sêxtupla pelos órgãos de representação das respectivas classes.

(D) A lei criará Varas da Justiça do Trabalho, podendo, nas comarcas não abrangidas por sua jurisdição, atribuí-la aos juízes de direito, com recurso para o respectivo Tribunal Regional do Trabalho.

(E) Os Tribunais Regionais do Trabalho compõem-se de, no mínimo, nove juízes, recrutados, quando possível, na respectiva região, e nomeados pelo Presidente da República dentre brasileiros com mais de trinta e menos de sessenta e cinco anos.

RESPOSTA O item A está errado, pois a competência para julgar crimes contra a organização do trabalho é da Justiça Federal, nos termos do art. 109, VI, da CF, o que é ratificado pelo STF (Recurso Extraordinário n. 459.510 e outros precedentes). A letra B está incorreta, em razão de a aprovação do Senado Federal ser por maioria absoluta, consoante art. 111-A da Constituição. O item C está errado, uma vez que a exigência constitucional para os advogados e membros do MPT é de 10 anos de efetiva atividade profissional e efetivo exercício, respectivamente, consoante inciso I do art. 111-A da Constituição. A letra D está correta, sendo redação literal do art. 112 da CF/88. O item E está equivocado, já que o art. 115 da

Constituição estabelece que os Tribunais Regionais do Trabalho compor-se-ão, no mínimo, com sete juízes. *Alternativa D.*

---

02 (Analista Administrativo – TRT 23 – FCC – 2016) Sobre a organização da Justiça do Trabalho:

(A) na composição do Tribunal Superior do Trabalho não se observará, por expressa disposição, o chamado quinto constitucional do Ministério Público e da advocacia;

(B) a competência do Tribunal Superior do Trabalho é objeto de deliberação do Conselho Superior da Justiça do Trabalho;

(C) nas comarcas não abrangidas pela jurisdição da Justiça do Trabalho, a competência poderá ser atribuída aos juízes de direito, com recurso para o respectivo Tribunal Regional do Trabalho;

(D) em nenhuma hipótese competirá à Justiça do Trabalho o julgamento de *habeas corpus* e *habeas data*;

(E) as varas da Justiça do Trabalho podem ser criadas por provimento dos Tribunais Regionais do Trabalho.

RESPOSTA (A) Errado: deve ser observado, conforme o art. 111-A, I, da CF/88. (B) Errado, vez que o art. 111-A, § 1º, prevê que é por meio de lei. (C) Certo, nos termos do art. 112 da CF/88. (D) Errado, consoante o art. 114, IV. (E) Errado, na medida em que o art. 112 exige lei. *Alternativa C.*

---

03 (Analista Judiciário – TRT 23 – FCC – 2016) Em consonância com os ditames constitucionais quanto à organização e competência da Justiça do Trabalho:

(A) são órgãos da Justiça do Trabalho as Comissões de Conciliação Prévia, as Varas do Trabalho, os Tribunais Regionais do Trabalho e o Tribunal Superior do Trabalho;

(B) o Tribunal Superior do Trabalho compor-se-á de 27 Ministros, escolhidos dentre brasileiros com mais de 35 e menos de 65 anos, nomeados pelo Presidente da República após aprovação pela maioria absoluta do Senado Federal;

(C) a Escola Nacional de Formação e Aperfeiçoamento de Magistrados do Trabalho e o Conselho Superior da Justiça do Trabalho funcionarão junto ao Conselho Nacional de Justiça, vinculado ao Supremo Tribunal Federal;

(D) o Tribunal Superior do Trabalho será composto por juízes dos Tribunais Regionais, oriundos da magistratura, indicados pelo colégio de Presidentes e Corregedores dos Tribunais Regionais, além de 1/5 oriundo da advocacia e Ministério Público do Trabalho e 1/5 indicados pelas confederações sindicais;

(E) a lei criará varas da Justiça do Trabalho, podendo, nas comarcas não abrangidas por sua jurisdição, atribuí-la aos Juízes Federais, com recurso para o respectivo Tribunal Regional Federal.

RESPOSTA (A) Errado, consoante o art. 111 da CF/88. (B) Certo, haja vista o *caput* do art. 111-A da CF. Porém, é preciso observar o previsto na EC n. 92/16. (C) Errado, de acordo com o § 2º, I e II, do art. 111-A da CF/88. (D) Errado, conforme o art. 111-A da CF/88. (E) Errado, pois será para os juízes de direito, nos termos do art. 112 da CF/88. *Alternativa B.*

---

04 **(Advogado – AGU – CESPE – 2012)** Julgue os itens que se seguem, relativos à organização e competência da justiça do trabalho e ao processo do trabalho.

São órgãos da justiça do trabalho: o TST, os tribunais regionais do trabalho, os juízes do trabalho e os juizados especiais trabalhistas.

( ) **Certo**   ( ) **Errado**

RESPOSTA Não existem juizados especiais trabalhistas, nos termos do art. 111, da CF/88. *Alternativa Errada.*

---

05 **(Técnico – TRT/8 – CESPE – 2013)** Assinale a opção correta com relação às competências da justiça do trabalho.

(A) Os juízes dos TRTs, salvo motivo justificado, serão eleitos por dois anos, no mínimo, e nunca por mais de dois biênios consecutivos, sendo os substitutos escolhidos na mesma ocasião e pelo mesmo processo, em número igual para cada categoria.

(B) A lei criará varas da justiça do trabalho, podendo, nas comarcas não abrangidas por sua jurisdição, atribuí-las aos juízes de direito da justiça estadual, com recurso para o respectivo tribunal de justiça.

(C) O Conselho Superior da Justiça do Trabalho funcionará junto aos TRTs.

(D) A Escola Nacional de Formação e Aperfeiçoamento de Magistrados do Trabalho funcionará junto ao CNJ.

(E) É competência originária dos TRFs processar e julgar, ressalvada a competência da justiça eleitoral, os juízes da justiça do trabalho, nos crimes de responsabilidade e comuns.

RESPOSTA (A) Os juízes do TRT não são eleitos, são nomeados pelo Presidente da República (art. 115, da CF). (B) Art. 112 da CF. Recurso para o respectivo Tribunal Regional do Trabalho. (C) Art. 111-A, § 2º, II, da CF. O CSJT funcionará junto ao TST. (D) Art. 111-A, § 2º, I. A Escola funcionará junto ao TST. (E) Art. 108, I, *a*, da CF/88. *Alternativa E.*

PARA GABARITAR

- O TST é composto pelo número exato de 27 Ministros, que devem ser brasileiros com notável saber jurídico e reputação ilibada, com mais de 35 e menos de 65 anos de idade; 1/5 dos membros é composto por advogados e membros do MPT, e o restante, por juízes de carreira dentre aqueles que compõem os TRTs, indicados pelo TST.

- Os TRTs terão pelo menos 7 juízes, recrutados em regra na respectiva região, sendo nomeados pelo Presidente da República dentre brasileiros com mais de 30 e menos de 65 anos de idade; 1/5 dos membros é composto por advogados e membros do MPT, e o restante, por juízes promovidos por antiguidade e merecimento, alternadamente.

PARA MEMORIZAR

- Os TRTs *instalarão* Justiça Itinerante.

- Os TRTs *poderão* funcionar descentralizadamente por meio de Câmaras Regionais.

- *Organização da Justiça do Trabalho*, em 3 instâncias:

CAPÍTULO 5 — Ministério Público do Trabalho

1. ORGANIZAÇÃO DO MINISTÉRIO PÚBLICO DO TRABALHO

Dentre outros ramos que integram o Ministério Público da União (MPU), encontra-se o Ministério Público do Trabalho (MPT), conforme se constata do art.128, I, *b*, da Constituição Federal.

O MPT também é regido pela LC n. 75/93 (Lei Orgânica do Ministério Público da União – aconselhamos a leitura), que, consoante doutrina majoritária, revogou tacitamente os arts. 736 a 751 da Consolidação das Leis Trabalhistas.

Trata-se de instituição permanente, essencial à função jurisdicional do Estado, incumbindo-lhe a defesa da ordem jurídica, do regime democrático, dos interesses sociais e dos interesses individuais indisponíveis, além da adoção das medidas necessárias para garantir o respeito aos Poderes Públicos e aos serviços de relevância pública aos direitos assegurados pela Constituição Federal.

De acordo com o art. 85 da Lei Orgânica do MPU, são órgãos do MPT o Procurador-Geral do Trabalho, o Colégio de Procuradores do Trabalho, o Conselho Superior do Ministério Público do Trabalho, a Câmara de Coordenação e Revisão do Ministério Público do Trabalho, a Corregedoria do Ministério Público do Trabalho, os Subprocuradores-Gerais do Trabalho, os Procuradores Regionais do Trabalho e os Procuradores do Trabalho.

A carreira do Ministério Público do Trabalho será constituída pelos cargos de Subprocurador-Geral do Trabalho, Procurador Regional do Trabalho e Procurador do Trabalho, sendo certo que o cargo inicial da carreira é o de Procurador do Trabalho, e o do último nível, o de Subprocurador-Geral do Trabalho.

O *Procurador-Geral do Trabalho* é o Chefe do Ministério Público do Trabalho e será nomeado pelo Procurador-Geral da República, dentre integrantes da instituição com mais de 35 anos de idade e cinco anos na carreira, integrante de lista tríplice escolhida mediante voto plurinominal, facultativo e secreto, pelo Colégio de Procuradores, para um mandato de dois anos, permitida uma recondução.

A exoneração do Procurador-Geral do Trabalho, antes do término do mandato, será proposta ao Procurador-Geral da República pelo Conselho Superior, mediante deliberação obtida com base em voto secreto de dois terços de seus integrantes.

O art. 90 da Lei Orgânica do MPU dispõe que compete ao Procurador-Geral do Trabalho exercer as funções atribuídas ao Ministério Público do Trabalho junto ao Plenário do Tribunal Superior do Trabalho, propondo as ações cabíveis e manifestando-se nos processos de sua competência, estando suas atribuições previstas no art. 91 do diploma ao norte citado, sendo certo que o art. 92 admite delegação.

O *Colégio de Procuradores do Trabalho*, presidido pelo Procurador-Geral do Trabalho, é integrado por todos os membros da carreira em atividade no Ministério Público do Trabalho, com as atribuições elencadas no art. 94.

O *Conselho Superior do Ministério Público do Trabalho* é o órgão máximo de deliberação do Ministério Público Laboral, constituído por dez membros, quais sejam, o Procurador-Geral do Trabalho e o Vice-Procurador-Geral do Trabalho, que o integram como membros natos, quatro Subprocuradores-Gerais do Trabalho, eleitos para um mandato de dois anos pelo Colégio de Procuradores do Trabalho, mediante voto plurinominal, facultativo e secreto, permitida uma reeleição, e quatro Subprocuradores-Gerais do Trabalho, eleitos para um mandato de dois anos, por seus pares, mediante voto plurinominal, facultativo e secreto, permitida uma reeleição.

Observe que as deliberações do Conselho Superior serão tomadas por maioria de votos, presente a maioria absoluta de seus membros, salvo disposição em contrário, e em caso de empate, prevalecerá o voto do Presidente, exceto em matéria de sanções, caso em que prevalecerá a solução mais favorável ao acusado. Todas as deliberações serão publicadas no Diário da Justiça, exceto quando o Regimento Interno determinar sigilo.

O *Corregedor-Geral do Ministério Público do Trabalho* será nomeado pelo Procurador-Geral do Trabalho dentre os Subprocuradores-Gerais do Trabalho, integrantes da lista tríplice elaborada pelo Conselho Superior, para mandato de dois anos, renovável uma vez. Compete ao Corregedor o múnus de fiscalizar as atividades funcionais e a conduta dos membros do Ministério Público. Destaque-se que, por iniciativa do Procurador-Geral, antes do término do mandato, poderá ser destituído pelo voto de dois terços dos membros do Conselho Superior.

As atribuições do Corregedor-Geral estão elencadas no art. 106.

Os *Subprocuradores-Gerais do Trabalho* serão designados para laborar perante o Tribunal Superior do Trabalho e nos ofícios na Câmara de Coordenação e Revisão. Ademais, cabe aos Subprocuradores-Gerais do Trabalho, privativamente, o exercício das funções de Corregedor-Geral do Ministério Público do Trabalho e Coordenador da Câmara de Coordenação e Revisão do Ministério Público do Trabalho.

No que tange à atuação dos *Procuradores Regionais do Trabalho*, aduz o art.110 que os mesmos serão designados para oficiar junto aos Tribunais Regionais do Trabalho, sendo lotados nos ofícios nas Procuradorias Regionais do Trabalho nos Estados e no Distrito Federal.

Inobstante, os Procuradores do Trabalho serão designados para funcionar junto aos Tribunais Regionais do Trabalho e, na forma das leis processuais, nos litígios trabalhistas que envolvam, especialmente, interesses de menores e incapazes. Por sua vez, serão lotados nos ofícios nas Procuradorias Regionais do Trabalho nos Estados e no Distrito Federal.

Temos ainda a *Câmara de Coordenação e Revisão do Ministério Público do Trabalho*, que é um órgão de coordenação, integração e revisão do exercício funcional na Instituição, sendo organizado por ato normativo. O Regimento Interno, que disporá sobre seu funcionamento, será elaborado pelo Conselho Superior. A Câmara será composta por três membros do Ministério Público do Trabalho, sendo um indicado pelo Procurador-Geral do Trabalho, e dois pelo Conselho Superior do Ministério Público do Trabalho, juntamente com seus suplentes, para um mandato de dois anos, sempre que possível, dentre integrantes do último grau da carreira. Dentre os integrantes da Câmara de Coordenação e Revisão, um deles será designado pelo Procurador-Geral para a função executiva de Coordenador. As competências da Câmara de Coordenação e Revisão do MPT estão elencadas no art. 103.

1.1. Competência do Ministério Público do Trabalho

O MPT funciona processualmente na defesa dos interesses metaindividuais na seara trabalhista, exercendo papel de primordial importância, tendo em vista que, além de atuar no resguardo da defesa do interesse do trabalhador, opera também na tutela do interesse público.

A incidência dos reflexos advindos da EC n. 45/2004 trouxe uma amplitude significativa à competência material da justiça laboral, refletindo, por conseguinte, na atuação do *parquet* laboral.

Nesse aspecto, a Justiça trabalhista passou a não mais ter como cerne de sua competência apenas julgar e processar questões relacionadas ao trabalho subordinado (emprego). Hodiernamente, contempla como raio de sua atuação os litígios decorrentes dos contratos que simplesmente envolvam uma relação de trabalho.

A referida Emenda Constitucional trouxe uma nova redação ao § 3º, do art. 114, aduzindo que, em caso de greve em atividade essencial com possibilidade de lesão ao interesse público, o MPT poderá ajuizar dissídio coletivo, cabendo à Justiça Trabalhista decidir o conflito.

Ainda em relação ao direito de greve, insta destacar que o Ministério Público do Trabalho poderá atuar como órgão interveniente (*custos legis*) nos casos em que o direito de greve esteja sob ameaça daqueles que tentam impedir o seu pleno exercício; ou como órgão agente (parte) quando o órgão ministerial provocar o Judiciário, a fim de que este se manifeste para garantir o regular exercício do direito de greve.

Por derradeiro, o inciso VI, do art. 114 (acrescentado pela EC n. 45/2004), dispõe que também compete à Justiça Laboral processar e julgar as ações indenizatórias por dano moral ou patrimonial, decorrente da relação de trabalho, a fim de reprimir os ilícitos trabalhistas cometidos, de modo que o MPT também poderá atuar nesse sentido.

O art. 83, da Lei Orgânica do MPU, versa sobre algumas das competências do Ministério Público do Trabalho.

1.2. Atuação do Ministério Público do Trabalho

1.2.1. Atuação judicial como parte e como fiscal da lei

O MPT exerce suas atribuições perante a Justiça do Trabalho, e a previsão legal de sua atuação judicial é descrita pelo art. 83, da LC n. 75/93, seja como órgão interveniente (*custos legis* ou fiscal da lei) ou como órgão agente (parte).

Atuando como fiscal da lei, o MPT goza de legitimidade para agir em todas as instâncias trabalhistas, ora perante os Tribunais, ora junto às Varas Trabalhistas, haja vista que o art. 83 vaticina que compete ao Ministério Público do Trabalho manifestar-se em qualquer fase do processo trabalhista, acolhendo solicitação do juiz ou por sua iniciativa, quando entender existente interesse público que justifique a sua intervenção.

O Ministério Público Trabalhista não é parte do processo e, assim sendo, a sua manifestação como *custos legis* decorre a fim de exercer o papel de guardião da ordem jurídica. É de se verificar que a intervenção do Ministério Público não é necessária em todos os processos, mas sim naqueles em que manifesto for o interesse público.

Em alguns casos, contudo, é a própria lei que determina a necessidade de intervenção do MP, quando, por exemplo, a parte for pessoa jurídica de direito público, Estado Estrangeiro ou Organismo Internacional, o que torna também obrigatória a atuação do *parquet* laboral (art. 83, XIII, da LC n. 75/93). Frise-se que a intervenção do *parquet* se dá em razão do interesse público e não necessariamente da Administração Pública, podendo, nesses casos, resultar até mesmo em um parecer desfavorável ao ente público.

O Tribunal Superior do Trabalho admite a manifestação do membro do MPT sobre a nulidade de contrato de trabalho em favor do ente público na primeira vez que tenha oportunidade de falar nos autos, conforme a OJ 350 da SDI-1 do TST.

No art. 83, I, III, IV, V, VI, da LC n. 75/93, encontram-se elencadas as hipóteses de atuação do MPT na qualidade de parte autora do processo.

Como órgão agente (autor de demandas), a atuação judicial do Ministério Público verifica-se por meio do ajuizamento de diversos tipos de ações para os quais o *parquet* está legitimado, dentre elas a ação civil pública, a ação rescisória, a ação declaratória de nulidade de instrumento normativo, a ação civil coletiva e o dissídio coletivo no caso de greve.

Dentre todas as formas de atuação acima mencionadas, a ação civil pública (art. 129, III, da CF) é a de maior destaque, considerada a sua maior abrangência e o efeito *erga omnes* à sentença, sendo utilizada para a proteção dos direitos difusos e coletivos no âmbito trabalhista pelo MPT.

Por fim, a norma inserta no art. 793, da CLT, autoriza expressamente o atuar do *parquet* como representante processual quando a reclamação trabalhista for feita por menor de 18 anos sem a devida representação de seus pais. Ressalte-se que o órgão Ministerial também atuará na representação desse menor nos casos em que ele estiver no polo passivo da ação trabalhista.

1.2.2. Atuação extrajudicial

Por ser um procedimento autônomo e independente, a atuação extrajudicial na esfera administrativa, além de evitar mover o já assoberbado Poder Judiciário, se mostra eficaz, pois confere celeridade à solução dos litígios de interesse da sociedade. Ordinariamente, visa proteger os chamados direitos de terceira geração (dimensão), que integram o interesse público e se subdividem em interesses individuais homogêneos, coletivos e difusos, tendo como grande objetivo a busca da adequação voluntária e espontânea do lesante aos ditames legais, assegurando à coletividade atingida em seus direitos o reestabelecimento da ordem jurídica e social.

Justificando a sua posição de órgão agente, compete ao Ministério Público do Trabalho, a teor do disposto no art. 84, da LC n. 75/93, fazer uso dos procedimentos de natureza administrativa que lhe estiverem ao alcance, tais como o inquérito civil, o termo de ajustamento de conduta, dentre outros.

Esses procedimentos se iniciam de ofício ou mesmo a partir de delações oferecidas ao MPT pelos Sindicatos, pelos próprios trabalhadores que se sentirem lesados pelo descumprimento da norma jurídica, pelo Ministério do Trabalho e do Emprego ou pela própria Justiça do Trabalho.

Desse modo, caberá ao Procurador encarregado do feito uma minuciosa análise da delação realizada acerca da existência de lesão a direitos metaindividuais que, portanto, condicione a legitimidade para o atuar do Ministério Público do Trabalho, visto que, em se tratando de direito meramente individual, deflagra-se a incompetência para atuação do *parquet* laboral, embora tenhamos vozes eruditas na doutrina que defendem a atuação do MPT nos casos de direitos individuais homogêneos, ou seja, aqueles que decorrem de origem comum.

Uma vez encerrada a fase investigatória e apurada a procedência do que foi delatado, o MPT terá a possibilidade, concedida por lei, de celebrar um termo de ajustamento de conduta (TAC) junto ao lesante, visando a que este se comprometa a, espontaneamente, eliminar as irregularidades cometidas, sob pena das sanções fixadas no próprio termo, o qual, se descumprido, será executado na forma do art. 876 e s. da CLT.

Por fim, outra forma de atuação do Ministério Público do Trabalho, baseado no art. 129, IX, da CF, e no art. 83, XI, da LC n. 75/93, é como mediador e como árbitro.

1.2.2.1. Termo de Ajuste de Conduta

Trata-se de um instrumento legal, de natureza extrajudicial, celebrado entre o *parquet* e o causador do dano, gerando para este uma obrigação de fazer ou de não fazer, em que será pactuado que o lesante se adeque às exigências legais.

A priori, busca obter do denunciado o cumprimento voluntário dos termos ajustados no acordo, mediante o qual o responsável pelo dano se submete às exigências estabelecidas pelo MPT para que o mesmo não inicie uma ação judicial.

Cabe advertir que não se trata de transação, pois o MPT não pode transacionar sobre o interesse público, embora possa constar o perdão sobre multas, o que não se confunde com a remissão inerente a infrações anteriores impostas pelos órgãos de fiscalização do trabalho.

No TAC deve constar também multa pecuniária em caso de inadimplemento, sendo um título executivo extrajudicial que, se descumprido, será executado na Justiça do Trabalho.

Vale destacar que o TAC pode ser anulado judicialmente, haja vista que é um ato jurídico firmado entre o MPT e o causador da lesão à ordem jurídica, conforme o autorizativo art. 966, § 4º, do CPC.

1.2.2.2. Inquérito Civil Público

É da Lei da Ação Civil Pública (Lei n. 7.347/85) a primeira notícia que se teve acerca deste importante instrumento de tutela coletiva, hoje já agasalhado pela Constituição Federal e espraiado por outros diplomas legais.

Assevera o art. 8º, § 1º, da lei supracitada, acerca dos poderes dos órgãos do Ministério Público do Trabalho na presidência do Inquérito Civil, que, segundo consta, poderá instaurar o inquérito, ou requisitar, de qualquer organismo público ou particular, certidões, informações, exames ou perícias, no prazo que assinalar, o qual não poderá ser inferior a 10 (dez) dias úteis.

Trata-se de um instrumento de defesa da sociedade, de uso privativo do Ministério Público e, diante da ocorrência de fatos que caracterizem ofensa aos direitos metaindividuais, a sua instauração se faz obrigatória, devendo o *parquet*, por esta razão, estar revestido de plenos poderes para o alcance da eficácia do feito. Em que pese gozar de plenos poderes, não está o órgão ministerial autorizado a cometer abusos e arbitrariedades durante a condução do Inquérito.

A utilização do Inquérito Civil na seara trabalhista está prevista no art. 129, III, da CF/88, bem como no art. 84, II, da LC n. 75/93, a qual estabelece atribuição ao Ministério Público do Trabalho para instaurar inquérito civil e outros procedimentos administrativos, sempre que cabíveis, para assegurar a observância dos direitos sociais dos trabalhadores.

Em síntese, trata-se de um procedimento administrativo de natureza inquisitorial a cargo do Ministério Público do Trabalho, e visa tutelar os interesses e direitos individuais, coletivos e difusos relacionados aos direitos sociais indisponíveis, às relações de trabalho, trabalho escravo, trabalho infantil, meio ambiente, terceirização fraudulenta, anulação de instrumento coletivo extrajudicial que desfavoreça o trabalhador, greves em atividades essenciais etc.

Questão polêmica e não raramente levantada pelos advogados dos inquiridos se faz a despeito da observância do contraditório e da ampla defesa, assegurados pela Carta Maior em seu art. 5º, LV. Todavia, como devemos observar do citado dispositivo legal, tais princípios se mostram aplicáveis em processos de natureza judicial ou administrativa, porquanto vale dizer que o inquérito não é processo, sendo meramente classificado como um procedimento administrativo e, por certo, não há acusação, mas apenas investigação sobre atos denunciados, tendo como característica fundamental a inquisitoriedade. Muito embora um bom setor da doutrina defenda o exercício do contraditório e da ampla defesa quando latente for alguma consequência nefasta para o investigado, como, por exemplo, a aplicação de penalidade.

Poderá ser instaurado mediante portaria ou despacho ministerial e por ofício, como visto acima.

A fase de instrução do Inquérito Civil é de suma importância, pois, insta dizer, a partir das provas colhidas é que será ou não ajuizada a ação pertinente ao caso em concreto. Noutro giro, o Inquérito não se orienta somente à obtenção de provas visando a propositura de demanda judicial, pois pode ir muito além, haja vista que existe a possibilidade da feitura de um Termo de Ajuste de Conduta do inquirido às disposições legais, de forma célere e menos custosa para todos.

Encerradas as investigações, é emitido pelo oficiante um parecer concluindo pelo ajuizamento de ação civil pública, termo de ajustamento de conduta ou arquivamento.

Não sendo constatada a irregularidade do ato denunciado ou de qualquer ofensa aos direitos metaindividuais dos trabalhadores, os autos serão arquivados e encaminhados no prazo de 3 (três) dias ao Conselho Superior do Ministério Público do Trabalho (CSMPT) para homologação, sob pena de incorrer em falta grave. Caso o Conselho se recuse a homologar o arquivamento, deverá designar outro membro do MPT para: a) ajuizar ação civil pública, conforme se depreende da inteligência do art. 9º, § 4º, da Lei n. 7.347/85; b) prosseguir nas investigações caso entenda ser insuficiente o conjunto probatório até então apresentado e, por fim, c) à luz da colheita de novas provas, deixar de ajuizar nova ação conforme determinado pelo

Conselho Superior do Ministério Público do Trabalho e pugnar novamente pelo arquivamento do Inquérito.

Mesmo sendo arquivado o Inquérito Civil Público pelo MPT, os demais colegitimados descritos pelo art. 5º, da Lei n. 7.347/85, poderão ajuizar a ação civil pública, devendo o órgão ministerial atuar no caso em comento como órgão interveniente (*custos legis*), designando outro *parquet* para a competente função, tendo em vista que o anterior já emitiu seu parecer favorável ao arquivamento.

LEGISLAÇÃO CORRELATA

Destacamos a leitura dos seguintes dispositivos:

1) Arts. 114, VI, § 3º, 128, *b*, e 129, III, da CF/88;
2) Lei Complementar n. 75/93, do art. 83 ao art. 115;
3) Lei n. 7.347/85, art. 9º e parágrafos;
4) Art. 793 da CLT, e art. 966, § 4º, do CPC.

ENTENDIMENTO DOUTRINÁRIO

É de bom grado trazer à baila a singela, porém profícua lição de Carlos Henrique Bezerra Leite[1], para quem:

> "O Ministério Público do Trabalho – MPT é o ramo do Ministério Público da União – MPU que atua processualmente nas causas de competência da Justiça do Trabalho. Trata-se, pois, de um segmento especializado do Ministério Público da União.
>
> O Chefe do MPT é o Procurador-Geral do Trabalho, nomeado pelo Procurador-Geral da República, dentre os membros da Instituição com mais de trinta e cinco anos de idade e cinco anos na carreira, integrantes de lista tríplice escolhida mediante voto plurinominal, facultativo e secreto, pelo Colégio de Procuradores, para mandato de dois anos, permitida uma recondução, observado o mesmo processo. Caso não haja número suficiente de candidatos com mais de cinco anos na carreira, poderá concorrer à lista tríplice quem contar mais de dois anos na carreira. A exoneração do Procurador-Geral do Trabalho, antes do término do mandato, será proposta ao Procurador-Geral da República pelo Conselho Superior, mediante deliberação obtida com base em voto secreto de dois terços de seus integrantes.
>
> Pode-se dizer, sem receio de errar, que não foram recepcionados, por serem incompatíveis com o art. 127 da Constituição Federal, os arts. 736 e 737 da CLT.

---

1 LEITE, Carlos Henrique Bezerra. *Curso de Direito Processual do Trabalho*. 14. ed. São Paulo: Saraiva, 2016. p. 197.

Assim, as fontes normativas da atuação do MPT no processo do trabalho são as contidas na CF e na LC n. 75/93".

JURISPRUDÊNCIA

Da jurisprudência do TST extraímos alguns exemplos de atuação do MPT: OJs 237, 130 e 350 da SDI-1 do TST.

QUESTÕES COMENTADAS

01 (Analista – TRT/8 – CESPE – 2016) No que se refere aos recursos no processo trabalhista, aos seus respectivos prazos e ao Ministério Público do Trabalho (MPT), assinale a opção correta.

(A) O chefe do MPT deve ser nomeado pelo presidente da República entre os nomes constantes de lista tríplice encaminhada pelo Congresso Nacional.
(B) O procurador-geral do trabalho subordina-se ao chefe do MPT.
(C) Os recursos aos tribunais superiores são uniformes e devem ser interpostos no prazo de até cinco dias úteis, a contar do recebimento da intimação da parte.
(D) O agravo de instrumento, instrumento cabível para recorrer das decisões do juiz monocrático adotadas nos procedimentos de execução, deve ser interposto no prazo de até quinze dias.
(E) Em se tratando de recurso ordinário em procedimento sumaríssimo, é admissível parecer oral do representante do MPT durante a sessão de julgamento.

RESPOSTA (A) A nomeação é pelo PGR, conforme o art. 88 da LC n. 75/93. (B) Arts. 25 e 26 da LC n. 75/93. (C) Art. 6º da Lei n. 5.584/70. (D) Art. 897, *b*, da CLT. (E) Art. 895, § 1º, III, da CLT. *Alternativa E.*

PARA GABARITAR

- Os instrumentos de atuação judicial e extrajudicial do MPT estão previstos no art. 129, da CF, e nos arts. 83 e 84, da LC n. 75/93.

PARA MEMORIZAR

Órgãos do Ministério Público do Trabalho
Procurador-Geral do Trabalho
Colégio de Procuradores do Trabalho
Conselho Superior do MPT
Câmara de Coordenação e Revisão do MPT
Corregedoria do MPT
Subprocuradores-Gerais do Trabalho
Procuradores Regionais do Trabalho
Procuradores do Trabalho

CAPÍTULO 6 — Competência da Justiça do Trabalho

1. DEFINIÇÃO

A competência é exatamente a divisão dos trabalhos entre os órgãos jurisdicionais para processar e julgar as demandas judiciais, de modo que é possível que um magistrado tenha jurisdição, mas não tenha competência, embora a recíproca não seja verdadeira.

1.1. Critérios

Os critérios internos para determinação da competência levam em consideração a matéria (*ratione materiae*), as pessoas (*ratione personae*), a função (funcional), o território (*ratione loci*) e o valor da causa.

Objetivamente, o fundamento nuclear da competência da Justiça do Trabalho, no plano constitucional, está no art. 114, da CF/88, e, no plano infraconstitucional, no art. 650 e s. da Consolidação das Leis do Trabalho, sem prejuízo do previsto em leis esparsas.

Dentre os critérios mencionados, estaremos diante de um juiz ou relativa ou absolutamente incompetente, de modo que cabe registrar as diferenças basilares entre competência relativa (território e valor da causa) e competência absoluta (matéria, função e pessoa).

A incompetência absoluta: a) deve ser conhecida de ofício pelo julgador, podendo ser arguida em preliminar de contestação pelo réu e até mesmo em qualquer tempo e grau de jurisdição, exigindo-se, por seu turno, prequestionamento nas instâncias inferiores para que seja conhecida nas instâncias superiores; b) por ser matéria de ordem pública, não está sujeita a preclusão e é tratada como uma objeção; c) caso seja reconhecida, o feito será remetido ao juízo competente ou extinção de algum pedido sem análise do mérito e, por fim, d) sentença proferida por juiz absolutamente incompetente pode ser objeto de ação rescisória.

Já a incompetência relativa: a) não pode ser conhecida de ofício pelo juiz, dependendo, portanto, de iniciativa da parte; b) o meio adequado para ser arguida é a exceção ritual de incompetência territorial (art. 800 da CLT, com a redação dada pela Lei n. 13.467/2017), e o CPC admite sua arguição em preliminar de contestação (art. 337, II, do CPC), de modo que entendemos ser possível a arguição até a oferta da contestação em preliminar, caso a reclamada não queira lançar mão do previsto no art. 800 da CLT ao norte citado; c) se não for arguida no momento oportuno, gera preclusão, de modo que haverá modificação (prorrogação para alguns) da competência, ou seja, o juiz que inicialmente era incompetente passa a ser competente e, finalmente, d) caso seja acolhida, serão preservados os atos até então praticados, inclusive os decisórios, remetendo-se os autos ao juízo competente, não sendo passível de ação rescisória.

1.2. Competência em razão da matéria e da pessoa

A competência em razão da matéria tem como base a própria relação jurídica de direito material controvertida, ou seja, é definida em razão dos conflitos subjacentes às relações sociais, como é o caso, para exemplificar, das matérias de cunho familiar, criminal etc.

No que toca à competência em razão da pessoa, esta se estabelece na medida em que algumas pessoas estão na demanda, como é o caso da presença da União, que, como regra geral, terá suas causas processadas e julgadas na Justiça Federal, exceto se for demandada por um trabalhador que não seja servidor público estatutário federal ou vinculado à União por regime de caráter administrativo ou de viés temporário, quando então será competente a Justiça do Trabalho, em razão da exceção prevista na parte final do artigo 109, I, da CRFB/88, ainda que seja demandada para responder subsidiariamente.

Analisemos algumas questões específicas sobre a competência da Justiça do Trabalho.

1.2.1. Relação de trabalho e relação de emprego

O direito material do trabalho distingue relação de trabalho e relação de emprego, de modo que aquela é mais abrangente do que esta, haja vista que, embora todo empregado seja um trabalhador, é também verdade que a configuração de uma relação de emprego exige certas características que vão, efetivamente, diferenciar o empregado dos demais trabalhadores, razão pela qual empregado típico é aquele que se coaduna à definição legal do art. 3º, da CLT.

Porém, para fins de fixação da competência da Justiça do Trabalho, essa distinção perdeu sua relevância com o advento da Emenda Constitucional n. 45/2004, na medida em que a especializada passou a processar e julgar as ações oriundas da relação de trabalho, com algumas ressalvas, como é o caso de trabalhador no âmbito da administração pública (servidor estatutário, vinculo de natureza jurídica administrativa e trabalhadores temporários).

Com efeito, antes da reforma acima citada, a Justiça do Trabalho conciliava e julgava (redação original do art. 114, da CF/88) as demandas oriundas da relação de emprego e, pontualmente, algumas lides decorrentes da relação de trabalho, como era (e ainda é) o caso dos dissídios resultantes de contratos de empreitada em que o empreiteiro seja operário ou artífice, e os trabalhadores, avulsos, como se extrai do art. 652, *a*, itens III e V, da CLT.

Não há dúvidas, atualmente, de que as ações oriundas da relação de emprego são de competência da Justiça do Trabalho, bem como as lides decorrentes da relação de trabalho, razão pela qual cabe a esta especializada julgar ações envolvendo o descumprimento de obrigações legais e contratuais inerentes à relação de emprego, bem como ações decorrentes das relações de trabalho (trabalho eventual, trabalho voluntário, estágio etc.), ações que visam apreciar reclamações de empregado que tenham por objeto direito fundado em quadro de carreira, ações ajuizadas por empregados em face de empregadores referentes ao cadastramento no PIS, dentre inúmeras outras, como se extrai da jurisprudência consolidada do Tribunal Superior do Trabalho.

1.2.2. Complementação de aposentadoria

O Plenário do Supremo Tribunal Federal decidiu, no julgamento do Recurso Extraordinário (RE) n. 586.456, que cabe à Justiça Comum julgar processos decorrentes de contrato de previdência complementar privada, o que significa que não é da Justiça do Trabalho a competência para julgar ações que tenham essa causa de pedir.

Assim, ressalvando nossa posição em sentido contrário, a **competência para julgar as ações de complementação de aposentadoria é da Justiça Comum**, incluindo a complementação de pensão requerida por viúva, o que prejudica a previsão contida na OJ 26 da SDI-1 do TST, considerando o teor do acórdão prolatado no RE ao norte mencionado.

1.2.3. Entes de direito público externo e organismos internacionais

A Justiça do Trabalho tem competência para processar e julgar as ações oriundas das relações de trabalho com os entes de direito público externo, vez que não há imunidade de jurisdição para tais entes.

No entanto, o Pretório Excelso assentou entendimento no sentido de que o ente de direito público externo possui imunidade de execução, isto é, a Justiça Laboral não possui competência para executar seus julgados, em razão da soberania daquele ente, de modo que, como regra geral, deve lançar mão da carta rogatória, o que nos levar a afirmar que a imunidade é relativa e não absoluta, vez que não se aplica ao processo de conhecimento, mas tão somente ao de execução, isso se não houver renúncia expressa.

Há na doutrina vozes eruditas que defendem a possibilidade de penhora de bens do ente de direito público externo quando houver renúncia à prerrogativa de impenhorabilidade de seus bens (renúncia à imunidade) ou quando existirem, no território nacional, bens de propriedade do ente de direito público externo que não tenham afetação nas atividades essenciais no âmbito diplomático ou nas representações consulares que são mantidas com o Brasil.

1.2.4. Servidores públicos e trabalhadores de cartórios extrajudiciais

Caso a relação de trabalho seja mantida com a Administração Pública e não seja regida pela CLT (não empregado), isto é, ostente natureza tipicamente estatutária ou caráter jurídico-administrativo, a competência não será da justiça laboral, mas sim da Justiça Federal ou Estadual, como se extrai da ADI n. 3.395, em que o STF deferiu liminar para excluir qualquer outra interpretação ao disposto no art. 114, I, da Constituição da República, definindo que não estão abrangidas pela nova competência da Justiça do Trabalho as causas instauradas entre o Poder Público e servidor que lhe seja vinculado por relação jurídico-estatutária ou de natureza tipicamente administrativa.

Se houver contratação de trabalhador por tempo determinado no âmbito da Administração Pública, nos moldes do art. 37, IX, da Constituição, a competência é da Justiça Comum, o que já fora decidido reiteradas vezes pelo Supremo Tribunal Federal, em razão do seu caráter administrativo (*Informativo* n. 541 do STF).

Entretanto, é de grande valia observar a competência residual mencionada na Orientação jurisprudencial 138 da SDI-1 do TST, ou seja, compete à Justiça do Trabalho julgar pedidos de direitos e vantagens previstos na legislação trabalhista referentes a período anterior à Lei n. 8.112/90, mesmo que a ação tenha sido ajuizada após a edição da referida lei. A superveniência de regime estatutário em substituição ao celetista, mesmo após a sentença, limita a execução ao período celetista.

Os empregados de sociedades de economia mista (Banco do Brasil, Petrobras etc.) e das empresas públicas (Correios, Caixa Econômica Federal etc.), caso pretendam demandar, devem buscar a Justiça do Trabalho para dirimir o conflito.

No que tange aos cartórios extrajudiciais, como o trabalhador tem vínculo de emprego (regido pela CLT), a competência para apreciar eventual lide é da Justiça do Trabalho (Lei n. 8.935/94).

1.2.5. Conflito envolvendo entes sindicais

Diante do consignado no art. 114, III, da CF/88, não restam dúvidas acerca da competência da Justiça do Trabalho para dirimir qualquer controvérsia envolvendo as entidades sindicais e trabalhadores ou empregadores, ou até mesmo questões sobre representação sindical.

Cabe ainda citar que pedidos de registro sindical, bem como as impugnações a tais pedidos, dirigidos ao Ministério do Trabalho e Emprego, caso sejam aceitos ou negados pelo Secretário das Relações de Trabalho ou pelo próprio Ministro de Estado do Trabalho e Emprego, podem ser objeto de impugnação judicial, cabendo então à Justiça do Trabalho apreciar o litígio.

Ademais, as federações e confederações são também entidades sindicais, razão pela qual a competência da Justiça do Trabalho abrange as ações que as envolvem.

1.2.6. Ações constitucionais de defesa

A Constituição Federal determina, no art. 114, IV, que compete à Justiça do Trabalho processar e julgar as ações de mandado de segurança, *habeas corpus* e *habeas data*, desde que os atos praticados envolvam matéria sujeita a sua jurisdição.

Caberá, portanto, à Justiça do Trabalho julgar mandados de segurança não apenas quando o ato violador de direito líquido e certo for praticado por juízes ou tribunais do trabalho, mas também em face de atos das autoridades administrativas, como, por exemplo, fiscais, auditores e delegados do Ministério do Trabalho e Emprego, seguindo-se o rito estabelecido pela Lei n. 12.016/2009, o qual pode até mesmo ser processado e julgado por Vara do Trabalho.

No que tange ao *habeas data*, devemos observar a disciplina específica da Lei n. 9.507/97 e suas hipóteses de cabimento previstas no art. 5º, LXXII, da CF/88, que admite sua impetração para assegurar o conhecimento de informações relativas à pessoa do impetrante, constantes de registros ou bancos de dados de entidades governamentais ou de caráter público, bem como para retificação de dados, quando não se prefira fazê-lo por processo sigiloso, judicial ou administrativo.

No que diz respeito ao *habeas corpus*, é sabido que este se destina a proteger a liberdade de locomoção, que já fora violada ou está na iminência de o ser, de modo que o remédio em apreço pode ser impetrado, respectivamente, de forma repressiva ou preventiva.

Um dos exemplos citados pela doutrina, mas que atualmente perde seu sentido, em razão da Súmula Vinculante 25 do STF, é o da prisão do depositário infiel determinada por juiz do trabalho na fase de execução, pois em caso de violação da Súmula em apreço, seria cabível a reclamação junto ao STF, que, caso a julgue procedente, cassará a decisão judicial, nos termos do art. 103-A, § 3º, da CRFB/88.

Entretanto, é cabível o *habeas corpus*, o que é inegável, caso haja restrição à liberdade de locomoção, por exemplo, do trabalhador pelo empregador em caso de movimento grevista; quando o juiz do trabalho determinar a prisão de testemunha em razão de entender que esta praticou o perjúrio, atleta profissional em razão de transferência para outro clube etc.

1.2.7. Danos morais e materiais

O art. 114, VI, estabelece esta competência, o que atualmente não gera mais controvérsias na doutrina ou na jurisprudência, daí o contido da Súmula 392 do TST.

Quando as ações envolvem acidente de trabalho, temos dois prismas para analisar:

1º prisma: *Ações acidentárias movidas pelo trabalhador segurado em face do INSS*: neste caso, como o objeto da ação será prestação acidentária, a competência é da Justiça Comum Estadual, como se extrai do art. 109, I, da CF/88, da Súmula 15 do STJ e das Súmulas 235 e 501 do STF.

2º prisma: *Ações indenizatórias pleiteando danos morais ou materiais do empregado em face do empregador*: nesta hipótese, se o empregado sofre um infortúnio decorrente de acidente de trabalho, por culpa ou dolo do empregador, a competência é da Justiça do Trabalho, inclusive nas ações anteriores ao advento da Emenda Constitucional n. 45/2004, desde que ainda não haja sentença de mérito proferida pela Justiça Comum.

Insta observar que, em caso de óbito da vítima do acidente de trabalho, a ação movida pela(o) viúva(o) ou filho(a), inclusive se o dano for em ricochete/reflexo, em face do empregador, é de competência da Justiça do Trabalho, nos termos da Súmula 392 do TST.

1.2.8. Ações possessórias

A Justiça do Trabalho também tem competência para julgar ações possessórias decorrentes das relações de trabalho, no que tange seja a bens móveis ou imóveis, admitindo-se, inclusive, a fungibilidade entre elas, conforme previsto no art. 554, do CPC.

Dessa forma, apenas para exemplificar, se o zelador de um condomínio é demitido e se recusa a sair do imóvel, caberá ao empregador ajuizar ação possessória (reintegração), a fim de que a Justiça do Trabalho determine sua retirada compulsória, assim como aquelas ações para reaver moradia concedida como salário *in natura* etc.

No que toca à competência para julgamento das ações possessórias envolvendo o exercício do direito de greve, os pedidos de desocupação ajuizados pelo empregador ou de interdito proibitório devem ser julgados pela Justiça do Trabalho.

1.2.9. Greve

Prevê solenemente nossa Carta Magna, no art. 114, II, esta competência para a Justiça do Trabalho, o que nos leva a afirmar que tanto as ações individuais quanto as coletivas, desde que esta matéria (greve) seja veiculada, serão julgadas pela Justiça Laboral, podendo tais demandas ser ajuizadas pelos empregados, empregadores, sindicatos, Ministério Público do Trabalho etc.

Assim, se de forma direta ou indireta as ações estiverem umbilicalmente ligadas ao exercício do direito de greve, como, por exemplo, as ações de reparação de danos ajuizadas pelos empregadores, serão processadas na Justiça do Trabalho, ou seja, o exercício do direito de greve pode dar origem a diversas demandas com finalidades e pedidos diversos, até mesmo na órbita civil, o que não inclui as ações penais decorrentes do exercício do direito em testilha, como já decidiu o STF na ADI n. 3.684.

No caso de greve em atividade essencial, que tenha possibilidade de lesão ao interesse público, o Ministério Público do Trabalho pode ajuizar dissídio coletivo para que a Justiça do Trabalho venha a dirimi-lo, nos termos do § 3º, do art. 114, da CF/88, caso em que a competência será originariamente do TRT ou do TST.

1.2.10. Execução das contribuições sociais e fiscais

Esta competência é extraída da redação do inciso VIII, do art. 114, da CF/88.

Porém, apenas sobre as parcelas de natureza salarial é que recairá a contribuição previdenciária, não se vislumbrando a mesma sobre as parcelas de natureza indenizatória, cabendo ao magistrado o múnus de sempre especificar, seja na sentença ou no acordo e, quiçá, o Tribunal no acórdão, a natureza jurídica das parcelas.

Das decisões homologatórias de acordo que contenham parcela indenizatória, a União sempre será intimada, sendo facultada a interposição de recurso, conforme podemos extrair do art. 832, § 4º, da CLT.

Noutro giro, é devida a contribuição previdenciária sobre o valor homologado e celebrado após a ocorrência da coisa julgada mesmo que no acordo tenha sido estipulado um valor inferior ao determinado na sentença, afinal, no momento em que as partes celebram um acordo na fase de execução, o crédito previdenciário já se encontra definitivamente constituído pelo ato do juiz do trabalho que declarou líquida a sentença, não sendo legítimo às partes transigir sobre aquilo que não mais lhes pertence, embora tenhamos a previsão da OJ 376 da SDI-1 do TST.

Nessa seara, vale a leitura da Súmula 454 do TST, que versa sobre a execução de ofício do SAT (Seguro de Acidente de Trabalho).

A Justiça do Trabalho tem competência para executar as contribuições sociais decorrentes das condenações que proferir ou acordos que vier a homologar, consoante parágrafo único do art. 876 (redação dada pela Lei n. 13.467/2017) e Súmula 368, item I, do TST.

Com efeito, o Supremo Tribunal Federal, no julgamento do RE n. 569.056, além de outros julgados, assentou que a competência da Justiça do Trabalho pressupõe decisão condenatória em parcela de natureza tipicamente trabalhista, que é o fato gerador da incidência da contribuição social, ou seja, *haverá incompetência material da Justiça do Trabalho se não houver condenação em pecúnia de verba salarial ou acordo homologado.*

Assim, o Supremo Tribunal Federal derradeiramente fixou que a competência da Justiça do Trabalho para executar as contribuições sociais só pode ser vislumbrada quando houver condenação em pecúnia, nos termos da Súmula Vinculante 53, o que deve ser estudado com a Súmula 368 do TST.

Não obstante, a Justiça do Trabalho não é competente para executar as contribuições devidas a terceiros, como é o caso do sistema "S" (Sesc, Senai, Sesi etc.), vez que não é a União sua titular (destinatária).

1.2.11. Penalidades administrativas impostas pelos órgãos de fiscalização do trabalho

Esta competência se extrai do art. 114, VI, e é absoluta (em razão da matéria), abraçando as ações ajuizadas pelos tomadores de serviços em razão das penalidades oriundas dos órgãos de fiscalização do trabalho, desde que o prestador de serviço seja pessoa física, ou seja, a competência da Justiça do Trabalho não seria apenas para conhecer de ações movidas por empregadores, mas também por tomadores de serviços que tenham como prestadores pessoas físicas, vez que decorrentes das relações de trabalho.

Entrementes, não está incluída na competência da Justiça do Trabalho a aplicação de multas por descumprimento da legislação do trabalho, de sorte que, ao notar irregularidades em razão do que consta nos autos, deverá remeter ofício à autoridade competente para as providências cabíveis, como seria o caso de não anotação da CTPS dos empregados, descumprimento das normas de saúde e segurança do trabalhador etc.

Ademais, serão executadas na Justiça do Trabalho as Certidões de Dívida Ativa (CDA) da União decorrentes de penalidades impostas pelos mesmos órgãos acima citados, isto é, se a União pretende executar uma CDA, desde que o crédito seja decorrente da penalidade imposta pelos órgãos de fiscalização do trabalho, como seria o caso das multas administrativas, nada mais óbvio do que afirmar que a competência é da Justiça Laboral, o que atualmente está pacificado na jurisprudência.

Outrossim, não é competente a Justiça do Trabalho para julgar ações envolvendo penalidades impostas pelos órgãos de fiscalização de profissões regulamentadas, como OAB, CRM, CRO, CRC, aos seus associados.

1.2.12. Dissídio coletivo

Impera destacar, como se extrai do art. 114, §§ 2º e 3º, da CF/88, que a Justiça do Trabalho é competente para dirimir controvérsias decorrentes dos conflitos coletivos, que devem ser entendidos como aqueles em que os sujeitos são grupo de trabalhadores e empregador ou grupo de empregadores.

Considerando a organização da Justiça do Trabalho, a competência para julgar conflitos coletivos é dos Tribunais e não das Varas do Trabalho, como se denota do art. 856, da CLT, e como regra geral dos Tribunais Regionais do Trabalho.

No entanto, os casos de conflitos coletivos que excedam à área de atuação de um Tribunal Regional devem ser julgados pelo Tribunal Superior do Trabalho, sendo competente para o julgamento a Seção de Dissídios Coletivos, tudo nos termos do art. 702, I, *b*, da CLT e art. 2º, I, *a*, da Lei n. 7.701/88.

Com relação ao Estado de São Paulo há uma peculiaridade, qual seja, se o conflito coletivo se estender à área do TRT da 2ª Região (São Paulo) e do TRT da 15ª Região (Campinas), a competência para o julgamento será do TRT da 2ª Região, e não do TST, conforme determina o art. 12, da Lei n. 7.520/86.

1.2.13. Ações de cobranças de profissionais liberais

A competência para processar e julgar ações de cobrança em face de profissionais liberais é da Justiça Comum e não da Justiça do Trabalho, como se infere da Súmula 363 do STJ.

No entanto, se o profissional passa a ser empregado, ou se a própria causa de pedir é no sentido de contratação fraudulenta como profissional liberal, em que se pretende o reconhecimento de vínculo empregatício (princípio da primazia da realidade), a competência será, notadamente, da Justiça do Trabalho.

Ademais, se houver a fixação de honorários de sucumbência nos autos de um processo trabalhista, na forma do art. 791-A da CLT, a execução dos honorários far-se-á nos próprios autos, não havendo lugar para aplicação da Súmula 363 do STJ, já que ela se refere apenas ao contrato de honorários firmado entre profissional liberal e cliente.

1.2.14. Seguro-Desemprego e FGTS

Caso o empregador não entregue as guias para habilitação no seguro-desemprego e o TRCT com a chave de conectividade para levantamento das importâncias depositadas na conta vinculada do trabalhador no FGTS, ou não faça as devidas comunicações sobre a extinção do contrato de trabalho, na forma do art. 477, *caput*, e §§ 6º e 10, inclusive baixa na CTPS, sua conduta gera danos ao trabalhador, de sorte que exsurge a competência material da Justiça do Trabalho para apreciar pedidos de obrigação de fazer, inclusive com pedido de urgência em caráter de tutela antecipada (art. 294, parágrafo único, do CPC), para liberação do saldo existente na conta do trabalhador no FGTS e habilitação no programa do seguro-desemprego.

No que tange ao seguro-desemprego, o dano pode acarretar até mesmo o não recebimento do benefício, que é pago pelo Estado através de recurso do Fundo de Amparo ao Trabalhador (FAT), gerando, assim, a possibilidade de haver uma conversão da obrigação de fazer em indenização, nos termos da Súmula 389 do TST.

1.2.15. Outras ações decorrentes da relação de trabalho

O art. 114, IX, da Carta Magna, prevê que a Justiça do Trabalho tem competência para julgar outras controvérsias decorrentes da relação de trabalho, o que significa dizer que o Texto Constitucional conferiu ao legislador a possibilidade de estabelecer outras competências não expressas no texto constitucional.

1.2.16. Homologação de acordo extrajudicial

A alínea *f*, do art. 652, da CLT, dispõe que cabe à Justiça do Trabalho decidir sobre a homologação de acordo extrajudicial de sua competência, estando o procedimento regulado do art. 855-B ao art. 855-E, da CLT, sob a denominação de

"Processo de Jurisdição Voluntária para Homologação de Acordo Extrajudicial", *não havendo a possibilidade de exercício do* jus postulandi.

Com efeito, o processo em tela terá início por petição conjunta, sendo obrigatória a representação das partes por advogados diferentes, já que os interessados não poderão ser representados por advogado comum. No entanto, é facultado ao trabalhador ser assistido pelo sindicato de sua categoria profissional.

Distribuída a petição inicial, no prazo de quinze dias, o juiz analisará o acordo, designará audiência se entender necessário e proferirá sentença.

Importa frisar que a petição de homologação de acordo extrajudicial suspende o prazo prescricional da ação quanto aos direitos nela especificados, de modo que, se o juiz proferir sentença indeferindo a homologação, o prazo prescricional voltará a fluir do dia útil subsequente ao trânsito em julgado da decisão.

Outrossim, o procedimento ora estudado não prejudica o prazo para pagamento das verbas rescisórias previsto no § 6º, do art. 477, e não afasta a aplicação da multa prevista no § 8º do mesmo artigo.

1.3. Competência em razão do lugar

Em relação à competência territorial das Varas do Trabalho, vale dizer que a regra geral é no sentido de que a ação trabalhista deve ser ajuizada no local em que o empregado tenha prestado seus serviços, sendo irrelevante o local da contratação ou do seu domicílio, conforme o art. 651, da CLT.

No que tange ao agente ou viajante comercial, temos que:

1) o reclamante deve ajuizar sua ação trabalhista no foro em que a empresa tenha agência ou filial, desde que o trabalhador esteja subordinado a ela, ou,

2) em caso de inexistir subordinação à agência ou filial, promoverá sua reclamação onde tenha domicílio ou na localidade mais próxima.

Exceção ainda é vista, em razão da regra geral, no § 2º, do art. 651, do diploma consolidado, o qual atribui competência às Varas do Trabalho para processar e julgar lides ocorridas em agência ou filial situada no estrangeiro, desde que o empregado seja brasileiro e não haja convenção internacional em contrário, exigindo-se, em contrapartida, que a empresa tenha sede, filial ou representação no Brasil, pois do contrário, obviamente, haverá total impossibilidade de ajuizamento da ação em solo brasileiro.

Note que o art. 651, § 3º, da norma laboral determina que, em caso de empresas que promovam atividades fora do lugar da celebração do contrato, o trabalhador poderá ajuizar sua reclamação no local onde o contrato foi celebrado ou onde prestou os serviços, como sói acontecer nas atividades circenses, feiras agropecuárias, dentre outras.

1.4. Competência funcional

A competência em razão da função, também conhecida como funcional ou hierárquica, é ditada por normas de cunho processual, e é uma espécie de competência absoluta, sendo sua distribuição realizada pela Constituição Federal, pelas normas processuais de viés infraconstitucional e também pelo regimento interno dos tribunais, o que nos leva a afirmar que tal competência está vinculada às diversas funções exercidas pelos órgãos integrantes do Poder Judiciário Trabalhista.

A CLT estabelece a competência funcional das Varas do Trabalho, entre o art. 652 e o art. 653, bem como no art. 659, todos da CLT.

A competência funcional dos Tribunais Regionais do Trabalho é estabelecida entre os arts. 678 a 680 da CLT, sem prejuízo do que estiver previsto no Regimento Interno de cada Tribunal.

Com relação ao Tribunal Superior do Trabalho, a Constituição dispõe, no § 1º, do art. 111-A, que "a lei disporá sobre a competência do Tribunal Superior do Trabalho", o que é regulamentado pela Lei n. 7.701/88, na CLT, e no Regimento Interno do próprio tribunal, tendo como principal função uniformizar a jurisprudência trabalhista, através de seus vários órgãos.

Internamente, podemos destacar as competências funcionais dos órgãos do TST da seguinte forma, conforme prevê o RITST (Regimento Interno do Tribunal Superior do Trabalho): a) *Tribunal Pleno*, estabelecidas no art. 68; b) *Órgão Especial*, estatuídas pelo art. 69; c) *Seção de Dissídios Coletivos (SDC)*, previstas no art. 70; d) *Seção de Dissídios Individuais*, estabelecidas no art. 71 e, por fim, e) *Turmas*, instituídas no art. 72.

Importa frisar que a EC n. 92/2016 inseriu no art. 111-A, da CF, o § 3º para dizer que compete ao TST processar e julgar, originariamente, a reclamação para a preservação de sua competência e a garantia da autoridade de suas decisões.

A Lei n. 13.467/2017 alterou, com relação à competência do Pleno do TST, o art. 702, I, *f*, da CLT, para dispor que a ele compete estabelecer ou alterar súmulas e outros enunciados de jurisprudência uniforme, pelo voto de pelo menos dois terços de seus membros, caso a mesma matéria já tenha sido decidida de forma idêntica por unanimidade em, no mínimo, dois terços das turmas em pelo menos dez sessões em cada uma delas, podendo, ainda, por maioria de dois terços de seus membros, restringir os efeitos daquela declaração ou decidir que ela só tenha eficácia a partir de sua publicação no diário oficial.

O § 3º do art. 702 determina que as sessões de julgamento sobre estabelecimento ou alteração de súmulas e outros enunciados de jurisprudência deverão ser públicas, divulgadas com, no mínimo, 30 dias de antecedência, e deverão possibilitar a sustentação oral pelo Procurador-Geral do Trabalho, pelo Conselho Federal da OAB, pelo AGU e por confederações sindicais ou entidades de classe de âmbito nacional.

No mesmo sentido os TRTs, vez que o § 4º do artigo acima preconiza que o estabelecimento ou alteração de súmulas e outros enunciados de jurisprudência pelos Tribunais Regionais do Trabalho deverão observar o disposto na alínea *f* do inciso I e no § 3º, com rol de legitimados equivalentes para sustentação oral, observada a abrangência de sua circunscrição judiciária.

Por fim, vale ressaltar que o § 2º, do art. 8º, da CLT, prevê que as Súmulas e outros enunciados de jurisprudência editados pelo TST e pelos TRTs não poderão restringir direitos legalmente previstos nem criar obrigações que não estejam previstas em lei.

LEGISLAÇÃO CORRELATA

Destacamos a importância da leitura dos dispositivos abaixo:

1) Arts. 5º, LXXII, 114, incisos e parágrafos, 109, I, 103, § 3º, da CF/88;
2) Art. 643, § 2º, arts. 650 e s. e arts. 856 e s., art. 832, § 4º, da CLT;
3) Arts. 64, 337, § 5º, e 544, do CPC;
4) Lei n. 8.935/2004, art. 20;
5) Lei n. 7.783/89, art. 15;
6) Lei n. 7.701/88, na íntegra, quando exigida;
7) Lei n. 7.520/86, art. 12;
8) Lei n. 12.016/2009 – Lei do Mandado de Segurança;
9) Lei n. 9.507/97 – Lei de Arbitragem;
10) Instrução Normativa n. 41/2018 do Tribunal Superior do Trabalho.

ENTENDIMENTO DOUTRINÁRIO

Pela relevância do conceito, é de bom grado transcrever parte dos ensinamentos de Sérgio Pinto Martins[1], que assim aduz:

> "Não se pode conceber a existência de um juiz sem jurisdição.
> Competência vem do latim *competentia*, de *competere* (estar no gozo ou no uso de, ser capaz, pertencer ou ser próprio).
> A competência é uma parcela da jurisdição, dada a cada juiz. É a parte da jurisdição atribuída a cada juiz, ou seja, a área geográfica e o setor do Direito em que vai atuar, podendo emitir suas decisões. Consiste a competência na delimitação do poder jurisdicional. É, portanto, o limite da jurisdição, a medida da jurisdição, a quantidade da jurisdição.
> A jurisdição é o todo, o gênero. A competência é a parte, a espécie. A competência não abrange a jurisdição, mas esta compreende aquela.

---
1 MARTINS, Sérgio Pinto. *Direito Processual do Trabalho*. 38. ed. São Paulo: Saraiva, 2016. p. 154.

Competência é a determinação jurisdicional atribuída pela Constituição ou pela lei a um determinado órgão para julgar certa questão.

As questões relativas à competência devem ter interpretação restritiva e não extensiva.

A Justiça do Trabalho é uma justiça especializada para resolver causas trabalhistas, assim como são especializadas a Justiça Eleitoral, Militar etc."

JURISPRUDÊNCIA

Da jurisprudência dos Tribunais Superiores, destacamos:

1) Súmulas 19, 189, 368, 389, 392 e 454 do TST;

2) OJs 26, 68, 129, 130, 138, 363, 368, 376, 398, 400 e 416 da SDI-1 do TST;

3) OJs 89, 143, 149 e 156 da SDI-2 do TST;

4) Súmulas 235, 501 e 736 do STF;

5) Súmulas Vinculantes 22, 23, 25 e 53; e

6) Súmulas 15, 363 e 367 do STJ.

Uma decisão que vale ser transcrita foi exarada pelo TST e consta no *Informativo* n. 193 do TST:

"BANCÁRIO. CARGO DE CONFIANÇA. ART. 224, § 2º, DA CLT. NÃO APRESENTAÇÃO DOS CARTÕES DE PONTO PELO EMPREGADOR. AUSÊNCIA DE JUSTO MOTIVO. HORAS EXTRAS DEVIDAS. O exercício do cargo de confiança bancário de que trata o § 2º do art. 224 da CLT não constitui justo motivo para a não apresentação dos cartões de ponto pelo empregador, na medida em que há a limitação de oito horas de trabalho por dia. Trata-se de situação distinta daquela do bancário inserido no inciso II do art. 62, II, da CLT, que não se sujeita a controle da jornada. Assim, nos termos da parte final do item I da Súmula 338 do TST, a ausência de justificativa plausível para a não exibição dos controles de frequência gera a presunção relativa de veracidade da jornada de trabalho alegada na inicial, cabendo ao empregador o ônus da prova quanto à prestação de serviço extraordinário. Sob esses fundamentos, a SBDI-I, por maioria, conheceu dos embargos por contrariedade à Súmula n. 338, I, do TST, e, no mérito, à unanimidade, deu-lhes provimento para acrescer à condenação o pagamento de horas extras excedentes à oitava diária em relação ao período entre agosto e novembro de 2007, observada a jornada declinada na petição inicial. Vencidos os Ministros Márcio Eurico Vitral Amaro, relator, Alexandre Luiz Ramos e Brito Pereira, que não conheciam do recurso" (TST-E-ED-ED-ED-RR-150100-46.2009.5.03.0097, SBDI-I, Relator Ministro: Márcio Eurico Vitral Amaro, red. p/ acórdão Min. Lelio Bentes Corrêa, 28-3-2019).

"HONORÁRIOS ADVOCATÍCIOS. ADVOGADOS EMPREGADOS DO BANCO DO BRASIL S.A. AÇÃO AJUIZADA EM FACE DA ASSOCIAÇÃO DOS ADVOGADOS DO BANCO DO BRASIL (ASABB). **Cobrança da cota parte não recebida durante o gozo de licença-saúde. Competência da Justiça do Trabalho**. A Justiça do Trabalho é competente para processar e julgar ação em que advogados empregados do Banco do Brasil S.A. pleiteiam a cota parte dos honorários sucumbenciais relativa ao período em que estiveram em gozo de licença-saúde, não repassada pela entidade responsável por gerir o fundo comum dos honorários sucumbenciais recebidos pelo banco empregador (Associação dos Advogados do Banco do Brasil – ASABB). Na hipótese, prevaleceu o entendimento de que, independentemente de ter havido intermediação da Associação, a competência é da Justiça do Trabalho porque a controvérsia em torno do direito ou não ao recebimento da verba pleiteada está alicerçada na situação funcional dos reclamantes perante o Banco, que é o responsável pelo repasse dos recursos a serem geridos pela ASABB, e concede as informações a respeito do desempenho dos associados em seus respectivos contratos de trabalho. Sob esse fundamento, a SBDI-I, por unanimidade, conheceu dos embargos, por divergência jurisprudencial, e, no mérito, por maioria, deu-lhes provimento para **firmar a competência da Justiça do Trabalho**. Vencidos os Ministros Guilherme Augusto Caputo Bastos, relator, Márcio Eurico Vitral Amaro, Hugo Carlos Scheuermann, Breno Medeiros, Maria Cristina Irigoyen Peduzzi e Brito Pereira" (TST-E-RR-159700-88.2010.5.16.0002, SBDI-I, Relator Ministro: Guilherme Augusto Caputo Bastos, red. p/ acórdão Min. Augusto César Leite de Carvalho, 28-3-2019).

Vale registrar, acerca da competência para julgamento de *ações envolvendo entes sindicais*, recente decisão da SDI-1 do TST, que consta no *Informativo* n. 162 do TST:

"AÇÃO DE PRESTAÇÃO DE CONTAS ENTRE SINDICATO E TRABALHADOR A ELE FILIADO. RETENÇÃO DE HONORÁRIOS ADVOCATÍCIOS EM CRÉDITO TRABALHISTA DEFERIDO EM JUÍZO. COMPETÊNCIA DA JUSTIÇA DO TRABALHO. ART. 114, III, DA CF. A Justiça do Trabalho é competente para processar e julgar ação proposta por trabalhador em face do sindicato a que é filiado, em que se postula a prestação de contas acerca de valores retidos a título de honorários advocatícios em crédito trabalhista decorrente de ação ajuizada anteriormente pela entidade sindical na condição de substituta processual. A relação entre empregado de determinada categoria e o respectivo sindicato decorre do enquadramento sindical e irradia o principal efeito da defesa dos direitos e interesses da categoria, nos termos do art. 8º, III, da CF e do art. 513, "a", da CLT, inserindo-se, portanto, na expressão contida no art. 114, III, da Constituição, que se refere às ações sobre representação sindical entre sindicatos e trabalhadores. Sob esse fundamento, a SBDI-I, por unanimidade, conheceu dos embargos, por divergência jurisprudencial, e, no mérito, por maioria, negou-lhes provimento. Vencidos os Ministros Augusto César Leite de Carvalho, Walmir Oliveira da Costa e Brito Pereira, os quais entendiam que, se compete à Justiça comum julgar cobrança de honorários advocatícios, inclusive nas hipóteses em que tais verbas são reclamadas por sindicato, não se pode alterar a competência somente em razão de a ação ter sido ajuizada por quem se beneficiou dos serviços contra o prestador" (TST-E-ED-RR-128300-64.2008.5.03.0042, SBDI-I, Relator Ministro: Marcio Eurico Vitral Amaro, 17-8-2017).

Sobre o *Habeas Corpus na Justiça do Trabalho*, transcrevemos decisão da SDI-2, veiculada no *Informativo* n. 162 do TST:

"*HABEAS CORPUS*. CABIMENTO. JOGADOR DE FUTEBOL. LIVRE EXERCÍCIO DA PROFISSÃO. A SBDI-II, por maioria, conheceu de agravo regimental e, no mérito, negou-lhe provimento, mantendo, portanto, decisão monocrática que, em sede de *habeas corpus*, concedeu pedido liminar para autorizar jogador de futebol a exercer livremente sua profissão, participando de jogos e treinamentos em qualquer localidade e para qualquer empregador, conforme sua livre escolha. Na espécie, ressaltou-se que não há falar em não cabimento do *habeas corpus*, pois, na Justiça do Trabalho, a referida ação constitucional não se restringe à proteção do direito à locomoção, mas abrange a defesa da autonomia da vontade contra ilegalidade ou abuso de poder perpetrado tanto pela autoridade judiciária quanto pelas partes da relação de trabalho. Ademais, no caso em tela restou demonstrada a presença da fumaça do bom direito e do perigo da demora, pois o paciente encontra-se impedido de exercer a função de jogador de futebol no clube que lhe interessa, e a manutenção do vínculo com o empregador atual, por tempo indeterminado, ofende o direito de livre exercício da profissão. De outra sorte, o debate travado nos autos reclama medida urgente, pois envolve atleta que, em razão da idade, encontra-se em fim de carreira. Vencidos os Ministros Douglas Alencar Rodrigues e Renato de Lacerda Paiva" (TST-AgR-HC-5451-88.2017.5.00.0000, SBDI-II, Relator Ministro: Delaíde Miranda Arantes, 8-8-2017).

QUESTÕES COMENTADAS

01 (Técnico – TRT 1 – AOCP – 2018) João tem domicílio na cidade do Rio de Janeiro/RJ e foi chamado para uma entrevista de emprego pela empresa Colchões Ortopédicos Ltda., com sede na cidade de Campinas/SP, ocasião em que foi contratado no próprio local. Já no momento da contratação, a empresa informou ao novo empregado que o mesmo iria trabalhar na filial da empresa na cidade de São José do Rio Preto/SP. Depois de três anos de trabalho na empresa em questão, João foi dispensado sem justa causa, não recebendo as verbas rescisórias, dentre outros pleitos que considera devidos, razão pela qual almeja buscar a efetivação de seus direitos na Justiça do Trabalho. Nesse seguimento, João deve pleitear seus direitos:

(A) em Campinas/SP, pois é o local da sede da empresa, pressupondo, assim, o dever de ingressar com ação nesta localidade;
(B) em qualquer uma das cidades mencionadas, pois o foro de ingresso da ação trabalhista é opcional ao empregado;
(C) no Rio de Janeiro/RJ, pois é a cidade de seu domicílio, oferecendo maiores facilidades ao empregado;
(D) em São José do Rio Preto/SP, pois é o local da prestação de serviços;
(E) em Campinas/SP, pois é o local em que o empregado foi contratado.

RESPOSTA Questão típica em todas as bancas, aplicando as regras previstas no art. 651 da CLT, o qual versa sobre a competência em razão do local. No caso, como a prestação do serviço ocorreu em São José do Rio Preto e não há qualquer situação de exceção, aplica-se o *caput* do art. 651, de onde se extrai que o local onde a ação deve ser ajuizada é o da prestação do serviço, ainda que tenha sido contratado em outro local ou no estrangeiro. *Alternativa D*.

---

02 (Analista Administrativo – TRT 23 – FCC – 2016) Sobre a competência da Justiça do Trabalho considere.

I. Frustrada a negociação coletiva, as partes poderão eleger árbitros.
II. Recusando-se qualquer das partes à negociação coletiva ou à arbitragem, é facultado às mesmas, de comum acordo, ajuizar dissídio coletivo de natureza econômica.
III. A Justiça do Trabalho decidindo conflito em dissídio coletivo deverá, necessariamente, respeitar as disposições mínimas legais de proteção ao trabalho, bem como as convencionadas anteriormente.
IV. Em caso de greve em atividade essencial, com possibilidade de lesão do interesse público, o Ministério Público do Trabalho poderá ajuizar dissídio coletivo, competindo à Justiça do Trabalho decidir o conflito.

Está correto o que consta em:
(A) I, II e III, apenas;
(B) I, II e IV, apenas;
(C) II, III e IV, apenas;
(D) I, III e IV, apenas;
(E) I, II, III e IV.

RESPOSTA (I) Correto, conforme o art. 114, § 1º, da CF/88. (II) Correto, de acordo com a primeira parte do § 2º, do art. 114 da CF/88. (III) Errado, nos termos da parte final do § 2º, do art. 114 da CF/88. (IV) Certo, haja vista o § 3º, do art. 114 da CF/88. *Alternativa B*.

03 (Analista Administrativo – TRT 23 – FCC – 2016) Sobre a competência da Justiça do Trabalho, considere.

I. O julgamento das ações oriundas da relação de trabalho, abrangidos os entes de direito público externo e da Administração pública direta e indireta dos Estados, do Distrito Federal e dos Municípios é de atribuição dos Tribunais de Justiça.

II. Os conflitos de competência entre órgãos com jurisdição trabalhista serão sempre julgados pelo Superior Tribunal de Justiça.

III. As ações de indenização por dano moral ou patrimonial, ainda que decorrentes da relação de trabalho, serão julgadas pela Justiça Estadual.

IV. As ações relativas às penalidades administrativas impostas aos empregadores pelos órgãos de fiscalização das relações de trabalho são de competência da Justiça do Trabalho.

Está correto o que consta APENAS em:

(A) I e II;
(B) II e III;
(C) IV;
(D) I e IV;
(E) III.

RESPOSTA (I) Errado, pois a competência é da Justiça do Trabalho, conforme o inciso I, do art. 114 da CF/88. (II) Errado, de acordo com o inciso V, do art. 114 da CF/88. (III) Errado, vez que a competência é da Justiça do Trabalho, conforme o art. 114, VI, da CF/88. (IV) Certo, nos moldes do inciso VII, do art. 114 da CF/88. *Alternativa C.*

---

04 (Advogado da União – AGU – CESPE – 2015) No que diz respeito à competência da Justiça do Trabalho, a liquidação de sentença trabalhista e a ação rescisória, julgue os itens a seguir.

De acordo com recente entendimento do STF, a Justiça do Trabalho não detém competência para processar e julgar de ofício a execução das contribuições previdenciárias relativas ao objeto dos acordos por ela homologados.

( ) Certo   ( ) Errado

RESPOSTA Súmula Vinculante 53 do STF e Súmula 368, I, do TST. *Alternativa Errada.*

---

05 (Defensor Público de Segunda Categoria – DPU – CESPE – 2015) Julgue os itens subsequentes, relativos à competência e à prescrição no processo trabalhista e aos princípios gerais que norteiam esse processo.

A Justiça do Trabalho é competente para julgar as demandas instauradas entre pessoas jurídicas de direito privado integrantes da administração pública indireta e seus empregados, cuja relação é regida pela CLT, independentemente de a ação ser relativa ao período pré-contratual.

( ) Certo   ( ) Errado

RESPOSTA Art. 114, I, da CRFB/88, e ARE n. 774.137 do STF (*Informativo* n. 763, STF). *Alternativa Certa.*

PARA GABARITAR

- A Justiça do Trabalho não tem competência para processar e julgar causas de complementação de aposentadoria movidas pelo trabalhador em face de instituição de previdência privada.
- A Justiça do Trabalho não tem competência para processar e julgar ações envolvendo servidores públicos estatutários e seus respectivos entes, embora tenha para julgar as ações aforadas pelos trabalhadores de cartórios extrajudiciais, vez que estes mantêm relação de emprego.
- A Justiça do Trabalho tem competência para processar e julgar ações possessórias que sejam decorrentes das relações de trabalho, inclusive aquelas que envolvam o direito de greve dos trabalhadores do setor privado.
- A Justiça do Trabalho não tem competência para processar e julgar ações movidas por profissionais liberais em face de seus clientes para a cobrança de honorários.
- A Justiça do Trabalho tem competência para processar e julgar as execuções de ofício relativas às contribuições devidas à seguridade social, desde que decorrentes das sentenças em pecúnia que proferir e dos acordos homologados que contenham salário-contribuição.
- A Justiça do Trabalho tem competência para decidir sobre a homologação de acordo extrajudicial de sua competência, observando-se as regras próprias do procedimento de jurisdição voluntária previsto nos arts. 855-B e s. da CLT.

PARA MEMORIZAR

Competências dos órgãos do TST ou que funcionam junto
Tribunal Pleno – art. 75 do RITST
Órgão Especial – art. 76 do RITST
SDC – art. 77 do RITST
SDI – art. 78 do RITST
Turmas – art. 79 do RITST
ENAMAT – art. 80 do RITST
CSJT – art. 84 do RITST

CAPÍTULO 7 Partes e procuradores

1. DAS PARTES E DOS PROCURADORES

O art. 791 da CLT, como já vimos anteriormente, menciona que os empregados e os empregadores poderão reclamar pessoalmente perante a Justiça do Trabalho e acompanhar suas reclamações até o final, o que traduz o instituto do *jus postulandi*, ou seja, aqueles que estão imersos na relação de emprego não precisam constituir advogado para patrocinar suas causas.

No entanto, facultativamente, poderão reclamante e reclamada atribuir a alguém a capacidade de agir em seu nome, razão pela qual as partes têm a faculdade de serem assistidas por advogado.

Outrossim, a reclamação trabalhista do menor de 18 anos será feita por seus representantes legais e, na falta destes, pela Procuradoria da Justiça do Trabalho, pelo sindicato, pelo Ministério Público estadual ou curador nomeado em juízo.

1.1. Mandato

A representação da parte por advogado far-se-á mediante a outorga de poderes pelo instrumento de mandato, o que é realizado através da procuração, ou seja, para que possa o advogado atuar em juízo é exigido o instrumento de mandato (procuração *ad judicia*). Ademais, podem constar poderes especiais, os quais não se presumem, pelo contrário, devem estar expressos.

A procuração pode ser assinada digitalmente, na forma da lei. Em todo caso, a procuração deverá conter o nome do advogado, seu número de inscrição na Ordem dos Advogados do Brasil e endereço completo.

Se o outorgado integrar sociedade de advogados, a procuração também deverá conter o nome desta, seu número de registro na Ordem dos Advogados do Brasil e endereço completo. Por outro lado, salvo disposição expressa em sentido contrário, constante do próprio instrumento, a procuração outorgada na fase de conhecimento é eficaz para todas as fases do processo, inclusive para o cumprimento de sentença.

A Lei n. 12.437/2011 acrescentou ao art. 791 o § 3º, possibilitando a constituição de advogado em audiência, a requerimento do advogado e com a anuência da parte interessada.

Importa trazer à colação o hiato entre *mandato expresso* e *tácito*. O primeiro pode ser por escrito (procuração – confere poderes para o foro geral e também pode conter poderes especiais) ou *apud acta*, que é a outorga de poderes conferidos pelo reclamante ou pela reclamada em audiência, registrando, portanto, seus termos na própria ata de audiência, o que admite inclusive a concessão de poderes especiais.

Já o *mandato tácito* é a conferência de poderes para o foro em geral (*ad judicia*), o que ocorre pelo simples fato de a parte estar acompanhada de advogado no momento da realização da audiência.

É vedado o substabelecimento de advogado investido em mandato tácito, pois se entende que o poder para substabelecer não está inserido na cláusula *ad judicia*.

Questão interessante é a prevista na OJ 319 da SDI-1 do TST, isto é, um recurso interposto por um outrora estagiário, atualmente advogado, é válido, vez que na época em que era estagiário recebeu substabelecimento e, quando da prática do ato, ou seja, da interposição do recurso, já estava habilitado para atuar como advogado, mas sem receber novo substabelecimento.

Note que é inválido o instrumento de mandato firmado em nome de pessoa jurídica que não contenha, pelo menos, o nome do outorgante e do signatário da procuração, pois estes dados constituem elementos que os individualizam. Caso seja verificada a irregularidade de representação da parte na instância originária, o juiz designará prazo de 5 (cinco) dias para que seja sanado o vício. Descumprida a determinação, extinguirá o processo, sem resolução de mérito, se a providência couber ao reclamante, ou considerará revel o reclamado, se a providência lhe couber. Outrossim, caso a irregularidade de representação da parte seja constatada em fase recursal, o relator designará prazo de 5 (cinco) dias para que seja sanado o vício. Descumprida a determinação, o relator não conhecerá do recurso, se a providência couber ao recorrente, ou determinará o desentranhamento das contrarrazões, se a providência couber ao recorrido.

Com relação à exigência de exibição ou juntada aos autos dos atos constitutivos da empresa para demonstrar a validade da outorga de poderes via mandato, fica a mesma dispensada, salvo se houver impugnação da parte contrária, ou seja, em princípio não há necessidade de exibir os atos, exceto se a parte contrária impugnar em razão de ter dúvidas no sentido de que a outorga fora feita por quem de direito.

As pessoas jurídicas de direito público ficam dispensadas de juntar instrumento de mandato, vez que a representação decorre de lei e não de relação contratual, razão pela qual a União, os Estados, Municípios e o Distrito Federal, suas autarquias e fundações públicas, quando representados em juízo, ativa e passivamente, por seus procuradores, estão dispensados da juntada de instrumento de mandato e de comprovação do ato de nomeação, sendo essencial que o signatário ao menos se declare exercente do cargo de procurador, não bastando a indicação do número de inscrição na Ordem dos Advogados do Brasil.

A revogação do mandato é admitida nos moldes do digesto processual civil, que regula o tema no art. 111, sendo certo que a juntada de nova procuração aos autos, sem ressalva de poderes conferidos ao antigo patrono, implica revogação tácita do mandato anterior.

Ademais, a lei processual civil também admite que o advogado renuncie ao mandato, mas em tal hipótese deve ficar vinculado ao feito por 10 (dez) dias a fim de que possa praticar atos processuais, evitando, dessa forma, prejuízos ao mandante, conforme determina o art. 112 do CPC.

Por fim, é importante averbar que, se o advogado atuar fora da seção da OAB em que está inscrito sem que haja comunicação à OAB, não há que se falar em nulidade dos atos então praticados, mas tão somente em infração disciplinar, entendimento que permanece sendo aplicado.

1.2. Capacidade de ser parte e capacidade processual

Considerando o instituto da capacidade, cabe distinguir capacidade de ser parte, capacidade processual e capacidade postulatória.

A *capacidade de ser parte* é aquela deferida para qualquer pessoa física ou jurídica e até mesmo para os entes despersonalizados, caso em que precisam estar devidamente representados, como notoriamente acontece no processo do trabalho com o espólio (representado pelo inventariante), a massa falida (representada pelo administrador judicial), os condomínios (representados pelo síndico ou administrador) etc.

Outrossim, a ausência de juntada aos autos de documento que comprove a designação do assistente jurídico como representante judicial da União (art. 69, da Lei Complementar n. 73, de 10-2-1993) importa irregularidade de representação.

A *capacidade processual* (ligada diretamente à capacidade de fato), por seu turno, é a possibilidade de a parte praticar atos processuais, ou seja, estar no processo sem a necessidade de estar acompanhada de outra pessoa, independentemente de assistência ou representação, de modo que os incapazes, embora tenham capacidade de ser parte, não ostentam capacidade processual, razão pela qual a representação processual tem por finalidade suprir a falta de capacidade processual da parte.

Note-se que as sociedades empresariais ou associações que não tenham personalidade jurídica não podem, caso em face delas seja ajuizada uma demanda, se opor alegando irregularidade na representação, sendo tal situação extremamente corriqueira no processo do trabalho, isto é, o reclamante demanda em face de sociedade não regularmente constituída, mas que existe de fato.

Cabe registrar, por seu turno, que nos domínios do direito trabalhista, a capacidade plena, ou seja, a possibilidade de pessoas físicas atuarem em juízo independentemente de representação ou assistência, é adquirida aos 18 anos.

Caso o juiz verifique a incapacidade processual ou a irregularidade da representação das partes, deverá lançar mão do art. 76, do CPC, determinando a suspensão do processual e fixando prazo razoável para que seja sanado o defeito. Após, se o defeito não for sanado, deve aplicar as regras previstas no § 1º e, em caso de sede recursal, o determinado no § 2º, o qual é perfeitamente aplicável ao processo do trabalho.

A *capacidade postulatória*, como regra geral, é deferida ao advogado, não se autorizando a própria parte a praticar atos processuais, como seria o caso de assinar uma petição inicial, interpor recursos, dentre outros atos que, *a priori*, são privativos do advogado, exigindo-se, dessa forma, um profissional devidamente habilitado, embora no processo do trabalho a capacidade postulatória seja deferida também às próprias partes em uma relação empregatícia.

Insta destacar que, havendo pedido expresso de que as intimações e publicações sejam realizadas exclusivamente em nome de determinado advogado, a comunicação em nome de outro profissional constituído nos autos é nula, salvo se constatada a inexistência de prejuízo, devendo ser observado o disposto no art. 16 da IN n. 39/2016 do TST.

Por derradeiro, havendo reclamação plúrima (dissídios individuais plúrimos), desde que haja identidade de matéria e os empregados sejam do mesmo estabelecimento ou empresa, é autorizada pela CLT a representação dos empregados pelo sindicato da respectiva categoria profissional.

1.3. Substituição processual, sucessão processual e representação processual

1.3.1. Substituição processual

A substituição processual é uma modalidade de legitimação, porém, extraordinária, pois ninguém poderá pleitear direito alheio em nome próprio, salvo quando autorizado pelo ordenamento jurídico.

Assim, difere a legitimidade ordinária, que é deferida àquele que é o próprio titular do direito ou da relação jurídica subjacente à demanda, da legitimidade extraordinária (substituição processual), em que aquele que demanda ajuíza a ação em nome próprio para defender interesses de outrem, haja vista que o substituído não integra a relação jurídica processual. Por esse motivo, é uma forma de legitimação anômala.

Dessa forma, o substituto processual é parte na relação processual, atuando em seu próprio nome, mas defende questões relativas ao direito material de outrem, o que pode ocorrer tanto no plano individual como no coletivo.

O substituído poderá atuar como assistente litisconsorcial, pois ele é o titular do direito material, sendo esta a circunstância que caracteriza a assistência litisconsorcial.

De outra banda, o substituto não pode transigir ou renunciar com base no direito do substituído, pois não é o titular do direito material posto em juízo.

Como regra geral, a substituição processual, nos domínios do processo do trabalho, é exercida pelos sindicatos, o que não se confunde com o ajuizamento de dissídio coletivo, vez que nesta hipótese o sindicato estará no exercício da legitimidade ordinária.

O substituto não precisa juntar procuração dos substituídos e, no caso de ação movida pelo sindicato, caso seja declarada sua ilegitimidade, mesmo assim haverá a interrupção da prescrição.

É inegável, conforme entendimento moderno, tendo em vista o disposto no art. 8º, III, da Carta Magna, que o sindicato atua como verdadeiro substitutivo processual da categoria, o que deve ser entendido em sentido amplo, ou seja, o sindicato pode atuar também na liquidação e na execução, o que é reconhecido pelo TST e pelo STF.

Observe-se que a substituição processual não exige a consignação do rol daqueles que são substituídos, vez que majoritariamente o entendimento é que a individualização ocorrerá tão somente na liquidação da sentença, devendo ser aplicado o art. 95, do CDC, que versa sobre a condenação nas ações coletivas para defesa de interesses individuais homogêneos.

1.3.2. Sucessão processual

A sucessão processual está prevista no art. 110 do CPC, que assim dispõe: "Ocorrendo a morte de qualquer das partes, dar-se-á a sucessão pelo seu espólio ou pelos seus sucessores, observado o disposto no art. 313, §§ 1º e 2º".

Com efeito, a sucessão pode ocorrer tanto com relação ao empregador quanto com relação ao empregado.

Na sucessão haverá uma alteração subjetiva da lide, ou seja, uma das partes é sucedida, no curso do processo, por outra pessoa ou ente despersonalizado (caso do espólio, por exemplo), que passa a ocupar a mesma posição jurídica na relação processual, seja como autor ou como réu. Logo, o que efetivamente ocorre é a entrada de um terceiro que não participava da relação processual na condição de sucessor da parte, até então, originária da demanda.

Assim, se o empregado falece no curso de uma reclamação trabalhista, o espólio, através do inventariante, assume o lugar do empregado que faleceu, sucedendo-o.

1.3.3. Representação processual

Na representação haverá a defesa do direito de outrem em nome deste, isto é, o representado demanda judicialmente por meio do representante. Dessa forma, a representação objetiva suprir a falta de capacidade processual do postulante, razão pela qual não se pode afirmar que haverá legitimação extraordinária na hipótese em testilha, na medida em que o representante atua em nome do representado para defender interesse deste, ou seja, trata-se de hipótese de legitimidade ordinária, mediante representação daquele que não tem capacidade processual.

Seria o caso, por exemplo, de um menor com 15 (quinze) anos de idade, contratado na condição especial de aprendiz, que precisa demandar em juízo para receber algumas verbas, quando então, como não tem capacidade processual, precisará ser representado em juízo. Quem demanda, no entanto, é o menor em nome próprio, embora representado.

LEGISLAÇÃO CORRELATA

É importante a leitura dos seguintes dispositivos legais:

1) Arts. 791 e parágrafos, 842 e 843 da CLT;
2) Arts. 18, 70, 71, 75 e parágrafos, 76 e parágrafos, 104, 105, 111, 112 e 124, do CPC;
3) Art. 21 da Lei n. 11.101/2005 – Lei de Falências e Recuperação Judicial;
4) Instrução Normativa n. 41/2018 do TST.

ENTENDIMENTO DOUTRINÁRIO

Sobre a atuação do sindicato como substituto processual, se faz mister colacionar parte da preciosa lição de Mauro Schiavi[1], acerca da interpretação do art. 8º, III, da CRFB/88, como segue:

> "Diante da magnitude do citado dispositivo constitucional, alguns autores chegam a defender a existência do chamado princípio da coletivização das ações no processo do trabalho, em razão do histórico protagonismo sindical na defesa dos direitos trabalhistas dos integrantes da categoria.
>
> Durante muito tempo, a jurisprudência, principalmente do Tribunal Superior do Trabalho, foi refratária ao admitir que o referido dispositivo constitucional consagrava a substituição processual pelo Sindicato, argumentando que o Sindicato somente poderia substituir processualmente os membros da categoria mediante autorização de lei infraconstitucional.
>
> Posteriormente, em razão de vários pronunciamentos do Supremo Tribunal em sentido contrário, e também da posição majoritária da doutrina, o Tribunal Superior do Trabalho acabou por cancelar a referida Súmula 310, sendo o entendimento atual da jurisprudência trabalhista no sentido de que o inciso III, do art. 8º, da CF, consagrou a substituição processual pelo Sindicato de forma ampla no Processo do Trabalho.
>
> O art. 81 da Lei n. 8078/90, que é aplicável ao Processo do Trabalho (art. 769 da CLT), define, por meio de interpretação autêntica, os interesses individuais homogêneos (...).
>
> Desse modo, de acordo com a atual posição do STF, pensamos que o art. 8º, III, consagrou a substituição processual dos membros da categoria

---

1 SCHIAVI, Mauro. *Manual de Direito Processual do Trabalho*. São Paulo: LTr, 2017. p. 343.

(associados e não associados) para os direitos individuais homogêneos dos substituídos, vale dizer: os que têm origem comum, pois se originam da mesma situação fática ou jurídica, cujos titulares são determinados e o interesse é divisível. Não há necessidade de que as lesões sejam contemporâneas, ou seja, que ocorram na mesma unidade temporal. O número de lesões deve ser considerável, vale dizer: deve atingir várias pessoas. Embora a lei não preveja tal requisito, ele vem sendo exigido pela doutrina e jurisprudência para diferenciá-lo dos institutos do litisconsórcio e da representação processual.

Além da origem comum, há ainda o pressuposto da homogeneidade, qual seja: o *predomínio das questões comuns sobre as questões individuais*. Desse modo, não há necessidade que os direitos individuais sejam idênticos, mas que derivem do mesmo fato ou direito, e predominem as questões comuns sobre as singularidades de cada titular".

JURISPRUDÊNCIA

Destacamos, sem prejuízo de outras, as seguintes Súmulas e OJs do TST:

1) Súmulas 286, 383, 395, 427, 436 e 456; e
2) OJs 7, 65, 75, 121, 200, 255, 286, 319, 349, 359 e 371 da SDI-1.

Sobre a representação processual, a SDI-1 assentou, conforme o *Informativo* n. 163 do TST, no que tange à alteração na denominação da empresa, que:

> "A parte que teve sua denominação social alterada deve fazer prova da mudança nos autos e juntar instrumento de mandato contendo a nova razão social, sob pena de configurar-se a irregularidade de representação e a inexistência do recurso. Na espécie, o Banco Santander Banespa S.A. (atualmente Banco Santander S.A.), ao interpor recurso de revista, apresentou novo instrumento de mandato, mas deixou de fazer prova de que era a atual razão social do Banco Banespa S.A., parte reclamada na ação trabalhista. Assim, configurada a ilegitimidade para recorrer do Banco Santander S.A., a SBDI-I, por unanimidade, conheceu dos embargos, por divergência jurisprudencial, e, no mérito, deu-lhes provimento para restabelecer integralmente o acórdão do Regional" (TST-E-ED-RR-33100-87.2006.5.02.0087, SBDI-I, Relator Ministro: Cláudio Mascarenhas Brandão, 31-8-2017).

QUESTÕES COMENTADAS

01 (Técnico – TRT 20 – FCC – 2016) Em relação às capacidades de postular e de estar em juízo, conforme normas contidas na Consolidação das Leis do Trabalho:

(A) nos dissídios individuais os empregados e empregadores somente poderão estar em juízo se estiverem representados por advogado particular ou de entidade sindical;

(B) nos dissídios coletivos trabalhistas, as partes representadas pelos entes sindicais, deverão ter a necessária assistência por advogado;
(C) a constituição de procurador com poderes para o foro em geral poderá ser efetivada, mediante simples registro em ata de audiência, a requerimento verbal do advogado interessado, com anuência da parte representada;
(D) a reclamação trabalhista do menor de 18 anos somente será acolhida se feita por órgão do Ministério Público do Trabalho.;
(E) os maiores de 18 e menores de 21 anos poderão pleitear perante a Justiça do Trabalho sem a assistência de seus pais ou tutores, desde que assistidos por advogado.

RESPOSTA (A) Errado, art. 791 da CLT. (B) Errado, § 2º do art. 791 da CLT. (C) Correta, art. 791, § 3º, da CLT. (D) Errado, art. 793 da CLT. (E) Errado, de acordo com o revogado art. 792 da CLT. Com a vigência da Lei n. 13.467/2017, esta disposição não vigora mais. *Alternativa C.*

02 (Técnico – TRT 17 – CESPE – 2013) Em relação aos princípios, às partes e ao processo do trabalho, julgue o próximo item.

As partes poderão requerer certidão dos processos em curso ou arquivados, as quais serão lavradas pelos escrivães ou diretores de secretaria da respectiva vara. A emissão de certidões relativas aos processos que corram em segredo de justiça independe, de igual modo, de despacho do juiz.

( ) Certo   ( ) Errado

RESPOSTA As certidões de processos que tramitam em segredo de justiça dependem de despacho do juiz (art. 781, parágrafo único). *Alternativa Errada.*

03 (Técnico – TRT 8 – CESPE – 2016) Acerca de partes, proteção do trabalho do menor, procuradores, representação processual e assistência judiciária no processo do trabalho, assinale a opção correta.
(A) Aos dezesseis anos de idade, o menor não assistido por seus pais pode firmar contrato de trabalho, receber salário e dar quitação ao empregador na rescisão do contrato de trabalho.
(B) Para regular representação da União em juízo, o advogado da União precisa juntar instrumento de mandato.
(C) É vedado aos juízes do trabalho conceder, de ofício, o benefício da justiça gratuita àqueles que percebem salário inferior ao dobro do mínimo legal.
(D) A capacidade postulatória diz respeito à possibilidade de a pessoa se apresentar em juízo como autor e réu, ocupando um dos polos do processo.
(E) No processo do trabalho, é facultado à parte se fazer representar em juízo; o empregador pode se fazer representar por preposto, tanto no dissídio individual quanto no coletivo.

RESPOSTA (A) Art. 439, CLT. (B) Súmula 436, TST. (C) Art. 790, § 3º, CLT. Porém, com o advento da Lei n. 13.467/2017, o critério não é mais a percepção máxima do dobro do salário-mínimo, mas sim de 40% do limite máximo dos benefícios pagos pelo Regime Geral de

Previdência Social. (D) É a capacidade de defender as próprias pretensões ou as de outrem em juízo, sendo atributo necessário para poder pleitear em juízo. (E) Art. 791 e parágrafos c/c art. 843, § 1º, CLT. *Alternativa E.*

PARA GABARITAR

- A falta de capacidade processual (*ad processum*) deve ser suprida pela assistência ou representação.
- A concessão de poderes através de mandato tácito só habilita o advogado a praticar atos processuais, ou seja, lhe confere os poderes da cláusula *ad judicia*.
- A sucessão das partes ocorre quando há o óbito da pessoa natural ou a transferência do direito em que se calca a ação.
- Na sucessão de empresas, o sucessor responderá integralmente pela dívida, exceto em caso de fraude, em que a empresa sucedida responderá solidariamente.
- A substituição processual (legitimidade extraordinária) é a possibilidade de alguém, em nome próprio, ir a juízo defender direito alheio, quando autorizado pelo ordenamento jurídico.
- A ação movida por sindicato, na qualidade de substituto processual, interrompe a prescrição, ainda que tenha sido considerado parte ilegítima.
- A regularização da representação processual pode ser realizada na fase recursal.

CAPÍTULO 8 — Litisconsórcio e intervenção de terceiros

1. LITISCONSÓRCIO E INTERVENÇÃO DE TERCEIROS

1.1. Litisconsórcio

1.1.1. Considerações iniciais

A regra geral no processo é a singularidade das partes. Porém, segundo dispõe o art. 113 do CPC, duas ou mais pessoas podem litigar, no mesmo processo, em conjunto, ativa ou passivamente, quando entre elas houver comunhão de direitos ou de obrigações relativamente à lide; quando entre as causas houver conexão pelo pedido ou pela causa de pedir; ou, ainda, quando ocorrer afinidade de questões por ponto comum de fato ou de direito.

O litisconsórcio nada mais é do que pluralidade de partes no mesmo polo da relação processual, isto é, quando houver mais de um autor ou mais de um réu, estaremos diante do instituto em apreço.

Por assim dizer, o litisconsórcio é a permissão conferida pela lei processual, com espeque nos princípios da economia processual e celeridade, para que haja a presença de duas ou mais pessoas na posição de reclamante ou reclamada no mesmo processo.

Teremos um *litisconsórcio ativo* quando figurarem no polo ativo da demanda mais de um autor, e *litisconsórcio passivo*, quando houver mais de um réu no polo passivo.

Pode ainda o *litisconsórcio ser misto*, quando temos mais de um autor e mais de um réu na mesma relação jurídica processual, sendo certo que o Código de Processo Civil, tendo em vista que o número elevado de litisconsortes, o que se denomina litisconsórcio multitudinário, pode prejudicar o andamento da causa ou dificultar a defesa, admite a limitação.

No processo do trabalho, a regra quanto ao litisconsórcio ativo (acúmulo de ações) está prevista no art. 842 da CLT.

Não obstante, o art. 843 do Diploma Laboral também faz menção ao instituto quando vaticina que nas reclamatórias plúrimas (litisconsórcio) os empregados poderão se fazer substituir em audiência pelo sindicato da sua categoria.

Outrossim, importa destacar a previsão contida no art. 3º da IN n. 41, de 2018, do TST, de onde se extrai que a obrigação de formar o litisconsórcio necessário a que se refere o art. 611-A, § 5º, da CLT dar-se-á nos processos iniciados a partir de 11 de novembro de 2017, data de início da vigência da Lei n. 13.467/2017.

É de bom grado averbar que o CPC, em seu art. 117, considera os litisconsortes de maneira individual. Vale lembrar que o texto trata da regra geral, mas evidentemente existem algumas exceções, como é o caso da interposição de recursos quando a matéria for comum a todos os litisconsortes, de modo que o recurso interposto por um será aproveitado para os demais, como regra.

Assim, em caso de condenação solidária de duas ou mais empresas, o depósito recursal efetuado por uma delas aproveita as demais, quando a empresa que efetuou o depósito não pleiteia sua exclusão da lide.

1.1.2. Classificação do litisconsórcio

O litisconsórcio pode ser classificado de duas formas básicas:

1) *Inicial ou Ulterior*

Será inicial quando for formado por ocasião do ajuizamento da ação, e ulterior quando após o seu ajuizamento.

Assim, se dois empregados de uma empresa ajuízam uma ação para pleitear o pagamento de adicional de insalubridade, teremos um litisconsórcio ativo inicial.

Porém, se o MPT ajuíza uma ação rescisória em razão de um acordo realizado entre as partes via colusão para fraudar a lei e requer apenas a citação do outrora reclamante, o juiz deve ordenar ao autor da rescisória (MPT) que promova inclusão (no polo passivo) do reclamado na ação originária, o que acarreta a existência do litisconsórcio passivo ulterior.

2) *Facultativo ou Necessário*

O litisconsórcio será necessário por disposição de lei ou quando, pela natureza da relação jurídica controvertida, a eficácia da sentença depender da citação de todos que devam ser litisconsortes.

Desta feita, pode-se dizer que o litisconsórcio será facultativo quando sua formação não for obrigatória, ou seja, quando não houver necessidade de duas ou mais pessoas litigarem em conjunto.

Note que nem todo litisconsórcio necessário será unitário, apenas quando a relação jurídica for uma e incindível, isto é, quando a decisão realmente for uniforme para aqueles que compõem o polo passivo.

Por outro lado, será simples quando o resultado da decisão não se aplicar de forma idêntica para os litigantes.

Daí ser mais comum a existência de litisconsórcio facultativo e simples.

No processo do trabalho não há muitas questões que exigem o litisconsórcio necessário com resultado unitário, ressalvando-se alguns casos, como a ação anulatória de cláusula de convenção coletiva de trabalho, quando devem ser partes os sindicatos que firmaram o instrumento.

Um bom exemplo sobre o litisconsórcio passivo necessário e unitário é a ação rescisória, em que se afirma que o litisconsórcio é necessário em relação ao polo passivo da demanda, porque supõe uma comunidade de direitos ou de obrigações que não admite solução díspar para os litisconsortes, em face da indivisibilidade do objeto.

Outro exemplo está previsto expressamente no já citado § 5º do art. 611-A da CLT, que assim dispõe: *"Os sindicatos subscritores de convenção coletiva ou de acordo coletivo de trabalho deverão participar, como litisconsortes necessários, em ação individual ou coletiva, que tenha como objeto a anulação de cláusulas desses instrumentos".*

1.2. Intervenção de terceiros

Em suma, a intervenção de terceiros é a participação processual de alguém que não está inserto na demanda originária como parte da relação processual.

Trata-se de instituto aplicado subsidiariamente ao processo do trabalho, haja vista que não está previsto na CLT, exceto para um setor da doutrina, na hipótese referente ao "fato do príncipe", regulada pelo art. 486, § 1º, da CLT. Note que a doutrina majoritária afirma que essa situação é equivalente à denunciação da lide.

Com efeito, a aplicação dos institutos da intervenção de terceiros no processo do trabalho é extremamente divergente, muito embora hodiernamente (teoria mais moderna), em razão do cancelamento da OJ 227 da SDI-1 (não admitia denunciação da lide) e de outros fundamentos, além da ampliação da competência da Justiça do Trabalho com o advento da Emenda Constitucional n. 45/2004, em nosso sentir está havendo paulatina evolução sobre a admissibilidade, sendo que a resistência maior está embasada nas peculiaridades do processo do trabalho, máxime os princípios da celeridade, oralidade, informalidade e simplicidade.

1.2.1. Definição

A definição de terceiro é feita por exclusão, ou seja, será terceiro todo aquele que não participa da relação processual originária, de sorte que nada mais é do que o interesse de alguém, que não é parte na causa, em ingressar na relação jurídica processual, cujo fito é defender seus próprios interesses ou o interesse de uma das partes primárias da relação processual, quando sua esfera jurídica puder ser afetada pela decisão judicial.

Trata-se, em verdade, de um incidente processual, sendo permitido apenas nas hipóteses taxativamente arroladas na lei adjetiva civil, não alterando a competência, mesmo que seja promovida por qualquer pessoa jurídica de direito público.

1.2.2. Classificação

Considerando a clássica doutrina processual, tem-se que a intervenção de terceiros pode ser espontânea ou provocada:

a) intervenção espontânea: ocorre quando o terceiro solicita seu ingresso na lide de forma voluntária, por ato volitivo, como ocorre na assistência;

b) intervenção provocada: ocorre quando o terceiro é coagido a ingressar na relação processual, o que se dá por provocação da parte originária, como ocorre, por exemplo, no chamamento ao processo e na denunciação da lide.

1.2.3. Espécies

O Código de Processo Civil regula a intervenção de terceiros a partir do art. 119 até o art. 138, estabelecendo as hipóteses abaixo de intervenção:

1.2.3.1. Assistência

O CPC regula o instituto da assistência da seguinte forma: 1) do art. 119 ao art. 120, versa sobre as disposições comuns; 2) do art. 121 ao art. 123, trata da assistência simples, e, 3) no art. 124, dispõe sobre a assistência litisconsorcial.

Assistência deve ser entendida como o auxílio que uma pessoa (terceiro) presta a uma das partes da relação jurídica processual, com o objetivo de influir no julgamento da lide, sendo admitida no processo do trabalho, embora não seja muito comum.

Vale lembrar que o interesse jurídico que autoriza a intervenção do assistente é aquele em que o resultado da demanda traz efeitos na esfera do seu direito material, de modo que o assistente não é parte no processo, e sua integração far-se-á em razão da decisão final que pode lhe ser favorável.

A assistência pode ser simples (ou adesiva) ou litisconsorcial (qualificada), estando a simples reconhecida pela jurisprudência do TST.

Nesse sentido, a intervenção assistencial, simples ou adesiva, só é admissível se demonstrado o interesse jurídico, e não o meramente econômico.

Na assistência simples, o terceiro ingressante não é e nem afirma ser o titular da relação jurídica material controvertida, mas sim o titular da relação jurídica que está ligada umbilicalmente àquela que está sendo discutida em juízo e que será afetada pela sentença, sendo certo que, se for revel ou, de qualquer outro modo, omisso o assistido, o assistente será considerado seu substituto processual.

Por outro lado, conforme vaticina o art. 124 do CPC, a assistência será litisconsorcial (assistência qualificada) quando a decisão de mérito influir na relação jurídica entre o assistido e seu adversário, de modo que o assistente litisconsorcial deve ser tratado como titular da lide, aplicando-se o regime do litisconsórcio unitário, e sua atuação não será subordinada, haja vista que o assistente qualificado tem relação jurídica de direito material com o adversário daquele que é assistido.

1.2.3.2. Denunciação da lide

É modalidade de intervenção provocada de forma facultativa, pelo autor ou pelo réu, e está prevista nos arts. 125 a 128 do CPC.

Observe que por meio da denunciação da lide se solucionam, em um processo, duas pendências judiciais. Com efeito, em primeiro lugar se resolve o conflito entre as partes originárias e, em segundo, caso o denunciante seja condenado, seu direito ao ressarcimento (regresso), como induz a norma, será julgado na mesma relação jurídica processual, o que se coaduna com os princípios da economia e da celeridade.

Porém, o direito de regresso será exercido por ação autônoma quando a denunciação da lide for indeferida, deixar de ser promovida ou não for permitida.

Existem, por assim dizer, duas finalidades na denunciação da lide: a) fazer com que o terceiro integre a lide a fim de colaborar na defesa dos interesses da parte que provocou seu ingresso, e b) assegurar que o terceiro indenize os danos que a parte provocadora da intervenção venha a sofrer em caso de sucumbência.

1.2.3.3. Chamamento ao processo

É modalidade de intervenção de terceiro provocada, e está regulada pelos arts. 130 a 132 do CPC.

Chamamento ao processo é o ato pelo qual o réu requer ao magistrado que terceiro integre o processo, para, caso a lide seja julgada a favor do demandante, o terceiro também seja condenado e a sentença tenha o teor de título executivo em face dele.

Desta feita, é lícito averbar que é modalidade de intervenção facultada ao réu, por este provocada, sendo inviável a recusa do chamado, conforme doutrina predominante, haja vista que o objetivo que se põe em voga com o chamamento é a delimitação ou acerto de responsabilidades.

É, de acordo com a doutrina mais moderna e, nos parece, majoritária, compatível com o processo do trabalho, cabendo ao juiz, como diretor do processo, verificar se haverá ou não benefícios ao autor da ação, a fim de que possa indeferir ou não esta modalidade de intervenção, em razão da delonga demasiada na solução da lide.

No nosso sentir, o seu cabimento fica restrito à hipótese mencionada no art. 130, III ("dos demais devedores solidários, quando o credor exigir de um ou de alguns o pagamento da dívida comum"), o que é, de fato, o pensamento majoritário.

Assim, é possível o chamamento ao processo de empresa do mesmo grupo econômico da reclamada, ou quando o empregado demandar contra o empreiteiro principal, cabendo a este chamar o subempreiteiro etc.

1.2.3.4. Oposição

Na vigência do CPC/73, esta modalidade era tratada como hipótese de intervenção espontânea. Hodiernamente não é tratada no título próprio dos institutos de intervenção de terceiros, mas sim nos arts. 682 a 686 do CPC.

Como tem natureza de ação, ainda que incidental, deve observar todos os pressupostos processuais e condições necessárias para o regular processamento, visando à decisão de mérito.

1.2.3.5. Nomeação à autoria

Trata-se, em verdade, de correção do polo passivo da ação, de modo que o autor pode indicar a pessoa correta que deve figurar no polo passivo, após manifestação do réu, o que evita a não resolução do mérito em decorrência de ilegitimidade.

No NCPC não há o instituto da nomeação à autoria como o conhecemos na vigência do CPC/73. Temos, hodiernamente, algo similar, que é regulado pelo art. 339 do NCPC, e, segundo a doutrina majoritária, é aplicável ao processo do trabalho por força do art. 769 da CLT, não havendo nenhuma incompatibilidade.

1.2.3.6. O *amicus curiae*

O CPC versa sobre a intervenção do *amicus curiae* no art. 138, admitindo que o juiz ou o relator, considerando a relevância da matéria, a especificidade do tema objeto da demanda ou a repercussão social da controvérsia, poderá, por decisão irrecorrível, de ofício ou a requerimento das partes ou de quem pretenda manifestar-se, solicitar ou admitir a participação de pessoa natural ou jurídica, órgão ou entidade especializada, com representatividade adequada, no prazo de 15 (quinze) dias de sua intimação, devendo ser observados os parágrafos do dispositivo citado.

Com efeito, o amigo da corte, como é conhecido, intervém no processo, de forma voluntária ou provocada, com o fito de auxiliar na solução da lide apresentando elementos pertinentes (técnicos ou jurídicos) para o julgador, sendo que sua intervenção deve ser admitida em todas as instâncias, bem como no julgamento do IRDR (Incidente de Resolução de Demandas Repetitivas), sendo certo que, em regra, não poderá recorrer, à exceção do IRDR.

1.2.3.7. Incidente de desconsideração da personalidade jurídica

Dispõe o art. 855-A da CLT que deve ser aplicado ao processo do trabalho o incidente de desconsideração da personalidade jurídica previsto nos arts. 133 a 137, do CPC, o que sempre foi admitido no processo do trabalho, porém, não da forma como atualmente é regulado, sendo certo que o art. 17 da IN n. 41 do TST afirma que o incidente de desconsideração da personalidade jurídica, regulado pelo CPC (arts. 133 a 137), aplica-se ao processo do trabalho, com as inovações trazidas pela Lei n. 13.467/2017.

O § 1º do art. 855-A estabelece que da decisão interlocutória que deferir ou indeferir o incidente não caberá recurso, se tal decisão for proferida em sede de processo de conhecimento, nos termos do § 1º do art. 893. Porém, se a decisão for proferida na fase de execução, caberá agravo de petição, não havendo necessidade de garantir o juízo. Por outro lado, se a decisão for proferida pelo relator em incidente instaurado originariamente no tribunal, caberá agravo interno.

A instauração do incidente suspenderá o processo, sem prejuízo de concessão da tutela de urgência de natureza cautelar de que trata o art. 301 do CPC.

Com efeito, a desconsideração da personalidade jurídica é instituto do direito material, como se denota do art. 50 do CC/2002 (teoria maior) e do art. 28 e parágrafos, do CDC (teoria menor – que, para alguns, fora relativizada em razão do contido no art. 10-A da CLT), de modo que sua insurgência no processo dar-se-á por invocação do § 1º do art. 8º da CLT, e não, como de forma equivocada se argui, com fundamento no art. 769 da CLT.

Ademais, é sabido que, inicialmente busca-se excutir patrimônio empresarial e, sendo infrutíferas as tentativas, promove-se a desconsideração da personalidade jurídica, de modo que haverá o afastamento do véu corporativo para se adentrar no patrimônio pessoal dos sócios.

No processo do trabalho sempre houve o requerimento de aplicação do instituto por mera petição e, não raras vezes, o magistrado determinava de ofício, sem a necessidade prévia de ouvir os sócios, exatamente para se manter em voga o elemento surpresa e, mais ainda, porque os sócios tinham ciência de que havia uma execução em face da pessoa jurídica que integrava o quadro societário, o que, sem dúvidas, era mais eficaz, de modo que o contraditório era diferido para os embargos em sede de execução.

Considerando a hipótese acima, não se vislumbrava violação ao contraditório, do contrário, este era exercido, no entanto de forma diferida, ou seja, com a garantia da execução por meio de embargos à execução, já que passariam a integrar a relação processual como executados (para alguns por meio de embargos de terceiro), ou via objeção (exceção) de pré-executividade quando se arguia matéria de ordem pública, cabendo ao juiz decidir a questão.

Todavia, essa modalidade de intervenção deve ser procedida por meio de incidente que, quando instaurado, suspenderá o processo, exceto se a desconsideração for requerida na petição inicial (o que deve ser abraçado em alguns casos), situação em que será citado o sócio ou a pessoa jurídica.

Nos casos em que a parte tenha advogado constituído nos autos, como é vedado ao juiz proceder de ofício a execução ou qualquer de seus atos (art. 878, CLT), não poderá ele, de ofício, instaurar o incidente, que depende, portanto, de iniciativa da parte, razão pela qual fica prejudicado, em nosso sentir, o art. 6º, da IN n. 39/2016, na parte que assevera ser assegurada ao juiz a iniciativa do incidente na fase de execução.

Outrossim, dispõe o art. 13 da IN n. 41 do TST que a partir da vigência da Lei n. 13.467/2017, a iniciativa do juiz na execução de que trata o art. 878 da CLT e no incidente de desconsideração da personalidade jurídica a que alude o art. 855-A da CLT ficará limitada aos casos em que as partes não estiverem representadas por advogado.

LEGISLAÇÃO CORRELATA

Entendemos apropriada a leitura do que segue elencado:

1) Arts. 113, 114, 117, 119 a 138, e 682 a 686 do CPC;

2) Arts. 842 e 843, bem como o art. 486 da CLT;

3) Arts. 114, I, e 109, I, da CRFB/88;

4) Instrução Normativa n. 39/2016, do TST, arts. 3º, II, e 6º;

5) Instrução Normativa n. 41, de 2018, do TST, arts. 13 e 17.

ENTENDIMENTO DOUTRINÁRIO

Acerca da *denunciação da lide*, parte da doutrina se posiciona na defesa da incompatibilidade da denunciação da lide com processo do trabalho, alegando, em suma, que a competência da Justiça do Trabalho continua vinculada à matéria e às pessoas, de modo que as lides oriundas da relação de emprego e da relação de trabalho existente entre trabalhador e tomador de serviço são de competência da Justiça do Trabalho. Contudo, não existe previsão na Constituição ou em norma infraconstitucional especial estabelecendo a competência da Justiça do Trabalho para processar e julgar as ações entre tomadores de serviços ou entre estes e seguradoras etc., o que seria o sustentáculo maior de não aplicação do instituto em exame.

Entretanto, há quem defenda sua aplicação, e parece que o TST caminha nesse sentido, em razão do cancelamento da OJ 227 da SDI-1, desde que, obviamente, respeitada a competência da Justiça Laboral, bem como o princípio da celeridade, marcante no processo do trabalho.

Um exemplo citado pela doutrina, mas que não tem nossa adesão, seria o de ações indenizatórias de danos morais e patrimoniais decorrentes de acidente de trabalho, quando o empregador poderia denunciar a lide à seguradora. Não nos filiamos a esse entendimento, vez que a Justiça do Trabalho não teria competência para julgar a lide secundária entre o empregador e a seguradora, que deve ser resolvida na esfera cível, tendo em vista a matéria de fundo.

Em sentido contrário, Mauro Schiavi[1]:

---

1 SCHIAVI, Mauro. *Manual de Direito Processual do Trabalho*. São Paulo: LTr, 2017. p. 440.

"Tanto nas hipóteses das ações de reparação por danos morais e patrimoniais como nas hipóteses de sucessão de empresas, ou do fato príncipe, cabe à Justiça do Trabalho apreciar o direito de regresso entre o denunciante e denunciado (art. 129 do CPC), uma vez que são controvérsias que decorrem da relação de trabalho".

Assim, será necessária a análise casuística para se admitir ou não a aplicação da denunciação da lide.

Sobre a *oposição*, sua aplicabilidade no processo do trabalho é controvertida. Porém, cabe um exemplo citado pelo saudoso Amauri Mascaro do Nascimento[2], o qual entendemos ser perfeitamente cabível: "a ação em que empregado e empregador discutem direitos sobre invenção de empregado no curso do contrato de trabalho, sendo que terceiro que se julga com direitos sobre a invenção pode ingressar no processo".

JURISPRUDÊNCIA

Importante a leitura das Súmulas 82, 128 e 406 do TST, sem prejuízo de outras jurisprudências.

QUESTÕES COMENTADAS

01 (Executor de Mandados – TRT 23 – FCC – 2016) A sociedade de economia mista DIEPAX Medicamentos foi condenada ao pagamento de horas extraordinárias em processo movido por seu empregado. Na mesma decisão, foi acolhido o pedido de responsabilidade subsidiária do segundo reclamado, o Município de Cuiabá e condenação em custas processuais. A isenção das custas processuais abrange:

(A) apenas a sociedade de economia mista;
(B) apenas o Município;
(C) nenhuma das reclamadas;
(D) as duas reclamadas;
(E) apenas o réu principal em caso de condenação subsidiária, devendo o Município efetuar o recolhimento.

RESPOSTA Questão respondida com o art. 790-A, de modo que nenhuma das empresas ficará isenta das custas. *Alternativa C*.

02 (Técnico – TRT 17 – CESPE – 2013) Em relação aos princípios, às partes e ao processo do trabalho, julgue o próximo item.

---

2 NASCIMENTO, Amauri Mascaro. *Curso de Direito Processual do Trabalho*. 24. ed. São Paulo: Saraiva, 2009. p. 457.

No processo do trabalho, poderá haver acúmulo de reclamações em um só processo quando verificados dois requisitos: identidade de matéria e vínculo dos empregados com mesma empresa ou estabelecimento.

( ) **Certo**   ( ) **Errado**

RESPOSTA São denominadas de ações plúrimas, conforme previsão do art. 842 da CLT. *Alternativa Certa.*

PARA GABARITAR

– No processo do trabalho, o litisconsórcio ativo é considerado ação plúrima, nos termos do art. 842, da CLT.

– O litisconsórcio é facultativo por opção das partes. No entanto, o litisconsórcio necessário ocorre quando a lei exige a presença de mais de um litigante no polo da relação processual, sendo em verdade uma condição de validade do processo.

– É inaplicável ao processo do trabalho o prazo em dobro para litisconsortes com procuradores distintos, ainda que de escritórios de advocacia diferentes, vez que incompatível com o princípio da celeridade.

– Na assistência, o interesse do assistente deve ser jurídico e não econômico, só sendo admitida na fase de conhecimento e jamais na execução, e da decisão que admitir ou não a assistência não cabe recurso, pois trata-se de decisão interlocutória.

– A oposição só pode ser admitida na fase de conhecimento, até ser proferida a sentença, de modo que incabível na fase recursal ou na execução, não havendo necessidade de apensamento. Ação e oposição serão julgadas na mesma sentença.

– A desconsideração da personalidade jurídica, ainda que a inversa, deve ser precedida de incidente com amplo exercício do contraditório e da ampla defesa.

PARA MEMORIZAR

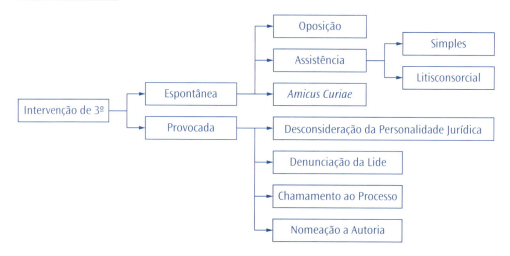

CAPÍTULO 9 Despesas processuais, assistência judiciária, gratuidade de justiça e isenção de custas

1. DESPESAS PROCESSUAIS

Despesas processuais devem ser entendidas como todos os gastos realizados pelas partes, dos quais são algumas espécies as custas, honorários do perito, emolumentos, honorários de advogado, depósito recursal, tradução realizada por intérprete, dentre outros.

1.1. Custas

As custas caracterizam-se por despesas processuais relativas à formação, desenvolvimento e terminação da relação jurídica processual, sendo devidas pela mera provocação da atividade jurisdicional.

Em regra, as custas são pagas ao final pelo vencido, porém, em caso de interposição de recursos, deverá haver o pagamento antecipado, ou seja, as custas serão pagas, e o recolhimento comprovado dentro do prazo recursal.

Impende notar que no processo do trabalho, tanto nos dissídios individuais quanto nos coletivos, bem como nas ações e procedimentos de competência da Justiça do Trabalho, ou ainda na Justiça Estadual, quando no exercício da jurisdição trabalhista, as custas no processo de conhecimento incidem à base de 2%, com o mínimo de R$ 10,64 e o máximo de quatro vezes o limite máximo dos benefícios do Regime Geral da Previdência Social, sendo calculadas de acordo com regras elencadas nos incisos do art. 789, disposição aplicável nas decisões que fixam custas proferidas a partir da entrada em vigor da Lei n. 13.467/2017, consoante art. 4º da IN n. 41 do TST.

Como no processo do trabalho é suficiente que seja julgado procedente apenas um pedido do autor para que a reclamada seja considerada vencida, não há que se falar em sucumbência recíproca para fins de pagamento das custas por ambas as partes, o qual ficará a cargo da reclamada em caso de procedência parcial ou total, não se aplicando o art. 86, do CPC, exceto se não for lide decorrente da relação de emprego.

Quando se tratar de empregado que não tenha obtido o benefício da justiça gratuita, havendo patrocínio jurídico do sindicato, este responderá solidariamente pelo pagamento das custas.

No processo de execução são devidas custas, sempre de responsabilidade do executado, que são pagas somente ao final do processo, seguindo-se os valores estabelecidos no art. 789-A, da CLT, o que significa dizer que não há exigência legal de antecipação das custas.

Outrossim, em caso de não pagamento das custas, o devedor será executado na forma prevista na CLT.

1.2. Emolumentos

Com relação aos emolumentos (remuneração especial por ato praticado no exercício de ofício ou função pública), serão suportados pela parte requerente.

1.3. Honorários periciais

O pagamento dos honorários do perito será de responsabilidade da parte sucumbente na pretensão objeto da perícia, ainda que seja beneficiária da gratuidade de justiça, ou seja, há regra própria na Consolidação das Leis do Trabalho, o que afasta, por óbvio, a incidência do Código de Processo Civil no particular, vez que não preenchido o requisito primeiro do art. 769, da CLT, que é a omissão da norma laboral.

Ademais, o texto é bastante elucidativo ao dizer que o pagamento é de responsabilidade da parte que sucumbe na pretensão objeto da perícia, de modo que o magistrado trabalhista não está autorizado a determinar o pagamento antecipado quando o autor da ação trabalhista pleitear, por exemplo, adicional de insalubridade ou periculosidade, haja vista que só com o proferir da sentença é que se saberá quem foi a parte sucumbente na pretensão (insalubridade ou periculosidade) objeto da perícia, interpretação que é reforçada pelo § 3º, do art. 790-B, que assim dispõe: "O juízo não poderá exigir adiantamento de valores para a realização de perícias".

Caso o juiz do trabalho determine seu pagamento antecipado, estará proferindo uma decisão interlocutória, a qual não desafia recurso de imediato. Porém, por ferir direito líquido e certo (produção da prova sem o pagamento antecipado dos honorários periciais), o meio adequado para impugnar tal decisão é o mandado de segurança, haja vista que é ilegal a exigência do referido depósito para custeio dos honorários periciais, dada a incompatibilidade com o processo do trabalho.

De outro giro, o juízo poderá deferir o pagamento parcelado dos honorários periciais.

Caso o reclamante (empregado, em regra) seja sucumbente na pretensão objeto da perícia, mas beneficiário da Gratuidade de Justiça, ainda assim terá que pagar os honorários do perito e, somente no caso de não ter obtido em juízo créditos capazes de suportar a despesa, ainda que em outro processo, a União deverá responder pelo encargo, o que se coaduna com a Súmula 457 do TST.

Todavia, em razão da ampliação da competência da Justiça do Trabalho pela EC n. 45/2004, é facultado ao juiz, em relação à perícia, exigir depósito prévio dos honorários do perito quando for lide diversa daquelas que decorrem da relação de emprego, isto é, quando a questão de fundo versar sobre relação de trabalho diversa da relação de emprego, sendo certo que se trata de faculdade do magistrado.

Ao fixar o valor dos honorários periciais, o juízo deverá respeitar o limite máximo estabelecido pelo Conselho Superior da Justiça do Trabalho.

Cabe salientar que a responsabilidade pelo pagamento dos honorários do perito assistente é da parte que o indicou (o que independe da relação posta em juízo), vez que se trata de mera faculdade, ainda que a parte que o indicou seja vencedora.

1.4. Honorários advocatícios

Nas demandas propostas na Justiça do Trabalho, de acordo com o art. 791-A, da CLT, ao advogado, ainda que esteja postulando em causa própria, serão devidos os honorários de sucumbência, fixados entre o mínimo de 5% (cinco por cento) e o máximo de 15% (quinze por cento) sobre o valor que resultar da liquidação da sentença, do proveito econômico obtido ou, não sendo possível mensurá-lo, sobre o valor atualizado da causa, sendo também devidos nas ações contra a Fazenda Pública e nas ações em que a parte estiver assistida ou substituída pelo sindicato de sua categoria, sendo também devidos na reconvenção.

Ao fixar os honorários, o juízo observará o grau de zelo do profissional, o lugar da prestação do serviço, a natureza e a importância da causa, bem como o trabalho realizado pelo advogado e o tempo exigido para o seu serviço.

Interessante é a hipótese de sucumbência parcial, ou seja, quando o autor da ação perde alguns dos seus pedidos, caso em que o juiz irá arbitrar honorários de sucumbência recíproca, vedada a compensação entre os honorários, já que estes são créditos do advogado e não podem ser compensados entre si, mas sim retirados do crédito do autor, quando devidos ao advogado do réu, ou o réu será compelido ao pagamento, além do que for devido ao autor, quando devidos ao advogado deste. Vamos exemplificar:

Suponha que o autor/reclamante faça dois simples pedidos: 1) dano moral no valor de R$ 5.000,00 e 2) aviso prévio no valor de R$ 2.000,00. O juiz acolhe o pedido de dano moral, mas julga improcedente o pedido de aviso prévio. Utilizando como alíquota 10%, irá fixar para o advogado do autor a verba honorária de R$ 500,00 (10% de R$ 5.000,00) e para o advogado do réu a quantia de R$ 200,00 (10% de R$ 2.000,00). Não pode a reclamada querer pagar apenas R$ 300,00 de honorários de sucumbência para o advogado do autor, pois estará compensando. O certo é o réu pagar R$ 5.000,00 para o autor, além de R$ 500,00 para o advogado do reclamante, cabendo a este, pagar os R$ 200,00 de honorários do advogado do réu, para ao final receber a quantia de R$ 4.800,00 (R$ 5.000,00 menos os honorários do advogado da reclamada).

Porém, é importante notar que se o reclamante pede 10 horas extras mensais com o acréscimo de, no mínimo, 50% e reflexos nas demais verbas e, o juiz julgar procedente em parte esse pedido para condenar a reclamada ao pagamento de 1 hora extra, não há que se falar em honorários recíprocos, pois o pedido de horas extras (viés qualitativo) foi acolhido, embora parcialmente (a análise não deve ser quantitativa).

Note que, se for vencido o beneficiário da justiça gratuita, desde que não tenha obtido em juízo, ainda que em outro processo, créditos capazes de suportar a despesa, as obrigações decorrentes de sua sucumbência ficarão sob condição suspensiva de exigibilidade e somente poderão ser executadas se, nos dois anos subsequentes ao trânsito em julgado da decisão que as certificou, o credor demonstrar que deixou de existir a situação de insuficiência de recursos que justificou a concessão de gratuidade, extinguindo-se, passado esse prazo, tais obrigações do beneficiário[1].

Outrossim, dispõe o art. 6º da IN n. 41 de 2018 do TST que na Justiça do Trabalho, a condenação em honorários advocatícios sucumbenciais, prevista no art. 791-A e parágrafos da CLT será aplicável apenas às ações propostas após 11 de novembro de 2017 (Lei n. 13.467/2017). Nas ações propostas anteriormente, subsistem as diretrizes do art. 14 da Lei n. 5.584/70 e das Súmulas 219 e 329 do TST.

Por fim, tendo em vista a ampliação da competência da Justiça do Trabalho com o advento da Emenda Constitucional n. 45/2004, que acarretou a remessa de alguns processos da Justiça Comum Estadual para aquela especializada, a condenação em honorários advocatícios nos autos de ação de indenização por danos morais e materiais decorrentes de acidente de trabalho ou de doença profissional, remetida à Justiça do Trabalho após ajuizamento na Justiça comum, antes da vigência da Emenda em questão, decorre da mera sucumbência, nos termos do art. 85, do CPC de 2015 (art. 20, do CPC de 1973), não se sujeitando aos requisitos da Lei n. 5.584/70.

---

1 Até o fechamento desta edição, ainda pende de julgamento a ADI 5.766, cujo relator é o Min. Roberto Barroso, onde se impugna a inconstitucionalidade de algumas questões inseridas pela Reforma Trabalhista, inclusive o tema pagamento de honorários. No entanto, vale transcrever a decisão proferida em 10-5-2018: "Após o voto do Ministro Roberto Barroso (Relator), julgando parcialmente procedente a ação direta de inconstitucionalidade, para assentar interpretação conforme a Constituição, consubstanciada nas seguintes teses: 1. O direito à gratuidade de justiça pode ser regulado de forma a desincentivar a litigância abusiva, inclusive por meio da cobrança de custas e de honorários a seus beneficiários. 2. A cobrança de honorários sucumbenciais do hipossuficiente poderá incidir: (i) sobre verbas não alimentares, a exemplo de indenizações por danos morais, em sua integralidade; e (ii) sobre o percentual de até 30% do valor que exceder ao teto do Regime Geral de Previdência Social, mesmo quando pertinente a verbas remuneratórias. 3. É legítima a cobrança de custas judiciais, em razão da ausência do reclamante à audiência, mediante prévia intimação pessoal para que tenha a oportunidade de justificar o não comparecimento, e após o voto do Ministro Edson Fachin, julgando integralmente procedente a ação, pediu vista antecipada dos autos o Ministro Luiz Fux. Ausentes o Ministro Dias Toffoli, neste julgamento, e o Ministro Celso de Mello, justificadamente. Presidência da Ministra Cármen Lúcia. Plenário, 10-5-2018."

2. ASSISTÊNCIA JUDICIÁRIA, GRATUIDADE DE JUSTIÇA E ISENÇÃO DE CUSTAS

A assistência judiciária, integral e gratuita é um direito fundamental assegurado a todos que comprovem estar em situação de insuficiência de recursos, conforme proclamado solenemente no art. 5º, LXXIV, da CF/88.

No âmbito da Justiça do Trabalho, a assistência judiciária é prestada pelo sindicato da categoria profissional a que pertencer o trabalhador, sendo devida àquele que receber salário igual ou inferior ao dobro do mínimo legal, bem como àquele que receber além desse limite, mas que comprovar que sua situação econômica lhe impede demandar em juízo sem prejuízo próprio ou de sua família.

A assistência é devida mesmo que o trabalhador não seja associado ao sindicato, ou seja, se preencher os requisitos legais, o trabalhador terá direito à assistência, seja filiado ou não.

Quando na localidade não houver Vara do Trabalho, ou não existir sindicato da categoria profissional do trabalhador, será possível atribuir aos Defensores Públicos ou aos Promotores Públicos tal encargo, muito embora, com o advento da Constituição de 1988 e da Lei Complementar n. 75/93, os membros do Ministério Público não possam mais exercer tal mister, em razão de lhes ser vedado o exercício da advocacia, razão pela qual devem os membros do MP encaminhar à Defensoria Pública os elementos colhidos para que promova a defesa judicial do interessado.

Salientamos ainda que, se o trabalhador for beneficiário da assistência judiciária, necessariamente gozará dos benefícios da gratuidade de justiça, ou seja, pela assistência do sindicato o trabalhador ficará isento do pagamento de custas e despesas processuais, razão pela qual, caso o empregado não tenha obtido a gratuidade de justiça, ou isenção de custas, e o sindicato tenha intervindo no processo atuando para o empregado, deverá responder solidariamente pelo pagamento das custas devidas, em caso de sucumbência total do assistido ou extinção do processo sem análise do mérito.

Ademais, caso o trabalhador não seja assistido pelo sindicato, mas sim por advogado particular, poderá obter a gratuidade de justiça, vez que é faculdade do juiz, a requerimento do interessado ou de ofício, conceder o benefício da gratuidade de justiça aos que recebam salário igual ou inferior a 40% do limite máximo dos benefícios do Regime Geral de Previdência Social (art. 790, § 3º, CLT), o qual também poderá ser deferido à parte (autor ou réu) que comprovar a insuficiência de recursos para pagamento das custas do processo.

A gratuidade pode ser requerida em qualquer tempo e grau de jurisdição, desde que, na fase recursal, seja realizado o requerimento no prazo alusivo ao recurso. Porém, se for indeferido o requerimento de justiça gratuita formulado na fase recursal, cumpre ao relator fixar prazo para que o recorrente efetue o preparo, consoante a OJ 269 da SDI-1 do TST.

A CLT isenta de custas, além dos beneficiários da justiça gratuita, a União, o Distrito Federal, os Estados, os Municípios, as autarquias, as fundações públicas que não explorem atividade econômica e o Ministério Público do Trabalho, o que também se aplica, por exemplo, às empresas públicas que não atuam no regime concorrencial, como já reiteradamente decidiu o Supremo Tribunal Federal, vez que não exercem atividade econômica, pelo contrário, prestam serviços de caráter público para atender à coletividade.

No entanto, a isenção de custas não alforria as entidades citadas (União, Estados, Distrito Federal, Municípios, autarquias e fundações públicas que não explorem atividade econômica), com exceção do Ministério Público do Trabalho, de reembolsar as despesas judiciais realizadas pela parte vencedora, como se infere do parágrafo único do preceptivo citado e, além disso, não isenta as entidades fiscalizadoras do exercício profissional de pagar as despesas processuais cabíveis, tais como a Ordem dos Advogados do Brasil, o Conselho Regional de Odontologia, o Conselho Regional de Medicina, o Conselho Regional de Contabilidade etc.

3. DA RESPONSABILIDADE POR DANO PROCESSUAL E OUTRAS PENALIDADES

A CLT, do art. 793-A ao art. 793-D, trata da responsabilidade daquele que causar dano de natureza processual, asseverando que responde por perdas e danos aquele que litigar de má-fé como reclamante, reclamado ou interveniente.

Nos termos da lei, será considerado litigante de má-fé aquele que deduzir pretensão ou defesa contra texto expresso de lei ou fato incontroverso; alterar a verdade dos fatos; usar do processo para conseguir objetivo ilegal; opuser resistência injustificada ao andamento do processo; proceder de modo temerário em qualquer incidente ou ato do processo; provocar incidente manifestamente infundado ou, ainda, interpuser recursos com intuito manifestamente protelatório.

Note-se que, de ofício ou a requerimento, o juízo condenará o litigante de má-fé a pagar multa, que deverá ser superior a 1% e inferior a 10% do valor corrigido da causa, a indenizar a parte contrária pelos prejuízos que esta sofreu e a arcar com os honorários advocatícios e com todas as despesas que efetuou.

No entanto, quando forem dois ou mais os litigantes de má-fé, o juízo condenará cada um na proporção de seu respectivo interesse na causa ou solidariamente aqueles que se coligarem para lesar a parte contrária.

Quando o valor da causa for irrisório ou inestimável, a multa poderá ser fixada em até duas vezes o limite máximo dos benefícios do Regime Geral de Previdência Social.

O valor da indenização será fixado pelo juízo ou, caso não seja possível mensurá-lo, liquidado por arbitramento ou pelo procedimento comum, nos próprios autos.

Aplica-se a mesma multa acima citada a testemunha que intencionalmente alterar a verdade dos fatos ou omitir fatos essenciais ao julgamento da causa, o que será melhor analisado no tópico sobre a prova testemunhal.

Não obstante, vale ressaltar que a MP n. 905/2019, ainda não convertida em lei até o fechamento desta edição, prevê que ao empregador que deixar de cumprir decisão transitada em julgado sobre a readmissão ou a reintegração de empregado, além do pagamento dos salários devido ao referido empregado, será aplicada multa de natureza leve, prevista no inciso II do *caput* do art. 634-A, nos termos do art. 729, e estabelece outra penalidade no art. 733[2]. Com efeito, a MP pretende dar nova redação aos dispositivos citados.

LEGISLAÇÃO CORRELATA

Indicamos a leitura dos seguintes textos legais:

1) Art. 5º, LXXVI, da CRFB/88;
2) Arts. 14, 15, 16, 17 e 18, da Lei n. 5.584/70;
3) Arts. 789 a 790-B, bem como o art. 819, todos da CLT;
4) Art. 86 do CPC;
5) Arts. 3º, 5º e 6º da IN n. 27/TST;
6) Instrução Normativa n. 41, de 2018, do TST.

ENTENDIMENTO DOUTRINÁRIO

Acerca da assistência judiciária, cabe trazer à colação parte da profícua lição de Sérgio Pinto Martins[3]:

> "Não se confunde a assistência judiciária gratuita, que será prestada pelo sindicato dos trabalhadores, com a isenção de custas, que depende da observância dos requisitos legais. Justiça Gratuita é espécie de assistência judiciária, compreendendo isenção de custas e honorários periciais.
>
> (...)
>
> Na Justiça do Trabalho, a assistência judiciária é prestada pelo sindicato da categoria profissional do trabalhador (art. 14 da Lei n. 5.584/70). A Lei Complementar n. 80, de 12-1-94, regulamentou a defensoria pública, porém não revogou a Lei n. 5.584/70, que é específica. No Processo do Trabalho, portanto, a assistência judiciária não é prestada ao empregador, mesmo que este não tenha condições econômicas ou financeiras para postular em juízo. É a aplicação do princípio da proteção.

---

2 "Art. 733. As infrações ao disposto neste Título para as quais não haja penalidade cominada serão punidas com a aplicação da multa prevista no inciso I do *caput* do art. 634-A." (NR)

3 MARTINS, Sérgio Pinto. *Direito Processual do Trabalho*. 38. ed. São Paulo: Saraiva, 2016. p. 282-284.

(...)
O sindicato da categoria profissional prestará assistência gratuita ao trabalhador desempregado ou que perceber salário inferior a dois salários-mínimos ou que declare, sob pena de responsabilidade, não possuir, em razão dos encargos próprios e familiares, condições econômicas de prover a demanda (art. 14 da Lei n. 5.584/70). O dispositivo é imperativo: o sindicato terá de prestar assistência judiciária gratuita".

JURISPRUDÊNCIA

Cabe a leitura da seguinte jurisprudência do TST, considerando que algumas restam prejudicadas com o advento da Lei n. 13.467/2017:

1) Súmulas 25, 36, 53, 86, 170, 219, 329, 341, 457 e 463;

2) OJs 33, 140, 198, 269, 304 e 421 da SDI-1;

3) OJ 98 da SDI-2.

Acerca dos honorários advocatícios de sucumbência, colacionamos importante decisão da 4ª Turma do TST, como consta no *Informativo n. 211*:

"HONORÁRIOS ADVOCATÍCIOS – BENEFICIÁRIO DA JUSTIÇA GRATUITA – CLT, ART. 791-A, § 4º – DECISÃO REGIONAL LIMITADORA A CRÉDITOS DE NATUREZA NÃO ALIMENTÍCIA – TRANSCENDÊNCIA JURÍDICA – VIOLAÇÃO À LITERALIDADE DO PRECEITO – PROVIMENTO. 1. Uma das alterações mais simples e impactantes que a reforma trabalhista de 2017 introduziu no Processo do Trabalho foi a imposição do pagamento de honorários advocatícios também por parte do trabalhador reclamante (CLT, art. 791-A). 2. A inovação seguiu na linha evolutiva do reconhecimento amplo do direito à percepção de honorários sucumbenciais por parte dos advogados, tanto à luz do novo CPC quanto das alterações da Súmula 291 do TST, reduzindo as restrições contidas na Lei 5.584/70, que os limitavam aos casos de assistência judiciária por parte do sindicato na Justiça do Trabalho. 3. Por outro lado, um dos objetivos da mudança, que implicou queda substancial das demandas trabalhistas, foi coibir as denominadas 'aventuras judiciais', nas quais o trabalhador pleiteava muito mais do que efetivamente teria direito, sem nenhuma responsabilização, em caso de improcedência, pelo ônus da contratação de advogado trazido ao empregador. Nesse sentido, a reforma trabalhista, em face da inovação, tornou o Processo do Trabalho ainda mais responsável. 4. No caso do beneficiário da Justiça Gratuita, o legislador teve a cautela de condicionar o pagamento dos honorários à existência de créditos judiciais a serem percebidos pelo trabalhador, em condição suspensiva de até 2 anos do trânsito em julgado da ação em que foi condenado na verba honorária (CLT, art. 791-A, § 4º). 5. Na hipótese dos autos, o 21º Regional entendeu por ampliar essa cautela, ao ponto de praticamente inviabilizar a percepção de honorários advocatícios por parte do Empregador vencedor, condicionando-a à existência de créditos de natureza não alimentícia. Como os créditos trabalhistas ostentam essa condição, só se o empregado tivesse créditos a receber de ações não trabalhistas é que poderia o empregador vir a receber pelo que gastou. 6. Portanto, a exegese regional ao § 4º do art. 791-A da CLT afronta a sua literalidade e esvazia seu comando, merecendo reforma a decisão, para reconhecer o direito à verba honorária, mesmo com a condição suspensiva, mas não limitada aos créditos de natureza não alimentícia. Recurso de revista provido" (TST-RR-222-16.2018.5.21.0005, 4ª Turma, Relator Ministro: Ives Gandra da Silva Martins Filho, julgado em 6-11-2019).

QUESTÕES COMENTADAS

01 (Analista Judiciário – TRT 23 – FCC – 2016) Segundo as normas contidas na Consolidação das Leis do Trabalho quanto ao processo judiciário do trabalho:

(A) o Ministério Público do Trabalho não terá isenção de custas processuais se for sucumbente em ação civil pública movida na Justiça do Trabalho;

(B) as autarquias municipais e estaduais não terão isenção de custas processuais, visto que esta atinge apenas as entidades autárquicas federais;

(C) a responsabilidade pelo pagamento dos honorários periciais é da parte sucumbente na pretensão objeto da perícia, mesmo que beneficiária de justiça gratuita;

(D) os prazos processuais contam-se sem exclusão do dia de início ou vencimento, não são contínuos e somente aqueles que se vencerem em domingo ou feriado, terminarão no primeiro dia útil seguinte;

(E) terá preferência em todas as fases processuais o dissídio cuja decisão tiver de ser executada perante o Juízo da falência.

RESPOSTA (A) Errado, art. 790-A, II, CLT. (B) Errado, art. 790, I, CLT. (C) Errado, de acordo com a época da aplicação da questão, pois atualmente o art. 790-B da CLT dispõe que, mesmo sendo beneficiária da gratuidade de justiça, a parte deverá arcar com os honorários periciais. (D) Errado, de acordo com a época da aplicação da prova, já que o art. 775 da CLT atual determina que os prazos devem ser contados em dias úteis e, ademais, na contagem excluímos o dia de início e incluímos o dia do vencimento dos prazos. (E) Certo, art. 768, CLT. *Alternativa E.*

02 (Técnico – TRT 17 – CESPE – 2013) Em relação aos princípios, às partes e ao processo do trabalho, julgue o próximo item.

São isentos do pagamento de custas processuais, despesas judiciais que a parte paga para postular em juízo em razão de serviços prestados pelo Estado, além dos beneficiários de justiça gratuita, a União, os estados, o Distrito Federal, os municípios e suas respectivas autarquias, fundações públicas e empresas públicas.

( ) Certo   ( ) Errado

RESPOSTA As empresas públicas não são isentas (art. 790-A, da CLT). *Alternativa Errada.*

---

03 (Juiz Substituto – TRT 5 – CESPE – 2012) No que se refere às despesas processuais, caracterizadas pelas custas e emolumentos, assinale a opção correta.

(A) No caso de inquérito para apuração de falta grave, cabe à empresa recolher as custas processuais, cujo valor será calculado sobre seis vezes o salário mensal do empregado que integra o polo passivo na demanda.

(B) As custas processuais incidirão à base de 2% do valor da causa, observado o mínimo de R$ 20,40.

(C) Há despesas voluntárias no processo do trabalho.

(D) Na justiça do trabalho, as custas destinam-se aos estados.

(E) Em caso de recurso, as custas serão pagas, devendo o respectivo pagamento ser comprovado no prazo de cinco dias.

RESPOSTA (A) As custas são pagas pelo vencido após o trânsito em julgado (art. 789, § 2º, da CLT) e, no caso de ações constitutivas ou declaratórias, incidem sobre o valor da causa, assim como quando o pedido for julgado improcedente (art. 789, II e III, da CLT). (B) O mínimo é de R$ 10,64 (art. 789, *caput, da CLT). (C) Os emolumentos são despesas voluntárias, por exemplo (art. 789-B da CLT). (D) A Justiça do Trabalho é uma justiça da organização federal, logo, as custas destinam-se* à União (Instrução Normativa n. 20, de 27-9-2002, do TST). (E) Serão pagas e comprovadas dentro do prazo recursal, exceto no caso de agravo de instrumento, quando o pagamento deve ser comprovado no ato da interposição (art. 789, § 1º, e art. 899, § 7º, da CLT, e Súmula 245 do TST). *Alternativa C.*

PARA GABARITAR

– Os honorários periciais só podem ser exigidos da parte sucumbente na pretensão objeto da perícia e, caso o juiz determine o pagamento antecipado, estará praticando ilegalidade que desafiará mandado de segurança.

– O pagamento dos honorários periciais dos assistentes técnicos indicados pelas partes a elas cabe, sejam vencidas ou vencedoras.

– Estão isentos do pagamento de custas os beneficiados pela gratuidade de justiça, o MPT, a União, os Estados, o Distrito Federal e os Municípios, bem como suas respectivas autarquias e fundações públicas.

– O sindicato que intervier assistindo empregado que não conseguir os benefícios da gratuidade de justiça será responsável solidário pelo pagamento das custas.

- Nos dissídios coletivos, as partes responderão solidariamente pelo pagamento das custas.
- Em caso de assistência judiciária sindical ou de substituição processual sindical, excetuados os processos em que a Fazenda Pública for parte, os honorários advocatícios serão devidos entre o mínimo de dez e o máximo de vinte por cento sobre o valor da condenação, do proveito econômico obtido ou, não sendo possível mensurá-lo, sobre o valor atualizado da causa. Outrossim, nas causas em que a Fazenda Pública for parte, aplicar-se-ão os percentuais específicos de honorários advocatícios contemplados no CPC.

PARA MEMORIZAR

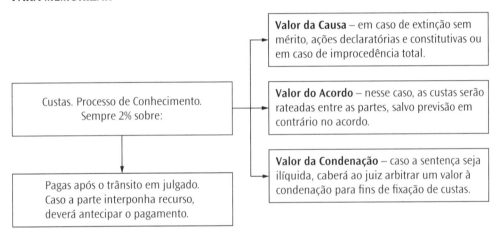

CAPÍTULO 10 Atos e termos processuais

1. ATOS E TERMOS PROCESSUAIS

Podemos conceituar atos jurídicos processuais como os acontecimentos voluntários que ocorrem no processo, ou seja, os que dependem de manifestação dos sujeitos do processo e são praticados no decorrer da relação processual visando à prolação da decisão final (sentença), embora alguns fatos processuais (em que não há contribuição da vontade humana) possam ter repercussão no tramitar processual, como ocorre com o falecimento de uma das partes, o que vai acarretar a suspensão do processo.

Sob o viés estritamente processual, os atos processuais têm por azo constituir, conservar, desenvolver, modificar ou até mesmo extinguir a relação jurídica processual, e são praticados não apenas pelas partes, mas também pelo juiz (pronunciamentos), como é o caso das sentenças, despachos, decisões interlocutórias e, até mesmo, por terceiros que também praticam atos processuais etc.

Os atos das partes podem ser *unilaterais* e *bilaterais*. Os atos unilaterais, por exemplo, são os postulatórios (pedidos e requerimentos), em que há manifestação de apenas uma das partes. Por outro lado, ato bilateral é o que depende de um liame entre as partes, como é o caso da transação, que implicará a resolução do mérito, sendo a decisão irrecorrível para as partes (art. 831, parágrafo único, da CLT, e art. 487, III, *b*, do CPC).

Os atos processuais são públicos, e o horário para sua realização é das 6 às 20 horas em dias úteis. Assim, a citação e a penhora só podem ser realizadas em domingos ou feriados, ou fora do horário, se autorizadas pelo juiz expressamente. No entanto, há entendimento de que deve ser aplicado o § 2º do art. 212 do CPC, de onde se extrai que independentemente de autorização judicial, as citações, intimações e penhoras poderão ser realizadas no período de férias forenses, onde as houver, e nos feriados ou dias úteis fora do horário estabelecido neste artigo, observado o disposto no art. 5º, inciso XI, da Constituição Federal.

No entanto, quando o ato tiver de ser praticado por meio de petição em autos não eletrônicos, esta deverá ser protocolada no horário de funcionamento do fórum ou tribunal.

Observe-se que, durante o recesso da Justiça do Trabalho, não se praticarão atos processuais, excepcionando-se aqueles reputados urgentes, como, por exemplo, a antecipação de prova, aplicando-se subsidiariamente o Código de Processo Civil.

Termo processual, por outro lado, é a reprodução gráfica dos atos processuais, ou seja, *grosso modo*, temos o "ato" audiência e o "termo" de audiência.

Pode-se dizer, desta feita, que termo processual em sentido *lato* é o ato escrito lavrado por funcionário ou servidor do juízo, no procedimento, para documentar e formalizar declarações de vontade e atos processuais complexos, bem como assinalar datas e passagens do andamento e curso do processo. Em sentido estrito, o termo processual é ato escrito simples, redigido pelo escrivão ou chefe de secretaria, para o qual não prevê a lei conteúdo especificado. De toda sorte, podemos afirmar que existe o princípio da documentação, onde os atos que decorrem da oralidade devem ser reduzidos a termo.

Os atos e termos processuais poderão ser escritos a tinta, datilografados ou carimbados, e os termos relativos a andamento dos processos devem ser datados e rubricados pelos chefes de secretaria ou escrivães.

Os atos e termos processuais devem ser assinados pelas partes, mas caso estas não possam ou estejam impedidas de fazê-lo por motivo justificado, deverão ser assinados pelo procurador legalmente constituído, ou a rogo na presença de duas testemunhas.

Cumpre alertar que, como o processo é uma relação, os autos do processo são formados pela petição inicial, contestação, documentos, decisões, termos, petições etc., que permanecem sob a responsabilidade dos escrivães ou diretores de secretaria.

As partes e seus respectivos advogados podem consultar os autos nas Secretarias das Varas do Trabalho durante o expediente, mas a retirada dos autos da Secretaria mediante carga só pode ser feita pelo advogado. É possível, ainda, que os autos saiam dos cartórios ou secretarias quando tiverem de ser remetidos aos órgãos competentes, em caso de recurso ou requisição.

É importante ressaltar que as partes poderão requerer certidões dos processos em curso ou arquivados, as quais serão lavradas pelos escrivães ou chefes de secretaria, e aquelas sobre processos que correm em segredo de justiça sempre dependerão de despacho do juiz.

A retirada (desentranhamento) de documentos juntados aos autos só poderá ocorrer depois de finalizado o processo, desde que o interessado deixe cópia reprográfica (traslado).

1.1. Da distribuição e do distribuidor

Tendo em vista o disposto na CLT, é lícito afirmar que as reclamações serão distribuídas entre as Varas do Trabalho ou entre os Juízes de Direito do Cível (quando estiverem no exercício da "jurisdição" trabalhista), na ordem rigorosa de sua apresentação ao distribuidor, quando na localidade houver mais de uma Vara do Trabalho. Em caso de inexistir mais de uma Vara do Trabalho, as reclamações serão apresentadas diretamente na existente na localidade.

Como visto, quando (na localidade) houver mais de uma Vara do Trabalho, haverá, obrigatoriamente, um distribuidor, ao qual competirá à distribuição, pela ordem rigorosa de entrada, e sucessivamente, dos feitos que para esse fim lhe forem apresentados pelos interessados, a cada Vara do Trabalho.

Cabe ainda ao distribuidor fornecer aos interessados recibo correspondente a cada processo distribuído; proceder à manutenção de 2 (dois) fichários dos feitos distribuídos, sendo um organizado pelos nomes dos reclamantes e o outro pelos dos reclamados, ambos por ordem alfabética; fornecer a qualquer pessoa que o solicite, verbalmente ou por certidão, informações sobre os feitos distribuídos e proceder à baixa na distribuição dos feitos, quando isto lhe for determinado pelos juízes do trabalho, formando, com as fichas correspondentes, fichários à parte, cujos dados poderão ser consultados pelos interessados, mas não mencionados em certidões.

Os distribuidores são designados pelo Presidente do Tribunal Regional dentre os funcionários das Varas do Trabalho e do Tribunal Regional, existentes na mesma localidade, e diretamente subordinados ao mesmo Presidente.

As reclamações serão registradas em livro próprio, rubricado em todas as folhas pela autoridade a que estiver subordinado o distribuidor, cabendo a este fornecer ao interessado um recibo no qual constarão, necessariamente, o nome do reclamante e do reclamado, a data da distribuição, o objeto da reclamação e a Vara e o Juízo a que coube a distribuição, o que hodiernamente resta um tanto prejudicado em razão do processo eletrônico (PJe-JT), pois, ao ajuizar a reclamação de forma eletrônica, todos os dados já são informados imediatamente e, inclusive, como regra geral, com a data da audiência designada.

LEGISLAÇÃO CORRELATA

Indicamos a leitura dos seguintes textos normativos:

1) Arts. 713 a 715, 770 a 788 e 831, parágrafo único, da CLT;
2) Arts. 20, 203, 212, § 3º, 214 e s., 313, I, e 487, III, *b*, do CPC;
3) Lei n. 11.419/2006 – Lei da Informatização do Processo Judicial, quando exigida;
4) Resolução CSJT n. 136/2014, que dispõe sobre a informatização do processo judicial na Justiça do Trabalho, quando exigida.

ENTENDIMENTO DOUTRINÁRIO

Cabe trazer à baila preciosa lição de Carlos Henrique Bezerra Leite[1] sobre os atos processuais, o que faz considerando o CPC, como segue:

---
1 LEITE, Carlos Henrique Bezerra. *Curso de Direito Processual do Trabalho*. 14. ed. São Paulo: Saraiva, 2016. p. 438.

"O conceito de ato processual deve ser formulado com âncora na teoria geral dos atos e fatos jurídicos em geral. *Fato jurídico* é o acontecimento em virtude do qual os direitos nascem, se modificam ou se extinguem. O *fato jurídico em sentido amplo* abrange os *fatos jurídicos em sentido estrito* (ordinários e extraordinários), os *atos jurídicos* (atos jurídicos em sentido estrito e os negócios jurídicos) e os *atos ilícitos*.

O *fato jurídico em sentido estrito* é o acontecimento involuntário, de ordem natural, que tem importância para o direito, tal como a morte, o nascimento, o desabamento de um prédio etc. Nem todos os eventos da natureza, contudo, têm importância para o direito, pois somente aqueles que produzem efeitos jurídicos interessam para a ciência jurídica.

Ato jurídico é todo acontecimento voluntário, isto é, dependente da vontade humana, que produz efeito jurídico.

Tem-se, assim, que os *fatos processuais* são acontecimentos involuntários, ou seja, independem da vontade humana, que ocorrem no processo, como a morte de qualquer das partes ou de seus representantes (p.ex.: art. 331, I, do NCPC).

Já os *atos processuais* são os acontecimentos voluntários que ocorrem no processo e dependem de manifestação dos sujeitos do processo. Os atos (jurídicos) processuais, portanto, podem ser *unilaterais*, como a petição inicial, ou *bilaterais*, como a suspensão consensual do processo (NCPC, art. 313, II).

Ato processual ilícito é aquele praticado com dolo ou fraude processual. Pode-se dizer, ainda, que os atos atentatórios à dignidade da justiça são atos processuais ilícitos, como, por exemplo, os atos previstos no art. 774 do NCPC, que é aplicável ao processo laboral (CLT, art. 769; NCPC, art. 15).

Sistematizando os atos processuais, o NCPC disciplina:
- a forma dos atos processuais em geral (arts. 188 a 192);
- a prática eletrônica dos atos processuais (arts. 193 a 199);
- os atos das partes (arts. 200 a 202);
- os pronunciamentos do juiz (arts. 203 a 205);
- os atos do escrivão ou do chefe de secretaria (arts. 206 a 211);
- o tempo (arts. 212 a 216) e o lugar dos atos processuais (art. 217);
- os prazos dos atos processuais (arts. 218 a 235);
- a comunicação dos atos processuais (arts. 236 a 237), abrangendo a citação (arts. 238 a 259), as cartas (arts. 260 a 268) e as intimações (arts. 269 a 275);
- as nulidades dos atos processuais (arts. 276 a 283);
- a distribuição, os registros e o valor da causa (arts. 284 a 293)".

JURISPRUDÊNCIA

É pertinente e necessário ler as OJs 283, 284, 285, 286 e 287 da SDI e a OJ Transitória n. 52 da SDI-1 do TST, sem prejuízo de outras jurisprudências.

Atos e termos processuais   307

QUESTÕES COMENTADAS

01 (Técnico – TRT 1 – AOCP – 2018) Com base nos atos e prazos processuais estabelecidos na Consolidação das Leis Trabalhistas e pautados na Lei n. 13.467/2017, assinale a alternativa correta.

(A) Os atos processuais serão públicos, salvo quando o contrário determinar o interesse social, e realizar-se-ão nos dias úteis das 8 (oito) às 18 (dezoito) horas.

(B) Os prazos serão contados em dias úteis, com exclusão do dia do começo e inclusão do dia do vencimento.

(C) Os atos processuais serão públicos, salvo quando o contrário determinar o interesse social, e realizar-se-ão nos dias úteis das 6 (seis) às 18 (dezoito) horas.

(D) Os prazos serão contados em dias úteis, com inclusão do dia do começo e exclusão do dia do vencimento.

(E) Os prazos são contínuos, contados com a exclusão do dia do começo e inclusão do dia do vencimento.

RESPOSTA As letras A e C estão erradas, vez que o horário para realização dos atos, nos termos do art. 770 da CLT, é de 6 (seis) às 20 (vinte) horas. As letras B, D e E são respondidas com o art. 775 da CLT, de modo que os prazos são contados em dias úteis, com exclusão do dia do começo e inclusão do dia do vencimento. *Alternativa B.*

---

02 (Técnico – TRT 8 – CESPE – 2016) No que concerne aos atos, termos e prazos processuais na justiça do trabalho, assinale a opção correta.

(A) As certidões dos processos que correrem em segredo de justiça deverão ser lavradas pelos escrivães ou chefes de secretaria, independentemente de despacho do juiz da vara.

(B) A comunicação processual dirigida à autoridade judiciária de outro tribunal no território nacional é feita mediante carta rogatória.

(C) A justiça do trabalho prevê a intimação como forma de comunicação dos atos processuais.

(D) As empresas públicas e as sociedades de economia mista têm o prazo de vinte dias, contados a partir da data da intimação inicial, para comparecer à audiência inicial de conciliação para apresentação da defesa.

(E) Caso o interessado seja notificado no sábado, o início do prazo dar-se-á no primeiro dia útil imediato, devendo a contagem do prazo iniciar-se no dia subsequente.

RESPOSTA (A) Art. 781, parágrafo único, CLT. (B) O correto é carta precatória (art. 201, CPC/73; art. 237, III, CPC/15). (C) Na Justiça do Trabalho, a comunicação dos atos, como regra geral, é realizada por meio de notificação (art. 774, CLT). (D) Art. 1º, II, do Decreto-lei n. 770/69. (E) Súmula 262, I, TST. *Alternativa E.*

PARA GABARITAR

- Os atos processuais trabalhistas devem ser realizados nos dias úteis, das 6 às 20 horas.

- Em regra, os atos processuais são públicos, ressalvados os casos de interesse público, social, os que envolvem direitos da personalidade e os demais casos em que for necessário decretar o segredo de justiça.
- Os requerimentos e documentos apresentados, os atos e termos processuais, as petições ou razões de recursos e quaisquer outros papéis referentes aos feitos formarão os autos dos processos, os quais ficarão sob a responsabilidade dos escrivães ou secretários.
- As partes, ou seus procuradores, poderão consultar, com ampla liberdade, os processos nos cartórios ou secretarias.
- Os documentos juntos aos autos poderão ser desentranhados somente depois de findo o processo, ficando traslado.
- As partes poderão requerer certidões dos processos em curso ou arquivados, as quais serão lavradas pelos escrivães ou secretários. Porém, as certidões dos processos que correrem em segredo de justiça dependerão de despacho do juiz.

PARA MEMORIZAR

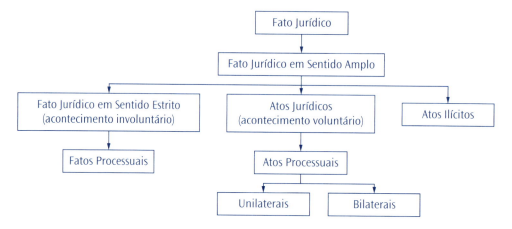

CAPÍTULO 11 Prazos processuais e preclusão

1. CONCEITO DE PRAZO

De forma abreviada, devemos compreender prazo processual como o período de tempo dentro do qual alguém deve praticar algum ato, vez que o processo tem por finalidade solucionar o conflito de interesses. E, notadamente, para que seu objetivo principal seja alcançado, mister se faz agir com brevidade de tempo.

1.1. Classificação dos prazos processuais

Podemos classificar os prazos, basicamente, quanto à origem, quanto à natureza e quanto aos destinatários.

1.1.1. Quanto à origem

No que diz respeito à origem, os prazos podem ser *legais*, *judiciais*, *convencionais* ou *mistos*.

São legais quando estão expressos em lei, sendo típico exemplo o prazo para interposição de recursos, que no processo do trabalho, como regra geral, é de 8 (oito) dias.

Os prazos judiciais são fixados pelo juiz quando a lei for omissa, e quando a lei não fixar o prazo e nem o juiz o fizer, a parte terá 5 (cinco) dias para praticar o ato processual, aplicando-se o art. 218, § 3º, do CPC.

Temos ainda os prazos convencionais, que são aqueles livremente estabelecidos pelas partes, como seria o caso do requerimento das partes no sentido de suspender o processo.

Por fim, os prazos mistos são aqueles em que a lei fixa um prazo mínimo e um máximo, ou somente um prazo máximo, deixando ao livre arbítrio do magistrado sua fixação, observando-se o mínimo e o máximo legal, como é o caso do prazo para contestação em ação rescisória, na forma do art. 970 do CPC, que assim dispõe:

> "O relator ordenará a citação do réu, designando-lhe o prazo nunca inferior a 15 (quinze) dias nem superior a 30 (trinta) para, querendo, apresentar resposta, ao fim do qual, com ou sem contestação, observar-se-á, no que couber, o procedimento comum".

1.1.2. Quanto à natureza

Em razão da natureza, os prazos podem ser *dilatórios* ou *peremptórios*, considerando se têm ou não natureza cogente.

Destarte, dilatórios são os prazos alteráveis, que podem ser modificados por convenção das partes, como é o caso da suspensão do processo a requerimento destas, observando-se o limite legal.

Os peremptórios, por outro lado, são os prazos improrrogáveis, fatais, cuja prorrogação não se admite mesmo que as partes estejam de acordo, pois decorrem de critérios de ordem pública, como é o caso de prazo para interposição de recursos.

Assim, se o reclamado deixa transcorrer *in albis* o prazo para interpor recurso ordinário, haverá a preclusão temporal, mesmo que conjuntamente com o reclamante requeira a sua prorrogação.

Notadamente, seria diversa a situação caso houvesse uma sentença julgando procedente em parte o pedido do autor, de modo que existiria sucumbência recíproca, o que impediria qualquer das partes de fazer carga dos autos. Assim, caso uma delas tenha feito carga, impedindo a outra de ter acesso aos autos para analisar os elementos ali constantes, e prejudicando a interposição do recurso, vez que se trata de prazo comum, seria devida a devolução do prazo para aquele que não teve acesso aos autos, o que hodiernamente se verifica com mais dificuldade em razão do PJ-e JT.

No entanto, pode o juiz, excepcionalmente, alterar os prazos dilatórios ou peremptórios, vez que os prazos, segundo a CLT, podem ser prorrogados pelo tempo estritamente necessário quando o juiz entender necessário, ou em virtude de força maior, devidamente comprovada.

Ademais, conforme estabelece o § 2º, do art. 775, da CLT, incumbe ao juiz dilatar os prazos processuais e alterar a ordem de produção dos meios de prova, adequando-os às necessidades do conflito de modo a conferir maior efetividade à tutela do direito.

1.1.3. Quanto aos destinatários

Quanto aos destinatários, os prazos são *próprios* quando dirigidos às partes (inclusive o MPT quando assim atua no processo) e a terceiros intervenientes, razão pela qual ficam sujeitos à preclusão.

Os prazos *impróprios*, por seu turno, são aqueles dirigidos ao órgão jurisdicional, aos serventuários ou auxiliares da Justiça, assim como alguns prazos impostos ao Ministério Público do Trabalho quando funciona como fiscal da lei.

O art. 226, do CPC, estabelece prazos para o magistrado proferir os despachos de expediente, as decisões interlocutórias e as sentenças, respectivamente em 5 (cinco), 10 (dez) e 30 (trinta) dias (há entendimento de que não é aplicado ao processo do trabalho o prazo determinado pelo CPC para que o juiz profira sentença, em razão do disposto nos arts. 831 e 851, da CLT, que determinam o prolatar da sentença em audiência), assim como o art. 851, § 2º, da CLT.

Outrossim, os prazos para os serventuários da Justiça, os quais também são considerados impróprios.

Destarte, é lícito dizer que o que distingue os prazos próprios dos impróprios é, efetivamente, a preclusão temporal.

Temos ainda o prazo *comum* e o prazo *sucessivo*. Será comum quando fluir concomitantemente para ambas as partes, e sucessivo quando primeiro se manifestar uma parte e, logo em seguida, a outra.

1.2. Contagem dos prazos

É importante registrar, de início, que o *caput* do art. 775, da CLT, determina que a contagem dos prazos processuais dar-se-á em dias úteis, e não em dias corridos, como era anteriormente à Reforma Trabalhista.

Na contagem dos prazos, exclui-se o dia do começo (a contagem dar-se-á, em regra, no primeiro dia útil subsequente à ciência do ato processual), porém inclui-se o dia do vencimento.

O decurso dos prazos deverá ser certificado nos autos pelos escrivães ou chefes de secretaria.

Observe que, quando a intimação for realizada na sexta-feira, ou a publicação com efeito de intimação tiver ocorrido nesse dia, o prazo judicial será contado a partir da segunda-feira imediata, exceto se não houver expediente, caso em que começará a fluir no dia útil que se seguir.

No entanto, se a parte for intimada ou notificada no sábado, o início do prazo se dará no primeiro dia útil imediato, e a contagem, no subsequente.

É imperioso observar que o prazo para interpor recurso quando a sentença for prolatada em audiência, pois pode ser realizada de forma oral, conta-se findo em 48 horas (art. 851, § 2º, da CLT) para juntada da ata de audiência de julgamento, exceto se o juiz exceder o prazo retro, quando então a parte deverá ser intimada.

Porém, se a parte for intimada para comparecer em audiência de publicação da sentença e se ausentar, será contado o início do prazo recursal desde a prática do ato.

Se o ato processual for praticado com fulcro na Lei n. 9.800/99 (que permite às partes a utilização de sistema de transmissão de dados para a prática de atos processuais, ou seja, por fac-símile ou outro similar), deve ser observado o que dispõe a Súmula 387 do TST.

São inaplicáveis ao processo do trabalho o art. 190 e parágrafo único do CPC, bem como o art. 219, que versam, respectivamente, sobre a negociação processual e a contagem de prazos em dias úteis.

1.3. Prazos para as pessoas jurídicas de direito público

O Decreto-lei n. 779/69, que institui algumas prerrogativas à Fazenda Pública no processo do trabalho, determina em seu art. 1º, II e III, respectivamente, que o prazo a que se refere a parte final do art. 841, da CLT (5 dias), deve ser contado em quádruplo, ou seja, deve ser de no mínimo 20 dias entre o recebimento da notificação para a audiência e a realização desta.

Assegura-se, ainda, o prazo em dobro para recorrer, não tendo aplicação o direito processual comum (CPC) em razão da previsão legal expressa, inclusive no caso de oposição de embargos de declaração.

A Empresa Brasileira de Correios e Telégrafos (ECT), de acordo com diversos julgamentos do STF e do TST, tem as mesmas prerrogativas das pessoas jurídicas de direito público, haja vista que não atua no mercado concorrencial, pelo contrário, exerce atividades de caráter essencial no que tange à prestação de serviços públicos, o que é ratificado pela OJ 247, II, parte final, da SDI-1 do TST.

Nesse sentido, o TST aduz que a validade do ato de despedida do empregado da ECT está condicionada à motivação, por gozar a empresa do mesmo tratamento destinado à Fazenda Pública em relação à imunidade tributária e à execução por precatório, além das prerrogativas de foro, prazos e custas processuais.

1.4. Suspensão e interrupção dos prazos

Embora a contagem dos prazos deva ser feita em dias úteis, pode haver a suspensão ou a interrupção dos prazos, conforme os casos venham a ser definidos em ocasiões próprias.

Na suspensão ocorre uma causa que determina a paralisação provisória na sua contagem ou a postergação do início da contagem, razão pela qual, quando terminada a causa, voltará a contar de onde parou ou terá início a contagem, como é o caso do recesso forense, das férias coletivas dos Ministros do TST e do protocolar da petição de homologação de acordo extrajudicial no que tange aos direitos nela especificados.

Outrossim, o art. 775-A da CLT estabelece que se suspende o curso do prazo processual nos dias compreendidos entre 20 de dezembro e 20 de janeiro, inclusive. Ademais, ressalvadas as férias individuais e os feriados instituídos por lei, os juízes, os membros do Ministério Público, da Defensoria Pública e da Advocacia Pública e os auxiliares da Justiça exercerão suas atribuições durante o período citado. Por fim, durante a suspensão do prazo, não se realizarão audiências nem sessões de julgamento.

A interrupção, por sua vez, é a situação que gera o "zerar" na contagem do prazo, ou seja, inicia-se sua contagem novamente do zero, como é o caso de oposição de embargos de declaração, que como regra geral interrompe o prazo para a interposição de recursos por quaisquer das partes.

1.5. Preclusão

Fenômeno de natureza eminentemente processual, é definida como a perda da faculdade de praticar um ato processual.

Pode ser *lógica*, quando decorre da incompatibilidade entre um ato já praticado e outro que se pretende praticar, como é o caso da parte que aceita a sentença expressa ou tacitamente e interpõe recurso.

Temos ainda a *temporal*, que é aquela que se forma pelo decurso do tempo, tendo como exemplo a interposição de recurso ordinário no 10º dia, quando o prazo limite é de 8 (oito) dias.

A preclusão *consumativa* se origina em razão de já ter sido realizado o ato que não pode ser novamente praticado. É o caso de recurso ordinário interposto no 5º dia do prazo recursal, que não poderá ser interposto novamente, ainda que sobejando tempo para tanto.

LEGISLAÇÃO CORRELATA

Deve o candidato ler:

1) Arts. 774 a 776, 831, 851, § 2º, e 897-A, § 3º, da CLT;
2) Arts. 218, § 3º, 222, § 1º, 226, 228 e 313, II e § 4º, do CPC;
3) Decreto-lei n. 779/69 – Dispõe sobre as prerrogativas da Fazenda Pública no processo do trabalho.

ENTENDIMENTO DOUTRINÁRIO

Acerca da *preclusão*, a doutrina mais abalizada também faz menção à preclusão *pro judicato*, que não é a perda de uma faculdade processual propriamente dita, mas sim a impossibilidade de o magistrado rever decisões já proferidas, ou ainda, de proferir novas decisões que sejam incompatíveis com as anteriores.

No entanto, dispõe o art. 494, do CPC, que, uma vez publicada a sentença, o juiz não mais poderá alterá-la, exceto se para corrigir, de ofício ou a requerimento da parte, inexatidões materiais ou erros de cálculo, ou ainda, por meio de embargos de declaração.

Ainda sobre o instituto da preclusão, Felipe Bernardes[1] destaca:

> "Já a preclusão lógica para o juiz decorre do princípio da boa-fé processual, no que veda o comportamento contraditório dos sujeitos processuais. Suponha-se que o juiz indefira a produção de prova pericial, requerida pelo reclamante para comprovação da insalubridade, fundamentando no fato de que

---

1 BERNARDES, Felipe. *Manual de Processo do Trabalho*. Salvador: JusPodivm, 2018. p. 341.

fora juntado, como prova emprestada, laudo produzido em processo diverso, relativo a outro empregado da mesma empresa. Ao assim fazer, há preclusão lógica para o juiz, que perde a faculdade de julgar o pedido improcedente por falta de provas, por nítida violação à boa-fé objetiva. Caso o juiz perceba, por exemplo, a invalidade ou inadequação da prova emprestada, deverá converter o feito em diligência, franqueando ao interessado a possibilidade de produção da perícia anteriormente indeferida".

JURISPRUDÊNCIA

Destacamos a importância da leitura das:

1) Súmulas 1, 16, 30, 53, 100, 197, 262, 385 e 387 do TST;
2) OJs 192, 247, II, e 310 da SDI-1 do TST.

QUESTÕES COMENTADAS

01 (Técnico – TRT 1 – AOCP – 2018) Rita trabalhou para uma joalheria, denominada Joias Raras, de 10 de maio de 2012 até 10 de junho de 2016, ocasião em que foi dispensada sem justa causa. Considerando que Rita, por meio de seu advogado Mário, ingressou com ação no dia 10 de maio de 2018, para pleitear alguns direitos violados na relação de trabalho, assinale a alternativa correta tendo ainda como base a Lei n. 13.467/2017.

(A) Rita terá prazo de prescrição intercorrente de cinco anos, a partir da data do ingresso com a reclamação trabalhista.

(B) Caso Mário tenha ajuizado a ação em um juízo incompetente, não haverá interrupção da prescrição, pois ainda que a ação venha a ser extinta sem resolução do mérito, não produzirá efeitos a qualquer dos pedidos.

(C) O prazo para Rita ingressar com ação é de dois anos após a extinção do contrato de trabalho, podendo Rita, se tivesse trabalhado por mais tempo na empresa, pleitear até os últimos 30 (trinta) anos de Fundo de Garantia do Tempo de Serviço.

(D) A declaração da prescrição intercorrente somente poderá ser requerida pela parte no momento da contestação ou declarada de ofício pelo juiz de primeiro grau de jurisdição.

(E) Caso Rita tenha seus pleitos reconhecido sem sentença, no curso da execução desta, a fluência do prazo prescricional intercorrente inicia-se quando Rita deixa de cumprir determinação judicial.

RESPOSTA A letra A está errada, haja vista que o prazo da prescrição intercorrente é de 5 anos no curso da execução, não se aplicando para ajuizamento da ação trabalhista de conhecimento, conforme art. 11-A da CLT. O item B está incorreto, vez que o ajuizamento da ação trabalhista, ainda que em juízo incompetente, e que venha a ser extinta sem resolução do mérito, interrompe a prescrição quanto aos pedidos idênticos, nos termos do § 3º do art. 11-A da CLT. Com relação à letra C, a primeira parte está correta (prescrição bienal – art. 7º, XXX, da CF e art. 11 da CLT). No entanto, a segunda parte está errada, já que a prescrição dos créditos fundiários, no caso em tela, seria a quinquenal, conforme Súmula 362 do TST. A letra D está errada, uma vez que a declaração da prescrição intercorrente pode ser requerida ou declarada de ofício em qualquer grau de jurisdição, sendo certo que a contestação não é o lugar oportuno, vez que a prescrição intercorrente é aplicável em sede de execução (art. 11-A e parágrafos, CLT). Por fim, a letra E está correta, consoante redação do art. 11-A e § 1º da CLT. *Alternativa E.*

02 (Executor de Mandados – TRT 23 – FCC – 2016) Os prazos processuais previstos no Processo Judiciário do Trabalho contam-se:

- (A) a partir do dia imediatamente seguinte à data em que foi feita a notificação;
- (B) 48 horas após a data em que foi feita a publicação do edital no jornal oficial;
- (C) 10 dias após a data em que foi feita a publicação do edital na sede da Vara ou Tribunal.
- (D) 48 horas após a data em que foi recebida a notificação por oficial de justiça;
- (E) com a exclusão do dia do começo e inclusão do dia do vencimento.

RESPOSTA Questão fundamentada no art. 775 da CLT. *Alternativa E.*

03 (Procurador – Bacen – CESPE – 2013) Caso a parte reclamada em ação trabalhista tenha sido intimada da sentença, via oficial de justiça, em 10-3-2013 (sábado), o prazo para interposição do recurso ordinário findará em:

- (A) 19-3-2013;
- (B) 20-3-2013;
- (C) 21-3-2013;
- (D) 22-3-2013;
- (E) 18-3-2013.

RESPOSTA Considerando o disposto na Súmula 262, item I, do TST, o prazo tem início na segunda (dia 12), e a contagem na terça (dia 13), razão pela qual o *dies ad quem* é o dia 22-3-2013, já que atualmente os prazos processuais devem ser contados em dias úteis. *Alternativa D.*

PARA GABARITAR

- A contagem dos prazos é feita em dias úteis e, salvo disposição em contrário, exclui-se o dia de início (dia da ciência).
- Quando a intimação ou publicação com este efeito for realizada na sexta, o prazo judicial será contado da segunda-feira imediata, inclusive, salvo se não houver expediente forense, caso em que fluirá do dia útil que se seguir.
- Quando da interposição do recurso, cabe à parte comprovar a existência de feriado local ou de dia útil em que não haja expediente forense, que justifique a prorrogação do prazo recursal.
- Quando a parte for intimada ou notificada no sábado, o início do prazo se dará no primeiro dia útil imediato, e a contagem no subsequente.

- Na suspensão dos prazos há um evento que determina a parada da contagem, voltando a fluir de onde parou.
- O recesso forense e as férias coletivas dos Ministros do TST suspendem os prazos recursais.
- Na interrupção dos prazos há um evento que determina a inutilização de toda a contagem, que é reiniciada.
- A União, os Estados, o Distrito Federal, os Municípios e suas respectivas autarquias e fundações públicas gozam do prazo em dobro para interpor recursos, inclusive embargos de declaração, o que também se aplica às empresas públicas e sociedades de economia mista que não explorem atividade econômica.

PARA MEMORIZAR

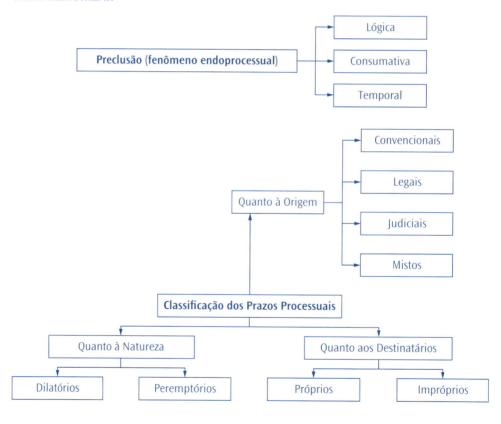

CAPÍTULO 12 Comunicação dos atos processuais

1. CONCEITOS

É certo que o ajuizamento da ação depende da iniciativa da parte, mas, vencida essa fase inaugural, o processo passa a se desenvolver por impulso oficial do Juiz (art. 2º, CPC) e, dessa forma, para que as partes possam tomar ciência dos atos processuais praticados e fazer valer o exercício pleno do contraditório e da ampla defesa, o sistema de comunicação dos atos processuais é imprescindível.

No Código de Processo Civil há duas formas de comunicação dos atos: citação e intimação.

Citação é ato pelo qual são convocados o réu, o executado ou o interessado para integrar a relação processual.

Intimação é o ato pelo qual se dá ciência a alguém dos atos e termos do processo.

Contudo, o legislador pátrio, com o escopo de sustentar a autossuficiência (autonomia) do processo do trabalho em relação ao processo civil, indistintamente se valeu do termo *Notificação*, na Consolidação das Leis do Trabalho, como referência a todo e qualquer ato processual praticado, seja ele a citação ou a intimação, não obstante o art. 880, da CLT, mencionar, dentre outros aspectos, que o executado será citado pelo oficial de justiça para que cumpra o julgado ou garanta a execução, sob pena de penhora.

No Direito Processual do Trabalho, a regra geral é a notificação, seja ela dirigida ao autor ou ao réu. Desse modo, cumpre dizer que na exordial trabalhista não há citação do reclamado, mas sim notificação (notificação citatória) do mesmo, como se depreende do art. 841, da CLT, e essa notificação é postal, porque é feita pelos correios, e automática, porque é um ato realizado pela secretaria da Vara do Trabalho, o que independe de requerimento do autor.

Note que entre o recebimento da notificação postal e a realização da audiência é que deverá ser deflagrado o prazo mínimo de cinco dias, precisamente para que o notificado disponha de tempo hábil para preparar a sua defesa e coletar os documentos necessários para sua tese de resistência à pretensão, se for o caso.

Desrespeitado o prazo legal de cinco dias estabelecido pelo art. 841, é facultado ao reclamado o direito de comparecer à audiência e arguir a nulidade da citação, caso em que, se decretada pelo Magistrado, deverá este designar uma nova data para a audiência.

Na Justiça do Trabalho não prevalece o disposto pelo art. 247, III, do CPC, o qual exige que as pessoas jurídicas de direito público sejam citadas por oficial de justiça. Neste caso, as pessoas jurídicas de direito público poderão ser notificadas por via postal, o que, indubitavelmente, reverencia a celeridade tão festejada no processo trabalhista, ou seja, não há necessidade de a Fazenda Pública ser notificada (citada) por oficial de justiça. No entanto, não haverá nulidade se a notificação citatória for realizada por oficial de justiça, exatamente em razão do princípio da instrumentalidade das formas.

Dispõe o Decreto-lei n. 779/69 (art. 1º, II) a lista das prerrogativas processuais da Fazenda Pública, sendo a esta concedido prazo em quádruplo daquele fixado pelo art. 841, *caput*, da CLT (20 dias entre o recebimento da notificação e a realização da primeira audiência). Porém, sendo o decreto lacunoso e a CLT omissa, e considerando que o art. 841 não prevê regra especial, o TST entende que a notificação da Fazenda Pública também deverá ser feita pelos correios, prevalecendo assim o regramento geral, como acima averbado.

Considerando que a CLT não exige que a notificação seja entregue pessoalmente ao destinatário para tornar-se válida, basta que a notificação seja entregue no endereço do reclamado, podendo ser recebida pelo empregado da empresa, pelo zelador ou porteiro do edifício, ou simplesmente ser depositada na caixa de correio.

Quando o destinatário não for encontrado ou criar algum empecilho para o recebimento da notificação, esta será feita por edital, conforme se extrai do art. 841, § 1º, da CLT.

Ocorre que no dia a dia forense os magistrados têm ordenado que a citação seja feita por oficial de justiça, a fim de evitar gastos com publicidade e ratificar o recebimento pelo reclamado, precavendo-se de futuros questionamentos de nulidade de citação. Ainda que seja feita pelo meirinho, a notificação não precisa ser entregue pessoalmente, bastando ser deixada no endereço do réu.

Vale dizer que é possível a citação por hora certa, já que esta é realizada por livre-arbítrio do oficial de justiça, como se extrai do art. 252 ao art. 254, CPC.

Cumpre dizer que, nas áreas de difícil acesso ou local incerto, não haverá outro jeito senão a notificação por edital. Noutro giro, nas áreas não abastecidas por serviço dos correios, a notificação será realizada por oficial de justiça.

Assevera o art. 852-B, II, da CLT, que no procedimento sumaríssimo "não se fará citação por edital, incumbindo ao autor a correta indicação do nome e endereço do reclamado". *A priori*, observa-se que o termo "citação" está equivocado ao seguir o sistema de comunicação dos atos processuais da CLT, pois como já vimos anteriormente, o que prevalece no Direito Processual do Trabalho é a notificação, no caso, a notificação citatória.

Outro ponto que merece destaque é que, se o nome e o endereço do destinatário não estiverem corretamente indicados ou, ainda que esteja, não seja encontrado, caminho outro não restará a não ser converter o procedimento sumaríssimo em ordinário efetuando a notificação via edital, sob pena de ofensa ao consagrado princípio constitucional da inafastabilidade do controle jurisdicional ou acesso à Justiça.

1.1. Cartas precatória, de ordem e rogatória

A comunicação dos atos processuais também poderá ser processada através de Carta quando o demandado estiver domiciliado no exterior, ou ainda que o reclamado, em que pese residir no Brasil, resida fora do território abrangido pela jurisdição da Vara (de origem) do Trabalho.

Com efeito, os atos serão cumpridos por ordem judicial, porém, será expedida *carta de ordem* quando o tribunal houver de realizar um ato fora dos limites territoriais de sua sede, desde que o juízo que irá cumprir a carta esteja vinculado ao tribunal; *carta rogatória*, para que o órgão jurisdicional estrangeiro pratique ato de cooperação internacional, relativo a processo em curso perante órgão jurisdicional brasileiro; e *carta precatória*, para que órgão jurisdicional brasileiro pratique ou determine o cumprimento, na área de sua competência territorial, de ato relativo a pedido de cooperação judiciária formulado por órgão jurisdicional de competência territorial diversa.

Toda e qualquer carta deve preencher os requisitos exigidos no art. 260, do CPC, quais sejam: a indicação dos juízes de origem e de cumprimento do ato; o inteiro teor da petição, do despacho judicial e do instrumento do mandato conferido ao advogado; a menção do ato processual, que lhe constitui o objeto e o encerramento com a assinatura do juiz.

Note-se que o juiz mandará trasladar para a carta quaisquer outras peças, bem como instruí-la com mapa, desenho ou gráfico, sempre que estes documentos devam ser examinados, na diligência, pelas partes, pelos peritos ou pelas testemunhas.

Outrossim, quando o objeto da carta for exame pericial sobre documento, este será remetido em original, ficando nos autos reprodução fotográfica.

As cartas devem ser expedidas, preferencialmente, por meio eletrônico, quando então a assinatura do juiz também será eletrônica, na forma da lei.

É imprescindível que em todas as cartas conste o prazo para seu cumprimento, atendendo à facilidade das comunicações e à natureza da diligência.

Insta destacar que a carta tem caráter itinerante, ou seja, antes ou depois de lhe ser ordenado o cumprimento, poderá ser apresentada a juízo diverso do que dela consta, a fim de se praticar o ato, o que é um adminículo aos princípios da celeridade e razoável duração do processo, evitando, dessa forma, devolução da carta sem as necessárias e precisas tentativas de esgotamento do ato a que se destina.

Ademais, o juiz recusará cumprimento a carta precatória ou arbitral, devolvendo-a com decisão motivada, nos seguintes casos: a) a carta não estiver revestida dos requisitos legais; b) faltar ao juiz competência em razão da matéria ou hierarquia; c) o juiz tiver dúvida acerca de sua autenticidade.

Por fim, cumprida a carta, será devolvida ao juízo de origem no prazo de 10 (dez) dias, independentemente de traslado, pagas as custas pela parte.

LEGISLAÇÃO CORRELATA

Indicamos a leitura dos dispositivos:

1) Arts. 2º, 236, 237, 238, 247, III, 249, 260, 262, 263, 265, 267 e 269 do CPC;
2) Arts. 841, 852-B, II, e 880 da CLT.

ENTENDIMENTO DOUTRINÁRIO

Para fins de elucidação, importa registrar parte das lições de Mauro Schiavi[1]:

> "A comunicação dos atos processuais é levada a efeito por dois institutos principais: a citação e a intimação.
>
> A citação é o ato pelo qual se dá ciência a alguém de que contra si há uma ação em curso, para, em querendo, venha se defender, ou para integrar a relação processual.
>
> (...)
>
> Intimação é o ato pelo qual se dá ciência a alguém de um ato processual para que, querendo, possa praticar alguma conduta processual.
>
> (...)
>
> No Processo do Trabalho, utiliza-se a expressão *notificação*, que é o gênero que abrange tanto a citação como a notificação. A citação no Processo do Trabalho é denominada *notificação inicial*.
>
> No Processo do Trabalho, a notificação inicial é realizada pela Secretaria da Vara, pelo Diretor de Secretaria, e, ao contrário do processo civil, não necessita ser pessoal.
>
> (...)
>
> Como regra geral, a notificação será encaminhada pelo Correio, com aviso de recebimento.
>
> Nos lugares em que não houver circulação do Correio, a notificação inicial se fará por meio de oficial de justiça. Se o reclamado estiver em local incerto ou não sabido, a notificação se fará por Edital. Nesse sentido, dispõe o § 1º do art. 841 da CLT.
>
> Em razão dos princípios do acesso à Justiça, da ampla defesa e da garantia do contraditório, e considerando-se que a notificação por Edital não tem sido efetiva, a jurisprudência, acertadamente, vem se posicionando no sentido

---

1 SCHIAVI, Mauro. *Manual de Direito Processual do Trabalho*. 12. ed. São Paulo: LTr, 2017. p. 452.

de que, antes de expedir o Edital, sejam esgotados os meios de intimação da parte, como a notificação na pessoa do sócio.

As intimações aos advogados se fazem por meio do *Diário Oficial*, e as partes pelo Correio, por intermédio de Oficial de Justiça ou até mesmo por Edital, se a parte estiver em local incerto ou não sabido.

A intimação ao órgão do Ministério Público do Trabalho, que atue como parte ou fiscal da lei no Processo do Trabalho, far-se-á pessoalmente, por intermédio de oficial de justiça (art. 84, IV, da LC n. 75/2003)".

JURISPRUDÊNCIA

Cabe a leitura das Súmulas 122 e 437 do TST, bem como das OJs 245 e 392 da SDI-1 do TST, além de outras inerentes ao tema.

TABELA DE PRAZOS

Ato	Prazo
Notificação inicial para audiência (particular)	Mínimo de 5 dias antes da audiência
Notificação inicial para audiência (Fazenda)	Mínimo de 20 dias antes da audiência (prazo de 5 dias em quádruplo)
Devolução das cartas após cumprimento	10 dias

QUESTÕES COMENTADAS

01 (Técnico – TRT 8 – CESPE – 2013) No que tange aos dissídios individuais, assinale a opção correta.

(A) A notificação será sempre realizada por meio de mandado.
(B) A notificação é realizada em registro postal com franquia. Se o reclamado criar embaraços ao seu recebimento ou não for encontrado, deverá ser realizada notificação por edital, inserto no jornal oficial ou no que publicar o expediente forense, ou, na falta, afixado na sede da junta ou juízo.
(C) Na audiência de julgamento, deverão estar presentes o reclamante e o reclamado, necessariamente acompanhados de seus advogados. Nos casos de reclamatórias plúrimas ou ações de cumprimento, os empregados podem ser representados pelo sindicato de sua categoria.
(D) A reclamação trabalhista pode ser ajuizada apenas pelo empregado.
(E) A reclamação trabalhista não pode ser apresentada por intermédio das procuradorias da justiça do trabalho.

RESPOSTA (A) A citação por mandado é regra na execução (art. 880, §§ 1º e 2º, da CLT). (B) Art. 481, § 1º, da CLT. (C) A primeira parte está errada ao afirmar que as partes devem estar necessariamente acompanhadas de seus advogados (art. 843, *caput*, da CLT). (D) Art. 839, *a*, da CLT. (E) Art. 839, *b*, da CLT. *Alternativa B*.

PARA GABARITAR
- A carta rogatória visa à prática de ato em país diverso de onde tramita o feito.
- A carta de ordem pressupõe vinculação funcional entre o tribunal que a expede e o juiz que a recebe.
- A carta precatória é utilizada para viabilizar o cumprimento de atos processuais fora dos limites da competência territorial do órgão jurisdicional que a expede, mas dentro do território nacional.
- No procedimento sumaríssimo *não se fará citação por edital, incumbindo ao autor a correta indicação do nome e endereço do reclamado.*
- A notificação inicial não precisa ser pessoal, de modo que a notificação da Fazenda Pública também deverá ser feita pelos correios, prevalecendo assim o regramento geral, como acima averbado.
- Citação é ato pelo qual são convocados o réu, o executado ou o interessado para integrar a relação processual.
- Intimação é o ato pelo qual se dá ciência a alguém dos atos e termos do processo.

CAPÍTULO 13 Nulidades

1. CONCEITO

Nulidade deve ser compreendida como a possibilidade de o ato não produzir efeitos ou ter seus efeitos desconstituídos, isto é, trata-se de sanção pela qual a norma jurídica resta por retirar de um ato jurídico processual seus efeitos, mormente quando sua realização não se dá de acordo com os primados legais.

Com efeito, embora vigore o princípio da instrumentalidade das formas, a inobservância da forma prevista em lei pode acarretar a invalidade do ato processual, a despeito da violação às regras sobre o modo, tempo e lugar, inerentes à prática de tal ato.

As consequências da imperfeição de um ato podem variar bastante, de modo que podemos ter meras irregularidades, nulidades e inexistência do ato.

É imperioso destacar que, nos domínios do processo, os atos nulos e inexistentes podem produzir efeitos, haja vista que é indispensável decisão judicial pronunciando a mácula do ato, isto é, não há nulidades de pleno direito no processo.

1.1. Vícios dos atos processuais

Podemos classificar os vícios dos atos processuais da seguinte forma:

a) *Inexistência:* dá-se quando o ato processual contém vício de tal gravidade que não pode ser considerado, nem ao menos tomado como ineficaz, daí ser tido como inexistente, não produzindo qualquer efeito jurídico.

Se a parte interpõe recurso sem que este esteja devidamente subscrito na petição de interposição ou de razões, o ato será considerado inexistente e, portanto, não será admito o recurso, já que o item I da OJ 120 da SDI-1 do TST averba que verificada a total ausência de assinatura no recurso, o juiz ou o relator concederá prazo de 5 (cinco) dias para que seja sanado o vício. Descumprida a determinação, o recurso será reputado inadmissível

b) *Invalidades:* neste caso, os vícios são verificados não no plano da existência, mas sim no da validade do ato praticado, decorrendo o estudo das nulidades relativas e absolutas, pois em ambos os casos há a não observância da forma prescrita em lei.

Com efeito, quando houver violação à forma legal que visa resguardar interesse de ordem pública, estaremos diante de *nulidade absoluta*, enquanto que, se a forma buscar tão somente preservar os interesses das próprias partes envolvidas no litígio, a sua violação importará reconhecimento de *nulidade relativa*, haja vista que a exigência de respeitar a forma é mais cogente nas nulidades absolutas.

As nulidades dos atos processuais podem, portanto, ser absolutas ou relativas, sendo nulos (nulidade absoluta – insanáveis) aqueles atos que venham a ser praticados com violação às normas de ordem pública, não estando sujeitos a preclusão, e podem ser declarados de ofício pelos magistrados, inclusive pelos tribunais (exigindo-se, porém, prequestionamento), a qualquer tempo e em qualquer grau de jurisdição. Já as nulidades relativas (anulabilidades – sanáveis) decorrem daqueles atos que, quando praticados, não violam normas de ordem pública e dependem da iniciativa da parte, sendo vedado ao magistrado reconhecer de ofício.

É de bom grado afirmar que mesmo as nulidades absolutas podem sanar-se, sendo o prazo máximo para buscar seu reconhecimento o da ação rescisória.

Citemos alguns casos de nulidade absoluta: incompetência absoluta; impedimento do juiz; inexistência da última tentativa de conciliação em audiência etc.

Já nas hipóteses de nulidades relativas, como abraçam interesse privado e demandam provocação da parte interessada, a omissão no momento oportuno gera a convalidação do ato (preclusão), como seria o caso de a parte não arguir a suspeição do magistrado, mesmo estando ciente de que há amizade entre a parte contrária e o juiz. Nesse caso, como a parte não argui, haverá preclusão podendo, se sobrevier novo motivo, proceder com a arguição.

Outro exemplo de grande valia é a incompetência relativa, na medida em que a não arguição de incompetência de foro, acarreta a preclusão, daí advindo a modificação da competência.

c) *Irregularidades:* são aqueles vícios não tão graves, que não geram anulação, podendo até mesmo sofrer correção de ofício pelo magistrado ou a requerimento da parte ou do Ministério Público, ou seja, são aqueles atos cuja inobservância da forma legal não é relevante para que o ato processual deixe de produzir efeitos.

1.2. Princípios das nulidades

1.2.1. Liberdade das formas e instrumentalidade das formas ou finalidade

Em princípio, pode-se dizer que os atos e termos processuais não dependem de forma determinada (liberdade das formas), exceto quando a lei expressamente o exigir, sendo reputados válidos os que forem realizados de outra forma, desde que alcancem a sua finalidade. Ou seja, este princípio significa que, se a lei prescrever determinada forma para o ato, sem cominar nulidade, o juiz considerará válido o ato que, mesmo produzido de outra forma, tenha alcançado seu objetivo, seu fim.

Com efeito, a intenção é conservar os atos processuais praticados de forma diversa da prescrita em lei, desde que sua finalidade se verifique e eles produzam os efeitos colimados pela norma, privilegiando o conteúdo em relação à forma propriamente dita.

Para exemplificar, a defesa no processo do trabalho, segundo a CLT, será oral, porém, se apresentada de forma escrita, será válida em razão de ter alcançado a finalidade. Ademais, em sede de PJE, raras vezes a defesa é feita de modo oral.

1.2.2. Prejuízo ou transcendência

Podemos resumir esse princípio com a seguinte afirmativa: não haverá nulidade sem prejuízo a parte interessada (que seria beneficiada com o pronunciamento), considerando que o prejuízo seja exclusivamente processual.

O legislador foi influenciado pelo sistema francês (*pas de nullité san grief*), vez que só haverá nulidade quando resultar dos atos inquinados manifesto prejuízo às partes litigantes.

Assim, quando for possível decidir o mérito a favor da parte a quem aproveite a decretação da nulidade, o juiz não a pronunciará nem mandará repetir o ato ou suprir-lhe a falta.

Dessa forma, se o reclamado requerer, em audiência de instrução e julgamento, que seja ouvida uma testemunha por ele levada e o juiz indeferir (sob protestos da reclamada), mas ao final julgar improcedente o pedido do reclamante, não há que se falar em nulidade.

1.2.3. Convalidação ou preclusão

As nulidades devem ser arguidas no momento processual oportuno, princípio que se aplica às nulidades relativas, vez que as nulidades absolutas podem ser arguidas a qualquer momento, inclusive suscitadas de ofício pelo magistrado, não estando sujeitas à preclusão (convalidação).

Um bom exemplo é o indeferimento pelo magistrado de depoimento pessoal do reclamado requerido pelo autor, que deveria requerer que constassem em ata seus protestos pelo indeferimento; não o fazendo, ao final, o pedido é julgado improcedente, caso em que não se poderá em sede de recurso ordinário suscitar preliminar de nulidade por cerceamento do direito de defesa, em razão do indeferimento do depoimento, vez que terá havido a preclusão.

Registramos nosso pensamento (minoritário) no sentido de que a ausência de "protesto" na ata de audiência não prejudica o sustentar da nulidade em eventual recurso ordinário, vez que a primeira oportunidade de falar nos autos é no recurso, onde se demonstrará o prejuízo.

Por fim, como a audiência no processo do trabalho é UNA, o entendimento é que a parte poderá arguir as nulidades ocorridas durante o ato até as razões finais.

1.2.4. Interesse ou interesse de agir

Significa que a nulidade não poderá ser conhecida, se arguida pela parte que lhe deu causa, ou seja, somente terá interesse de requerer a declaração da nulidade a parte que foi prejudicada e que não deu causa, vez que ninguém pode se beneficiar da própria torpeza.

Seria o caso de uma das partes intencionalmente proferir palavras de afronta e ofensa ao magistrado visando o reconhecimento da suspeição e, por consequência, arguir a suspeição, a qual, a toda evidência, é manifestamente incabível.

Vale ressaltar que este princípio só se aplica em sede de nulidades relativas, uma vez que, quando for caso de nulidade absoluta, o magistrado deve pronunciá-la de ofício, sendo irrelevante, portanto, quem deu causa ou quem alegou.

1.2.5. Utilidade ou aproveitamento dos atos processuais praticados

Também conhecido como causalidade, concatenação ou interdependência dos atos processuais, este princípio preconiza que devem ser aproveitados todos os atos posteriores àquele notadamente nulo, desde que não sofram reflexos das nulidades porventura existentes, de modo que a pronúncia de uma nulidade não atinge todos os atos posteriores, permanecendo válidos os atos independentes.

Sendo assim, o juiz ou tribunal, ao pronunciar a nulidade, irá declarar os atos a que ela se estende, exatamente para que sejam aproveitados os atos independentes.

Podemos citar como exemplo o caso de sucessivas penhoras na execução, sendo que, no caso de a constrição repousar sobre bem impenhorável, essa nulidade não alcançará as demais penhoras realizadas.

1.2.6. Renovação dos atos processuais viciados ou saneamento das nulidades

Também conhecido como princípio da economia processual, tem lugar no aproveitamento máximo da relação jurídica processual, o que significa dizer que é possível a renovação dos atos que contêm defeitos capazes de gerar nulidade, vez que a nulidade não será pronunciada quando for possível suprir a falta ou repetir o ato.

Assim, será aplicado este princípio se o juiz intimar as partes para que compareçam em audiência visando à última tentativa de conciliação, vez que o magistrado, após as razões finais em audiência, não havia oferecido às partes esta possibilidade e, ao ler os autos antes de proferir a sentença, constatou a ausência dessa oportunidade.

Outrossim, o juiz pode determinar que a parte regularize a representação processual, com base no art. 76, do CPC, sendo certo que boa parte da doutrina defende a adaptação do dispositivo ao processo do trabalho no viés de não ser necessária a suspensão do processo.

LEGISLAÇÃO CORRELATA

Leitura imprescindível:

1) Arts. 794 a 798, além dos arts. 801, parágrafo único, 847 e 850 da CLT;
2) Arts. 76, 188, e 276 a 283 do CPC.

ENTENDIMENTO DOUTRINÁRIO

Cabe trazer à colação os ensinamentos de Gustavo Filipe Barbosa Garcia[1], para quem:

> "Embora o princípio da simplicidade dos atos processuais seja enfatizado no processo do trabalho, as formas não são completamente afastadas nessa esfera, havendo, de certa forma, uma redução quanto à intensidade das formalidades exigidas para a prática dos atos processuais.
>
> De todo modo, a necessidade de se respeitarem as formas processuais não se confunde com formalismo, entendido como exigência de formalidades desnecessárias e sem sentido, tornando a forma do ato como um fim em si mesmo.
>
> Na realidade, segundo a instrumentalidade dos atos processuais, a forma é o meio para se alcançar o objetivo de regularidade processual, garantindo-se o devido processo legal e a segurança jurídica. Como a forma dos atos processuais é prevista em lei, permite-se às partes saber, previamente, as consequências decorrentes de se praticar o ato processual em desacordo com a norma legal.
>
> Nesse contexto, a violação das formas processuais acarreta uma sanção, qual seja, a nulidade do ato processual, tendo, como consequência, a ausência de produção de seus efeitos típicos.
>
> Exemplificando, se o recurso for apresentado em desacordo com a forma exigida em lei, o ato processual em questão, sendo nulo, não terá seu efeito reconhecido.
>
> Portanto, a nulidade é a sanção decorrente do descumprimento da forma processual.
>
> As nulidades processuais, entretanto, não se confundem com as nulidades no Direito material, pois aquelas são relativas a atos processuais, ou seja, a atos praticados no curso do processo, pelas partes (em sentido amplo) ou mesmo pelo juiz.
>
> No Direito Processual, as nulidades, para serem assim reconhecidas, exigem pronunciamento judicial. Vale dizer, a ineficácia do ato processual, decorrente de sua nulidade, necessita de decisão que assim reconheça. Portanto, até que ocorra o pronunciamento judicial da nulidade, o ato processual produz efeitos".

JURISPRUDÊNCIA

Sugerimos a leitura da jurisprudência do TST a seguir:

1) Súmulas 214, 397 e 459;

---

1 GARCIA, Gustavo Filipe Barbosa. *Curso de Direito Processual do Trabalho*. 2. ed. Rio de Janeiro: Forense, 2013. p. 251-252.

2) OJs 7, 33 e 120 da SDI-1;

3) OJs 10, 149 e 158 da SDI-2.

Do *Informativo* n. 163 do TST, de 22 de agosto a 11 de setembro de 2017, colacionamos a seguinte decisão:

> "ERRO NO NOME DA PARTE. EXISTÊNCIA DE OUTROS ELEMENTOS DE IDENTIFICAÇÃO. AUSÊNCIA DE PREJUÍZO PARA A PARTE ADVERSA. ERRO MATERIAL SANÁVEL. A indicação incorreta do nome da parte recorrente caracteriza erro material sanável, tendo em vista o caráter instrumental e finalístico do processo. Assim, não há falar em ilegitimidade da parte e em falta de interesse recursal se os demais dados alusivos ao processo não foram inquinados de erro, e se não foi demonstrado prejuízo para a parte adversa. No caso, apesar de na primeira folha dos embargos de declaração constar como recorrente parte estranha à lide, tal erro não tem o condão de impedir a análise do recurso, sobretudo porque possível identificar o feito por outros elementos, tais como a indicação correta do número da reclamação trabalhista, do número do CPF do reclamante, do nome da empresa reclamada e do respectivo número do CNPJ. Sob esses fundamentos, a SBDI-I, por unanimidade, conheceu dos embargos, por divergência jurisprudencial, e, no mérito, por maioria, deu-lhes provimento para determinar o retorno dos autos à Turma de origem para que prossiga no exame dos embargos de declaração, como entender de direito. Vencido o Ministro João Oreste Dalazen" (TST-E-ED-ED-RR-122500-12.2008.5.15.0013, SBDI-I, Relator Ministro: Augusto César Leite de Carvalho, 31-8-2017).

QUESTÕES COMENTADAS

01 (Analista – TRT 8 – CESPE – 2016) Acerca das nulidades e exceções aplicáveis ao processo do trabalho, assinale a opção correta.

(A) O pronunciamento da nulidade depende do consentimento da parte que lhe tiver dado causa.

(B) Pronunciada determinada nulidade, deverá ser declarada, consequentemente, a nulidade de todos os demais atos processuais.

(C) Na justiça do trabalho, admitem-se exceções apenas em matéria de defesa quanto ao mérito.

(D) O juiz da causa é obrigado a dar-se por suspeito nas situações em que o autor da ação for de sua íntima relação pessoal.

(E) A nulidade do processo judicial deve ser declarada em juízo de admissibilidade pela secretaria judicial à qual a ação trabalhista for distribuída.

RESPOSTA (A) Art. 796, *b*, da CLT. (B) Art. 798, da CLT. (C) Admitem-se também as exceções rituais, consoante o art. 799 e s. da CLT. (D) Art. 801, *b*, da CLT. (E) A declaração é feita pelo juiz ou tribunal, nos termos do art. 797 da CLT. *Alternativa D.*

02 (Analista Judiciário – TRT 14 – FCC – 2016) A Teoria Geral do Processo conceitua a nulidade como sendo uma sanção pela qual a lei priva um ato jurídico dos seus efeitos normais, quando em sua execução não são observadas as formas ou requisitos para ele prescritas. Entretanto, diante da informalidade do processo do trabalho, em relação às nulidades é correto que:

(A) só haverá nulidade quando resultar dos atos inquinados manifesto prejuízo às partes litigantes;

(B) as partes litigantes podem arguir as nulidades a qualquer momento processual, cabendo-lhes a escolha do momento processual que entendam oportuno;

(C) a nulidade será declarada mesmo que for possível suprir-lhe a falta ou repetir o ato, uma vez que o ato já foi realizado e se consolidou;

(D) a nulidade deverá ser pronunciada ainda que tenha sido arguida pela parte litigante que lhe originou ou lhe deu causa;

(E) o juiz que pronunciar a nulidade não precisa declarar os atos a que ela se estende porque a nulidade de um ato prejudica os atos anteriores a este.

RESPOSTA (A) Certo, art. 794 da CLT. (B) Errado, art. 795 da CLT. (C) Errado, art. 796, *a*, da CLT. (D) Errado, art. 796, *b*, da CLT. (E) Errado, art. 797 da CLT. *Alternativa A*.

PARA GABARITAR

- Só haverá nulidade quando resultar dos atos inquinados manifesto prejuízo às partes litigantes.

- A nulidade não será pronunciada quando for possível suprir a falta ou repetir o ato, bem como quando arguida por quem lhe tiver dado causa.

- Ao pronunciar a nulidade, o órgão jurisdicional declarará os atos a que ela se estende.

- A nulidade do ato não prejudicará senão os atos posteriores que dele dependam ou sejam consequência.

- As nulidades não serão declaradas senão mediante provocação das partes, as quais deverão argui-las da primeira vez em que tiverem de falar em audiência ou nos autos.

PARA MEMORIZAR

CAPÍTULO 14 — Dissídio individual

1. DA AÇÃO (RECLAMAÇÃO) TRABALHISTA

Como já vimos, vigora no Brasil o princípio da inércia ou demanda, razão pela qual a condição primeira para que a função jurisdicional se exerça e se instaure o procedimento e, via de regra, o processo, é a ação. Ou seja, a ação é o instrumento de acesso à Justiça, vez que por ela o autor provoca o exercício da tutela jurisdicional, sendo ela materializada, no processo do trabalho, pela reclamação (denominação tradicional, porém anacrônica), que pode ser verbal ou escrita.

No processo laboral temos as ações individuais (dissídios individuais), que são estabelecidas em decorrência de uma lide entre reclamante e reclamada em que as partes são consideradas individualmente, e os dissídios coletivos, que envolvem os sindicatos.

1.1. Forma da reclamação e requisitos. Petição inicial

A reclamação trabalhista pode ser verbal ou escrita.

Se a reclamação for *verbal*, primeiro será distribuída, ou seja, encaminhada à Vara do Trabalho via bilhete de distribuição, devendo o reclamante comparecer em juízo no prazo de 5 (cinco) dias para reduzi-la a termo, salvo motivo de força maior.

O não comparecimento no prazo assinalado implicará a perda, pelo prazo de 6 (seis) meses, do direito de reclamar perante a Justiça do Trabalho, o que se denomina *perempção*, que também ocorre quando o reclamante der causa a dois arquivamentos seguidos. Tal penalidade só pode ser aplicada para a mesma demanda (idêntica causa de pedir e pedidos) e não para outras, sob pena de se violar o princípio constitucional do acesso à justiça.

Se a reclamação for *escrita*, deverá ser acompanhada dos documentos em que se fundar e encaminhada ao distribuidor em 2 (duas) vias, sendo a segunda via remetida ao reclamado, a fim de que seja notificado da reclamação trabalhista e tome ciência de seu conteúdo.

A CLT aduz que, se a *reclamação for escrita*, deverá conter a designação do juízo, a qualificação das partes, uma breve exposição dos fatos de que resulte o dissídio, o pedido, que deverá ser certo, determinado e com indicação de seu valor (líquidos), a data e assinatura do reclamante ou de seu representante. Caso os pedidos formulados não sejam certos, determinados e líquidos, serão extintos sem análise de mérito tantos quantos forem os pedidos que não atenderem àquelas exigências.

Aliás, o art. 12 da IN 41 do TST afirma que os arts. 840 e 844, §§ 2º, 3º e 5º, da CLT, com as redações dadas pela Lei n. 13.467, de 13 de julho de 2017, não retroagirão, aplicando-se, exclusivamente, às ações ajuizadas a partir de 11 de novembro de 2017, sendo certo que o § 2º do mesmo artigo averba que para fim do que dispõe o art. 840, §§ 1º e 2º, da CLT, o valor da causa será estimado, observando-se, no que couber, o disposto nos arts. 291 a 293 do Código de Processo Civil.

Apesar de necessário o valor da causa para efeito de custas processuais e identificação dos procedimentos, afirma-se que rigorosamente a CLT não o exige, o que também é confirmado pelo art. 2º, *caput*, da Lei n. 5.584/70.

Destarte, se a petição inicial for omissa no que diz respeito ao valor da causa, deve o juiz, de ofício, antes da instrução do feito, fixar o valor, muito embora a aplicação subsidiária do CPC, no particular, seja corriqueira com relação à consignação do valor da causa.

Há entendimento no sentido de ser inaplicável ao processo do trabalho o disposto no art. 293, do CPC (impugnação ao valor da causa), embora na prática sua aplicação exista, o que é realizado no bojo da contestação, via preliminar.

Não seria indispensável, outrossim, à inclusão do protesto por produção de provas, vez que o art. 845, da CLT, autoriza a produção de provas independentemente de requerimento prévio, o que também se extrai do art. 852-H no procedimento sumaríssimo, e menos ainda ao requerimento de citação, haja vista que a notificação é postal e automática, sendo realizada por servidor da Vara do Trabalho.

Quanto à reclamação verbal, ela será reduzida a termo, em duas vias datadas e assinadas pelo escrivão ou chefe de secretaria, observando, no que for cabível, os requisitos da reclamação escrita.

1.2. Da tutela provisória

Tema regulado no CPC, no Livro V, é desmembrado em três Títulos: o Título I trata das disposições gerais; o Título II, da Tutela de Urgência, sendo dividido em 3 Capítulos – Capítulo I, das Disposições Gerais; Capítulo II, Do Procedimento da Tutela Antecipada Requerida em Caráter Antecedente; Capítulo III, Do Procedimento da Tutela Cautelar Requerida em Caráter Antecedente –; e o Título III versa sobre a Tutela de Evidência.

A CLT apenas faz menção à liminar no art. 659, IX e X, prevendo que é atribuição do magistrado conceder medida liminar, até decisão final do processo em reclamações trabalhistas que visem tornar sem efeito a transferência disciplinada pelos parágrafos do art. 469 da norma laboral e, também, conceder liminar, até decisão final do processo, em reclamações trabalhistas que visem reintegrar no emprego dirigente sindical afastado, suspenso ou dispensado pelo empregador.

Assim, como a CLT nada dispõe acerca da tutela provisória, e por ser totalmente compatível com o processo do trabalho, aplicamos o art. 294 e s. do CPC.

É evidente que a Tutela Provisória é gênero, da qual são espécies a Tutela de Urgência e a Tutela de Evidência, que têm por objetivo assegurar a efetividade do direito material derradeiramente buscado em juízo.

Sendo assim, a tutela provisória pode ter como fundamento a urgência ou evidência; e a tutela de urgência, por sua vez, pode ser de natureza cautelar ou antecipatória.

Importante destacar o princípio da fungibilidade das tutelas de urgência, como se extrai do art. 305, do CPC, sendo certo que o E. Tribunal Superior do Trabalho também consagrou o princípio da fungibilidade na Súmula 405.

Pois bem, a tutela antecipada nada mais é que o deferir da pretensão do autor antes da formação do título executivo, desde que preenchidos os requisitos legais.

Note que a tutela antecipada pode ser entendida, também, como a permissão àquele que a requer de obter de imediato um benefício que só seria possível com a prolação da sentença, ou seja, satisfaz de forma provisória (pois pode ser revogada) a pretensão do postulante que é posta em juízo, de modo que, como facilmente se percebe, tem natureza satisfativa.

Importante destacar que a tutela antecipada não se confunde com o julgamento antecipado da lide (art. 355, do CPC), pois neste último o juiz proferirá a sentença, podendo, inclusive, deferir provimentos de natureza antecipatória, até porque na antecipação da tutela o magistrado defere, com base na probabilidade, uma decisão de natureza provisória, embora de cunho satisfativo, como regra geral.

É fato que o juiz poderá, quando requerido pela parte, antecipar total ou parcialmente os efeitos da tutela jurisdicional pretendida no pedido inicial, quando houver probabilidade do direito, bem como perigo de dano ou risco ao resultado útil do processo, podendo até mesmo ser requerido pela reclamada em sede de reconvenção.

No processo do trabalho há possibilidade de o juiz deferir a tutela de urgência de ofício, ou seja, independentemente de requerimento do reclamante, e ainda que preenchidos os requisitos legais, ele não poderá indeferir a medida, até porque a redação do art. 300 é no sentido de que a "tutela de urgência *será* concedida...".

Note que a Súmula 418 do TST, que foi alterada, não mais prevê que a concessão de liminares é uma faculdade, em decorrência do art. 300, do CPC, ao norte citado.

Destacamos o seguinte exemplo: empregado demitido sem justa causa, com documento comprobatório do aviso prévio em mãos, sem que lhe sejam entregues os documentos hábeis para levantamento do FGTS, as guias pertinentes para recebimento do seguro-desemprego, baixa na CTPS ou comunicado de dispensa pelo

CAGED. Diante dessa situação, adequado se mostra o pedido de tutela provisória antecipada visando oficiar o órgão competente para pagar ao trabalhador o seguro-desemprego (caso preencha os requisitos legais), bem como expedição de alvará para a Caixa Econômica Federal visando à liberação do saldo existente na conta vinculada do trabalhador no FGTS.

A concessão da tutela antecipada pode ocorrer antes da citação do réu, antes da sentença ou até mesmo na sentença. Sem prejuízo, pode ser requerida até mesmo em grau de recurso.

Na decisão que deferir ou indeferir a tutela provisória, necessariamente, o juiz deve indicar, de forma clara e precisa, as razões de seu convencimento (art. 298, do CPC, c/c art. 93, IX, da CF/88), sendo vedado o deferimento quando houver perigo de irreversibilidade do provimento antecipado. Ou seja, deve o juiz verificar se é possível, após regular prosseguimento do feito, reverter a medida em razão de possível improcedência do pedido do autor.

Concedida ou não a tutela antecipada, o feito prosseguirá até a decisão final.

Note-se, ainda, que a tutela antecipada pode ser revogada ou modificada a qualquer tempo, em decisão fundamentada, podendo também ser concedida quando um ou mais dos pedidos cumulados, ou parte deles, forem incontroversos.

Como não cabe recurso de imediato para impugnar decisão que defere ou indefere a tutela provisória, em razão da sua natureza interlocutória, caberá mandado de segurança.

No entanto, caso a tutela seja concedida na sentença, não se pode impugnar via mandado de segurança, haja vista que o remédio jurídico apropriado é o recurso ordinário.

Porém, nem sempre cabe mandado de segurança para impugnar decisão antecipatória. Assim, apenas para exemplificar, não fere direito líquido e certo a concessão de tutela antecipada para reintegração de empregado protegido por estabilidade provisória decorrente de lei ou norma coletiva.

1.3. Pedido

É o elemento da ação que limita a atividade jurisdicional e consiste no cerne da petição inicial, haja vista que é o pedido que será apreciado pelo juiz ao julgar a lide propriamente dita, proferindo uma sentença de mérito, seja acolhendo ou rejeitando o pedido do autor.

O pedido deve ser certo e determinado, considerando-se como certo aquele que é explícito e bem delimitado, evitando, dessa forma, julgamento *extra*, *ultra* ou *citra petita*, vez que deve o juiz decidir a lide nos limites em que é proposta, sendo-lhe vedado conhecer de questões não suscitadas a cujo respeito a lei exige iniciativa da parte, o que não inclui, por óbvio, as matérias de ordem pública.

É de bom grado salientar, no particular, que é possível o magistrado deferir o adicional de insalubridade pretendido, mesmo que o agente nocivo constatado pela prova técnica seja distinto daquele apontado na causa de pedir.

Pedido determinado, por seu turno, é aquele definido quanto à quantidade e qualidade. Todavia, o CPC, no § 1º, do art. 324, autoriza a consignação de pedido genérico nas hipóteses ali mencionadas, o que, em nosso sentir, é aplicável ao processo do trabalho.

Ademais, é admitida a cumulação de pedidos em um único processo contra o mesmo reclamado, o que é muito típico no processo do trabalho, devendo haver o preenchimento dos requisitos legais.

Por fim, é de bom alvitre distinguir pedido sucessivo de pedido subsidiário.

Haverá cumulação de *pedidos em ordem sucessiva* quando o reclamante realizar mais de um pedido, sendo que os demais dependem do acolhimento do primeiro, como seria o caso de uma ação em que se pede reconhecimento de vínculo empregatício e verbas decorrentes do contrato de trabalho. O juiz só poderá analisar o pedido inerente às verbas se acolher o pedido de reconhecimento do vínculo, vez que este é pressuposto para os demais.

O *pedido subsidiário* ocorre quando o autor formula um pedido principal, mas este não é acolhido, e o magistrado adentra no subsidiário. Seria o caso, por exemplo, de gestante demitida sem justa causa que ajuíza ação com pedido de reintegração, mas, sendo esta inviável, pede a condenação do réu ao pagamento da indenização referente ao período da garantia provisória no emprego.

1.4. Emenda e aditamento da petição inicial

De início, cabe dizer que emenda e aditamento são figuras bem distintas. A primeira quer dizer remendar, concertar algo, o que significa dizer que há emenda à petição inicial quando esta contém vício ou defeito processual; aditar, por sua vez, é adicionar algo, isto é, há alteração do pedido ou da causa de pedir.

O CPC dispõe no art. 329, I, do CPC, que o autor poderá, até a citação, aditar ou alterar o pedido ou a causa de pedir, independentemente de consentimento do réu, ou seja, não há necessidade de aquiescência do reclamado, vez que a coisa ainda não se tornou litigiosa.

No entanto, uma vez realizada a citação, o CPC veda a alteração do pedido ou da causa de pedir sem o consentimento do réu, o que só será permitido até o saneamento do processo, nos termos do art. 329, II, já que o autor poderá, até o saneamento do processo, aditar ou alterar o pedido e a causa de pedir, com consentimento do réu, assegurado o contraditório mediante a possibilidade de manifestação deste no prazo mínimo de 15 (quinze) dias, facultado o requerimento de prova suplementar.

O § 3º do art. 841, da CLT, estabelece que "Oferecida a contestação, ainda que eletronicamente, o reclamante não poderá, sem o consentimento do reclamado, desistir da ação".

Importa destacar que o parágrafo único do artigo retro assenta que deve ser aplicado o previsto no art. 329 à reconvenção e à respectiva causa de pedir.

Nos domínios do processo do trabalho, como o juiz não verifica se a petição preenche ou não os requisitos legais, como regra, antes da audiência, até o momento de apresentação da contestação pelo reclamado em audiência é permitida a alteração do pedido ou da causa de pedir, ou de ambos, o que independe da concordância do reclamado, haja vista que é o ato de recebimento da contestação pelo magistrado que faz gerar a *litiscontestatio*, até porque, pelo princípio da concentração, o recebimento da defesa é feito em audiência após as partes rejeitarem a primeira proposta de conciliação realizada pelo juízo.

Contudo, uma vez apresentada (entenda-se por recebida) à contestação pelo réu na audiência, a alteração só será permitida com a concordância do reclamado, podendo o juiz de ofício, se for o caso, antes de ofertada a contestação, determinar a emenda da petição inicial.

Em ambos os casos, o juiz deverá designar uma nova data para a audiência, respeitando-se, assim, os princípios constitucionais do contraditório e da ampla defesa.

No que tange ao emendar da petição inicial, o juiz, quando verificar que esta contém algum vício sanável, suprível, deve intimar o reclamante para que proceda com a emenda ou complete a inicial no prazo de 15 dias, antes de ser indeferida a vestibular.

O art. 787, da CLT, determina que a petição inicial deve estar acompanhada dos documentos em que se fundar. No mesmo sentido o art. 320, do CPC, que vaticina ser obrigatória a instrução da exordial com os documentos indispensáveis a sua propositura, de sorte que, quando não for a petição inicial instruída com os documentos tidos por indispensáveis, também deve o juiz determinar o saneamento, conforme o art. 321, do CPC.

1.5. Indeferimento da petição inicial

Caso o vício da petição inicial seja insuperável, insanável, o magistrado deverá indeferir a petição, acarretando o prolatar de sentença sem análise do mérito, na forma do art. 485, I, do CPC.

Todavia, como o magistrado, geralmente, só tem contato com a petição inicial na audiência, é de difícil aplicação no processo do trabalho o indeferimento de plano, exceto quando o vício for insanável, pois neste caso não há obrigatoriedade de o juiz conceder prazo para que a parte sane a irregularidade, vez que a Súmula

263 ressalva as hipóteses elencadas no art. 330, o que tem substrato no princípio da economia processual.

Saliente-se que a decisão que indefere a petição inicial trabalhista é uma sentença terminativa que desafia recurso ordinário. Caso haja a interposição do recurso, o juiz poderá reconsiderar sua decisão em 5 (cinco) dias, nos moldes do art. 311, do CPC, aplicado subsidiariamente, vez que não há incompatibilidade com o sistema processual trabalhista, pelo contrário, emprega celeridade.

1.6. Elementos da ação

Os elementos da ação são:

a) *partes* – são aqueles envolvidos no litígio (no processo do trabalho geralmente denominados de reclamante e reclamada, ou seja, aquele que afirma ser titular de um direito material violado contra aquele que supostamente violou o direito material);

b) *causa de pedir* – é o fundamento da própria demanda, pressupondo um direito e um fato a ele contrário, fazendo nascer a pretensão jurídica (a causa de pedir pode ser próxima ou remota: aquela corresponde aos fundamentos jurídicos do pedido, enquanto esta é constituída pelos fatos afirmados na exordial); e, por fim,

c) *pedido* – é aquilo que se pretende obter por meio da tutela jurisdicional (o pedido pode ser imediato, que é o provimento jurisdicional pretendido – condenação, declaração etc.; ou mediato, ou seja, o bem jurídico pretendido – horas extras, adicional de insalubridade etc.).

É de suma importância sabermos os elementos da ação para identificarmos, pelo menos, dois institutos importantes: litispendência e coisa julgada, pois uma ação é idêntica à outra quando têm as mesmas partes, a mesma causa de pedir e o mesmo pedido.

Assim, se há repetição de ação que ainda está em curso (inclusive em sede de recurso), temos a litispendência, enquanto, se houver repetição de ação que já fora julgada (sentença de mérito com trânsito em julgado), verificamos a ocorrência da coisa julgada.

1.7. Condições da ação

Na vigência do CPC/73, três eram as condições da ação:
1) legitimidade das partes;
2) possibilidade jurídica do pedido; e
3) interesse processual (ou de agir). Parte da doutrina entendia verificada tal condição com a presença do trinômio necessidade/utilidade/adequação). Porém, para outros, bastaria o binômio necessidade/utilidade.

Entende-se por *legitimidade das partes* (*legitimatio ad causam*) o atributo jurídico (titularidade) para que alguém figure como parte na relação processual, podendo ser ordinária ou extraordinária.

Será ordinária quando o próprio titular da pretensão estiver em juízo; por outro lado, será extraordinária quando alguém, em nome próprio, defender interesse de terceiros, atuando como verdadeiro substituto processual, o que está condicionado à autorização do ordenamento jurídico, na forma do art. 18 do CPC.

A *possibilidade jurídica do pedido*, em apertada síntese, significa que a pretensão deveria estar amparada pelo ordenamento jurídico ou não ser vedada por ele. Dessa forma, seria juridicamente impossível pleitear judicialmente reconhecimento de vínculo empregatício de atividade inerente à prática do jogo do bicho, ante a ilicitude do seu objeto (OJ 199 da SDI-1 do TST).

O *interesse processual* (*ou de agir*) significa, considerando o trinômio acima ventilado, que o processo será utilizado desde que haja necessidade da intervenção judicial, a fim de que o titular do direito pleiteado não seja privado de uma solução para sua demanda, seja pelo acolhimento ou pela rejeição da sua pretensão, de modo que deve ser útil para restabelecer ou prevenir a suposta lesão ao direito aduzido pelo reclamante, que deve ser manejado pela via adequada, isto é, o demandante precisa lançar mão do instrumento processual adequado para a solução da controvérsia.

O novo Código de Processo Civil não mais abraça a possibilidade jurídica como uma das condições *ex vi* do art. 485, VI, vez que trata, tão somente, da legitimidade e do interesse processual, ou seja, o CPC vigente abraçou a evolução da teoria eclética do direito de ação de Enrico Tullio Liebman, para entender que a possibilidade jurídica do pedido é inerente ao interesse processual. Ora, só há interesse na tutela jurisdicional se a pretensão for juridicamente possível. Nada mais óbvio!

A falta de qualquer das condições processuais da ação importará na carência do exercício do direito de ação, quando então o juiz não resolverá o mérito (sentença anômala), o que faz gerar a coisa julgada formal.

Importa destacar que o acima afirmado está baseado na teoria da *análise concreta do direito de ação*, ou seja, se as condições processuais não estiverem presentes, não terá havido o exercício regular do direito de ação.

Em contraposição, temos a *teoria da asserção*, que é bastante prestigiada pela doutrina, inclusive tem nossa adesão, já que o direito de ação é abstrato e se esgota com o protocolar da petição inicial. Esta teoria preconiza que as "condições" devem ser verificadas em abstrato, isto é, pelo contido na peça exordial, devendo o juiz presumir que o que nela constante é verdadeiro e, durante a instrução, o que ficar provado será matéria de mérito, levando, portanto, à improcedência se for o caso. Assim, se o reclamante ajuizar uma ação em face de réu ilegítimo, será caso de improcedência, e não de proferir sentença sem análise do mérito.

Por fim, mister se faz assentar que o interesse do autor pode limitar-se à declaração da existência ou da inexistência da relação jurídica ou, ainda, da autenticidade ou da falsidade de documento.

1.8. Pressupostos processuais

Além das condições da ação, para que o mérito seja apreciado, é imprescindível a perquirição, pelo magistrado, dos pressupostos processuais, vez que, para a relação processual ter sua formação e desenvolvimento regular, exige-se que esses requisitos estejam presentes.

Podemos resumir os pressupostos processuais da seguinte forma:

1.8.1. Pressupostos processuais subjetivos

Estes pressupostos estão diretamente relacionados com as partes e com o julgador.

Estão umbilicalmente ligados ao julgador a jurisdição, a competência e a imparcialidade.

No que tange às partes, temos a capacidade de ser parte, a capacidade de estar em juízo e a capacidade postulatória.

1.8.2. Pressupostos processuais objetivos

Estes pressupostos são aqueles verificados em razão da relação processual, quais sejam: petição inicial apta, pedido, citação do réu e inexistência de fato impeditivo, como a litispendência, a coisa julgada e a perempção.

A litispendência, a coisa julgada e a perempção são pressupostos processuais objetivos negativos, configurando verdadeiro ato ilícito o ajuizamento de ação idêntica (litispendência), ação que já fora julgada de forma definitiva (coisa julgada) e ação que não poderia mais ser ajuizada em razão da ocorrência da perempção, dado o abuso do direito no exercício do direito de ação.

LEGISLAÇÃO CORRELATA

Indicamos, exemplificativamente, a leitura integral dos seguintes dispositivos:

1) Arts. 469, 659, IX e X, 732, 840, 841, 844, 845, 852-B, § 2º, 852-H e 853 da CLT;
2) Arts. 18, 19, 141, 293, 294 e s., 319, 324, § 1º, 327, 330, 355 e 485 do CPC;
3) Lei n. 5.584/70, art. 2º;
4) Instrução Normativa n. 41, de 2018, do TST.

ENTENDIMENTO DOUTRINÁRIO

Sobre os *pressupostos processuais*, um setor da doutrina apresenta uma configuração mais ampla, como seja:

a) pressupostos processuais de existência do processo, sendo a jurisdição, o pedido e as partes; e

b) pressupostos processuais de validade do processo, considerando-se como tais a competência, a imparcialidade do juiz, a capacidade processual dos litigantes, a regularidade da petição inicial, a citação do reclamado e a inexistência de coisa julgada, litispendência ou perempção.

Independentemente da corrente, a ausência dos pressupostos de constituição e desenvolvimento válido e regular do processo importa a não análise do mérito, o mesmo ocorrendo quando for verificada a perempção, a coisa julgada ou a litispendência.

JURISPRUDÊNCIA

Da jurisprudência do TST, colacionamos algumas Súmulas e Orientações Jurisprudenciais para leitura:

1) Súmulas 8, 192, III, 263, 293, 384, 405, 414 e 418 do TST;
2) OJs 121, 188 e 199 da SDI-1;
3) OJs 64, 65, 68, 88 e 142 da SDI-2.

Vale consignar decisão do TST, extraída do *Informativo* n. 211, como segue:

> "PROCEDÊNCIA DO PEDIDO PRINCIPAL NAS INSTÂNCIAS ORDINÁRIAS. PEDIDO SUBSIDIÁRIO NUNCA APRECIADO PORQUE PREJUDICADO. PEDIDO PRINCIPAL JULGADO IMPROCEDENTE NO TST. NECESSIDADE DE DEVOLUÇÃO DOS AUTOS À VARA DO TRABALHO PARA APRECIAÇÃO DO PEDIDO SUCESSIVO. ART. 326 DO CPC DE 2015. PRECLUSÃO. NÃO OCORRÊNCIA. A Turma do TST, ao reformar a decisão recorrida para julgar improcedente o pedido principal, deverá, desde logo, determinar o retorno dos autos à Vara do Trabalho de origem para julgar o pedido subsidiário, nunca apreciado porque prejudicado ante a procedência do principal nas instâncias ordinárias. No caso, a reclamante pleiteou diferenças salariais decorrentes de promoções por mérito previstas no PCCS/90 do extinto Banco do Estado da Bahia – Baneb e, caso não concedidas, requereu as diferenças relativas às promoções trienais por antiguidade, visto que a norma interna do banco proibia a cumulação das referidas promoções. A decisão do TRT confirmou a sentença que julgara procedente o pedido de diferenças decorrentes das promoções por merecimento, de modo que o pleito sucessivo ficou prejudicado. No TST, a Turma deu provimento ao recurso de revista do reclamado para julgar improcedente o pedido relativo

às promoções por mérito e, instada a se manifestar sobre o pedido subsidiário, entendeu que a questão estava preclusa, visto que não renovada em contrarrazões à revista, nem em contraminuta ao agravo de instrumento. Todavia, nos termos do art. 326 do CPC de 2015, é dever do juiz analisar o pedido subsidiário se não acolher o principal. Ademais, não havia interesse do autor em devolver o pedido subsidiário às instâncias recursais, em razão da procedência do pleito principal, o que também afasta a preclusão. Sob esses fundamentos, a SBDI-I, por maioria, conheceu dos embargos por divergência jurisprudencial e, no mérito, por unanimidade, deu-lhes provimento para determinar o retorno dos autos à Vara do Trabalho de origem para julgar o pedido sucessivo (diferenças salariais decorrentes das promoções trienais por antiguidade) como entender de direito. Vencidos, no conhecimento, os Ministros Breno Medeiros e Alexandre Luiz Ramos" (TST-E--ED-RR-219-56.2010.5.05.0015, SBDI-I, Relator Ministro: José Roberto Freire Pimenta, 7-11-2019).

TABELA DE PRAZOS

Ato	Prazo
Redução a termo da reclamação verbal	5 dias
Emenda ou complemento da inicial	15 dias
Oferecimento da defesa em audiência	20 minutos
Reconsideração da decisão do juiz que indefere a inicial, após interposição do RO	5 dias

QUESTÕES COMENTADAS

01 (Técnico – TRT 8 – CESPE – 2016) No que diz respeito ao dissídio individual trabalhista, assinale a opção correta.

(A) É inadmissível que o juiz indefira pleito liminar contido na petição inicial antes da expedição da notificação do reclamado pela secretaria da vara.
(B) Na petição inicial da reclamação trabalhista, é necessário que o reclamante requeira a citação do reclamado.
(C) Após a distribuição da reclamação verbal, o reclamante que desejar reduzi-la a termo deverá apresentar-se, no prazo de cinco dias, ao cartório ou à secretaria, sob pena de perda, pelo prazo de seis meses, do direito de reclamar perante a justiça do trabalho.
(D) Nas causas submetidas ao procedimento sumaríssimo, é facultado ao reclamante não indicar o valor da causa.
(E) É inadmissível o aditamento da petição inicial antes da apresentação da defesa do reclamado.

RESPOSTA (A) É possível a concessão *inaudita altera pars*. Ademais, *vide* art. 659, IX e X, da CLT. (B) Não há necessidade, conforme o art. 840, § 1º, da CLT. (C) Certo, de acordo com os arts. 731 e 786, ambos da CLT. (D) Art. 852-A da CLT. É imprescindível para determinação do rito. (E) Ao contrário, pois o adequado é antes de ofertada a defesa (art. 329, I, do CPC c/c Súmula 263 do TST). *Alternativa C*.

---

02 (Procurador Substituto – Salvador – CESPE – 2015) Acerca dos procedimentos nos dissídios individuais da justiça do trabalho, assinale a opção correta.

(A) Segundo entendimento do TST, o não comparecimento de município reclamado à audiência inaugural não o sujeita aos efeitos da revelia.

(B) A compensação de dívidas de natureza trabalhista pode ser alegada pelo reclamado até as razões finais ou pode ser deferida de ofício pelo juiz até a sentença.

(C) Proposta a execução de julgado trabalhista, pode o réu apresentar reconvenção contra o autor desde que haja conexão entre reconvenção e ação principal e o juízo seja competente para apreciar a demanda reconvencional.

(D) Segundo o TST, quando estiver representado em juízo por seu procurador, o município estará dispensado de juntar instrumento de mandato e de comprovar ato de nomeação, sendo essencial, no entanto, que o signatário declare exercer o cargo de procurador, uma vez que não basta a indicação do número de inscrição na OAB.

(E) Caso a parte vencedora da causa na primeira instância seja vencida na segunda, deverá ocorrer entre as duas partes divisão do pagamento das custas processuais fixadas na sentença originária.

RESPOSTA (A) Deve ser aplicada à revelia, conforme a OJ 152 da SDI-1 do TST. (B) Súmula 48 do TST. (C) Não se admite em sede de execução, pois a reconvenção tem que ser conexa à ação principal ou ao fundamento de defesa (art. 315, CPC/73, e art. 343, CPC/2015). Observe que hodiernamente a reconvenção é apresentada no bojo (mesma petição) da contestação. (D) Súmula 436 do TST. (E) Súmula 25 do TST. *Alternativa D*.

PARA GABARITAR

- O *pedido sucessivo* ocorre quando o reclamante realiza mais de um pedido, sendo que os demais dependem do acolhimento do primeiro.

- O *pedido subsidiário* ocorre quando o autor formula um pedido principal, mas este não é acolhido, e o magistrado adentra no subsidiário (nos demais).

- Se as condições processuais da ação não estiverem presentes, não terá havido o exercício regular do direito de ação, de modo que deve o autor ser considerado carecedor do direito de ação.

- A teoria *da asserção* preconiza que as condições devem ser verificadas em abstrato, isto é, pelo contido na peça exordial.

PARA MEMORIZAR

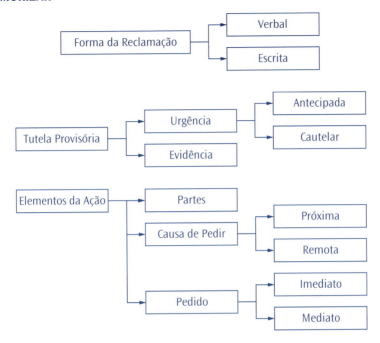

CAPÍTULO 15 Procedimentos

1. CONCEITOS

O procedimento é o viés extrínseco do processo, ou seja, o processo não é o procedimento, mas sim o resultado da soma de diversos fatores, sendo um deles o procedimento, o que faz cumprir a determinação constitucional de processo como garantia, já que ninguém poderá ser privado da sua liberdade ou de seus bens sem o devido processo legal.

O processo de conhecimento do trabalho admite dois procedimentos: comum e especial, sendo que o procedimento comum é ordinário, sumário ou sumaríssimo, enquanto o procedimento especial é aplicado às ações específicas, como a ação de cumprimento, o inquérito judicial para apuração de falta grave, o dissídio coletivo e a homologação de acordo extrajudicial inserido pela Reforma Trabalhista (art. 855-B e s. da CLT), sem prejuízo das ações especiais cíveis admitidas no processo do trabalho, como a ação rescisória, o mandado de segurança etc.

Note que o procedimento comum ordinário é o mais utilizado, vez que ele deverá ser adotado quando não for cabível nenhum outro procedimento, ou seja, o critério para sua utilização é o da exclusão.

Já o procedimento sumário foi instituído pelo art. 2º, da Lei n. 5.584/70.

Temos ainda o procedimento sumaríssimo, que foi introduzido pela Lei n. 9.957/2000, acrescentando à CLT os arts. 852-A a 852-I.

1.1. Procedimento comum ordinário

Este procedimento é regulado de forma geral nos arts. 837 a 852 da CLT, sendo aplicado nas causas cujo valor supere 40 salários-mínimos, embora seja possível adotá-lo nas causas de valor superior a dois salários-mínimos, porém inferior a 40 salários, quando for parte no dissídio a Administração Pública direta, autárquica ou fundacional, já que os entes de personalidade jurídica de direito público não podem ser demandados pelo rito sumaríssimo.

Atualmente há necessidade de prévia indicação de valores para os pedidos, ou seja, se exige o correspondente valor dos pedidos formulados, como ocorre no procedimento sumaríssimo. Caso não seja observado esse requisito, o § 3º do art. 840 determina que os pedidos sejam extintos, e não o processo, o que somente ocorre se for sumaríssimo.

Admite a citação por edital e, habitualmente, a audiência é dividida em 3 (três) partes (embora a regra seja audiência una – conciliação, instrução e julgamento), como sejam a inaugural de conciliação e apresentação de defesa, a audiência de instrução e, por fim, a audiência de julgamento.

Na audiência una, que é a regra no processo do trabalho, deverá ser observado o seguinte procedimento: pregão; primeira proposta conciliatória; leitura da petição inicial (quando não for dispensada pelas partes); oferecimento da defesa (prazo de 20 minutos, embora na prática seja apresentada por escrito e atualmente de forma eletrônica pelo PJe-JT); depoimento pessoal das partes; oitiva das testemunhas; razões finais (10 minutos para cada parte); segunda proposta conciliatória – em sendo rejeitada pelas partes, prolata-se a sentença.

Se a audiência for dividida em três partes, teremos o seguinte procedimento: pregão; primeira proposta conciliatória; leitura da petição inicial; oferecimento da defesa; adiamento da audiência – prova pericial (se houver); *nova audiência (audiência de prosseguimento – Súmula 74, TST)* – depoimento das partes; oitiva das testemunhas; oitiva de peritos e técnicos, se houver; razões finais (dez minutos para cada parte); segunda proposta conciliatória – adiamento da audiência – sentença, denominada de audiência de julgamento (o magistrado designa um dia para leitura e publicação ou deixa *sine die* – sem data certa para prolatar a sentença, quando então as partes serão intimadas da decisão).

É de bom grado salientar que, terminado o interrogatório, qualquer das partes pode se retirar, prosseguindo-se a instrução com o seu representante, o que pode ser aplicado em qualquer procedimento.

Considerando que na audiência de julgamento as partes raramente estão presentes, é exatamente da data da publicação da sentença, ou, conforme o caso, da data da juntada aos autos da ata de audiência contendo a decisão, que terá início o prazo para recurso.

1.2. Procedimento comum sumário

Instituído pela Lei n. 5.584/70, é também conhecido como "dissídio de alçada" ou "dissídio de alçada exclusivo das Varas", tendo por objetivo empregar mais celeridade às demandas trabalhistas cujo valor da causa seja de até 2 (dois) salários-mínimos.

No que efetivamente releva, vale a leitura do art. 2º e §§ 3º e 4º, da Lei n. 5.584/70.

Observe que a previsão contida no § 3º, da Lei n. 5.584/70, acima citado tem preceptivo similar na CLT, conforme se extrai do § 1º, do art. 851.

Cabe registrar que há divergência doutrinária no sentido da revogação ou não do procedimento citado ao norte, haja vista que a Lei n. 9.957/2000 institui o procedimento sumaríssimo para causas de até 40 (quarenta) salários-mínimos, ou seja, há quem defenda que houve a revogação tácita do procedimento sumário.

No entanto, aqueles que afirmam a sua manutenção argumentam com base nas Súmulas 356 e 365 do TST e na Súmula 640 do STF, editadas após a entrada em vigor da lei que instituiu o procedimento sumaríssimo.

Cabe ressaltar que no procedimento sumário o sistema recursal é restritivo, vez que só caberá recurso se houver violação à matéria constitucional, caso em que caberá recurso extraordinário, ante o que dispõe o art. 102, III, *a*, da CF/88, c/c a Súmula 640 do STF, desde que demonstrada a repercussão geral, nos moldes do que determina o art. 102, § 3º, da CF/88.

No entanto, há entendimento (minoritário) no sentido de que caberia recurso ordinário e de revista para (sucessividade recursal), por fim, haver a interposição do recurso extraordinário, desde que a matéria veiculada tenha viés constitucional, a fim de se evitar supressão de instância.

1.3. Procedimento comum sumaríssimo

Previsto na CLT nos arts. 852-A a 852-I, deve ser observado nos dissídios individuais cujo valor, na data do ajuizamento da ação, não seja superior a 40 (quarenta) salários-mínimos, sendo inadmissível para as ações coletivas.

Se o valor da causa for de 40 salários-mínimos, mas a soma de todos os pedidos ultrapassar esse valor, será observado o rito ordinário, necessariamente, pois entende-se que o valor da causa deve corresponder à pretensão almejada pelo autor, de modo que, se o valor do somatório dos pedidos for superior àquele limite, deve ser instituído o procedimento ordinário.

No entanto, é possível a conversão do procedimento para garantir o acesso à justiça, ou seja, se foi ajuizada a demanda adotando o rito sumaríssimo, é possível sua conversão para o rito ordinário, o que reforçaria os princípios da celeridade e economia processual.

A CLT exclui desse procedimento a Administração Pública direta, autárquica e fundacional, que, dada a não distinção, estará necessariamente excluída até mesmo em caso de ser chamada para responder subsidiariamente.

O *pedido deve ser certo e determinado e indicar o valor correspondente*, e não há necessidade de liquidar pedidos de obrigação de fazer ou não fazer, como seria o caso de anotação do contrato de trabalho na CTPS do obreiro, devendo ainda o reclamante indicar o endereço correto da reclamada, não se admitindo, por sua vez, a citação por edital. O não atendimento desses requisitos importa a extinção do feito sem análise do mérito (arquivamento da reclamação) e a condenação do autor nas custas do processo, que serão calculadas sobre o valor da causa.

A apreciação da reclamação trabalhista deve ocorrer no prazo máximo de 15 dias do ajuizamento e, se necessário, poderá constar de pauta especial de acordo com o movimento judiciário da Vara do Trabalho.

É dever das partes e dos advogados comunicar ao juízo as mudanças de endereço que venham a ocorrer no curso do processo, vez que serão reputadas válidas aquelas que forem enviadas para o local anteriormente indicado, caso não tenha havido a comunicação referida.

É de bom grado alertar que a regra geral de audiência una sofre exceções, ou seja, é possível que haja a interrupção da audiência, quando então seu prosseguimento e a solução da causa dar-se-ão no prazo máximo de 30 (trinta) dias, salvo motivo relevante justificado pelo juiz nos autos.

O juiz deverá conduzir o processo com ampla liberdade para determinar as provas a serem produzidas, levando em consideração o ônus da prova para cada litigante, e pode inclusive limitar ou excluir aquelas que entender excessivas, impertinentes ou protelatórias, dando valor especial às regras de experiência comum ou técnica.

Aberta a sessão, o juiz deve esclarecer as partes sobre as vantagens da conciliação e usará os meios adequados visando persuadi-las da solução conciliatória do litígio, independentemente da fase da audiência.

Na ata de audiência devem ser registrados resumidamente os atos essenciais, as afirmações fundamentais das partes e as informações úteis à solução da causa trazidas pela prova testemunhal, devendo ainda o juiz decidir de plano todos os incidentes e exceções que possam interferir no prosseguimento da audiência e do processo, sendo os demais decididos na sentença.

No que pertine às provas propriamente ditas, sobre os documentos apresentados por uma das partes a outra deve manifestar-se imediatamente sem interrupção da audiência, exceto se houver absoluta impossibilidade, o que fica a critério do juiz.

É possível produção de prova pericial, quando a prova do fato o exigir ou for legalmente imposta, como ocorre nos pedidos de insalubridade e periculosidade, caso em que ao juiz incumbe de plano fixar o prazo e o objeto da perícia, nomeando o perito. Uma vez apresentado o laudo, as partes terão o prazo comum de 5 (cinco) dias para manifestações.

As testemunhas, no máximo de 2 (duas) para cada parte, irão comparecer independentemente de intimação. Porém, as que não comparecerem, tendo a parte comprovado que procedeu ao seu convite, serão intimadas, e caso reiterem na ausência, o juiz pode determinar sua condução coercitiva.

Por fim, a sentença mencionará os elementos de convicção do juízo, com resumo dos fatos relevantes ocorridos em audiência, dispensado o relatório. Isto é, no procedimento sumaríssimo não há nulidade da sentença por ausência de relatório, mas devem constar a fundamentação e o dispositivo, cabendo ao juiz, em cada caso, adotar aquela que reputar mais justa e equânime, atendendo aos fins sociais da lei e às exigências do bem comum, sendo as partes intimadas da sentença na própria audiência em que prolatada.

LEGISLAÇÃO CORRELATA

Indicamos a seguinte leitura:

1) Art. 2º da Lei n. 5.584/70;
2) Art. 1º da IN n. 27/2005, do TST;
3) Art. 102, III, *a*, e § 3º, da CRFB/88;
4) Arts. 837 a 852, 483, 849, e 852-A a 852-I, todos da CLT.

ENTENDIMENTO DOUTRINÁRIO

Acerca do sistema recursal no procedimento sumário, um setor da doutrina defende o cabimento dos demais recursos, como se extrai da lição do mestre Wagner Giglio[1]:

> "'Salvo se versarem sobre matéria constitucional, nenhum recurso caberá das sentenças proferidas nos dissídios de alçada...', reza o art. 2º, § 4º, da Lei n. 5.584/70. Diante dessa ressalva, a nosso ver não padece dúvida quanto ao cabimento de *todos* os recursos previstos no art. 893 da CLT, além do extraordinário, se houver discussão de matéria constitucional. O recurso extraordinário está previsto na Carta Magna e, portanto, não poderia ser vedado por força de lei ordinária. Assim, a se admitir interpretação diversa, o acesso ao Supremo Tribunal Federal seria direto, suprimindo os pronunciamentos dos Tribunais Regionais e Superior do Trabalho, o que contraria nossa tradição e a jurisprudência da própria Corte Suprema, que somente conhece de recurso extraordinário interposto contra decisão de último grau de jurisdição".

JURISPRUDÊNCIA

Sem prejuízo de outras jurisprudências, devem ser lidas as Súmulas 356 e 365 do TST, bem como a Súmula 640 do STF.

TABELA DE PRAZOS

Ato	Prazo
Apreciação da RT (sumaríssimo)	15 dias do ajuizamento
Designação de nova audiência em caso de adiamento (sumaríssimo)	30 dias, salvo motivo justificado nos autos
Manifestação sobre o laudo pericial (sumaríssimo)	5 dias (prazo comum)
Apreciação da petição de homologação de acordo extrajudicial	15 dias

---

1 GIGLIO, Wagner. *Direito Processual do Trabalho*. 16. ed. São Paulo: Saraiva, 2007. p. 365.

QUESTÕES COMENTADAS

01 (Técnico – TRT 1 – AOCP – 2018) Carolina ingressou com ação em face da empresa Supermercados Boas Compras Ltda., na qual pleiteou direitos trabalhistas que entendera terem sido violados no decorrer do contrato de trabalho findo há quatro meses, quando houve a dispensa sem justa causa da reclamante. O advogado de Carolina, no dia 22 de fevereiro de 2018, ingressou com a reclamação trabalhista, anexando o cálculo atualizado do débito pleiteado, que totalizou R$ 28.000,00 (vinte e oito mil reais). Foi agendada a audiência para o dia 20 de abril de 2018. Nessa audiência, Carolina intenciona levar suas testemunhas. Com base nos dados ora apresentados, assinale a alternativa correta, que contenha o procedimento a ser seguido, a característica da audiência e as peculiaridades sobre as testemunhas, respectivamente.

(A) Ordinário; a audiência agendada será única e as partes poderão comparecer com até o máximo de três testemunhas cada, independente de intimação.

(B) Sumaríssimo; a audiência agendada será única e as partes poderão comparecer com até o máximo de três testemunhas cada, independente de intimação.

(C) Ordinário; a audiência agendada será única e as partes poderão comparecer com até o máximo de duas testemunhas cada, dependendo de intimação.

(D) Sumaríssimo; a audiência agendada será única e as partes poderão comparecer com até o máximo de duas testemunhas cada, independente de intimação.

(E) Ordinário; a audiência agendada não será obrigatoriamente única e as partes poderão comparecer com até o máximo de três testemunhas cada, independente de intimação.

RESPOSTA Questão respondida com o art. 852-A, parágrafo único, da CLT, decerto que o procedimento é o sumaríssimo, já que no polo passivo não consta ente da administração pública direta, autárquica ou fundacional, além de o valor não ser superior a 40 salários mínimos, considerando a época do ajuizamento da ação. Com relação à audiência e número de testemunhas, é certo afirmar, com base nos arts. 852-C e art. 852-H, § 2º, ambos da CLT, que a audiência será una e cada uma das partes poderá levar até duas testemunhas, independentemente de intimação. *Alternativa D.*

---

02 (Técnico – TRT 8 – CESPE – 2016) A respeito do procedimento sumaríssimo aplicado à justiça trabalhista, assinale a opção correta.

(A) Depois de intimadas, as testemunhas de cada parte, no máximo três, deverão comparecer à audiência de instrução e julgamento.

(B) Dado o princípio da celeridade, não se admite prova técnica pericial no procedimento sumaríssimo.

(C) Em procedimento sumaríssimo, não se admite recurso de revista que invoque contrariedade a orientação jurisprudencial do TST.

(D) Submetem-se ao procedimento sumaríssimo os dissídios individuais e coletivos cujo valor não exceda a quarenta vezes o salário mínimo vigente na data do ajuizamento da reclamação.

(E) Empresa pública não pode ser parte em demanda submetida a procedimento sumaríssimo perante a justiça do trabalho.

RESPOSTA (A) Art. 852-H, § 2º, da CLT. (B) Art. 852-H, § 4º, da CLT. (C) Art. 896, § 9º, c/c Súmula 442 do TST. (D) Apenas dissídios individuais (art. 852-A, *caput*, da CLT) (E) Art. 852-A, parágrafo único, da CLT. *Alternativa C.*

---

03 (Especialista em Gestão/Advogado – Telebras – CESPE – 2015) Com relação ao procedimento sumaríssimo na justiça do trabalho, julgue o item que se segue.

Se não tiver valor superior a quarenta vezes o salário mínimo, a demanda em que é parte a administração pública direta, autárquica ou fundacional deve se submeter ao procedimento sumaríssimo.

( ) Certo   ( ) Errado

RESPOSTA Essas entidades não podem ser demandadas no procedimento em tela. Assim, ainda que o valor da causa seja de até 40 (quarenta) salários-mínimos, deve ser eleito o rito ordinário (art. 852-A, parágrafo único, da CLT). *Alternativa Errada.*

---

04 (Executor de Mandados – TRT 23 – FCC – 2016) Segundo as normas processuais trabalhistas sobre o procedimento sumaríssimo:

(A) todas as provas serão produzidas na audiência de instrução e julgamento, desde que requeridas previamente, no prazo de 48 horas que antecede a sessão;

(B) tanto a citação por hora certa como a por edital deverão conter a correta indicação do nome e endereço do reclamado;

(C) os dissídios individuais e coletivos que não excedam sessenta vezes o salário mínimo vigente na data do fato gerador do pedido ficam submetidos ao procedimento sumaríssimo;

(D) as testemunhas, até o máximo de duas para cada parte, comparecerão à audiência de instrução e julgamento independentemente de intimação;

(E) se uma das partes apresentar documentos em audiência a parte contrária terá o prazo sumário de 24 horas para se manifestar, devendo, necessariamente, ser adiada a audiência para o prazo máximo de 5 dias.

RESPOSTA (A) Errado, art. 852-H da CLT. (B) Errado, art. 852-A, II, da CLT. (C) Errado, art. 852-A, *caput*, da CLT. (D) Certo, art. 852-H, § 2º, da CLT. (E) Errado, art. 852-H, § 1º, da CLT. *Alternativa D.*

---

05 (Executor de Mandados – TRT 20 – FCC – 2016) Quanto aos procedimentos ordinário e sumaríssimo previstos na Consolidação das Leis do Trabalho:

(A) no sumaríssimo cada parte poderá ouvir até duas testemunhas;

(B) no ordinário as testemunhas devem ser arroladas em 5 dias, sob pena de preclusão;

(C) apenas no ordinário é possível a prova pericial, com adiamento da audiência para a sua realização;

(D) no ordinário cada parte poderá ouvir até cinco testemunhas;

(E) no sumaríssimo as testemunhas devem ser arroladas em 48 horas, sob pena de preclusão.

RESPOSTA (A) Certo, art. 852-I, § 2º, da CLT. (B) Errado, arts. 825 e 845 da CLT. (C) Errado, art. 852-I, § 4º, da CLT. (D) Errado, art. 821 da CLT. (E) Errado, art. 852-I, § 2º, da CLT. *Alternativa A.*

PARA GABARITAR

- No procedimento sumaríssimo não se admite como parte a Administração Pública direta, autárquica ou fundacional, sendo certo que este procedimento só é admitido nos dissídios individuais, inclusive em litisconsórcio ativo.

- No procedimento sumaríssimo, o pedido deve ser certo, líquido e indicar o valor correspondente, sob pena de arquivamento da reclamação e condenação do autor nas custas de 2% sobre o valor da causa.

- É admissível a prova técnica (pericial), no procedimento sumaríssimo, quando o exigir a prova do fato ou quando for legalmente imposta.

- No procedimento sumaríssimo as partes podem indicar até duas testemunhas, cada uma, mas elas devem comparecer independentemente de intimação, de modo que o juiz só irá deferir a intimação das testemunhas que, comprovadamente, foram convidadas.

- No procedimento ordinário cada uma das partes pode levar até três testemunhas.

PARA MEMORIZAR

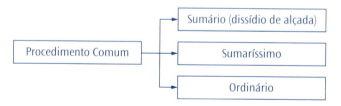

CAPÍTULO 16 Audiência

1. ASPECTOS PRELIMINARES

Audiência é um ato processual público (em regra), em que o magistrado tem contato direto com as partes, com as testemunhas e, quando necessário, com os peritos e assistentes técnicos.

Esse ato é presidido pelo juiz, que, na mesma oportunidade, se instrui, discute e decide a causa, atendendo, dessa forma, aos princípios da imediatidade, concentração e publicidade, salvo raras exceções.

As audiências devem ser realizadas em dias úteis entre as 8 e as 18 horas, não devendo ultrapassar 5 (cinco) horas seguidas, salvo em caso de matéria urgente, podendo haver, quando necessário, audiências extraordinárias.

As audiências são realizadas na sede do juízo. No entanto, em casos especiais, pode ser designado outro lugar para a realização da audiência, mediante edital afixado na sede do Juízo ou Tribunal, com antecedência mínima de 24 (vinte e quatro) horas, visando dar ciência aos interessados.

À hora designada para a audiência, as partes devem estar presentes, além dos servidores necessários para a realização do ato.

O juiz tem a tolerância de 15 minutos de atraso. Após esse tempo, podem os presentes (interessados) retirar-se do local, consignando o fato.

Observe que a tolerância é exclusiva do juiz, não se estendendo às partes ou a seus advogados, vez que inexiste previsão legal tolerando atraso no horário de comparecimento da parte na audiência.

No processo do trabalho não se aplica a regra do CPC sobre o adiamento da audiência em razão de atraso injustificado superior a 30 minutos.

Cabe advertir que o juiz tem o denominado poder de polícia em audiência, a ele competindo manter a ordem e o decoro, ordenando que se retirem da sala de audiência os que se comportem inconvenientemente e requisitando, quando necessário for, a força policial, tudo nos termos da CLT, podendo ser aplicado, ainda, o art. 360 do CPC.

No mais, o registro das audiências será feito em livro próprio, constando de cada registro os processos apreciados e a respectiva solução, bem como as ocorrências eventuais. Pode ser concedida certidão do registro das audiências às pessoas que vierem a requerer.

1.1. Desenvolvimento

1.1.1. Presença das partes e substituição

Na audiência de conciliação, instrução e julgamento (audiência UNA) há obrigatoriedade legal de comparecimento pessoal das partes, o que independe da presença dos advogados, exceto nos casos de reclamações plúrimas (dissídios individuais plúrimos – litisconsórcio facultativo) ou nas ações de cumprimento, em que os empregados poderão se fazer substituir pelo sindicato.

Note que o empregador pode se fazer substituir pelo gerente, ou por qualquer outro preposto que tenha conhecimento do fato e cujas declarações obrigarão o preponente. O preposto não precisa ser empregado, conforme o § 3º, do art. 843, da CLT, de modo que a Súmula 377 do TST está prejudicada. No entanto, segundo o art. 12, § 1º, da IN 41/2018 do TST, aplica-se o disposto no art. 843, § 3º, da CLT somente às audiências trabalhistas realizadas após 11 de novembro de 2017.

Com efeito, o preposto não precisa conhecer o reclamante, mas tão somente os fatos, quer por meio do empregador ou de terceiros, ou seja, a lei não exige que ele, preposto, tenha vivenciado os fatos.

O empregado também pode ser substituído, por outro empregado da mesma profissão ou pelo sindicato da categoria, se por motivo de doença ou qualquer outro motivo poderoso devidamente comprovado não puder comparecer à audiência. O fito é apenas evitar o arquivamento da reclamação, não podendo o substituto desistir, confessar, transigir etc., e o magistrado deve designar uma nova audiência com a notificação do reclamante.

1.1.2. Ausência das partes

A regra é clara ao afirmar que o não comparecimento do reclamante à audiência importa o arquivamento da reclamação, e o não comparecimento do reclamado importa revelia, além de confissão quanto à matéria de fato. Porém, em havendo motivo relevante, poderá o juiz suspender o julgamento, designando nova audiência.

Assim, a ausência do reclamante na audiência inaugural ou una importa o arquivamento do processo, o que não o desobriga de pagar as custas correspondentes, ainda que seja beneficiário da gratuidade de justiça, exceto se comprovar, no prazo de quinze dias, que a ausência ocorreu por motivo legalmente justificável.

Vale destacar que entendemos ser inconstitucional a exigência de pagamento de custas para aqueles que são beneficiários da gratuidade de justiça. Nesse sentido está a redação da Súmula 72 do TRT da 3ª Região:

> "São inconstitucionais a expressão 'ainda que beneficiário da justiça gratuita', constante do § 2º, e a íntegra do § 3º, ambos dispositivos do art. 844 da CLT, na redação dada pela Lei n. 13.467/2017, por violação direta e frontal aos princípios constitucionais da isonomia (art. 5º, *caput*, da CR), da inafastabilidade da jurisdição (art. 5º, XXXV, da CR) e da concessão de justiça gratuita àqueles que dela necessitarem (art. 5º, LXXIV, da CR) (RA 145/2018, disponibilização: DEJT/TRT3/Cad. Jud. 19, 20 e 21-9-2018)".

Nada impede que o autor ajuíze novamente sua ação, porém o pagamento das custas, quando for o caso, é condição para o ajuizamento de nova ação.

Porém, se ajuizar uma nova ação e der causa ao segundo arquivamento, não poderá demandar com o mesmo objeto em face do mesmo empregador pelo prazo de 6 (seis) meses. Tal penalidade não é aplicada em caso de desistência homologada pelo magistrado ou de qualquer outra causa que leve o juiz a não analisar o mérito, como seria o caso do indeferimento da petição inicial por inépcia.

Vale lembrar que a desistência só produz efeitos depois de homologada pelo juiz.

A ausência do reclamado, por outro lado, importa revelia e confissão quanto à matéria de fato, mas o efeito material da revelia (presunção de veracidade dos fatos) não será aplicado (princípio da relativização da revelia) se, havendo pluralidade de reclamados, algum deles contestar a ação, quando o litígio versar sobre direitos indisponíveis, quando a petição inicial não estiver acompanhada de instrumento que a lei considere indispensável à prova do ato e quando as alegações de fato formuladas pelo reclamante forem inverossímeis ou estiverem em contradição com prova constante dos autos, de acordo com o § 4º, do art. 843, da CLT.

Por outro lado, ainda que ausente o reclamado, presente o advogado na audiência, serão aceitos a contestação e os documentos eventualmente apresentados, nos termos do § 5º do mesmo artigo retro. No entanto, nos moldes do § 3º do art. 12 da IN 41, de 2018, do TST, nos termos do art. 843, § 3º, e do art. 844, § 5º, da CLT, não se admite a cumulação das condições de advogado e preposto.

Ademais, mesmo que presente o advogado com procuração e contestação, essa revelia pode ser ilidida através de atestado médico que comprove a impossibilidade de locomoção do empregador ou de seu preposto no dia da audiência.

Todavia, caso haja o indeferimento da juntada da contestação pela ausência do reclamado, em especial quando se pretende impugnar questões de direito, o direito de defesa é cerceado (violação ao princípio constitucional da ampla defesa), razão pela qual cabe ao advogado requerer que sejam registrados seus protestos pelo indeferimento, na medida em que o ato praticado pelo juiz é nitidamente uma decisão interlocutória e arbitrária, haja vista a redação do § 5º do art. 844 da CLT.

Interessante saber que a revelia também se aplica às pessoas jurídicas de direito público.

Se ambas as partes faltarem, sem motivo justificado, teremos o arquivamento do feito.

1.1.3. Tentativa de conciliação e oferecimento de resposta

Quando aberta a audiência, o juiz fará a primeira tentativa de conciliação e, havendo acordo, será lavrado termo assinado pelo juiz e pelas partes, constando o prazo e demais condições para o cumprimento.

Insta averbar que, entre as condições do acordo, poderá ser estabelecida a de ficar a parte que não cumprir o acordo obrigada a satisfazer integralmente o pedido ou pagar uma indenização convencionada, sem prejuízo do cumprimento do acordo.

Não havendo acordo, o reclamado terá 20 (vinte) minutos para aduzir defesa após a leitura da inicial, se tal não for dispensada pelas partes, e, finalizada a defesa, seguir-se-á a instrução do processo, podendo o juiz, de ofício, interrogar os litigantes.

Percebe-se que o reclamado é notificado para comparecer na audiência, ocasião em que oferecerá defesa. No PJe-JT a resposta é oferecida por meio eletrônico e, se for solicitado segredo no momento do protocolo eletrônico, o juiz promoverá a liberação do acesso à defesa no dia da audiência para que possa o reclamante se manifestar sobre ela e os documentos juntados.

O parágrafo único do art. 847 aduz que a parte poderá apresentar defesa escrita pelo sistema de processo judicial eletrônico até a audiência.

Mesmo na vigência do processo eletrônico, é assegurada à reclamada a oferta de defesa oral na própria audiência. Assim, caso o advogado da reclamada tenha feito sua habilitação nos autos dias antes da audiência, e tenha juntado toda a documentação, mas esquecido de juntar a contestação, poderá fazê-lo na audiência e terá o prazo de 20 minutos. Caso o juiz indefira, cabe ao advogado requerer que seja registrado em ata seu protesto, em vista da violação à ampla defesa.

Nos casos de audiências partidas ou quando a defesa é complexa e com muitos documentos, é comum o juiz conceder prazo de 10 (dez) dias para que o autor se manifeste sobre defesa e documentos.

Por fim, oferecida a contestação, ainda que eletronicamente, o reclamante não poderá, sem o consentimento do réu, desistir da ação (*rectius*, processo), conforme determina o § 3º do art. 841 da CLT.

1.1.4. Instrução processual e adiamento da audiência

O reclamante e o reclamado comparecerão à audiência com suas testemunhas independentemente de intimação ou notificação, apresentando na mesma oportunidade as demais provas, razão pela qual não há necessidade de arrolar previamente testemunhas na petição inicial, embora seja bastante comum alguns magistrados, quando notificam as partes para dar ciência sobre a data da audiência, lhes concederem a possibilidade de arrolar testemunhas, a fim de que elas sejam intimadas, sob pena de a parte ter que levar as testemunhas por meio de convite, sem direito a intimação em caso de ausência e, caso a parte não as leve, perder a prova.

Porém, seguindo o regramento legal previsto na CLT, as testemunhas convidadas que não estiverem presentes serão intimadas de ofício pelo juiz ou a requerimento das partes, ficando sujeitas a condução coercitiva, caso não compareçam sem motivo justificado, sem prejuízo da aplicação de multa.

Caso seja adiada a audiência por algum motivo relevante, como, por exemplo, ausência de testemunha que será intimada, ou até mesmo em caso de perícia, ou quando há a tripartição do ato, será designada audiência de prosseguimento e, caso o reclamante não compareça, não há que se falar em arquivamento, vez que já contestada a ação, tendo sido adiada, como visto, a instrução, e deve ser aplicada a confissão ficta.

Se a ausência for da reclamada na audiência de prosseguimento, também não se pode aplicar revelia, pois esta só tem cabimento quando da ausência na audiência inaugural.

Nesses casos (ausência do reclamante ou da reclamada, ou de ambos, na audiência de prosseguimento), o que ocorre é a aplicação da Súmula 74 do TST[1].

Questão interessante se apresenta se houver a ausência de ambas as partes na audiência de prosseguimento.

Com efeito, deve o juiz aplicar a confissão recíproca, quando cabível, e decidir de acordo com o ônus da prova de cada litigante, ou seja, se estivermos diante de fatos constitutivos, o magistrado julgará improcedente o pedido, enquanto que, se forem fatos modificativos, extintivos ou impeditivos, julgará procedente o pedido, mas, de toda sorte, o resultado pode ser diferente, a depender da prova pré-constituída produzida nos autos.

Com as partes presentes, proceder-se-á ao interrogatório e, terminado este, poderá qualquer dos litigantes retirar-se, prosseguindo-se com o seu representante, após o que serão ouvidas as testemunhas, os peritos e os técnicos, se houver.

1.1.5. Trâmites finais

Terminada a instrução, as partes poderão aduzir razões finais[2], no prazo máximo de 10 (dez) minutos para cada uma, e após as razões finais, se houver (muitos advogados, neste momento, reportam-se aos elementos dos autos, nada acrescendo), o juiz renovará a proposta de conciliação.

Havendo acordo, a sentença homologatória de transação valerá como coisa julgada material, só podendo ser impugnada por ação rescisória, exceto para a

---

1   Súmula 74 do TST. CONFISSÃO (atualizada em decorrência do CPC de 2015) – Res. 208/2016, *DEJT* divulgado em 22, 25 e 26.04.2016. "I – Aplica-se a confissão à parte que, expressamente intimada com aquela cominação, não comparecer à audiência em prosseguimento, na qual deveria depor. II – A prova pré-constituída nos autos pode ser levada em conta para confronto com a confissão ficta (arts. 442 e 443 do CPC de 2015 – art. 400, I, do CPC de 1973), não implicando cerceamento de defesa o indeferimento de provas posteriores. III – A vedação à produção de prova posterior pela parte confessa somente a ela se aplica, não afetando o exercício, pelo magistrado, do poder/dever de conduzir o processo."

2   A depender da matéria, conteúdo probatório e complexidade do caso, não raras vezes, de ofício ou a requerimento das partes, o juiz concede prazo para memoriais, os quais são, em verdade, as razões finais de forma escrita. Lembramos que as razões finais são reduzidas a termo, obedecendo o princípio da documentação.

Previdência Social quanto às contribuições que lhe forem devidas, a qual poderá interpor recurso ordinário, se assim o desejar.

Não havendo a conciliação ou sendo esta impossível, será proferida a decisão.

Os trâmites da instrução serão resumidos em ata, devendo constar na íntegra a decisão, e os litigantes são notificados da decisão pessoalmente ou por seus representantes na própria audiência, exceto no caso de revelia, quando então a notificação será feita na forma do § 1º do art. 841 da CLT.

LEGISLAÇÃO CORRELATA

É imprescindível a leitura:

1) Arts. 732, 813 a 817, 818, 825, parágrafo único, e 843 a 852 da CLT;

2) Arts. 200, parágrafo único, 362, III, e 373 do CPC;

3) Art. 2º, VI, da IN n. 39/2016 do TST;

4) Instrução Normativa n. 41/2018 do TST.

ENTENDIMENTO DOUTRINÁRIO

Para complementar nossa explanação, colacionamos parte do entendimento de Sérgio Pinto Martins[3] sobre a audiência, nos seguintes termos:

> "Audiência vem do latim *audientia,* que é o ato de escutar, de atender. A audiência consiste no ato praticado sob a presidência do juiz a fim de ouvir ou de atender às alegações das partes.
>
> Distingue-se audiência da sessão. Sessão é a realização de várias audiências ou julgamentos, em que são decididos vários processos. A audiência consiste no ato do juiz de ouvir as partes, suas testemunhas e as reivindicações das primeiras. Podem existir audiências nos tribunais, como dos dissídios coletivos, para tentar conciliação.
>
> No processo do trabalho, concentra-se nas audiências a maioria dos atos processuais, prestigiando os princípios da concentração dos atos na audiência e da oralidade.
>
> (...)
>
> A unidade decorre do princípio da concentração dos atos na audiência. É una a audiência, no sentido de que é uma única, sendo que os atos processuais nela desenvolvidos estarão dentro de uma unidade. Contínua porque deve iniciar-se e encerrar-se no mesmo dia, sempre que possível, ou em dia próximo, não sendo interrompida senão em casos devidamente comprovados.
>
> Quando a contestação, a instrução e o julgamento são praticados numa

---

3 MARTINS, Sérgio Pinto. *Direito Processual do Trabalho.* 38. ed. São Paulo: Saraiva, 2016. p. 378-389.

única audiência, chamam-na de audiência una. Na maioria das Varas, é adotada a prática de três audiências, uma para tentar conciliar as partes e em que é apresentada a defesa (chamada de inicial), a segunda em que são ouvidos os depoimentos pessoais e testemunhas (instrução), e a terceira em que é proferida sentença (julgamento).

(...)

Não se aplica a regra do § 9º do art. 357 do CPC, no sentido de que as pautas das audiências deverão ser preparadas com intervalo mínimo de uma hora entre as audiências, por ser incompatível com o processo do trabalho, em que há muitas audiências por dia.

(...)

Mesmo em caso de revelia, é preciso ser feita a perícia para apuração de insalubridade ou periculosidade. A presunção da veracidade dos fatos alegados na inicial não elide a necessidade de perícia, pois a existência de insalubridade ou periculosidade só é verificada pelo técnico, inclusive para indicar o grau de insalubridade.

(...)

O preposto não substitui o empregador, pois não passa a ser parte no processo. É representante do empregador.

(...)

É possível o preposto de uma das empresas do grupo econômico figurar como preposto das demais, pois o empregador é o grupo econômico, segundo a orientação do § 2º do art. 2º da CLT".

JURISPRUDÊNCIA

Da jurisprudência do TST, sem prejuízo de outras, indicamos a leitura:

1) Súmulas 9, 74, 122, 259, 268 e 377;
2) OJs 152 e 254 da SDI-1.

TABELA DE PRAZOS

Ato	Prazo
Defesa Oral em Audiência	20 minutos
Razões Finais	10 minutos para cada parte

QUESTÕES COMENTADAS

01 (Técnico – TRT 1 – AOCP – 2018) O Juiz da Vara do Trabalho do Rio de Janeiro agendou uma audiência para o dia 11 de abril de 2018 às 15h30. Manoela, reclamante na ação trabalhista, e a empresa Gotas de Água S.A., em face de quem Manoela ingressou com o pleito, compareceram à audiência com seus respectivos advogados no horário agendado. O juiz, por sua vez, somente chegou à audiência na referida data às 16h. Assinale a alternativa que apresenta como as partes devem proceder nessa situação.

(A) Ao Juiz é permitido chegar a qualquer tempo, considerando ser o mesmo quem irá presidir a audiência, devendo as partes aguardar sua chegada.

(B) Se o Juiz não houver comparecido até 20 (vinte) minutos após a hora marcada, os presentes poderão retirar-se, devendo o ocorrido constar do livro de registro das audiências.

(C) Se o Juiz comparecer à audiência com até 30 (trinta) minutos de atraso após a hora marcada, as partes têm o dever de estarem aguardando o juiz para o início da audiência, devendo o atraso constar do livro de registro das audiências.

(D) Se o Juiz não houver comparecido até 15 (quinze) minutos após a hora marcada, os presentes poderão retirar-se, devendo o ocorrido constar do livro de registro das audiências.

(E) Se o Juiz não houver comparecido até 60 (sessenta) minutos após a hora marcada, os presentes poderão retirar-se, devendo o ocorrido constar do livro de registro das audiências.

RESPOTA Questão respondida com o parágrafo único do art. 815, onde consta que se, até 15 (quinze) minutos após a hora marcada, o juiz ou presidente não houver comparecido, os presentes poderão retirar-se, devendo o ocorrido constar do livro de registro das audiências. Não obstante, não se aplica esta tolerância para as partes. *Alternativa D.*

---

02 (Analista Judiciário – TRT 23 – FCC – 2016) Conforme legislação própria quanto às audiências no Processo Judiciário Trabalhista:

(A) serão públicas e realizadas nos dias úteis das seis às vinte horas;

(B) se, até quinze minutos após a hora marcada, o juiz não houver comparecido, os presentes poderão retirar-se, devendo o ocorrido constar de registro próprio;

(C) não poderão ultrapassar três horas seguidas, ainda que houver matéria urgente;

(D) o juiz manterá a ordem nas audiências, mas não poderá mandar retirar do recinto os assistentes que a perturbarem em razão do caráter de publicidade que reveste esse ato processual, devendo no caso, adiar a sessão;

(E) é facultado ao empregador fazer-se substituir pelo gerente, ou qualquer outro preposto que tenha conhecimento do fato, mas cujas declarações, nesse caso, não obrigarão o proponente.

RESPOSTA (A) Errado, pois o certo é das 8 às 18 horas, consoante o art. 813 da CLT. (B) Certo, art. 815, parágrafo único, da CLT. (C) Errado, vez que não pode ultrapassar cinco horas, como regra, nos termos do art. 813 da CLT. (D) Errado, art. 816 da CLT. (E) Errado, as declarações obrigarão o proponente, art. 843, § 1º, da CLT. *Alternativa B.*

---

03 (Analista Judiciário – TRT 23 – FCC – 2016) O trabalhador Hércules convidou uma testemunha para depor em audiência UNA designada na reclamação trabalhista movida em face da empresa Vênus de Millus S/A. No saguão do fórum, após o pregão das partes, o reclamante resolveu não ingressar na sala de audiências da Vara do Trabalho porque a sua testemunha não compareceu e a reclamada tinha trazido três testemunhas. O representante da reclamada, ao verificar que Hércules se evadiu do local, também não ingressou na sala de audiências. Nesse caso, o Juiz:

- (A) deverá marcar nova audiência para que o trabalhador possa trazer suas testemunhas em razão do devido processo legal;
- (B) deverá aplicar a revelia e consequente pena de confissão à reclamada ausente;
- (C) deverá arquivar a ação diante da ausência injustificada do reclamante;
- (D) não deverá arquivar nem aplicar a revelia visto que ausentes ambas as partes, julgando o processo no estado em que se encontra;
- (E) deverá redesignar a audiência intimando ambas as partes para comparecimento, sob pena de condução coercitiva e pagamento de multa.

RESPOSTA Questão respondida com o art. 844 da CLT, de modo que deve haver o arquivamento da reclamação. *Alternativa C.*

Salientamos que, com o advento da Lei n. 13.467/2017, a ausência injustificada do reclamante na audiência, que importe arquivamento, o obriga a pagar as custas de 2% sobre o valor da causa, salvo se comprovar por justificativa legalmente admissível, no prazo de 15 dias, o motivo da ausência. Ademais, o pagamento das custas é condição para ajuizamento de outra ação.

---

04 (Advogado – Telebras – CESPE – 2013) Considerando uma demanda ajuizada na justiça do trabalho que tenha valor declarado, na inicial, de R$ 27.210,00, julgue o item a seguir.

Terminada a instrução do feito, a proposta de conciliação deverá ser renovada e, caso malograda, serão concedidos dez minutos a cada parte para alegações finais.

( ) **Certo**   ( ) **Errado**

RESPOSTA As razões finais ocorrem antes da renovação da tentativa de conciliação (art. 850, da CLT). *Alternativa errada.*

---

05 (Técnico – TRT 8 – CESPE – 2016) Com relação a exceções e audiências no processo do trabalho, assinale a opção correta.

- (A) As audiências devem ser realizadas em dias úteis previamente fixados, não podendo ultrapassar cinco horas seguidas, salvo quando houver matéria urgente.
- (B) Exceção é defesa contra vícios do processo que impedem seu desenvolvimento normal e, portanto, discute o mérito da questão.
- (C) Em decorrência do objetivo da celeridade processual, é vedada a realização de audiência em processos que sigam o procedimento sumaríssimo.
- (D) O juiz, as partes e as testemunhas deverão comparecer à audiência designada pelo juízo, havendo tolerância de quinze minutos para que as partes e testemunhas compareçam.
- (E) O não comparecimento do reclamado a audiência de conciliação resultará em extinção do processo sem resolução de mérito.

RESPOSTA (A) Art. 813 da CLT. (B) Exceção é defesa indireta do processo, em que não se discutem questões meritórias (art. 799 da CLT). (C) Art. 852-E da CLT. (D) Não há previsão legal tolerando atraso das partes e testemunhas em audiência (art. 815, parágrafo único, da CLT, c/c OJ 245 da SDI-1 do TST. (E) Importará revelia, nos moldes do art. 844, parte final, da CLT. *Alternativa A.*

PARA GABARITAR
- Não se tolera atraso das partes em audiência, de modo que o atraso do autor importará arquivamento, e o da reclamada revelia, caso seja audiência inicial ou una. Se for audiência de prosseguimento, quando adiada a instrução, aplicar-se-á a confissão.
- Mesmo que presente o advogado na audiência, se ausente o preposto ou o empregador, a revelia se impõe, haja vista que esta só pode ser afastada via atestado médico que comprove, de forma cabal, a impossibilidade de locomoção.
- Ainda que o réu seja revel, não será aplicada a presunção de veracidade dos fatos se, havendo pluralidade de reclamados, algum deles contestar a ação, quando o litígio versar sobre direitos indisponíveis, quando a petição inicial não estiver acompanhada de instrumento que a lei considere indispensável à prova do ato, e quando as alegações de fato formuladas pelo reclamante forem inverossímeis ou estiverem em contradição com prova constante dos autos.
- Caso o reclamado não compareça na audiência inicial ou una, desde que presente seu advogado, deve o juiz receber a defesa e os documentos eventualmente juntados.
- O juiz deve tentar conciliar as partes em duas oportunidades na audiência, quais sejam, quando da abertura e logo após as razões finais.
- A ausência injustificada da parte na audiência de prosseguimento importa confissão, desde que intimada a comparecer e prestar depoimento pessoal. Porém, a prova documental pré-constituída deve ser levada em conta para confronto com a confissão ficta.
- É aplicável a revelia às pessoas jurídicas de direito público.
- O preposto não precisa ser empregado.

CAPÍTULO 17   Respostas do réu

1. CONSIDERAÇÕES INICIAIS

Cabe destacar que no processo do trabalho a defesa do réu (reclamado) é apresentada em audiência de forma oral (com base nos princípios da oralidade, simplicidade e informalidade), podendo ser feita também de forma escrita pelo sistema de processo eletrônico até a audiência e, caso haja litisconsórcio passivo, cada parte terá vinte minutos para oferecer sua resposta, não se aplicando o art. 335, do CPC.

Assim, aberta a audiência e não havendo acordo, o reclamado terá vinte minutos para aduzir sua defesa, após a leitura da reclamação, se esta, quando for o caso, não for dispensada pelas partes.

No processo do trabalho são admitidas três modalidades básicas de resposta (manifestações) do réu, quais sejam: exceção, contestação e reconvenção.

1.1. Exceções rituais

1.1.1. Noções iniciais

Previstas no art. 799 e s., da CLT, as exceções são defesas indiretas do processo, pois são dirigidas ao órgão jurisdicional, acarretando a suspensão do processo até que a questão seja decidida.

Vejamos as exceções em espécie, salientando que incluiremos a de impedimento, embasados na doutrina e na jurisprudência majoritárias.

1.1.2. Exceção de incompetência relativa

A exceção de incompetência relativa é espécie de defesa que objetiva o reconhecimento da incompetência do juiz em razão do território (foro), pois a questão do valor é irrelevante no processo do trabalho, haja vista que o mesmo juiz do Trabalho competente para julgar o rito ordinário também o é para julgar o sumaríssimo, o sumário e assim sucessivamente, o que significa que no processo do trabalho a exceção de incompetência relativa versará apenas sobre o local, território, utilizada com base no art. 651 e parágrafos da CLT, visando o deslocamento da competência territorial para que a demanda seja apreciada e julgada por Vara do Trabalho de outra localidade.

Dispõe o art. 800 e parágrafos da CLT que, apresentada a exceção de incompetência territorial no prazo de cinco dias a contar da notificação, antes da audiência e em peça que sinalize a existência dessa exceção, seguir-se-á o procedimento estabelecido ora mencionado, de modo que, uma vez protocolada a petição, será suspenso o processo e não se realizará a audiência designada até que se decida a exceção.

Com efeito, os autos serão imediatamente conclusos ao juiz, que deverá intimar o reclamante e, se existentes, os litisconsortes, para manifestação no prazo comum de cinco dias.

Caso o juiz entenda necessária a produção de prova oral, o juízo designará audiência, garantindo o direito de o excipiente e suas testemunhas serem ouvidos, por carta precatória, no juízo que este houver indicado como competente.

Quando decidida a exceção de incompetência territorial, o processo retomará seu curso, com a designação de audiência, a apresentação de defesa e a instrução processual perante o juízo competente.

Entendemos que, no procedimento sumaríssimo, caso arguida a exceção, deve ser aplicado o art. 852-G, da CLT, isto é, o exceto se manifesta naquela oportunidade, e o juiz, ato seguinte, resolve.

Por fim, vale dizer que o art. 11 da IN n. 48 do TST determina que a exceção de incompetência territorial, disciplinada no art. 800 da CLT, é imediatamente aplicável aos processos trabalhistas em curso, desde que o recebimento da notificação seja posterior a 11 de novembro de 2017 (Lei n. 13.467/2017).

1.1.3. Exceções de suspeição e impedimento

A CLT não faz menção à exceção de impedimento, mas tão somente à de suspeição (ambas, suspeição e impedimento, questionam a imparcialidade do magistrado), como se nota da leitura do art. 801, da CLT.

Como a CLT não faz menção à exceção de impedimento e é demasiadamente breve nas hipóteses de suspeição, aplicamos subsidiariamente o art. 144, do CPC, que faz menção às hipóteses de impedimento, e o art. 145, que cita as hipóteses de suspeição, além do disposto nos arts. 147 a 148.

Quando apresentada a exceção de suspeição, pela CLT, o juiz ou Tribunal designará audiência dentro de 48 (quarenta e oito) horas, para instrução e julgamento da mesma, e se julgada procedente, tanto nas Varas quanto nos Tribunais, será desde logo convocado para a mesma audiência ou sessão, ou para a seguinte, o substituto legal, o qual continuará a funcionar no processo até decisão final, o que também se aplica caso o juiz se declare suspeito.

Entretanto, apesar da redação do preceptivo celetista acima citado, o entendimento majoritário é que, uma vez apresentada a exceção de suspeição ou de impedimento, vez que foram extintas as Juntas de Conciliação e Julgamento pela EC n. 24/99, o julgamento dessas exceções é de competência do TRT, e não do próprio magistrado, na medida em que não haveria imparcialidade, hipótese em que será aplicado o art. 146, do CPC.

Apenas para reforçar o argumento, segue decisão proferida pelo Eg. Tribunal Regional do Trabalho sobre o tema epigrafado, no que é seguido de forma unânime:

> "EXCEÇÃO DE SUSPEIÇÃO. PROCESSAMENTO. A arguição da suspeição do juiz importa no processamento em separado do incidente, independentemente da motivação oferecida pela parte, sendo da competência exclusiva do Órgão Especial seu julgamento, nos termos do art. 15, X, do Regimento Interno deste Regional" (TRT-1 – RO: 7495320115010042 RJ, Relatora: Maria das Graças Cabral Viegas Paranhos. Data de Julgamento: 28-11-2012, 7ª Turma. Data de Publicação: 12-5-2012).

Com relação à competência, nos Tribunais, para julgamento das arguições de suspeição e impedimento, mister se faz a leitura do Regimento Interno de cada Tribunal.

1.2. Contestação

A CLT não trata de forma específica e pormenorizada da contestação, fazendo apenas menção, de forma genérica e precária, à defesa, razão pela qual é aplicável, no que for compatível com o processo do trabalho, o disposto no art. 336 e s. do CPC.

Cumpre advertir, de início, que a revelia, como já visto acima, gera o efeito material da presunção de veracidade dos fatos narrados na vestibular, exceto se ocorrer qualquer uma das hipóteses elencadas no § 4º do art. 844, sendo que a revelia, no processo do trabalho, não ocorre pela ausência de contestação, mas sim pela ausência da reclamada na audiência.

Importa destacar, mais uma vez, que vigora o *princípio da relativização da revelia*, ou seja, ainda que não seja o caso de aplicar qualquer uma das hipóteses citadas no § 4º retromencionado, o juiz não necessariamente acolherá todos os pedidos do autor, vez que deve aplicar a razoabilidade ao analisar a presunção de veracidade dos fatos, com base no seu livre convencimento.

Ademais, mesmo sendo o réu revel, caso o autor tenha deduzido pedido de insalubridade ou periculosidade, a prova técnica pericial será indispensável, vez que a CLT determina sua produção quando aventada em juízo.

Outrossim, a revelia também impõe o efeito processual na fluência dos prazos, independentemente de intimação, para o réu revel que não tenha patrono constituído nos autos, o que não o impede de intervir no processo em qualquer fase, recebendo o feito, no entanto, no estado em que se encontra, e podendo, inclusive, produzir provas, desde que a fase processual seja pertinente.

No processo do trabalho, mesmo o réu sendo revel, é imprescindível que ele seja notificado da sentença, seja por via postal ou por edital.

1.2.1. Ônus da impugnação específica

Este princípio (ônus), que está previsto no art. 341, do CPC, impõe ao réu o encargo de impugnar um a um os fatos que foram narrados, afirmados pelo reclamante na peça preambular, pois fato não impugnado torna-se incontroverso, decorrendo daí a presunção relativa de veracidade (*juris tantum*) daqueles fatos que não foram impugnados, de modo que o sistema veda o oferecimento de defesa genérica, por negativa geral.

Dessa forma, se o reclamante afirma na peça vestibular que sua remuneração era composta de salário fixo mais comissões que eram pagas sem contabilização e pede a integração para apuração das demais verbas, caso a reclamada deixe de impugnar o pagamento das comissões, presumir-se-á que elas eram realmente pagas.

No entanto, nas hipóteses previstas nos incisos do artigo supracitado, não há que se falar em presunção de veracidade.

Um bom exemplo no direito processual do trabalho sobre a não aplicação da presunção de veracidade, como já salientado supra, seria o caso de o reclamante pleitear adicional de insalubridade ou periculosidade e a reclamada não o impugnar, caso em que não poderá ser julgado procedente o pedido sem a realização, a princípio, de prova pericial.

1.2.2. Princípio da eventualidade e concentração das defesas

Consigna o art. 336, do CPC, que incumbe ao réu alegar, na contestação, toda a matéria de defesa, expondo as razões de fato e de direito com que impugna o pedido do autor e especificando as provas que pretende produzir, observando-se a exceção do art. 342, do CPC.

Desta feita, deve o réu oferecer todas as suas alegações, sendo vedado, por assim dizer, apresentar sua tese defensiva de forma particionada, vez que haverá preclusão, haja vista que o momento processual adequado é esse. No entanto, é lícito ao réu, após oferecida a contestação, deduzir novas alegações quando relativas a direito ou a fato superveniente, competir ao juiz conhecer delas de ofício ou por expressa autorização legal, puderem ser formuladas em qualquer tempo e grau de jurisdição.

Destacamos que a parte final do art. 336 do CPC, não é aplicável ao processo do trabalho, vez que o réu poderá requerer a produção de provas que entender pertinentes, ainda que não as tenha especificado na defesa, haja vista que no processo do trabalho as provas podem ser produzidas independentemente de requerimento prévio.

Diante do exposto, como o CPC determina que o réu apresente toda sua matéria de defesa, caberá então consignar sua defesa processual e sua defesa de mérito, em respeito ao princípio em tela, sem prejuízo de eventuais prejudiciais.

1.2.2.1. Defesa processual

A defesa processual (preliminares ou objeções) é aquela em que o réu, antes de adentrar no mérito, apresenta impugnação contra o processo, alegando vícios processuais; significa algo que antecede ao mérito propriamente dito, visando sua extinção (peremptória) ou o postergar da relação processual (dilatória).

Consoante o disposto no art. 337, do CPC, temos as matérias que podem ser arguidas em *preliminar de contestação*. São elas: 1) inexistência ou nulidade da citação; 2) incompetência absoluta e relativa; 3) incorreção do valor da causa; 4) inépcia da petição inicial; 5) perempção; 6) litispendência; 7) coisa julgada; 8) conexão; 9) incapacidade da parte, defeito de representação ou falta de autorização; 10) convenção de arbitragem (art. 507-A da CLT – direito individual – e art. 114, § 2º, CF – direito coletivo); 11) ausência de legitimidade ou interesse processual; 12) falta de caução ou outra prestação que a lei exigir como preliminar (alertamos que o art. 836, da CLT, exige, em princípio, depósito de 20% sobre o valor da causa para ajuizamento de ação rescisória) e 13) indevida concessão do benefício de gratuidade de justiça (no processo do trabalho, como regra geral, a apreciação do requerimento de gratuidade far-se-á na sentença).

Com exceção da convenção de arbitragem e da incompetência relativa, cabe ao juiz conhecer de todas essas matérias de ofício (objeções processuais), vez que são matérias de ordem pública, podendo inclusive ser alegadas em qualquer tempo e grau de jurisdição, embora nos tribunais superiores só possa haver pronunciamento a respeito se houver prequestionamento.

1.2.2.2. Defesa de mérito

Por outro lado, a contestação deve conter a defesa de mérito, que tem por foco a pretensão do reclamante, e é corriqueiramente compreendida como resistência à pretensão, podendo ser direta de mérito ou indireta de mérito, o que repercute no ônus da prova.

A *defesa direta de mérito* é aquela em que o reclamado nega os fatos constitutivos afirmados pelo autor ou as consequências afirmadas, isto é, nega os fatos, como é o caso da negativa da prestação de serviços na ação em que se pretende reconhecimento de vínculo empregatício; negativa de realização de horas extras na ação em que se pretende a condenação da empresa no pagamento das horas; negativa de identidade de funções em ação na qual se pretende equiparação salarial etc.

Na *defesa indireta do mérito* o réu reconhece os fatos constitutivos, mas alega fatos impeditivos, modificativos ou extintivos, como compensação, prescrição, pagamento, decadência etc.

1.2.3. Prescrição e decadência

Prescrição e decadência são fatos extintivos e, quando acolhidas, induzem à resolução do mérito, não podendo ser arguidas como preliminares.

O Tribunal Superior do Trabalho tem se manifestado no sentido de ser *inadmissível o reconhecimento da prescrição de ofício* no direito processual do trabalho, com espeque em diversos fundamentos, sendo o mais relevante o princípio da proteção (TST – RR n. 597-77.2010.5.11.0004 e demais precedentes). No entanto, há quem defenda sua aplicação, aduzindo que a economia processual e a celeridade seriam seus fundamentos nucleares, haja vista que a solução, ao final, não seria distinta, ou seja, haveria a resolução do mérito em razão de a pretensão ser inexigível.

Conceitualmente, *prescrição* é a perda de exigir uma pretensão por não ter o seu titular exercido o seu direito no prazo previsto em lei, enquanto que a *decadência* é a perda do direito material propriamente dito em razão da inércia do titular, como é o caso do inquérito para apuração de falta grave e da ação rescisória, que, se não manejadas no prazo legal, não mais poderão influir na esfera jurídica do outro polo da relação.

A prescrição pode ser arguida até a instância ordinária, ou seja, caso o reclamado não venha a argui-la na contestação, poderá fazê-lo no recurso ordinário, mesmo que a sentença não tenha feito menção ao instituto em apreço, o que em nosso sentir viola o princípio da preclusão.

É imperioso destacar que no processo do trabalho a interrupção da prescrição ocorre pelo simples ajuizamento da ação trabalhista, ainda que arquivada a reclamação, pois como se extrai do § 3º do art. 11 da CLT:

> "A interrupção da prescrição somente ocorrerá pelo ajuizamento de reclamação trabalhista, mesmo que em juízo incompetente, ainda que venha a ser extinta sem resolução do mérito, produzindo efeitos apenas em relação aos pedidos idênticos".

O prazo para o reclamante ajuizar sua ação trabalhista, após a extinção do contrato de trabalho, é de dois anos, salvo no caso das ações meramente declaratórias (exemplo: reconhecimento de vínculo empregatício), podendo exigir crédito retroativo aos últimos cinco anos do ajuizamento da ação.

No que toca ao FGTS, **ATENÇÃO** para a redação da Súmula 362 do TST[1], alterada em decorrência da decisão proferida pelo STF no RE n. 709.212.

---

1 FGTS. PRESCRIÇÃO (nova redação) – Res. 198/2015, republicada em razão de erro material – DEJT divulgado em 12, 15 e 16-6-2015. "I – Para os casos em que a ciência da lesão ocorreu a partir de 13-11-2014, é quinquenal a prescrição do direito de reclamar contra o não recolhimento de contribuição para o FGTS, observado o prazo de dois anos após o término do contrato; II – Para os casos em que o prazo prescricional já estava em curso em 13-11-2014, aplica-se o prazo prescricional que se consumar primeiro: trinta anos, contados do termo inicial, ou cinco anos, a partir de 13-11-2014 (STF – ARE-709.212/DF).

Porém, a prescrição da pretensão relativa às parcelas remuneratórias alcança o respectivo recolhimento da contribuição para o FGTS, ou seja, se está prescrita a pretensão de adicional noturno, de horas extras, dentre outras verbas em que inexoravelmente há incidência do FGTS, prescrita também estará a incidência deste.

Ademais, tratando-se de pretensão que envolva pedido de prestações sucessivas decorrente de alteração ou descumprimento do pactuado, a prescrição é total, exceto quando o direito à parcela esteja também assegurado por preceito de lei, consoante § 2º do art. 11 da CLT, o que já era entendimento da jurisprudência, conforme Súmula 294 do TST.

No caso de aviso prévio indenizado, a prescrição começa a fluir no final da data do término do aviso prévio.

Tema interessante e demasiadamente controvertido na doutrina e na jurisprudência é a *prescrição intercorrente*, que é aquela cujo pronunciamento ocorre durante o trâmite da ação, particularmente na execução.

Na verdade, o STF, pela Súmula 329, diz que é aplicável na Justiça do Trabalho a prescrição intercorrente, enquanto a Súmula 114 do TST pugna pela sua inaplicabilidade.

Com a entrada em vigor da Lei n. 13.467/2017, que acresceu à CLT o art. 11-A, a divergência supra perde sentido, já que o legislador trouxe previsão expressa, averbando que ocorre a prescrição intercorrente no processo do trabalho no prazo de dois anos, e a sua fluência dar-se-á quando o exequente deixar de cumprir determinação judicial no curso da execução. Ademais, o pronunciar da prescrição em estudo pode ser requerida ou ser reconhecida de ofício em qualquer grau de jurisdição.

1.2.4. Compensação, retenção e dedução

No processo do trabalho, a compensação, ou retenção, só poderá ser arguida como matéria de defesa, sendo certo que está restrita a dívidas de natureza trabalhista e só poderá ser arguida com a contestação.

Percebe-se que o momento processual adequado para a reclamada arguir a *compensação* (fato extintivo), sob pena de preclusão, é a contestação, o que significa dizer que não haverá possibilidade de arguição em momento posterior, devendo a compensação ficar adstrita às dívidas de natureza trabalhista, como por exemplo: danos causados dolosamente pelo empregado em equipamentos da empresa; aviso prévio, em caso de empregado que tenha pedido demissão sem cumpri-lo; pagamento de valor de curso custeado pelo empregador quando, ao finalizá-lo, o empregado pede demissão, violando assim o compromisso de ficar na empresa por um determinado período após o fim do curso etc.

De outra banda, não é possível compensação de empréstimo pessoal, pois não se trata de dívida trabalhista; não se podem compensar dívidas de natureza civil de qualquer natureza entre empregado e empregador etc.

É imperioso observar que na compensação temos duas pessoas, que ao mesmo tempo são credor e devedor uma da outra; as obrigações vão se extinguindo até o ponto em que possam ser compensadas; é necessário que as dívidas sejam líquidas, vencidas e de coisas fungíveis; e não há vínculo com os pedidos que o reclamante deduz na sua exordial, não podendo haver deferimento de ofício pelo juiz.

A *dedução*, por seu turno, tem aplicação diferente, vez que o juiz pode deferir de ofício, sendo na verdade matéria de ordem pública que tem por núcleo o princípio da vedação ao enriquecimento sem causa, em que o reclamante pleiteia títulos que já foram pagos pela reclamada. Deve haver, portanto, liame entre o pedido e o que será deduzido, ou seja, se o reclamante pede pagamento de 20 horas extras por mês, e a reclamada, em contestação, requer a dedução juntando holerites comprovando o pagamento de pelo menos 10 horas por mês, não há que se falar em compensação, mas sim em dedução das horas extras já pagas.

Por fim, temos ainda a *retenção*, que também deve ser arguida com a contestação. Trata-se do direito da reclamada de reter algo que pertence ao reclamante até que este venha a adimplir sua obrigação perante aquele.

1.3. Reconvenção

É um verdadeiro contra-ataque do reclamado (réu-reconvinte) contra o reclamante (autor-reconvindo), ou seja, é a forma pela qual o réu formula demanda contra o autor, na mesma relação processual.

É admitida sua aplicação no processo do trabalho, estando prevista no art. 343, do CPC, cuja incidência na seara trabalhista dar-se-á de forma subsidiária.

Note que a reconvenção deve ter conexão com a ação principal ou com os fundamentos da defesa, devendo ser apresentada na audiência em que a reclamada oferece sua contestação, no bojo desta, sob pena de preclusão.

Em verdade, caso o reclamado queira formular pretensões em face do autor, em vez de ajuizar outra ação, poderá lançar mão da reconvenção, na própria peça de bloqueio.

A reconvenção pode ser oferecida de forma escrita ou oral, atendendo, de toda sorte, o disposto nos arts. 840, § 1º, e 787, da CLT, e, em qualquer caso, observando-se a competência da Justiça do Trabalho.

Proposta a reconvenção, o autor será intimado na pessoa do seu patrono para apresentar resposta no prazo de 15 dias, sendo comum no processo do trabalho o juiz designar outra audiência, observando o prazo previsto na parte final do art.

841, da CLT (5 dias), a fim de que possa o reclamante-reconvindo apresentar sua contestação, salvo se abdicar deste prazo, quando então deverá oferecer contestação naquela oportunidade, isto é, na audiência em que foi oferecida a reconvenção.

A desistência da ação principal ou a ocorrência de causa extintiva que impeça o exame de seu mérito não obsta o prosseguimento do processo quanto à reconvenção, pois esta é autônoma em relação à lide principal.

Nas ações dúplices, como a ação de consignação em pagamento, o inquérito para apuração de falta grave e as ações possessórias, não cabe reconvenção, pois o mesmo resultado pode ser obtido pela contestação, em razão de o réu ter que aduzir toda a sua matéria de defesa, inclusive fazendo pedido contraposto.

Um setor da doutrina entende ser cabível a reconvenção quando seu objeto for mais amplo do que a ação originária, como seria o caso do inquérito para apuração de falta grave, quando então o requerido, por meio da reconvenção, vem pleitear danos morais ou materiais decorrentes da falta grave imputada, o que não poderia ser feito no contexto interno da contestação.

Outrossim, cabe citar alguns exemplos de cabimento da reconvenção no processo do trabalho: a empresa pretende a condenação do empregado no valor do aviso prévio por ele não concedido (cumprido) ao pedir demissão; a empresa pretende que o trabalhador seja condenado a indenizar um dano causado no curso do contrato de trabalho; a empresa pretende a devolução do valor de um curso pago em benefício do empregado, que se comprometeu a se manter na empresa por um período e não cumpriu o avençado; a empresa pretende a devolução de equipamentos ou bens em geral, como automóveis, celular etc., que foram concedidos em razão do contrato de trabalho, dentre outras hipóteses. É muito comum pedir em reconvenção aquilo que, de forma similar, se pediria para compensar, quando o crédito que a reclamada pretende receber é superior àquele pretendido pelo reclamante, razão pela qual lança mão da reconvenção.

Por fim, é lícito ao réu demandar por reconvenção, ainda que não ofereça contestação.

LEGISLAÇÃO CORRELATA

Indicamos a leitura impreterível:

1) Arts. 11, 11-A, 195, § 2º, 461, 767, 847, e 799 a 802 da CLT;
2) Arts. 144 a 148, 336 a 343, 344 a 346, e 487, III, do CPC;
3) Art. 7º, XXIX, da CRFB/88;
4) Art. 46 da Lei n. 8.541/92;
5) Instrução Normativa n. 41/2018 do TST.

ENTENDIMENTO DOUTRINÁRIO

Sobre a reconvenção, a doutrina afirma que, caso seja rejeitada liminarmente, não cabe recurso de imediato, por tratar-se de decisão interlocutória, na forma do art. 893, § 1º, da CLT, de modo que apenas com a decisão final seria cabível interpor o recurso ordinário, muito embora vozes eruditas defendam ser cabível o recurso ordinário de imediato, nos termos do art. 895, I, da CLT, vez que o juiz estará proferindo uma decisão terminativa.

JURISPRUDÊNCIA

Da jurisprudência do TST, sem prejuízo de outras, aconselhamos a leitura das Súmulas 18, 48, 87, 153, 206, 268, 308, I, 362 e 388, além das OJs 83 e 415 da SDI-1.

Atenção especial para a Súmula 362 do TST, que assim dispõe: I – Para os casos em que a ciência da lesão ocorreu a partir de 13-11-2014, é quinquenal a prescrição do direito de reclamar contra o não-recolhimento de contribuição para o FGTS, observado o prazo de dois anos após o término do contrato; II – Para os casos em que o prazo prescricional já estava em curso em 13-11-2014, aplica-se o prazo prescricional que se consumar primeiro: trinta anos, contados do termo inicial, ou cinco anos, a partir de 13-11-2014 (STF – ARE n. 709.212/DF).

Vale também a leitura da Súmula 329 do STF.

Outrossim, quanto à interrupção da prescrição, vale transcrever decisão da SBDI-1, divulgada no *Informativo* n. 160 do TST:

> "PROTESTO JUDICIAL. PRESCRIÇÃO BIENAL E QUINQUENAL. INTERRUPÇÃO. MARCO INICIAL. ORIENTAÇÃO JURISPRUDENCIAL 392 DA SBDI-I. O efeito interruptivo do prazo prescricional mediante o ajuizamento de protesto judicial não se restringe à prescrição bienal, alcançando também a quinquenal. Todavia, o marco inicial para o reinício do cômputo da prescrição extintiva é a data do trânsito em julgado da decisão proferida na primeira ação, ou seja, do protesto judicial, enquanto que a contagem da prescrição quinquenal se reinicia na data do ajuizamento do referido protesto. Na hipótese dos autos, é incontroverso que o protesto judicial ocorreu em 18.8.1998, o contrato de emprego foi extinto em 17-3-2005 e a demanda ajuizada em 4-5-2005, ou seja, mais de cinco anos após a interrupção da prescrição. Assim, a SBDI-I, por unanimidade, conheceu dos embargos por contrariedade à Orientação jurisprudencial 392 da SDBI-I e, no mérito, deu-lhes provimento para pronunciar a prescrição da pretensão referente às parcelas anteriores a 4-5-2000, reformando, portanto, a decisão turmária que não conheceu integralmente do recurso de revista e manteve a interrupção da prescrição quinquenal pelo protesto judicial" (TST-E-ED-RR-92600-76.2005.5.05.0462, SBDI-I, Relator Ministro: José Roberto Freire Pimenta, 1º-6-2017).

QUESTÕES COMENTADAS

01 (Executor de Mandados – TRT 23 – FCC – 2016) No início da audiência designada em reclamatória trabalhista, por não ter convidado nenhuma testemunha e prevendo o seu insucesso, o autor Hércules provocou um incidente tumultuário ameaçando o Juiz auxiliar da Vara de Lucas do Rio Verde e declarando, em público, que era inimigo pessoal do magistrado. Em razão do ocorrido, o patrono do autor apresentou no ato exceção de suspeição do referido Juiz, postulando o adiamento da audiência, para que não fosse configurada nulidade processual. Nessa situação, conforme disposição legal, o magistrado deve:

(A) rejeitar a exceção, visto que a exceção de suspeição e a nulidade não serão pronunciadas quando o recusante da suspeição tenha procurado de propósito o motivo de que ela se originou e a nulidade for arguida por quem lhe der causa;

(B) acolher a exceção e se declarar suspeito apenas para o julgamento, prosseguindo a audiência, colhendo o depoimento das partes e a oitiva das testemunhas presentes da reclamada e remetendo o julgamento para o Juiz titular da Vara;

(C) adiar a audiência acolhendo a suspeição, mesmo que o recusante da suspeição tenha procurado de propósito o motivo de que ela se originou e a alegada nulidade tenha sido arguida por quem lhe deu causa;

(D) prosseguir a audiência por não haver previsão legal tanto para a alegada exceção de suspeição do Juiz, bem como quanto à arguição por quem deu causa da nulidade;

(E) adiar a audiência para que haja instrução da suspeição designando nova audiência em 05 dias para que o Juiz Titular da Vara aprecie a admissibilidade da exceção e, após, remeta ao Tribunal para julgá-la.

RESPOSTA Questão respondida com o art. 801, parágrafo único, e o art. 796, *a*, da CLT. Alternativa A.

---

02 (Executor de Mandados – TRT 23 – FCC – 2016) O advogado da reclamada Fênix Produtora, por ocasião da audiência UNA, apresentou a contestação da ré, bem como reconvenção, por meio da qual pretendeu a devolução de ferramentas de trabalho da empresa que ficaram em posse do empregado após a rescisão contratual. Nessa situação:

(A) não deve ser aceita a reconvenção, por falta de previsão desse ato processual na legislação trabalhista, não podendo ser aplicada outra legislação processual para o caso;

(B) a Consolidação das Leis do Trabalho expressamente prevê que nos casos omissos, o direito processual comum será fonte subsidiária do direito processual do trabalho, exceto naquilo em que for incompatível com as normas no texto consolidado;

(C) somente será aceita a reconvenção caso haja a expressa concordância da parte contrária, que terá prazo para exercer o contraditório;

(D) deve ser aceita a reconvenção em razão de estar expressamente prevista na Consolidação das Leis do Trabalho, como modalidade de defesa da reclamada;

(E) não deve ser aceita a reconvenção, visto que somente poderia ser proposta ação possessória no foro cível, competente para a matéria.

RESPOSTA A reconvenção é aplicável ao processo do trabalho, vez que não regulada pela CLT, e não há incompatibilidade com o processo do trabalho, nos termos do art. 769 da CLT. *Alternativa B.*

---

03 (Advogado –Telebras – CESPE – 2013) Considerando uma demanda ajuizada na justiça do trabalho que tenha valor declarado, na inicial, de R$ 27.210,00, julgue o item a seguir.

Para apresentação de defesa, a reclamada deverá observar o prazo mínimo de cinco dias entre a notificação e a data da respectiva audiência.

( ) **Certo**   ( ) **Errado**

RESPOSTA Conforme o art. 841, *caput*, da CLT. *Alternativa certa.*

PARA GABARITAR

- A exceção de incompetência territorial deve ser oferecida, sob pena de prorrogação da competência, no prazo de 5 dias a contar do recebimento da notificação inicial, em peça específica que sinalize a exceção.

- A compensação, no processo do trabalho, só pode ser arguida com a contestação e fica restrita às dívidas de natureza trabalhista, não podendo ser deferida pelo juiz de ofício.

- A dedução pode ser deferida de ofício pelo juiz e deve estar relacionada com as verbas pleiteadas e já pagas.

- Se a parte não arguir a incompetência territorial no momento oportuno, o juiz passará a ser competente em razão da prorrogação de sua competência.

- A defesa processual (preliminares) é aquela em que a parte apresenta vícios processuais, visando o sanar do vício ou a extinção da relação processual sem análise do mérito.

- Na defesa direta de mérito o réu nega os fatos constitutivos ou as suas consequências jurídicas, de modo que o ônus da prova será do autor.

- Na defesa indireta de mérito o réu reconhece os fatos constitutivos, mas alega fatos impeditivos, modificativos ou extintivos, atraindo o ônus da prova.

- O princípio da relativização da revelia significa que não é pelo simples fato de o juiz considerar o réu revel que todos os pedidos do autor, necessariamente, serão julgados procedentes.

- O ônus da impugnação específica significa que o réu deve impugnar um por um os fatos que foram arguidos pelo autor, vez que, como regra geral, fato não impugnado é considerado verdadeiro.

- No processo do trabalho não se aplica a regra de que o juiz pode pronunciar a prescrição de ofício.

PARA MEMORIZAR

* De acordo com o CPC, a reconvenção deve ser oferecida no bojo da contestação.

CAPÍTULO 18 Provas

1. CONSIDERAÇÕES INICIAIS

Na CLT, o tema é tratado do art. 818 ao art. 830 e, como existem diversas lacunas normativas, axiológicas e ontológicas, devemos aplicar o CPC de forma supletiva e subsidiária, considerando o art. 769 da CLT e o art. 15 do diploma processual civil, daí por que aplicamos, guardadas as devidas proporções, o art. 369 e seguintes da norma instrumental civil.

Desta feita, prova é todo meio legal, ou moralmente legítimo, ainda que não especificado na norma processual, de que dispõem as partes para demonstrar a veracidade dos fatos em que se funda o pedido ou a defesa e influir eficazmente na convicção do juiz.

A *finalidade da prova* é auxiliar o juiz no descobrimento da verdade, formando seu convencimento, no que toca aos fatos alegados pelas partes e que dependem de prova, haja vista que não são todos os fatos que precisam ser provados, mas, em regra, apenas aqueles sobre os quais incide relevante controvérsia.

Com relação ao *objeto da prova*, é certo que apenas os fatos devem ser provados, pois a parte não é obrigada a provar o direito, uma vez que o nosso sistema processual consagra uma presunção legal de que o juiz o conhece. Entretanto, tal presunção só se aplica em caso de direito federal, pois o juiz pode determinar a prova do teor e vigência do direito estrangeiro, municipal, estadual, distrital ou consuetudinário, pela parte que o alegou, ou seja, em dadas situações o direito também deverá ser provado.

No processo do trabalho é comum as partes juntarem aos autos os instrumentos de negociação coletiva (acordos ou convenções), bem como regulamento de empresa, visando convencer o magistrado acerca de um determinado direito.

Há fatos, no entanto, que independem de provas, que são os fatos notórios; os afirmados por uma parte e confessados pela parte contrária; os admitidos, no processo, como incontroversos; aqueles em cujo favor milita presunção legal de existência ou de veracidade.

1.1. Ônus da prova

As partes, como regra, têm o ônus de provar os fatos que apresentam em juízo, seja na petição inicial, na contestação ou no curso da relação processual.

Assim sendo, quando falamos em ônus da prova, nos referimos à parte que tem a incumbência de demonstrar a veracidade daquilo que alega.

O art. 818 da CLT estabelece que a prova do fato constitutivo de seu direito é do autor, enquanto cabe ao reclamado a prova de fatos extintivos, modificativos ou impeditivos do direito do autor.

O acima afirmado refere-se à *teoria estática do ônus da prova*, que se opõe à *carga dinâmica do ônus probatório (dinamização do ônus probatório)*, de modo que, nos casos previstos em lei ou diante de peculiaridades da causa relacionadas à impossibilidade, ou à excessiva dificuldade de cumprir o encargo nos termos do *caput*, ou à maior facilidade de obtenção da prova do fato contrário, poderá o juiz atribuir o ônus da prova de modo diverso, desde que o faça por decisão fundamentada, caso em que deverá dar à parte a oportunidade de se desincumbir do ônus que lhe foi atribuído, consoante o § 1º do art. 818 da CLT.

Contudo, a decisão acima citada de aplicar a carga dinâmica do ônus da prova não é uma regra de julgamento, mas sim de instrução, de modo que deve ser proferida antes da abertura da instrução e, a requerimento da parte, implicará o adiamento da audiência e possibilitará provar os fatos por qualquer meio em direito admitido. Mas essa decisão não pode gerar situação em que a desincumbência do encargo pela parte seja impossível ou excessivamente difícil.

Pois bem, é preciso esclarecer que *fato constitutivo é aquele que gera a existência da pretensão deduzida pelo autor em juízo.*

Fatos modificativos são os que implicam alteração dos fatos alegados pelo autor. Assim, se o reclamante ingressa com sua reclamação alegando que era empregado, e a reclamada, na contestação, assume que havia a prestação dos serviços, mas que o reclamante não era empregado, mas sim um trabalhador eventual, estagiário, autônomo etc., atrai para si o ônus da prova, vez que afirmou ter havido a prestação de serviço (fato constitutivo), mas alega um fato modificativo (não trabalhava como empregado, mas sim com outra qualificação jurídica).

Fatos impeditivos são os que provocam a ineficácia dos fatos constitutivos alegados pelo autor. Dessa forma, se o empregado ajuíza uma ação pleiteando a equiparação salarial, e a reclamada na defesa reconhece que ambos os trabalhadores, paradigma e equiparando, exercem a mesma função, mas que na empresa vigora quadro de carreira homologado pelo Ministério do Trabalho e Emprego, cabe a ela a prova, vez que reconhece o fato constitutivo que é a identidade de funções, mas consigna a existência de um fato impeditivo, que é o quadro de carreira.

Fatos extintivos são os que eliminam a obrigação da reclamada, na medida em que não mais permitem que se exija a pretensão. Dessa forma, se o trabalhador ingressa com sua reclamação trabalhista pedindo pagamento de saldo de salário não pago na rescisão do contrato, e a reclamada afirma que houve a extinção do contrato na contestação, mas alega que efetuou o pagamento, será suficiente a juntada do comprovante de pagamento.

No processo do trabalho, ainda antes da entrada em vigor da Lei n. 13.467/2017, já se admitia na jurisprudência o cabimento da *inversão do ônus da prova*, como se extrai, por exemplo, do item III da Súmula 338 do TST, que dispõe: *"Os cartões de ponto que demonstram horários de entrada e saída uniformes são inválidos como meio de prova, invertendo-se o ônus da prova, relativo às horas extras, que passa a ser do empregador, prevalecendo a jornada da inicial se dele não se desincumbir."* A base normativa utilizada eram o CDC e o CPC.

1.2. Princípios norteadores

1.2.1. Princípio do contraditório e da ampla defesa

Sobre o contraditório, é necessário que as partes tenham ciência das provas que são produzidas, a fim de que se manifestem sobre elas.

No que toca à ampla defesa, assegura-se às partes a produção de todos os meios probatórios úteis, necessários e pertinentes para demonstrar a veracidade do que alegam.

1.2.2. Princípio da necessidade da prova

Significa dizer que as meras alegações das partes não são suficientes, sendo necessário que a parte faça prova do que alega em juízo, salvo raras exceções.

1.2.3. Princípio da unidade da prova

A prova deve ser examinada no seu conjunto, isto é, deve formar um todo. Logo, não deve o juiz apreciá-la de forma isolada, como seria o caso da confissão, que deve ser analisada em seu conjunto, e não apenas em algumas partes.

Isso não significa dizer que ao juiz é vedado valorar as provas produzidas, em razão do princípio da persuasão racional/livre convencimento, que será visto adiante.

1.2.4. Princípio do livre convencimento ou persuasão racional

O sistema do livre convencimento (art. 371, CPC) opõe-se ao sistema da certeza legal ou tarifação das provas, pois neste último o valor das provas já estava determinado em lei, o que não concedia liberdade para o magistrado no que tange a sua apreciação, isto é, o juiz não valorava as provas produzidas, haja vista que o sistema impunha uma ordem de observância cogente pelo magistrado.

No sistema que vige, o juiz forma sua convicção apreciando livremente o valor das provas dos autos, o que não se confunde com o arbítrio, pois tem o dever de fundamentar suas decisões, pois a lei determina que o magistrado deve indicar, na decisão, as razões da formação de seu convencimento.

1.2.5. Princípio da imediação

Como diretor do processo, quem colhe as provas direta ou indiretamente é o juiz, que terá contato direto com as partes, testemunhas e, mesmo em caso de realização de prova pericial, poderá inquirir peritos e os assistentes técnicos das partes para esclarecimentos, nos moldes dos arts. 820 e 848, ambos da CLT.

É verdade que o princípio em apreço está umbilicalmente ligado à produção de provas orais, que, como já vimos, são realizadas em audiência.

Salientamos que a inspeção judicial também é um meio de prova que é realizado pelo juiz, de forma pessoal.

1.2.6. Princípio da aquisição processual

A prova produzida é adquirida pelo processo, ainda que prejudicial à parte que a produziu, ou seja, para a relação processual não é relevante identificar a parte que produziu a prova, mas sim que a prova seja elemento essencial para a formação do convencimento do julgador e a resolução eficaz da lide.

1.2.7. Princípio da isonomia probatória

Este princípio tem amparo no texto constitucional e no CPC (o juiz deve assegurar às partes igualdade de tratamento), sendo certo que o magistrado tem o dever de conceder às partes o mesmo tratamento no que tange à produção das provas, ou seja, dar a elas as mesmas oportunidades.

Extremamente controvertido na doutrina e na jurisprudência é o princípio do *in dubio pro misero*, o qual significa que o juiz, em caso de dúvida, deve aplicar a prova em benefício do empregado. Para um bom setor da doutrina, sua aplicação viola o princípio da igualdade processual ou paridade de armas probatórias, até mesmo em caso de prova empatada ou dividida, caso em que o juiz deverá julgar de acordo com o ônus probatório de cada parte.

1.2.8. Princípio do inquisitivo ou inquisitorial

Também conhecido como *princípio da busca da verdade real*, cabe ao juiz, caso as provas sejam inúteis, indeferi-las; se necessárias, determinar sua produção e, se ainda não estiver convencido, ordenar a produção das provas que entender necessárias, isto é, deixar de ser um mero coadjuvante da relação processual e ter uma postura proativa na produção das provas, não devendo se contentar com a verdade formal (verdade dos autos).

1.3. Meios de prova

Para que as partes possam demonstrar a veracidade dos fatos alegados, devem lançar mão dos meios probatórios, embora, como já afirmado, o sistema dos meios de provas seja exemplificativo, pois as partes podem valer-se de outras não previstas em lei, desde que moralmente admissíveis, sendo certo que o próprio magistrado também poderá determinar a produção de provas para formar seu convencimento.

1.3.1. Interrogatório, depoimento pessoal e confissão

Combinando os arts. 820 e 848 da CLT, é certo que após a defesa, ao iniciar a instrução do processo, o juiz pode interrogar as partes, razão pela qual se conclui que inquirir tem o mesmo significado de interrogar, ou seja, se o juiz não interrogar as partes, poderá qualquer uma delas requerer, por seu intermédio, o interrogatório recíproco.

Porém, é preciso diferenciar *interrogatório* de *depoimento pessoal*, sendo o primeiro o meio pelo qual o juiz visa obter esclarecimentos sobre fatos da causa e que pode ocorrer em qualquer fase do processo, até mesmo após encerrada a instrução, desde que antes de proferir a sentença, não tendo o objetivo de provocar a confissão, vez que não se trata de uma modalidade probatória.

Já o depoimento pessoal tem por objetivo, além de esclarecer fatos relevantes da causa, a confissão da parte, por isso a parte é intimada para depor pessoalmente com a advertência de que, se não comparecer em audiência ou, ainda que esteja presente, se recusar a depor, haverá a confissão.

Sendo assim, não é admitida a aplicação da confissão caso a parte não tenha sido intimada para depor com aquela cominação, ou seja, a confissão não será aplicada em caso de não comparecimento da parte quando não houver aquela advertência.

Com efeito, em regra, o depoimento pessoal e o interrogatório, na praxe trabalhista, são realizados de forma única, pois primeiramente o magistrado interroga para formar seu convencimento e, logo em seguida, as partes fazem as perguntas que sejam pertinentes para obter a confissão.

É possível, por outro lado, o juiz indeferir o depoimento pessoal de uma da parte requerido pela outra, sem que haja efetivamente violação à ampla defesa, isto é, não haverá cerceio de defesa, desde que obviamente o juiz fundamente sua decisão e, ainda, que a sentença esteja embasada em outras provas constantes dos autos, como seria o caso de matéria que envolve questão de direito ou quando for necessária a prova técnica etc.

Interessante advertir que, tanto no depoimento pessoal quanto no interrogatório, as partes podem fazer perguntas. Ademais, a parte responderá pessoalmente sobre os fatos articulados, não podendo servir-se de escritos anteriormente preparados, permitindo-lhe o juiz, todavia, a consulta a notas breves, desde que objetivem completar esclarecimentos.

Por outro lado, a parte não é obrigada a depor sobre fatos criminosos ou torpes que lhe forem imputados; a respeito dos quais, por estado ou profissão, deva guardar sigilo; acerca dos quais não possa responder sem desonra própria, de seu cônjuge, companheiro ou parente em grau sucessível; ou que coloquem em perigo a vida do depoente ou das pessoas referidas anteriormente.

Apenas para elucidação, devemos ter em mente o que é a *confissão*.

Com efeito, há confissão, judicial ou extrajudicial, quando a parte admite a verdade de fato contrário ao seu interesse e favorável ao do adversário.

Ademais, a confissão judicial pode ser espontânea ou provocada, ou seja, ocorre a primeira quando a parte, livremente, admite a veracidade de um fato afirmado pela outra, enquanto a provocada é ocasionada em razão do depoimento pessoal. No caso da confissão espontânea, tanto que requerida pela parte, se lavrará o respectivo termo nos autos, ao passo que a confissão provocada constará do depoimento pessoal prestado pela parte.

Pois bem, há também distinção entre a *confissão real* e a *confissão ficta*. Na confissão real, o que se tem em vista é o reconhecimento da veracidade dos fatos que os demandantes levam a juízo, que será obtido com seu próprio depoimento ou por procurador, desde que este tenha poderes para tanto, o que no processo do trabalho tem difícil aplicação, vez que as partes devem estar presentes no ato, sob pena de arcar com o ônus decorrente da ausência, como já vimos acima.

Note-se que a confissão real goza de *presunção absoluta* (*jure et de jure*) de veracidade, o que em breves linhas se conclui da seguinte forma: a parte beneficiada pela confissão fica livre do ônus probatório acerca do que foi confessado. Assim, se um empregado ingressa com uma reclamação trabalhista pleiteando diferenças salariais em razão de equiparação salarial e, em seu depoimento, tendo em vista a negativa da reclamada no que tange à identidade de funções, afirma que existiam diferenças substanciais entre a função dele e a do paradigma, haverá confissão real.

Quanto à confissão ficta, esta goza de *presunção relativa* (*juris tantum*) de veracidade, o que significa dizer que prevalecerá enquanto não houver outro meio que seja capaz de afastá-la.

Assim, caso o reclamado, através do seu preposto, não saiba ou se recuse a depor sobre os fatos articulados, haverá presunção ficta, mas isso não quer dizer que o magistrado deva encerrar a instrução, pois o mais adequado, em razão dos princípios constitucionais do contraditório e da ampla defesa, é ouvir a outra parte, no caso o reclamante, pois sua confissão real pode afastar a confissão ficta.

1.3.2. Documentos

Documento é o meio idôneo de que a parte lança mão como prova material da existência de um fato, abrangendo os escritos, reproduções cinematográficas, gravações, desenhos etc.

O reclamante deve juntar os documentos com a exordial, enquanto a reclamada deve fazê-lo com a defesa em audiência, ressalvando-se a possibilidade de prova documental superveniente, ou seja, é lícito às partes juntar novos documentos quando fundados em fatos ocorridos após os inicialmente articulados ou para contrapô-los.

Note que a parte, intimada a falar sobre documento constante dos autos, poderá impugnar a admissibilidade da prova documental; impugnar sua autenticidade; suscitar sua falsidade, com ou sem deflagração do incidente de arguição de falsidade, e manifestar-se sobre seu conteúdo, sendo certo que, na segunda e terceira hipóteses, a impugnação deverá basear-se em argumentação específica, não se admitindo alegação genérica de falsidade.

A *juntada de documento em grau de recurso* só é admitida excepcionalmente, de acordo com a Súmula 8 do TST.

A CLT trata dos documentos de forma esparsa em alguns dispositivos, sendo certo afirmar que é admitido o *documento em cópia* oferecido como prova, o qual pode ser declarado autêntico pelo advogado da parte, sob sua responsabilidade pessoal. Porém, se for impugnada sua autenticidade, quem produziu o documento será intimado para apresentar cópias autenticadas ou o original, cabendo ao serventuário proceder à conferência, certificando nos autos a conformidade entre os documentos.

Ademais, se não houver impugnação da parte contrária, será válida a autenticação aposta em uma face do documento que contenha verso, vez que se trata de documento único.

Quanto às pessoas jurídicas de direito público, impende averbar que *são válidos os documentos apresentados em fotocópia não autenticada*.

Por outro lado, se forem distintos os documentos contidos no verso e no anverso, será necessária a autenticação de ambos os lados da cópia.

Impende salientar que o documento público faz prova não só da sua formação, mas também dos fatos que o escrivão, o chefe de secretaria, o tabelião ou o servidor declararem que ocorreram em sua presença.

As *anotações constantes na CTPS* não fazem prova absoluta do que nela consta, vez que o entendimento é no sentido de que as anotações geram presunção relativa de veracidade, o que significa dizer que se admite prova em sentido contrário, salvo para o empregador, já que para este a presunção é absoluta, exceto se provar cabalmente que a anotação resultou de erro material.

Em alguns casos a prova documental é indispensável, não podendo ser substituída por outro meio qualquer, como é o caso da prova de pagamento de salários, concessão ou pagamento de férias, salvo se houver confissão da parte, controle de frequência etc.

1.3.2.1. Da arguição de falsidade documental

A norma laboral não trata do incidente de falsidade, de modo que, por não ser incompatível, aplicamos o CPC.

A parte arguirá a falsidade expondo os motivos em que funda a sua pretensão e os meios com que provará o alegado. Depois de ouvida a outra parte no prazo de 15 (quinze) dias, será realizado o exame pericial. Porém, não se procederá ao exame pericial se a parte que produziu o documento concordar em retirá-lo.

Como visto, não há mais necessidade de uma petição avulsa, de modo que pode ser a falsidade arguida como mero requerimento em simples petição, devendo a parte esclarecer, por evidente, se a arguição deve ser resolvida como questão principal ou mero incidente, vez que haverá repercussão diferente.

Se for resolvida como questão principal, terá força de coisa julgada material.

1.3.2.2. Exibição de documentos

A exibição de documentos ora analisada também não é mencionada pela CLT, sendo aplicável o CPC.

O pedido formulado pela parte conterá a individuação, tão completa quanto possível, do documento ou da coisa; a finalidade da prova, indicando os fatos que se relacionam com o documento ou com a coisa; as circunstâncias em que se funda o requerente para afirmar que o documento ou a coisa existe e se acha em poder da parte contrária.

O requerido dará sua resposta nos 5 (cinco) dias subsequentes à sua intimação. No entanto, se o requerido afirmar que não possui o documento ou a coisa, o juiz permitirá que o requerente prove, por qualquer meio, que a declaração não corresponde à verdade.

O juiz não admitirá a recusa se o requerido tiver obrigação legal de exibir; se o requerido tiver aludido ao documento ou à coisa, no processo, com o intuito de constituir prova; ou se o documento, por seu conteúdo, for comum às partes.

Ao decidir o pedido, o juiz admitirá como verdadeiros os fatos que, por meio do documento ou da coisa, a parte pretendia provar, se o requerido não efetuar a exibição nem fizer nenhuma declaração no prazo de 5 dias da sua intimação ou quando a recusa for havida por ilegítima. Porém, sendo necessário, o juiz pode adotar medidas indutivas, coercitivas, mandamentais ou sub-rogatórias para que o documento seja exibido.

Quando o documento ou a coisa estiverem em poder de terceiro, o juiz ordenará sua citação para responder no prazo de 15 (quinze) dias.

Se o terceiro negar a obrigação de exibir ou a posse do documento ou da coisa, o juiz designará audiência especial, tomando-lhe o depoimento, bem como o das partes e, se necessário, o de testemunhas, e em seguida proferirá decisão.

Se o terceiro, sem justo motivo, se recusar a efetuar a exibição, o juiz ordenar-lhe-á que proceda ao respectivo depósito em cartório ou em outro lugar designado, no prazo de 5 (cinco) dias, impondo ao requerente que o ressarça pelas despesas que tiver. Contudo, se o terceiro descumprir a ordem, o juiz expedirá mandado de apreensão, requisitando, se necessário, força policial, sem prejuízo da responsabilidade por crime de desobediência, pagamento de multa e outras medidas indutivas, coercitivas, mandamentais ou sub-rogatórias necessárias para assegurar a efetivação da decisão.

A parte e o terceiro se escusam de exibir, em juízo, o documento ou a coisa se concernente a negócios da própria vida da família; se sua apresentação puder violar dever de honra; se sua publicidade redundar em desonra à parte ou ao terceiro, bem como a seus parentes consanguíneos ou afins até o terceiro grau, ou lhes representar perigo de ação penal; se sua exibição acarretar a divulgação de fatos a respeito dos quais, por estado ou profissão, devam guardar segredo; se subsistirem outros motivos graves que, segundo o prudente arbítrio do juiz, justifiquem a recusa da exibição; se houver disposição legal que justifique a recusa da exibição. Entretanto, se os motivos acima disserem respeito a apenas uma parcela do documento, a parte ou o terceiro exibirá a outra em cartório, para dela ser extraída cópia reprográfica, de tudo sendo lavrado auto circunstanciado.

1.3.2.3. Da ata notarial

Prevista no art. 384, do CPC, tem por objetivo fazer com que os fatos ali constantes adquiram força de documento público, retratando, por exemplo, conversas ou acontecimentos extraídos das redes sociais, como Facebook ou outros aplicativos como Instagram, WhatsApp etc.

Porém, embora sua força probante seja maior que a do documento particular, não há óbice para que seja impugnada, considerando as demais provas que são carreadas aos autos do processo.

1.3.3. Perícia

Em certas situações, a demonstração da veracidade dos fatos depende de conhecimento técnico especializado, de modo que será necessária a produção de prova pericial, realizada pelo perito, pois é o profissional habilitado para tanto, na medida em que o juiz é desprovido daquele conhecimento técnico, que refoge à órbita jurídica.

O perito é um auxiliar da Justiça e, em razão da insuficiência da CLT e da Lei n. 5.584/70, aplicamos subsidiariamente o CPC.

Podemos afirmar que a perícia será necessária quando a prova dos fatos alegados pelas partes depender do *conhecimento técnico ou científico*, quando então o juiz poderá nomear um perito, devendo fixar o prazo para a entrega do laudo. Cada uma das partes pode indicar assistente técnico, que deverá apresentar o laudo no mesmo prazo fixado para o perito.

A prova pericial pode ser classificada em *exame* (visa analisar pessoa, bem móvel ou semovente), *vistoria* (analisa bens imóveis ou determinados lugares) e *avaliação* (estima valor de bens ou obrigações).

No processo do trabalho a prova pericial pode ser determinada de ofício pelo juiz ou ser requerida pelas partes, mas, em caso de revelia por ausência da reclamada (o que gera confissão quanto à matéria de fato), quando houver pedido de insalubridade e periculosidade, o magistrado deve determinar a produção de prova pericial.

Entretanto, existem três hipóteses legais que embasam a decisão do magistrado no que toca ao indeferimento da prova pericial, haja vista o que vaticina o art. 464, § 1º, do CPC: a) a prova do fato não depender do conhecimento especial de técnico; b) for desnecessária em vista de outras provas produzidas e c) a verificação for impraticável.

O juiz ou presidente poderá arguir os peritos compromissados ou os técnicos, e rubricará, para ser junto ao processo, o laudo que os primeiros tiverem apresentado.

Por outro lado, o juiz, em razão do princípio do livre convencimento, não é obrigado a manter suas razões de decidir com espeque no laudo pericial.

Note que a realização de perícia é obrigatória para verificação de insalubridade, mas quando não for possível sua realização, como em caso de fechamento da empresa, poderá o julgado utilizar-se de outros meios de prova, como seria o caso da prova emprestada.

A perícia sobre insalubridade ou periculosidade pode ser realizada por médico ou engenheiro do trabalho, vez que o art. 195 da CLT, não faz qualquer distinção entre esses profissionais para efeito de caracterização e classificação da insalubridade ou periculosidade, sendo necessário, em contrapartida, que o laudo seja elaborado por profissional devidamente qualificado.

A verificação mediante perícia de prestação de serviços em condições insalubres, considerando que o agente insalubre constatado é diverso daquele apontado na causa de pedir, não retira o direito ao recebimento ao adicional, ou seja, não prejudica o pedido.

É possível o juiz dispensar prova pericial quando as partes, na inicial e na contestação, apresentarem sobre as questões de fato pareceres técnicos ou documentos elucidativos que considerar suficientes.

Derradeiramente, é imperioso destacar que é possível a realização de nova perícia, quando da primeira não for possível extrair elementos suficientes de convencimento.

1.3.4. Testemunhal

No processo do trabalho, a testemunha é um dos meios de prova mais relevantes, pois não raras vezes é o único meio probante de que as partes dispõem para convencer o magistrado acerca da realidade dos fatos, tendo como substrato o princípio da primazia da realidade.

Todavia, não será admitida a prova testemunhal quanto a fatos já confessados ou provados por documento, ou quando os fatos só puderem ser provados com documentos ou por meio de perícia.

Podemos definir testemunha como a pessoa física que é indene às partes e totalmente desvinculada do processo, mas que é "convocada" para depor sobre fatos de que tenha conhecimento, ou seja, é a pessoa natural chamada a juízo para depor sobre fatos de que tem conhecimento, totalmente estranha ao processo, sendo certo que, em princípio, todas as pessoas podem depor, com exceção daquelas que são incapazes, impedidas ou suspeitas.

As causas de incapacidade e de impedimento são de ordem objetiva, enquanto as de suspeição são de ordem subjetiva.

A CLT determina que a testemunha que for parente até o terceiro grau civil, amigo íntimo ou inimigo de qualquer das partes não prestará compromisso, e seu depoimento valerá como simples informação.

No mais, haja vista a insuficiência da CLT, aplicamos o art. 447 do CPC, que trata das pessoas incapazes, impedidas e suspeitas para depor.

É imperioso notar que não torna suspeita a testemunha o simples fato de estar litigando ou de ter litigado contra o mesmo empregador.

No processo do trabalho, as testemunhas devem comparecer à audiência ainda que não sejam intimadas, ou seja: elas serão convidadas pelas partes, mas, em caso de ausência, serão intimadas pelo magistrado de ofício ou mediante requerimento das partes e, caso não compareçam sem motivo justificado, ficarão sujeitas a condução coercitiva, além de multa.

Alguns magistrados aplicam o art. 455 do CPC, no processo do trabalho, promovendo o diálogo das fontes, o que nos afigura adequado, haja vista que, caso a testemunha não compareça, o juiz deverá determinar sua condução coercitiva, o que, para nós, evita estratégias maléficas ao andamento do feito com adiamentos provocados.

No procedimento sumaríssimo, o juiz somente intimará a testemunha, em caso de ausência, se a parte comprovar que a convidou, não bastando a mera alegação.

Antes de prestar seu *compromisso legal*, nos termos do art. 828 da CLT, a testemunha será qualificada, ficando sujeita às penas previstas na lei penal em caso de falsidade em suas declarações.

Note que a *contradita de testemunha* é um instituto muito importante, pois como vimos anteriormente, as testemunhas impedidas, suspeitas ou incapazes não podem depor.

Sendo assim, contradita nada mais é do que a impugnação da testemunha pelo outro polo da relação processual, que irá arguir incapacidade, impedimento ou suspeição daquela pessoa natural, o que deve ser feito após a qualificação da testemunha e antes da prestação do compromisso, vez que, não o fazendo, haverá preclusão.

Se a testemunha negar os fatos que lhe são imputados, será possível a produção de provas para comprovar o motivo que gerou a arguição da contradita, seja por meio de documentos apresentados no ato ou de testemunhas ouvidas em apartado (o que se denomina instrução da contradita). Se necessário for, o magistrado deverá adiar a audiência.

Quer o juiz venha a deferir ou indeferir a contradita, cabe à parte requerer que sejam registrados em ata os protestos contra aquela decisão, uma vez que estaremos diante de uma decisão interlocutória, irrecorrível de imediato, portanto.

Quanto à inquirição das testemunhas, em regra, primeiro são ouvidas as do reclamante e depois as da reclamada na sede do juízo, e se a testemunha for funcionário civil ou militar e tiver que depor em hora de serviço, será requisitada ao chefe da repartição para que possa comparecer.

Em qualquer hipótese, a testemunha não pode sofrer descontos pelas faltas ao serviço ocasionadas pelo seu comparecimento para depor, quando arrolada ou convidada.

Deve o magistrado providenciar meios para que o depoimento de uma testemunha não seja ouvido pela outra que ainda vai depor, sendo os depoimentos resumidos na ata de audiência.

No que tange à *quantidade de testemunhas* que cada parte pode arrolar, vale reiterar que, a depender do procedimento, temos:

1) no rito ordinário, serão 3 (três) para cada parte (art. 821 da CLT);
2) no rito sumaríssimo, até 2 (duas) para cada parte (§ 2º do art. 852-H da CLT);
3) no inquérito judicial para apuração de falta grave, até 6 (seis) para cada parte (art. 821 da CLT);
4) no procedimento sumário (Lei n. 5.584/70), aplica-se a regra geral prevista na CLT, que são 3 (três) testemunhas para cada parte, haja vista a omissão da lei citada.

Interessante é a questão envolvendo o número de testemunhas em caso de litisconsórcio, prevalecendo o entendimento de que, se for litisconsórcio ativo, o polo ativo só poderá indicar até 3 (três) testemunhas (no caso de rito ordinário), enquanto que, se o litisconsórcio for passivo, cada litisconsorte poderá lançar mão de 3 (três) testemunhas cada, vez que essa condição de integrar o polo passivo não decorre de sua liberalidade. Ou seja, no polo ativo, caso os autores optem por ajuizar apenas uma ação, abrirão mão de ouvir, cada um, 3 (três) testemunhas.

Ademais, embora, como regra geral, não haja o arrolar prévio de testemunhas – daí porque a parte pode substituir as testemunhas ao seu alvedrio até o dia da audiência –, é aplicável ao processo do trabalho o disposto no art. 451, do CPC, que versa sobre a substituição das testemunhas.

Sobre a acareação das testemunhas, mister se faz proceder à leitura do art. 461, do CPC.

Vale destacar que o art. 793-D da CLT determina que a testemunha, caso intencionalmente altere a verdade dos fatos ou omita fatos essenciais ao julgamento da causa, sofrerá com a multa prevista no art. 793-C, ou seja, superior a 1% e inferior a 10% do valor corrigido da causa, a qual será executada nos próprios autos.

O art. 10 e seu parágrafo único, da IN n. 41/2018 do TST assevera que o disposto no *caput* do art. 793-D será aplicável às ações ajuizadas a partir de 11 de novembro de 2017 (Lei n. 13.467/2017) e, que após a colheita da prova oral, a aplicação de multa à testemunha dar-se-á na sentença e será precedida de instauração de incidente mediante o qual o juiz indicará o ponto ou os pontos controvertidos no depoimento, assegurados o contraditório, a defesa, com os meios a ela inerentes, além de possibilitar a retratação.

Por fim, averbamos que existe uma medida provisória, ainda não convertida em lei até a data de fechamento dessa edição, qual seja, a MP n. 905/2019, a qual estabelece no art. 730 da CLT que àqueles que se recusarem a depor como testemunhas, sem motivo justificado, será aplicada a multa prevista no inciso II do *caput* do art. 634-A.

1.3.5. Prova emprestada

Há muito já se admitia a utilização de prova emprestada no processo do trabalho, como, por exemplo, nos feitos em que há pedido de insalubridade, mas o local onde deveria ser realizada a prova pericial foi desativado.

Com efeito, são requisitos de admissibilidade da prova emprestada, segundo a doutrina majoritária: 1) ter sido produzida em processo judicial; 2) ter sido produzida em processo entre as partes ou no qual figurou a parte em face de quem se pretende utilizar a prova; 3) estar relacionada às alegações fáticas controvertidas da ação em que será utilizada; 4) ter sido produzida em processo regido pelo princípio da publicidade.

Por fim, vale dizer que a prova emprestada, ainda que admitida, não vincula o juiz e deve ser submetida ao crivo do contraditório.

LEGISLAÇÃO CORRELATA

Indicamos a leitura dos seguintes dispositivos:

1) Arts. 192, 765, 777, 780, 787, 818 a 830, e 845 da CLT;

2) Arts. 139, I, 156 a 158, 192, 369, 370, 371, 374, 376, 385 a 390, 396, 405, 430 a 434, 451, 457, 458, 461, 464, 466 a 468, 472, 479, 480 a 484, e 493 do CPC;

3) Art. 6º, VIII, do CDC;

4) IN n. 39/2016 do TST: arts. 2º, VII, § 3º, VII, e 11;

5) Lei n. 5.584/70, art. 3º;

6) Art. 5º, *caput*, da CRFB/88;

7) IN n. 41/2018 do TST.

ENTENDIMENTO DOUTRINÁRIO

Vale ressaltar que ainda há divergência, no que pese o previsto no já citado § 2º do art. 818 da CLT, na doutrina e na jurisprudência sobre o momento processual adequado para que o juiz consigne a inversão do ônus da prova, havendo defensores no sentido de que deve ser aplicada na sentença, o que em nosso sentir não tem amparo legal. Assim, as vozes majoritárias afirmam que é prudente (e, agora, determinado por lei) o magistrado inverter o ônus da prova antes da instrução, em obediência ao devido processo legal, contraditório, igualdade e ampla defesa, o que tem nossa adesão.

Tema bastante controvertido é se o menor de 18 (dezoito) e maior de 16 (dezesseis) anos pode prestar depoimento. Há uma boa parte da doutrina, a qual tem a nossa adesão, que, tendo em vista que tal indivíduo pode firmar contrato de trabalho, defende essa possibilidade, porém, desde que esteja devidamente assistido ou representado por seu representante legal, de modo que, em confessando, o magistrado deve considerar seu depoimento para fins de solução da lide.

Ainda com relação ao *depoimento do menor de 18 anos*, porém como testemunha, por ser este penalmente inimputável, não estando sujeito, portanto, a falso testemunho, não pode se comprometer a dizer a verdade, razão pela qual não pode depor, sendo ouvido apenas como informante, no que pese haver entendimento no sentido de que o maior de 16 e menor de 18 poderá prestar o depoimento como testemunha, pois, se pode firmar contrato de trabalho, pode depor, aplicando-se ainda o art. 447, § 1º, III, onde consta vedação apenas para o menor de 16 anos.

JURISPRUDÊNCIA

Indicamos a leitura, sem prejuízo de outras, da seguinte jurisprudência:

1) Súmulas 6, VIII, 8, 12, 74, 212, 293, 338, 357, 394 e 453 do TST;

2) OJs 36, 134, 165, 233, 278 e 287 da SDI-1 do TST;
3) OJ T 23 da SDI-1 do TST;
4) Súmula 225 do STF.

QUESTÕES COMENTADAS

01 (Analista – TRT 8 – CESPE – 2016) Em relação às provas no processo do trabalho e à aplicação subsidiária do Código de Processo Civil (CPC), assinale a opção correta.

(A) É admissível o testemunho de surdo-mudo por meio de intérprete nomeado pela parte interessada no depoimento, ficando as custas do intérprete a cargo da justiça do trabalho.
(B) É permitido à testemunha recusar-se a depor.
(C) No processo do trabalho, admite-se o testemunho de pessoa na condição de simples informante, o que significa que ela não precisa prestar compromisso.
(D) Não se admite como testemunha o estrangeiro que residir no país, mas não falar a língua portuguesa.
(E) No processo do trabalho, em consequência da aplicação subsidiária do CPC, a regra geral é que a parte requerida detém o ônus da prova.

RESPOSTA (A) Art. 819, § 2º, da CLT. (B) Art. 448, do CPC. (C) Art. 829, da CLT. (D) Art. 819, da CLT. (E) Art. 818, da CLT. *Alternativa C.*

ATENÇÃO: Com o advento da Lei n. 13.660/2018, o § 2º do art. 819 da CLT passou a dispor que as despesas decorrentes do disposto neste artigo correrão por conta da parte sucumbente, salvo se beneficiária de justiça gratuita, razão pela qual, atualmente, a questão não teria gabarito.

---

02 (Procurador Substituto – Salvador – CESPE – 2015) Assinale a opção correta, relativamente às provas no processo do trabalho.

(A) Nas demandas que envolvam relação de emprego, a parte requerente da perícia deve realizar prévio depósito para custeio dos honorários periciais.
(B) Segundo o TST, são inválidos como meio de prova documentos apresentados por município em fotocópia não autenticada.
(C) O município, quando for parte em processo trabalhista em procedimento sumaríssimo, pode apresentar, no máximo, duas testemunhas.
(D) As testemunhas comparecerão à audiência independentemente de intimação, mas, caso faltem, caberá à parte provar que as convidou e registrar justificativa pela ausência. O TST entende que, se não houver o registro, o indeferimento do requerimento de intimação das testemunhas faltosas não implicará cerceamento do direito de defesa.
(E) A inspeção judicial, meio de prova realizado de ofício pelo juiz, independe de intimação prévia das partes.

RESPOSTA (A) Art. 790-B, § 3º, da CLT. (B) OJ 134 da SDI-1 do TST. (C) Não é admitido o ingresso de pessoa jurídica de direito público no procedimento em testilha (art. 852-A, parágrafo único, da CLT). (D) *Informativo n. 106* do TST. Decisão extraída do TST-E-ED--ARR-346-42.2012.5.08.0014, SBDI-I, Relator Ministro: Caputo Bastos, redator João Oreste Dalazen, 8-5-2015). (E) Art. 442, parágrafo único, do CPC/73; Art. 483, parágrafo único, do CPC/2015. *Alternativa D*.

PARA GABARITAR

- A *finalidade da prova* é auxiliar o juiz no descobrimento da verdade, formando seu convencimento.

- O *objeto da prova* são os fatos, pois a parte não é obrigada a provar o direito, regra que se aplica em caso de direito federal, pois o juiz pode determinar a prova do teor e vigência do direito estrangeiro, municipal, estadual, distrital ou consuetudinário.

- *Interrogatório* é o meio pelo qual o juiz visa obter esclarecimentos sobre fatos da causa e que pode ocorrer em qualquer fase do processo, até mesmo após encerrada a instrução, desde que antes de proferida a sentença, não tendo o objetivo de provocar a confissão.

- O *depoimento pessoal* objetiva, primordialmente, à confissão da parte, por isso esta é intimada para depor pessoalmente com a advertência de que, se não comparecer em audiência ou, ainda que esteja presente, se recusar a depor, haverá a confissão.

- A confissão real goza de *presunção absoluta (jure et de jure)* de veracidade.

- A confissão ficta goza de *presunção relativa (juris tantum)*, de modo que é possível produzir prova em sentido contrário.

- A juntada de documentos na fase recursal só se justifica quando provado o justo impedimento para sua oportuna apresentação ou quando se referir a fato posterior à sentença.

- A prova pericial pode ser classificada em *exame* (visa analisar pessoa, bem móvel ou semovente), *vistoria* (analisa bens imóveis ou determinados lugares) e *avaliação* (estima valor de bens ou obrigações).

- A perícia sobre insalubridade ou periculosidade pode ser realizada por médico ou engenheiro do trabalho, vez que o art. 195, da CLT, não faz qualquer distinção entre esses profissionais para efeito de caracterização e classificação da insalubridade ou periculosidade, sendo necessário, em contrapartida, que o laudo seja elaborado por profissional devidamente qualificado.

- Não torna suspeita a testemunha o simples fato de estar litigando ou de ter litigado contra o mesmo empregador.

- Contradita é a impugnação da testemunha pelo outro polo da relação processual, que irá arguir incapacidade, impedimento ou suspeição daquela pessoa natural, o que deve ser feito após a qualificação da testemunha e antes da prestação do compromisso.

PARA MEMORIZAR

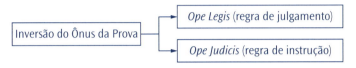

CAPÍTULO 19 Sentença nos dissídios individuais

1. CONSIDERAÇÕES INICIAIS

Antes de ser proferida a decisão, é necessária a conciliação pré-decisória, e a sua não observância enseja decretação de nulidade. Ou seja, a segunda tentativa de conciliação é um dos requisitos de eficácia da sentença trabalhista, vez que é indispensável à tentativa, mesmo que as partes não cheguem a um denominador comum.

1.1. Sentença terminativa e definitiva

A sentença é o pronunciamento por meio do qual o juiz, com fundamento nos arts. 485 e 487, do CPC, põe fim à fase cognitiva do procedimento comum, bem como extingue a execução. Aliás, tendo em vista o procedimento de jurisdição voluntária de homologação de acordo extrajudicial, cabe afirmar que o ato jurisdicional que homologa ou não o acordo, neste procedimento, é uma sentença.

Dessa forma, haverá uma sentença terminativa (coisa julgada formal) quando o juiz não analisar o mérito, caso em que haverá uma "extinção" anômala do processo e, caso seja interposto o recurso ordinário para impugnar a decisão que não analisou o mérito, pode o juiz reconsiderar no prazo de 5 (cinco) dias.

Importa destacar que o pronunciamento judicial que não resolve o mérito não obsta a que a parte ajuíze novamente a ação.

Questão interessante é saber se cabe recurso, de imediato, de decisão que extingue de forma parcial o processo sem resolução de mérito quanto a alguns pedidos, prosseguindo-se quanto aos demais. Embora o tema seja controvertido, colacionamos abaixo decisão prolatada pelo TRT da 18ª Região:

> "EXTINÇÃO PARCIAL DO PROCESSO SEM RESOLUÇÃO DE MÉRITO. DECISÃO INTERLOCUTÓRIA. IRRECORRIBILIDADE DE IMEDIATO. Depreende-se do disposto no parágrafo único do art. 354 do NCPC que a decisão de extinção parcial do processo, sem resolução de mérito, como se deu no caso presente, é interlocutória e impugnável por agravo de instrumento no processo civil. Assim, tratando-se de decisão interlocutória e sendo irrecorrível de imediato no processo do trabalho (art. 893, § 1º, da CLT), há que ser mantida a denegação de seguimento ao recurso ordinário interposto pela segunda reclamada, embora por outro fundamento" (TRT18, AIRO – 0010069-96.2018.5.18.0111, Relatora: Rosa Nair da Silva Nogueira Reis, 3ª Turma, 14-12-2018).

De outra banda, haverá uma sentença definitiva (coisa julgada material) quando o mérito for resolvido.

Cumpre destacar que a desistência da ação (do processo) só produz efeito depois de homologada pelo juiz, de modo que, antes da homologação, é possível a reconsideração e, depois de citado o réu, depende da aquiescência deste, importando a não análise do mérito. A renúncia à pretensão formulada na ação ou na reconvenção, por outro lado, importa a resolução do mérito.

Não obstante o acima dito, são aplicáveis no processo do trabalho a vedação à decisão surpresa e o julgamento antecipado parcial de mérito, nos termos dos arts. 9º e 10, do CPC.

Ademais, também são aplicáveis ao processo do trabalho as normas prescritas no art. 332, do CPC (julgamento liminar de improcedência do pedido).

1.2. Requisitos essenciais e complementares

De acordo com as previsões do ordenamento jurídico, todas as sentenças devem conter certos elementos, pois a omissão do julgador no que tange a qualquer um dos requisitos gera consequências, ou seja, a decisão pode ser ou nula ou inexistente, conforme o caso.

Prevê o art. 489 do CPC, que "são elementos essenciais da sentença: I – o relatório, que conterá os nomes das partes, a identificação do caso, com a suma do pedido e da contestação, e o registro das principais ocorrências havidas no andamento do processo; II – os fundamentos, em que o juiz analisará as questões de fato e de direito; III – o dispositivo, em que o juiz resolverá as questões principais que as partes lhe submeterem".

Por seu turno, dispõe o art. 832, da CLT: "Da decisão deverão constar o nome das partes, o resumo do pedido e da defesa, a apreciação das provas, os fundamentos da decisão e a respectiva conclusão".

No procedimento sumaríssimo, o relatório é dispensado.

1.2.1. Relatório

Tem por objetivo registrar o objeto da lide, com o resumo do pedido e da defesa, bem como as principais ocorrências processuais, e sua ausência gera *nulidade da decisão*, em caso de notório prejuízo (art. 794, CLT), já que a lei diz que tem que haver nulidade, mas não afirma qual é a consequência em razão de sua ausência. No entanto, no procedimento sumaríssimo é dispensado.

1.2.2. Fundamentação (motivação)

É a parte que revela todo o raciocínio desenvolvido pelo juiz sobre a apreciação das questões processuais, dos fatos alegados, das provas produzidas e demais elementos dos autos, e sua ausência gera *nulidade absoluta da decisão*, sendo o prejuízo presumível, razão pela qual a Constituição tem previsão específica sobre a questão no art. 93, IX.

Outrossim, tem aplicação no processo do trabalho a fundamentação analítica prevista no § 1º, do art. 489, do CPC, observando-se o disposto no art. 15 da IN n. 39/2016 do TST.

1.2.3. Conclusão (dispositivo)

É a parte da sentença em que o juiz cumpre a sua função de julgar, acolhendo ou rejeitando o pedido do autor, ou seja, julgando procedente *in totum* ou em parte ou improcedente o pedido do autor, podendo até mesmo não resolver o mérito.

Note-se que o dispositivo pode ser direto ou indireto e não há nulidade se for dessa última forma, de modo que a jurisprudência é pacífica, praticamente, no sentido de o admitir.

Apenas para exemplificar, segue ementa de Agravo de Petição julgado pelo TRT da 1ª Região (processo n. 0101746-24.2016.5.01.0283), em acórdão unânime:

> "AGRAVO DE PETIÇÃO. DISPOSITIVO INDIRETO. A doutrina é unânime em admitir o dispositivo direto ou indireto. Neste, o juiz sentenciante declara o resultado de seu julgamento, reportando-se à fundamentação da decisão, sem prejuízo à formação da coisa julgada. Assim, na interpretação atual das regras processuais, há de se emprestar ao conceito de dispositivo um sentido substancial e não meramente formalista. Recurso não provido".

Por fim, a ausência de relatório gera *inexistência da decisão*, já que não terá sido prestada a tutela jurisdicional.

1.3. Requisitos complementares

A sentença no processo do trabalho também conterá os requisitos complementares, como se denota dos parágrafos do art. 832 da CLT.

Dessa forma, quando a decisão concluir pela procedência do pedido, determinará o prazo e as condições para o seu cumprimento, devendo sempre mencionar as custas que devem ser pagas pela parte vencida.

Ademais, as decisões cognitivas ou homologatórias de acordo deverão sempre indicar a natureza jurídica das parcelas constantes da condenação ou do acordo homologado, inclusive o limite de responsabilidade de cada parte pelo recolhimento da contribuição previdenciária, quando houver a incidência.

Com efeito, a discriminação acima versada é essencial em razão de algumas verbas não sofrerem a incidência de contribuição previdenciária, como é o caso dos valores deferidos a título de FGTS e multa fundiária de 40% sobre o saldo daquele para fins rescisórios.

Sobre a discriminação das verbas, a Lei n. 13.876/2019 inseriu no art. 832 os §§ 3º-A e 3º-B, de modo que, salvo na hipótese de o pedido da ação limitar-se expressamente ao reconhecimento de verbas de natureza exclusivamente indenizatória, a parcela referente às verbas de natureza remuneratória não poderá ter como base de cálculo valor inferior: I – ao salário-mínimo, para as competências que integram o vínculo empregatício reconhecido na decisão cognitiva ou homologatória; ou II – à diferença entre a remuneração reconhecida como devida na decisão cognitiva ou homologatória e a efetivamente paga pelo empregador, cujo valor total referente a cada competência não será inferior ao salário-mínimo. Caso haja piso salarial da categoria definido por acordo ou convenção coletiva de trabalho, o seu valor deverá ser utilizado como base de cálculo para os fins de discriminação das verbas (natureza jurídica das parcelas).

1.4. Intimação da União e acordo após o trânsito em julgado

A União deve ser intimada das decisões homologatórias de acordos que contenham parcela de natureza indenizatória, sendo facultada a interposição de recurso relativo aos tributos que lhe forem devidos, caso em que, se desejar, interporá o recurso ordinário, salvo se a homologação do acordo for na execução, quando então o recurso cabível será o agravo de petição.

Outrossim, pode também a União interpor recurso relativo à discriminação das parcelas.

Caso seja celebrado acordo após o trânsito em julgado ou após a elaboração dos cálculos de liquidação de sentença, não haverá prejuízo no que tange aos créditos devidos à União, mesmo que o acordo venha a ocorrer no curso da execução, devendo ser observado que a incidência da contribuição previdenciária far-se-á sobre o valor do acordo homologado.

1.5. Correção de erros materiais

Havendo na decisão evidentes erros ou enganos de escrita, de datilografia ou de cálculo, antes da execução, poderão ser corrigidos de ofício pelo juiz, ou ainda, a requerimento dos interessados ou da Procuradoria da Justiça do Trabalho.

1.6. Intimação da decisão

Com relação à ciência da decisão, pode-se dizer que a publicação e sua notificação aos litigantes ou a seus patronos consideram-se realizadas nas próprias audiências em que foram proferidas, exceto se houver revelia.

LEGISLAÇÃO CORRELATA

Devem ser objeto de leitura, sem prejuízo de outros dispositivos:

1) Arts. 831 a 835, 850, 852 e 897-A, § 1º da CLT;
2) Arts. 200, parágrafo único, 203, § 1º, 485, § 7º, e 489 do CPC;
3) IN n. 39/2016: arts. 3º, VIII e IX, 4º, 5º, 7º e 11.

ENTENDIMENTO DOUTRINÁRIO

Sobre eventual nulidade da sentença, importa registrar a lição de Nelson Nery Junior[1], como segue:

> "O autor fixa os limites da lide e da causa de pedir na petição inicial, cabendo ao juiz decidir de acordo com esse limite. É vedado ao magistrado proferir sentença acima (*ultra*), fora (*extra*) ou abaixo do pedido. Caso o faça, a sentença estará eivada de vício, corrigível por meio de recurso. A sentença *citra* ou *infra petita* pode ser corrigida por meio de embargos de declaração, cabendo ao juiz suprir a omissão; a sentença *ultra* ou *extra petita* não pode ser corrigida por embargos de declaração, mas só por apelação. Cumpre ao tribunal, ao julgar o recurso, reduzi-la aos limites do pedido".

Sobre a sentença trabalhista e a hipoteca judiciária, prevista no art. 495 do CPC, aduz Mauro Schiavi[2]:

> "De nossa parte, a hipoteca judiciária não é apenas um efeito secundário, reflexo, ou anexo da sentença, mas sim um efeito ativo desta, autorizando o magistrado a determinar um gravame em bem imóveis do devedor, com os seguintes objetivos: a) prestigiar a autoridade da sentença de primeiro grau: com a hipoteca judiciária, o devedor já começa a ser importunado pela sentença, o que, via de regra, somente acontece com a penhora; b) prevenir fraudes por parte do devedor: com o registro da hipoteca, há publicidade ampla do processo e da sentença, evitando e prevenindo fraude; c) gerar o direito de sequela: a hipoteca judiciária não impede a alienação do bem, entretanto, há o direito de sequela por parte do vencedor da sentença, uma vez que a hipoteca continua gravando o bem, havendo mudança em sua propriedade; d) abreviar o curso da execução: com a hipoteca o bem imóvel já fica vinculado ao processo, evitando todas as vicissitudes que enfrenta o credor trabalhista para encontrar bens do devedor. Entretanto, na execução trabalhista, podem ser penhorados outros bens de maior liquidez, segundo a ordem preferencial do art. 835 do CPC (art. 882 da CLT)".

---

1 JUNIOR, Nelson Nery. *Comentários ao Código de Processo Civil*. São Paulo: RT, 2015. p. 460.
2 SCHIAVI, Mauro. *Manual de Direito Processual do Trabalho*. São Paulo: LTr, 2017. p. 826.

Por fim, acerca da coisa julgada, colacionamos parte do profícuo pensamento de Gustavo Filipe Barbosa Garcia[3]:

> "A coisa julgada é de fundamental importância para a estabilidade das relações sociais, tendo natureza de garantia constitucional, consoante o art. 5º, inciso XXXVI, da Constituição da República.
>
> Logo, a *estabilidade das relações jurídicas* exige que o comando decorrente de provimento jurisdicional de mérito, transitado em julgado, seja observado e respeitado, como forma de permitir a segurança jurídica na vida em sociedade.
>
> O provimento jurisdicional que resolve o mérito produz certos efeitos preponderantes, que podem ser, conforme estudado anteriormente, o meramente declaratório, o constitutivo e o condenatório (salientando-se que parte da doutrina também acrescenta o mandamental e o executivo *lato sensu*).
>
> A coisa julgada material é justamente a *imutabilidade* desses efeitos, não se confundindo, entretanto, com eles.
>
> Logo, a coisa julgada material é entendida como a imutabilidade dos efeitos (declaratório, constitutivo, condenatório, mandamental e executivo *lato sensu*) da decisão, que operam externamente à relação processual.
>
> (...)
>
> A coisa julgada formal, diversamente, é a preclusão máxima, no sentido de inalterabilidade da decisão dentro do processo, após o trânsito em julgado, ou seja, quando não caiba mais recurso".

JURISPRUDÊNCIA

Devem ser lidas, a título apenas exemplificativo, as Súmulas 187, 200, 211, 368 e 401 do TST, bem como a OJ 376 da SDI-1 do TST.

QUESTÕES COMENTADAS

01 (Técnico – TRT 8 – CESPE – 2016) Em relação a sentença, coisa julgada e liquidação de sentença trabalhista, assinale a opção correta.

(A) Caso tenha sido proferida na audiência de instrução processual e nenhuma das partes tenha comparecido em juízo, a sentença será considerada publicada nesse ato.
(B) A verdade dos fatos prevista na sentença faz coisa julgada formal e material.
(C) Como a liquidação de sentença é fase prévia à execução, é possível se discutir matéria pertinente à causa principal.
(D) Na liquidação de sentença por cálculos, os elementos ainda não estão integralmente nos autos, devendo as partes apresentar prova dos fatos para fixação do valor devido.

---

3 GARCIA, Gustavo Filipe Barbosa. *Curso de Direito Processual do Trabalho.* 2. ed. Rio de Janeiro: Forense, 2013. p. 521-528.

(E) Em face da simplicidade do processo do trabalho, é desnecessário que a sentença trabalhista contenha os fundamentos da decisão, podendo o juiz indicar apenas o resumo do pedido e suas conclusões.

RESPOSTA (A) Súmula 197 do TST. (B) Art. 504, II, do CPC. (C) Art. 879, § 1º, da CLT. (D) Art. 509, II, do CPC. (E) Art. 832, da CLT. *Alternativa A*.

---

02 (Procurador Substituto – PGE/PI – CESPE – 2014) No que se refere à sentença trabalhista, assinale a opção correta.

(A) Da sentença proferida no procedimento sumaríssimo devem constar, sob pena de nulidade, o relatório, a fundamentação e o dispositivo.
(B) A parte que, intimada, não comparecer à audiência em prosseguimento para a prolação da sentença perderá o prazo para recurso.
(C) Sendo revel o reclamado, dispensa-se a intimação da sentença.
(D) Nos dissídios coletivos, cujo julgamento compete aos tribunais do trabalho, as decisões são denominadas sentenças normativas, cujos efeitos se estendem tanto aos associados do sindicato quanto aos não associados, ou seja, a toda a categoria.
(E) O termo lavrado nas conciliações vale como decisão irrecorrível, salvo no que se refere a questões que envolvam a previdência social e pessoas jurídicas de direito público.

RESPOSTA (A) Dispensa relatório, conforme o art. 852-I da CLT. (B) Súmula 197 do TST. (C) Art. 852 da CLT. (D) Correto. (E) Art. 831, parágrafo único, da CLT. *Alternativa D*.

PARA GABARITAR

- A desistência da ação (do processo) só produz efeito depois de homologada pelo juiz, mas, depois de oferecida a contestação, ainda que eletronicamente, a desistência depende de concordância do réu.
- São aplicáveis no processo do trabalho a vedação à decisão surpresa e o julgamento antecipado parcial de mérito.
- Quando a decisão concluir pela procedência do pedido, determinará o prazo e as condições para o seu cumprimento, devendo sempre mencionar as custas que devem ser pagas pela parte vencida.
- As decisões cognitivas ou homologatórias de acordo deverão sempre indicar a natureza jurídica das parcelas constantes da condenação ou do acordo homologado, inclusive o limite de responsabilidade de cada parte pelo recolhimento da contribuição previdenciária, quando houver a incidência.
- A União deve ser intimada das decisões homologatórias de acordos que contenham parcela de natureza indenizatória, sendo facultada a interposição de recurso relativo aos tributos que lhe forem devidos.

PARA MEMORIZAR

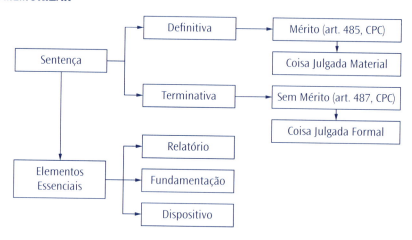

CAPÍTULO 20 — Recursos no Processo do Trabalho

1. CONSIDERAÇÕES INICIAIS

Recurso deve ser entendido como retomada do curso, ou seja, a lide continua seguindo seu curso, vez que houve a provocação do reexame de determinada decisão na mesma relação processual em que fora proferida. O objetivo é a reforma ou anulação da decisão, o que ocorre, como regra geral, pela instância superior.

Note-se que os recursos serão *próprios* quando seu julgamento ocorrer na instância superior (recurso ordinário, recurso de revista etc.), e serão tidos como *impróprios* quando julgados pelo mesmo órgão que proferiu a decisão recorrida, como seria o caso dos embargos de declaração.

Em suma, recurso é o direito de demonstrar o inconformismo com uma decisão no curso do mesmo processo.

No processo do trabalho, os recursos são interpostos por simples petição, ou seja, a CLT dispensa formalidades, embora se afirme que devem estar fundamentados, como se extrai da Súmula 422 do TST[1].

Com efeito, o *princípio da dialeticidade* ou *discursividade* irá exigir que o recurso esteja devidamente fundamentado, sob pena, em regra, de não conhecimento.

1.1. Peculiaridades

O recorrente poderá, depois de interposto o recurso e desde que não tenha ocorrido o julgamento, a qualquer tempo, sem a aquiescência do recorrido ou dos litisconsortes, desistir do recurso.

No mesmo viés, antes de interpor o recurso, poderá renunciar ao direito de recorrer, o que independe da aceitação da outra parte.

Ademais, o recurso pode ser total ou parcial, isto é, é possível que o recorrente impugne todas as matérias ou apenas parte delas.

---

[1] **Súmula 422 do TST.** RECURSO. FUNDAMENTO AUSENTE OU DEFICIENTE. NÃO CONHECIMENTO (redação alterada, com inserção dos itens I, II e III) – Res. 199/2015, *DEJT* divulgado em 24, 25 e 26-6-2015. Com errata publicado no *DEJT* divulgado em 1º-7-2015. "**I – Não se conhece de recurso para o Tribunal Superior do Trabalho se as razões do recorrente não impugnam os fundamentos da decisão recorrida, nos termos em que proferida. II – O entendimento referido no item anterior não se aplica em relação à motivação secundária e impertinente, consubstanciada em despacho de admissibilidade de recurso ou em decisão monocrática.** III – Inaplicável a exigência do item I relativamente ao recurso ordinário da competência de Tribunal Regional do Trabalho, exceto em caso de recurso cuja motivação é inteiramente dissociada dos fundamentos da sentença."

1.2. Natureza jurídica

Duas correntes apontam no cenário jurídico:

a) *corrente minoritária*: aduz ser o recurso uma ação autônoma diversa daquela que deu origem à demanda, o que na verdade dará ensanchas ao instaurar de uma nova relação processual; e

b) *corrente majoritária*: defende ser o recurso um prolongamento do exercício do direito de ação, como dito acima, pois os meios autônomos seriam, por exemplo, o mandado de segurança e a ação rescisória.

1.3. Princípios

1.3.1. Duplo grau de jurisdição

Um dos princípios mais citados pela doutrina é o duplo grau de jurisdição, que preconiza evitar eventual abuso das instâncias inferiores ao decidirem as lides, de modo que haveria um controle dessas decisões judiciais pela instância superior, onde os órgãos jurisdicionais são formados por mais de um julgador.

Afirma-se, ainda, que o princípio em apreço não tem previsão expressa no texto constitucional, mas, em decorrência da interpretação sistemática, é reconhecido em razão do art. 5º, LV, da CRFB/88, ao averbar ampla defesa com os recursos a ela inerentes.

No entanto, não é inconstitucional norma infraconstitucional limitar o cabimento de recursos nos procedimentos, como é o caso do sistema restritivo, previsto no art. 2º, § 4º, da Lei n. 5.584/70, que trata dos dissídios de alçada (procedimento sumário), em descompasso com o sistema geral da ampliação de recursos. A jurisprudência é nesse sentido.

1.3.2. Taxatividade

Também denominada *legalidade*, preconiza que recurso é necessariamente o meio de impugnação que esteja previsto em lei, seja na CLT ou em outra norma esparsa, razão pela qual os recursos estão taxativamente previstos em lei, o que significa dizer que a previsão de qualquer outro recurso não inserto na legislação que rege a sistemática processual trabalhista é inadmissível como meio de impugnação no processo do trabalho, como seria o caso da apelação, do recurso especial etc.

Como o rol de recursos é taxativo (*numerus clausus*), não se admite interpretação extensiva para viabilizar a utilização de outros recursos não previstos na legislação processual do trabalho.

1.3.3. Voluntariedade

Este princípio informa que as partes, quando inconformadas com a decisão proferida, se desejarem, poderão recorrer de forma independente no prazo prescrito em lei, razão pela qual o tribunal não pode conhecer de ofício matérias não arguidas pelas partes, exceto se forem questões de ordem pública, enquanto não tiver operado a preclusão.

1.3.3.1. Duplo grau de jurisdição obrigatório

No que pese não ter natureza de recurso, vez que não tem por objetivo reformar ou anular a decisão proferida, cabe analisarmos o reexame necessário ou remessa *ex officio*, que é uma verdadeira condição de eficácia das decisões proferidas contra as pessoas jurídicas de direito público, o que permanece plenamente aplicável, mesmo com o advento da CF/88, vez que não viola os princípios da igualdade e do devido processo legal, ou seja, a decisão proferida contra as pessoas jurídicas de direito público não produzirá efeito, senão depois de confirmada pelo tribunal.

O reexame necessário, no processo do trabalho, está previsto no art. 1º, V, do Decreto-lei n. 779/69, que na verdade o denomina de recurso ordinário *ex officio*, o que, em apertada síntese, significa que todas as decisões contrárias à Fazenda Pública (União, Estados, Distrito Federal, Municípios, suas respectivas autarquias e fundações públicas que não explorem atividade econômica) que comportarem recurso ordinário só terão eficácia após submetidas à instância superior, não havendo, portanto, trânsito em julgado de decisão que não tenha sido remetida ao Tribunal competente. Tal não se aplica às sociedades de economia mista e às empresas públicas em razão do regime peculiar a elas atribuído pela Constituição, exceto quando não explorarem atividade econômica no mercado concorrencial, como é o caso dos Correios.

Assim, é lícito afirmar que não só as sentenças estão sujeitas ao reexame necessário, mas também o acórdão proferido em ações originárias perante o TRT, uma vez que o Decreto-lei supra faz menção ao recurso ordinário *ex officio*, sendo possível, portanto, seu cabimento para o TST, como seria o caso das decisões proferidas em sede de ação rescisória.

A remessa necessária tem como consequência a aplicação dos efeitos devolutivo e translativo, mas não se aplica nas hipóteses excepcionadas pelo item I, *a*, *b* e *c*, da Súmula 303, isto é, quando a condenação não ultrapassar o valor correspondente a: a) 1.000 (mil) salários-mínimos para a União e as respectivas autarquias e fundações de direito público; b) 500 (quinhentos) salários-mínimos para os Estados, o Distrito Federal, as respectivas autarquias e fundações de direito público e os Municípios.

Também não se sujeita ao duplo grau de jurisdição a decisão fundada em: a) súmula ou orientação jurisprudencial do Tribunal Superior do Trabalho; b) acórdão proferido pelo Supremo Tribunal Federal ou pelo Tribunal Superior do Trabalho em julgamento de recursos repetitivos; c) entendimento firmado em incidente de resolução de demandas repetitivas ou de assunção de competência; d) entendimento coincidente com orientação vinculante firmada no âmbito administrativo do próprio ente público, consolidada em manifestação, parecer ou súmula administrativa.

Vale registrar que não cabe o reexame no caso de decisões que desafiam agravo de petição, vez que o ordenamento trata do recurso ordinário de ofício. Ademais, o inciso II, do art. 496, do CPC, assenta que seria cabível o reexame quando julgados procedentes, no todo ou em parte, os embargos à execução fiscal, de modo que, caso fosse admitido o duplo grau de jurisdição obrigatório, somente na hipótese de execução de dívida ativa decorrente das penalidades impostas pelos órgãos da fiscalização do trabalho, o que não é uníssono na doutrina e na jurisprudência, prevalecendo a tese do não cabimento em sede de execução.

Não cabe recurso de revista contra acórdão que julgou remessa necessária, sem que tenha ocorrido a interposição de recurso ordinário voluntário, salvo se a decisão agrava a situação processual do ente público.

Não cabe ação rescisória de decisão não submetida ao reexame, bastando direito de petição ao Presidente do Tribunal para avocação dos autos.

Por fim, não há legitimidade recursal de ente público em relação à sucumbência sofrida por uma de suas autarquias ou fundações, o que também deve ser observado para ação rescisória.

1.3.4. Unirrecorribilidade ou singularidade

Este princípio, também conhecido como *unicidade recursal*, sinaliza no sentido de que contra uma decisão só cabe um recurso específico, ou seja, não pode a parte interpor dois ou mais recursos contra uma única decisão, na medida em que os recursos devem ser manejados sucessivamente, e não concomitantemente.

1.3.5. Proibição da *reformatio in pejus*

O órgão competente para julgar o recurso interposto não pode agravar a condição ou situação processual do recorrente.

No entanto, deixamos averbado que é possível o órgão *ad quem* conhecer das matérias de ordem pública, razão pela qual, para exemplificar, se a reclamada interpuser recurso ordinário para reformar a sentença no todo ou em parte e o tribunal constatar a existência de coisa julgada, poderá extinguir o processo sem análise de mérito.

1.3.6. Fungibilidade ou conversibilidade

A parte, ao recorrer, deve lançar mão do recurso adequado. Porém, este princípio informa que um recurso interposto erroneamente pode ser convertido para o recurso que seria cabível (recurso correto), tendo em vista a natureza instrumental do processo.

No entanto, é necessária a presença de alguns requisitos para que seja aplicado:

1º) ausência de erro grosseiro ou má-fé – ocorre erro grosseiro quando a norma jurídica vaticina precisamente qual é o recurso cabível, e a parte interpõe outro cabalmente desconexo;

2º) dúvida razoável (objetiva) em relação ao recurso cabível – significa que na doutrina e na jurisprudência há controvérsia acerca do recurso que deve ser manejado naquele caso concreto; e

3º) observância da tempestividade no que tange ao recurso correto – quer dizer que o recurso interposto incorretamente tem que ter sido interposto no prazo do recurso que seria cabível.

No processo do trabalho aplica-se subsidiariamente o art. 932 do CPC.

1.4. Efeitos dos recursos

1.4.1. Efeito devolutivo

Como se extrai do art. 899, *caput*, da CLT, os recursos têm efeito meramente devolutivo, ou seja, transferem do juízo *a quo* (inferior) para o juízo *ad quem* (superior) as matérias impugnadas, buscando nova manifestação sobre o que foi decidido, o que nos persuade no seguinte sentido: todos os recursos têm efeito devolutivo! Note-se, porém, que o capítulo da sentença não impugnado transitará em julgado.

Esse efeito pode ser analisado sob dois prismas, isto é, quanto à extensão (prisma horizontal) e quanto à profundidade (prisma vertical).

No que tange à *extensão do efeito devolutivo*, temos que o órgão *ad quem* (que irá apreciar o recurso) se limitará às questões formuladas pela parte recorrente nas razões do seu recurso, ou seja, ficará adstrito ao que fora objeto de recurso, não podendo enfrentar outras questões.

Assim, se o autor faz pedido de horas extras, insalubridade e adicional noturno, e a sentença julga procedente apenas o pedido de horas extras e improcedentes os demais, se a parte recorrer (recurso parcial) pretendendo a reforma no que toca ao adicional de insalubridade, o tribunal não poderá apreciar o adicional noturno, que transitará em julgado.

O *efeito devolutivo em profundidade* sinaliza no sentido de que serão objeto de apreciação pelo tribunal todas as questões suscitadas no curso da relação processual, mesmo que a sentença não as tenha apreciado por inteiro, desde que relativas ao capítulo impugnado e, por seu turno, quando o pedido ou a defesa contiverem mais de um fundamento e o magistrado acolher apenas um deles, o recurso também devolverá as demais.

Na verdade, tudo que tiver sido objeto de teses das partes será transferido para o tribunal, isto é, a devolução de todas as teses é automática, desde que relativas ao capítulo da sentença que está sendo impugnado, o que independe de manifestação, uma vez que o recorrente, com o recurso interposto, limita a extensão, mas isso não ocorre quanto à profundidade, ou seja, a transferência dos demais fundamentos é automática.

Cumpre salientar que, se o pedido não tiver sido apreciado, se faz mister lançar mão dos embargos de declaração para que seja sanada a omissão, sob pena de supressão de instância, observando-se a hipótese averbada no art. 1.013, § 3º, III, do CPC.

Conclui-se então que o efeito devolutivo implica devolução da matéria que fora impugnada pelo recorrente (prisma horizontal), mas o juízo *ad quem* pode adentrar em todas as teses jurídicas ventiladas no processo (prisma vertical).

1.4.2. Efeito suspensivo

Como sugere o próprio nome do efeito, a sua aplicação impede a execução da decisão, haja vista que ficará com sua eficácia suspensa, o que não é a regra no processo do trabalho.

No entanto, em algumas situações excepcionais, poderemos ter a aplicação do efeito suspensivo nos recursos trabalhistas.

O TST admite a busca de efeito *suspensivo* por tutela provisória, reafirmando que o mandado de segurança não é o meio viável para tanto, conforme a Súmula 414 do TST.

Ademais, não cabe efeito suspensivo em recurso ordinário interposto de decisão proferida em mandado de segurança.

Por fim, cabe citar o art. 9º, da Lei n. 7.701/88, que dispõe: "O efeito suspensivo deferido pelo Presidente do Tribunal Superior do Trabalho terá eficácia pelo prazo improrrogável de 120 (cento e vinte) dias contados da publicação, salvo se o recurso for julgado antes do término do prazo", o que é aplicável quando há recurso ordinário interposto em face de decisões proferidas em dissídio coletivo, ou seja, contra sentenças normativas. Citamos também o art. 14 da Lei n. 10.192/2001, que vaticina: "O recurso interposto de decisão normativa da Justiça do Trabalho terá efeito suspensivo, na medida e extensão conferidas em despacho do Presidente do TST".

1.4.3. Efeito extensivo

É aplicável na hipótese de haver um litisconsórcio unitário, ou seja, quando o juiz deve decidir de modo uniforme para todos os litisconsortes, quando então o recurso interposto por um deles a todos os demais aproveitará, exceto quando distintos ou opostos forem seus interesses.

1.4.4. Efeito substitutivo

Previsto no art. 1.008 do CPC, aplica-se apenas se o recurso for conhecido, vez que é o julgamento de mérito do recurso que gera o efeito ora analisado, mesmo que o acórdão do juízo *ad quem* apenas confirme a decisão, isto é, negue provimento ao recurso interposto. Nesse sentido, a Súmula 192, item III, do TST, averba a impossibilidade jurídica do pedido quando houver o efeito substitutivo.

1.4.5. Efeito translativo

Admite que o tribunal enfrente questões fora do que consta do recurso ou das contrarrazões, mas apenas se aplica às questões de ordem pública (objeções processuais), como a coisa julgada, litispendência, perempção, nulidade de citação, etc., na medida em que devem ser conhecidas de ofício pelo Judiciário em qualquer tempo e grau de jurisdição.

Cumpre esclarecer que decisões *extra petita* são aquelas em que o órgão jurisdicional conhece de algo diverso do que foi aduzido pelo autor ou recorrente, acarretando nulidade; decisões *ultra petita* são aquelas que concedem mais, além do que foi pedido, gerando a nulidade da decisão na parte que excede; e, por fim, decisões *citra petita* são aquelas que deixam de apreciar algo que foi questionado ou pedido pelas partes, o que gera nulidade.

1.4.6. Efeito regressivo

Limita a possibilidade de haver retratação ou reconsideração do órgão que proferiu a decisão de que se recorre, o que é uma exceção aplicável, por exemplo, em dois recursos no processo do trabalho, que são o agravo de instrumento e o agravo regimental.

1.5. Pressupostos de admissibilidade

Também denominados requisitos de admissibilidade dos recursos, devem ser cumpridos quando da interposição do recurso cuja decisão a parte pretende impugnar, a fim de que seja conhecido e julgado em seu mérito pelo tribunal.

Como regra geral os recursos passam por dois juízos de admissibilidade, sendo o primeiro o juízo que proferiu a decisão de que se recorre (juízo *a quo*) e o segundo o órgão que processualmente é competente para julgar o recurso (juízo *ad quem*).

Observe que a decisão de conhecimento do juízo *a quo* não vincula o juízo *ad quem*, haja vista que os pressupostos recursais são entendidos como matérias de ordem pública, ou seja, pode o juiz da Vara do Trabalho conhecer do recurso ordinário, mas o TRT não.

Na seara recursal trabalhista, esses requisitos de admissibilidade são classificados, de maneira geral, da seguinte forma: intrínsecos (subjetivos) e extrínsecos (objetivos).

1.5.1. Pressupostos intrínsecos ou subjetivos

Esses pressupostos estão umbilicalmente ligados à decisão de que se pretende recorrer e a quem pode ou não recorrer da decisão, razão pela qual são eles a legitimidade, a capacidade e o interesse.

1.5.1.1. Legitimidade

Extraímos do art. 996 do CPC que o recurso pode ser interposto pela parte vencida, pelo terceiro prejudicado e até mesmo pelo Ministério Público, como parte ou fiscal da ordem jurídica, que na seara trabalhista será o Ministério Público do Trabalho.

1.5.1.2. Capacidade

Não é suficiente que a parte seja legítima, sendo imprescindível que também seja capaz, isto é, no ato de interpor o recurso, a parte deve ser plenamente capaz de praticar esse ato processual, pois, caso não seja, deve ser assistida ou representada.

1.5.1.3. Interesse

Determina que a pretensão do recurso deve trazer alguma utilidade para a parte, haja vista que é necessária a demonstração do prejuízo ou perda em decorrência da decisão proferida.

1.5.2. Pressupostos extrínsecos ou objetivos

Caracterizam-se por questões estranhas, diversas da decisão de que se pretende recorrer, por isso são denominados de extrínsecos. São eles a recorribilidade do ato, a adequação, a tempestividade, a regularidade na representação e o preparo.

1.5.2.1. Recorribilidade do ato

Significa que a decisão que se pretende impugnar é passível de contrariedade mediante recurso, ou seja, a *decisão judicial tem que ser passível de recurso*.

Cabe lembrar que as decisões interlocutórias, no processo do trabalho, são recorríveis de imediato, em razão do princípio da concentração e celeridade, sendo na verdade um dos aspectos da oralidade. Para evitar a preclusão, faz-se a impugnação em ata.

1.5.2.2. Adequação

É preciso que, além de o ato judicial ser recorrível, a parte interponha o recurso correto (adequado).

No processo do trabalho admite-se a aplicação do princípio da conversibilidade ou fungibilidade, como já ressaltamos.

1.5.2.3. Tempestividade

Este pressuposto está relacionado ao prazo para a interposição do recurso, que no processo do trabalho, em regra, é de 8 (oito) dias, inclusive para o recurso de agravo em caso de decisão denegatória dos embargos de divergência ou recurso de revista.

Já os embargos de declaração são opostos no prazo de 5 (cinco) dias, e o recurso extraordinário, em 15 (quinze) dias.

O recorrido terá igual prazo para resposta ao recurso interposto.

Com relação aos agravos regimentais, como regra geral os Regimentos Internos dos Tribunais estabelecem o prazo de 5 (cinco) dias, sendo necessária a consulta do Regimento Interno (RI) do tribunal respectivo quando for preciso utilizá-los, exceto se o manejo for no Tribunal Superior do Trabalho, vez que o RITST segue a uniformidade dos prazos, ou seja, terá a parte 8 (oito) dias para interpor tal recurso no âmbito do TST, como dispõe o art. 235.

As pessoas jurídicas de direito público (União, Estados, Distrito Federal, Municípios e suas respectivas autarquias e fundações públicas que não explorem atividade econômica) têm prazo em dobro para interpor qualquer recurso, o que também é aplicável à ECT (Correios).

No que tange aos embargos de declaração, os entes de direito público também poderão valer-se do prazo em dobro.

A jurisprudência do TST entendia que os recursos interpostos de forma prematura, isto é, antes de publicada a decisão (acórdão) de que se pretendia recorrer, eram extemporâneos, o que acarretava o não conhecimento do recurso, como se extrai da *cancelada* Súmula 434, I, do TST. Note que o cancelamento foi apropriado, ante o que dispõe o § 4º do art. 218 do CPC.

Se a parte alegar feriado local visando a prorrogação do prazo recursal, a ela cabe o ônus de comprovar sua existência.

Por outro lado, em havendo feriado forense, incumbe à autoridade que proferir a decisão de admissibilidade do recurso certificar o expediente nos autos, sendo admitida a reconsideração da análise da tempestividade do recurso, via prova documental superveniente em agravo regimental, agravo de instrumento ou até mesmo em embargos de declaração.

Cabe lembrar que é inaplicável ao processo do trabalho o disposto no art. 229, *caput*, e §§ 1º e 2º, do CPC, que assegura aos litisconsortes com procuradores diferentes a contagem em dobro para a prática de qualquer ato processual, inclusive o recurso.

1.5.2.4. Regularidade na representação processual

O recurso deve ser interposto pela própria parte quando no exercício do *jus postulandi*, exceto no caso de recursos de competência do TST, quando então deverá ser constituído advogado.

Observe que é inadmissível recurso firmado por advogado sem procuração juntada aos autos até o momento da sua interposição, salvo mandato tácito. Em caráter excepcional, admite-se que o advogado, independentemente de intimação, exiba a procuração no prazo de 5 (cinco) dias após a interposição do recurso, prorrogável por igual período mediante despacho do juiz. Caso não a exiba, considera-se ineficaz o ato praticado e não se conhece do recurso.

No entanto, verificada a irregularidade de representação da parte em fase recursal, em procuração ou substabelecimento já constante dos autos, o relator ou o órgão competente para julgamento do recurso designará prazo de 5 (cinco) dias para que seja sanado o vício. Descumprida a determinação, o relator não conhecerá do recurso, se a providência couber ao recorrente, ou determinará o desentranhamento das contrarrazões, se a providência couber ao recorrido.

1.5.2.5. Preparo

No processo do trabalho, o preparo é analisado sob dois prismas, quais sejam, as custas e o depósito recursal, sendo certo que a falta de preparo ou sua insuficiência gera deserção, observando-se, no caso, a OJ 140 da SDI-1 do TST, isto é, a possibilidade de complementação em 5 dias, no caso de insuficiência no valor do preparo.

As custas só serão pagas uma vez quando da interposição do recurso. Assim, se a parte interpôs recurso ordinário, deverá pagar, mas, se for interpor recurso de revista, não pagará, salvo se houver majoração do valor da condenação, caso em que a outra parte também recorre, o que se afirma com base no princípio da vedação da *reformatio in pejus*.

Quando a parte vencedora na primeira instância for vencida na segunda, deverá pagar as custas fixadas na sentença originária, ficando isenta, então, a parte vencida.

No caso de inversão da sucumbência em segundo grau, sem acréscimo ou atualização do valor das custas e se estas já tiverem sido pagas, descabe novo pagamento pela parte vencida ao recorrer, mas, se ao final desaguar na sucumbência, deverá ressarcir a quantia.

Quanto ao depósito recursal, a CLT faz menção a ele no art. 899 e seus parágrafos. Tem natureza de garantia do juízo, da condenação, sendo uma obrigação da reclamada (empregador ou tomador dos serviços), desde que haja condenação em pecúnia, sendo indevido caso não haja condenação pecuniária.

De acordo com o art. 7º da Lei n. 5.584/70, "a comprovação do depósito da condenação (CLT, art. 899, §§ 1º a 5º) terá que ser feita dentro do prazo para a interposição do recurso, sob pena de ser este considerado deserto", ou seja, o depósito recursal deve ser feito e comprovado no prazo alusivo ao recurso, e caso haja a interposição antecipada deste, não haverá prejuízo para a dilação legal.

Assim, se a parte tem 8 (oito) dias para interpor o recurso ordinário e o faz no terceiro dia, poderá juntar a guia comprobatória do depósito recursal até o 8º dia do prazo, não se admitindo, destarte, que seja considerado deserto.

No agravo de instrumento, a questão da comprovação do pagamento é diferente, vez que o agravante deve comprovar o pagamento do depósito recursal no ato da interposição do recurso, mesmo que o interponha antecipadamente.

O pagamento deve ser feito em conta vinculada ao juízo e corrigido com os mesmos índices da poupança, razão pela qual fica prejudicada a Súmula 426 do TST, haja vista a revogação dos §§ 4º e 5º do art. 899 da CLT.

Cabe consignar que é ônus da parte recorrente efetuar o depósito legal, integralmente, em relação a cada novo recurso interposto, sob pena de deserção, mas quando atingido o valor da condenação, nenhum depósito mais é exigido para qualquer recurso.

Com efeito, a parte recorrente deve efetuar o depósito no valor da condenação para que seja conhecido seu recurso, mas se o valor da condenação em pecúnia for superior ao teto recursal de cada recurso interposto, limitar-se-á o depósito ao valor do limite legal.

É imperioso destacar que, se o valor constante do primeiro depósito, efetuado no limite legal, for inferior ao da condenação, será devida complementação de depósito em recurso posterior, observado o valor nominal remanescente da condenação e/ou os limites legais para cada novo recurso.

Caso haja acréscimo ou redução da condenação em grau recursal, o juízo prolator da decisão arbitrará novo valor à condenação, quer para a exigibilidade de depósito ou complementação do já depositado, para o caso de recurso subsequente, quer para a liberação do valor excedente decorrente da redução da condenação.

Em havendo condenação solidária, o depósito realizado por uma das recorrentes aproveita as demais, salvo pleito de exclusão da lide.

Ressalte-se que, com o trânsito em julgado da decisão que absolveu o demandado da condenação, ser-lhe-á autorizado o levantamento do valor depositado e seus acréscimos.

Caso garantido o juízo, na fase executória, a exigência de depósito para recorrer de qualquer decisão viola os princípios da legalidade e do devido processo legal, mas se houver elevação do valor do débito, exige-se, por óbvio, a complementação da garantia do juízo.

Garantida integralmente a execução nos embargos, só haverá exigência de depósito em qualquer recurso subsequente do devedor se houver elevação do valor do débito, hipótese em que o depósito recursal corresponderá ao valor do acréscimo, sem qualquer limite.

Caso se trate de parte no processo beneficiária da gratuidade de justiça, entidades filantrópicas e empresas em recuperação judicial, não haverá deserção se não houver o pagamento do depósito recursal, já que elas são isentas.

Note que o valor do depósito recursal será reduzido pela metade para as entidades sem fins lucrativos, empregadores domésticos, microempreendedores individuais, microempresas e empresas de pequeno porte.

Vale destacar que não é exigido depósito recursal, em qualquer fase do processo ou grau de jurisdição, dos entes de direito público externo e das pessoas de direito público contempladas no Decreto-lei n. 779/69, bem assim da massa falida e da herança jacente, o que também se aplica à ECT (Correios), já que a execução em face da ECT é regida pelo sistema dos precatórios ou RPV (OJ 247, II, SDI-1 do TST).

Observe que, em caso de acordo para extinção do processo, as partes disporão livremente sobre o valor depositado, que pode ser utilizado para pagar parte do valor acordado, sendo liberado para o credor. Porém, na ausência de expressa estipulação dos interessados, o valor disponível será liberado em favor da parte depositante.

O depósito recursal pode ser substituído por fiança bancária ou seguro garantia judicial.

Não se pode confundir o depósito recursal, tendo em vista sua natureza peculiar, com o *depósito para apreciação de recurso administrativo* mencionado no art. 636, § 1º, da CLT. Na verdade, embora a previsão legal exija depósito para admissibilidade de recurso administrativo em decorrência de penalidades aplicadas pelos órgãos da fiscalização do trabalho, é certo que o preceptivo em causa foi revogado pela Constituição de 1988, ou não recepcionado, como prefere o Tribunal Superior do Trabalho, de modo que não há que se falar no depósito previsto no dispositivo como pressuposto de admissibilidade de recurso administrativo, como vaticina a Súmula 424 do TST.

1.6. Recursos em espécie

A partir de agora estudaremos os recursos em espécie, observando a sistemática processual trabalhista.

1.6.1. Recurso ordinário

É o recurso mais utilizado no processo do trabalho e deve ser interposto no prazo de 8 (oito) dias, cabendo ao recorrido igual prazo para resposta.

Esse recurso, que tem fundamentação livre, é aviado para impugnar qualquer questão, seja de fato, de direito, injustiça da decisão, *error in procedendo, error in judicando* etc., devendo haver o preparo, quando necessário.

Cabe das decisões definitivas ou terminativas das Varas do Trabalho ou Juízos, quando então será encaminhado ao TRT, e das decisões definitivas ou terminativas dos TRTs na sua competência originária, tanto em dissídios individuais quanto nos dissídios coletivos, quando então será encaminhado para julgamento no TST.

Assim, é fácil concluir que pode ser manejado para atacar sentença ou acórdão, conforme o caso.

É de bom grado compreender que cabe o recurso ordinário das decisões definitivas das Varas do Trabalho ou juízos de direito que julgam procedentes, improcedentes ou procedentes em parte os pedidos do reclamante; das decisões terminativas; daquelas que terminam com o feito na Justiça do Trabalho (determinam a remessa dos autos para outra Justiça), caso da decisão que pronuncia de ofício ou acolhe preliminar de incompetência absoluta, remetendo os autos para a justiça comum; assim como daquelas que acolhem preliminares de litispendência, coisa julgada, perempção, inépcia da petição inicial, dentre outras.

No que tange ao inciso II do art. 895, trata-se de decisões proferidas em dissídios individuais ou coletivos julgados originariamente pelos TRTs, como ação rescisória, mandado de segurança, ação anulatória de cláusula prevista em acordo ou convenção coletiva, dissídio coletivo etc.

Com efeito, de decisão do TRT em ação rescisória é cabível o recurso em estudo para o TST, bem como da decisão do Regional em mandado de segurança.

No procedimento sumaríssimo, o recurso ordinário tem tramitação diferenciada, especialmente em razão de ser imediatamente distribuído, devendo o relator liberar os autos em no máximo 10 (dez) dias sem revisor, sendo possível parecer oral do MPT se entender necessário, e o acórdão consistirá em certidão de julgamento. Nos tribunais divididos em turmas, poderá haver designação de turma especificamente para o julgamento de recursos ordinários interpostos nas causas sob esse procedimento.

Este recurso deve ser interposto perante a autoridade judicial que proferiu a decisão que ora se impugna, que admitirá ou não o recurso. Admitido, será notificado o recorrido para resposta (contrarrazões) no prazo de 8 (oito) dias. Com ou sem a resposta, o feito será encaminhado ao TRT para analisar a presença dos pressupostos de admissibilidade e, se for o caso, adentrar no mérito do recurso.

Destacamos que o relator deve, primeiramente, apreciar se estão presentes os requisitos de admissibilidade e, caso estejam, determinar o processamento na forma do Regimento Interno do tribunal respectivo.

1.6.1.1. Princípio da primazia do julgamento do mérito recursal

Considerando o disposto no art. 938, do CPC, deve ocorrer o saneamento de eventuais nulidades, de modo que o fito principal é não cultivar a forma em detrimento da essência do ato.

Assim, o Tribunal suspenderá o julgamento do recurso para fins de saneamento de nulidade e, uma vez renovado ou praticado o ato, seguir-se-á o julgamento do recurso.

1.6.2. Agravo de instrumento

Tem o presente recurso sua base legal disciplinada no art. 897, *b*, e parágrafos da CLT, devendo ser interposto no prazo de 8 (oito) dias.

O agravo de instrumento, no processo do trabalho, tem por *finalidade* combater os "despachos" (verdadeiras decisões interlocutórias) que denegarem a interposição de recursos (no primeiro juízo de admissibilidade do recurso), podendo ser manejado para destrancar recurso ordinário, recurso de revista, recurso adesivo, agravo de petição e também quando se denegar seguimento ao próprio agravo de instrumento, apesar de parte da doutrina entender que cabe mandado de segurança ou correição parcial, caso seja inadmitido o agravo de instrumento.

Observe que não cabe agravo de instrumento das decisões que denegarem seguimento ao recurso de embargos no TST, pois o recurso adequado é o agravo regimental, haja vista que o agravo de instrumento é um recurso próprio, isto é, deve necessariamente ser julgado por órgão *ad quem*, na forma do art. 235, do Regimento Interno do TST, e § 4º, do art. 894, da CLT.

Ademais, caso haja despacho denegatório monocrático de conhecimento de recurso no juízo *ad quem* (segundo juízo de admissibilidade), será incabível agravo de instrumento, pois na hipótese o meio adequado é o agravo regimental, que não raras vezes é denominado de agravo interno.

O agravo de instrumento é interposto perante o órgão judicial prolator da decisão agravada, que poderá reconsiderar (efeito regressivo) ou não sua decisão.

Se a decisão agravada for mantida, o agravado será intimado para oferecer resposta ao agravo e ao recurso principal, que serão julgados pelo órgão competente para conhecer do principal.

Deverá o agravante observar a necessária juntada de peças, nos termos dos incisos I e II, do § 5º, do art. 897, da CLT, sob pena de não conhecimento.

É preciso afirmar que a formação do agravo incumbe às partes, razão pela qual é válido o traslado de peças realizado pelo agravado.

Por seu turno, caso o agravante não tenha procuração nos autos, poderá juntar a cópia da ata onde consta sua presença, pois demonstrará que está constituído via mandato tácito. No entanto, caso tenha procuração, a mera juntada da ata não supre aquela.

No que diz respeito ao preparo, essa modalidade recursal não exige custas na fase de conhecimento, mas tão somente na execução, as quais serão pagas ao final pelo executado.

No entanto, exige-se depósito recursal, ou seja, o agravante deve comprovar o pagamento de 50% do valor do depósito correspondente ao recurso que pretende destrancar, salvo se o juízo estiver garantido, caso em que nenhum depósito mais será exigido ou, se for o caso, apenas a complementação. A comprovação do depósito recursal deve ocorrer no ato da interposição do recurso, e não até o fim do prazo recursal, como ocorre com os demais recursos, *lembrando que há determinadas entidades que são isentas e outras que terão o depósito reduzido à metade.*

No entanto, quando o agravo de instrumento tiver a finalidade de destrancar recurso de revista que se insurge contra decisão que contraria a jurisprudência uniforme do Tribunal Superior do Trabalho, consubstanciada nas suas súmulas ou em orientação jurisprudencial, não haverá obrigatoriedade de se efetuar o depósito.

Outrossim, a dispensa de depósito recursal não será aplicável aos casos em que o agravo de instrumento se refira a uma parcela de condenação, pelo menos, que não seja objeto de arguição de contrariedade a súmula ou a orientação jurisprudencial do Tribunal Superior do Trabalho. No entanto, quando a arguição acima referida se revelar manifestamente infundada, temerária ou artificiosa, o agravo de instrumento será considerado deserto (art. 23 do Ato 491/SEGJUD.GP/2014/TST).

Caso o agravo seja conhecido e provido, a Turma deliberará sobre o julgamento do recurso principal (aquele que foi denegado), devendo ser observado, doravante, o procedimento relativo ao recurso outrora denegado.

Ainda no que pertine ao agravo de instrumento, é de bom grado observar o que dispõe o art. 1º, da IN n. 40/2016, do TST.

1.6.3. Agravo de petição

Trata-se de recurso previsto no art. 897, *a*, da CLT, que deve ser interposto no prazo de 8 (oito) dias.

É o recurso típico das decisões terminativas ou definitivas em sede de execução, e não há previsão legal de preparo, cabendo pagamentos de custas ao final pelo executado.

No entanto, havendo elevação do valor do débito na execução, exige-se a complementação da garantia do juízo, de modo que é possível haver depósito recursal para efeito de admissibilidade do agravo de petição.

Cabe contra sentenças proferidas em sede de execução, quer nos embargos à execução, quer nos embargos de terceiro, inclusive em liquidação de sentença etc.

Contudo, seria inadequado entender que todas as decisões proferidas em execução desafiam o presente recurso, haja vista o princípio da irrecorribilidade imediata das decisões interlocutórias.

Note que o agravo de petição não é utilizado apenas para combater decisão proferida em sede de embargos à execução, terceiros etc., uma vez que é possível o executado, independentemente de garantia do juízo, apresentar exceção (objeção) de pré-executividade, arguindo, por exemplo, nulidade de citação, prescrição intercorrente. Se o juiz a acolher e extinguir a execução, cabe o recurso em comento. Contudo, se o juiz indeferir, não cabe agravo de petição, pois será decisão interlocutória.

A interposição do agravo de petição não suspende a execução, sendo necessário que o agravante delimite, demonstrando, de forma justificada, as matérias e valores impugnados, sob pena de não recebimento do agravo de petição, o que na verdade é um pressuposto recursal de admissibilidade específico.

Ademais, como deve o agravo de petição delimitar justificadamente a matéria e os valores objeto de discordância, não fere direito líquido e certo o prosseguimento da execução quanto ao que não for objeto de impugnação.

A parte não impugnada poderá ser executada de imediato até o final, nos próprios autos ou por carta de sentença, ou seja, na hipótese de manejo do agravo de petição, o recurso em testilha será julgado pelo próprio tribunal, presidido pela autoridade recorrida (juízo *ad quem*), salvo se se tratar de decisão de Juiz do Trabalho ou de Juiz de Direito, quando o julgamento competirá a uma das Turmas do Tribunal Regional a que estiver subordinado o prolator da sentença, a quem este remeterá as peças necessárias para o exame da matéria controvertida, em autos apartados, ou nos próprios autos, se tiver sido determinada a extração de carta de sentença.

Com efeito, o que se percebe é que, se a execução estiver correndo no TRT, considera-se como juízo *a quo* o próprio TRT e como juízo *ad quem* o mesmo TRT, porém presidido pela autoridade recorrida, ou seja, o julgamento do agravo de petição será realizado pelo TRT observando-se o órgão competente como definido no Regimento Interno do Tribunal.

Ademais, é lícito afirmar que, quando o agravo de petição versar apenas sobre contribuições sociais, o juiz da execução determinará a extração de cópias das peças necessárias, que serão autuadas em apartado e remetidas à instância superior para apreciação, após resposta do recorrido (contraminuta).

Da decisão proferida em agravo de petição pelo TRT, não cabe recurso de revista para o TST, exceto se houver violação à Constituição Federal.

Por fim, caso haja homologação de acordo em sede de execução, a União deverá, caso queira recorrer em razão das contribuições que lhe sejam devidas, interpor o recurso em análise, vez que estaremos diante de sentença homologatória de transação em sede de execução.

1.6.4. Embargos de declaração

Trata-se de recurso cabível no prazo de 5 (cinco) dias, estando previsto no art. 897-A e parágrafos da CLT.

O presente recurso cabe contra sentença ou acórdão, bem como em face de decisão interlocutória, devendo seu julgamento ocorrer na primeira audiência ou sessão subsequente a sua apresentação, admitindo-se efeito modificativo (efeitos infringentes) nos casos de omissão, contradição ou manifesto equívoco no exame dos pressupostos extrínsecos do recurso, ou seja, em caso de obscuridade não há que se falar em efeito modificativo.

Sua oposição interrompe o prazo para interposição de outros recursos. Porém, o efeito interruptivo não ocorrerá quando for intempestivo, houver irregularidade na representação da parte ou estiver ausente sua assinatura.

A jurisprudência tem admitido seu cabimento contra decisão interlocutória, quando, por exemplo, houver uma decisão que concede tutela antecipada sem fundamentação.

Não são procrastinatórios os embargos de declaração opostos para fins de prequestionamento.

Por fim, o art. 9º, da IN n. 39/2016, do TST, assevera que o cabimento dos embargos de declaração no Processo do Trabalho, para impugnar qualquer decisão judicial, rege-se pelo art. 897-A, da CLT e, supletivamente, pelo Código de Processo Civil (arts. 1.022 a 1.025; §§ 2º, 3º e 4º, do art. 1.026), excetuada a garantia de prazo em dobro para litisconsortes (§ 1º, do art. 1.023). Outrossim, A omissão para fins do prequestionamento ficto a que alude o art. 1.025, do CPC, dá-se no caso de o Tribunal Regional do Trabalho, mesmo instado mediante embargos de declaração, recusar-se a emitir tese sobre questão jurídica pertinente, na forma da Súmula 297, item III, do TST.

1.6.5. Recurso de revista

Sua base legal são os arts. 896 a 896-C da CLT.

Trata-se de recurso de fundamentação vinculada e efeito devolutivo restrito às questões jurídicas suscitadas, que deve ser interposto no prazo de 8 (oito) dias, podendo ter custas (complemento em razão da majoração da condenação pelo TRT) e depósito recursal, integral ou apenas complementação.

É um recurso de cabimento bem restrito, vez que eminentemente técnico, que tem por finalidade uniformizar a jurisprudência ou restabelecer lei federal, norma constitucional, súmula vinculante do STF, súmula ou orientação jurisprudencial do TST que foram violadas.

Observe que a Lei n. 13.015/2014 estabeleceu, pela redação do § 1º-A do art. 896, que *não será conhecido* o recurso de revista se a parte deixar de indicar o trecho da decisão recorrida que consubstancia o prequestionamento da controvérsia objeto do recurso de revista, ou se não indicar, de forma explícita e fundamentada, contrariedade a dispositivo de lei, súmula ou orientação jurisprudencial do Tribunal Superior do Trabalho que conflite com a decisão regional, ou se não expuser as razões do pedido de reforma, impugnando todos os fundamentos jurídicos da decisão recorrida, inclusive mediante demonstração analítica de cada dispositivo de lei, da Constituição Federal, de súmula ou orientação jurisprudencial cuja contrariedade aponte.

Outrossim, o legislador reformista, com a Lei n. 13.467/2017 (Reforma Trabalhista) estabeleceu outro pressuposto específico de admissibilidade, consoante o inciso IV do § 1º-A do art. 896, qual seja: sob pena de não conhecimento, deve a parte recorrente "transcrever na peça recursal, no caso de suscitar preliminar de nulidade de julgado por negativa de prestação jurisdicional, o trecho dos embargos declaratórios em que foi pedido o pronunciamento do tribunal sobre questão veiculada no recurso ordinário e o trecho da decisão regional que rejeitou os embargos quanto ao pedido, para cotejo e verificação, de plano, da ocorrência da omissão".

O recurso de revista é interposto, em regra, após o julgamento do recurso ordinário, não podendo ser utilizado para reexame de fatos ou provas, de modo que o efeito devolutivo limita-se às questões jurídicas suscitadas.

Cabe o referido recurso, com a devida *fundamentação jurídica*, nas hipóteses do art. 896, da CLT, de modo que se pode dizer que as hipóteses de cabimento do recurso de revista para Turma do TST dar-se-ão em face de acórdãos proferidos pelos Tribunais Regionais do Trabalho em razão de julgamento dos recursos ordinários interpostos contra decisões proferidas nos dissídios individuais oriundos das Varas do Trabalho.

Destarte, é lícito afirmar que não cabe recurso de revista nos dissídios coletivos (que são julgados, como regra, originariamente pelos TRTs, quando então caberá recurso ordinário). Ademais, o feito deve ter origem na 1ª instância da Justiça do Trabalho, haja vista que o processo deve estar em trâmite no TRT que, *in casu*, estará no exercício do duplo grau de jurisdição, atuando como órgão revisor da decisão proferida pela Vara do Trabalho, ou seja, não caberá recurso de revista para impugnar decisão do TRT quando este estiver na competência originária, pois o recurso a ser manejado, no caso, é o ordinário, com fulcro no art. 895, II, da CLT.

No que tange à divergência jurisprudencial, esta deve ser atual, ou seja, não se considera atual aquela decisão divergente já ultrapassada por súmulas do TST ou do STF, ou quando superadas por iterativa e notória jurisprudência do TST.

É válida, para conhecimento do recurso de revista, a invocação de orientação jurisprudencial do TST.

Ademais, a demonstração da divergência jurisprudencial deve ser específica, cabendo ao requerente sua demonstração na forma do § 8º, do art. 896.

Se o fundamento do recurso de revista for violação à lei ou à Constituição Federal, é preciso fazer a indicação do preceito violado, tendo em vista o § 1º-A, II, do art. 896, da CLT, e a Súmula 221 do TST.

É inadmissível o recurso de revista fundado apenas em divergência jurisprudencial, se a parte não comprovar que a lei estadual, norma coletiva ou o regulamento da empresa extrapolam o âmbito do TRT prolator da decisão.

No procedimento sumaríssimo, só cabe se houver violação a súmula do TST, súmula vinculante do STF ou ofensa à Constituição Federal, sendo incabível em caso de violação a orientação jurisprudencial do TST, de acordo com o art. 896, § 10, da CLT.

É incabível, ainda, por falta de previsão legal, quando interposto de acórdão proferido em agravo de instrumento.

No caso de liquidação ou execução, a admissibilidade do recurso de revista pressupõe violação flagrante ao Texto Constitucional, nos termos do § 2º do art. 896 da CLT.

Além dos requisitos gerais de admissibilidade recursais já estudados, no recurso de revista deve haver a demonstração de pressupostos extrínsecos específicos, quais sejam, a transcendência e o prequestionamento, devendo ainda ser observado o § 1º-A do art. 896 da CLT.

Vale informar que o § 14º, do art. 896, assenta que "o relator do recurso de revista poderá denegar-lhe seguimento, em decisão monocrática, nas hipóteses de intempestividade, deserção, irregularidade de representação ou de ausência de qualquer outro pressuposto extrínseco ou intrínseco de admissibilidade".

1.6.5.1. Outras questões acerca da procedibilidade ou conhecimento do Recurso de Revista

a) *Transcendência*

De acordo com o art. 896-A e parágrafos da CLT, o TST examinará, previamente, se a causa oferece transcendência no que toca aos reflexos gerais de natureza social, política, jurídica e econômica, ou seja, deve o TST, única e exclusivamente, verificar se a questão de fundo é relevante, importante para a sociedade como um todo, e não apenas para aquele que está recorrendo, já que o recurso de revista não pode ser manejado para a defesa de direito subjetivo.

Quem analisa a transcendência é o TST, e não o Presidente do TRT em primeiro juízo de admissibilidade, pois como prevê o § 6º, do art. 896-A, o juízo de admissibilidade do recurso de revista exercido pela Presidência dos TRTs *limita-se à análise dos pressupostos extrínsecos e intrínsecos do apelo, não abrangendo o critério da transcendência das questões nele veiculadas.*

São indicadores de transcendência, entre outros: 1) Econômica, o elevado valor da causa; 2) Política, o desrespeito da instância recorrida à jurisprudência sumulada do TST ou do STF; 3) Social, a postulação, por reclamante-recorrente, de direito social constitucionalmente assegurado; 4) Jurídica, a existência de questão nova em torno da interpretação da legislação trabalhista.

Pode o relator, monocraticamente, denegar seguimento ao recurso de revistas que não demonstrar transcendência, cabendo agravo desta decisão para o órgão colegiado. Em relação ao recurso que o relator considerou não ter transcendência, o recorrente poderá realizar sustentação oral sobre a questão da transcendência durante 5 (cinco) minutos em sessão. Se for mantido o voto do relator quanto à não transcendência do recurso, será lavrado acórdão com fundamentação sucinta, que constituirá decisão irrecorrível no âmbito do tribunal.

Salientamos que irrecorrível a decisão monocrática do relator que, em agravo de instrumento em recurso de revista, considerar ausente a transcendência da matéria.

Derradeiramente, cumpre afirmar que o art. 19 da IN n. 41/2018 do TST assenta que o exame da transcendência seguirá a regra estabelecida no art. 246 do Regimento Interno do Tribunal Superior do Trabalho, incidindo apenas sobre os acórdãos proferidos pelos Tribunais Regionais do Trabalho publicados a partir de 11 de novembro de 2017, excluídas as decisões em embargos de declaração.

b) *Prequestionamento*

Trata-se de exigência pela qual deve ter havido pronúncia expressa da matéria ou questão recorrida para que tenha cabimento o recurso, vez que o recurso de revista tem natureza extraordinária, sendo eminentemente técnico.

Caso não haja manifestação expressa, a parte precisa lançar mão dos embargos de declaração para tanto, mesmo que o órgão não se pronuncie a respeito.

Ademais, o § 1º-A, I, do art. 896, dispõe que é ônus da parte, sob pena de não conhecimento, indicar o trecho da decisão recorrida que consubstancia o prequestionamento da controvérsia objeto do recurso de revista.

Outrossim, existe a possibilidade de haver o prequestionamento tácito (denominado por parte da doutrina como implícito), ou seja, quando a parte opõe embargos de declaração para efeitos de prequestionar matéria ou questão e, mesmo assim, o Tribunal não se manifesta explicitamente sobre o tema ventilado.

Por outro lado, é inexigível o prequestionamento quando a violação indicada houver nascido na própria decisão recorrida.

Com efeito, se a violação à questão jurídica ocorrer na própria decisão de que se pretende recorrer (acórdão do TRT), não se pode mesmo exigir debate e decisão precedentes.

1.6.5.2. Recursos de revista com idêntico fundamento de direito (recurso repetitivo)

É de bom grado salientar que, em caso de existência de multiplicidade de recursos de revista fundados em idêntica questão de direito, poderá a questão ser remetida à SDI ou ao Tribunal Pleno, por decisão da maioria simples dos seus membros, mediante requerimento de um dos Ministros que compõem a Seção Especializada, considerando a relevância da matéria ou a existência de entendimentos divergentes entre os Ministros dessa Seção ou das Turmas do TST.

Note-se que o Presidente da Turma ou da SDI, por indicação dos relatores, afetará um ou mais recursos repetitivos da controvérsia para julgamento pela SDI ou pelo Pleno, sob o trâmite de recursos repetitivos.

Nessa situação, caberá ao Presidente da Turma ou da Seção Especializada que afetar o processo para julgamento sob o rito em apreço expedir comunicação aos demais Presidentes de Turma ou de Seção Especializada, que poderão afetar outros processos sobre a questão para julgamento conjunto, a fim de conferir ao órgão julgador visão global da questão, sendo certo que o Presidente do Tribunal Superior do Trabalho oficiará os Presidentes dos Tribunais Regionais do Trabalho para que suspendam os recursos interpostos em casos idênticos aos afetados como recursos repetitivos, até o pronunciamento definitivo do Tribunal Superior do Trabalho.

Outrossim, caberá ao Presidente do Tribunal de origem admitir um ou mais recursos representativos da controvérsia, os quais serão encaminhados ao Tribunal Superior do Trabalho, ficando sobrestados os demais recursos de revista até o pronunciamento definitivo do Tribunal Superior do Trabalho.

Importa destacar que o recurso repetitivo será distribuído a um dos Ministros membros da Seção Especializada ou do Tribunal Pleno e a um Ministro revisor, podendo o relator solicitar, aos Tribunais Regionais do Trabalho, informações a respeito da controvérsia, a serem prestadas no prazo de 15 (quinze) dias e, em seguida, terá vista o Ministério Público pelo prazo de 15 (quinze) dias.

Admite-se, ainda, a figura do *amicus curiae* (amigo da corte), que é uma modalidade de intervenção assistencial, em processos de relevância social, por parte de entidades que tenham representatividade adequada para se manifestar sobre questão de direito pertinente à controvérsia debatida nos autos, mas que não são partes dos processos, atuando apenas como interessados na causa, haja vista que o relator poderá admitir manifestação de pessoa, órgão ou entidade com interesse na controvérsia, inclusive como assistente simples.

Transcorrido o prazo para o Ministério Público e remetida cópia do relatório aos demais Ministros, o processo será incluído em pauta na Seção Especializada ou no Tribunal Pleno, devendo ser julgado com preferência sobre os demais feitos.

Após publicado o acórdão do Tribunal Superior do Trabalho, os recursos de revista sobrestados na origem seguirão a seguinte sorte: 1) terão seguimento denegado na hipótese de o acórdão recorrido coincidir com a orientação a respeito da matéria no Tribunal Superior do Trabalho; 2) serão novamente examinados pelo Tribunal de origem na hipótese de o acórdão recorrido divergir da orientação do Tribunal Superior do Trabalho a respeito da matéria.

No caso de reexame pelo Tribunal de origem, consoante a segunda hipótese acima citada, mantida a decisão divergente pelo Tribunal de origem, far-se-á o exame de admissibilidade do recurso de revista.

Não obstante, pode ocorrer que a matéria também verse sobre questão constitucional, caso em que a decisão do Pleno sobre questão afetada e julgada sob o rito dos recursos repetitivos não obstará o conhecimento de eventuais recursos extraordinários sobre a questão constitucional.

Quanto aos recursos extraordinários interpostos perante o Tribunal Superior do Trabalho, caberá ao Presidente do Tribunal Superior do Trabalho selecionar um ou mais recursos representativos da controvérsia e encaminhá-los ao Supremo Tribunal Federal, sobrestando os demais até o pronunciamento definitivo da Corte, na forma do § 1º, do art. 1.036, do CPC, de modo que o Presidente do Tribunal Superior do Trabalho poderá oficiar os Tribunais Regionais do Trabalho e os Presidentes das Turmas e da Seção Especializada do Tribunal para que suspendam os processos idênticos aos selecionados como recursos representativos da controvérsia e encaminhados ao Supremo Tribunal Federal, até o seu pronunciamento definitivo.

A decisão firmada em recurso repetitivo não será aplicada aos casos em que se demonstrar que a situação de fato ou de direito é distinta daquelas no processo julgado sob o rito dos recursos repetitivos.

Ressaltamos que caberá revisão da decisão firmada em julgamento de recursos repetitivos quando se alterar a situação econômica, social ou jurídica, caso em que será respeitada a segurança jurídica das relações firmadas sob a égide da decisão anterior, podendo o Tribunal Superior do Trabalho modular os efeitos da decisão que a tenha alterado.

Por fim, o TST, por meio do Ato 491/SEGJUD.GP, de 23 de setembro de 2014, e da Instrução Normativa n. 38/2015, que revogou boa parte do Ato 491, dispõe sobre regras procedimentais acerca do recurso de revista repetitivo e de embargos repetitivos à SDI-1.

1.6.6. Embargos no TST

A base legal do recurso em testilha é o art. 894, da CLT.

O recurso de embargos deve ser interposto no prazo de 8 (oito) dias, seguindo a uniformização dos prazos no processo do trabalho, e é recebido no efeito meramente devolutivo.

Da decisão que nega seguimento a ambos no âmbito do TST caberá agravo (que não é o de instrumento) no prazo de 8 (oito) dias.

1.6.6.1. Embargos infringentes

Os dissídios coletivos, em regra, são julgados pelos Tribunais Regionais do Trabalho. No entanto, se o dissídio exceder a jurisdição do TRT, será competente o TST.

É de bom grado observar que, se o dissídio coletivo for no Estado de São Paulo como um todo, a competência será do TRT da 2ª Região, haja vista que o Estado de

São Paulo tem dois TRTs, o da 2ª Região (Capital) e o da 15ª Região (Campinas), ou seja, se houver conflito coletivo em áreas que abracem o TRT da 2ª Região e o TRT da 15ª Região, a competência para julgar os dissídios coletivos será do primeiro.

Assim, são cabíveis os embargos infringentes (recurso bem delineado na Lei n. 7.701/88 e no Regimento Interno do TST) de decisões proferidas em dissídio coletivo originariamente julgadas pelo TST, visando modificar a decisão, tendo competência para o julgamento dos embargos a SDC (art. 2º, II, c, da Lei n. 7.701/88), quando a decisão não for unânime, sendo que a falta de unanimidade está relacionada a cada cláusula que foi debatida no recurso.

Não cabem embargos infringentes quando a decisão normativa estiver em consonância com os precedentes ou súmulas do TST.

O recurso em apreço, por ter natureza ordinária, comporta devolutividade ampla, abrangendo matéria fática e jurídica, sendo de fundamentação livre, portanto.

Desta feita, pode-se afirmar que tal recurso é cabível tão somente nas hipóteses de julgamento de dissídios coletivos, e desde que a decisão não seja unânime.

1.6.6.2. Embargos de divergência

São utilizados para uniformizar entendimento no âmbito do TST (turmas ou seções especializadas), em sede de dissídio individual, impugnando decisões divergentes proferidas pelas Turmas do tribunal, ou seja, decisão de Turma que diverge de outra Turma, bem como decisão de Turma que diverge de decisão da SDI do TST, de súmula do TST ou súmula vinculante do STF, consoante o art. 894, II, da CLT.

Deve ser considerada, para todos os efeitos, a divergência atual, razão pela qual não ensejam o presente recurso decisões superadas por iterativa, notória e atual jurisprudência do TST.

Caberia o presente recurso, desta feita, nos seguintes casos exemplificativos:

a) decisão da 5ª Turma do TST que diverge de decisão da 8ª Turma do TST;
b) decisão da 3ª Turma do TST que conflita com decisão da SDI do TST;
c) decisão de Turma que viola súmula vinculante do STF etc.

Possui *natureza extraordinária*, sendo as razões encaminhadas à SDI (art. 3º, III, b, da Lei n. 7.701/88), não admitindo reexame de fatos e provas, comportando efeito devolutivo restrito (matérias e questões jurídicas), de modo que sua fundamentação é vinculada.

Perfeitamente cabível o recurso de embargos em fase de execução, sendo necessária a demonstração inequívoca de interpretação divergente de dispositivo da Constituição Federal.

Mesmo no procedimento sumaríssimo, é admito o recurso de embargos, desde que observado o disposto na Súmula 458 do TST.

É preciso destacar que não cabem embargos para a SDI das decisões proferidas pelas turmas em agravo, salvo nas hipóteses veiculadas na Súmula 353 do TST.

O Ministro Relator denegará seguimento aos embargos caso a decisão recorrida esteja de acordo com súmula da jurisprudência do TST ou do STF, ou ainda, com iterativa, notória e atual jurisprudência do TST, quando então deverá o Relator indicá-la, assim como nas hipóteses de intempestividade, deserção, irregularidade de representação ou ausência de qualquer outro pressuposto extrínseco de admissibilidade.

1.6.7. Recurso adesivo

Também conhecido como recurso subordinado, não é considerado pela doutrina como um recurso propriamente dito, em razão da sua dependência do recurso principal, estando previsto no art. 997 do CPC.

É plenamente aceitável no processo do trabalho, nos termos da Súmula 283 do TST.

Assim, aplica-se subsidiariamente, no que couber, o artigo do diploma processual civil acima citado, devendo seguir os mesmos requisitos de admissibilidade do recurso principal, inclusive quanto ao preparo (custas e depósito recursal), quando necessário.

Deve ser apresentado no prazo de contrarrazões e pode ser manejado no recurso ordinário, nos embargos, no agravo de petição e no recurso de revista, sendo exigida sucumbência recíproca.

É de bom alvitre perceber que, caso o reclamante desista ou o recurso ordinário por ele interposto não seja conhecido, a mesma sorte será dada ao recurso adesivo, pois ele é acessório, ou seja, ocorrerá o mesmo com o recurso adesivo.

Será oferecido perante o mesmo órgão jurisdicional que intimou o recorrente para contrarrazões, devendo ser concedido prazo para resposta ao outrora recorrente, agora recorrido, que poderá, inclusive, desistir do recurso, uma vez que não depende esse ato da concordância da parte contrária, caso em que o recurso adesivo também não seguirá, pois, como visto, trata-se de um recurso subordinado, que só tem independência no que tange ao julgamento do seu mérito.

1.6.8. Recurso extraordinário

Trata-se de recurso previsto em norma constitucional (art. 102, III, da CF/88), tendo por escopo não o interesse particular das partes (direito subjetivo), mas sim o direito objetivo, daí porque necessária a demonstração de *repercussão geral*, como se depreende do art. 102, § 3º, da CF/88, e do art. 1.035 e parágrafos do CPC.

Sem prejuízo da repercussão geral, há também o *prequestionamento* como pressuposto específico de admissibilidade, por ser um recurso de natureza eminentemente técnica e, evidentemente, é extraordinário.

A CLT admite seu manejo conforme o art. 893, § 2º, ao afirmar que: "A interposição de recurso para o Supremo Tribunal Federal não prejudicará a execução do julgado", bem como no § 14º, do art. 896-C.

No entanto, em vista da omissão da CLT, aplica-se o art. 1.035 e s. do CPC e o Regimento Interno do STF.

Com base na melhor doutrina, o cabimento, nos domínios do processo do trabalho, fica restrito a decisões de última ou única instância do TST (cabe das decisões proferidas por meio das seções ou do órgão especial – última instância e das decisões proferidas pela SDI-2 em ações rescisórias e mandados de segurança, que não sejam passíveis de impugnação via embargos – única instância) e a sentenças das Varas do Trabalho proferidas em procedimento sumário (§ 4º, do art. 2º, da Lei n. 5.584/70), apesar de haver entendimento admitindo que o recurso cabível é o de revista com base no art. 896, c, da CLT, sem prejuízo de outros, como já assentamos anteriormente.

Conclui-se que não cabe recurso extraordinário das decisões proferidas pelos TRTs em razão de afronta ao texto constitucional, vez que no caso seria cabível o recurso de revista, assim como não caberá recurso extraordinário quando fundado em divergência jurisprudencial, quando a orientação do plenário do STF já se firmou no mesmo sentido da decisão recorrida.

Por fim, com fulcro no art. 893, § 2º, da CLT, a interposição de recurso extraordinário não prejudica a execução, o que significa dizer que a execução será definitiva.

Entretanto, a jurisprudência do TST inclina-se em sentido contrário, vez que não há direito líquido e certo à execução definitiva na pendência de recurso extraordinário, ou de agravo de instrumento visando a destrancá-lo.

1.6.9. Correição parcial

Também conhecida como Reclamação Correicional, tem sua natureza controvertida, ou seja, questiona-se se é de fato recurso ou procedimento de cunho administrativo, prevalecendo o segundo entendimento.

Em que pese não estar incluída no rol dos recursos previstos no art. 893, da CLT, para uma parte da doutrina trata-se de remédio recursal *sui generis*, de origem manifestamente clandestina, uma vez que penetrou nos regimentos internos dos Tribunais brasileiros e permanece até os dias de hoje.

Para essa corrente doutrinária, a possibilidade de reformar a decisão judicial atacada revela o seu perfil recursal.

De outra banda, para o setor majoritário da doutrina, a Correição Parcial se restringe a ser um mero procedimento administrativo apto a sustar procedimentos do juiz que atentem contra a boa ordem processual.

Destarte, trata-se de um procedimento administrativo empregado quando houver qualquer ato atentatório contra o bom andamento processual, desde que nenhum outro remédio jurídico seja cabível para dirimir o imbróglio referido e que haja comprovado prejuízo à parte recorrente, de modo que a doutrina afirma que sua aplicação é subsidiária.

Por ato atentatório contra o bom andamento processual temos, por exemplo, uma decisão do magistrado que manda retirar dos autos uma contestação protocolada no prazo legal em razão da ausência do empregador, quando o embate da lide é questão de direito etc.

Nesse diapasão, regulamenta o art. 13 do Regimento Interno da Corregedoria Geral da Justiça do Trabalho que a "Correição Parcial é cabível para corrigir erros, abusos e atos contrários à boa ordem processual e que importem em atentado a fórmulas legais do processo, quando para o caso não haja recurso ou outro meio processual específico".

A petição inicial deverá atender ao rol dos requisitos elencados, taxativamente, pelos arts. 14 e 15 do Regimento e deverá ser endereçada ao Corregedor-Geral de Justiça no prazo de 5 (cinco) dias a contar da data da publicação do ato ou despacho nos órgãos oficiais, ou valendo também a partir da ciência inequívoca pela parte interessada (*caput* do art. 17).

A Consolidação das Leis do Trabalho menciona a Correição Parcial nos termos do art. 709, II.

Por fim, a atividade correicional não obsta a boa marcha processual, eis que não suspende o curso do processo trabalhista. Ao contrário, a reclamação correicional pode justamente ser manejada quando, por exemplo, houver negligência ao princípio da celeridade, tão festejado no processo do trabalho.

1.6.10. Uniformização de Jurisprudência

Com espeque no art. 18 da IN n. 41, de 2018, do TST, pode-se afirmar, tendo em vista as alterações promovidas pela Lei n. 13.467/2017, especialmente no que diz respeito à previsão do art. 702, I, *f*, §§ 3º e 4º, da CLT, que:

a) o dever de os Tribunais Regionais do Trabalho uniformizarem a sua jurisprudência faz incidir, subsidiariamente ao processo do trabalho, o art. 926 do CPC, por meio do qual os Tribunais deverão manter sua jurisprudência íntegra, estável e coerente;

b) os incidentes de uniformização de jurisprudência suscitados ou iniciados antes da vigência da Lei n. 13.467/2017, no âmbito dos Tribunais Regionais do Trabalho ou por iniciativa de decisão do Tribunal Superior do Trabalho, deverão observar e serão concluídos sob a égide da legislação vigente ao tempo da interposição do recurso, segundo o disposto nos respectivos Regimentos Internos;

c) aos recursos de revista e de agravo de instrumento no âmbito do Tribunal Superior do Trabalho, conclusos aos relatores e ainda não julgados até a edição da Lei n. 13.467/2017, não se aplicam as disposições contidas nos §§ 3º a 6º do art. 896 da Consolidação das Leis do Trabalho;

d) as teses jurídicas prevalecentes e os enunciados de Súmulas decorrentes do julgamento dos incidentes de uniformização de jurisprudência suscitados ou iniciados anteriormente à edição da Lei n. 13.467/2017, no âmbito dos Tribunais Regionais do Trabalho, conservam sua natureza vinculante à luz dos arts. 926, §§ 1º e 2º, e 927, III e V, do CPC.

LEGISLAÇÃO CORRELATA

Indicamos a leitura, sem prejuízo de outros, dos seguintes dispositivos:

1) Arts. 893 a 901, bem como o art. 799, § 2º, da CLT;
2) Arts. 76, § 2º, 104, 996, 997, 998, 999, 1.002, 1.005, parágrafo único, 1.008 e 1.013, §§ 1º e 2º, do CPC;
3) Lei n. 5.584/70, art. 2º, § 4º, e arts. 6º e 7º;
4) Decreto-lei n. 779/69, art. 1º, III e V;
5) IN n. 3 do TST;
6) IN n. 39/2016 do TST, arts. 2º, 10 e 12;
7) IN n. 40/2016 do TST;
8) Ato n. 491/2014 do TST; e
9) IN n. 41/2018 do TST.

ENTENDIMENTO DOUTRINÁRIO

Acerca do prequestionamento, colacionamos parte dos ensinamentos de Carlos Henrique Bezerra Leite[2], para quem:

> "Assim, a admissibilidade da revista pressupõe que a decisão recorrida tenha se pronunciado explicitamente sobre a matéria veiculada no recurso, ainda que se trate de violação frontal e direta à norma da Constituição Federal. Não vale, pois, o pronunciamento implícito. Mas não é preciso que a decisão reproduza *ipsis litteris* o dispositivo de lei que o recorrente alega ter sido violado. O importante é que a tese explícita sobre a matéria questionada faça parte da fundamentação do julgado.
> (...)

---

2 LEITE, Carlos Henrique Bezerra. *Curso de Direito Processual do Trabalho*. 14. ed. São Paulo: Saraiva, 2016. p. 1.064-1.067.

Se a decisão recorrida é silente sobre a alegada violação à lei, incumbe ao recorrente interpor embargos de declaração para que o TRT se pronuncie literalmente sobre a matéria.

(...)

Assim, se o acórdão regional, não obstante os embargos declaratórios, continuar omisso sobre a matéria de direito invocada nos embargos declaratórios, o TST tem-na como prequestionada para fins de admissibilidade do recurso de revista.

(...)

Nos domínios do processo do trabalho, o prequestionamento só é exigível em recurso de natureza extraordinária, como a revista e os embargos para a SDI (CLT, art. 894, II).

Pouco importa a hierarquia da norma apontada como violada. Vale dizer, mesmo que o acórdão recorrido tenha violado norma de ordem pública, o recurso de revista só será admitido se houver pronunciamento explícito do TRT sobre a matéria.

De tal arte, são passíveis de anulação alguns acórdãos de Tribunais Regionais do Trabalho que insistem, sob pena de preclusão, em exigir o prequestionamento em recurso ordinário interposto contra sentença, pois, como restou demonstrado, o prequestionamento só tem lugar nos recursos de natureza extraordinária.

Por outro lado, é óbvio que não se pode exigir prequestionamento quando a violação à disposição literal de lei surge no próprio acórdão impugnado pelo recurso de revista. Isso pode ocorrer quando o tribunal fundamenta a decisão com base em dispositivo de lei não ventilado no recurso ordinário, como, por exemplo, ao conhecer do recurso interposto pelo reclamado contra a sentença que julgou procedente o pedido (NCPC, art. 487, I), decidir, com arrimo no efeito translativo do recurso ordinário (NCPC, art. 1.013, §§ 1º e 2º), que o reclamante/recorrido é carecedor do direito de ação e extinguir o processo com base no art. 485, VI, do NCPC. Ora, a eventual violação à letra da lei (NCPC, art. 1.013, §§ 1º e 2º), nesse caso, somente nasce no próprio acórdão que anulou a sentença.

Não configura prequestionamento o acórdão regional que simplesmente adota como razões de decidir os fundamentos da sentença. Se isso acontecer, o recorrente deverá interpor embargos de declaração, sob pena de não ser conhecido o recurso de revista".

Acerca da transcendência, vale transcrever a lição do magistrado e professor, Mauro Schiavi[3], que assim assevera:

---

3 *A Reforma Trabalhista e o Processo do Trabalho*. 2. ed. São Paulo: LTr, 2018. p. 133/134.

"Embora a doutrina tenha fixado que a transcendência é mais um requisito de admissibilidade do recurso, mais um pressuposto subjetivo a ser preenchido pelo recorrente no ato da interposição do recurso, pensamos ser a transcendência, em verdade, uma prejudicial de mérito do recurso, pois, ao apreciá-la, o TST obrigatoriamente está enfrentando o mérito do recurso. Além disso, somente o TST pode apreciar a transcendência, e não o Tribunal Regional. Desse modo, no nosso sentir, a transcendência funciona, na realidade, como uma prejudicial de mérito do Recurso de Revista. O §6º do art. 896, da CLT, consagra esse entendimento".

JURISPRUDÊNCIA

É imprescindível a leitura da seguinte jurisprudência:

1) Súmulas 25, 86, 100, 126, 128, 158, 161, 184, 201, 217, 218, 266, 278, 283, 297, 303, 333, 353, 393, 414, 416, 421, 422, 426, 433, 435, 442, 458 e 459 do TST;

2) OJs 23, 62, 118, 119, 120, 132, 140, 147, 151, 186, 192, 217, 219, 221, 237, 247, 256, 257, 282, 283, 284, 285, 286, 296, 310, 318, 334, 374, 385, 389, 409, 412 e 425 da SDI-1 do TST;

3) OJs 21, 56, 113, 148 e 153 da SDI-2;

4) OJs T 20 e 21; e

5) Súmulas 228, 286 e 505 do STF.

Sobre o efeito devolutivo em profundidade, do *Informativo* n. 191 do TST extraímos que:

"PRESCRIÇÃO. ARGUIÇÃO EM DEFESA. AFASTAMENTO PELO JUÍZO DE PRIMEIRO GRAU. IMPROCEDÊNCIA DOS PEDIDOS INICIAIS. EFEITO DEVOLUTIVO EM PROFUNDIDADE DO RECURSO DA PARTE SUCUMBENTE NO PEDIDO PRINCIPAL. DESNECESSIDADE DE RENOVAÇÃO DA PRESCRIÇÃO EM RECURSO ADESIVO OU EM CONTRARRAZÕES. O Tribunal Regional do Trabalho pode conhecer da prejudicial de prescrição arguida em defesa, ainda que não renovada por meio de recurso adesivo ou em contrarrazões ao recurso ordinário, quando julgados improcedentes os pedidos do reclamante. O efeito devolutivo do recurso ordinário é amplo e, consequentemente, admite o conhecimento da matéria impugnada, assim como de todas as questões suscitadas e discutidas no processo, ainda que o Juízo de primeiro grau não as tenha julgado por inteiro. Assim, no caso concreto, mesmo diante da não interposição de recurso adesivo, cabia ao TRT conhecer da prejudicial de prescrição arguida em contrarrazões pela reclamada. Sob esses fundamentos, a SBDI-I, em sua composição plena, por unanimidade, conheceu do recurso de embargos, por divergência jurisprudencial, e, no mérito, por maioria, deu-lhe provimento para reconhecer a possibilidade de exame, pelo Tribunal Regional, da prescrição renovada em contrarrazões ao recurso ordinário, e determinar o retorno dos autos à Turma a fim de que prossiga no exame do recurso de revista, como entender de direito. Vencidos os Ministros Renato de Lacerda Paiva, Walmir Oliveira da Costa, José Roberto Freire Pimenta e Hugo Carlos Scheuermann, os quais negavam provimento ao recurso ao entendimento de que, na espécie, permitir que uma prejudicial de mérito seja arguida apenas em sede de contrarrazões ao recurso ordinário significa inviabilizar ao reclamante o exercício do contraditório e da ampla defesa" (TST-E-ED-RR-103900-80.2012.5.17.0001, SBDI-I, Relator Ministro: Cláudio Mascarenhas Brandão, 21-2-2019).

Outrossim, o *Informativo* n. 163 do TST nos apresenta uma decisão extremamente relevante sobre cabimento do recurso de revista em razão da fixação de indenização por danos morais, como segue:

"INDENIZAÇÃO POR DANO MORAL. VALOR DA CONDENAÇÃO. CONHECIMENTO DO RECURSO DE REVISTA POR VIOLAÇÃO DO ART. 5º, X, DA CF. POSSIBILIDADE. O recurso de revista que se insurge contra o valor da indenização fixada a título de danos morais comporta conhecimento por violação do art. 5º, X, da CF, conforme a jurisprudência prevalente do TST. Sob esse fundamento, a SBDI-I, por unanimidade, conheceu dos embargos, por divergência jurisprudencial, e, no mérito, negou-lhes provimento, mantendo, assim, a decisão turmária que conhecera do recurso de revista do reclamante por violação do art. 5º, X, da CF, e dera-lhe provimento para restabelecer a sentença quanto ao valor da indenização por danos morais" (TST-E-ED-RR-298300-34.2009.5.12.0003, SBDI-I, Relator Ministro: Hugo Carlos Scheuermann, 24-8-2017).

Com relação ao julgamento de recursos de revista repetitivos, o *Informativo* n. 162 do TST contém a seguinte decisão do Pleno:

"INCIDENTE DE RECURSOS DE REVISTA REPETITIVOS. 'TEMA N. 0004 – MULTA DO ART. 523, § 1º, DO CPC DE 2015 (ART. 475-J DO CPC DE 1973). COMPATIBILIDADE COM O PROCESSO DO TRABALHO.' O Tribunal Pleno, por maioria, definiu a seguinte tese jurídica para o Tema Repetitivo n. 0004 – MULTA DO ART. 523, § 1º, DO CPC DE 2015 (ART. 475-J DO CPC DE 1973). COMPATIBILIDADE COM O PROCESSO DO TRABALHO: a multa coercitiva do art. 523, § 1º, do CPC de 2015 (art. 475-J do CPC de 1973) não é compatível com as normas vigentes da CLT por que se rege o processo de trabalho, ao qual não se aplica. Vencidos os Ministros Mauricio Godinho Delgado, relator, Kátia Magalhães Arruda, revisora, Augusto César Leite de Carvalho, José Roberto Freire Pimenta, Delaíde Miranda

Arantes, Hugo Carlos Scheuermann, Cláudio Mascarenhas Brandão, Douglas Alencar Rodrigues, Maria Helena Mallmann, Lelio Bentes Corrêa e Luiz Philippe Vieira de Mello Filho" (TST-IRR-1786-24.2015.5.04.0000, Tribunal Pleno, Relator Ministro: Mauricio Godinho Delgado, red. p/ acórdão Min. João Oreste Dalazen, 21-8-2017).

Acerca da deserção, podemos colacionar a decisão abaixo, que consta no *Informativo* n. 189 do TST:

"SUCUMBÊNCIA NA RECLAMAÇÃO TRABALHISTA E NA RECONVENÇÃO. PREPARO RECOLHIDO APENAS EM RELAÇÃO À RECLAMATÓRIA. DESERÇÃO DO RECURSO RELATIVO À AÇÃO PRINCIPAL. NÃO CONFIGURAÇÃO. A reconvenção, medida processual por meio da qual a parte exerce pretensão própria e autônoma, não se confunde com a ação principal, mas apenas pressupõe a existência desta. Assim, na hipótese em que a parte é sucumbente tanto na ação trabalhista quando na reconvenção, mas efetua o preparo referente à reclamação trabalhista somente, não há falar em deserção do recurso ordinário relativo à reclamatória, sob pena de violação dos arts. 789, *caput* e § 1º, da CLT (na redação anterior à Lei n. 13.467/2017), 343, § 2º, do CPC de 2015 e dos princípios do devido processo legal, do contraditório e da ampla defesa. Sob esse fundamento, a SBDI-I, por unanimidade, conheceu dos embargos, por divergência jurisprudencial, e, no mérito, deu-lhes provimento para, afastada a deserção do recurso ordinário tão somente em relação à reclamação trabalhista, determinar o retorno dos autos ao TRT de origem, a fim de que prossiga no julgamento das pretensões formuladas na referida ação, como entender de direito" (TST-E-ED-RR-1136-35.2013.5.10.0014, SBDI-I, Relator Ministro: Cláudio Mascarenhas Brandão, 13-12-2018).

No que toca à existência de transcendência pelo critério político, segue decisão do TST:

"AGRAVO DE INSTRUMENTO. LEI N. 13.467/2017. RESPONSABILIDADE SUBSIDIÁRIA – EMPRESA PRIVADA – CONTRATO DE TRANSPORTE DE CARGAS – SÚMULA 331, IV, DESTA CORTE. TRANSCENDÊNCIA. O processamento do recurso de revista na vigência da Lei n. 13.467/2017 exige que a causa ofereça transcendência com relação aos reflexos gerais de natureza econômica, política, social ou jurídica, a qual deve ser analisada de ofício e previamente pelo Relator (arts. 896-A da CLT, 246 e 247 do RITST). Constatada a transcendência política da causa e demonstrada possível contrariedade à Súmula 331, IV, do TST, deve ser processado o Recurso de Revista. Agravo de Instrumento de que se conhece e a que se dá provimento.

RECURSO DE REVISTA. LEI N. 13.467/2017. RESPONSABILIDADE SUBSIDIÁRIA – EMPRESA PRIVADA – CONTRATO DE TRANSPORTE DE CARGAS – INAPLICABILIDADE DA SÚMULA 331, IV, DESTA CORTE. TRANSCENDÊNCIA. A delimitação do eg. Tribunal Regional de que as reclamadas firmaram contrato comercial de transporte de cargas, sem prova de ingerência da reclamada BRF S/A no contrato havido entre o reclamante e a empresa prestadora, impede que se reconheça a terceirização de serviços prevista na Súmula 331, IV, desta Corte. A relação estabelecida pelas reclamadas se identifica com o disposto no art. 2º da Lei n. 11.422/2007, que dispõe sobre o Transporte Rodoviário de Cargas, realizado por conta de terceiros e que estabelece a natureza comercial dessa atividade econômica. Transcendência política da causa reconhecida na forma do art. 896-A, § 1º, II, da CLT. Recurso de Revista de que se conhece e a que se dá provimento" (TST – RR: 6580420145060014. Data de Julgamento: 6-2-2019. Data de Publicação: *DEJT* 8-2-2019).

TABELA DE PRAZOS

Ato	Prazo
Recurso Ordinário, Recurso de Revista, Agravo de Instrumento, Agravo de Petição, Embargos no TST e Agravo no TST	8 dias
Embargos de Declaração e regularização da relação processual	5 dias
Recurso Extraordinário	15 dias

ATENÇÃO: A Fazenda Pública e o Ministério Público do Trabalho irão interpor recursos com prazo dobrado.

QUESTÕES COMENTADAS

01 (Técnico – TRT 1 – AOCP – 2018) Arthur ingressou com reclamação trabalhista no dia 10 de outubro de 2017, em face da empresa Publicidade e Bons Negócios Ltda., e obteve sentença favorável aos seus pleitos de pagamento de horas extras, adicional noturno e verbas rescisórias. Contudo, a reclamada encontra-se insatisfeita com a sentença prolatada, pois acredita não possuir débito algum com o reclamante, e intenciona, através do recurso cabível, pleitear a efetivação de seus direitos. Dessa forma, assinale a alternativa que demonstra qual o recurso e o prazo adequados às intenções da reclamada.

(A) Embargos de declaração no prazo de 10 (dez) dias.
(B) Recurso ordinário no prazo de 15 (quinze)dias.
(C) Agravo no prazo de 8 (oito) dias.
(D) Embargos de declaração no prazo de 5 (cinco) dias.
(E) Recurso ordinário no prazo de 8 (oito) dias.

RESPOSTA Como a questão não aborda qualquer tipo de vício na sentença, relacionado a omissão, obscuridade ou contradição, podemos descartar os embargos de declaração. Assim, como a reclamada pretende a reforma da decisão que lhe foi desfavorável, deve ser interposto o recurso ordinário no prazo de 8 dias (contados em dias úteis), conforme art. 895, I, da CLT. *Alternativa E.*

---

02 (Executor de Mandados – TRT 1 – AOCP – 2018) Quanto aos recursos cabíveis no processo do trabalho, assinale a alternativa correta.

(A) A tutela provisória concedida na sentença comporta impugnação pela via do mandado de segurança.
(B) Caberá agravo de instrumento de decisão que indeferir exceção de pré-executividade.
(C) Das decisões proferidas em dissídios coletivos, é cabível recurso de revista para o TST.
(D) Nos dissídios coletivos que envolvem empresa prestadora de serviço público, podem interpor recurso, em face da decisão proferida, o presidente do tribunal e a Procuradoria da Justiça do Trabalho, além das partes interessadas.
(E) Caberá agravo de instrumento de decisões que indefiram a produção de prova pericial.

RESPOSTA A letra A está incorreta, pois o meio adequado para impugnação é o Recurso Ordinário, nos termos da Súmula 414, I, do TST. A letra B está errada, já que decisão que indefere a exceção de pré-executividade é interlocutória e, portanto, irrecorrível de imediato. Porém, há quem entenda ser cabível impugnação via ação de mandado de segurança. O item C está incorreto, na medida em que da decisão do TRT em dissídio coletivo, cabe recurso ordinário para o TST, vez que o TRT estará julgando matéria de sua competência originária. A banca deu como alternativa correta a letra D, lançando mão do art. 856 da CLT. A letra E está errada, já que a decisão que indefere a prova pericial é interlocutória, cabendo, no caso, protesto em ata de audiência para evitar preclusão. *Alternativa D.*

---

03 (Executor de Mandados – TRT 1 – AOCP – 2018) A Reclamante Silvana ingressou com Reclamação Trabalhista em face da Reclamada Mévio & Tício Ltda. que se encontra em Recuperação Judicial. As partes foram intimadas da Sentença (em ação de conhecimento) proferida pelo Juízo de primeiro grau na data de 6 de agosto de 2018 (segunda-feira) que julgou parcialmente procedente os pedidos da inicial. Ocorre que, diante do inconformismo com a decisão, ambas as partes pretendem recorrer para instância superior com o fito de reformá-la. Ante ao exposto, assinale a alternativa correta.

(A) Ambas as partes deverão interpor Recurso Ordinário, que deverão ser interpostos até o dia 14 de agosto de 2018 (terça-feira), tendo em vista que o prazo conta-se em dias corridos, excluindo-se o dia da intimação e incluindo-se o dia do termo final. A Reclamada Mévio & Tício Ltda. está isenta do pagamento do depósito recursal, já que encontra-se em Recuperação Judicial.
(B) A Reclamante deverá interpor Recurso Ordinário, que deverá ser interposto até o dia 15 de agosto de 2018 (quarta-feira), tendo em vista que o prazo conta-se somente em dias úteis, incluindo-se os dias da intimação e do termo final. A Reclamada Mévio & Tício Ltda.

deverá interpor obrigatoriamente Recurso Adesivo, tendo em vista que encontra-se em Recuperação Judicial e não possui condições de arcar com o depósito recursal.

(C) Ambas as partes deverão interpor Recurso Ordinário, que deverão ser interpostos até o dia 15 de agosto de 2018 (quarta-feira), tendo em vista que o prazo conta-se somente em dias úteis, incluindo-se os dias da intimação e do termo final. A Reclamada Mévio & Tício Ltda. deverá comunicar o Juízo do processo da Recuperação Judicial para habilitação do recolhimento do depósito recursal.

(D) Ambas as partes deverão interpor Recurso Ordinário, que deverão ser interpostos até o dia 16 de agosto de 2018 (quinta-feira),tendo em vista que o prazo conta-se somente em dias úteis, excluindo-se o dia da intimação e incluindo o último dia do prazo. A Reclamada Mévio & Tício Ltda. deverá efetuar o recolhimento do depósito recursal ou comunicar o Juízo do processo da Recuperação Judicial para a habilitação da despesa, sob pena de deserção.

(E) Ambas as partes deverão interpor Recurso Ordinário, que deverão ser interpostos até o dia 16 de agosto de 2018 (quinta-feira), tendo em vista que o prazo conta-se somente em dias úteis, excluindo-se o dia da intimação e incluindo o último dia do prazo. A Reclamada Mévio & Tício Ltda. está isenta do pagamento do depósito recursal, já que encontra-se em recuperação judicial.

RESPOSTA Essa questão é respondida com a combinação dos arts. 775, *caput*, e 899, § 10, ambos da CLT, de modo que o prazo para interposição do recurso ordinário por ambas as partes (houve procedência parcial), cabível em face da sentença (art. 895, I, CLT) é de 8 dias úteis, sendo que na contagem se exclui o dia de início, que é o dia da intimação. Desse modo, o *dies ad quem* é 16-8-2018 (quinta-feira). *Alternativa E.*

---

04 (Executor de Mandados – TRT 1 – AOCP – 2018) No que diz respeito à gratuidade da justiça e às recentes alterações impostas pela denominada "Reforma Trabalhista", assinale a alternativa INCORRETA.

(A) As empresas em recuperação judicial são isentas do pagamento de depósito recursal, entretanto, estão sujeitas ao pagamento das custas processuais.

(B) Para a concessão da justiça gratuita, a parte deverá comprovar insuficiência de recursos para o pagamento das custas processuais.

(C) As entidades filantrópicas, assim como as empresas em recuperação judicial, têm o valor do depósito recursal reduzido pela metade.

(D) A concessão de gratuidade judiciária poderá ser concedia àqueles que perceberem salário igual ou inferior a 40% (quarenta por cento) do limite máximo dos benefícios do Regime Geral de Previdência Social.

(E) O valor do depósito recursal será reduzido pela metade para entidades sem fins lucrativos, empregadores domésticos, microempreendedores individuais, microempresas e empresas de pequeno porte.

RESPOSTA A letra A está correta, pois a isenção para o depósito recursal não se aplica para fins de pagamento de custas. A letra B está de acordo com a redação do § 4º do art. 790 da

CLT. O item C está errado, uma vez que as entidades filantrópicas e as empresas em recuperação judicial são isentas do pagamento do depósito recursal, conforme art. 899, § 10, da CLT. A letra D está correta, conforme § 3º do art. 790 da CLT. A alternativa E está correta, vez que é a redação do § 9º do art. 899 da CLT. *Alternativa C.*

---

05 (Executor de Mandados – TRT 23 – FCC – 2016) A Consolidação das Leis do Trabalho apresenta um rol dos recursos admitidos no Processo Judiciário do Trabalho, dentre os quais estão incluídos:

(A) embargos no Tribunal Superior do Trabalho de decisão não unânime de julgamento que homologar conciliação em dissídios coletivos que excedam a competência territorial dos Tribunais Regionais do Trabalho;

(B) agravos de instrumentos retidos para decisões interlocutórias que possam gerar nulidade processual;

(C) embargos infringentes para turma recursal de primeira instância nas ações que tramitam pelo rito sumário;

(D) apelações contra acórdão do Tribunal Regional onde não houve unanimidade na Turma;

(E) recursos especiais para o Superior Tribunal de Justiça em caso de ofensa literal à Constituição Federal.

RESPOSTA (A) Certo, conforme o art. 894, I, *a*, da CLT. (B) Errado, art. 897, *b*, da CLT. (C) Errado, art. 894, II, da CLT. (D e E) Não cabe apelação e recurso especial no processo do trabalho, conforme o art. 893, da CLT. *Alternativa A.*

---

06 (Procurador Substituto – Salvador – CESPE – 2015) De acordo com o entendimento do TST acerca dos recursos no processo do trabalho, assinale a opção correta.

A) Em dissídio individual, não estará sujeita ao duplo grau de jurisdição a decisão contrária à fazenda pública que esteja em consonância com decisão plenária do STF ou com súmula ou orientação jurisprudencial do TST.

B) Independentemente de agravamento da condenação imposta, é cabível recurso de revista de ente público que não tenha interposto recurso ordinário voluntário da decisão de primeira instância.

C) O efeito devolutivo em profundidade que transfira ao tribunal a apreciação dos fundamentos da ação não examinados pela sentença não se aplica ao processo do trabalho.

D) Garantido o juízo, na fase executória, mesmo que haja elevação do valor do débito, a exigência de depósito na complementação da garantia do juízo para se recorrer de qualquer decisão viola o princípio do contraditório e da ampla defesa.

E) É de dezesseis dias o prazo para oposição de embargos declaratórios pelo município.

RESPOSTA (A) Súmula 303, I, *b*, do TST. Atenção para a redação do art. 496, do CPC/2015. (B) OJ 334 da SDI-1 do TST. (C) Súmula 393 do TST. (D) Súmula 128, II, do TST. (E) São 10 dias (art. 897-A da CLT, c/c OJ 192 da SDI-1 do TST). *Alternativa A.*

07 (Procurador – Bacen – CESPE – 2013) Assinale a opção correta acerca da interposição de recurso no processo do trabalho.

(A) Dado o princípio da celeridade que norteia todo o rito sumaríssimo, o prazo de interposição do recurso ordinário em tal hipótese é reduzido para cinco dias.
(B) O parecer do representante do MP, se necessário, deve ser apresentado, obrigatoriamente, por escrito na sessão de julgamento.
(C) Cabe agravo de instrumento das decisões interlocutórias, no prazo de oito dias.
(D) Nas causas sujeitas ao procedimento sumaríssimo, somente será admitido recurso de revista por contrariedade a súmula de jurisprudência uniforme do TST.
(E) No rito sumaríssimo, a decisão do recurso ordinário terá acórdão consistente unicamente na certidão de julgamento, com a indicação suficiente do processo e parte dispositiva, e das razões de decidir do voto prevalente. Se a sentença for confirmada pelos próprios fundamentos, a certidão de julgamento, registrando tal circunstância, servirá de acórdão.

RESPOSTA (A) Ainda no procedimento sumaríssimo, o prazo para interpor recurso ordinário é de 8 dias (art. 895, I, da CLT). (B) Nos recursos ordinários interpostos em procedimento sumaríssimo, o parecer do MPT é oral e na sessão de julgamento (art. 895, § 1º, III, da CLT). (C) As decisões interlocutórias, em regra, são irrecorríveis (art. 893, § 1º, da CLT). O agravo de instrumento cabe contra despachos que negam seguimento a recursos (art. 897, *b*, da CLT). (D) Cabe recurso de revista, também, por violação à Constituição Federal (art. 896, § 9º, e Súmula 442 do TST). (E) Previsão do art. 895, § 1º, IV, do TST. *Alternativa E*.

08 (Procurador de Município – São Luís/MA – FCC – 2016) No tocante ao Recurso de Revista, considere.

I. Quando o recurso tempestivo contiver defeito formal que não se repute grave, o Tribunal Superior do Trabalho deverá admitir o recurso e determinar, obrigatoriamente, que seja sanado o vício, sendo vedado o julgamento do mérito antes da sua regularização.
II. O recurso de revista, dotado de efeito devolutivo e suspensivo, será interposto perante o Presidente do Tribunal Regional do Trabalho, que, por decisão fundamentada, poderá recebê-lo ou denegá-lo.
III. Das decisões proferidas pelos Tribunais Regionais do Trabalho ou por suas Turmas, em execução de sentença não caberá Recurso de Revista, salvo na hipótese de ofensa direta e literal de norma da Constituição Federal.
IV. Quando o recurso fundar-se em dissenso de julgados, incumbe ao recorrente o ônus de produzir prova da divergência jurisprudencial, mediante certidão, cópia ou citação do repositório de jurisprudência, oficial ou credenciado, inclusive em mídia eletrônica em que houver sido publicada a decisão divergente, ou ainda pela reprodução de julgado disponível na internet, com indicação da respectiva fonte, mencionando, em qualquer caso, as circunstâncias que identifiquem ou assemelhem os casos confrontados.

De acordo com a Consolidação das Leis do Trabalho, está correto o que se afirma APENAS em:
(A) I e IV;
(B) I e II;
(C) I, III e IV;
(D) II, III e IV;
(E) III e IV.

RESPOSTA (I) Errado, art. 896, § 11, da CLT. (II) Errado, § 1º do art. 896 da CLT. (III) Certo, art. 896, § 2º, da CLT. (IV) Certo, § 8º do art. 896 da CLT. *Alternativa E*.

PARA GABARITAR

- O reexame necessário, vez que não tem por objetivo reformar ou anular a decisão proferida, não é recurso, mas sim uma verdadeira condição de eficácia das decisões proferidas contra as pessoas jurídicas de direito público.

- Os recursos, no processo do trabalho, têm efeito meramente devolutivo, ou seja, transferem do juízo *a quo* (inferior) para o juízo *ad quem* (superior) as matérias impugnadas, buscando nova manifestação sobre o que fora decidido.

- O *efeito devolutivo em profundidade* enfatiza que serão objeto de apreciação pelo tribunal todas as questões suscitadas no curso da relação processual, mesmo que a sentença não as tenha apreciado por inteiro, desde que relativas ao capítulo impugnado.

- Será considerado tempestivo o recurso interposto mesmo antes de publicada a decisão de que se pretende recorrer.

- Admite-se que o advogado, independentemente de intimação, exiba a procuração no prazo de 5 (cinco) dias após a interposição do recurso, prorrogável por igual período mediante despacho do juiz. Caso não a exiba, considera-se ineficaz o ato praticado e não se conhece do recurso.

- Verificada a irregularidade de representação da parte em fase recursal, em procuração ou substabelecimento já constante dos autos, o relator ou o órgão competente para julgamento do recurso designará prazo de 5 (cinco) dias para que seja sanado o vício.

- O depósito recursal só será exigido se houver condenação em pecúnia, devendo ser feito e comprovado no prazo alusivo ao recurso, e caso haja a interposição antecipada deste, não haverá prejuízo para a dilação legal.

- O valor do depósito recursal será reduzido à metade para entidades sem fins lucrativos, empregadores domésticos, microempreendedores individuais, microempresa e empresas de pequeno porte.

- Ficam isentos do depósito recursal os beneficiários da gratuidade de justiça, as entidades filantrópicas e as empresas em recuperação judicial.

- No agravo de instrumento, a comprovação do depósito recursal deve ser feita no ato da interposição do recurso.

- Em havendo condenação solidária, o depósito realizado por uma das recorrentes aproveita as demais, salvo pleito de exclusão da lide por aquela que faz o depósito.

- Caso seja parte no processo massa falida, não haverá deserção se não houver o pagamento das custas ou de depósito recursal.
- O recurso ordinário cabe das decisões definitivas ou terminativas das Varas do Trabalho ou Juízos, quando então será encaminhado ao TRT, e das decisões definitivas ou terminativas dos TRTs na sua competência originária, tanto em dissídios individuais quanto nos dissídios coletivos, quando então será encaminhado para julgamento no TST.
- O agravo de instrumento, no processo do trabalho, tem por *finalidade* combater os "despachos" (verdadeiras decisões interlocutórias) que denegarem a interposição de recursos (no primeiro juízo de admissibilidade do recurso).
- O agravo de petição é o recurso típico das decisões terminativas ou definitivas em sede de execução, não havendo previsão legal de preparo, cabendo pagamentos de custas ao final pelo executado.
- A interposição do agravo de petição não suspende a execução, sendo necessário que o agravante delimite, demonstrando de forma justificada, as matérias e valores impugnados, sob pena de não recebimento do agravo de petição.
- Da decisão proferida em agravo de petição pelo TRT não cabe recurso de revista para o TST, exceto se houver violação à Constituição Federal.
- A oposição de embargos de declaração interrompe o prazo para interposição de outros recursos. Porém, o efeito interruptivo não ocorrerá quando for intempestivo, houver irregularidade na representação da parte ou estiver ausente sua assinatura.
- O recurso de revista tem seu cabimento bem restrito (fundamentação vinculada – jurídica), vez que eminentemente técnico, e tem por finalidade uniformizar a jurisprudência ou restabelecer lei federal, norma constitucional, súmula vinculante do STF, súmula ou orientação jurisprudencial do TST que foram violadas.
- No procedimento sumaríssimo, o recurso de revista só cabe em caso de violação a súmula do TST, súmula vinculante do STF ou à Constituição Federal, sendo incabível quando for violação a orientação jurisprudencial.
- É inadmissível o recurso de revista fundado apenas em divergência jurisprudencial, se a parte não comprovar que a lei estadual, norma coletiva ou o regulamento da empresa extrapolam o âmbito do TRT prolator da decisão.
- O recurso adesivo é compatível com o processo do trabalho e cabe, no prazo de 8 (oito) dias, nas hipóteses de interposição de recurso ordinário, de agravo de petição, de revista e de embargos, sendo desnecessário que a matéria nele veiculada esteja relacionada com a do recurso interposto pela parte contrária.

PARA MEMORIZAR

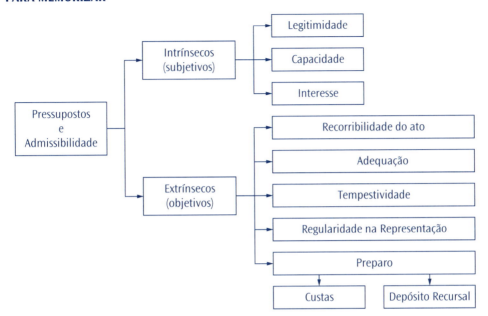

CAPÍTULO 21 Liquidação de sentença

1. CONSIDERAÇÕES INICIAIS

A liquidação de sentença é estudada no Capítulo V do Título X, ou seja, dentro do processo de execução, estando prevista no art. 879 e parágrafos da CLT, e aplicando-se, no que couber, as disposições previstas no art. 509 e s. do CPC.

1.1. Conceito e finalidade da liquidação

Tem cabimento quando a sentença que condena ao pagamento de determinada quantia não é líquida, não se encontrando quantificados os direitos que foram deferidos pela sentença, a ponto de permitirem, de imediato, a execução.

Desta feita, como o título executivo necessita de alguns requisitos, quais sejam, certeza, exigibilidade e liquidez, mister se faz sua liquidação para apurar o *quantum debeatur*.

Note que a liquidação de sentença não é uma ação autônoma, mas sim um procedimento prévio preparatório da execução, e tem *natureza constitutivo-integrativa*, na medida em que não declara o que está consubstanciado no título, mas gera certeza ao objeto da execução, que é o título, já que este precisa ser líquido.

Por outro lado, a Consolidação das Leis do Trabalho determina que na liquidação não se poderá modificar ou inovar a sentença liquidanda, nem discutir matéria pertinente à causa principal. Pensar de forma diversa seria admitir violação à coisa julgada. No mesmo sentido é o § 4º, do art. 509, do CPC. Com efeito, estamos diante do princípio da fidelidade ao título.

1.2. Modalidades de liquidação

Como prevê o art. 879, da CLT, temos três formas de proceder à liquidação da sentença: cálculos, arbitramento e artigos.

Vale lembrar que os juros de mora e a correção monetária incluem-se na liquidação, ainda que omisso o pedido inicial ou a condenação e, ademais, a correção monetária não incide sobre o débito do trabalhador reclamante.

Ademais, o § 7º do art. 879, inserido pela Lei n. 13.467/2017 (Reforma Trabalhista) averba que a atualização dos créditos decorrentes de condenação judicial será feita pela Taxa Referencial (TR), divulgada pelo Banco Central, conforme a Lei n. 8.177/91.

No entanto, importa ressaltar que até o fechamento desta edição tramita a MP n. 905/2019, ainda não convertida em lei, a qual prevê que a atualização dos créditos decorrentes de condenação judicial será feita pela variação do IPCA-E, ou por índice que venha a substituí-lo, calculado pelo IBGE, que deverá ser aplicado de modo uniforme por todo o prazo decorrido entre a condenação e o cumprimento da sentença, pretendendo uma nova redação ao § 7º do art. 879.

Pois bem, o TST no julgamento do Recurso de Revista n. 10260-88.2016.5.15.0146, por meio da 4ª Turma, em 9-10-2018, de relatoria do Min. Caputo Bastos, assentou que:

> "CRÉDITOS TRABALHISTAS. CORREÇÃO MONETÁRIA. ATUALIZAÇÃO PELO IPCA-E. TAXA REFERENCIAL. APLICAÇÃO DO ART. 39 DA LEI N. 8.177/91. PARCIAL PROVIMENTO. Este colendo Tribunal Superior do Trabalho, em sua composição plena, nos autos do processo n. TST-ArgInc-479-60.2011.5.04.0231, analisou a constitucionalidade da diretriz insculpida no *caput* do art. 39 da Lei n. 8.177/91, na parte em que determina a utilização da variação acumulada da TRD para fins de atualização monetária, à luz da interpretação dada pelo Supremo Tribunal Federal, no julgamento da ADI 4357-DF. Assim, prevaleceu o entendimento do Tribunal Pleno desta Corte Superior no sentido de que o IPCA-E como índice de correção monetária para atualização dos débitos trabalhistas somente deve ser adotado a partir de 25-3-2015. Ocorre que, com a entrada em vigor da Lei n. 13.467/2017, em 11-11-2017, foi acrescentado o § 7º ao art. 879 da CLT, determinando que a atualização dos créditos decorrentes de condenação judicial deverá ser feita pela Taxa Referencial (TR). Nesse contexto, de acordo com voto divergente proferido pelo Ministro Alexandre Luiz Ramos nos autos do processo n. TST-RR-2493-67.2012.5.12.0034, esta colenda Turma decidiu, por maioria, adotar o entendimento de que o IPCA-E somente deverá ser adotado como índice de atualização dos débitos trabalhistas no interregno de 25-3-2015 a 10-11-2017, devendo ser utilizada a TR como índice de atualização dos débitos trabalhistas no período anterior a 24-3-2015 e posterior a 11-11-2017 (no termos do art. 879, § 7º, da CLT). Recurso de revista de que se conhece e a que se dá parcial provimento".

Nós, particularmente, entendemos inconstitucional a correção de créditos de natureza alimentar pelos índices da TR, já que não mantém o poder aquisitivo, como já decidiu o STF no RE 870947 (precedentes Questão de Ordem nas ADIs 4.357 e 4.425).

Interessante notar que é possível a realização da liquidação de forma diversa do que foi determinado na sentença, sem que se ofenda a coisa julgada, tendo inclusive o STJ editado a Súmula 344 nesse sentido.

Note-se que a liquidação deve abranger o cálculo das contribuições previdenciárias devidas (apenas quando houver verba de natureza salarial imprescrita), e as partes serão previamente intimadas para apresentação do cálculo de liquidação, inclusive da contribuição previdenciária incidente.

Cumpre informar que, quando na sentença houver uma parte líquida e outra ilíquida, ao credor é lícito promover simultaneamente a execução daquela e, em autos apartados, a liquidação desta. Inclusive, a liquidação poderá ser realizada na pendência de recurso, processando-se em autos apartados no juízo de origem, cumprindo ao liquidante instruir o pedido com cópias das peças processuais pertinentes.

1.2.1. Liquidação por cálculos

É a forma mais utilizada no processo do trabalho, sendo viabilizada quando o valor da condenação depender apenas de cálculo aritmético, haja vista que os elementos necessários para a dedução do valor devido encontram-se nos próprios autos.

1.2.2. Liquidação por arbitramento

Ocorre quando determinado pela sentença, convencionado pelas partes ou quando o exigir a natureza da liquidação, sendo mais utilizada quando se torna necessário parecer de profissionais ou técnicos, quando então será preciso lançar mão dessa modalidade de liquidação, como seria a hipótese de apurar o valor do salário *in natura* por ter a sentença determinado a integração da utilidade ao salário, assim como diferenças de complementação de aposentadoria etc.

1.2.3. Liquidação por artigos

Tem cabimento quando houver a necessidade de alegar e provar fato novo, ou seja, relegado pela sentença exequenda a esta fase, dependendo da iniciativa das partes mediante petição escrita, embora o juiz no processo do trabalho possa determinar de ofício a liquidação da sentença, sendo a forma mais complexa de liquidação.

Por fato novo, em nosso pensar, entende-se aquele que foi considerado de forma genérica no contexto da sentença, mas que demanda ser esmiuçado, o que é feito nesta modalidade de liquidação.

Na liquidação por artigos, o que se busca é a fixação do valor da dívida, não a sua existência, vez que isto já restou assentado na sentença.

Como não há regulação desta forma de liquidação na CLT, temos que observar o disposto no CPC, que trata do tema nos arts. 509, II, e 511, sendo certo afirmar que o digesto processual civil faz menção à liquidação pelo procedimento comum.

Assim, far-se-á a liquidação pelo procedimento comum (arbitramento, de acordo com a CLT), quando houver necessidade de alegar e provar fato novo, caso em que o juiz determinará a intimação do requerido, na pessoa de seu advogado ou da sociedade de advogados a que estiver vinculado, para, querendo, apresentar contestação no prazo de 15 (quinze) dias, observando-se, a seguir, no que couber, as disposições das regras gerais de procedimento.

1.3. Tramitação da liquidação da sentença

Considerando o § 2º do art. 879 da CLT (mas, na prática, varia bastante a depender do órgão jurisdicional), uma vez elaborada a conta de liquidação, o magistrado abrirá às partes prazo comum de 8 (oito) dias para impugnação fundamentada com a indicação dos itens e valores objeto da discordância, sob pena de preclusão.

Ademais, como preceitua o art. 14 da IN n. 41/2018 do TST, a regra inscrita no art. 879, § 2º, da CLT, quanto ao dever de o juiz conceder prazo comum de oito dias para impugnação fundamentada da conta de liquidação, não se aplica à liquidação de julgado iniciada antes de 11 de novembro de 2017.

Elaborada a conta pela parte ou pelos órgãos auxiliares da Justiça do Trabalho, o juiz procederá à intimação da União para manifestação, no prazo de 10 (dez) dias, sob pena de preclusão, e a atualização do crédito devido à Previdência Social observará os critérios estabelecidos na legislação previdenciária.

Outrossim, o Ministro de Estado da Fazenda poderá, mediante ato fundamentado, dispensar a manifestação da União quando o valor total das verbas que integram o salário de contribuição ocasionar perda de escala decorrente da atuação do órgão jurídico.

Por fim, registre-se que, quando se tratar de cálculos de liquidação complexos, o juiz tem a faculdade de nomear perito para a elaboração da conta, fixando, então, depois de concluído o trabalho, os honorários do perito, devendo o magistrado observar, além de outros critérios, os da razoabilidade e proporcionalidade.

1.4. Da impugnação a liquidação trabalhista

A CLT determina que, elaborada a conta e tornada líquida, o juiz abrirá às partes prazo comum de 8 (oito) dias para impugnação fundamentada com a indicação dos itens e valores objeto da discordância, sob pena de preclusão, ou seja, se a parte interessada não impugnar a conta de liquidação, não poderá mais, futuramente, em sede de embargos ou impugnação, discutir a sentença liquidanda.

Verifica-se, portanto, da leitura do § 2º, do art. 879, que o juiz da execução deve abrir o prazo para impugnação, alterando substancialmente o que ocorria até antes da Reforma, e impedindo que o juiz homologue os cálculos, sem oitiva das partes. Caso homologue cálculo diverso do impugnado pela parte, cabe-lhe apresentar embargos, se devedor, ou impugnação, se credor, nos termos do citado art. 884, § 3º, da CLT.

1.5. Liquidação de títulos extrajudiciais

É possível que seja promovida a liquidação de títulos executivos extrajudiciais no processo do trabalho, como um incidente no processo de execução de título extrajudicial, haja vista não haver vedação legal. Ademais, a própria norma laboral prevê em seu bojo títulos de cunho extrajudicial.

Com efeito, devem ser aplicadas as mesmas modalidades de liquidação dos títulos executivos extrajudiciais, como seria o caso da apuração do valor referente às *astreintes* fixadas em Termo de Ajuste de Conduta (TAC) firmado com o Ministério Público do Trabalho.

LEGISLAÇÃO CORRELATA

É importante a leitura do art. 879 e parágrafos da CLT, e dos arts. 509 e 511 do CPC, bem como da IN n. 41/2018 do TST.

ENTENDIMENTO DOUTRINÁRIO

Como afirmado, a doutrina majoritária afirma que a liquidação tem natureza constitutivo-integrativa. Porém, cabe citar o entendimento de outra parte da doutrina, como é o caso de Sérgio Pinto Martins[1], para quem:

> "Não tem a liquidação da sentença natureza constitutiva, pois não cria, modifica ou extingue determinada relação. Tem natureza declaratória do valor da condenação. A liquidação de sentença é uma fase preparatória da execução da sentença, mas não pertence ao processo de conhecimento. Antes de se definir o valor liquidado não se pode falar em execução.
>
> A liquidação de sentença tem natureza incidental declaratória, no sentido de quantificar o valor da obrigação contida na sentença".

JURISPRUDÊNCIA

Da jurisprudência do TST, além de outras, destacamos as Súmulas 187, 211, 266, 399, II, e 401, além das OJs 300 da SDI-1 e 134 da SDI-2.

Ademais, cabe a leitura da Súmula 344 do STJ.

A jurisprudência do TST caminha no sentido de afirmar que a decisão que resolve a liquidação não é uma mera decisão interlocutória, mas sim uma verdadeira sentença, haja vista que admite o cabimento de ação rescisória.

De outro giro, não seria passível de corte rescisório a decisão (*rectius*: sentença) que apenas afirma estar preclusa a oportunidade de impugnar a sentença de liquidação.

Por fim, segue decisão extraída do *Informativo* n. 212 do TST sobre a inconstitucionalidade da atualização dos créditos pela TR:

---

1 MARTINS, Sérgio Pinto. *Direito Processual do Trabalho*. 38. ed. São Paulo: Saraiva, 2016. p. 964.

"ARGUIÇÃO DE INCONSTITUCIONALIDADE. ART. 879, § 7º, DA CLT, INCLUÍDO PELA LEI N. 13.467/2017. ATUALIZAÇÃO DOS CRÉDITOS DECORRENTES DE CONDENAÇÃO JUDICIAL PELA TR. A SBDI-II, por unanimidade, decidiu acolher a arguição de inconstitucionalidade do § 7º do art. 879 da CLT, incluído pela Lei n. 13.467/2017, suscitada na sessão de julgamento realizada em 13.3.2018, e determinar a remessa dos autos ao Tribunal Pleno para apreciação da matéria. No caso, registrou-se que o STF, no julgamento das ADIs 4.357, 4.372, 4.400 e 4.425 declarou a inconstitucionalidade da expressão "índice oficial da remuneração básica da caderneta de poupança" constante do art. 100, § 12, da CF, firmando a tese de que a Taxa Referencial (TR) não é capaz de recompor o poder aquisitivo da moeda. Ademais, embora as mencionadas ações de inconstitucionalidade versassem sobre a TR enquanto índice de correção de débitos fazendários inscritos em precatórios, o reconhecimento explícito de que a adoção da referida taxa afronta ao menos o art. 5º, XXII, da CF justifica a necessidade de manifestação sobre a constitucionalidade do art. 879, § 7º, da CLT pelo Tribunal Pleno" (TST-RO-24059-68.2017.5.24.0000, SBDI-II, Relator Ministro: Delaíde Miranda Arantes, 12-11-2019).

TABELA DE PRAZOS

Ato	Prazo
Para impugnação da liquidação pelas partes	8 dias (comum)
Para impugnação da conta pela União	10 dias

QUESTÕES COMENTADAS

01 (Advogado Geral da União – AGU – CESPE – 2015) No que diz respeito à competência da justiça do trabalho, a liquidação de sentença trabalhista e a ação rescisória, julgue o item a seguir.

Elaborados os cálculos de liquidação de sentença, a abertura de prazo pelo juiz do trabalho para impugnação será facultativa em relação às partes e obrigatória para a União.

( ) Certo   ( ) Errado

RESPOSTA Art. 879, §§ 2º e 3º, da CLT. *Alternativa Certa.* Cabe ressaltar que a Lei n. 13.467/2017 mudou o procedimento, de modo que atualmente o gabarito seria Errado, haja vista que o juiz tem o dever de abrir para as partes o prazo comum de 8 dias para impugnação à conta de liquidação.

02 (Procurador Substituto – PGE/PI – CESPE – 2014) No que se refere à liquidação de sentença e à execução trabalhista, assinale a opção correta.

(A) Segundo o TST, o sequestro de verbas públicas para satisfação de precatórios trabalhistas só é admitido na hipótese de preterição do direito de precedência do credor, a ela se equiparando as situações de não inclusão da despesa no orçamento ou de não pagamento do precatório até o final do exercício.

(B) Nos casos em que o recurso não tenha efeito suspensivo, o reclamante pode pedir a extração da carta de sentença antes que os autos do processo subam à instância superior com o recurso.

(C) Os erros de cálculo na sentença não poderão ser corrigidos na liquidação de sentença, visto que esta fase encerra o processo de conhecimento.

(D) A liquidação por arbitramento é feita quando a natureza do objeto o exigir, quando determinado por sentença ou quando houver convenção entre as partes, não podendo o juiz, neste último caso, indeferi-la.

(E) Em se tratando de execução trabalhista, o TST não admite a penhora sobre a renda mensal ou o faturamento da empresa, sob o fundamento de tal constrição poder comprometer o desenvolvimento regular das atividades da empresa.

RESPOSTA (A) OJ TP n. 3. (B) Trata-se de execução provisória, consoante o art. 899, *caput*, da CLT. (C) Art. 494, I, do CPC. (D) Art. 509, I, do CPC. A doutrina converge sobre a possibilidade do indeferimento, quando se mostrar impertinente. (E) OJ 93 da SDI-2 do TST. *Alternativa B.*

---

03 (Executor de Mandados – TRT 23 – FCC – 2016) Conforme normas contidas na Consolidação das Leis do Trabalho quanto à sentença, coisa julgada e liquidação:

(A) no caso de conciliação, o termo que for lavrado valerá como decisão irrecorrível para partes e terceiros, visto que reproduz a livre vontade dos litigantes, com a chancela do Estado-Juiz;

(B) as partes serão intimadas da sentença proferida em reclamação trabalhista que tramita pelo rito sumaríssimo na própria audiência em que prolatada, como regra;

(C) não há previsão para liquidação da sentença trabalhista por arbitramento, mas apenas por cálculos ou por artigos;

(D) na liquidação da sentença, excepcionalmente, poder-se-á discutir matéria pertinente à causa principal, inovando a sentença liquidanda, quando houve omissão no julgado em relação a um dos pedidos principais;

(E) elaborada a conta e tornada líquida, o juiz deverá abrir prazo comum de, no máximo, 5 dias para que as partes se manifestem, não havendo preclusão, pois a matéria relativa aos itens e valores poderá ser rediscutida em sede de embargos à execução.

RESPOSTA (A) Errado, art. 831, parágrafo único, da CLT. (B) Certo, art. 852-H, da CLT. (C) Errado, art. 879, da CLT. (D) Errado, § 1º, do art. 879, da CLT. (E) Errado, vez que se trata de faculdade do juiz, conforme o art. 879, § 2º, da CLT. *Alternativa B.*

Mais uma vez vale ressaltar que o § 2º, do art. 879, da CLT, foi alterado pela Lei n. 13.467/2017, de modo que atualmente não é mais faculdade do juiz abrir o prazo, que agora é comum de 8 dias.

PARA GABARITAR

- Apenas quando a sentença for ilíquida proceder-se-á, previamente, à sua liquidação, que pode ser por cálculos, artigos ou arbitramento.
- A liquidação de sentença tem *natureza constitutivo-integrativa*.
- Não viola norma constitucional a determinação de aplicação da TRD, como fator de correção monetária dos débitos trabalhistas, cumulada com juros de mora.
- É possível a realização da liquidação de forma diversa do que foi determinado na sentença, sem que se ofenda a coisa julgada.
- A liquidação deve abranger o cálculo das contribuições previdenciárias devidas, e as partes serão previamente intimadas para apresentação do cálculo de liquidação, inclusive da contribuição previdenciária incidente.
- Quando na sentença houver uma parte líquida e outra ilíquida, ao credor é lícito promover simultaneamente a execução daquela e, em autos apartados, a liquidação desta.
- Elaborada a conta de liquidação, o magistrado deverá abrir às partes prazo comum de 8 (oito) dias para impugnação fundamentada com a indicação dos itens e valores objeto da discordância, sob pena de preclusão.
- Elaborada a conta pela parte ou pelos órgãos auxiliares da Justiça do Trabalho, o juiz procederá à intimação da União para manifestação, no prazo de 10 (dez) dias, sob pena de preclusão.

PARA MEMORIZAR

CAPÍTULO 22 Execução

1. DEFINIÇÃO

Trata-se de conjunto de atos de atuação das partes e do juiz que tem por fito a concretização daquilo que foi decidido no processo de conhecimento ou previsto em título executivo extrajudicial, sendo certo que o Estado-juiz pode lançar mão de técnicas de substituição e coerção para que o previsto no título seja satisfeito.

Para viabilizar qualquer execução, o título deve ser certo, exigível e líquido, já que o CPC em seu art. 783 determina que a *"execução para cobrança de crédito fundar-se-á sempre em título de obrigação certa, líquida e exigível".*

1.1. Princípios da execução

1.1.1. Princípio da igualdade de tratamento

Em decorrência do princípio da isonomia, na execução é preciso que o juiz dispense tratamento isonômico às partes, mas, considerando que o exequente (em regra o empregado) é a parte mais fraca no sentido econômico, o seu crédito de natureza alimentar precisa ser satisfeito o mais rápido possível, daí porque algumas peculiaridades são vistas na execução trabalhista, como o início da execução de ofício pelo juiz para a parte que estiver desassistida por advogado, nos termos do art. 878 da CLT.

Vale dizer, com fulcro no art. 13 da IN n. 41/2018 do TST, que a partir da vigência da Lei n. 13.467/2017, a iniciativa do juiz na execução de que trata o art. 878 da CLT e no incidente de desconsideração da personalidade jurídica a que alude o art. 855-A da CLT ficará limitada aos casos em que as partes não estiverem representadas por advogado.

1.1.2. Princípio da natureza real da execução

Este princípio, também denominado de princípio da patrimonialidade, indica que a execução deve recair sobre os bens (patrimônio) do executado e não sobre sua pessoa (pessoal).

Dessa forma, não se admite mais a coação física para cumprimento de obrigações de natureza civil, salvo nas hipóteses previstas no art. 5º, LXVII, da CF/88, muito embora o STF tenha editado a Súmula Vinculante 25, que afirma ser ilegal a prisão do depositário infiel, em razão da teoria da norma supralegal.

Note-se que as medidas de pressão (multas diárias) não constituem exceção, pois irão repercutir na esfera patrimonial, e não na pessoal.

1.1.3. Princípio da limitação expropriatória

Há bens que são impenhoráveis, como por exemplo os salários, os livros e máquinas para o exercício de qualquer profissão, o seguro de vida, o bem de família etc., o que é regulado pelo CPC e pela Lei de Impenhorabilidade do Bem de Família (Lei n. 8.009/90). Entretanto, algumas exceções são aplicadas dentro da razoabilidade, tendo em vista a natureza do crédito (alimentar) que se executa, o que será analisado com mais detalhes abaixo.

1.1.4. Princípio do exato adimplemento ou efetividade

É sabido que o objetivo da execução é dar ao credor o que ele teria conseguido se o devedor cumprisse a obrigação voluntariamente, de modo que, quando as medidas do Estado não forem suficientes (sub-rogação e coerção), é possível a conversão em perdas e danos, como ocorre, por exemplo, nas obrigações de fazer e não fazer. É o caso da conversão em indenização por parte do empregador caso não entregue as guias para habilitação do empregado no seguro-desemprego.

Outrossim, pode o juiz também determinar providências que assegurem resultado prático equivalente, ou seja, no caso acima, poderia oficiar o órgão competente para que o trabalhador pudesse requerer sua habilitação e receber o benefício citado e, atualmente, faz-se constar na própria ata de audiência, que serve como instrumento para habilitação no benefício.

Ademais, este princípio impede que a execução vá além daquilo que seja suficiente para o cumprimento da obrigação.

1.1.5. Princípio da utilidade ao credor

Como se trata de procedimento que tem por fito entregar ao credor efetivamente o que lhe é devido, a execução deve ser útil para o exequente. Dessa forma, devem-se evitar atos tendenciosos a comprometer tal utilidade.

Assim, a execução não tem por azo tão somente acarretar danos ao executado, pelo contrário, seu patrimônio deve ser capaz de saldar a dívida exequenda.

Nesse sentido, *não se levará a efeito a penhora, quando evidente que o produto da execução dos bens encontrados será totalmente absorvido pelo pagamento das custas da execução.*

1.1.6. Princípio da não prejudicialidade do devedor

Também conhecido como execução menos gravosa ou menos onerosa, é extraído do CPC, vez que, quando por vários meios o exequente puder promover a execução, o juiz mandará que se faça pelo modo menos gravoso para o executado.

Dessa forma, se o executado tem uma coleção de fuscas e uma Mercedes, sendo que aquela tem valor idêntico a esta, porém o executado é um colecionador, deve o juiz determinar a penhora da Mercedes e não da coleção de fuscas.

Entretanto, não pode o devedor invocar esse princípio para gerar prejuízo ao credor, já que a execução se processa para satisfação deste, de modo que o juiz deve pautar-se no princípio da ponderação, a fim de que atue com base na proporcionalidade e na razoabilidade. Assim, o juiz não deve aceitar o requerimento de substituição da penhora já realizada por bem de difícil ou impossível alienação, guardadas as devidas proporções.

1.1.7. Princípio da primazia do credor trabalhista

Este princípio está intrinsicamente ligado com o objetivo maior da execução trabalhista, ou seja, a satisfação do credor, até porque seus créditos são de natureza alimentar.

Desta sorte, dispõe o CPC, em seu art. 797, que "ressalvado o caso de insolvência do devedor, em que tem lugar o concurso universal, realiza-se a execução no interesse do exequente, que adquire, pela penhora, o direito de preferência sobre os bens penhorados".

1.1.8. Princípio da disponibilidade

Indica que o credor pode desistir da execução, ou de algumas medidas, a qualquer momento, observando-se o disposto no art. 775, do CPC, com as devidas adaptações ao processo do trabalho.

Outrossim, se já foram opostos embargos à execução, o executado pode ter interesse numa sentença de procedência que se reveste de coisa julgada material, desconstituindo ou declarando a invalidade do título, de modo que a desistência dependeria da concordância do executado.

Caso contrário, ou seja, se não existirem questões de fundo, não há necessidade de concordância, vez que aquela sentença de procedência não existirá, pois terá resolvido apenas questões de cunho processual.

1.2. Legitimidade ativa

A execução pode ser promovida por qualquer interessado, entendido como tal o próprio credor, o espólio, os herdeiros e os sucessores do credor, bem como pelo juiz de ofício, desde que seja execução definitiva, pois o magistrado não está autorizado a iniciar de ofício a execução provisória.

Outrossim, a redação atual do art. 878, da CLT, determina que a execução será promovida pelas partes, permitida a execução de ofício pelo juiz ou pelo Presidente do Tribunal apenas nos casos em que as partes não estiverem representadas por advogado.

Com relação ao Ministério Público do Trabalho, este tem legitimidade para requerer o início da execução de título executivo judicial, caso tenha atuado como parte no processo de conhecimento em primeira ou em segunda instância e, em se tratando de título extrajudicial, na hipótese de Termo de Ajustamento de Conduta.

O próprio executado pode dar início à execução e deve efetuar o pagamento do que entender devido à previdência, sem prejuízo de eventual diferença.

1.3. Legitimidade passiva

O natural legitimado para figurar no polo passivo do processo de execução trabalhista é o empregador/tomador de serviços. No entanto, é possível que o empregado possa figurar como executado, nas hipóteses em que seja devedor de custas ou outras despesas processuais, bem como nos casos em que tenha sido condenado a pagar determinada quantia (se for julgado procedente o pedido formulado em reconvenção, por exemplo) etc.

Em caso de condenação do tomador dos serviços em decorrência de responsabilidade subsidiária (terceirização), é imperioso que tenha participado da relação processual e conste do título executivo.

O responsável solidário, integrante do grupo econômico, responderá pelos créditos do exequente na fase executiva, mesmo que não tenha participado da relação processual, isto é, não conste do título executivo judicial, vez que a responsabilidade solidária é imposta pela CLT, de modo que a participação de uma das empresas do grupo supre o chamar das demais, sem que haja violação ao contraditório ou à ampla defesa.

Imperioso lembrar que a CLT trata da figura da sucessão de empregadores, de modo que é certo dizer que o responsável pelo adimplemento dos créditos devidos ao trabalhador é a empresa, o que ocorre tipicamente no caso de transferência de titularidade desta, fusão, cisão, dentre outras hipóteses, e, caso haja alguma cláusula de não responsabilização, ela não será óbice para a responsabilidade patrimonial, gerando efeitos apenas entre os empresários.

Em regra, havendo sucessão, quem responde pela dívida é o sucessor, porém, em havendo fraude, a sucedida responderá solidariamente, sendo certo afirmar que, além da responsabilidade solidária em razão de fraude na sucessão, persistirá a responsabilidade, porquanto subsidiária, quando a sucessora não apresentar patrimônio suficiente para honrar as obrigações.

Dispõe o art. 448-A, da CLT, que, caracterizada a sucessão empresarial ou de empregadores, prevista nos arts. 10 e 448 da norma, as obrigações trabalhistas, inclusive as contraídas à época em que os empregados trabalhavam para a empresa sucedida, são de responsabilidade do sucessor. Ademais, a empresa sucedida responderá solidariamente com a sucessora quando ficar comprovada fraude na transferência.

Por fim, no caso de falência da empresa de trabalho temporário, a empresa tomadora ou cliente é solidariamente responsável pelo recolhimento das contribuições previdenciárias, no tocante ao tempo em que o trabalhador esteve sob suas ordens, assim como em referência ao mesmo período, pela remuneração e indenização previstas na lei.

1.3.1. Desconsideração da personalidade jurídica

É sabido que o patrimônio da empresa não se confunde com o dos seus sócios, de modo que, se a execução é promovida em face da empresa (empregadora), mas esta não tem bens capazes de saldar a execução, permite-se que o juiz afaste o véu corporativo (teoria da penetração), desconsiderando a personalidade jurídica da empresa (*disregard doctrine*) para alcançar os bens dos sócios.

Na verdade, ao aplicarmos a relativização da separação patrimonial da pessoa jurídica e de seus sócios, o que antes era visto de forma absoluta, permitindo ao magistrado adentrar o manto da personalidade jurídica (*lifting the corporate veil*), o que se objetiva é combater abusos e fraudes, ou seja, a teoria da desconsideração da personalidade jurídica mostra-se como um importante meio para reprimir o descrédito trivial gerado pelo desvio do instituto da personalização.

Com efeito, o CPC prevê que os bens do sócio, nos termos da lei, ficam sujeitos à execução, sendo certo que os bens particulares dos sócios não respondem pelas dívidas da sociedade, senão nos casos previsto em lei. Por assim dizer, só podemos admitir que se adentre no patrimônio dos sócios nos casos previstos em lei, mas o sócio pode invocar o benefício de ordem, isto é, indicar bens da pessoa jurídica para que sejam executados, o que é previsto de forma expressa para o sócio retirante na forma do art. 10-A da CLT.

Note que, como já estudamos acima, o regime legal da responsabilidade substitutiva, atualmente, está previsto na CLT, tem procedimento específico e depende de instauração de incidente, mas deve ser observado o Provimento CGJT n. 1 de 8-2-2019 do TST, o qual dispõe sobre o recebimento e o processamento do IDPJ, tratando de diversos assuntos sobre o tema, mas veda a instauração do IDPJ como processo autônomo, ou seja, deve ser processado nos mesmos autos.

1.4. Competência

A fixação da competência para a execução do título executivo depende de sua natureza, ou seja, de ser título executivo judicial ou extrajudicial.

O art. 877, da CLT, dispõe que a competência é do juiz que tiver conciliado ou julgado originariamente o dissídio, se for título executivo judicial.

Em se tratando de título extrajudicial, será competente o juiz que teria competência para o processo de conhecimento relativo à matéria, como se infere do art. 877-A da CLT.

Dessa forma, para promover a execução de título extrajudicial, deve o exequente observar a disciplina contida no art. 651, da CLT, o qual fixa a competência em razão do local.

Parte da doutrina, inclusive nós, com fundamento nos princípios da celeridade e economia processual, visando a evitar expedição de cartas precatórias, admite a aplicação subsidiária do art. 516, parágrafo único, do CPC no processo do trabalho, isto é, o exequente poderá optar, de acordo com a incidência das hipóteses elencadas, pelo juízo do atual domicílio do executado, pelo juízo do local onde se encontrem os bens sujeitos à execução ou pelo juízo do local onde deva ser executada a obrigação de fazer ou de não fazer, casos em que a remessa dos autos do processo será solicitada ao juízo de origem.

1.5. Títulos executivos

A CLT trata dos títulos executivos no art. 876. O que se percebe pelo texto legal é que temos títulos executivos judiciais e extrajudiciais, sendo estes estritamente os Termos de Ajustamento de Conduta firmados junto ao MPT (TAC). Já os termos de conciliação são firmados junto à CCP, pois os demais previstos no dispositivo são títulos judiciais.

Ocorre que há duas correntes relevantes sobre a ampliação ou restrição dos títulos executivos no processo do trabalho, quais sejam:

1ª) *corrente restritiva*: sustenta que o rol do art. 876, da CLT, é taxativo, admitindo-se uma única exceção, que é a Certidão de Dívida Ativa da União; e

2ª) *corrente ampliativa*: entende que os títulos apresentados no art. 876 são meramente exemplificativos, admitindo-se, portanto, outros títulos executivos, quer sejam judiciais ou extrajudiciais.

Com o advento da Emenda Constitucional n. 45, de 2004, o art. 114, VIII, da Carta Magna, ensejou que outro título fosse executado na Justiça do Trabalho, seguindo os procedimentos previstos na Lei n. 6.830/80, qual seja, a certidão de dívida ativa da União referente às multas decorrentes de penalidades impostas pelos órgãos de fiscalização das relações de trabalho, vez que, em havendo o inadimplemento, haverá a inscrição na dívida ativa (CDA), o que vai representar, em nosso sentir, um outro título executivo extrajudicial na seara trabalhista.

Não obstante as correntes acima citadas, o TST, por meio da IN n. 39/2016, art. 13, reconhece: "Por aplicação supletiva do art. 784, I (art. 15 do CPC), o cheque e a nota promissória emitidos em reconhecimento de dívida inequivocamente de natureza trabalhista também são títulos extrajudiciais para efeito de execução perante a Justiça do Trabalho, na forma do art. 876 e segs. da CLT".

É importante ressaltar, por fim, que se considera inexigível o título judicial fundado em lei ou ato normativo declarado inconstitucional pelo Supremo Tribunal Federal ou em aplicação ou interpretação tida por incompatível com a Constituição Federal.

No entanto, como leciona Luís Roberto Barroso[1]:

---
1 *Controle de Constitucionalidade no Direito Brasileiro.* 8. ed. São Paulo: Saraiva, 2019.

"Em nome da proteção à coisa julgada, há consenso doutrinário em que a declaração de inconstitucionalidade, com eficácia erga omnes, não desconstitui automaticamente a decisão baseada na lei que veio a ser invalidade e que transitou em julgado, sendo cabível ação rescisória, se ainda não decorrido o prazo legal. Caso se tenha operado a decadência para a rescisão, já não será possível desfazer o julgado".

1.6. Execução provisória e definitiva

Definitiva é a execução fundada em sentença transitada em julgado (incluído o acordo homologado judicialmente) ou em título extrajudicial, que visa efetivamente à expropriação de bens do executado para satisfação integral do exequente.

Por outro lado, é provisória a execução quando o título judicial exequendo estiver sendo objeto de recurso recebido apenas no efeito devolutivo, que é a regra geral no processo do trabalho, ou seja, cabe execução provisória quando não houver sentença transitada em julgado, que ficará paralisada com a constrição judicial de bens do executado, isto é, a execução provisória tem seu curso até a penhora, entendendo-se como tal o julgamento da subsistência ou não da penhora, e não apenas o ato de constrição propriamente dito.

Importa observar que houve alteração substancial na Súmula 417 do TST, de modo que tanto na execução provisória quanto na definitiva é possível a penhora em dinheiro e, com isso, garantido o juízo, cabe ao executado ofertar embargos à execução.

Não é possível a execução provisória iniciada de ofício pelo magistrado, ainda que a parte não esteja assistida por advogado, razão pela qual, para viabilizá-la, é necessário o requerimento do exequente, caso em que tomará as providências quanto às peças para instruir o seu requerimento.

Vale dizer, *nos termos do art. 883-A, da CLT, que a decisão transitada em julgado somente poderá ser levada a protesto, gerar inscrição do nome do executado em órgãos de proteção ao crédito ou no BNDT, nos termos da lei, depois de transcorrido o prazo de 45 dias a contar da citação do executado, se não houver garantia do juízo.*

Outrossim, de acordo com o art. 15 da IN n. 41/2018 do TST, o prazo previsto no art. 883-A da CLT, para as medidas de execução indireta nele especificadas, aplica-se somente às execuções iniciadas a partir de 11 de novembro de 2017.

1.7. Aplicação subsidiária da Lei de Execuções Fiscais

O que se extrai do art. 899 da CLT, é que se a norma laboral for omissa, não pode o aplicador do direito se valer diretamente do CPC, pois primeiramente deve buscar a regulação da casuística na LEF para, após, se permanecer a lacuna normativa, aplicar o CPC.

Vaticina o art. 1º, da Lei n. 6.830/90 (LEF): "A execução judicial para cobrança da Dívida Ativa da União, dos Estados, do Distrito Federal, dos Municípios e respectivas autarquias será regida por esta Lei e, subsidiariamente, pelo Código de Processo Civil".

Evidentemente, em razão do diálogo das fontes e do princípio da máxima efetividade, aplicaremos, indubitavelmente, o art. 15, do CPC, ou seja, para os casos de omissão total (aplicação subsidiária), bem como nos casos de lacuna ontológica ou axiológica (aplicação supletiva).

1.8. Mandado de citação

Não pago o débito voluntariamente nas condições e prazos fixados na sentença ou acordo homologado, o juiz, de ofício ou a requerimento (quando a parte tiver advogado), mandará expedir mandado de citação ao executado, para que pague o débito oriundo da decisão ou acordo, incluídas as contribuições previdenciárias, em 48 horas, ou garanta a execução, sob pena de penhora.

Note-se que a expedição de Mandado de Citação, Penhora e Avaliação (MCPA) em fase definitiva ou provisória de execução deverá levar em conta a dedução dos valores já depositados nos autos, em especial o depósito recursal.

O mandado de citação, penhora e avaliação, que será cumprido pelo oficial de justiça, deverá conter a decisão exequenda ou o termo de acordo não cumprido.

Se o executado, depois de procurado por duas vezes, não for encontrado, no espaço de 48 horas, far-se-á a citação por edital, independentemente do rito que seguiu a fase de conhecimento, afixando-se o mesmo na sede da Vara, caso não haja jornal oficial, pelo prazo de 5 (cinco) dias (§ 3º, do art. 880, da CLT).

Pois bem, citado o executado, ele tem três opções, quais sejam:

a) pagar ou garantir a execução, em 48 horas; ou

b) ficar inerte, quando então serão penhorados seus bens para garantir a execução.

Em caso de pagamento, lavrar-se-á termo de quitação em duas vias assinadas pelo exequente, pelo executado e pelo escrivão ou diretor que lavrar o termo, entregando a segunda via ao executado e juntando a outra no processo.

Se o exequente não estiver presente, a importância será depositada mediante guia em estabelecimento bancário oficial de crédito ou, na falta deste, em estabelecimento bancário idôneo.

Todavia, o executado que não pagar a importância reclamada poderá garantir a execução mediante depósito da quantia correspondente, atualizada e acrescida das despesas processuais, apresentação de seguro-garantia judicial ou nomeação de bens à penhora, observada a ordem preferencial estabelecida no art. 835, do CPC. Aliás, em caso de seguro-garantia judicial, deve ser observada a OJ 59 da SDI-2 do TST.

Pelo dispositivo em apreço, é fácil perceber que a garantia da execução, por ato volitivo do executado, pode se dar pelo depósito do numerário ou pela indicação de bens a penhora ou pela oferta de seguro-garantia judicial.

Entretanto, como foi acima afirmado, pode o executado ser citado e quedar-se inerte, quando então seguir-se-á penhora dos bens, tantos quantos bastem ao pagamento da importância da condenação, acrescida de custas e juros de mora, sendo estes devidos a partir da data do ajuizamento da ação.

Vale dizer que até o fechamento desta edição, a MP n. 905/2019, que ainda não fora convertida em lei, pretende dar nova redação ao art. 883 para que passe a constar que não pagando o executado, nem garantindo a execução, seguir-se-á penhora dos bens, tantos quantos bastem ao pagamento da importância da condenação, acrescida de custas e juros de mora equivalentes aos aplicados à caderneta de poupança, sendo estes, em qualquer caso, devidos somente a partir da data em que for ajuizada a reclamação inicial.

1.9. Penhora

Não sendo pago o valor nem garantido o juízo, seguir-se-á com a penhora dos bens.

Trata-se de ato de constrição judicial, envidada sobre o patrimônio do devedor, em decorrência da sub-rogação que o Estado exerce na fase executiva (ato de império), com o fito de satisfazer o crédito exequendo.

Interessante notar que a doutrina elenca alguns efeitos decorrentes da penhora, dentre os quais destacamos os seguintes:

a) torna ineficaz a alienação dos bens constritos;

b) gera preferência do credor, razão pela qual terá o credor que obteve/realizou a primeira penhora preferência sobre os demais credores que vierem a realizar penhora sobre aquele mesmo bem;

c) garantia do juízo, da qual só se pode falar, realmente, quando os bens penhorados são suficientes para pagar o crédito do exequente e outras despesas de cunho processual como as custas, por exemplo.

Com efeito, a penhora é o ato judicial de constrição de bens do executado que visa resguardar patrimônio necessário para uma futura expropriação.

Impende observar que o CPC trata da ordem preferencial da penhora, de modo que a execução visa, em prol da celeridade e da efetividade, dinheiro, razão pela qual é o primeiro na ordem preferencial, seja em espécie ou em depósito ou aplicação em instituição financeira.

Na sistemática atual, há convergência jurisprudencial sobre a penhora em dinheiro (inclusive na modalidade *online*), em que o ativo financeiro do devedor é constrito, o que no processo do trabalho pode ser determinado de ofício pelo juiz do trabalho, tendo inclusive o CPC previsão específica sobre o tema no art. 854.

Noutro giro, é possível a substituição da penhora, desde que seja utilizada pelo juiz a razoabilidade, haja vista que não pode a substituição ser realizada em prejuízo do credor. Assim, o juiz deverá ponderar o requerimento de substituição, em especial quando feito pelo executado, tudo nos termos dos arts. 848 e 849, do CPC.

Em regra, é vedada a realização de segunda penhora, exceto quando a primeira for anulada, quando executados os bens, quando o produto da alienação não bastar para o pagamento do exequente, e quando o exequente desistir da primeira penhora, por serem litigiosos os bens ou por estarem submetidos a constrição judicial.

1.9.1. Dos bens penhoráveis e impenhoráveis

Os bens impenhoráveis estão previstos no art. 833, do CPC, que é aplicável ao processo do trabalho em razão da omissão da CLT e da Lei de Execução Fiscal, além de não apresentar nenhuma incompatibilidade com o processo do trabalho.

Por outro lado, é necessário relativizar a impenhorabilidade absoluta prevista em lei, haja vista que o princípio da dignidade da pessoa humana, no caso, do trabalhador, deve merecer hegemonia sobre a inadimplência, ademais por se tratar de crédito privilegiado, que é exatamente aquele devido ao trabalhador.

Entretanto, a jurisprudência do Tribunal Superior do Trabalho é intransigente no sentido de não admitir penhora em conta salário, ainda que referente a percentual.

De outro giro, podem ser penhorados, à falta de outros bens, os frutos e rendimentos dos bens inalienáveis.

Diga-se de passagem que é possível a penhora sobre cédula de crédito rural pignoratícia ou hipotecária.

1.9.2. Da penhora sobre bem de família

Inicialmente é preciso destacar que a impenhorabilidade do bem de família, que é o sistema de proteção social em vigência, é matéria de ordem pública, embora considerada como regime jurídico, de modo que não há preclusão incidente, admitindo-se sua arguição em qualquer tempo, até mesmo por simples petição.

Dispõe a Lei n. 8.009/90, em seu primogênito artigo, que o imóvel residencial próprio do casal, ou da entidade familiar, é impenhorável e não responderá por qualquer tipo de dívida civil, comercial, fiscal, previdenciária ou de outra natureza, contraída pelos cônjuges ou pelos pais ou filhos que sejam seus proprietários e nele residam, salvo nas hipóteses previstas consignadas na lei. A impenhorabilidade compreende o imóvel sobre o qual se assentam a construção, as plantações, as benfeitorias de qualquer natureza e todos os equipamentos, inclusive os de uso profissional, ou móveis que guarnecem a casa, desde que quitados.

Entretanto, excluem-se da impenhorabilidade os veículos de transporte, obras de arte e adornos suntuosos. No caso de imóvel locado, a impenhorabilidade aplica-se aos bens móveis quitados que guarneçam a residência e que sejam de propriedade do locatário.

Importa registrar que o inciso I do art. 3º acima foi revogado expressamente pela Lei Complementar n. 150/2015 (Lei dos Empregados Domésticos), vez que o art. 46 da lei suso prevê: "Revogam-se o inciso I do art. 3º da Lei n. 8.009, de 29 de março de 1990, e a Lei n. 5.859, de 11 de dezembro de 1972". Ou seja, antes era possível penhorar o bem de família do empregador doméstico, vez que era inoponível, porém hodiernamente não mais.

É de bom grado registrar que o art. 5º e seu parágrafo único da lei supra dispõem que, para os efeitos de impenhorabilidade, considera-se residência um único imóvel utilizado pelo casal ou pela entidade familiar para moradia permanente, e na hipótese de o casal, ou entidade familiar, ser possuidor de vários imóveis utilizados como residência, a impenhorabilidade recairá sobre o de menor valor, salvo se outro tiver sido registrado.

O Código Civil prevê também a possibilidade de destinação de um, entre vários imóveis, para ser o bem de família, como se extrai da redação do art. 1.711.

Para o Código Civil, o bem de família consistirá em prédio residencial urbano ou rural, com suas pertenças e acessórios, destinando-se em ambos os casos a domicílio familiar, e poderá abranger valores mobiliários, cuja renda será aplicada na conservação do imóvel e no sustento da família.

A questão que se põe em voga é a dispensa formal de constituição do bem de família, ou seja, não se exige qualquer formalidade, instrumentalização via registro em cartório, bastando demonstração cabal de que aquele imóvel, que está na iminência de ser constrito, ou já penhorado, é o único e que serve de moradia para a família, o que pode ser comprovado em audiência requerida para este fim.

Por fim, não se pode arguir a impenhorabilidade de forma absoluta, devendo o julgador avaliar cada caso, vez que tal garantia não pode ser obstáculo para impedir o cumprimento dos créditos devidos ao trabalhador, ademais quando estivermos diante de crédito de natureza alimentar.

1.9.3. Execução contra massa falida ou empresa em recuperação judicial

Quando a massa falida está no polo passivo, há divergência doutrinária no sentido de como prosseguir a cobrança do crédito, e *três correntes* apontam no cenário jurídico:

A *primeira corrente (majoritária)*, denominada de tradicional, defende que com o decreto da falência a execução dos créditos deve ir para o juízo universal em razão do princípio da igualdade entre os credores, invocando a aplicação do art. 768 da CLT.

Já para a *segunda corrente*, a execução deve continuar na Justiça do Trabalho, já que a Justiça Laboral tem competência para executar suas próprias decisões, o que exclui, portanto, o juízo universal, pouco importando se a constrição ocorreu antes ou depois da falência, haja vista que o crédito trabalhista é privilegiado.

A *terceira corrente*, conhecida como eclética, se posiciona de acordo com o momento da constrição, ou seja, se os bens são penhorados antes da falência, não são alcançados pelo juízo falimentar, porém, se os atos de constrição ocorrem após a quebra, cessa a competência da Justiça do Trabalho, devendo o juiz expedir certidão de crédito para habilitação perante o juízo falimentar, o que é afirmado com espeque no já citado princípio da isonomia entre os credores privilegiados.

Em caso de recuperação judicial, entende-se que deve o feito seguir na Justiça do Trabalho até a apuração do valor, quando então o magistrado deve ordenar a expedição de certidão de crédito.

Vale lembrar que os créditos privilegiados estão limitados a 150 salários-mínimos. Porém, o art. 151, da Lei n. 11.101/2005, afirma que "os créditos trabalhistas de natureza estritamente salarial vencidos nos 3 (três) meses anteriores à decretação da falência, até o limite de 5 (cinco) salários-mínimos por trabalhador, serão pagos tão logo haja disponibilidade em caixa".

No caso de empresa em liquidação extrajudicial, a execução, inexoravelmente, deve prosseguir na Justiça do Trabalho, como prevê a OJ 143 da SDI-1 do TST.

1.10. Embargos à execução

De acordo com a redação do art. 884, da CLT, "garantida a execução ou penhorados os bens, terá o executado 5 (cinco) dias para apresentar embargos, cabendo igual prazo ao exequente para impugnação".

Dessa forma, o que se depreende do texto legal é que a garantia do juízo, na forma dos arts. 882 e 883, da CLT, é pressuposto indispensável para o oferecimento dos embargos à execução, sob pena de rejeição, embora há quem entenda ser prescindível.

O § 6º do art. 884 da CLT, determina que a exigência de garantia ou penhora não se aplica às entidades filantrópicas e/ou àqueles que compõem ou compuseram a diretoria dessas instituições, o que se aplica em processos com execuções iniciadas após 11 de novembro de 2017 (IN n. 41/2018, TST, art. 16).

O incidente em apreço é apresentado por petição nos próprios autos do processo e nele processado, sendo competente para o julgamento, portanto, o juízo onde se processa a execução, ou seja, os embargos à execução no processo trabalhista são opostos mediante petição escrita, dirigida ao juiz da execução, por meio de simples juntada aos autos principais, sem necessidade de apensamento.

O prazo para que sejam oferecidos os embargos à execução começa a fluir, no processo do trabalho, a contar do depósito da importância da condenação ou da assinatura do termo de penhora dos bens oferecidos ou da penhora de bens levada a efeito pela iniciativa do oficial de justiça-avaliador ou, se for o caso, da intimação da penhora, como acontece, por exemplo, quando o magistrado convola o depósito recursal existente nos autos em penhora, quando então dará ciência ao executado via intimação.

1.10.1. Embargos à execução na execução por carta precatória

É fato que os embargos à execução são oferecidos e julgados pelo próprio juízo da execução.

Caso a execução seja por carta precatória, na hipótese de não haver bens passíveis de penhora no foro da execução, os embargos podem ser oferecidos no juízo deprecante ou no juízo deprecado, mas a competência para julgá-los será do juízo da execução, ou seja, do deprecante, exceto se o embargante alegar única e exclusivamente vícios na penhora, avaliação ou alienação praticados pelo juízo deprecado, quando a este caberá o julgamento.

Combinando o art. 20, da Lei n. 6.830/80, e o § 2º do art. 914, do CPC, temos que, caso a execução esteja tramitando no foro de Sergipe e haja necessidade de expedir carta precatória executória para o foro de Vitória (onde há bens penhoráveis), os embargos podem ser oferecidos no juízo deprecante (Sergipe) ou no juízo deprecado (Vitória), devendo ser observado: a) se forem oferecidos no juízo deprecado, deve este remeter a carta precatória com os embargos ao juízo deprecante, para julgamento; b) se forem oferecidos no juízo deprecado com alegações exclusivas acerca de vícios de penhora, avaliação ou alienação, deverá este juízo resolver tais questões sem a remessa dos autos ao juízo deprecante; c) se forem oferecidos no juízo deprecante com alegações, unicamente, acerca de vícios de penhora, avaliação ou alienação praticados pelo juízo deprecado, deverá o deprecante remeter os autos ao deprecado, a fim de que este resolva tais questões.

1.10.2. Legitimação

O devedor, sujeito passivo da execução forçada, é quem, em princípio, tem legitimidade ativa para oferecer embargos, mas são também legitimados os terceiros com responsabilidade executiva, tais como o fiador, sócio, sucessor, desde que, tendo integrado a relação processual no processo de conhecimento, tenham sido atingidos pela execução.

Vale destacar que, em caso de responsabilidade subsidiária, a execução só poderá ser dirigida em face do devedor subsidiário se este tiver sido chamado a integrar a lide no processo de conhecimento e constar do título executivo.

No entanto, o terceiro que não foi parte no feito, se atingido por atos da execução, isto é, se tiver seus bens atingidos pela constrição judicial, tem nos embargos de terceiro a ação para tentar livrá-los da penhora.

1.10.3. Matéria de defesa nos embargos

A CLT estabelece de forma bem restrita as matérias que podem ser alegadas em sede de embargos à execução, nos termos do § 1º do art. 884 da CLT.

Desta feita, como não se podem discutir, no processo de execução, matérias já decididas no processo de conhecimento, as alegações nos embargos só serão válidas se versarem sobre causas supervenientes à sentença, entendimento que se aplica para a execução por título judicial.

No entanto, prevalece o entendimento de que o dispositivo acima transcrito não esgota todas as matérias que podem ser alegadas, vez que nada há que possa impedir a parte executada de alegar matérias que o juiz deveria conhecer de ofício (objeções), sem prejuízo da aplicação subsidiária do art. 525, § 1º, do CPC.

Interessante advertir que o art. 16, § 3º, da Lei n. 6.830/80, veda, nos embargos do executado, reconvenção, compensação e as exceções (entenda-se por objeções), salvo as de suspeição, incompetência e impedimento, as quais deverão ser arguidas como preliminar e processadas e julgadas nos embargos.

Obviamente, a compensação a que se faz menção é aquela que deveria ser arguida com a contestação, e não aquela superveniente à sentença.

1.10.4. Prescrição intercorrente

Com efeito, entende-se por prescrição intercorrente a possibilidade de, no curso do processo de execução este ser extinto, por não ter a parte interessada promovido as providências que ficaram ao seu encargo, no prazo de 2 anos.

O reconhecimento da prescrição intercorrente deve se dar quando a parte de forma injustificada deixar de promover os atos que lhe competirem no processo de execução, quando intimada, como se depreende do art. 11-A, da CLT.

Porém, o fluxo da prescrição intercorrente conta-se a partir do descumprimento da determinação judicial a que alude o § 1º do art. 11-A da CLT, desde que feita após 11 de novembro de 2017 (Lei n. 13.467/2017), consoante art. 2º da IN n. 41/2018, TST.

1.10.5. Impugnação do exequente

A impugnação a que se refere o art. 884, *caput*, da CLT, é aquela a que se poderia dar o nome de resposta do embargado, a sua defesa aos embargos à execução ofertados.

O prazo para impugnação (resposta) aos embargos é também de 5 (cinco) dias a contar da intimação, sendo certo que a não impugnação não gera os efeitos da revelia.

No processo do trabalho, o exequente, no mesmo prazo que tem o executado para embargar, poderá impugnar a sentença de liquidação. Caso o exequente apresente essa impugnação, o executado deve ser intimado para apresentar defesa, também considerando o mesmo prazo.

Na verdade, o que se percebe é que temos duas impugnações!

A impugnação que se processa depois da decisão homologatória da liquidação não se confunde com aquela que o credor-exequente apresenta a título de contrariedade aos embargos opostos pelo devedor-executado (art. 884, *caput*, da CLT), nem tampouco com aquela a que se refere o § 2º, do art. 879, da Consolidação das Leis do Trabalho, que se traduz em fala sobre os cálculos de liquidação, caso o juiz abra vista.

O levantamento pelo exequente, autorizado pelo juiz, do depósito em dinheiro do montante da execução não prejudica o seu direito de impugnar a liquidação, desde que o tenha feito no prazo.

Todavia, se o exequente, intimado dos cálculos, antes de decisão homologatória e de qualquer procedimento de constrição sobre os bens do executado, alertado sobre a cominação da preclusão, deixa transcorrer o prazo de 8 dias sem se pronunciar, lhe é defeso proceder à impugnação posteriormente, porque terá incorrido na preclusão.

É certo que o § 3º, do art. 884, da CLT, diz que somente nos embargos à penhora poderá o executado impugnar a sentença de liquidação, cabendo ao exequente igual direito (entenda-se: direito de impugnar, não de embargar) e no mesmo prazo.

A jurisprudência não oscila quanto ao entendimento de que, se o executado e o exequente não se manifestam, quando da vista dos cálculos, fica-lhes precluso o direito de embargar e de impugnar, por força do § 2º, do art. 879, da CLT, entendimento que deve prevalecer mesmo com o advento da Lei n. 13.467/2017.

O juiz, na mesma sentença, julga os embargos do devedor, a impugnação do credor e a impugnação do órgão previdenciário, como se depreende do § 4º, do art. 884, da CLT.

1.10.6. Trâmites finais da execução trabalhista

Pois bem, se não tiverem sido arroladas testemunhas na defesa (embargos à execução), o juiz proferirá sua decisão em 5 (cinco) dias, julgando subsistente ou não a penhora.

Se tiverem sido arroladas testemunhas, o escrivão ou chefe de secretaria fará os autos conclusos ao juiz em 48 horas, finda a instrução, quando então aquele proferirá sentença nos termos acima mencionados.

Proferida a decisão, as partes serão notificadas por aviso de recebimento e, julgada subsistente a penhora, o juiz mandará avaliar os bens. A penhora será então realizada pelo Oficial de Justiça e deve ser concluída em no máximo 10 (dez) dias a contar da nomeação.

Insta salientar que da decisão que rejeitar os embargos, sem apreciar seu mérito, cabe agravo de petição para o TRT, no prazo de 8 (oito) dias, o mesmo ocorrendo se os embargos à execução forem recebidos e, no mérito, forem julgados procedentes, improcedentes ou procedentes em parte.

Após avaliação, o bem será expropriado para, com o produto arrecadado, se realizar o pagamento ao credor, caso o credor não opte pela adjudicação.

Com efeito, a CLT prevê que o bem penhorado será levado à hasta pública (leilão, se bens móveis, ou praça, se bens imóveis), para satisfazer o crédito do exequente, o que deve ser divulgado com antecedência mínima de 20 (vinte) dias.

A arrematação far-se-á em dia, hora e lugar anunciados, e os bens serão vendidos pelo maior lance, tendo o exequente preferência para adjudicação.

Com relação propriamente à arrematação, o arrematante deverá garantir o lance com o sinal correspondente a 20% (vinte por cento) do valor dos bens.

É possível que não haja licitante na hasta pública, quando então, desde que o exequente não requeira a adjudicação, poderão os bens penhorados ser vendidos por leiloeiro nomeado pelo juiz.

Por outro lado, em havendo arrematação, se o arrematante ou seu fiador não pagar dentro de 24 (vinte e quatro) horas o preço da arrematação, perderá em benefício da execução o sinal, que é de 20%, votando à hasta pública os bens penhorados.

Alertamos para o fato de que, em havendo parcelamento pela Secretaria da Receita Federal, no que tange às contribuições sociais, o devedor deverá juntar aos autos a comprovação da avença, ficando a execução da obrigação social suspensa até a quitação de todas as parcelas.

No caso acima citado, as Varas do Trabalho deverão encaminhar mensalmente à Secretaria da Receita Federal do Brasil informações sobre os recolhimentos efetivados nos autos, exceto se outro prazo for estabelecido em regulamento.

1.10.7. Da avaliação

A avaliação nada mais é do que a atribuição de valor aos bens penhorados, o que é realizado pelo Oficial de Justiça no momento da apreensão dos bens, permitindo a constatação da garantia do juízo.

A CLT prevê que o Oficial de Justiça terá 10 (dez) dias para realizar a avaliação, como se extrai do art. 721, § 3º, e art. 888, *caput*, ambos da CLT.

Segundo previsão expressa do art. 870 e parágrafo único do CPC, que reafirma o acima consignado, a avaliação é atividade afeta ao Oficial de Justiça, ressalvadas as hipóteses ali consignadas.

O laudo de avaliação deve ser obrigatoriamente apresentado em juízo, de modo a que possa ser impugnado pelas partes e também para fins de controle de sua validade pelo órgão jurisdicional responsável, ou seja, é possível a impugnação da avaliação, aplicando-se, inclusive, o art. 13, § 1º, da Lei n. 6.830/90, que com a devida interpretação e aplicação analógica vai afirmar que, uma vez impugnada a avaliação, pelo executado ou exequente, desde que antes de publicado o edital de leilão, o juiz, ouvida a outra parte, nomeará avaliador oficial para proceder a nova avaliação dos bens penhorados.

Caso na localidade não exista avaliador ou quem possa assumir o encargo, devemos observar o que dispõe o § 2º, do art. 13, da LEF.

1.10.8. Modalidades de expropriação

A execução por quantia certa possui o estreito fito de expropriar bens do devedor, a fim de satisfazer o direito do credor.

Com efeito, expropriar consiste no desapossar alguém de sua propriedade, ou seja, significa retirar a propriedade. O CPC prevê três formas de expropriação: 1) adjudicação, 2) alienação e 3) apropriação de frutos e rendimentos de empresa ou de estabelecimentos e de outros bens.

Cabe observar, outrossim, que a alienação far-se-á: 1) por iniciativa particular e 2) em leilão judicial eletrônico ou presencial.

A ordem estabelecida visa conferir maior efetividade à execução com o menor sacrifício do devedor.

Assim, é correto afirmar que a expropriação é a transferência coativa de bens do devedor para terceiro, que pode ser o próprio exequente ou outro que se disponha a arrematá-lo. Ou seja, é possível que a arrematação seja levada a cabo pelo próprio exequente.

1.10.8.1. Arrematação

Uma das modalidades de arrematação é a hasta pública, que é um ato notadamente público que deve ser anunciada por afixação de edital e publicação em jornal, com antecedência mínima de 20 (vinte) dias.

Caso não efetivada a adjudicação, o exequente poderá requerer a alienação por sua própria iniciativa ou por intermédio de corretor ou leiloeiro público credenciado perante o órgão judiciário.

O art. 886, do CPC, determina que o leilão será precedido de edital, que conterá os requisitos ali estabelecidos.

Importa observar que o art. 891, do CPC, determina que não será aceito lance que ofereça preço vil. Considera-se vil o preço inferior ao mínimo estipulado pelo juiz e constante do edital; não tendo sido fixado preço mínimo, considera-se vil o preço inferior a cinquenta por cento do valor da avaliação.

Como a norma laboral nada dispõe acerca daqueles que podem arrematar, limitando-se a dizer que o exequente tem prioridade para adjudicar desde que pelo maior lance (§ 1º, do art. 888, da CLT), há entendimento no sentido de que é aplicável ao processo do trabalho o art. 890, do CPC.

Quando for o caso de alienação de bem gravado com penhor, hipoteca, anticrese ou de bem aforado, é necessária a intimação do credor com garantia real, sob pena de ineficácia do ato.

A arrematação constará de auto que será lavrado de imediato e poderá abranger bens penhorados em mais de uma execução, nele mencionadas as condições nas quais foi alienado o bem. Por outro lado, a ordem de entrega do bem móvel ou a carta de arrematação do bem imóvel, com o respectivo mandado de imissão na posse, será expedida depois de efetuado o depósito ou prestadas as garantias pelo arrematante, bem como realizado o pagamento da comissão do leiloeiro e das demais despesas da execução. Ademais, a carta de arrematação conterá a descrição do imóvel, com remissão à sua matrícula ou individuação e aos seus registros, a cópia do auto de arrematação e a prova de pagamento do imposto de transmissão, além da indicação da existência de eventual ônus real ou gravame.

No que tange à transferência propriamente dita do domínio, temos que, se for bem móvel, a sua operacionalização far-se-á pela mera tradição (entrega do bem), mas, se for bem imóvel, deverá haver o registro da carta de arrematação.

Por fim, vale ressaltar que não cabe ação rescisória para impugnar decisão homologatória de adjudicação ou arrematação, haja vista que o meio cabível é a ação anulatória, que deve ser ajuizada diretamente no juízo que praticou o ato.

1.10.8.2. Adjudicação

Essa modalidade de expropriação é bastante peculiar, uma vez que haverá a transferência da propriedade do bem do executado para a esfera patrimonial do credor, ora exequente.

Assim, uma das formas de satisfazer o crédito é exatamente pela adjudicação dos bens penhorados, sendo admitida para qualquer modalidade de bens, ou seja, móveis ou imóveis.

É imperioso destacar, como já afirmado anteriormente, que se houver licitante oferecendo um determinado valor e o exequente oferecer valor idêntico, preferir-se-á a adjudicação em detrimento da arrematação.

Considerando o art. 24, da Lei de Execução Fiscal (Lei n. 6.830/80), o exequente poderá adjudicar os bens penhorados antes do leilão, pelo preço da avaliação, se a execução não for embargada, ou se rejeitados os embargos ou findo o leilão quando não houver licitante, caso em que a adjudicação se dará pelo preço da avaliação ou, em caso de haver licitantes, com preferência, em igualdade de condições com a melhor oferta, no prazo de 30 (trinta) dias. Entretanto, se o preço da avaliação ou o valor da melhor oferta for superior ao dos créditos do exequente, a adjudicação somente será deferida pelo juiz se a diferença for depositada, à ordem do juízo, no prazo de 30 (trinta) dias.

A adjudicação só pode ocorrer antes da assinatura do auto de arrematação, uma vez que, assinado o auto de arrematação pelo juiz, pelo arrematante e pelo leiloeiro, a arrematação será considerada perfeita, acabada e irretratável.

Podem também exercer o direito à adjudicação aqueles previstos no art. 876, § 5º, do CPC.

Se a penhora for de quota ou de ação, deve ser observado o § 7º, do art. 876, do CPC.

Cabe citar, com base no art. 877 e seus parágrafos, do CPC, que se considera perfeita e acabada a adjudicação com a lavratura e a assinatura do auto pelo juiz, pelo adjudicatário, pelo escrivão ou chefe de secretaria, e, se estiver presente, pelo executado, expedindo-se: I – a carta de adjudicação e o mandado de imissão na posse, quando se tratar de bem imóvel; II – a ordem de entrega ao adjudicatário, quando se tratar de bem móvel. A carta de adjudicação conterá a descrição do imóvel, com remissão à sua matrícula e aos seus registros, a cópia do auto de adjudicação e a prova de quitação do imposto de transmissão.

Insta salientar que, caso algum interessado, desde que legítimo, queira impugnar a adjudicação, deverá lançar mão da ação anulatória.

1.10.8.3. Alienação por iniciativa particular

Essa modalidade permite que a alienação dos bens penhorados seja realizada por iniciativa particular, ou seja, pelo próprio exequente, o que garante mais efetividade à execução, observando-se o disposto no art. 879 e s. do CPC.

Como a CLT não versa sobre esta possibilidade e não há incompatibilidade, é perfeitamente aplicável ao processo do trabalho na fase de execução, muito embora possa existir controvérsia sobre a destinação do bem em caso de, sobre ele, recair mais de uma penhora.

1.10.9. Da aquisição parcelada de bem penhorado

Embora haja certa resistência de alguns operadores do direito, uma boa parte da doutrina admite a aplicação do art. 895 e parágrafos do CPC no processo do trabalho, com o objetivo de repudiar uma das piores mazelas na execução trabalhista: a falta de efetividade!

Assim, com acerto a doutrina defende sua aplicação, até porque a CLT é omissa e não faz distinção entre a arrematação de bens móveis ou imóveis.

1.10.10. Da apropriação de frutos e rendimentos de empresa ou de estabelecimento e de outros bens

Embora ainda exista controvérsia sobre a sua compatibilidade com o processo do trabalho, trata-se de forma de expropriação que consiste na concessão ao exequente dos frutos e rendimentos de coisa móvel ou imóvel, quando o juiz reputar esta forma de expropriação menos gravosa ao executado e eficiente no que toca ao recebimento do crédito.

Ordenada a penhora de frutos e rendimentos, o juiz nomeará administrador-depositário, que será investido de todos os poderes que concernem à administração do bem e à fruição de seus frutos e utilidades, perdendo o executado o direito de gozo do bem, até que o exequente seja pago do principal, dos juros, das custas e dos honorários advocatícios. A medida terá eficácia em relação a terceiros a partir da publicação da decisão que a conceda ou de sua averbação no ofício imobiliário, em caso de imóveis. O exequente providenciará a averbação no ofício imobiliário mediante a apresentação de certidão de inteiro teor do ato, independentemente de mandado judicial.

O juiz poderá nomear administrador-depositário o exequente ou o executado, ouvida a parte contrária, e, não havendo acordo, nomeará profissional qualificado para o desempenho da função. O administrador submeterá à aprovação judicial a forma de administração e a de prestação periódica de contas. Havendo discordância entre as partes ou entre estas e o administrador, o juiz decidirá a melhor forma de administração do bem. Se o imóvel estiver arrendado, o inquilino pagará o aluguel diretamente ao exequente, salvo se houver administrador. O exequente ou o administrador poderá celebrar locação do móvel ou do imóvel, ouvido o executado. As quantias recebidas pelo administrador serão entregues ao exequente, a fim de serem imputadas ao pagamento da dívida. O exequente dará ao executado, por termo nos autos, quitação das quantias recebidas.

1.10.11. Embargos à adjudicação e à arrematação

Na vigência do CPC/73, os embargos em apreço, não raramente denominados de embargos à alienação, eram previstos no art. 746, do CPC, aplicável ao processo do trabalho em razão da omissão da CLT e da Lei de Execução Fiscal.

Com o advento do NCPC, não há dispositivo similar, ou seja, não há mais previsão para os embargos em testilha.

Nesse sentido, a OJ 66 da SDI-2 do TST foi alterada, incluindo o item II, para dispor que qualquer uma das modalidades acima de expropriação pode ser impugnada por simples petição.

1.10.12. Remição da execução

A remição nada mais é do que o pagamento da execução pelo executado, dispondo o art. 826, do CPC, que "antes de adjudicados ou alienados os bens, o executado pode, a todo tempo, remir a execução, pagando ou consignando a importância atualizada da dívida, acrescida de juros, custas e honorários advocatícios", enquanto que o art. 13, da Lei n. 5.584/70, dispõe que "em qualquer hipótese, a remição só será deferível ao executado se este oferecer preço igual ao valor da condenação". Assim, é lícito dizer que a remição resta por prevalecer sobre a adjudicação de bens, e esta última prevalece sobre a arrematação, o que se afirma com espeque no princípio da maior efetividade da execução.

1.10.13. Execução de prestações sucessivas

Quando houver execução de prestações sucessivas por tempo determinado, a execução pelo não pagamento de uma prestação compreenderá as que lhe sucederem, contudo, tratando-se de prestações sucessivas por tempo indeterminado, a execução, inicialmente, compreenderá as prestações devidas até a data do ingresso na execução.

1.10.14. Exceção de pré-executividade

É sabido que no processo do trabalho exige-se a garantia prévia do juízo para que o executado possa opor embargos à execução.

No entanto, existe a possibilidade de manejo da exceção (objeção) de pré-executividade, a qual, em apertada síntese, é um meio de defesa, de natureza incidental, do qual o executado pode se valer dentro do processo de execução para suscitar determinadas matérias (de ordem pública), sem que para isso tenha que suportar o ônus de efetuar a garantia prévia do juízo, visto que nessas situações especiais tal exigência poderia se tornar um empecilho insuperável de acesso à justiça, gerando verdadeira violação às garantias constitucionais, em especial ao devido processo legal.

Cumpre dizer, outrossim, que a exceção de pré-executividade não encontra previsão em nosso ordenamento jurídico, sendo fruto de uma construção trazida tanto pela doutrina como pela jurisprudência, a fim de oferecer ao devedor uma possibilidade de se defender, sem que para isso seja compelido a incorrer em prévia constrição patrimonial para demonstrar a inadmissibilidade da execução que lhe é promovida pelo Estado–Juiz através dos meios de substituição ou coerção.

Imperioso destacar que não é legítimo à Fazenda Pública valer-se desse instituto, uma vez que pode apresentar embargos à execução sem a necessidade de garantir a segurança do juízo.

Lembre-se de que os embargos à execução continuam sendo o principal meio de defesa do executado no processo de execução na Justiça do Trabalho. Contudo, como já exposto acima, a exceção de pré-executividade manifesta-se como uma possibilidade permitida pelo sistema processual para que o executado oponha defesa à execução, sem que sofra constrição de seu patrimônio. Não seria justo, por exemplo, impedir a defesa do executado que não dispusesse de bens, para demonstrar ao juízo a inadmissibilidade da ação executiva.

As hipóteses de cabimento se concentram em temas relevantes ou em matérias de ordem pública (pressupostos processuais e condições da ação), como, por exemplo: nulidade ou inexigibilidade do título executivo; excesso flagrante de execução; novação, transação ou quitação da dívida; incompetência absoluta do juízo da execução; ausência de citação no processo de conhecimento etc.

Deverá ser apresentada mediante petição simples nos autos do processo de execução, tão logo seja o devedor citado, e todas as alegações deverão ser comprovadas.

A natureza do ato jurisdicional que denegar o acolhimento da exceção deverá ser considerada como decisão interlocutória, e contra esta nenhum recurso será imediatamente cabível no âmbito laboral, o que não afasta que as mesmas questões sejam novamente arguidas nos embargos à execução, desde que efetuada a garantia prévia do juízo. Porém, é possível a impetração de mandado de segurança, como se extrai de julgamento constante do *Informativo* n. 211 do TST[2].

Noutro giro, se acolhida, o ato jurisdicional terá natureza de sentença, desconstituindo-se total ou parcialmente a execução, sendo possível, no caso em comento, a interposição de agravo de petição pelo interessado.

---

[2] "MANDADO DE SEGURANÇA. CABIMENTO. INAPLICABILIDADE DA ORIENTAÇÃO JURISPRUDENCIAL N. 92 DA SBDI-II. REJEIÇÃO DA EXCEÇÃO DE PRÉ-EXECUTIVIDADE. AÇÃO AUTÔNOMA DE CUMPRIMENTO DE SENTENÇA CONDENATÓRIA PROFERIDA EM AÇÃO CIVIL PÚBLICA. AUSÊNCIA DO TÍTULO EXECUTIVO JUDICIAL E DE PRÉVIO DEBATE SOBRE OS CÁLCULOS DE LIQUIDAÇÃO. BLOQUEIO DE CONTAS BANCÁRIAS. Cabe mandado de segurança contra decisão que rejeita exceção de pré-executividade proposta em face de ação executiva autônoma, relativa ao cumprimento de sentença proferida em ação civil pública, iniciada sem a juntada do provimento condenatório expedido no processo principal e sem o cumprimento do disposto no art. 879, § 2º, da CLT, que impõe ao Juízo que preside a execução o dever de permitir que as partes impugnem itens e valores na conta de liquidação. Na espécie, concluiu-se não ser aplicável o entendimento consubstanciado na Orientação Jurisprudencial 92 da SBDI-II, pois à luz dos princípios do devido processo legal, do contraditório e da ampla defesa, não é razoável que a parte que nega o descumprimento das obrigações contidas no título executivo judicial e impugna a imposição das sanções nele previstas tenha que primeiro suportar a apreensão de seu patrimônio (bloqueio de contas bancárias) para depois ter a possibilidade de discutir a licitude da execução e o acerto da conta confeccionada pela parte exequente. Sob esse fundamento, a SBDI-II, por unanimidade, conheceu e deu provimento ao recurso ordinário para afirmar o cabimento do *writ* e determinar que o TRT de origem prossiga no processamento e julgamento, com notificação da autoridade tida como coatora e do litisconsorte passivo, deferindo a liminar postulada para suspender a execução em curso na ação de cumprimento originária até o trânsito em julgado do mandado de segurança, com a imediata devolução dos valores já apreendidos à impetrante" (TST-RO-515-18.2018.5.06.0000, SBDI-II, Relator Ministro: Douglas Alencar Rodrigues, 5-11-2019).

1.10.15. Embargos de terceiro

Não raras vezes, na execução, a penhora resta por incidir sobre bens que não pertencem ao executado, ou seja, sobre bens de terceiros estranhos à relação processual, quando o certo é que a penhora seja sobre o patrimônio do devedor.

Desta feita, para que o terceiro possa desconstituir atos de constrição que não têm relação com o processo, a ordem jurídica prevê uma ação autônoma (incidental ao processo de conhecimento ou de execução) – a qual se denomina embargo de terceiro, prevista no CPC nos arts. 674 a 681 – que tem por azo tutelar a posse ou a propriedade que está sendo turbada ou esbulhada por inadequação de ato processual.

Os embargos podem ser opostos a qualquer tempo no processo de conhecimento enquanto não transitada em julgado a sentença, e, no cumprimento de sentença ou no processo de execução, até 5 (cinco) dias depois da adjudicação, da alienação por iniciativa particular ou da arrematação, mas sempre antes da assinatura da respectiva carta. Caso identifique a existência de terceiro titular de interesse em embargar o ato, o juiz mandará intimá-lo pessoalmente.

Com efeito, admite-se que os embargos podem ser ajuizados a partir da constrição judicial, o que significa dizer depois de lavrado o auto de penhora. Serão distribuídos por dependência e tramitarão em autos distintos junto à mesma autoridade judicial que determinou a apreensão.

É de bom alvitre notar que, nos casos de ato de constrição realizado por carta, os embargos serão oferecidos no juízo deprecado, salvo se indicado pelo juízo deprecante o bem constrito ou se já devolvida a carta, o que gerou, inclusive, a alteração da redação da Súmula 419 do TST.

Na petição inicial, o embargante fará a prova sumária de sua posse ou de seu domínio e da qualidade de terceiro, oferecendo documentos e rol de testemunha, sendo facultada a prova da posse em audiência preliminar designada pelo juiz.

O possuidor direto pode alegar, além da sua posse, o domínio alheio.

Será legitimado passivo o sujeito a quem o ato de constrição aproveita, assim como o será seu adversário no processo principal quando for sua a indicação do bem para a constrição judicial.

Os embargos poderão ser contestados no prazo de 15 (quinze) dias, findo o qual se seguirá o procedimento comum.

Da decisão caberá *recurso ordinário*, se ajuizado na fase de conhecimento (não há necessidade de depósito recursal, vez que não haverá condenação em pecúnia, mas é imprescindível pagar custas), ou *agravo de petição*, se ajuizado na fase de execução.

1.10.16. Fraude à execução

A fraude à execução é caracterizada quando o devedor, após o ajuizamento de uma demanda movida contra ele, aliena ou onera seus bens, a fim de ficar sem patrimônio suficiente para saldar suas dívidas.

Trata-se de questão de ordem pública, sendo certo que a declaração da existência de fraude à execução acarreta a neutralização das alienações ou onerações dos bens realizadas pelo executado, o que pode ser reconhecido pelo juiz, de ofício, não havendo necessidade de ação própria, vez que a fraude é reconhecida dentro da mesma relação processual em que foi alegada ou constatada.

Cabe dizer que a ocorrência mais constante no processo do trabalho é aquela prevista no inciso IV, do art. 792, sendo certo que o ato praticado em fraude à execução é ineficaz para o exequente, isto é, considera-se que ele jamais foi praticado.

Para que fique configurada a fraude à execução, no processo do trabalho, mister que haja: a) uma demanda pendente, o que se dá, segundo entendimento que prevalece na doutrina e na jurisprudência, com a citação válida do réu (há entendimento de que basta o ajuizamento da ação), e b) estado de insolvência do devedor em razão da alienação ou oneração dos bens.

1.10.17. Execução contra a Fazenda Pública

A execução contra a Fazenda Pública segue um regime diferenciado em razão da impenhorabilidade dos bens públicos, estando excluídas as sociedades de economia mista e as empresas públicas que explorem atividade econômica no regime concorrencial.

Quanto a estas últimas, por exemplo, a ECT (Empresa Brasileira de Correios e Telégrafos) poderá se valer do regime ora em estudo, como já vimos anteriormente, vez que não explora atividade econômica, pelo contrário, atua no segmento de prestação de serviço eminentemente público e relevante, como já foi decidido pelo STF e pelo TST, devendo ser aplicado o mesmo raciocínio às demais empresas públicas e também às sociedades de economia mista que não atuam no mercado concorrencial (STF, ARE 698.357-AgR, voto da Min. *Cármen* Lúcia, julgamento em 18-9-2012, 2ª Turma, *DJE* de 4-10-2012. Ver também RE 599.628, Rel. p/ o ac. Min. *Joaquim Barbosa*, julgamento em 25-5-2011, Plenário, *DJE* de 17-10-2011, com repercussão geral).

Até que seja fixado o valor devido, seguir-se-á o procedimento estabelecido pela CLT. Porém, uma vez tornada líquida a conta, devem ser observados os arts. 534 e s. do CPC[3], com as devidas adaptações, isto é, a Fazenda será citada não para

---

3 "Art. 534. No cumprimento de sentença que impuser à Fazenda Pública o dever de pagar quantia certa, o exequente apresentará demonstrativo discriminado e atualizado do crédito contendo: I – o nome completo e o número de inscrição no Cadastro de Pessoas Físicas ou no Cadastro Nacional da Pessoa Jurídica do exequente; II – o índice de correção monetária adotado; III – os juros aplicados e as respectivas taxas; IV – o termo inicial e o termo final dos juros e da correção monetária utilizados; V – a periodicidade da capitalização dos juros, se for o caso; VI – a especificação dos eventuais descontos obrigatórios realizados. § 1º Havendo pluralidade de exequentes, cada um deverá apresentar o seu próprio demonstrativo, aplicando-se à hipótese, se for o caso, o disposto nos §§ 1º e 2º do art. 113. § 2º A multa prevista no § 1º do art. 523 não se aplica à Fazenda Pública.

pagar ou garantir a execução sob pena de penhora, mas para, caso queira, oferecer impugnação (embargos à execução nos termos do art. 884 da CLT), podendo fazê-lo no prazo de 30 dias.

Caso o ente público apresente impugnação/embargos, o juiz do trabalho irá decidir, e da decisão caberá recurso de agravo de petição para o TRT.

Não apresentados os embargos, ou resolvidos estes e com o trânsito em julgado, o magistrado deve requisitar o pagamento da quantia devida ao Presidente do Tribunal, a fim de que mande expedir precatório.

Cabe registrar que o precatório é o instrumento pelo qual a Fazenda Pública paga os créditos devidos em razão de decisões transitadas em julgado, observando-se, por seu turno, a ordem cronológica de apresentação.

Quando o crédito for considerado de pequeno valor, não se aplica o regime dos precatórios, vez que será necessária apenas a expedição de RPV (requisitório de pequeno valor), observando-se os seguintes limites: 60 (sessenta) salários-mínimos se for a União, 40 (quarenta) salários-mínimos se forem os Estados ou o Distrito Federal, e 30 (trinta) salários-mínimos se forem os Municípios.

Art. 535. A Fazenda Pública será intimada na pessoa de seu representante judicial, por carga, remessa ou meio eletrônico, para, querendo, no prazo de 30 (trinta) dias e nos próprios autos, impugnar a execução, podendo arguir: I – falta ou nulidade da citação se, na fase de conhecimento, o processo correu à revelia; II – ilegitimidade de parte; III – inexequibilidade do título ou inexigibilidade da obrigação; IV – excesso de execução ou cumulação indevida de execuções; V – incompetência absoluta ou relativa do juízo da execução; VI – qualquer causa modificativa ou extintiva da obrigação, como pagamento, novação, compensação, transação ou prescrição, desde que supervenientes ao trânsito em julgado da sentença. § 1º A alegação de impedimento ou suspeição observará o disposto nos arts. 146 e 148. § 2º Quando se alegar que o exequente, em excesso de execução, pleiteia quantia superior à resultante do título, cumprirá à executada declarar de imediato o valor que entende correto, sob pena de não conhecimento da arguição. § 3º Não impugnada a execução ou rejeitadas as arguições da executada: I – expedir-se-á, por intermédio do presidente do tribunal competente, precatório em favor do exequente, observando-se o disposto na Constituição Federal ; II – por ordem do juiz, dirigida à autoridade na pessoa de quem o ente público foi citado para o processo, o pagamento de obrigação de pequeno valor será realizado no prazo de 2 (dois) meses contado da entrega da requisição, mediante depósito na agência de banco oficial mais próxima da residência do exequente. § 4º Tratando-se de impugnação parcial, a parte não questionada pela executada será, desde logo, objeto de cumprimento. § 5º Para efeito do disposto no inciso III do *caput* deste artigo, considera-se também inexigível a obrigação reconhecida em título executivo judicial fundado em lei ou ato normativo considerado inconstitucional pelo Supremo Tribunal Federal, ou fundado em aplicação ou interpretação da lei ou do ato normativo tido pelo Supremo Tribunal Federal como incompatível com a Constituição Federal , em controle de constitucionalidade concentrado ou difuso. § 6º No caso do § 5º, os efeitos da decisão do Supremo Tribunal Federal poderão ser modulados no tempo, de modo a favorecer a segurança jurídica. § 7º A decisão do Supremo Tribunal Federal referida no § 5º deve ter sido proferida antes do trânsito em julgado da decisão exequenda. § 8º Se a decisão referida no § 5º for proferida após o trânsito em julgado da decisão exequenda, caberá ação rescisória, cujo prazo será contado do trânsito em julgado da decisão proferida pelo Supremo Tribunal Federal."

Por fim, quando a Fazenda Pública for condenada para responder subsidiariamente pelos créditos trabalhistas, não poderá invocar a seu favor o disposto no art. 1º-F da Lei n. 9.494/97, que limita os juros aplicados à caderneta de poupança, como se extrai da OJ 382 da SDI-1 do TST.

LEGISLAÇÃO CORRELATA

Salientamos a importância da leitura do que segue arrolado:

1) Arts. 876 a 892, além dos arts. 2, § 2º, 10, 448 e 448-A, da CLT;
2) Arts. 534 e s., 566, 778, 779, 789, 790, II, 792, 795, 797, 804, 805, 822, 824, 834, 836, 848, 849, 854, 867, 868, 869, 871, 879, 880, 886, 890, 901, 903, 904, II, e 966, § 4º, do CPC;
3) Lei n. 8.009/90 – Dispõe sobre a impenhorabilidade do bem de família;
4) Lei n. 6.019/74, art. 16 – Dispõe sobre o trabalho temporário;
5) Lei n. 6.830/80 – Dispõe sobre o procedimento para execução de dívida ativa;
6) Lei n. 9.494/97;
7) IN n. 39/2016 do TST;
8) IN n. 3 do TST;
9) CRFB/88, arts. 5º, *caput*, e inciso LXVII, 100, e art. 97, do ADCT;
10) IN n. 41/2018, TST.

ENTENDIMENTO DOUTRINÁRIO

Sobre os *embargos à adjudicação*, vale colacionar a lição do tão festejado professor Carlos Henrique Bezerra Leite[4], que assim afirma:

> "O NCPC não contém disposição semelhante ao art. 746 do CPC/73, o que implicará alteração do entendimento doutrinário e jurisprudencial respeitante à matéria tratada neste tópico. De minha parte, defendo a proscrição dos embargos à arrematação e à adjudicação também no processo do trabalho".

Acerca da *execução provisória*, transcrevemos parte dos ensinamentos de Sérgio Pinto Martins[5]:

> "Ao requerer a execução provisória, não sendo eletrônicos os autos, o exequente instruirá a petição com cópias autenticadas das seguintes peças do

---

[4] LEITE, Carlos Henrique Bezerra. *Curso de Direito Processual do Trabalho*. 14. ed. São Paulo: Saraiva, 2016. p. 1464.

[5] MARTINS, Sérgio Pinto. *Direito Processual do Trabalho*. 38. ed. São Paulo: Saraiva, 2016. p. 987-988.

processo, podendo o advogado autenticar as peças, sob sua responsabilidade pessoal (art. 522 e seu parágrafo único do CPC). Isso significa que o advogado poderá dar por autênticas as peças juntadas, sob sua responsabilidade pessoal. Trata-se de faculdade do advogado autenticar as peças, mas será mais barato do que pagar os emolumentos do art. 789-A da CLT. A norma também tem aplicação ao processo do trabalho, por haver omissão na CLT.

As peças a serem indicadas são as seguintes: I – decisão exequenda; II – certidão de interposição do recurso não dotado de efeito suspensivo; III – procuração outorgadas pelas partes; IV – decisão de habilitação, se for o caso; V – facultativamente, outras peças processuais consideradas necessárias para demonstrar a existência do crédito (parágrafo único do art. 522 do CPC).

Não há referência expressa à petição inicial e à contestação, que seriam peças facultativas e não obrigatórias. Entretanto, dependendo do caso, essas peças podem ser essenciais ao exato entendimento da decisão, inclusive quanto aos limites estabelecidos pela litiscontestação".

No que toca à impugnação do exequente, leciona Gustavo Filipe Barbosa Garcia[6]:

> "Como já estudado, o exequente também pode apresentar impugnação, no caso, à decisão de liquidação, se não tiver incorrido na preclusão prevista no art. 879, § 2º, da CLT.
> O prazo, que deve ser contado da intimação do exequente quanto a penhora, é o mesmo dos embargos à execução, nos termos do art. 844, § 3º, parte final, da CLT.
> Se o exequente apresentar essa impugnação, o executado deve ser intimado para apresentar defesa, também no mesmo prazo.
> A impugnação da decisão pelo executado, por sua vez, deve ser apresentada juntamente com os embargos à execução (art. 884, § 3º, parte inicial, da CLT).
> Devem ser julgados na mesma sentença os embargos e as impugnações à liquidação apresentadas pelos credores trabalhista e previdenciário (art. 884, § 4º, da CLT).
> Da sentença que julga os embargos à execução e/ou impugnação (quanto à decisão de liquidação) é cabível o recurso de agravo de petição (art. 897, *a*, da CLT)".

JURISPRUDÊNCIA

Destacamos, sem prejuízo de outras, a seguinte jurisprudência:

1) Súmulas 304, 331, IV, 339, I, 417, 419 e 439 do TST;
2) OJs 143, 226, 343, 382, 408 e 411 da SDI-1;

---

6 GARCIA, Gustavo Filipe Barbosa. *Curso de Direito Processual do Trabalho*. 2. ed. Rio de Janeiro: Forense, 2013. p. 750-751.

3) OJs 54, 59, 66, 93, 129 e 153 da SDI-2;

4) OJs TP/OE 1 a 13;

5) Súmula Vinculante 25 do STF.

Temos a seguinte decisão extraída do *Informativo* n. 193 do TST:

> "MANDADO DE SEGURANÇA. EXECUÇÃO. BLOQUEIO DE CONTA-SALÁRIO, CONTA POUPANÇA E APLICAÇÕES FINANCEIRAS DO CÔNJUGE DO EXECUTADO. ILEGALIDADE. AUSÊNCIA DE PROVEITO COMUM DO CASAL ADVINDO DA ATIVIDADE EXERCIDA PELO SÓCIO DA COOPERATIVA EXECUTADA. DEMONSTRAÇÃO DA INCOMUNICABILIDADE DE VALORES ORIUNDOS DE SALÁRIO. A SBDI-II, por unanimidade, conheceu do recurso ordinário e, no mérito, deu-lhe provimento para conceder a segurança, a fim de liberar integralmente a penhora que recaiu sobre a conta-salário, a conta poupança e aplicações financeiras da impetrante, esposa de sócio-presidente de cooperativa, cujo patrimônio pessoal fora atingido após a desconsideração da personalidade jurídica da entidade. No caso, ante a insuficiência de bens do sócio, o ato coator determinou a constrição do patrimônio da esposa do executado com base na suposição de que a atividade exercida pelo presidente da cooperativa reverteu em proveito comum para o casal. Todavia, restou configurada a absoluta ilegalidade da apreensão levada a efeito pelo Juízo condutor da execução, visto que a prova documental pré-constituída pela impetrante demonstrou que os valores constritos eram incomunicáveis, pois oriundos dos salários por ela recebidos" (TST-RO-80085-43.2017.5.22.0000, SBDI-II, Relator Ministro: Delaíde Miranda Arantes, 26-3-2019).

Observe que o deferimento da recuperação judicial suspende a prescrição das ações de conhecimento e de execução em curso, como se extrai do art. 6º, da Lei n. 11.105/2005: "A decretação da falência ou o deferimento do processamento da recuperação judicial suspende o curso da prescrição e de todas as ações e execuções em face do devedor, inclusive aquelas dos credores particulares do sócio solidário". O artigo suso citado trata do prazo limite para suspensão da prescrição no § 4º.

No entanto, vale consignar a decisão prolatada pela SDI-2 do TST, veiculada no *Informativo* n. 27 de Execução:

> "RECUPERAÇÃO JUDICIAL. DECURSO DO PRAZO DE 180 DIAS DO ART. 6º, § 4º, DA LEI N. 11.101/2005. MANUTENÇÃO DA SUSPENSÃO DA EXECUÇÃO TRABALHISTA. POSSIBILIDADE. Deferido o processamento ou aprovado o plano de recuperação judicial, é imperiosa a manutenção da suspensão das execuções individuais trabalhistas, ainda que superado o prazo de cento e oitenta dias previsto no art. 6º, § 4º, da Lei n. 11.101/2005, não se admitindo o prosseguimento automático de tais execuções. Nessa situação, é vedado ao juízo trabalhista a alienação ou a disponibilização de ativos da

empresa, salvo quando houver hasta designada, hipótese em que o produto será revertido para o juízo em recuperação. Sob esses fundamentos, a SBDI-II, por unanimidade, conheceu do recurso ordinário e, no mérito, deu-lhe provimento para conceder a segurança pleiteada, determinando a suspensão da execução e das medidas de constrição efetuadas nos autos de reclamação trabalhista" (TST-RO-80169-95.2016.5.07.0000, SBDI-II, Relator Ministro: Alberto Luiz Bresciani de Fontan Pereira, 11-10-2016).

Interessante notar que o Superior Tribunal de Justiça já decidiu ser *nula* a avaliação por oficial de justiça não habilitado para tanto, pois este carece de conhecimento técnico especializado (STJ, 1ª Turma, REsp 351.931/SP, Relator Ministro: José Delgado, *DJ* de 4-3-2002).

TABELA DE PRAZOS

Ato	Prazo
Edital de publicação do leilão	20 dias de antecedência
Avaliação dos bens pelo oficial de justiça	10 dias
Pagamento da arrematação	24 horas
Prazo para pagar o débito ou indicar bens à penhora após a citação	48 horas
Afixação do edital de citação	5 dias
Embargos à execução	5 dias. Fazenda em 30 dias
Impugnação aos embargos	5 dias
Impugnação à sentença de liquidação	5 dias

QUESTÕES COMENTADAS

01 (Técnico – TRT 1 – AOCP – 2018) Considerando os temas: citação, nomeação de bens, mandado e penhora, bens penhoráveis e impenhoráveis, no Direito Processual do Trabalho, pautados na Lei n. 13.467/2017, assinale a alternativa correta.

(A) A Consolidação das Leis Trabalhistas faz menção expressa sobre o artigo de lei do Código de Processo Civil que traz a ordem preferencial de penhora, tendo como primeira opção o dinheiro, em espécie ou em depósito ou aplicação em instituição financeira.

(B) Requerida a execução, o juiz do tribunal mandará expedir mandado de citação do executado, a fim de que cumpra a decisão ou o acordo no prazo pelo modo e sob as cominações estabelecidas ou, quando se tratar de pagamento em dinheiro, inclusive de contribuições sociais devidas à União, para que o faça em 72 (setenta e duas) horas ou garanta a execução, sob pena de penhora.

(C) Não pagando o executado, nem garantindo a execução, seguir-se-á penhora dos bens, tantos quantos bastem ao pagamento da importância da condenação, sem custas e juros de mora.

(D) São impenhoráveis os móveis pertences e utilidades domésticas que guarnecem a residência do executado, inclusive os de elevado valor ou os que ultrapassem as necessidades comuns correspondentes a um médio padrão de vida.

(E) O executado que não pagar a importância reclamada perderá o direito de garantir a execução mediante depósito da quantia correspondente atualizada e sem as despesas processuais.

RESPOSTA A letra A está correta, nos termos do art. 882 da CLT e do art. 835, I, do CPC. O item B está incorreto, haja vista que o art. 880 da CLT estabelece que o prazo é de 48 (quarenta e oito) horas e não 72 (setenta e duas). A letra C está errada, haja vista que o art. 883 da CLT estabelece que seja acrescido com custas e juros. O item D está errado, conforme art. 833, inciso I, do CPC são impenhoráveis os móveis, os pertences e as utilidades domésticas que guarnecem a residência do executado, *salvo* os de elevado valor ou os que ultrapassem as necessidades comuns correspondentes a um médio padrão de vida. A letra E está errada, pois é possível garantir a execução, observando-se o previsto no art. 882 da CLT. *Alternativa A*.

02 (Executor de Mandados – TRT 1 – AOCP – 2018) Acerca das disposições da CLT relativas à execução e avaliação de bens, assinale a alternativa correta.

(A) A avaliação dos bens penhorados, em virtude da execução de decisão condenatória, será feita por avaliador escolhido de comum acordo pelas partes, que perceberá as custas arbitradas pelo juiz ou presidente do tribunal trabalhista.

(B) Não acordando as partes quanto à designação de avaliador, dentro de 8 (oito) dias após o despacho que o determinou a avaliação, será o avaliador designado livremente pelo juiz ou presidente do tribunal.

(C) Os servidores da Justiça do Trabalho poderão ser escolhidos ou designados para servirem como avaliadores.

(D) Ao apresentar Embargos à Execução, o devedor poderá arrolar testemunhas que, caso julgue necessário ouvi-las, o juiz marcará audiência para produção da prova, que deverá ocorrer dentro do prazo de 10 (dez) dias.

(E) A execução poderá ser promovida por qualquer interessado ou ex officio pelo próprio juiz, presidente ou tribunal competente.

RESPOSTA A letra A é o que prevê o art. 887 da CLT. O item B está errado, pois não acordando as partes quanto à designação de avaliador, dentro de cinco dias após o despacho que o determinou a avaliação, será o avaliador designado livremente pelo juiz ou presidente do tribunal, conforme § 1º do art. 887 da CLT. A letra C está errada, uma vez que o § 2º do art. 887 determina que os servidores não podem ser escolhidos ou designados para servirem como avaliadores. O item D está errado, uma vez que a audiência, se for necessária, será designada no prazo de 5 (cinco) dias (art. 884, § 2º, CLT). A letra E está incorreta, vez que a redação do art. 878 da CLT é no sentido de que a execução será promovida pelas partes, permitida a execução de ofício pelo juiz ou pelo Presidente do Tribunal apenas nos casos em que as partes não estiverem representadas por advogado. *Alternativa A*.

03 (Executor de Mandados – TRT 1 – AOCP – 2018) A empresa Th Oliveira Comércio de Metais formalizou acordo em uma reclamação trabalhista, na qual se comprometeu a pagar o valor de R$ 12.000,00 em 12 parcelas ao ex-funcionário Fernando Carrara. Ocorre que, após cumprir duas delas, deixou de cumprir o pactuado, motivo pelo qual o Reclamante pediu a execução do acordo. O juiz mandou expedir mandado de citação para que a Executada cumpra o acordo e que o faça em 48 (quarenta e oito) horas ou garanta a execução, sob pena de penhora. Diante do caso apresentado, assinale a alternativa correta.

(A) A Reclamada será citada via oficial de justiça. Se procurada pelo oficial por 3 (três) vezes no espaço de 72 (setenta e duas) horas e não for encontrada, a citação será feita por edital, publicado no jornal oficial ou, na falta deste, afixado na sede da Junta ou Juízo, durante 7 (sete) dias.

B) A Reclamada será citada via oficial de justiça. Se procurada pelo oficial por 2 (duas) vezes no espaço de 48 (quarenta e oito) horas e não for encontrada, a citação será feita por edital, publicado no jornal oficial ou, na falta deste, afixado na sede da Junta ou Juízo, durante 5 (cinco) dias.

(C) A Reclamada será citada via correspondência com Aviso de Recebimento. Caso se mantiver inerte pelo prazo de 5 (cinco) dias após o recebimento, a citação será feita por edital, publicado no jornal oficial ou, na falta deste, afixado na sede da Junta ou Juízo, durante 7 (sete) dias.

(D) A Reclamada será citada via oficial de justiça. Se procurada pelo oficial por 2 (duas) vezes no espaço de 72 (setenta e duas) horas e não for encontrada, a citação será feita por edital, publicado no jornal oficial ou, na falta deste, afixado na sede da Junta ou Juízo, durante 10 (dez) dias.

(E) A Reclamada será citada via correspondência com Aviso de Recebimento. Caso se mantiver inerte, será procurada por oficial de diligência por 3 (três) vezes no espaço de 72 (setenta e duas) horas. Se não for encontrada, a citação será feita por edital, publicado no jornal oficial ou, na falta deste, afixado na sede da Junta ou Juízo, durante 7 (sete) dias.

RESPOSTA A letra A está correta, pois a isenção para o depósito recursal não se aplica para fins de pagamento de custas. A letra B está de acordo com a redação do § 4º do art. 790 da CLT. O item C está errado, uma vez que as entidades filantrópicas e as empresas em recuperação judicial são isentas do pagamento do depósito recursal, conforme art. 899, § 10, da CLT. A letra D está correta, conforme § 3º do art. 790 da CLT. A alternativa E está correta, vez que é a redação do § 9º do art. 899 da CLT. *Alternativa C.*

---

04 (Técnico – TRT 8 – CESPE – 2016) Acerca de execução trabalhista, assinale a opção correta.

(A) É possível a penhora de salário, desde que não ultrapasse quarenta por cento do seu valor bruto.

(B) O mandado de citação do executado, a ser cumprido pelo oficial de justiça, deverá conter a decisão exequenda ou o termo de acordo não cumprido.

(C) Se, depois de procurado por duas vezes, o executado não for encontrado, o curso da execução deverá ser suspenso e, decorrido o prazo máximo de um ano, sem que seja localizado o devedor, o juiz deverá ordenar o arquivamento dos autos.

(D) O executado que não pagar a importância reclamada poderá garantir a execução mediante prestação de serviços à comunidade.

(E) Realizada a penhora de determinado bem para satisfazer a execução, não cabe à parte executada requerer a substituição da penhora.

RESPOSTA (A) OJ 153 da SDI-1 do TST. (B) Art. 880, § 1º, da CLT. (C) Art. 880, § 3º, c/c art. 40 e parágrafos, da Lei n. 6.830/80. (D) Art. 882, da CLT. (E) Art. 847 do CPC. *Alternativa B.*

---

05 (Executor de Mandados – TRT 20 – FCC – 2016) Em se tratando de execução trabalhista, nos termos previstos na Consolidação das Leis do Trabalho:

(A) não cabe a execução provisória por carta de sentença, nem a execução de prestações sucessivas por tempo indeterminado;

(B) nas prestações sucessivas por tempo determinado, a execução deverá recair sobre cada parcela não cumprida, não compreendendo as que lhe sucederem;

(C) caberá execução provisória apenas se fora caucionado o valor de cinquenta por cento da execução;

(D) nas prestações sucessivas por tempo determinado, a execução pelo não pagamento de uma prestação compreenderá as que lhe sucederem;

(E) tratando-se de prestações sucessivas por tempo indeterminado, a execução compreenderá todas as prestações devidas até o final do ano de ingresso da execução.

RESPOSTA (A) Errado, arts. 899 e 892, ambos da CLT. (B) Errado, art. 891 da CLT. (C) Errado, vez que não há essa exigência na CLT, art. 899. (D) Certo, art. 891 da CLT. (E) Errado, art. 892 da CLT. *Alternativa D.*

---

06 (Técnico – TRT 8 – CESPE – 2016) Acerca dos embargos à execução no processo do trabalho, assinale a opção correta.

(A) Não se admite prova testemunhal nos embargos à execução.

(B) O oferecimento dos embargos por um dos devedores suspende a execução contra os que não embargaram, mesmo que o fato e o fundamento refiram-se exclusivamente ao embargante.

(C) Os embargos à execução têm natureza jurídica de defesa do devedor contra a constrição de seus bens.

(D) Não se admite alegação de compensação nos embargos à execução.

(E) A admissão dos embargos à execução está condicionada à garantia do juízo pelo embargante, seja este pessoa jurídica de direito público ou privado.

RESPOSTA Questão fundamentada no art. 884 e parágrafos da CLT e no CPC. *Alternativa D.*
Note que o § 6º do art. 884 da CLT dispensa a garantia do juízo para as entidades filantrópicas e/ou para aqueles que compõem ou compuseram a diretoria dessas instituições.

07 (Procurador – PGE/BA – CESPE – 2014) Acerca de recursos, execução trabalhista e dissídio coletivo, julgue o item seguinte.

Segundo entendimento do TST, a Fazenda Pública, quando condenada subsidiariamente pelas obrigações trabalhistas devidas pela empregadora principal, não se beneficia da limitação dos juros, prevista no art. 1.º-F da Lei n. 9.494/1997.

( ) Certo   ( ) Errado

RESPOSTA Previsão da OJ 382 da SDI-1 do TST. *Alternativa Certa.*

PARA GABARITAR

- Para que seja executado, o título deve ser certo, exigível e líquido.
- O princípio da patrimonialidade preceitua que a execução deve recair sobre os bens (patrimônio) do executado e não sobre sua pessoa (pessoal).
- O princípio do exato adimplemento impede que a execução vá além daquilo que seja suficiente para o cumprimento da obrigação.
- O princípio da não prejudicialidade (execução menos gravosa ou menos onerosa) determina que, se por vários meios o exequente puder promover a execução, o juiz mandará que se faça pelo modo menos gravoso para o executado.
- O princípio da disponibilidade admite que o credor possa desistir da execução, ou de algumas medidas, a qualquer momento.
- O responsável solidário, integrante do grupo econômico, responderá pelos créditos do exequente na fase executiva, mesmo que não tenha participado da relação processual na fase de conhecimento.
- Considera-se inexigível o título judicial fundado em lei ou ato normativo declarados inconstitucionais pelo Supremo Tribunal Federal ou em aplicação ou interpretação tidas por incompatíveis com a Constituição Federal.
- Tanto na execução definitiva quanto na provisória é permitida a penhora em dinheiro, não havendo violação a direito líquido e certo passível de impugnação via mandado de segurança.
- Não é possível a execução provisória iniciada de ofício pelo magistrado, razão pela qual, para viabilizar a execução provisória, é necessário o requerimento do exequente. Caso o exequente esteja representado por advogado, é vedado ao juiz iniciar de ofício a execução.
- Não pago o débito voluntariamente nas condições e prazos fixados na sentença ou acordo homologado, o juiz, de ofício ou a requerimento, mandará expedir mandado de citação ao executado, para que pague o débito oriundo da decisão ou acordo, incluídas as contribuições previdenciárias, em 48 horas, ou garanta a execução, sob pena de penhora.

- Atualmente o bem de família dos empregadores domésticos não pode mais ser penhorado em decorrência de débitos com os empregados de suas casas.
- Os créditos trabalhistas de natureza estritamente salarial vencidos nos 3 (três) meses anteriores à decretação da falência, até o limite de 5 (cinco) salários-mínimos por trabalhador, serão pagos tão logo haja disponibilidade em caixa.
- O prazo para que sejam oferecidos os embargos à execução começa a fluir, no processo do trabalho, a contar do depósito da importância da condenação ou da assinatura do termo de penhora dos bens oferecidos ou da penhora de bens levada a efeito pela iniciativa do oficial de justiça-avaliador ou, se for o caso, da intimação da penhora, como acontece, por exemplo, quando o magistrado convola o depósito recursal existente nos autos em penhora, quando então dará ciência ao executado via intimação.
- Nos casos de ato de constrição realizado por carta, os embargos à execução serão oferecidos no juízo deprecado, salvo se indicado pelo juízo deprecante o bem constrito ou se já devolvida a carta.
- Na execução por carta, os embargos serão oferecidos no juízo deprecante ou no juízo deprecado, mas a competência para julgá-los é do juízo deprecante, salvo se versarem unicamente sobre vícios ou defeitos da penhora, da avaliação ou da alienação dos bens efetuadas no juízo deprecado.
- O prazo para impugnação (resposta) aos embargos é também de 5 (cinco) dias a contar da intimação, sendo certo que a não impugnação não gera os efeitos da revelia.
- No processo do trabalho, o exequente, no mesmo prazo que tem o executado para embargar, poderá impugnar a sentença de liquidação e, caso o exequente apresente essa impugnação, o executado deverá ser intimado para apresentar defesa, também considerando o mesmo prazo.
- Os embargos de terceiro podem ser opostos a qualquer tempo no processo de conhecimento enquanto não transitada em julgado a sentença e, no cumprimento de sentença ou no processo de execução, até 5 (cinco) dias depois da adjudicação, da alienação por iniciativa particular ou da arrematação, mas sempre antes da assinatura da respectiva carta. Caso identifique a existência de terceiro titular de interesse em embargar o ato, o juiz mandará intimá-lo pessoalmente.
- Na execução contra a Fazenda Pública, quando o crédito for considerado de pequeno valor, não se aplica o regime dos precatórios, vez que será necessária apenas a expedição de RPV (requisitório de pequeno valor), observando-se os seguintes limites: 60 (sessenta) salários-mínimos se for a União, 40 (quarenta) salários-mínimos se forem os Estados ou o Distrito Federal, e 30 (trinta) salários-mínimos se forem os Municípios.

PARA MEMORIZAR

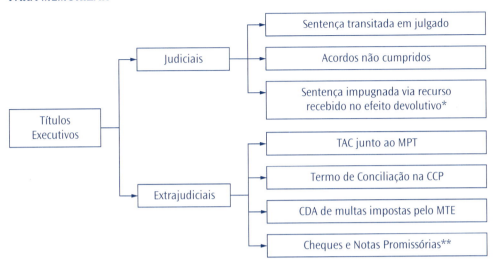

* Neste caso, admite-se a execução provisória por carta de sentença.
** Devem conter créditos inequivocamente trabalhistas.

CAPÍTULO 23 Procedimentos especiais

1. PROCEDIMENTOS EM ESPÉCIE

1.1. Inquérito judicial para apuração de falta grave

É uma ação de natureza constitutiva negativa, de rito especial e de jurisdição contenciosa, que tem por objetivo apurar suposta falta grave praticada por empregado estável. É ação de iniciativa do empregador, que visa tornar lícita a rescisão do contrato de trabalho, de modo que, uma vez julgado procedente o pedido, desconstituirá o contrato de trabalho.

Em razão de certas situações de ordem especial, alguns trabalhadores só podem ser demitidos por ocorrência de falta grave, o que exige o inquérito, como é o caso, por exemplo, dos dirigentes sindicais.

Insta registrar que o ajuizamento de inquérito nos casos em que ele não é exigido importa extinção do processo sem análise do mérito, por falta de interesse de agir, de modo que uma das condições da ação estará ausente, sendo o autor/requerente/empregador carecedor do direito de ação.

No que toca ao procedimento propriamente dito, o empregador deverá ajuizar a ação, necessariamente por escrito, no prazo decadencial de 30 (trinta) dias contados da data da suspensão do empregado, sendo certo que a suspensão não é essencial para o ajuizamento do inquérito.

Uma vez ajuizado o inquérito, o requerido (empregado) será notificado para comparecer em audiência, ocasião em que poderá apresentar defesa verbal ou escrita, aplicando-se o procedimento referente aos trâmites da audiência em geral, inclusive com as tentativas de conciliação.

No que tange à decisão que julga o inquérito, se o pedido for julgado improcedente, ou seja, se não for reconhecida a falta grave, o empregador deverá pagar os salários e outras vantagens desde o afastamento, o que configura, portanto, interrupção do contrato de trabalho, tendo o empregado direito a retornar ao emprego.

Contudo, é possível a conversão da reintegração em indenização, nos moldes dos arts. 496 e 497, da CLT.

Outrossim, caso seja julgado procedente o pedido formulado no inquérito, haverá a extinção do liame empregatício por culpa (falta) do empregado com efeito *ex tunc*, ou seja, a contar da data da sua suspensão. Se não houve a suspensão, a data da rescisão deve ser considerada o dia do proferir da sentença que julgar o inquérito.

Interessante notar que o art. 855, da CLT, determina que "se tiver havido prévio reconhecimento da estabilidade do empregado, o julgamento do inquérito pela Junta ou Juízo não prejudicará a execução para pagamento dos salários devidos ao empregado, até a data da instauração do mesmo inquérito", o que nos leva a afirmar que, em caso de reconhecimento da estabilidade e existência de prévia suspensão do empregado, terá o empregador a obrigação de pagar os salários até a data da suspensão, uma vez que, se não houve ainda o julgamento do inquérito, o contrato, a toda evidência, estará suspenso. Por seu turno, caso não tenha havido a suspensão, o empregador deverá pagar os salários ao requerido durante todo o tramitar do inquérito, na medida em que o simples ajuizar da ação em tela não suspende o contrato de trabalho, de modo que a obrigação de pagar a contraprestação persistirá.

1.2. Dissídio coletivo

Em regra, a solução do conflito coletivo dar-se-á pela negociação coletiva e, eventualmente, pela arbitragem. Caso não haja a solução do conflito pelas formas anteriormente consignadas, as partes poderão lançar mão do dissídio coletivo.

Tradicionalmente o dissídio coletivo é conceituado como um processo de índole coletiva, que tem por fim solucionar conflitos coletivos de trabalho através de pronunciamentos normativos (Poder Normativo da Justiça do Trabalho) que constituem novas condições de trabalho, ou seja, é uma ação de interesses gerais e abstratos que envolve categorias profissionais e econômicas.

Embora exista divergência na doutrina, com argumentos favoráveis e desfavoráveis acerca da competência em apreço, o Poder Normativo da Justiça do Trabalho é uma situação anômala, uma vez que haverá maior intervenção do Estado nas relações de trabalho, em que as partes envolvidas serão submetidas a decisão judicial que criará condições que regularão as relações entre as categorias profissionais e econômicas envolvidas no conflito, razão pela qual, no exercício do Poder Normativo, a Justiça do Trabalho não aplica direito preexistente, vez que sua atuação dar-se-á no caso de inexistência de norma.

É pelo Poder Normativo que a Justiça do Trabalho profere sentenças normativas (acórdãos normativos) criando novas condições, quando do julgamento de um dissídio coletivo de natureza econômica.

O que se põe em voga são interesses coletivos abstratos de categorias profissionais e econômicas.

De acordo com o art. 856, da CLT, "a instância será instaurada mediante representação escrita ao Presidente do Tribunal. Poderá ser também instaurada por iniciativa do presidente, ou, ainda, a requerimento da Procuradoria da Justiça do Trabalho, sempre que ocorrer a suspensão do trabalho".

Nesse particular é preciso dizer que a CF/88, em seu art. 114, § 3º, autoriza o Ministério Público do Trabalho a ajuizar dissídio coletivo em caso de greve em atividade essencial, com possibilidade de lesão ao interesse público.

Por oportuno, convém citar que o art. 857 da norma laboral determina que "a representação para instaurar instância em dissídio coletivo constitui prerrogativa das associações sindicais, excluídas as hipóteses aludidas no art. 856, quando ocorrer suspensão do trabalho", sendo essenciais para a instauração do processo de dissídio coletivo o edital de convocação da categoria e a respectiva ata da AGT (Assembleia Geral dos Trabalhadores).

Observe que a legitimidade *ad causam* do sindicato está vinculada à correspondência entre as atividades exercidas pelos setores profissionais e econômicos envolvidos no conflito coletivo.

Registre-se, ainda, que a representação sindical abrange toda a categoria, não comportando separação fundada na maior ou menor dimensão de cada ramo ou empresa.

1.2.1. Classificação

Os conflitos coletivos são classificados em econômicos ou de interesse, que são aqueles em que o fim visado é o criar de novos direitos, e jurídicos ou de interpretação, cujo fito é tão somente interpretar disposição legal, convencional, ou regulamento aplicável às categorias econômicas e profissionais envolvidas.

Afirma-se ainda que o dissídio de greve tem natureza híbrida ou mista, vez que, além de decidir sobre a abusividade da greve, também apreciará as questões de natureza econômica do dissídio, o que se afirma com espeque no art. 8º, da Lei n. 7.783/89.

No Regimento Interno do Tribunal Superior do Trabalho, o art. 220 dispõe sobre 5 (cinco) classificações para os dissídios coletivos: I – de natureza econômica; II – de natureza jurídica; III – originários; IV – de revisão; e V – de declaração sobre a paralisação do trabalho decorrente de greve.

1.2.1.1 Dissídio coletivo de natureza econômica

Trata-se de verdadeira ação constitutiva, que visa o proferir de sentença normativa, criando novas normas ou condições de trabalho que serão aplicadas nas relações de emprego, admitindo-se subclassificação, qual seja:

1.2.1.1.1. *Dissídio originário ou inaugural*

O dissídio coletivo de natureza econômica será original quando não houver negociação coletiva ou sentença normativa precedente, de modo que busca a fixação de normas.

Importa destacar que o art. 616, § 3º, da CLT, determina que "havendo convenção, acordo ou sentença normativa em vigor, o dissídio coletivo deverá ser instaurado dentro de 60 (sessenta) dias anteriores ao respectivo termo final, para que o novo instrumento possa ter vigência no dia imediato a esse termo".

Assim, considerando o parágrafo único do art. 867, *a* e *b*, da CLT, a sentença normativa vigorará a partir de sua publicação, quando o dissídio for ajuizado após o prazo acima citado, ou quando não existir acordo, convenção ou sentença normativa em vigor, da data do ajuizamento.

De outra banda, a sentença normativa passará a vigorar a partir do dia imediato ao termo final de vigência do acordo, convenção ou sentença normativa, quando o dissídio for ajuizado no prazo acima mencionado.

1.2.1.1.2. Dissídio revisional ou de revisão

Esta modalidade tem por objetivo a revisão de norma coletiva anterior e está baseada na cláusula *rebus sic stantibus*, segundo a qual a Justiça do Trabalho, verificando alteração nas condições então vigentes, procede à devida atualização, considerando as reais necessidades do momento.

Quando decorrido mais de 1 (um) ano de sua vigência, caberá revisão das decisões que fixarem condições de trabalho quando se tiverem modificado as circunstâncias que as ditaram, de modo que tais condições tenham se tornado injustas ou inaplicáveis.

Note-se que a revisão poderá ser promovida por iniciativa do Tribunal prolator da decisão, pelo Ministério Público do Trabalho, pelos sindicatos representativos das categorias econômicas ou por profissionais interessados no cumprimento da decisão.

Ademais, quando a revisão for promovida por iniciativa do Tribunal que proferiu a decisão ou pelo Ministério Público do Trabalho, as associações sindicais e o empregador ou empregadores interessados serão ouvidos no prazo de 30 (trinta) dias, e quando promovida a revisão por uma das partes interessadas, serão ouvidas as outras no mesmo prazo supra.

Por fim, a revisão deve ser julgada pelo Tribunal que proferiu a decisão, depois de ouvido o Ministério Público do Trabalho.

1.2.1.1.3. Dissídio de extensão

Esta modalidade tem por azo estender a toda a categoria as normas ou condições que tiveram como destinatário apenas parte dela, em obediência ao princípio da isonomia, como se extrai do art. 868, da CLT.

A decisão sobre as novas condições de trabalho também poderá ser estendida a todos os empregados da mesma categoria profissional compreendida na jurisdição do Tribunal por solicitação de um ou mais empregadores, ou de qualquer sindicato destes; por solicitação de um ou mais sindicatos de empregados; de ofício pelo Tribunal que houver proferido a decisão e por solicitação do Ministério Público do Trabalho.

Sempre que o Tribunal estender a decisão, marcará a data em que a extensão deve entrar em vigor. Para que a decisão possa ser estendida, será imprescindível que 3/4 (três quartos) dos empregadores e 3/4 (três quartos) dos empregados, ou os respectivos sindicatos, concordem com a extensão, cabendo ao Tribunal competente marcar prazo, não inferior a 30 (trinta) nem superior a 60 (sessenta) dias, a fim de que se manifestem os interessados. Após ouvidos estes e a Procuradoria da Justiça do Trabalho, será o processo submetido ao julgamento do Tribunal.

1.2.2. A exigência constitucional do comum acordo

O requisito "comum acordo", previsto no dispositivo constitucional acima citado, é visto como uma condição da ação. Sua ausência implica falta de interesse processual, o que deve acarretar a extinção do processo sem análise do mérito, muito embora o TST venha entendendo que não se trata de condição da ação, mas sim de pressuposto processual.

O momento de demonstrar o comum acordo não é necessariamente o do ajuizamento do dissídio, de modo que, como ínsito a uma das condições da ação, pode ser demonstrado no curso do dissídio, razão pela qual não há necessidade de tal requisito ser prévio ao ajuizamento, podendo até mesmo ser verificado de forma tácita no curso do dissídio coletivo.

Para exemplificar, colacionamos ementa do RO – 5713-89.2009.5.01.0000[1], de relatoria da Min. Dora Maria da Costa, julgado pela SDC do TST:

> **"DISSÍDIO COLETIVO DE NATUREZA ECONÔMICA. RECURSO ORDINÁRIO INTERPOSTO PELO SINDICATO PROFISSIONAL. AUSÊNCIA DE COMUM ACORDO. JURISPRUDÊNCIA DO TST. EXTINÇÃO.** O comum acordo, pressuposto específico para o ajuizamento do dissídio coletivo, exigência trazida pela Emenda Constitucional n. 45/2004 ao art. 114, § 2º, da CF, embora idealmente devesse ser materializado sob a forma de petição conjunta da representação, é interpretado de maneira mais flexível por esta Justiça Trabalhista, no sentido de se admitir a concordância tácita na instauração da instância, desde que não haja a oposição expressa do suscitado, na contestação. *In casu*, verifica-se que a Fundação Educacional Dom André Arcoverde demonstrou de forma inequívoca a sua discordância com a instauração da instância do dissídio coletivo, não cabendo a esta Justiça Especializada o exercício espontâneo da jurisdição contra a vontade manifesta da parte, que tem o respaldo da Constituição Federal. Mantém-se, pois, a decisão regional que extinguiu o feito, sem resolução de mérito, e nega-se provimento ao recurso ordinário interposto pelo Sindicato dos Professores do Sul Fluminense. Recurso ordinário conhecido e não provido".

---

1 Disponível em: <http://aplicacao5.tst.jus.br/consultaunificada2/inteiroTeor.do?action=printInte iroTeor&highlight=true&numeroFormatado=RO%20-%205713-89.2009.5.01.0000&base=acord ao&numProcInt=218943&anoProcInt=2010&dataPublicacao=11/02/2011%2007:00:00&query=>.

1.2.3. Natureza da decisão

Em primeiro lugar, cabe averbar que não há revelia em sede de dissídio coletivo, em razão das questões postas em juízo.

Registre-se, por outro lado, que a decisão proferida em dissídio coletivo de natureza econômica (sentença normativa), por não ter carga condenatória, não comporta execução, ou seja, dá ensejo à ação de cumprimento.

Observe que o art. 7º, § 6º, da Lei n. 7.701/88 dispõe que: "A sentença normativa poderá ser objeto de ação de cumprimento a partir do 20º (vigésimo) dia subsequente ao do julgamento, fundada no acórdão ou na certidão de julgamento, salvo se concedido efeito suspensivo pelo Presidente do Tribunal Superior do Trabalho".

Tema extremamente controverso na doutrina é o relativo aos efeitos da coisa julgada da sentença normativa, ou seja, se sentença normativa produz apenas coisa julgada formal ou coisa julgada formal e material.

Entendemos que faz somente coisa julgada formal, e o TST parece que repousa sua jurisprudência nesse sentido, como se verifica da Súmula 397.

Muito embora seja um dos temas mais controvertidos no processo do trabalho, essa posição é a que predomina na doutrina, vez que a sentença normativa permite seu cumprimento antes do trânsito em julgado.

Ademais, como fundamentos mais robustos para ratificar a posição do TST, afirma-se que as sentenças normativas são passíveis de revisão; não comportam execução, estando condicionadas, portanto, a ação de cumprimento, que é notoriamente uma ação de conhecimento; e, por fim, têm vigência temporária, não se caracterizando pela imutabilidade típica da coisa julgada material.

A corrente que advoga a tese de coisa julgada material da sentença normativa funda seus argumentos nas seguintes premissas: 1) cabe ação rescisória contra sentença normativa em decorrência de documento novo e 2) é vedado impugnar, em ação de cumprimento, matéria de fato ou direito já apreciada na sentença normativa.

É oportuno averbar que em sede de dissídio coletivo não cabe arresto, apreensão ou depósito.

1.2.4. Dissídio coletivo de natureza jurídica

Trata-se de ação de natureza meramente declaratória, vez que a pretensão nela manejada é apenas a interpretação de normas coletivas preexistentes e em vigor, não servindo, por outro lado, para interpretação de norma genérica.

1.2.5. Dissídio coletivo de natureza mista ou híbrida

O dissídio de natureza jurídica e econômica é aquele que tem carga declaratória e constitutiva.

Dá-se quando o tribunal julga dissídio coletivo de greve declarando ou não a abusividade da mesma, ao mesmo tempo em que constitui novas condições de trabalho, competindo à Justiça do Trabalho, pela Carta Constitucional vigente, declarar se a greve é abusiva ou não, o que também é afirmado pela jurisprudência do TST.

Por fim, temos o dissídio de greve, pura e simplesmente, que é instaurado em caso de frustração na negociação coletiva, quando então os trabalhadores, observando os requisitos legais, resolvem deflagrar o movimento paredista.

1.2.6. Competência e recursos

No concernente à competência para o julgamento dos dissídios e a interposição de recursos, assentamos que, em regra, a competência para julgar o dissídio coletivo é dos Tribunais Regionais do Trabalho, salvo se a questão exceder à jurisdição de um TRT, quando então a competência será do TST, podendo as Varas do Trabalho praticar atos que sejam necessários e por ordem do Tribunal.

As Varas do Trabalho jamais julgam dissídios coletivos!

Se o dissídio coletivo for de competência originária do TRT, da decisão cabe recurso ordinário para o TST, cuja competência para julgamento é da SDC, com espeque na Lei n. 7.701/88, art. 2º, II. No entanto, se a competência para o julgamento for originária do TST, o recurso cabível contra a sentença normativa é o de embargos infringentes para o próprio TST, quando a decisão não for unânime, mas a competência para o julgamento será da SDC, com fulcro no art. 894, I, *a*, da CLT, e na Lei n. 7.701/88, art. 2º, II, *c*.

Quando houver a interposição de recurso ordinário em face da sentença normativa proferida pelo TRT, só haverá efeito devolutivo. Porém, o Presidente do TST poderá atribuir efeito suspensivo ao mesmo pelo prazo de 120 dias, que será contado da data da publicação, exceto se o recurso for julgado antes do término desse prazo, como se extrai do art. 9º, da Lei n. 7.701/88, e do art. 14, da Lei n. 10.192/2001.

1.3. Ação de cumprimento

A ação em apreço foi assim idealizada pela doutrina e jurisprudência, em razão do contido no art. 872 e parágrafo único da CLT.

Trata-se de ação de cunho individual, que tem natureza de conhecimento, cujo objetivo é exigir o cumprimento das cláusulas previstas em instrumentos de negociação coletiva (acordos e convenções coletivas de trabalho), bem como o previsto em sentença normativa, sendo certo que, por esta ação, não se criam direitos, pelo contrário, busca-se a observância de direito preexistente.

Por assim dizer, sua natureza é condenatória, devendo ser observado o rito ordinário, sumário ou sumaríssimo.

O que se percebe é que os instrumentos acima citados não têm carga condenatória, daí porque não são passíveis de execução, haja vista que não são títulos executivos, judiciais ou extrajudiciais.

Insta salientar que é admitido o ajuizamento da ação de cumprimento antes do seu trânsito em julgado.

Caso haja a alteração do que fora decidido na sentença normativa, incabível o manejo da ação rescisória para desconstituir a decisão proferida na sentença normativa.

Logo, se houver modificação da sentença normativa que serviu de base para o ajuizamento da ação de cumprimento, esta deverá se adaptar à solução do conflito e, caso o tribunal tenha extinto o feito sem resolução de mérito, a consequência será exatamente a extinção da ação de cumprimento.

No que tange à legitimidade, é lícito dizer que a ação de cumprimento pode ser ajuizada de forma individual, ou até mesmo em litisconsórcio ativo pelos trabalhadores (ação plúrima), bem como pelo sindicato (como legitimado extraordinário) em verdadeira substituição processual.

Na ação de cumprimento não há a fase de produção de provas, isto é, não há oitiva de testemunhas ou depoimento pessoal das partes, pois sua essência está vinculada umbilicalmente à prova documental pré-constituída, cabendo às partes juntarem os documentos pertinentes, de modo que o autor deverá juntar o instrumento no qual embase seu pedido quando do ajuizamento da ação em apreço.

Cabe averbar que falta interesse processual para ajuizamento de ação individual (reclamação trabalhista), seja singular ou plúrima, na hipótese de o direito invocado já ter sido reconhecido mediante sentença normativa, pois trata-se de cabimento de ação de cumprimento.

Por fim, no que diz respeito à prescrição, o prazo para o ajuizamento da ação de cumprimento das decisões normativas começa a fluir apenas do trânsito em julgado, isso porque, como já visto, é dispensado o trânsito em julgado da sentença normativa para ajuizamento da ação de cumprimento.

LEGISLAÇÃO CORRELATA

Indicamos a leitura dos seguintes textos normativos:

1) Arts. 114, §§ 1º, 2º e 3º, da CRFB/88;
2) Arts. 494, 496, 543, § 3º, 841, 853, 854, 855, 856 e s., 872, parágrafo único, da CLT;
3) Lei n. 7.783/89, art. 8º – Dispõe sobre o exercício do direito de greve;
4) Lei n. 7.701/88 – Dispõe sobre a especialização de Turmas do TST em processos coletivos.

ENTENDIMENTO DOUTRINÁRIO

Sobre o *inquérito judicial para apuração de falta grave*, aduz Carlos Henrique Bezerra Leite[2]:

> "O termo *inquérito* deve-se ao fato de que a Justiça do Trabalho, quando criada em 1939, era um órgão de feição administrativa, porquanto vinculada ao Poder Executivo. Daí as diversas expressões típicas do direito administrativo contidas na CLT.
>
> À luz da teoria geral do direito processual, podemos afirmar que o inquérito judicial para apuração de falta grave possui natureza de *ação constitutiva (negativa) necessária para a apuração de falta grave que autoriza a resolução do contrato de trabalho do empregado estável por iniciativa do empregador*".

E continua o erudito professor, lecionando sobre a natureza dúplice do inquérito:

> "Se o pedido de resolução contratual formulado no inquérito judicial for julgado improcedente, ou seja, reconhecida a inexistência de falta grave pelo empregado (réu), fica o empregador (autor) obrigado a readmiti-lo (e não a 'readmiti-lo no serviço', como consta equivocadamente do art. 495 da CLT) no emprego e a pagar-lhe os salários e demais vantagens a que teria direito no período de afastamento, o que demonstra a natureza dúplice dessa ação especial, pois o empregado não necessita reconvir ou ajuizar outra ação para ser reintegrado".

Acerca do *dissídio coletivo*, entendemos de grande valia transcrever parte das lições de Gustavo Filipe Barbosa Garcia[3], senão vejamos:

> "O dissídio coletivo de trabalho é o meio de solução jurisdicional do conflito coletivo de trabalho.
>
> O conflito coletivo de trabalho tem como objeto o interesse coletivo, isto é, comum a todos os integrantes do grupo, e, como sujeitos, um número indeterminado de trabalhadores, representados pela entidade sindical profissional, e um ou vários empregadores, representados ou não pela entidade sindical econômica.
>
> O dissídio coletivo, assim, também é entendido como o processo judicial que tem como objetivo a pacificação do conflito coletivo de trabalho.
>
> No dissídio coletivo, o conflito de trabalho é o objeto de decisão pelo Poder Judiciário, sendo caso típico de heterocomposição.

---

2 LEITE, Carlos Henrique Bezerra. *Curso de Direito Processual do Trabalho*. 14. ed. São Paulo: Saraiva, 2016. p. 1524-1536.

3 GARCIA, Gustavo Filipe Barbosa. *Curso de Direito Processual do Trabalho*. 2. ed. Rio de Janeiro: Forense, 2013. p. 831-879.

(...)

O dissídio coletivo, portanto, apenas pode ser ajuizado se não obtida a solução do conflito pela negociação coletiva e houver recusa de qualquer das partes à arbitragem, uma vez que esta não é obrigatória.

(...)

Entretanto, somente para o dissídio coletivo de natureza econômica é que se exige a recusa de negociação coletiva ou arbitragem (art. 114, § 2º, da CRFB/88).

(...)

Quanto aos limites do poder normativo, prevalece, na atualidade, o entendimento de que apenas podem incidir no chamado vazio da lei.

(...)

De acordo com a jurisprudência mais recente do TST, a restrição quanto ao dissídio coletivo envolvendo pessoa jurídica de direito público se aplica apenas às *cláusulas de natureza econômica*, ou seja, voltadas as reivindicações de vantagem ou aumento de remuneração.

Nessa linha, as *cláusulas com conteúdo social* (por exemplo, relativas à eficácia de atestados médicos, instalação de local destinado à guarda de crianças em idade de amamentação), cuja repercussão econômica não exija prévia dotação orçamentária, podem ser objeto de decisão por meio do dissídio coletivo de trabalho.

(...)

O dissídio de greve, como mencionado acima, é um processo coletivo diferenciado, em que se observam tanto o aspecto declaratório, em decisão a respeito da abusividade ou não do exercício desse direito, como o aspecto econômico, pois a sentença normativa decide a respeito de novas condições de trabalho almejadas, com a incidência do poder normativo. Além disso, disciplina questões relativas ao período de greve, como o pagamento ou não dos salários (art. 7º da Lei 7.783/1989)".

Por fim, no que toca à *ação de cumprimento*, vale transcrever a brilhante lição de Mauro Schiavi[4]:

"Na ação de cumprimento, não há dilação probatória, uma vez que a prova é documental e pré-constituída. Deve o autor juntar aos autos cópia do instrumento normativo e também por parte do réu também é documental, qual seja, o cumprimento dos pedidos postulados pelo autor.

O prazo prescricional é de dois anos contados do trânsito em julgado da sentença normativa, não obstante a execução da sentença normativa independa do trânsito em julgado do dissídio coletivo".

---

4 SCHIAVI, Mauro. *Manual de Direito Processual do Trabalho*. São Paulo: LTr, 2017. p. 1377.

JURISPRUDÊNCIA

Imperiosa a leitura da seguinte jurisprudência, sem prejuízo de outras:

1) Súmulas 28, 62, 189, 190, 246, 279, 286, 350, 369, 370, 397 e 402 do TST;
2) OJs 188, 277 e 399 da SDI-1;
3) OJ 137 da SDI-2;
4) OJs 2, 3, 7, 8, 9, 15, 19, 22, 23 e 29 da SDC.

QUESTÕES COMENTADAS

01 (Procurador Substituto – PGE/PI – CESPE – 2014) Acerca dos procedimentos relativos aos dissídios coletivos, assinale a opção correta.

(A) Segundo entendimento do TST, a legitimidade da entidade sindical para a instauração do dissídio coletivo contra determinada empresa independe de prévia autorização dos trabalhadores da suscitada diretamente envolvidos no conflito.

(B) As decisões proferidas nos autos de dissídios coletivos de natureza econômica e jurídica podem ser revistas até dois anos de sua vigência.

(C) A representação para instaurar dissídio coletivo constitui prerrogativa dos sindicatos e, quando não houver sindicato representativo da categoria econômica ou profissional, a representação deve ser instaurada pelas confederações correspondentes.

(D) Segundo entendimento consolidado do TST, é absolutamente necessária a correspondência entre as atividades exercidas pelos setores profissional e econômico para a legitimação dos envolvidos no conflito a ser solucionado por dissídio coletivo.

(E) Conforme entendimento do TST, não cabe alegação de ausência de interesse de agir em relação à ação individual caso o direito já tenha sido reconhecido por decisão normativa, visto que a decisão coletiva não tem o condão de repercutir no direito individual.

RESPOSTA (A) OJ 19 da SDC do TST. (B) Art. 873, da CLT. (C) Art. 857, parágrafo único, da CLT. (D) OJ 22 da SDC do TST. (E) OJ 188 da SDI-1 do TST. *Alternativa D.*

---

02 (Advogado – SERPRO – CESPE – 2013) No que concerne ao direito processual do trabalho, julgue o item seguinte.

O fato de dois sindicatos discutirem na justiça do trabalho a interpretação de cláusula prevista em convenção coletiva de trabalho configura um dissídio coletivo de natureza jurídica cuja sentença normativa é meramente declaratória.

( ) **Certo**   ( ) **Errado**

RESPOSTA Nos dizeres de José Cairo Júnior[5], "o dissídio coletivo de natureza jurídica assemelha-se a uma ação judicial clássica de caráter declaratória, uma vez que a pretensão

---
5 *Curso de Direito Processual do Trabalho.* 3. ed. Salvador: Edições JusPodivm, 2010. p. 354.

deduzida em juízo objetiva a adequação dos fatos a uma norma jurídica profissional pré-existente, mas sem qualquer conteúdo condenatório ou constitutivo". *Alternativa Certa.*

PARA GABARITAR
- O inquérito judicial para apuração de falta grave é uma ação de natureza constitutiva negativa, que deve ser ajuizada por escrito no prazo máximo de 30 dias a partir da suspensão do empregado estável.
- Caso seja julgado procedente o pedido formulado no inquérito judicial para apuração de falta grave, haverá a extinção do liame empregatício por falta do empregado com efeito *ex tunc*, ou seja, a contar da data da sua suspensão.
- O dissídio coletivo é um processo de índole coletiva, que tem por fim solucionar conflitos coletivos de trabalho através de pronunciamentos normativos que constituem novas condições de trabalho.
- O Ministério Público do Trabalho pode ajuizar dissídio coletivo em caso de greve em atividade essencial, com possibilidade de lesão ao interesse público.
- A legitimidade *ad causam* do sindicato para ajuizar dissídio coletivo está vinculada à correspondência entre as atividades exercidas pelos setores profissionais e econômicos envolvidos no conflito coletivo.
- O requisito "comum acordo", exigido no texto constitucional, é visto como uma condição da ação. Sua ausência implica falta de interesse processual, o que deve acarretar a extinção do processo sem análise do mérito.
- Se o dissídio coletivo for de competência originária do TRT, da decisão cabe recurso ordinário para o TST, cuja competência para julgamento é da SDC. No entanto, se a competência para o julgamento for originária do TST, o recurso cabível contra a sentença normativa é o de embargos infringentes para o próprio TST, quando a decisão não for unânime, mas a competência para o julgamento será da SDC.
- A ação de cumprimento tem viés individual de conhecimento, que tem por objetivo exigir o cumprimento das cláusulas previstas em instrumentos de negociação coletiva (acordos e convenções coletivas de trabalho), bem como o previsto em sentença normativa, sendo certo que, por esta ação, não se criam direitos, pelo contrário, busca-se a observância de direito preexistente.
- Caso haja a alteração do que foi decidido na sentença normativa, incabível o manejo da ação rescisória para desconstituir a decisão proferida na sentença normativa.
- A ação de cumprimento pode ser ajuizada de forma individual, ou até mesmo em litisconsórcio ativo pelos trabalhadores (ação plúrima), bem

como pelo sindicato (como legitimado extraordinário) em verdadeira substituição processual.

PARA MEMORIZAR

CAPÍTULO 24 Ações cíveis cabíveis no Processo do Trabalho

1. AÇÕES CÍVEIS EM ESPÉCIE

1.1. Mandado de segurança

1.1.1. Noções introdutórias

O mandado de segurança é atualmente disciplinado pela Lei n. 12.016/2009.

Essa ação é utilizada para afastar o ato coator, ou seja, um ato de uma autoridade pública ou de quem lhe faça as vezes e que esteja violando direito líquido e certo do impetrante.

As normas insculpidas no art. 5º, LXIX e LXX, da nossa atual Carta Constitucional, tratam, respectivamente, dos mandados de segurança individual e coletivo.

Por direito líquido (cuja existência é clara e sobre o qual não pende dúvida) e certo (não está condicionado a circunstância alguma), compreende-se aquele que pode ser demonstrado de plano através de documentos, isto é, prova documental pré-constituída, já que o mandado de segurança não admite dilação probatória, ou, em outras palavras, não permite a produção de provas durante o seu processamento, de modo que não será cabível a ação constitucional em apreço se houver alguma controvérsia quanto aos fatos.

Além do direito líquido e certo, que deve ser imediatamente apurado, os outros elementos que ensejam a hipótese de cabimento do *writ* são a ilegalidade e/ou o abuso de poder cometido pela autoridade pública ou por aquele que estiver no exercício delegado de uma função pública, cabendo ao impetrante o mister de demonstrar sua existência, devendo o órgão jurisdicional proferir decisão certa.

São equiparados à autoridade os representantes ou órgãos de partidos políticos e os administradores de entidades autárquicas, bem como os dirigentes de pessoas jurídicas ou as pessoas naturais no exercício de atribuições do poder público, somente no que disser respeito a essas atribuições.

Reunidos os pressupostos para sua impetração, passemos para a fase da análise do mérito, em que o órgão jurisdicional procederá a um exame acerca da norma objetiva que fundamenta os fatos narrados e corroborados pela documentação que instrui a petição inicial.

Não cabe mandado de segurança contra decisão transitada em julgado, devendo a parte se valer de meios próprios para isso.

No processo do trabalho, o TST tem jurisprudência pacífica sobre o cabimento do mandado de segurança para impugnar decisões interlocutórias que antecipam os efeitos da tutela pretendida ou deferem liminar, exceto se for deferida na sentença, vez que caberia recurso ordinário, e, se sobrevir sentença enquanto o *writ* ainda não tiver sido julgado, perderá esse seu objeto.

1.1.2. Prazo e procedimento

O direito de impetrar o mandado de segurança extinguir-se-á decorridos 120 dias (prazo decadencial), contados da ciência, pelo interessado, do ato impugnado. Em outras palavras, esse é o lapso temporal limite, a partir da ciência do ato ilegal ou abusivo praticado, para impetração da ação constitucional em testilha.

No que tange à contagem do prazo decadencial ao norte, qualquer requerimento de reconsideração não tem o condão de afetar o curso do prazo.

Ademais, quanto à capacidade processual, quando o direito ameaçado ou violado couber a várias pessoas, qualquer delas poderá requerer o mandado de segurança, vale frisar, não apenas as pessoas físicas ou jurídicas, mas todos aqueles dotados de capacidade processual, como, por exemplo, o ente despersonalizado, universalidades patrimoniais privadas, dentre outros. O rol é muito amplo, uma vez que a própria Constituição não estabeleceu distinção a respeito dos legitimados aptos a valer-se deste meio de defesa constitucional.

A petição inicial, que deverá preencher os requisitos estabelecidos pela lei processual, será apresentada em 2 (duas) vias, com os documentos que instruírem a primeira reproduzidos na segunda, e indicará, além da autoridade coatora, a pessoa jurídica que esta integra, à qual se acha vinculada ou da qual exerce atribuições.

No caso em que o documento necessário à prova do alegado se ache em repartição ou estabelecimento público ou em poder de autoridade que se recuse a fornecê-lo por certidão ou de terceiro, o juiz ordenará, preliminarmente, por ofício, a exibição desse documento em original ou em cópia autêntica e marcará, para o cumprimento da ordem, o prazo de 10 (dez) dias. O escrivão extrairá cópias do documento para juntá-las à segunda via da petição.

Além disso, a inicial será desde logo indeferida, por decisão motivada, quando não for o caso de mandado de segurança ou lhe faltar algum dos requisitos legais, ou quando decorrido o prazo legal para a impetração. Do indeferimento da inicial pelo juiz de primeiro grau caberá recurso ordinário e, quando a competência para o julgamento do mandado de segurança couber originariamente a um dos tribunais, do ato do relator caberá agravo regimental ou inominado para o órgão competente do tribunal que integre.

Da decisão do colegiado que indeferir o mandado de segurança no TRT, caberá recurso ordinário para o TST.

Note que a decisão que conceder o mandado de segurança pode ser provisoriamente executada, salvo nos casos em que for vedada a concessão de liminar.

Considerando que o *writ* é uma ação, e a toda ação é possível um provimento acautelatório, em sua peça vestibular o impetrante poderá veicular pedido de liminar no tocante ao mérito, que é a segurança.

Note atentamente que, atrelados ao direito líquido e certo, devem estar presentes os requisitos do *fumus boni iuris* e *periculum in mora*, sempre observado o poder geral de cautela, e o juiz pode ou não se convencer da imprescindibilidade de se aplicar tal medida consoante a documentação probatória que instrui a causa de pedir do *mandamus*. Em síntese, estando o magistrado convencido do fundamento relevante de que trata o dispositivo supracitado e da ineficácia da medida ao final, deverá deferir a medida liminar.

A medida liminar terá eficácia, salvo se revogada ou cassada, até a prolação da sentença.

A execução da liminar poderá ser suspensa por requerimento de pessoa jurídica de direito público ou do Ministério Público, desde que atendido o interesse público visando evitar a desordem pública.

1.1.3. Competência

No que diz respeito à competência da justiça laboral, o advento da EC n. 45/2004 outorgou nova redação ao art. 114, incluindo o inciso IV na CF/88, como já estudado.

É certo que a emenda explicitou a competência da justiça laboral na matéria em apreço, conferindo à Justiça Trabalhista uma amplitude maior na sua esfera de atuação, não mais somente restrita ao litígio entre empregados e empregadores, mas sendo capaz de julgar e processar as causas referentes à relação de trabalho.

Assim, os atos de autoridades administrativas trabalhistas também terão seus mandados de segurança impetrados perante a Justiça do Trabalho. São exemplos aqueles praticados por integrantes do Ministério Público do Trabalho, dos fiscais do Trabalho ligados ao Ministério do Trabalho etc.

É da competência dos Tribunais do Trabalho julgar o *mandamus* impetrado contra os seus próprios atos administrativos, sejam eles atos de exoneração, sanção, nomeação, outros referentes a concursos públicos, etc.

Sempre se levará em conta a hipótese *sub examen* para saber se a competência originária para julgamento do mandado cabe ao Tribunal Regional do Trabalho ou ao Tribunal Superior do Trabalho. Será de competência do primeiro em se tratando de atos praticados pelos funcionários da Justiça Trabalhista, dentre eles, magistrados, diretores de secretaria e demais funcionários, ou ainda juízes e funcionários do próprio TRT.

Compete à seção especializada em dissídios coletivos, ou seção normativa, processar e julgar originariamente os mandados de segurança contra os atos praticados pelo Presidente do Tribunal ou por qualquer dos Ministros integrantes da seção especializada em processo de dissídio coletivo, bem como compete à Seção de Dissídios Individuais processar e julgar originariamente os mandados de segurança de sua competência originária, na forma da lei.

Importa destacar que as Varas do Trabalho também têm competência para processar e julgar mandados de segurança, desde que o ato questionado seja emanado de autoridade que, em escala de gradação funcional, esteja sujeito à sua jurisdição, como seria o caso de uma penalidade aplicada pela Superintendência Regional do Trabalho e Emprego, órgão descentralizado do Ministério do Trabalho e Emprego.

Por último, no que toca ao mandado de segurança coletivo, podemos apontar, em breves palavras, que os pressupostos legais são os mesmos exigidos em relação ao mandado individual. Noutro giro, vale destacar que se distinguem apenas quanto ao impetrante, que, no individual, é sempre pessoa física ou jurídica que atua em nome próprio e por seu direito ameaçado ou violado, ao passo que, no coletivo, o impetrante atua em nome próprio, mas na defesa de direitos de seus membros ou associados (substituição processual).

No mandado de segurança coletivo, a liminar só poderá ser concedida após a audiência do representante judicial da pessoa jurídica de direito público, que deverá se pronunciar no prazo de 72 (setenta e duas) horas.

1.2. Ação rescisória

1.2.1. Aspectos introdutórios

Trata-se de uma ação de conhecimento especial que tem por objetivo a preservação da ordem jurídica positiva e tem natureza constitutivo-negativa, desconstituindo, assim, a coisa julgada material, que tem por azo harmonizar dois valores de suma importância: a segurança jurídica nas relações sociais e o cumprimento das normas jurídicas, o que se coaduna com os dogmas do Estado Democrático de Direito.

A ação rescisória é, portanto, um meio autônomo de impugnação, dando origem a uma relação processual distinta daquela em que foi proferida a decisão que ora se está atacando, haja vista que não é arrolada no rol de recursos, e exige-se o trânsito em julgado.

1.2.2. Cabimento no processo do trabalho

Atualmente não há dúvidas acerca do cabimento da ação rescisória no processo do trabalho, em razão da previsão contida no art. 836, da CLT.

É preciso salientar que aplicamos as regras previstas nos arts. 966 e s. do CPC, com as devidas adaptações ao processo do trabalho.

São pressupostos basilares para o corte rescisório: 1) decisão de mérito (coisa julgada material) e 2) trânsito em julgado.

É incabível, portanto, ação rescisória em face de coisa julgada formal (extinção do processo sem análise do mérito), de decisões interlocutórias e despachos.

Todavia, a sentença que declara extinta a obrigação em uma execução, embora não tenha atividade cognitiva, pode ser objeto de corte rescisório.

Cabe dizer que pode uma questão processual ser objeto de ação rescisória. Com efeito, o vício formal (questão processual) também pode dar ensejo à ação rescisória, pois sua correção vai gerar a invalidade da decisão de mérito.

Suponha que os pedidos em uma reclamação trabalhista tenham sido julgados procedentes, arbitrando-se à condenação o valor de R$ 20.000,00. A reclamada, irresignada com a sentença, interpõe recurso ordinário pleiteando a reforma integral da sentença, porém intempestivamente. O juiz *a quo* não conhece do recurso, por intempestivo, porém a reclamada mais uma vez recorre, agora via agravo de instrumento. O tribunal conhece do agravo e lhe dá provimento, afastando, dessa forma, a intempestividade, e julga o mérito do recurso ordinário lhe dando provimento.

Neste caso, aquela questão processual – tempestividade do recurso – pode ser objeto de ação rescisória, vez que é o pressuposto da decisão (acórdão) de mérito.

Contudo, não se tratando de decisão de mérito, a regra é o não cabimento.

Note-se, por seu turno, que é cabível a ação rescisória mesmo que contra a decisão que se pretende rescindir não se tenham esgotado todas as vias recursais.

É de bom grado destacar a redação do art. 966, § 4º, do CPC, ou seja, não caberia, nos casos citados, ação rescisória, mas sim ação anulatória. Nesse sentido, a Súmula 399, item I, do TST, estabelece que as decisões homologatórias de adjudicação ou arrematação não são sujeitas a ação rescisória, vez que se busca a invalidação do negócio jurídico de transferência, homologado em típica decisão interlocutória (não é sentença).

Entretanto, as decisões homologatórias de acordos desafiam corte rescisório.

Outrossim, não é cabível ação rescisória para desconstituição de sentença não submetida ao reexame necessário, cabendo, por seu turno, ofício ao Presidente do Tribunal para que proceda à avocatória dos autos principais, haja vista que o reexame é condição de eficácia da sentença e, sem ele, não há que se falar em trânsito em julgado.

1.2.3. Competência e legitimidade

1.2.3.1. Competência

A ação rescisória é de competência originária dos tribunais, não tendo as Varas do Trabalho competência funcional para tanto, e como é regra de fixação de competência absoluta, resta por ser inderrogável.

O art. 678, I, c, item 2, da CLT, dispõe que compete ao Tribunal Regional do Trabalho processar e julgar as ações rescisórias das decisões das Varas do Trabalho e dos juízes de direito, sendo certo que a competência para o julgamento será estabelecida pelo Regimento Interno, e, como regra geral, ou é a Seção Especializada ou o Pleno.

No Tribunal Superior do Trabalho, a competência será da Seção de Dissídios Coletivos (SDC) ou da Seção de Dissídios Individuais (SDI), como segue:

a) será da SDC a competência, originariamente, para o julgamento das ações rescisórias aforadas contra suas sentenças normativas;

b) será da SDI a competência, originariamente, para o julgamento das ações rescisórias ajuizadas contra decisões das turmas do TST e suas próprias, inclusive as anteriores à especialização em seções.

O ajuizamento no Tribunal competente é demasiadamente importante, pois a sua não observância acarreta a extinção do feito sem análise de mérito, por inépcia da petição inicial.

1.2.3.2. Legitimidade

O art. 967, do CPC, estabelece aqueles que têm legitimidade para o ajuizamento da ação rescisória.

Interessante saber se existe litisconsórcio necessário e facultativo em sede de ação rescisória, o que é respondido com a leitura da Súmula 406 do TST.

Assim, no polo passivo, como há uma comunhão de direitos e obrigações, em face da indivisibilidade do objeto, o TST entende que há litisconsórcio necessário e, ousamos dizer, unitário, vez que a decisão será uniforme para aqueles que estão no polo passivo, já que não se pode rescindir o julgado apenas para uma das partes.

Com relação ao polo ativo, nada mais lógico entender que o litisconsórcio é facultativo, vez que não se pode exigir como condicionante para os autores a aquiescência dos demais, ou seja, por economia processual podem mover a ação pela via do litisconsórcio, mas também podem ajuizar a ação isoladamente, caso em que a doutrina entende que haverá conexão, quando então as ações deverão ser reunidas em razão do risco de decisões conflitantes.

Outro ponto de relevo é acerca da atuação do sindicato como substituto processual e autor da reclamação trabalhista em que foi proferida a decisão que se pretende rescindir, caso em que ele terá legitimidade para figurar no polo passivo da ação rescisória, não havendo necessidade de citar os empregados substituídos, inexistindo, portanto, litisconsórcio passivo necessário, pois foi o próprio sindicato que figurou na demanda originária.

O Ministério Público do Trabalho (MPT) tem legitimidade para ajuizamento de ação rescisória.

Em caso de conluio entre as partes, nos processos em que o MPT não participou, o prazo para ajuizamento da ação rescisória não se conta do trânsito em julgado, mas da data em que o MPT teve ciência da fraude.

Cabe dizer que não se pode exercer o *jus postulandi* em sede de ação rescisória.

O advogado precisa ter poderes específicos para o ajuizamento da ação rescisória, não se admitindo regularização da representação processual quando constatado o defeito, exceto em fase recursal.

1.2.4. Hipóteses de admissibilidade

As hipóteses de admissibilidade estão elencadas de forma taxativa no art. 966, do CPC (*numerus clausus*):

I – se verificar que foi proferida por força de prevaricação, concussão ou corrupção do juiz;

São práticas criminosas previstas nos arts. 319, 316 e 317, do CP, respectivamente, e não precisam de apuração em processo criminal, vez que podem ser provadas na ação rescisória.

II – for proferida por juiz impedido ou por juízo absolutamente incompetente;

As hipóteses de impedimento estão arroladas no art. 144, do CPC, e são de ordem objetiva e de maior gravidade.

A incompetência absoluta é aquela em razão da matéria, da pessoa ou funcional, que decorre da fixação em razão de normas de ordem pública.

O TST dispensa prequestionamento quando a arguição na ação rescisória for incompetência absoluta.

III – resultar de dolo ou coação da parte vencedora em detrimento da parte vencida ou, ainda, de simulação ou colusão entre as partes, a fim de fraudar a lei;

A doutrina define "dolo da parte vencedora" como a conduta que tem o intuito de enganar, praticar ato com ardil malicioso, viciando assim a manifestação de vontade da outra parte, causando-lhe, logicamente, prejuízo.

No entanto, a decisão homologatória de acordo não é passível de corte rescisório, sob a pecha de dolo, pois não há parte vencedora ou parte vencida.

Ademais, o simples fato de a parte vencedora ter silenciado a respeito de fatos contrários a ela não caracteriza dolo processual, vez que não é ardil ensejador de violação à ampla defesa.

A "colusão das partes" é o ato fraudulento entre as partes, com o fim de fraudar a lei, induzindo o juiz a erro, para prejudicar terceiro e obter benefício.

No caso de colusão, o juiz deve proferir sentença que obste aos objetivos das partes (art. 142, do CPC), seja no processo simulado ou no fraudulento, inclusive aplicando as penalidades da litigância de má-fé.

IV – ofender a coisa julgada;

Ocorre quando há novo ajuizamento de ação que já foi anteriormente julgada, e a decisão da nova reclamação ofende a coisa julgada anterior.

V – violar manifestamente norma jurídica;

Temos que entender por norma jurídica as leis, as normas constitucionais, as normas primárias e, segundo a doutrina mais abalizada, os princípios.

Não cabe ação rescisória por violação literal de lei quando a decisão rescindenda estiver baseada em texto legal infraconstitucional de interpretação controvertida nos tribunais, haja vista que, se não há interpretação uniforme, não há erro do julgado na aplicação da lei, pois é preciso haver consenso sobre a aplicação da norma.

Outrossim, o marco divisor no que tange a ser ou não controvertida a interpretação dos dispositivos legais citados na ação rescisória será a data da inclusão, na OJ do TST, da matéria discutida.

Note que não cabe ação rescisória por invocação de ofensa aos princípios da legalidade, devido processo legal, contraditório e ampla defesa, se apresentados de forma genérica, pois devem estar fundamentados nos dispositivos legais específicos da matéria debatida, que são passíveis de análise no pleito rescisório.

A ação rescisória não deve ser utilizada como substitutivo de recurso, ou como medida para reanalisar fatos e provas.

A jurisprudência do TST exige, como regra geral, pronunciamento explícito acerca da violação a disposição de lei, mas não necessariamente sobre o dispositivo legal supostamente violado, ou seja, importa que o conteúdo da norma violada haja sido abordado.

Registre-se que é inviável, em sede de ação rescisória fundada em violação de lei, reexame de fatos e provas, mas é cabível rescisória de rescisória.

Cabe ação rescisória, com fundamento no inciso do artigo em tela, contra decisão baseada em enunciado de súmula ou acórdão proferido em julgamento de casos repetitivos que não tenha considerado a existência de distinção entre a questão discutida no processo e o padrão decisório que lhe deu fundamento. Quando a ação rescisória fundar-se nesta hipótese, caberá ao autor, sob pena de inépcia, demonstrar, fundamentadamente, tratar-se de situação particularizada por hipótese fática distinta ou de questão jurídica não examinada, a impor outra solução jurídica.

VI – for fundada em prova cuja falsidade tenha sido apurada em processo criminal ou venha a ser demonstrada na própria ação rescisório;

A prova falsa tem que ser decisiva para o julgamento da lide, e pode ser apurada tanto em processo criminal, quando então se exige o trânsito em julgado, quanto na própria ação rescisória.

VII – obtiver o autor, posteriormente ao trânsito em julgado, prova nova cuja existência ignorava ou de que não pôde fazer uso, capaz, por si só, de lhe assegurar pronunciamento;

Prova nova é aquela que já existia quando da decisão rescindenda, pois não se trata de fatos novos, mas que era desconhecida pela parte ou de utilização impossível naquele momento e que é demasiadamente importante para favorecer o prejudicado no julgamento.

VIII – for fundada em erro de fato verificável do exame dos autos.

O erro de fato existe quando a sentença admitir um fato inexistente, ou quando considerar inexistente um fato efetivamente ocorrido, ou seja, é aquele fato que passou desapercebido pelo juiz, havendo, portanto, um erro de percepção do magistrado acerca dos fatos da causa, quando então a ação rescisória estará fundada exatamente na matéria incontroversa em que houve o erro de percepção do julgador.

Cabe averbar, nas hipóteses previstas nos incisos do art. 966, que será rescindível a decisão transitada em julgado que, embora não seja de mérito, impeça: I – nova propositura da demanda; ou II – admissibilidade do recurso correspondente.

A ação rescisória pode ter por objeto apenas 1 (um) capítulo da decisão.

1.2.5. Procedimento

1.2.5.1. Prazo para ajuizamento

Primeiramente, é de bom alvitre dizer que o prazo para ajuizamento da ação rescisória é de 2 (dois) anos, e tal prazo é decadencial, passando a fluir do trânsito em julgado da última decisão proferida no processo.

Com efeito, conta-se o prazo acima citado do dia imediatamente subsequente ao trânsito em julgado da última decisão proferida nos autos, seja ela de mérito ou não, não estando sujeito a suspensão nem interrupção.

Se o prazo para ajuizamento expirar em férias forenses, feriados, finais de semana ou em dia em que não houver expediente forense, prorroga-se até o primeiro dia útil subsequente. Ademais, salvo se houver dúvida razoável, a interposição de recurso intempestivo ou de recurso incabível não protrai o termo inicial do prazo decadencial.

Outrossim, conta-se o prazo decadencial da ação rescisória, após o decurso do prazo legal previsto para a interposição do recurso extraordinário, apenas quando esgotadas todas as vias recursais ordinárias, ou seja, se a parte interpôs todos os recursos cabíveis, inclusive o de revista, em sendo cabível o recurso extraordinário, só após o escoar do prazo para sua interposição (15 dias) é que se pode falar em trânsito em julgado.

Se fundada a ação no inciso VII do art. 966, o termo inicial do prazo será a data de descoberta da prova nova, observado o prazo máximo de 5 (cinco) anos, contado do trânsito em julgado da última decisão proferida no processo. Porém, nas hipóteses de simulação ou de colusão das partes, o prazo começa a contar, para o terceiro prejudicado e para o Ministério Público, que não interveio no processo, a partir do momento em que têm ciência da simulação ou da colusão.

Interessante assinalar que o juízo rescindente não estará adstrito à certidão de trânsito em julgado juntada com a ação rescisória, podendo formar sua convicção através de outros elementos dos autos quanto à antecipação ou postergação do *dies a quo* do prazo decadencial.

Interessante é que pode parte da decisão transitar em julgado e outra parte não, cabendo a rescisória, ainda que pendente julgamento de recurso, da parte que não foi objeto de impugnação via recurso.

1.2.5.2. Petição inicial

A petição inicial deve ser elaborada com base no art. 319, do CPC, devendo ainda o autor, com base no art. 968, do CPC, c/c o art. 836, da CLT: a) cumular ao pedido de rescisão (juízo rescindendo – *judicium rescindens*), se for o caso, o de novo julgamento da causa (juízo rescisório – *judicium rescissorium*) e b) realizar o depósito da importância de 20% sobre o valor da causa.

Todavia, aquele que provar miserabilidade jurídica, bem como as pessoas jurídicas de direito público, o Ministério Público do Trabalho e a massa falida ficam dispensados do depósito prévio.

O valor depositado será revertido em favor do réu, a título de multa, caso o pedido deduzido na ação rescisória seja julgado, por unanimidade de votos, improcedente ou inadmissível.

Deve ainda indicar no bojo da inicial (causa de pedir): 1) a existência da decisão definitiva (acórdão ou sentença) transitada em julgado e 2) a invocação de alguma das hipóteses do art. 966, do CPC, já analisadas alhures.

De outra banda, como *o ordenamento jurídico não admite a ação rescisória preventiva*, mesmo que ocorra o trânsito em julgado posteriormente ao ajuizamento, cabe ao autor da ação comprovar o trânsito em julgado da decisão de que pretende ver o corte rescisório.

Caso o relator verifique que a parte não juntou o documento comprobatório à inicial, concederá prazo de 15 dias para que junte, sob pena de indeferimento.

A decisão rescindenda e/ou a certidão do trânsito em julgado são peças essenciais para o julgamento da ação rescisória, e sua falta gera a extinção do processo sem resolução de mérito, por falta de pressuposto de constituição e desenvolvimento válido do feito.

Note que o ajuizamento da ação rescisória não impede o cumprimento da sentença ou acórdão rescindendo, mas é possível a concessão de tutela provisória (art. 969, do CPC).

Logo, se o autor demonstrar a existência dos requisitos para a concessão da tutela provisória de urgência, poderá requerê-la em caráter incidental ou antecedente (art. 294, parágrafo único, CPC), visando suspender o cumprimento da sentença ou acórdão rescindendo.

A petição inicial será indeferida, além dos casos previstos no art. 330, do CPC, quando não efetuado o depósito de 20%. Em tais hipóteses, o indeferimento será realizado pelo relator, e, da decisão que a indeferir, caberá agravo para o órgão colegiado.

1.2.5.3. Citação e revelia

O relator ordenará a citação do réu, designando-lhe prazo nunca inferior a 15 (quinze) dias nem superior a 30 (trinta) dias para, querendo, apresentar resposta, ao fim do qual, com ou sem contestação, observar-se-á, no que couber, o procedimento comum (art. 970, CPC).

Para contagem do prazo visando a resposta, aplica-se o disposto no art. 774, da CLT, e não no art. 241, do CPC, ou seja, a partir da data em que foi feita pessoalmente ou recebida a notificação, e não da data da juntada aos autos do comprovante de citação.

Cabe ressaltar que, se o réu, citado, não contestar, embora revel, não se produzirão os efeitos da confissão ficta previstos no art. 844, da CLT, não havendo presunção de veracidade dos fatos, vez que a coisa julgada envolve questão de ordem pública.

Devolvidos os autos pelo relator, a secretaria do tribunal expedirá cópias do relatório e as distribuirá entre os juízes que compuserem o órgão competente para o julgamento. Note que a escolha de relator recairá, sempre que possível, em juiz que não haja participado do julgamento rescindendo.

Se os fatos alegados pelas partes dependerem de prova, o relator poderá delegar a competência ao órgão que proferiu a decisão rescindenda, fixando prazo de 1 (um) a 3 (três) meses para devolução dos autos.

É permitido o julgamento antecipado da lide na hipótese do art. 335, I, do CPC.

Concluída a instrução, será aberta vista ao autor e ao réu para razões finais, sucessivamente, pelo prazo de 10 (dez) dias. Em seguida, os autos serão conclusos ao relator, procedendo-se ao julgamento pelo órgão competente.

1.2.6. Decisão e recurso

1.2.6.1. Da decisão

Na decisão, após o exame quanto a sua admissibilidade, realiza-se o juízo rescindente (rescindir a sentença ou o acórdão de mérito – *judicium rescindens*) e, posteriormente, se for o caso, o juízo rescisório (novo julgamento – *judicium rescissorium*).

Entretanto, nem sempre, quando for acolhido o pedido de rescisão da decisão de mérito, será cabível o juízo rescisório (novo julgamento), como seria o caso de ação rescisória fundada em ofensa a coisa julgada, casos em que caberia ao tribunal tão somente rescindir a decisão de mérito transitada em julgado.

Por outro lado, se o fundamento da rescisória for ofensa a norma jurídica, caso seja acolhido o pedido de rescisão, o tribunal deve proferir novo julgamento (juízo rescisório).

Por fim, cabe a condenação em honorários advocatícios na ação rescisória.

1.2.6.2. Recursos

Pois bem, se a decisão que julga a ação rescisória contiver vícios como contradição, obscuridade ou omissão, cabem embargos de declaração (art. 897-A, CLT, e arts. 1.022 e s. do CPC), que terão efeito interruptivo, como regra geral, salvo nas hipóteses previstas no § 3º, do art. 897-A, da CLT.

Caso a decisão seja proferida pelo TRT, caberá recurso ordinário para o TST, observando-se o seguinte: a) se o recurso ordinário for interposto em face de decisão sobre ação rescisória proferida em dissídio coletivo, a competência será da SDC; b) se o recurso ordinário for interposto em face de decisão sobre ação rescisória proferida em dissídio individual de sua competência originária, a competência será da SDI, mais especificamente da SDI-2 do TST.

Observe que, se for indeferida a petição inicial da ação rescisória por meio de decisão monocrática do relator, no âmbito do TRT, será cabível o agravo regimental, de competência de órgão colegiado do TRT, conforme regimento interno.

Desta feita, se for interposto recurso ordinário para o TST, caberá a fungibilidade recursal, e ele será recebido como agravo regimental e remessa dos autos ao TRT para que aprecie o agravo.

Diferente seria a hipótese descrita na Súmula 411 do TST, quando a decisão do regional invocasse controvérsia na interpretação da lei para indeferir a petição inicial, pois nesse caso haveria apreciação da matéria na fundamentação, sob o enfoque da Súmula 83 do TST, constituindo sentença de mérito e desafiando recurso ordinário para a reforma pelo TST.

Insta dizer que há depósito recursal em caso de procedência do pedido e imposição de condenação em pecúnia, o qual deve ser pago no prazo recursal e nos limites impostos por lei.

Destacamos, ainda, que é cabível reexame necessário em sede de ação rescisória, haja vista que, por se tratar de ação autônoma, a decisão desfavorável ao ente público pode ter origem na própria ação rescisória, salvo raríssimas exceções.

Por fim, a execução da decisão proferida em ação rescisória é feita nos próprios autos da ação que lhe deu origem, e deve ser instruída com o acórdão da rescisória e a respectiva certidão de trânsito em julgado (parágrafo único, do art. 836, da CLT).

1.3. Ação anulatória de cláusula de acordo ou convenção coletiva de trabalho

1.3.1. Objeto

Com efeito, as normas coletivas podem ser objeto de ação anulatória quando não forem observados os requisitos formais para sua elaboração, nos exatos termos do art. 8º, § 3º, da CLT, bem como quando houver violação aos direitos dos trabalhadores, em especial às garantias mínimas previstas na Constituição Federal, na CLT, ou quando excederem a possibilidade de flexibilizar etc. Assim, uma cláusula de convenção coletiva que contivesse previsão de garantia provisória de emprego da gestante por período inferior a 5 (cinco) meses após o parto seria passível de ação anulatória, tendo em vista que seu objeto estaria a ferir a ordem jurídica.

Conjunturalmente, em apertada síntese, as cláusulas que podem ser objeto de ação anulatória são as seguintes: a) as que violem a liberdade individual dos trabalhadores; b) as que violem a liberdade coletiva dos trabalhadores e c) as que violem os direitos e garantias individuais indisponíveis dos trabalhadores.

1.3.2. Legitimidade

Podem ajuizar a ação anulatória em testilha o MPT, o sindicato dos empregados e dos empregadores, os empregados e empregadores e, ainda segundo parte da doutrina mais moderna, as associações sem caráter sindical, quando na defesa de direitos individuais homogêneos dos seus associados.

Observe que os empregados, como regra geral, pedem a declaração da nulidade de uma ou algumas cláusulas no bojo das ações trabalhistas que ajuízam, de forma incidental.

Há quem sustente que têm legitimidade, além do Ministério Público do Trabalho, as partes que firmaram o instrumento normativo, além dos empregados e empregadores individualmente.

Outrossim, também há quem defenda a legitimidade exclusiva do Ministério Público do Trabalho, em função da falta de interesse processual dos sindicatos participantes do instrumento, já que teriam sido os próprios a debater as regras convencionais em litígio, além de haver previsão legal que cite somente o Ministério Público do Trabalho.

Não obstante a controvérsia sobre o tema, tem prevalecido o entendimento de que a legitimidade para ajuizar a ação é concorrente, e não exclusiva do Ministério Público do Trabalho.

No polo passivo da demanda anulatória, figurarão aqueles que firmaram o instrumento coletivo, em litisconsórcio necessário, consoante art. 611-A, § 5º, da CLT e, em nosso pensar, unitário.

Dessa forma, se o objeto da ação for cláusula de acordo coletivo, devem figurar no polo passivo o sindicato dos empregados e a empresa ou empresas acordantes.

1.3.3. Competência

A Justiça do Trabalho é competente para julgar as ações em voga, o que para nós é indubitável, em razão da disposição constitucional extraída do art. 114, III, e, mais ainda, tendo em vista a redação do art. 1º, da Lei n. 8.984/95.

Acerca da competência funcional propriamente dita para o julgamento das ações anulatórias, existem basicamente duas correntes:

1ª corrente – Defende que a competência para esse tipo de feito é das Varas do Trabalho, visto que não é contemplada por lei nenhuma regra específica sobre o tema, devendo prevalecer dessa forma a competência ordinária de 1ª instância.

2ª corrente – Advoga a tese de que, por se tratar de questões coletivas, esse tipo de ação deve ser ajuizada diretamente nos Tribunais, já que o litígio envolve questão coletiva e gera liames na categoria, o que ocorre, de forma análoga, nos dissídios coletivos.

Reforçando a inexatidão legal do tema, tem-se ainda o art. 83, da Lei Complementar n. 75/93, que declara competir ao Ministério Público do Trabalho oferecer ação anulatória (inciso IV), junto aos órgãos da Justiça do Trabalho, porém sem especificar que órgãos seriam esses.

O Tribunal Superior do Trabalho, em seu regimento interno, reconhece a competência funcional dos TRTs, haja vista o que dispõem os arts. 224 e 225.

Como visto, trata-se de tema controvertido, mas parte da doutrina defende que a competência seria definida pela abrangência do ato decisório, de modo que só haveria competência da 2ª instância (TRT) se a ação fosse ajuizada pelo MPT ou pelos sindicatos, e nos demais casos, o processamento e o julgamento competiriam às Varas do Trabalho. Excepcionalmente, a competência originária seria do TST, com o mesmo fundamento dos dissídios coletivos.

1.4. Ação civil pública

1.4.1. Definição e cabimento no processo do trabalho

A ação civil pública, nos últimos tempos de estudo processual, empiricamente falando, converteu-se no mais eficaz meio de acesso à jurisdição coletiva, principalmente nas relações trabalhistas, nas quais impera a hipossuficiência do obreiro, muitas vezes até mesmo obstaculizando seu acesso ao Poder Judiciário.

A ação em apreço tem feição condenatória, vez que poderá ter por objeto a condenação em dinheiro ou o cumprimento de obrigação de fazer ou não fazer, muito embora há quem defenda que poderá assumir feição constitutiva, meramente declaratória e executiva, a depender do provimento jurisdicional (pedido imediato) solicitado pelo autor.

Quanto ao cabimento no processo do trabalho, em razão do acima exposto e considerando o ordenamento jurídico vigente, não há dúvidas de que o instrumento em estudo guarda relação e harmonia com o direito do trabalho, até porque a ação civil pública pertence, topograficamente, à teoria geral do direito, de modo que é e deve ser aplicada em todos os ramos do direito.

No ano de 1993, entrou em vigor a Lei Complementar n. 75 (dispõe sobre a organização, as atribuições e o estatuto do Ministério Público da União, a cuja estrutura administrativa pertence o Ministério Público do Trabalho), que prevê diversos instrumentos de atuação do Ministério Público em seu art. 6º, dentre eles promover a ação civil pública para a proteção dos direitos constitucionais, o que inclui os direitos sociais dos trabalhadores, a proteção do patrimônio público e social, do meio ambiente (incluindo o meio ambiente do trabalho), dos bens e direitos de valor artístico, estético, histórico, turístico e paisagístico, assim como a proteção dos interesses individuais indisponíveis, difusos e coletivos, relativos às comunidades indígenas, à família, à criança, ao adolescente, ao idoso, às minorias étnicas e ao consumidor e, por fim, outros interesses individuais indisponíveis, homogêneos, sociais, difusos e coletivos.

Com o advento, em 1988, da Constituição Federal, passou a ação civil pública a ter previsão constitucional, nos termos do art. 128, III, da CRFB, segundo o qual se entende que foi contemplada essa ação também no âmbito da Justiça Laboral, visto que o legislador constituinte não fez distinção entre os ramos do Ministério Público legitimados. Sendo assim, se o legislador não restringiu, não cabe ao intérprete assim proceder.

Porém, para pôr fim a qualquer celeuma que porventura ainda persistisse sobre a utilização da ação civil pública pelo Ministério Público do Trabalho, o art. 83, III, da LC n. 75/93 (Lei Orgânica do Ministério Público da União), é cristalino ao atribuir competência ao Ministério Público do Trabalho para o manejo da ação em epígrafe.

Dessa forma, a ação civil pública é instrumento processual de índole coletiva, que é assegurado constitucionalmente e visa à defesa de direitos e interesses coletivos, difusos e individuais homogêneos.

Podemos citar como exemplos, nos domínios do direito material e processual do trabalho, as seguintes situações:

1) *interesses ou direitos difusos*, como prevê a lei ao norte, são aqueles que ligam titulares indeterminados por uma circunstância de fato, que tem natureza

indivisível, como seria o caso do combate a práticas discriminatórias nas relações de trabalho;

2) *interesses ou direitos coletivos* são aqueles relacionados a um grupo ou categoria, cujos titulares podem ser determinados, tendo como exemplo a defesa de trabalhadores em razão de demissão motivada por movimento paredista (grevista);

3) *interesses ou direitos individuais homogêneos* são aqueles em que os titulares são determinados, o interesse é divisível, e que se originam da mesma situação fática ou jurídica. Assim, o pagamento do adicional de periculosidade para os eletricitários de uma empresa se enquadra nesta hipótese.

1.4.2. Competência

Não há que se duvidar da competência material da Justiça do Trabalho, pois é um pressuposto lógico do disposto no art. 114, da CRFB/88, além da farta legislação infraconstitucional sobre o tema.

A competência territorial segue a regra do art. 2º, da Lei n. 7.347/85 (local onde ocorreu o dano), e, diga-se de passagem, é competência absoluta, que não admite prorrogação (modificação). Ademais, o ajuizamento da ação prevenirá a jurisdição do juízo para todas as ações posteriormente intentadas que possuam a mesma causa de pedir ou o mesmo objeto.

Em caso de dano de âmbito nacional ou regional (mais de um Estado), há entendimento de que deverá ser seguida a regra do art. 93, II, do CDC (foro da Capital do Estado ou o Distrito Federal).

A competência para a ação civil pública fixa-se pela extensão do dano. Porém, em caso de dano de abrangência regional, que atinja cidades sujeitas à jurisdição de mais de uma Vara do Trabalho, a competência será de qualquer das varas das localidades atingidas, ainda que vinculadas a Tribunais Regionais do Trabalho distintos. Em caso de dano de abrangência suprarregional ou nacional, há competência concorrente para a ação civil pública das Varas do Trabalho das sedes dos Tribunais Regionais do Trabalho. De toda sorte, estará prevento o juízo a que a primeira ação houver sido distribuída.

1.4.3. Legitimados

A legitimidade do Ministério Público decorre do próprio texto constitucional, em consonância com o art. 129, III, da CF/88, sem prejuízo de outros legitimados, como extraímos do § 1º do mesmo artigo retro.

O Ministério Público do Trabalho, por sua vez, encontra sua legitimidade para aforamento da ação civil pública especificamente no art. 83, III, da LC n. 75/93.

O art. 5º, da Lei n. 7.347/85, trata dos legitimados, assim como o art. 82, da Lei n. 8.078/90 (legitimados concorrentes).

É possível a aplicação do instituto processual do litisconsórcio, facultando ao Poder Público e a outras associações legitimadas a habilitação nesse sentido em favor de qualquer das partes.

Ademais, o Ministério Público, quando não for o autor da ação, funcionará sempre no processo como fiscal da lei, sendo certo que há, ainda, a possibilidade de o Ministério Público assumir a titularidade ativa da ação quando houver desistência infundada ou abandono da ação por associação legitimada, conforme o § 3º do mesmo diploma retro.

Assim, a legitimação é autônoma e também concorrente, para a defesa dos interesses difusos e coletivos e para o oferecimento da ação civil pública, o que também é conferido ao sindicato.

Exceção a essa legitimação autônoma e concorrente se dá somente no caso de defesa de interesses e direitos individuais homogêneos, pois, em se tratando de direitos que possuem natureza divisível e individual, o que ocorre no caso excepcionado é uma legitimação extraordinária (substituição processual) autorizada por lei, em que o legitimado extraordinário age na defesa dos interesses dos substituídos.

No entanto, o Ministério Público também tem legitimidade para ajuizar ação civil pública na proteção de interesses individuais homogêneos sem que seja considerado um substituto processual, haja vista que se trata de um nicho do que o ordenamento classifica como interesse transindividual, o que é afirmado com espeque no art. 129, III, da Constituição Federal, ao afirmar, na parte final, "outros interesses difusos e coletivos".

Salientamos que é possível, no polo passivo em sede de ação civil pública, haver litisconsórcio, que pode ser facultativo ou necessário, neste último caso, por exemplo, quando há mais de um causador do dano.

1.4.4. Objeto da ação civil pública

Por objeto da ação devemos entender, em apertada síntese, a pretensão veiculada, de modo que poderão ter a ação civil pública como objeto a condenação em dinheiro, ou o cumprimento de obrigação de fazer ou não fazer.

Importa dizer, nesse sentido, que não há impeditivo legal para que haja pedido de tutela para mais de um interesse transindividual, havendo possibilidade jurídica ainda de serem os pedidos acumulados na mesma ação, desde que respeitada a compatibilidade entre eles.

1.4.5. Coisa julgada e litispendência

É pacífico, hodiernamente, no ordenamento jurídico brasileiro que a regra clássica relativa à coisa julgada não se coaduna com as vicissitudes dos interesses protegidos pelas ações coletivas, dentre elas a ação civil pública, ou seja, o ajuizamento de uma ação coletiva com vistas à reparação do dano, por si só, não exclui a legitimidade do próprio prejudicado que, individualmente, pode intentar ação com pretensão reparatória. Nesse sentido está redigido o art. 104, do CDC.

Com efeito, embora não haja litispendência entre a ação coletiva e a ação individual, na hipótese de defesa de direitos coletivos e individuais homogêneos, aqueles que propuserem ações individuais só poderão ser beneficiados com a coisa julgada coletiva se vierem a requerer a sustação de suas respectivas ações no prazo de 30 (trinta) dias a contar do dia que tiverem ciência do tramitar da ação coletiva.

No que tange à coisa julgada, haverá efeitos *erga omnes* e *ultra partes*, atingindo pessoas que não participaram da relação jurídica processual.

Sendo assim, a formação da coisa julgada na sentença da ação civil pública ficará condicionada ao resultado da lide, no que se convencionou chamar de *secundum eventum litis*.

Destaca-se, ainda, que a sentença na ação civil pública no âmbito trabalhista pode condenar o réu ao pagamento de indenização a ser revertida em favor do Fundo de Amparo ao Trabalhador.

1.4.6. Condenação genérica, liquidação e execução

Da mesma forma que no processo comum, sendo procedentes os pedidos formulados nas ações coletivas que determinem condenação ilíquida, caberá a liquidação para fixar o *quantum debeatur*, haja vista o dever de ressarcir fixado na sentença condenatória. Destarte, sendo genérica ou ilíquida a sentença coletiva, o provimento jurisdicional será certo, mas não líquido.

Assim sendo, a liquidação da sentença de condenação ilíquida é sempre necessária para que esse título judicial possa ser executado, já que um dos pressupostos da execução é o título líquido.

A Lei da Ação Civil Pública prevê que a obrigação de reparar o dano pode ser formalizada tanto com a sentença, título executivo judicial, quanto com o compromisso de ajustamento, título executivo extrajudicial.

Conforme o exposto, independentemente da natureza da ação coletiva, sendo a sentença condenatória ilíquida, será necessária a liquidação para lhe atribuir a eficácia executiva, pois não é possível promover a execução de uma sentença ilíquida.

Nesse momento será importante a individualização dos substituídos, vez que a liquidação terá em essência natureza de conhecimento.

1.4.7. Prescrição

Se a pretensão for relativa a danos de direitos difusos ou coletivos, não há que se falar em prescrição, vez que, como são direitos indisponíveis, serão, portanto, imprescritíveis.

Tal não ocorre em caso de direitos individuais homogêneos, já que divisíveis e de carga dispositiva (disponível), os quais estarão sujeitos à prescrição quinquenal (no curso do contrato de trabalho) e à bienal, findo o liame empregatício.

LEGISLAÇÃO CORRELATA

É demasiadamente importante e imprescindível a leitura do que segue:

1) Art. 129, incisos e parágrafos, da CRFB/88;
2) Arts. 114 e 966 e s., do CPC;
3) Arts. 836 e 895, I e II, da CLT;
4) Lei n. 12. 016/2009 – Dispõe sobre o mandado de segurança;
5) Lei n. 7.701/88 – Dispõe sobre a especialização das Turmas do TST e outros assuntos;
6) Lei n. 8.984/95, art. 1º – Dispõe sobre a competência da Justiça do Trabalho;
7) Lei n. 7.347/85 – Lei da Ação Civil Pública;
8) IN n. 31 do TST – arts. 2º, 3º, 4º, 5º e 6º;
9) IN n. 27/2005 do TST – art. 1º;
10) Arts. 81, 82, 93, II, 95, 97, 98, 99, 100, 103 e 104, do CDC.

ENTENDIMENTO DOUTRINÁRIO

Acerca da *ação rescisória*, leciona Sérgio Pinto Martins[1]:

> "A palavra rescindir vem do latim *rescindire*, que tem o significado de quebrar, anular, invalidar.
>
> A ação rescisória é uma ação especial, que tem por objeto desconstituir ou anular uma decisão judicial de mérito transitada em julgado, por motivo da existência de vícios em seu bojo. Deve-se destacar que a ação rescisória é *ação* e não recurso.
>
> Tem a ação rescisória por objetivo corrigir sentença ou acórdão que ofenda a ordem jurídica, assegurando certeza na prestação jurisdicional e justiça. Não visa corrigir injustiças.
>
> Objetiva, ainda, em certos casos, a rescisória rescindir a sentença ou acórdão, proferindo novo julgamento.
>
> Não tem natureza de recurso a ação rescisória, mas de ação especial, a ação é proposta a partir do segundo grau em diante. Não é, portanto, substitutivo de recurso.

---

1 MARTINS, Sérgio Pinto. *Direito Processual do Trabalho*. 38. ed. São Paulo: Saraiva, 2016. p. 705-706.

A ação rescisória tem natureza declaratória e constitutiva. Declaratória porque vai declarar a existência ou inexistência de dada relação jurídica ou a autenticidade ou falsidade de determinado documento obtido, que foi objeto de exame na antiga decisão. Será, ainda, declaratória quando entender incabível a ação rescisória. Constitutiva porque vai criar, extinguir ou modificar dada relação jurídica a partir do momento em que for proferida a decisão na rescisória. A ação rescisória será constitutiva quando acolher o pedido do autor. Será constitutivo-negativa quando rejeitar a pretensão do autor. São, assim, proclamadas as nulidades que podem ser sanadas, mediante novo julgamento. Tem, nesse aspecto, natureza desconstitutiva.

Do novo julgamento caberão todos os recursos previstos no processo do trabalho.

Num primeiro momento, vai ser examinada a validade ou nulidade da sentença objeto da rescisão; num segundo plano, é apreciada a própria sentença anulada ou rescindida, fazendo-se novo julgamento (art. 986, I, do CPC).

Pode a ação rescisória ter natureza declaratória, se o réu for condenado a pagar ao autor algum valor".

No que tange ao *mandado de segurança*, averba Mauro Schiavi[2], sobre a competência material e funcional para o *writ*:

"Antes da EC n. 45/04, praticamente, o mandado de segurança era utilizado tão somente contra ato judicial e apreciado pelo Tribunal Regional do Trabalho. Apenas em algumas hipóteses restritas, como se o Diretor de Secretaria, praticando um ato de sua competência exclusiva poderia figurar como autoridade coatora, quando recusasse, injustificadamente, a conceder carga do processo a um advogado que está no seu prazo para falar nos autos.

Em razão do aumento da competência da Justiça do Trabalho, os Mandados de Segurança passam a ser cabíveis contra atos de outras autoridades, além das judiciárias, como nas hipóteses dos incisos III e IV, do art. 114, da CF, em face dos Auditores Fiscais e Delegados do Trabalho, Oficiais de cartório que recusam o registro de entidade sindical, e até mesmo atos dos membros do Ministério Público do Trabalho em Inquéritos Civis Públicos, uma vez que o inciso IV do art. 114 diz ser da competência da justiça trabalhista o *mandamus* quando o *ato questionado envolver matéria sujeita à sua jurisdição*.

(...)

Sobre outro enfoque, embora o art. 114, VI, da CF, diga caber mandado de segurança quando o ato questionado estiver sobre o crivo da jurisdição

---

[2] SCHIAVI, Mauro. *Manual de Direito Processual do Trabalho*. 12. ed. São Paulo: LTr, 2017. p. 1526-1527.

trabalhista, também se a matéria for administrativa *interna corporis* o mandado de segurança será cabível. Não há como se interpretar o referido inciso de forma literal.

(...)

A competência para o mandado de segurança se dá como regra geral em razão da qualidade da autoridade coatora. Nesse sentido, é a visão da Hely Lopes Meirelles que foi consagrada pelos Tribunais: 'A competência para julgar mandado de segurança define-se pela categoria da autoridade coatora e pela sua sede funcional'.

Na Justiça do Trabalho, a competência para o mandado de segurança se fixa, diante da EC n. 45/04, em razão da matéria, ou seja, que o ato praticado esteja submetido à jurisdição trabalhista. O critério determinante não é a qualidade da autoridade coatora, mas sim a competência jurisdicional para desfazer o ato praticado. Desse modo, ainda que a autoridade coatora seja Municipal, Estadual ou Federal, se o ato questionado estiver sujeito à jurisdição trabalhista, a competência será da Justiça do Trabalho.

Não obstante, fixada a competência material da Justiça do Trabalho, a competência funcional será a Vara do Trabalho do foro do domicílio da autoridade coatora, salvo as hipóteses de foro especial, conforme disciplinado na Constituição Federal.

Como bem sintetiza *Bebber*, "se o ato administrativo questionado envolver matéria sujeita à jurisdição da Justiça do Trabalho, a competência funcional será aferida por exclusão, segundo a autoridade apontada como coatora. Desse modo, não havendo disposição específica em contrário – como ato de Ministro de Estado – competência do TST por aplicação analógica do art. 105, I, b, da CF – ou do Presidente da República – competência do STF por aplicação do art. 102, I, d, da CF –, a competência será da Justiça do Trabalho de 1º grau – CF, art. 109, VIII, aplicação analógica –, com o foro determinado pelo critério territorial".

Se o ato impugnado for de autoridade judiciária, a competência está disciplinada nos arts. 678 e seguintes, da CLT e na Lei n. 7701/88, bem como nos Regimentos Internos dos TRTs e TST.

Desse modo, se o mandado de segurança, na Justiça do Trabalho, for em razão de ato de autoridade judiciária, a competência será:

a) da Vara do Trabalho localizada no domicílio da autoridade coatora, salvo os casos de prerrogativa de foro por função, quanto aos mandados de segurança impetrados em face de autoridades que não façam parte do Judiciário trabalhista, se o ato praticado estiver sob o crivo da jurisdição trabalhista;

b) do TRT, se a autoridade coatora for do Juiz de Vara do Trabalho, ou desembargador do próprio TRT;

c) do TST, contra atos praticados por seus próprios ministros".

Embora a questão de contribuições para os sindicatos tenha sido objeto da Reforma Trabalhista e normas posteriores, vale trazer à colação preciosa lição versando sobre a *ação anulatória de cláusula de norma coletiva*, de Carlos Henrique Bezerra Leite[3]:

> "A hipótese mais comum da utilização da ação anulatória pelo MPT é a que tem por escopo a anulação de cláusula de acordo coletivo ou convenção coletiva que estabelecem desconto a título de contribuição confederativa e contribuição assistencial.
>
> São três, basicamente, os fundamentos jurídicos da ação anulatória aforada pelo *Parquet laboral*:
>
> – os descontos instituídos pelas assembleias sindicais não devem constar de convenção ou acordo coletivo, por não constituírem matéria que deva ser tratada nesses instrumentos, já que são estranhas à relação de emprego existente entre empregado e empregador. É dizer, as contribuições em apreço interessam apenas à entidade sindical, figurando o empregador como mero repassador dos valores descontados dos empregados;
>
> – a instituição da cláusula que estabelece contribuição confederativa para os não filiados ao sindicato fere o princípio da liberdade de associação e de sindicalização (STF, Súmula 666);
>
> – por ser matéria estranha para ser inserida em convenção ou acordo coletivo, o desconto viola, também, o princípio da irredutibilidade e intangibilidade dos salários".

Por fim, acerca da *ação civil pública*, leciona Gustavo Filipe Barbosa Garcia[4]:

> "A *ação civil pública* tem previsão no art. 129, inciso III, da Constituição Federal de 1988, art. 83, inciso III, da Lei Complementar 75/1993, bem como na Lei 7.347/1985 e na Lei 8.078/1990 (arts. 81 a 104).
>
> Trata-se de eficaz instrumento para defesa dos direitos coletivos (metaindividuais), ou mesmo de direitos de caráter indisponível, de grande relevância para a sociedade.
>
> Nos tempos hodiernos, faz-se necessária a utilização cada vez mais intensa das demandas coletivas, com a expansão das hipóteses de sua aplicação, tendo em vista a complexidade das relações sociais, bem como da assim chamada *sociedade de massa*. Nesse contexto social, a grande maioria dos litígios envolve muitos sujeitos de forma igual e simultânea. Por isso, essa modalidade de ação possibilita maior efetividade, celeridade e segurança na prestação jurisdicional.

---

3   SCHIAVI, Mauro. *Manual de Direito Processual do Trabalho*. São Paulo: LTr, 2017.
4   GARCIA, Gustavo Filipe Barbosa. *Curso de Direito Processual do Trabalho*. 2. ed. Rio de Janeiro: Forense, 2013. p. 113-117.

Efetivamente, por meio de apenas uma demanda, várias pessoas passam a ter a mesma pretensão defendida em juízo. Isso sem dúvida representa economia processual de relevo, possibilitando maior celeridade na entrega da tutela pelo Poder Judiciário, decorrente da redução de número de demandas propostas. Além disso, questões iguais passam a ter a mesma solução (decisão), fortalecendo a segurança jurídica e a confiabilidade na prestação jurisdicional.

Em síntese, a efetividade da tutela jurisdicional encontra forte aliada nas ações coletivas, que devem ser estimuladas e prestigiadas pelo legislador, pela jurisprudência e por todos os profissionais do Direito".

JURISPRUDÊNCIA

Da jurisprudência elencamos, sem prejuízo de outras, a seguinte:

1) Súmulas 33, 83, 99, 100, 158, 192, 201, 219, item III, 228, 259, 298, 299, 303, item II, 398, 400, 402, 403, 405, 406, 407, 408, 409, 410, 411, 412, 413, 414, 415, 416, 417, 418, 425 e 437, item II, do TST;

2) OJs 2, 10, 21, 24, 25, 41, 57, 63, 67, 69, 70, 76, 78, 80, 84, 91, 92, 94, 97, 99, 100, 101, 103, 107, 112, 123, 124, 127, 130, 131, 132, 135, 136, 140, 144, 146, 150, 151, 157 e 158 da SDI-2; e

3) Súmulas 266, 267, 268 e 514 do STF.

Sobre a ação anulatória, seguem algumas decisões do TST:

"AÇÃO ANULATÓRIA. ACORDO COLETIVO DE TRABALHO. TURNO ININTERRUPTO DE REVEZAMENTO. REGIME 4X4. VALIDADE. SÚMULA N. 423 DO TST. NÃO INCIDÊNCIA. É válida cláusula da norma coletiva que fixa em dez horas a jornada de trabalho em turno ininterrupto de revezamento, em que o empregado trabalha dez horas diárias, com intervalo intrajornada de duas horas, alternando-se dois dias no período diurno e dois dias no período noturno, seguidos de quatro dias consecutivos de folga. Tal regime (4x4) não viola o art. 7º, XIV, da CF, pois o limite de seis horas para a jornada em turno ininterrupto de revezamento estabelecido pelo legislador constitucional somente se aplica se não houver negociação coletiva dispondo especificamente sobre o assunto. De outra sorte, não há falar em incidência da Súmula 423 do TST ao caso concreto, visto que a modalidade de trabalho adotada na espécie difere do turno ininterrupto típico, na medida em que garante duas horas de intervalo intrajornada. Ademais, a súmula em questão não impõe à norma coletiva o limite máximo de oito horas para a jornada em turnos ininterruptos de revezamento, mas apenas estabelece que, nessa situação, a 7ª e a 8ª horas não serão pagas como extras. Sob esses fundamentos, a SDC, por maioria, negou provimento ao recurso ordinário do Ministério Público do Trabalho para manter a decisão do Tribunal Regional que julgara improcedente o pedido de nulidade da cláusula que fixou o regime 4x4. Vencido o Ministro Mauricio Godinho Delgado, relator" (TST-AIRO-277-95.2015.5.17.0000, SDC, Relator Ministro: Mauricio Godinho Delgado, red. p/ acórdão Min. Ives Gandra da Silva Martins Filho, 8-4-2019 –*Informativo* n. 194, TST).

"AÇÃO ANULATÓRIA. GESTANTE. GARANTIA DE EMPREGO. AMPLIAÇÃO DO PRAZO. CLÁUSULA RESTRITA ÀS EMPREGADAS CONTRATADAS POR PRAZO INDETERMINADO. VALIDADE. INEXISTÊNCIA DE AFRONTA AO PRINCÍPIO DA ISONOMIA. É válida cláusula de acordo coletivo de trabalho que aumenta, de 180 para 210 dias, o prazo da estabilidade provisória das empregadas gestantes admitidas por prazo indeterminado. O tratamento diferenciado em relação às empregadas contratadas por prazo determinado não ofende o princípio da isonomia, pois a natureza do vínculo de trabalho, nas duas situações, é distinta. Ademais, a norma em questão é resultado da negociação entre os atores sociais e contou com a aprovação inequívoca da categoria profissional. Sob esses fundamentos, a SDC, por maioria, deu provimento ao recurso ordinário para julgar improcedente o pedido de nulidade da Cláusula Vigésima Sexta – Garantia de Emprego ou Indenização Gestantes, constante do acordo coletivo de trabalho firmado entre a Souza Cruz S.A. e o Sindicato dos Empregados Vendedores e Viajantes do Comércio no Estado do Pará. Vencido o Ministro Mauricio Godinho Delgado" (TST-RO-422-69.2016.5.08.0000, SDC, Relator Ministro: Maria de Assis Calsing, 5-6-2017) – *Informativo* n. 160 do TST.

Acerca da ação rescisória, a SDI-2 julgou conforme teor abaixo, extraído do *Informativo* n. 160:

"AÇÃO RESCISÓRIA. DEPÓSITO PRÉVIO DE 5% SOBRE O VALOR DA CAUSA PREVISTO NO CPC DE 1973. NÃO INCIDÊNCIA NA JUSTIÇA DO TRABALHO. PREVALÊNCIA DO DISPOSTO NO ART. 836 DA CLT. O depósito prévio de 5% sobre o valor da causa, previsto no CPC de 1973, não se aplica à ação rescisória proposta na Justiça do Trabalho. Nos termos do art. 836 da CLT, norma específica do processo do trabalho, a ação rescisória sujeita-se ao depósito prévio no percentual de 20%. Ressalte-se que esse entendimento permanece inalterado mesmo após o advento da Lei n. 13.105/2015, visto que a incidência das normas do CPC permanece restrita às hipóteses em que houver omissão e compatibilidade com o processo do trabalho (art. 769 da CLT e art. 15 do CPC de 2015). Da mesma forma, a aplicação das normas procedimentais previstas nos arts. 966 a 975 do CPC de 2015, autorizada pela IN n. 39/2016 do TST, não acarreta o afastamento das regras específicas do processo do trabalho. Não obstante esses fundamentos, no caso concreto, a SBDI-II, por unanimidade, dispensou o autor do recolhimento do depósito prévio de 20% sobre o valor da causa por ser beneficiário da justiça gratuita"

(TST-AR-22152-61.2016.5.00.0000, SBDI-II, Relator Ministro: Douglas Alencar Rodrigues, 6-6-2017).

Ainda sobre a ação rescisória, extraímos do *Informativo* n. 213 do TST:

AÇÃO RESCISÓRIA. DEPÓSITO PRÉVIO. JUSTIÇA GRATUITA. REQUISITOS DO ART. 790, §§ 3º E 4º, DA CLT, COM A REDAÇÃO DA LEI N. 13.467/2017. NÃO INCIDÊNCIA. MATÉRIA REGIDA PELO ART. 99, § 3º, DO CPC DE 2015, PELO ITEM I DA SÚMULA N. 463 DO TST E PELO ART. 6º DA INSTRUÇÃO NORMATIVA N. 31/2007. O depósito prévio da ação rescisória ajuizada na Justiça do Trabalho corresponde a 20% do valor da causa (art. 836 da CLT), percentual bastante superior ao exigido no art. 968, II, do CPC de 2015. Diante da maior onerosidade, as disposições acerca da gratuidade de justiça previstas no art. 790, §§ 3º e 4º, da CLT, com a redação da Lei n. 13.467/2017, não se aplicam às ações rescisórias processadas na Justiça do Trabalho, sob pena de excluir da apreciação do Poder Judiciário lesão ou ameaça a direito, especialmente nos casos em que a parte autora seja pessoa física ou micro e pequena empresa. De outra sorte, não há disposição específica na Lei n. 13.467/2017 acerca da justiça gratuita pleiteada em ação rescisória, o que atrai a incidência do art. 99, § 3º, do CPC de 2015, da Súmula 463, I, do TST e do art. 6º da Instrução Normativa n. 31/2007. Sob esse fundamento, e havendo declaração de hipossuficiência nos autos sem impugnação da parte contrária, a SBDI-II, por unanimidade, conheceu do recurso ordinário e, no mérito, deu-lhe provimento para deferir ao autor os benefícios da justiça gratuita. A Subseção determinou, ainda, o retorno dos autos ao Tribunal de origem para que prossiga no julgamento da rescisória como entender de direito, afastada a exigência do depósito prévio" (TST-RO-10899-07.2018.5.18.0000, SBDI-II, Relatora Ministra: Maria Helena Mallmann, 19-11-2019).

No que toca ao Mandado de Segurança, o *Informativo* n. 194 do TST registrou a seguinte decisão:

"MANDADO DE SEGURANÇA. CABIMENTO. ATO COATOR QUE REJEITA REMIÇÃO DE DÍVIDA MESMO HAVENDO PAGAMENTO EM MOMENTO ANTERIOR À LAVRATURA DO AUTO DE ARREMATAÇÃO. INTERPRETAÇÃO SISTEMÁTICA DOS ARTS. 304 E 305 DO CC E 903 DO CPC DE 2015. DIREITO LÍQUIDO E CERTO À REMIÇÃO. CONFIGURAÇÃO. ORIENTAÇÃO JURISPRUDENCIAL N. 92 DA SBDI-II. NÃO INCIDÊNCIA. Cabe mandado de segurança para impugnar decisão que indeferiu o pedido de remição de dívida formulado por terceiro juridicamente interessado. A interpretação sistemática dos arts. 304 e 305 do CC e 826 e 903 do CPC de 2015, que disciplinam a remição de dívida, evidencia que qualquer pessoa pode pagá-la, seja ela juridicamente interessada ou não, desde que efetue o pagamento ou a consignação antes da lavratura do auto de arrematação pelo magistrado. Na espécie, o indeferimento do pedido de remição ocorreu porque o Juízo da execução entendeu que a impetrante seria parte ilegítima para remir a dívida, tendo em vista a improcedência dos embargos de terceiros pela ausência de comprovação da propriedade do bem arrematado. Todavia, revelou-se evidente a condição de terceiro interessado da impetrante por ser a legítima possuidora do imóvel há mais de dezesseis anos, nele desenvolvendo diversas atividades comerciais. Ademais, a discussão em torno da propriedade do bem e da legitimidade no feito não alcança a remição de dívida, para a qual não se exige nenhuma outra condição além do pagamento antes da assinatura do auto de arrematação, hipótese dos autos. Assim, a certeza e a liquidez do direito da impetrante à quitação da dívida e a iminente possibilidade de perda da posse do imóvel, resultando em incontestável prejuízo à atividade econômica nele desenvolvida, autorizam o ajuizamento do mandado de segurança sem o exaurimento das vias processuais próprias. Sob esses fundamentos, e afastando a incidência da Orientação Jurisprudencial 92 da SBDI-II ao caso, a SBDI-II, por unanimidade, conheceu do recurso ordinário e, no mérito, por maioria, negou-lhe provimento para manter a decisão do Tribunal Regional que concedera a segurança para suspender os efeitos da decisão que indeferiu a remição da dívida trabalhista e reconhecer a empresa impetrante como terceira legitimamente interessada. Vencido o Ministro Renato de Lacerda Paiva" (TST-RO-24089-40.2016.5.24.0000, SBDI-II, Relator Ministro: Alexandre de Souza Agra Belmonte, 9-4-2019).

Ainda sobre o Mandado de Segurança em face de requerimento de reconsideração acolhido, temos a decisão abaixo, conforme *Informativo* n. 212 do TST:

"MANDADO DE SEGURANÇA. NÃO CABIMENTO. ARQUIVAMENTO DE RECLAMAÇÃO TRABALHISTA POR AUSÊNCIA DO RECLAMANTE. APRESENTAÇÃO DE ATESTADO MÉDICO. RECONSIDERAÇÃO COM POSTERIOR DETERMINAÇÃO DE DESARQUIVAMENTO DO PROCESSO E REINCLUSÃO EM PAUTA. EXISTÊNCIA DE MEDIDA PROCESSUAL IDÔNEA PARA CORRIGIR A SUPOSTA ILEGALIDADE. APLICAÇÃO DA ORIENTAÇÃO JURISPRUDENCIAL 92 DA SBDI-II. Não cabe mandado de segurança contra decisão que, ao acolher pedido de reconsideração, desarquiva e reinclui em pauta ação trabalhista arquivada por ausência de reclamante na audiência de julgamento. No caso concreto, o reclamante esteve ausente à audiência inaugural, o que resultou no arquivamento da reclamação, nos termos do art. 844 da CLT. Posteriormente, ele apresentou pedido de reconsideração acompanhado de atestado médico, o qual foi acolhido pelo juízo com a determinação de desarquivamento e de reinclusão do processo em pauta. Nesse contexto, incide a Orientação Jurisprudencial 92 da SBDI-II, pois o inconformismo da impetrante/reclamada deveria ter sido externado na própria reclamação trabalhista, por meio da arguição de nulidade em contestação, ou como matéria preliminar em recurso ordinário, caso não acolhida a arguição de nulidade na sentença. Havendo, portanto, medida processual idônea para corrigir a suposta ilegalidade cometida pela autoridade coatora, afasta-se o cabimento do mandado de segurança na hipótese. Sob esse entendimento, a SBDI-II, por unanimidade, conheceu do recurso ordinário e, no mérito, deu-lhe provimento para denegar a segurança inicialmente concedida pelo TRT de origem por violação do art. 494 do CPC, que consagra a preclusão *pro judicato"* (TST-RO-602-71.2018.5.06.0000, SBDI-II, Relator Ministro: Douglas Alencar Rodrigues 12-11-2019).

TABELA DE PRAZOS

Ato	Prazo
Impetração de mandado de segurança	120 dias
Ajuizamento de ação rescisória	2 anos, regra geral.
Exibição de documento pela autoridade coatora em MS	10 dias

QUESTÕES COMENTADAS

01 (Defensor Público Federal de Segunda Categoria – DPU – CESPE – 2015) Julgue o item que se segue, referente à ação rescisória, ao mandado de segurança e à execução trabalhista.

O TST firmou recente entendimento no sentido de ser possível a penhora do valor referente à restituição de imposto de renda retido na fonte pelo empregador para pagamento da execução trabalhista.

( ) **Certo**   ( ) **Errado**

RESPOSTA A SDI-2 entendeu que a impenhorabilidade dos salários alcança também os valores de restituição de imposto retido na fonte pela empresa pagadora (RO n. 8252-30.2011.5.02.0000, TST). *Alternativa Errada.*

---

02 (Analista Judiciário – TRT 23 – FCC – 2016) Há certos procedimentos especiais inseridos no texto consolidado e determinadas ações previstas na legislação processual comum que são utilizadas na Justiça do Trabalho e:

(A) conforme nova legislação que regula o mandado de segurança, o prazo para impetração é de cento e oitenta dias, contados da data em que o interessado tenha conhecimento do ato arbitrário;

(B) cada parte pode indicar para audiência em inquérito judicial para apuração de falta grave a quantidade máxima de cinco testemunhas;

(C) para a instauração do inquérito para apuração de falta grave contra empregado dirigente sindical garantido com estabilidade, o empregador apresentará reclamação por escrito à Vara do Trabalho, dentro de trinta dias, contados da data da suspensão do empregado;

(D) o empregado está autorizado a ajuizar ação rescisória na Justiça do Trabalho, sem a necessidade de contratação de advogado, utilizando-se do *jus postulandi*, em razão do princípio da hipossuficiência;

(E) a ação rescisória será admitida na Justiça do trabalho, observada a forma do Código de Processo Civil, sujeita ao depósito prévio de dez por cento do valor da causa, salvo prova de miserabilidade jurídica do autor e no prazo de três anos contados do trânsito em julgado da decisão rescindenda.

RESPOSTA (A) Errado, conforme o art. 23 da Lei n. 12.016/2009, vez que o prazo é de 120 dias. (B) Errado, pois são 6 (seis) testemunhas, nos termos do art. 821 da CLT. (C) Certo, consoante o art. 853 da CLT. (D) Errado, conforme a Súmula 425 do TST. (E) Errado, nos termos do art. 836 da CLT. *Alternativa C*.

---

03 (Especialista Jurídica – FUNPRESP – CESPE – 2016) A respeito da ação rescisória no processo do trabalho, julgue os itens subsequentes.

No processo do trabalho, não é cabível ação rescisória para impugnar decisão do juiz que homologue a arrematação de um bem.

( ) Certo ( ) Errado

RESPOSTA Súmula 399, I, do TST. *Alternativa Certa*.

Em ação rescisória, se a parte ré, citada para apresentar defesa, permanecer inerte, serão aplicados os efeitos da confissão, por não ter sido a ação rescisória contestada.

( ) Certo ( ) Errado

RESPOSTA Súmula 398 do TST. *Alternativa Errada*.

PARA GABARITAR

- Em sede de mandado de segurança, por direito líquido e certo, compreende-se aquele que pode ser demonstrado de plano através de documentos, isto é, prova documental pré-constituída, já que esta ação constitucional não admite dilação probatória.

- Para fins do mandado de segurança, são equiparados à autoridade coatora os representantes ou órgãos de partidos políticos e os administradores de entidades autárquicas, bem como os dirigentes de pessoas jurídicas ou as pessoas naturais no exercício de atribuições do poder público, somente no que disser respeito a essas atribuições.

- Não cabe mandado de segurança contra decisão transitada em julgado.

- O TST tem jurisprudência pacífica sobre o cabimento do mandado de segurança para impugnar decisões interlocutórias, quando violadoras de direito líquido e certo.

- O prazo para impetração do mandado de segurança é decadencial.

- É da competência dos Tribunais do Trabalho julgar o *mandamus* impetrado contra os seus próprios atos administrativos, sejam eles atos de exoneração, sanção, nomeação, outros referentes a concursos públicos, além de outros.
- Compete à seção especializada em dissídios coletivos, ou seção normativa, processar e julgar originariamente os mandados de segurança contra os atos praticados pelo Presidente do Tribunal ou por qualquer dos Ministros integrantes da seção especializada em processo de dissídio coletivo, bem como compete à Seção de Dissídios Individuais processar e julgar originariamente os mandados de segurança de sua competência originária, na forma da lei.
- As Varas do Trabalho também têm competência para processar e julgar mandados de segurança, desde que o ato questionado seja emanado de autoridade que, em escala de gradação funcional, esteja sujeito à sua jurisdição.
- A ação rescisória é uma ação de conhecimento especial que tem por objetivo a preservação da ordem jurídica positiva e tem natureza constitutivo-negativa, desconstituindo, assim, a coisa julga material, sendo um meio autônomo de impugnação.
- O ajuizamento de ação rescisória pressupõe decisão de mérito e trânsito em julgado.
- Uma questão do processo pode ser objeto de ação rescisória, desde que seja pressuposto para invalidar a decisão de mérito.
- As decisões homologatórias de acordo, por serem irrecorríveis para as partes, já que transitam em julgado no momento em que são proferidas, desafiam o corte rescisório.
- Não é cabível ação rescisória para desconstituição de sentença não submetida ao reexame necessário, cabendo, por seu turno, ofício ao Presidente do Tribunal para que proceda à avocatória dos autos principais.
- O litisconsórcio, na ação rescisória, é necessário em relação ao polo passivo da demanda, porque supõe uma comunidade de direitos ou de obrigações que não admite solução díspar para os litisconsortes, em face da indivisibilidade do objeto. Já em relação ao polo ativo, o litisconsórcio é facultativo, uma vez que a aglutinação de autores se faz por conveniência e não pela necessidade decorrente da natureza do litígio, pois não se pode condicionar o exercício do direito individual de um dos litigantes no processo originário à anuência dos demais para retomar a lide.
- Em caso de conluio entre as partes, nos processos em que o MPT não participou, o prazo para ajuizamento da ação rescisória não se conta do trânsito em julgado, mas da data em que o MPT teve ciência da fraude.
- O prazo para ajuizamento da ação rescisória conta-se do dia imediatamente subsequente ao trânsito em julgado da última decisão proferida nos autos, seja ela de mérito ou não, não estando sujeito a suspensão nem interrupção.

- O ordenamento jurídico brasileiro não admite a ação rescisória preventiva, mesmo que ocorra o trânsito em julgado posteriormente ao ajuizamento, de modo que cabe ao autor da ação comprovar o trânsito em julgado da decisão de que pretende ver o corte rescisório. Assim, se o relator verificar que a parte não juntou o documento comprobatório à inicial, concederá prazo de 15 dias para que junte, sob pena de indeferimento.

- Se o réu, citado, não contestar a ação rescisória, embora revel, não se produzirão os efeitos da confissão ficta previstos no art. 844, da CLT, não havendo presunção de veracidade dos fatos, vez que a coisa julgada envolve questão de ordem pública.

- Em ação rescisória, após o exame quanto à sua admissibilidade, realiza-se o juízo rescindente (rescindir a sentença ou o acórdão de mérito – *judicium rescindens*) e, posteriormente, se for o caso, o juízo rescisório (novo julgamento – *judicium rescissorium*).

- A ação anulatória de cláusula de norma coletiva pode ser ajuizada pelo MPT, o sindicato dos empregados e dos empregadores, os empregados e empregadores e, ainda segundo parte da doutrina mais moderna, as associações sem caráter sindical, quando na defesa de direitos individuais homogêneos dos seus associados.

- A Justiça do Trabalho é competente para julgar as ações anulatórias de cláusulas de Normas Coletivas.

- A ação civil pública tem feição condenatória, vez que poderá ter por objeto a condenação em dinheiro ou o cumprimento de obrigação de fazer ou não fazer, muito embora há quem defenda que poderá assumir feição constitutiva, meramente declaratória e executiva, a depender do provimento jurisdicional solicitado pelo autor.

- A competência para a ação civil pública fixa-se pela extensão do dano.

- A legitimidade do Ministério Público para ajuizamento da ação civil pública não exclui outros legitimados.

- O Ministério Público também tem legitimidade para ajuizar ação civil pública na proteção de interesses individuais homogêneos sem que seja considerado um substituto processual, haja vista que se trata de um nicho do que o ordenamento classifica como interesse transindividual.

- A Lei da Ação Civil Pública prevê que a obrigação de reparar o dano pode ser formalizada tanto com a sentença, título executivo judicial, quanto com o compromisso de ajustamento, título executivo extrajudicial.

- No que tange à prescrição, se a pretensão for relativa a danos de direitos difusos ou coletivos, não há que se falar em prescrição, vez que, como são direitos indisponíveis, serão, portanto, imprescritíveis.

REFERÊNCIAS

BERNARDES, Felipe. *Manual de Processo do Trabalho*. Salvador: JusPodivm, 2018.

BUENO, Cassio Scarpinella. *Manual de Direito Processual Civil*. 2. ed. São Paulo: Saraiva, 2016.

BARROSO, Luís Roberto. *Controle de Constitucionalidade no Direito Brasileiro*. 8. ed. São Paulo: Saraiva, 2019.

CASSAR, Vólia Bomfim. *Direito do Trabalho*. 11. ed. rev. e atual. Rio de Janeiro: Forense; São Paulo: Método, 2015.

CISNEIROS, Gustavo. *Direito do Trabalho Sintetizado*. 1. ed. Rio de Janeiro: Forense; São Paulo: Método, 2016.

CORREIA, Henrique. *Direito do Trabalho*. 8. ed. Salvador: JusPodivm, 2016.

DELGADO, Maurício Godinho. *Curso de Direito do Trabalho*. São Paulo: LTr, 2015.

_____. *Curso de Direito do Trabalho*. 15. ed. São Paulo: LTr, 2016.

DINAMARCO, Cândido Rangel. *Instituições de Direito Processual Civil*. São Paulo: Malheiros, 2002. v. 1.

GARCIA, Gustavo Filipe Barbosa. *Curso de Direito Processual do Trabalho*. 2. ed. Rio de Janeiro: Forense, 2013.

GIGLIO, Wagner. *Direito Processual do Trabalho*. 16. ed. São Paulo: Saraiva, 2007.

JÚNIOR, José Cairo. *Curso de Direito Processual do Trabalho*. 3. ed. Salvador: JusPodivm, 2010.

JUNIOR, Nelson Nery. *Comentários ao Código de Processo Civil*. São Paulo: RT, 2015.

LEITE, Carlos Henrique Bezerra (org.). *Curso de Direito Processual do Trabalho*. 14. ed. São Paulo: Saraiva, 2016.

_____. *Novo CPC*: repercussões no Processo do Trabalho. São Paulo: Saraiva, 2015.

MANFREDINI, Aryanna; SARAIVA, Renato. *Curso de Direito Processual do Trabalho*. 11. ed. São Paulo: Método, 2014.

MARTINS, Sérgio Pinto (org.). *Direito Processual do Trabalho*. 38. ed. São Paulo: Saraiva, 2016.

_____. *O Novo CPC e o Processo do Trabalho*. São Paulo: Atlas, 2016.

MARTINS FILHO, Ives Gandra da Silva. *Manual Esquemático de Direito e Processo do Trabalho*. 23. ed. rev. e atual. São Paulo: Saraiva, 2016.

MIESSA, Elisson (org.). *O Novo Código de Processo Civil e seus reflexos no Processo do Trabalho*. Salvador: JusPodivm, 2015.

NASCIMENTO, Amauri Mascaro. *Curso de Direito Processual do Trabalho*. 24. ed. São Paulo: Saraiva, 2009.

_____. *Curso de Direito Processual do Trabalho*. 29. ed. São Paulo: Saraiva, 2014.

PEREIRA, Leoni. *Manual de Processo do Trabalho*. 2. ed. São Paulo: Saraiva, 2013.

RENZETTI FILHO, Rogério Nascimento. *Direito do Trabalho para Concursos*. 2. ed. São Paulo: Grupo GEN – Método, 2015.

RESENDE, Ricardo. *Direito do Trabalho Esquematizado*. 6. ed. rev., atual. e ampl. São Paulo: Método, 2006.

SANDES, Fagner. *Direito Processual do Trabalho Objetivo*: teoria e questões. Brasília: Almunus, 2014.

_____. *Processo do Trabalho Simplificado*. Rio de Janeiro: Ágora, 2017.

_____. (org.). *Reflexos do NCPC no Processo do Trabalho*. Rio de Janeiro: Ágora, 2016.

SCHIAVI, Mauro. *Manual de Direito Processual do Trabalho*. São Paulo: LTr, 2019.